**Direito Administrativo
da Economia**

Direito Administrativo da Economia

VOL. I (INTRODUÇÃO E CONSTITUIÇÃO ECONÓMICA)

2014

João Pacheco de Amorim

DIREITO ADMINISTRATIVO DA ECONOMIA
Vol. I (Introdução e Constituição Económica)

AUTOR
João Pacheco de Amorim
EDITOR
EDIÇÕES ALMEDINA, S.A.
Rua Fernandes Tomás, nºs 76, 78 e 80
3000-167 Coimbra
Tel.: 239 851 904 · Fax: 239 851 901
www.almedina.net · editora@almedina.net
DESIGN DE CAPA
FBA.
PRÉ-IMPRESSÃO
EDIÇÕES ALMEDINA, S.A.
IMPRESSÃO E ACABAMENTO

, 2014
DEPÓSITO LEGAL
....

Os dados e as opiniões inseridos na presente publicação são da exclusiva responsabilidade do(s) seu(s) autor(es).
Toda a reprodução desta obra, por fotocópia ou outro qualquer processo, sem prévia autorização escrita do Editor, é ilícita e passível de procedimento judicial contra o infrator.

 GRUPOALMEDINA

Biblioteca Nacional de Portugal – Catalogação na Publicação

AMORIM, João Pacheco de

Direito administrativo da economia. – (Manuais universitários). - v.
1º v. : Introdução e constituição económica. - p.
ISBN 978-972-40-5751-4

CDU 346

ÍNDICE

NOTA INTRODUTÓRIA 19

INTRODUÇÃO 23

TÍTULO I
NOÇÃO DE DIREITO ADMINISTRATIVO DA ECONOMIA 25

CAPÍTULO I
EM TORNO DO OBJETO E DA AUTONOMIA
CIENTÍFICA DA DISCIPLINA 27

1.1.1. As clássicas dissensões sobre o objeto e a autonomia
científica de um Direito Económico ou Direito da Economia 27

   a) *O ensino da disciplina de Direito Económico nas Faculdades de Direito
e Economia* 27
   b) *Posição adotada relativamente à identidade própria e autonomia
de um Direito da Economia* 28

1.1.2. Sobre a suposta autonomia científica da disciplina
como novo ramo do direito 28
   a) *As várias tentativas de delimitação de um âmbito próprio da disciplina* 28
   b) *A sua suposta interdisciplinaridade* 29
   c) *A falta também de uma nova e distinta finalidade das respetivas normas* 31
   d) *O insucesso das várias tentativas de autonomização de um direito económico
como novo ramo do direito em razão do objeto* 31

1.1.3. Objeto da disciplina. Definição de Direito Administrativo
   da Economia 33
   a) *Primeira delimitação do objeto da disciplina* 33
   b) *Definição de Direito Administrativo da Economia* 34

1.1.4. A autonomização da disciplina não enquanto (novo) ramo
   do direito público, mas como resposta a uma necessidade
   didática ou funcional 36
   a) *A pretensa autonomia da disciplina como (novo) ramo do direito público* 36
   b) *A autonomização da disciplina como resposta a uma necessidade didática
   ou funcional* 38

1.1.5. Porquê «Direito Administrativo da Economia»,
   e não «Direito Público da Economia» 39
   a) *A centralidade do fenómeno da intervenção dos poderes públicos na economia* .. 39
   b) *Direito Administrativo da Economia e ordenamentos jurídicos superiores* 42
   c) *A Constituição Económica como «Constituição Administrativa» económica* ... 43
   d) *O direito económico comunitário como direito administrativo
   económico comunitário* 44
   e) *Uma «abordagem administrativista» do direito público da economia:
   preponderância do direito administrativo sobre o direito constitucional,
   o direito comunitário e o direito internacional público* 45
   f) *Uma «abordagem administrativista» do direito público da economia (cont.):
   preponderância dos direitos fundamentais económicos clássicos sobre
   os demais princípios da Constituição Económica* 46
   g) *Uma profunda alteração do paradigma do Estado Social de Direito,
   melhor refletida no Direito Administrativo do que no Direito Constitucional* ... 48

CAPÍTULO II
A ESPECIFICIDADE DAS NORMAS
DO DIREITO ADMINISTRATIVO DA ECONOMIA 51

1.2.1. Razões da especificidade do Direito Administrativo da Economia 51
   a) *Um direito jovem e caracterizado pela abundância e diversidade
   das respetivas fontes* 51
   b) *Uma interpenetração entre direito, política(s) e economia
   que é causa de instabilidade das normas de DAE* 53
   c) *A complexidade dos fenómenos económicos e a consequente e inevitável
   discricionariedade das normas que os tentam conformar; o recurso cada vez
   mais frequente à jurisdição arbitral* 54

1.2.2. Características específicas das normas de D.A.E:
dispersão e amplitude de fontes, mutabilidade,
maleabilidade e heterogeneidade de conteúdo 55
a) *Dispersão e amplitude* 55
b) *Mutabilidade e heterogeneidade* 56
c) *A flexibilidade: em especial, a omnipresença da chamada
«discricionariedade técnica» nas normas de DAE* 57
d) *Heterogeneidade de conteúdo: a remissão para técnicas e regras de direito privado* . . 59

TÍTULO II
BREVE PERSPETIVA HISTÓRICA DA INTERVENÇÃO
DOS PODERES PÚBLICOS NA VIDA ECONÓMICA 61

CAPÍTULO I
AS RELAÇÕES ENTRE ESTADO E ECONOMIA
NA ÉPOCA CONTEMPORÂNEA: DO ESTADO LIBERAL
OITOCENTISTA AO «ESTADO ADMINISTRATIVO»
DO SÉC. XX; PREVISÕES PARA O SÉC. XXI 63

2.1.1. Incursão histórica pelas relações entre Estado e economia
até às origens do Estado de Direito 63
2.1.2. Reflexão sobre o momento presente 65

CAPÍTULO II
O ESTADO DE DIREITO LIBERAL DO SÉC. XIX 67

2.2.1. Os princípios políticos fundamentais do Estado de Direito 67
2.2.2. A conceção liberal do Estado 69
2.2.3. O liberalismo económico 71
2.2.4. O modelo jurídico liberal 73
a) *Traços gerais* 73
b) *Estado Liberal e direito público* 73
c) *Uma ordem jurídica assente no contrato, no direito de propriedade
e, por fim, na proteção da empresa capitalista: a mercantilização do direito* 74

CAPÍTULO III
O «ESTADO DE DIREITO SOCIAL»
OU «ESTADO ADMINISTRATIVO» DO SÉC. XX 77

2.3.1. Transição do Estado Liberal para o Estado Social 77
2.3.2. Traços essenciais do Estado Social de Direito
ou Estado Administrativo 79
2.3.3. As transformações sofridas pelo direito público 80
   a) *Do princípio da legalidade ao princípio da juridicidade* 80
   b) *O novo conceito de lei* 80
   c) *A evolução do princípio da separação de poderes:*
      de uma separação rígida a uma divisão funcional e flexível 81

CAPÍTULO IV
SÉC. XXI: O RECUO DO ESTADO-ADMINISTRATIVO 83

2.4.1. A crise do Estado Social ou Estado Administrativo
no último quartel do séc.XX 83
   a) *Retrospetiva histórica: o Estado como produtor de bens e serviços essenciais* 83
   b) *Primeira reação à crise do Estado Social ou Administrativo:*
      o ressurgimento do liberalismo económico 84
   c) *A liberalização das economias indiana e chinesa, a implosão da URSS,*
      a União Económica e Monetária dos Estados europeus e o alargamento
      da UE a leste; globalização e consequente desindustrialização
      das economias ocidentais 85
   d) *Os fenómenos da desindustrialização, da quebra do crescimento*
      e da regressão demográfica no mundo ocidental 87

2.4.2. A reforma do Estado Social ou Estado Administrativo:
as privatizações 89
   a) *Privatização formal, privatização orgânica e material e privatização funcional*
      (associação de privados ao exercício de funções e tarefas públicas) 89
   b) *Do Estado prestador ao Estado regulador* 90

PARTE I
A CONSTITUIÇÃO ECONÓMICA 93

TÍTULO I
NOÇÕES GERAIS E PERSPETIVA HISTÓRICA 95

CAPÍTULO I
O CONCEITO DE CONSTITUIÇÃO ECONÓMICA 97
1.1.1. Constituição Económica e ordem jurídica da economia 97
1.1.2. Localização da CE na Lei Fundamental; Constituição Económica
e Constituição Social, Urbanística e Ambiental 99
1.1.3. Conteúdo e sentido possíveis da CE: os modelos de direção central
e planificada da economia e de economia livre ou de mercado 100
1.1.4. A CE estatutária 101
1.1.5. A CE programática 102
1.1.6. CE formal e CE material: noções gerais 104
1.1.7. A CE formal 104
1.1.8. A CE material 106
   a) *As conceções «realistas» e «espiritualistas» de CE* 106
   b) *Posição adotada: o relevo jurídico do texto constitucional,
da realidade constitucional e dos valores constitucionais* 107
   c) *Posição adotada (cont.): rejeição da possibilidade de a CE
integrar princípios e regras consagradas apenas na lei ordinária* 109

CAPÍTULO II
EVOLUÇÃO HISTÓRICA DO DIREITO CONSTITUCIONAL
ECONÓMICO PORTUGUÊS: AS CONSTITUIÇÕES LIBERAIS;
A CONSTITUIÇÃO DE 1933; A CONSTITUIÇÃO DE 1976 111

1.2.1. As constituições do liberalismo: considerações gerais 111
   a) *O constitucionalismo liberal oitocentista: perspetiva geral* 111
   b) *A ordenação da vida económica nas Constituições do liberalismo* 113
1.2.2. As constituições liberais (cont.): a Constituição de 1822 118
   a) *Traços gerais* 118
   b) *Ordenação económica* 118
1.2.3. As constituições liberais (cont.): a Carta Constitucional de 1826 120
   a) *Traços gerais* 120
   b) *Ordenação económica* 121
1.2.4. As constituições liberais (cont.): a Constituição de 1838 122
   a) *Traços gerais* 122

b) *Ordenação económica* 123
1.2.5. As constituições liberais (cont.): a Constituição republicana de 1911 .. 124
   a) *Traços gerais: o advento da República* 124
   b) *Traços gerais (cont.): princípios norteadores da Constituição republicana* 125
   c) *Ordenação económica: os direitos fundamentais económicos clássicos* 126
1.2.6. A Constituição de 1933 126
   a) *Noções prévias* 126
   b) *O regime corporativo* 127
   c) *Versão corporativista dos direitos fundamentais económicos clássicos* 129
   d) *A componente social e administrativa própria do Estado Social de Direito conexa com o sistema corporativo* 132
1.2.7. A Constituição de 1976: do texto originário à versão atual 134
   a) *Antecedentes: o golpe militar do 25 de Abril; a fase pré-constitucional (1974-1976)* 134
   b) *A Constituição de 1976: texto originário* 144
   c) *A Constituição de 1976 (cont.): primeira revisão (1982)* 149
   d) *A Constituição de 1976 (cont.): segunda revisão (1989)* 151
   e) *A Constituição de 1976 (cont.): terceira e quarta revisões (1992 e 1997)* 158
   f) *A Constituição de 1976 (cont.): quinta, sexta e sétima revisões (2001, 2004 e 2005)* 160

TÍTULO II
OS PRINCÍPIOS FUNDAMENTAIS
DA CONSTITUIÇÃO ECONÓMICA PORTUGUESA 163

CAPÍTULO I
O PRINCÍPIO DEMOCRÁTICO 165

2.1.1. O princípio democrático como princípio também da Constituição Económica 165
2.1.2. Subprincípios: a subordinação do poder económico ao poder político 167
2.1.3. Subprincípios (cont.): o princípio da legalidade 168
2.1.4. Subprincípios (cont.): o princípio da participação (democracia participativa) 170

CAPÍTULO II
O PRINCÍPIO DA EFETIVIDADE
DA DEMOCRACIA ECONÓMICA, SOCIAL E CULTURAL 171

2.2.1. O princípio do Estado Social de Direito:
  democracia económica (social e cultural) e democracia política 171
2.2.2. O princípio do Estado Social de Direito (cont.):
  igualdade real e igualdade formal 173
2.2.3. Problemática jurídica dos direitos económicos,
  sociais e culturais enquanto pretensões a prestações 174

CAPÍTULO III
O PRINCÍPIO DA COESÃO TERRITORIAL
NOS DOMÍNIOS ECONÓMICO E SOCIAL 179

2.3.1. Noções gerais 179
2.3.2. Constituição Económica comunitária: o princípio comunitário
  da coesão económica e social de todo o território da União 182
2.3.3. Constituição Económica comunitária (cont.): política de coesão
  territorial, direito multinível e administração multinível 183

CAPÍTULO IV
O PRINCÍPIO DA RELEVÂNCIA DOS DIREITOS FUNDAMENTAIS
ECONÓMICOS CLÁSSICOS: REMISSÃO 187

CAPÍTULO V
O PRINCÍPIO DA COEXISTÊNCIA DAS INICIATIVAS
ECONÓMICAS PRIVADA E PÚBLICA E DOS SETORES
DE PROPRIEDADE DOS MEIOS DE PRODUÇÃO 189

2.5.1. Noções gerais 189
  a) *A coexistência de iniciativas económicas e setores de propriedade público
  e privado na Constituição Económica portuguesa* 189
  b) *A coexistência de iniciativas económicas e setores de propriedade público
  e privado na Constituição Económica comunitária* 191
  c) *Conclusão* 192
2.5.2. A («livre») iniciativa económica pública 193
  a) *Noções prévias* 193
  b) *Os limites à «livre» iniciativa económica pública:
  a presença justificativa de um interesse público específico ou secundário* 194
  c) *Os limites à «livre» iniciativa económica pública (cont.): interesse público,
  princípio da proporcionalidade e princípio da subsidiariedade do Estado* 196
2.5.3. A coexistência dos setores de propriedade dos meios de produção
  (setor público, setor privado e setor cooperativo e social) 198

a) *Noções prévias* 198
b) *O setor público* 201
c) *O setor privado* 205
d) *O setor cooperativo e social: nota introdutória* 206
e) *O setor cooperativo e social (cont.): o subsetor cooperativo* 208
f) *O setor cooperativo e social (cont.): o subsetor comunitário* 209
g) *O setor cooperativo e social (cont.): o subsetor autogestionário* 210
h) *O setor cooperativo e social (cont.): o subsetor solidário* 212
2.5.4. A possibilidade de vedação de setores básicos
da economia à iniciativa económica privada (art.º 86.º, n.º 3) 214
a) *Noções prévias* 214
b) *Limites da intervenção do legislador na definição do que sejam «setores básicos»* . . . 216

CAPÍTULO VI
O PRINCÍPIO DA PROPRIEDADE PÚBLICA
DOS RECURSOS NATURAIS E DE MEIOS DE PRODUÇÃO 221

2.6.1. A propriedade pública dos recursos naturais 221
2.6.2. Propriedade pública de meios de produção
e iniciativa económica pública 222

CAPITULO VII
O PRINCÍPIO DO PLANEAMENTO ECONÓMICO 225

2.7.1. Noções gerais 225
2.7.2. O planeamento no texto constitucional 228
2.7.3. O planeamento na prática constitucional 230

CAPÍTULO VIII
O PRINCÍPIO DO FOMENTO ECONÓMICO 233

2.8.1. Noções gerais 233
2.8.2. O fomento das atividades desenvolvidas pelas entidades
do setor cooperativo e social 234
2.8.3. O fomento da atividade económica privada em geral 235
2.8.4. Os programas de fomento económico da União Europeia 236
2.8.5. Os limites impostos pelo Direito da União às ajudas de Estado 237

CAPÍTULO IX
O PRINCÍPIO DA ECONOMIA DE CIRCULAÇÃO
OU DE MERCADO E DA LIVRE CONCORRÊNCIA 241

2.9.1. Noções gerais 241
2.9.2. Do conceito económico de concorrência
    às normas de defesa da concorrência 243
2.9.3. A defesa da livre concorrência no texto constitucional 245
2.9.4. A defesa da economia de mercado e da livre concorrência
    na Constituição Económica comunitária 246

CAPÍTULO X
O PRINCÍPIO DA REGULAÇÃO ECONÓMICA 249

2.10.1. Noções gerais 249
2.10.2. O conceito de regulação pública económica 252
2.10.3. Os poderes regulatórios 253

TÍTULO III
OS DIREITOS FUNDAMENTAIS ECONÓMICOS CLÁSSICOS 257

CAPÍTULO I
A LIBERDADE DE PROFISSÃO 259

3.1.1. Noções gerais 259
  a) *Natureza clássica do direito: a liberdade de profissão como direito da personalidade* . 259
  b) *Liberdade de trabalho e direito ao trabalho* 262
  c) *Conceito constitucional de profissão* 271
  d) *Elementos do conceito: a irredutível individualidade da liberdade
    de profissão* 274
  e) *Profissões liberais e assalariadas, profissões manuais, intelectuais
    e artísticas* 276
  f) *Definição de profissão e distinção de figuras afins: a liberdade de empresa
    (remissão) e o direito de acesso a funções públicas* 279
3.1.2. Liberdade de profissão e direito de acesso a funções públicas 281
  a) *O direito de acesso a funções públicas; inserção sistemática do art.º 47.2 CRP* . . . 281
  b) *O caso do "exercício privado de funções públicas"* 284
  c) *As profissões consubstanciadoras de um "exercício privado de funções públicas"* . . 288

d) *A recondução do direito de escolha e exercício das profissões consubstanciadoras de um exercício privado de funções públicas ao n.º 2, e não ao n.º 1 do art.º 47.º CRP* . . 297

3.1.3. Liberdade de profissão e direito de acesso a profissões «estadualmente vinculadas»: noções prévias; as profissões de médico e de advogado 299

  a) *As profissões colegiadas em Ordens, em regra, como profissões privadas ainda que «estadualmente vinculadas»* 299
  b) *A vertente funcional das profissões colegiadas em Ordens* 300
  c) *A profissão de médico* 303
  d) *A profissão de advogado* 305

3.1.4. Liberdade de profissão e direito de acesso a profissões «estadualmente vinculadas» (cont.): a profissão de farmacêutico e a atividade de farmácia na jurisprudência do Tribunal Constitucional e do Tribunal de Justiça da União Europeia 308

  a) *A profissão de farmacêutico; a atividade de farmácia como vertente inseparável da profissão privada de farmacêutico* 308
  b) *A profissão de farmacêutico e o Acórdão do Tribunal Constitucional n.º 76/85, de 6 de Maio* 309
  c) *O Ac. TC n.º 76/85 (cont.); voto de vencido do Conselheiro Vital Moreira* 310
  d) *O Ac. TC n.º 76/85 (cont.); o pressuposto inquestionado da farmácia como objeto possível de direito de propriedade; aplicação à atividade de farmácia dos critérios de distinção entre a atividade empresarial e a atividade profissional* 313
  e) *O Ac. TC n.º 76/85 (cont.); o regime administrativo de autorização constitutiva como elemento eventualmente indiciador da farmácia como atividade empresarial, e não profissional* stricto sensu 319
  f) *O Ac. TC n.º 76/85 (cont.); o regime privatístico (civil e comercial) de transmissão da farmácia como elemento eventualmente indiciador da farmácia como objeto passível de direito de propriedade, e não como uma intransmissível atividade profissional* stricto sensu 323
  g) *O Ac. TC n.º 76/85 (cont.); a eventual natureza da atividade de farmácia como atividade pública concessionada a privados, em regime de profissão liberal* 325
  h) *A profissão de farmacêutico e o Acórdão do Tribunal Constitucional n.º 187/01, de 2 de Maio* 330
  i) *A profissão de farmacêutico e o Acórdão do Tribunal de Justiça da União Europeia sobre farmácias de 19 de Maio de 2009* 333
  j) *A profissão de farmacêutico e a liberalização da «propriedade» dos estabelecimentos farmacêuticos encetada pelo DL 307/2007, de 31 de Agosto* . . 338

3.1.5. Liberdade de escolha, liberdade de exercício e conteúdo essencial na liberdade de profissão: a «imagem de profissão» 340

CAPÍTULO IX
O PRINCÍPIO DA ECONOMIA DE CIRCULAÇÃO
OU DE MERCADO E DA LIVRE CONCORRÊNCIA 241

2.9.1. Noções gerais 241
2.9.2. Do conceito económico de concorrência
   às normas de defesa da concorrência 243
2.9.3. A defesa da livre concorrência no texto constitucional 245
2.9.4. A defesa da economia de mercado e da livre concorrência
   na Constituição Económica comunitária 246

CAPÍTULO X
O PRINCÍPIO DA REGULAÇÃO ECONÓMICA 249

2.10.1. Noções gerais 249
2.10.2. O conceito de regulação pública económica 252
2.10.3. Os poderes regulatórios 253

TÍTULO III
OS DIREITOS FUNDAMENTAIS ECONÓMICOS CLÁSSICOS 257

CAPÍTULO I
A LIBERDADE DE PROFISSÃO 259

3.1.1. Noções gerais 259
   a) *Natureza clássica do direito: a liberdade de profissão como direito da personalidade* . 259
   b) *Liberdade de trabalho e direito ao trabalho* 262
   c) *Conceito constitucional de profissão* 271
   d) *Elementos do conceito: a irredutível individualidade da liberdade
       de profissão* 274
   e) *Profissões liberais e assalariadas, profissões manuais, intelectuais
       e artísticas* 276
   f) *Definição de profissão e distinção de figuras afins: a liberdade de empresa
       (remissão) e o direito de acesso a funções públicas* 279
3.1.2. Liberdade de profissão e direito de acesso a funções públicas 281
   a) *O direito de acesso a funções públicas; inserção sistemática do art.º 47.2 CRP* ... 281
   b) *O caso do "exercício privado de funções públicas"* 284
   c) *As profissões consubstanciadoras de um "exercício privado de funções públicas"* .. 288

DIREITO ADMINISTRATIVO DA ECONOMIA

d) *A recondução do direito de escolha e exercício das profissões consubstanciadoras de um exercício privado de funções públicas ao n.º 2, e não ao n.º 1 do art.º 47.º CRP* . . 297

3.1.3. Liberdade de profissão e direito de acesso a profissões «estadualmente vinculadas»: noções prévias; as profissões de médico e de advogado 299

a) *As profissões colegiadas em Ordens, em regra, como profissões privadas ainda que «estadualmente vinculadas»* 299
b) *A vertente funcional das profissões colegiadas em Ordens* 300
c) *A profissão de médico* 303
d) *A profissão de advogado* 305

3.1.4. Liberdade de profissão e direito de acesso a profissões «estadualmente vinculadas» (cont.): a profissão de farmacêutico e a atividade de farmácia na jurisprudência do Tribunal Constitucional e do Tribunal de Justiça da União Europeia 308

a) *A profissão de farmacêutico; a atividade de farmácia como vertente inseparável da profissão privada de farmacêutico* 308
b) *A profissão de farmacêutico e o Acórdão do Tribunal Constitucional n.º 76/85, de 6 de Maio* 309
c) *O Ac. TC n.º 76/85 (cont.); voto de vencido do Conselheiro Vital Moreira* 310
d) *O Ac. TC n.º 76/85 (cont.); o pressuposto inquestionado da farmácia como objeto possível de direito de propriedade; aplicação à atividade de farmácia dos critérios de distinção entre a atividade empresarial e a atividade profissional* 313
e) *O Ac. TC n.º 76/85 (cont.); o regime administrativo de autorização constitutiva como elemento eventualmente indiciador da farmácia como atividade empresarial, e não profissional stricto sensu* 319
f) *O Ac. TC n.º 76/85 (cont.); o regime privatístico (civil e comercial) de transmissão da farmácia como elemento eventualmente indiciador da farmácia como objeto passível de direito de propriedade, e não como uma intransmissível atividade profissional stricto sensu* 323
g) *O Ac. TC n.º 76/85 (cont.); a eventual natureza da atividade de farmácia como atividade pública concessionada a privados, em regime de profissão liberal* ... 325
h) *A profissão de farmacêutico e o Acórdão do Tribunal Constitucional n.º 187/01, de 2 de Maio* 330
i) *A profissão de farmacêutico e o Acórdão do Tribunal de Justiça da União Europeia sobre farmácias de 19 de Maio de 2009* 333
j) *A profissão de farmacêutico e a liberalização da «propriedade» dos estabelecimentos farmacêuticos encetada pelo DL 307/2007, de 31 de Agosto* .. 338

3.1.5. Liberdade de escolha, liberdade de exercício e conteúdo essencial na liberdade de profissão: a «imagem de profissão» 340

a) *Os momentos da escolha e do exercício na estrutura do art.º 47.1 CRP* 340
b) *A exigência de habilitações académicas como restrição à liberdade de escolha de profissão* 347
c) *A exigência de habilitações académicas (cont.): o papel das Universidades no acesso às profissões intelectuais protegidas* 353
d) *A liberdade de escolha de qualquer das profissões privadas social e/ou legalmente tipificadas – com inclusão no objeto da escolha do conjunto de competências tradicionalmente ligadas à respetiva imagem – como conteúdo essencial da liberdade de profissão* 357
e) *A inaplicabilidade no nosso direito do 3.º grau de restrições da* Sthufentheorie . . . 361
f) *O 4.º grau de restrições: a total impossibilidade de «nacionalização com instituição de uma reserva de setor público» de qualquer profissão privada* 364

3.1.6. Liberdade de profissão e Ordens profissionais 368
a) *Noções prévias: o risco acrescido para a liberdade de escolha de profissão que apresenta a opção do legislador pela autorregulação através da instituição de associações públicas profissionais de pertença obrigatória* 368
b) *A posição de reserva da Constituição face à figura da associação pública* 371
c) *Limitações decorrentes do art.º 47.º, n.º 1 CRP quer para o legislador, quer para as Ordens Profissionais, quanto à amplitude dos poderes destas sobre os seus membros e candidatos a membros* 374
d) *A Lei 2/2013, de 10.01 (lei-quadro das associações públicas profissionais): o novo regime geral de acesso e exercício das profissões colegiadas* 377
e) *A Lei 2/2013, de 10.01 (cont.); a pretensão de superioridade normativa desta lei parlamentar sobre os estatutos das ordens, também eles aprovados por lei da AR: ensaio de justificação* 379
f) *A Lei 2/2013, de 10.01 (cont.); a sua sobreposição normativa com o DL 92/2010, de 26.07, e a Lei 9/2009, de 04.03, que transpõem diretivas comunitárias, por um lado, e o «Memorando de entendimento sobre as condicionalidades de política económica», por outro lado* 382

CAPÍTULO II
A LIBERDADE DE EMPRESA 385

3.2.1. Âmbito de aplicação do art.º 61.º CRP. 385
a) *Iniciativa privada, iniciativa cooperativa e iniciativa autogestionária* 385
b) *Direito de livre iniciativa económica privada e liberdade económica privada; a exclusão da liberdade de consumo e dos atos e operações económicas singulares do âmbito do art.º 61.º n.º 1, CRP* 389
c) *À laia de conclusão: a equivalência entre as expressões "direito de livre iniciativa económica privada" e "liberdade de empresa"* 393

d) *Distinção de figuras afins: liberdade de empresa e direito de propriedade; liberdade de empresa e liberdade de trabalho e profissão (remissão)* 401

3.2.2. Liberdade de empresa e liberdade de profissão 406
 a) *Aspetos comuns* 406
 b) *Em tomo dos conceitos jurídico-constitucionais de «empresa» e «profissão»: primeiro esboço de distinção* 410
 c) *A autonomização de um estatuto constitucional da «profissão» relativamente ao da «empresa»* 419
 d) *Confronto entre os conteúdos essenciais das liberdades de profissão e de empresa; a inexistência de uma específica proteção constitucional da imagem socialmente identificada de cada um dos setores económicos ou de produção.* 423

3.2.3. A questão dos limites da intervenção económica do legislador prevista no art.º 61.º, n.º 1, CRP 429
 a) *O paradoxo de um direito, liberdade e garantia sujeito à intervenção conformadora do legislador* 429
 b) *Alcance da remissão para a lei da definição dos quadros nos quais se exerce a liberdade de empresa* 433
 c) *Os dois momentos compreendidos pela liberdade de empresa: o acesso e o exercício à/da atividade empresarial* 443
 d) *A questão da aplicabilidade do regime orgânico-formal dos direitos, liberdades e garantias à liberdade de empresa enquanto «direito análogo»* 450
 e) *A intervenção dos poderes públicos na gestão das empresas privadas: análise do art.º 86.º, n.º 2 CRP* 451

3.2.4. O regime administrativo da liberdade de empresa: os atos concessórios, autorizativos e de comunicação condicionadores do acesso a atividades económico-empresariais à luz dos artigos 61.º e 86.º/3 CRP 453
 a) *Noções prévias* 453
 b) *Atividades públicas, atos concessórios e atos autorizativos: noções prévias* 461
 c) *Atividades públicas, atos concessórios e atos autorizativos (cont.): as autorizações administrativas no direito da União Europeia e no direito nacional* 467
 d) *Atividades públicas, atos concessórios e atos autorizativos (cont.): autorizações discricionárias ou constitutivas versus autorizações recognitivas ou declarativas* 472
 e) *Atividades públicas, atos concessórios e atos autorizativos (cont.): análise de alguns «procedimentos de atribuição concorrencial» de supostas autorizações administrativas* 478
 f) *Autorizações silentes ou tácitas e atos de comunicação* 483

CAPÍTULO III
O DIREITO DE PROPRIEDADE PRIVADA; EM ESPECIAL,
A GARANTIA CONSTITUCIONAL DE PROPRIEDADE
DE MEIOS DE PRODUÇÃO 495

3.3.1. Noções gerais 495
   a) Conteúdo básico do direito fundamental de propriedade privada 495
   *b) A dimensão positiva do direito: o direito fundamental de propriedade
      privada também, genericamente, como direito económico e social (a prestações)* .. 498
   *c) Os distintos regimes constitucionais da propriedade: regime constitucional geral
      vs. regimes constitucionais especiais* 499
   *d) O direito fundamental de propriedade privada também como princípio
      objetivo da organização económica* 504
   *e) O direito de propriedade privada como garantia institucional
      e garantia de instituto: noções prévias* 505
   f) O direito de propriedade privada como garantia de instituto 507
3.3.2. O conceito constitucional de (direito de) propriedade
      como conceito amplo que alcança em geral todos os direitos
      subjetivos de conteúdo patrimonial 509
   a) Noções prévias 509
   *b) A inclusão no conceito constitucional de propriedade dos direitos
      reais menores, da posse, dos direitos industriais e dos direitos de autor,
      dos direitos de crédito e dos direitos patrimoniais públicos* 510
   *c) O direito fundamental de propriedade privada e os direitos subjetivos
      públicos de carácter social (direitos a prestações)* 511
   *d) A exclusão dos meros interesses legítimos do âmbito de aplicação
      do art.º 62.º CRP* 512
3.3.3. O direito fundamental de propriedade privada como direito,
      liberdade e garantia de natureza análoga 513
   a) Noções prévias 513
   *b) A exclusão das entidades públicas do âmbito de aplicação do art.º 62.º/1 CRP,
      dada a insusceptibilidade de serem titulares de direitos, liberdades e garantias* ... 516
   *c) A questão da aplicabilidade do regime orgânico-formal dos direitos, liberdades
      e garantias ao direito de propriedade privada enquanto «direito análogo»* 517
   *d) Os limites imanentes ao direito: a garantia constitucional do direito
      "nos termos da Constituição" ou a chamada função social da propriedade* 519
   *e) Os limites imanentes ao direito (cont.): a não funcionalização
      estrutural ou interna do direito a fins de interesse geral* 521
3.3.4. A transformação da garantia individual da propriedade
      numa garantia do valor desta: análise do n.º 2 do art.º 62.º CRP 524

a) *Noções prévias* 524
b) *Os conceitos constitucionais de requisição e expropriação por utilidade* pública ... 526
c) *Expropriação por utilidade pública vs. expropriação por utilidade particular* ... 531
d) *Expropriação por utilidade pública vs. expropriação por utilidade particular (cont.); a problemática constitucional específica da usucapião* 533
e) *A distinção, nas onerações da propriedade, entre sacrifício indemnizável e vinculação social não indemnizável* 539
f) *O conceito constitucional de justa indemnização* 542

3.3.5. A garantia constitucional de propriedade dos meios de produção 545
a) *Noções prévias* 545
b) *Significado e alcance da apropriação pública de meios de produção prevista no art.º 83.º CRP* 546
c) *A expropriação, arrendamento e concessão de exploração compulsivos de meios de produção em abandono (art.º 88.º CRP): noções prévias* 549
d) *A expropriação, arrendamento e concessão de exploração compulsivos de meios de produção em abandono (cont.): âmbito de aplicação do art.º 88.º CRP* 554
e) *A expropriação, arrendamento e concessão de exploração compulsivos de meios de produção em abandono (cont.): a apropriação pelo Estado de bens imóveis em estado de abandono e sem dono conhecido* 556
f) *O caráter também materialmente administrativo dos atos de nacionalização ou apropriação pública de meios de produção* 562
g) *Os possíveis distintos meios e formas de apropriação pública de meios de produção no plano da legislação ordinária* 566
h) *A questão da indemnização devida pelos atos de nacionalização ou apropriação pública* . 569

CAPÍTULO IV
DIREITOS FUNDAMENTAIS ECONÓMICOS CLÁSSICOS *VERSUS* LIBERDADES ECONÓMICAS FUNDAMENTAIS COMUNITÁRIAS 573

3.4.1. Razão de ordem 573
3.4.2. Liberdades económicas que integram o acervo dos direitos fundamentais constitutivos da cidadania política europeia *versus* liberdades económicas fundamentais comunitárias: remissão 574
3.4.3. Direitos fundamentais económicos clássicos internos *versus* liberdades económicas fundamentais comunitárias: em especial, a distinção nos planos valorativo e material 576
3.4.4. O carácter funcional das liberdades económicas fundamentais comunitárias e a circunscrição das garantias individuais nelas assentes ao (limitado) quadro de competências das instituições comunitárias: o caso paradigmático da chamada «discriminação inversa» .. 578

NOTA INTRODUTÓRIA

1. As presentes lições resultam de uma já longa experiência docente do autor no ensino de disciplinas da área do direito económico: na Faculdade de Direito da Universidade Lusíada do Porto, de 1994 a 1999 (Direito Económico e Direito Internacional Económico), e na Faculdade de Direito da Universidade do Porto de 2008 até hoje (Direito Económico e Direito da Regulação e da Concorrência). De há seis para anos para cá os sumários desenvolvidos que foram sendo disponibilizados aos alunos têm sido objeto de progressivos acrescentos e melhoramentos, ano após ano, até ao dia em que entendi terem tais apontamentos atingido a maturidade desejável para uma obra desta natureza, condição necessária para a respetiva publicação.

2. Dois esclarecimentos prévios, quanto ao título e ao âmbito do trabalho que ora se dá à estampa.

Em vez dos títulos tradicionais «Direito Económico», «Direito da Economia» ou «Direito Público da Economia», resolvi escolher a designação mais circunscrita de «Direito Administrativo da Economia», primeiramente adotada na doutrina portuguesa por Marcello Caetano relativamente a este mesmo conjunto de matérias, e cujo ensino unificado e aprofundado numa só disciplina conheceu entre nós, há quase quatro décadas, a sua primeira experiência com os «Elementos para um Curso de Direito Administrativo da Economia», de Augusto de Athayde.

Como inequivocamente decorre do título escolhido, estão excluídas do objeto destas lições as matérias grosso modo reconduzíveis ao direito privado e ao direito penal, e ainda os ramos de direito público cuja autonomia é pacificamente aceite, como são os casos do Direito Tributário, do Direito Financeiro Público e do Direito Monetário. Já não, obviamente, o direito constitucional e o direito comunitário; nenhuma disciplina jurídica dispensa aliás atualmente o tratamento dos respetivos fundamentos constitucionais, e para um bom número delas o mesmo se diga no respeitante ao direito comunitário (e, ainda, ao direito internacional público) – sendo esta necessidade especialmente evidente no que concerne a todo o direito administrativo.

3. Este primeiro volume das lições, e para além da indispensável introdução à matéria, é todo ele dedicado à Constituição Económica, verdadeira «tête de chapitre» do Direito Administrativo da Economia. Nele abordo os fundamentos desta disciplina, deixando o seu desenvolvimento para um segundo volume, onde tenciono analisar, já no plano da legislação ordinária, as normas relativas à intervenção dos poderes públicos na vida económica, quer tal intervenção se efetive por intermédio da própria Administração, enquanto agente produtivo ou prestador de bens (ou através de interferências diretas avulsa nos circuitos de produção e distribuição de bens e de prestação de serviços) – é a chamada intervenção direta –, quer se traduza ela numa atividade de infraestruturação, de planeamento, de fomento ou de regulação das atividades económicas privadas, modalidades todas elas de intervenção indireta ou regulatória lato sensu.

Notará o leitor que nele têm um tratamento mais abreviado a grande maioria dos princípios económicos fundamentais e das tarefas e fins expressa e enfaticamente cometidos ao Estado pelas normas programáticas com elevada carga semântica que abundam nesta parte do texto constitucional. Na verdade, são tais princípios ainda tributários de um modelo de Estado providencialista e economicamente dirigista – um Estado que recorre a desenvolvidas técnicas de planificação e que detém vastos setores empresariais em resultado de uma política agressiva de nacionalizações, e que julgo estar hoje definitivamente ultrapassado. Quais ramos secos de uma árvore a que já foi cortada a raiz, a maioria dos preceitos da nossa atual Constituição Económica formal está condenada à «poda» das próximas revisões da lei fundamental – razão bastante, por si só, para não merecerem mais o estudo de tipo aturado de que já foram objeto (então sim, justificadamente) nos vinte anos que se seguiram à aprovação da Constituição de 1976.

4. Mais do que isso, tal qual as projeto, não privilegiarão as lições cujo primeiro volume é agora publicado, no tratamento global deste conjunto de matérias, a componente constitucional ou constitucionalista.

Assim, mesmo na abordagem que começa por se encetar com este primeiro tomo aos princípios constitucionais, é dada preferência àqueles que maior imbricação têm com o direito administrativo, como é caso das normas consagradoras de direitos fundamentais económicos clássicos (nomeadamente das liberdades de profissão e de empresa e do direito de propriedade privada): com efeito, são estes direitos com numerosas e fortes incidências administrativas (sobretudo no domínio da administração regulatória) tratados sobretudo do ponto de vista da respetiva resistência a possíveis restrições trazidas por normas de direito administrativo.

O escasso desenvolvimento doutrinário que tais direitos mereceram até agora entre nós (o que se nota desde logo nas demais lições de Direito Económico) tem dificultado sobremodo a sujeição ao teste de constitucionalidade das incontáveis restrições legais que povoam o ordenamento administrativo da economia, podendo-se dizer que os tribunais estão nesta matéria «entregues a si próprios» – no caso com prejuízo para a liberdade económica, como se poderá facilmente constatar da permissiva jurisprudência do Tribunal Constitucional. Os direitos fundamentais económicos clássicos constituirão por isso, inclusive, o nosso ponto de partida para o estudo do ordenamento administrativo económico, tornando-se, por assim dizer, o omnipresente referencial de todas as matérias abordadas. Eles constituem «o outro prato da balança», se tivermos presente que o Direito Administrativo da Economia é também e sobretudo a expressão jurídica do equilíbrio entre a intervenção dos poderes públicos na vida económica e a liberdade económica, o mesmo é dizer, as garantias fundamentais das pessoas face a essa intervenção.

Esta acentuação que pretendemos imprimir ao nosso curso justifica-se antes do mais pelo facto de as demais lições de Direito Económico que se publicaram entre nós nas últimas quatro décadas – em razão sobretudo (segundo cremos) da origem, vocação e formação científicas dos respetivos autores – refletirem todas elas outras sensibilidades científicas que não aquela que é própria dos cultores do direito administrativo geral. Razão pela qual, e dado este contexto, o ensino de uma disciplina que na sua arquitetura, nas suas prioridades e nos seus desenvolvimentos se guie essencialmente pela sensibilidade jusadministrativa acaba por ser um contributo mais útil para o conhecimento científico do que um repisar de qualquer das abordagens tradicionais a estas matérias.

5. Com a publicação destas lições, não quero deixar de prestar uma sentida homenagem a duas figuras maiores do direito público pátrio: ao meu amigo Luís Cabral de

Moncada, de quem fui aluno e assistente na disciplina de Direito Económico, e que me iniciou nestas matérias, e ao Professor Doutor Augusto de Athayde, falecido este ano, e que tive a honra de conhecer, autor de umas magníficas lições pioneiras publicadas há quatro décadas com esta mesma designação de «Direito Administrativo da Economia».

Porto, 1 de Julho de 2014

João Pacheco de Amorim

INTRODUÇÃO

INTRODUÇÃO

TÍTULO I
NOÇÃO DE DIREITO ADMINISTRATIVO DA ECONOMIA

TÍTULO I

CAPÍTULO I
EM TORNO DO OBJETO E DA AUTONOMIA CIENTÍFICA DA DISCIPLINA

1.1.1. As clássicas dissensões sobre o objeto e a autonomia científica de um Direito Económico ou Direito da Economia

a) *O ensino da disciplina de Direito Económico nas Faculdades de Direito e Economia*

A disciplina cujo ensino ora encetamos agrega um conjunto de matérias (a Constituição Económica, a intervenção do Estado na economia, a defesa da concorrência e da livre circulação) que são tradicionalmente lecionadas nas nossas Faculdades de Direito e de Economia[1] sob a designação de Direito Económico (ou então Direito da Economia)[2][3].

---

[1] Note-se que, e como bem nota José Luís Saldanha Sanches, na maioria das Faculdades de Economia o que se ensina "é uma tentativa mais ou menos conseguida" de, numa única disciplina, "proporcionar uma introdução ao direito a economistas ou gestores" (*Direito Económico. Um projeto de reconstrução*, Coimbra, 2008, p. 9).

[2] Concordamos com Luís Silva Morais, quando este autor critica a querela terminológica em torno de uma suposta distinção entre um *direito da economia* "como uma espécie de *nomen iuris* genérico, que cobriria várias áreas normativas mais diretamente relacionadas com a atividade económica (incluindo no campo do direito privado)", e um *direito económico* que enquanto conceito já designaria "um ramo de direito autónomo, de fundo publicístico", que cobriria "formas de heterodeterminação ou ordenação da atividade económica" (*Direito da Economia*, vol. I, Lisboa, 2014, pp. 36-37): também para nós direito da economia e direito económico são sinónimos.

[3] O presente capítulo corresponde, com alterações de pormenor, ao trabalho que publicámos sob o título "*Direito Administrativo da Economia*", in «Estudos de Homenagem ao Prof. Doutor Aníbal de Almeida», pp. 99 a 125, Coimbra Editora, Coimbra, 2012.

Pois bem, não obstante o amplo consenso sobre a necessidade de incluir estas matérias na formação básica quer dos juristas[4], quer dos economistas, são conhecidas as dissensões doutrinárias no momento em que se procura chegar a uma mais precisa delimitação do objeto de uma tal disciplina e, de um modo geral, sobre a respetiva autonomia científica[5].

b) *Posição adotada relativamente à identidade própria e autonomia de um Direito da Economia*

Malgrado não poucos dos seus cultores sustentarem as respetivas identidade própria e autonomia face às demais disciplinas jurídicas, a verdade é que – e antecipando o que iremos tentar demonstrar ao longo do presente capítulo – os argumentos esgrimidos por esta corrente (inclusive por aqueles que defendem a autonomia jurídica de uma disciplina com tal designação em termos já algo restritos) não são, a nosso ver, convincentes.

1.1.2. Sobre a suposta autonomia científica da disciplina como novo ramo do direito

a) *As várias tentativas de delimitação de um âmbito próprio da disciplina*

As posições doutrinárias a que acabamos de fazer referência tentam delimitar o âmbito da disciplina em questão seja com base numa nova e *especial interação entre o direito e a economia* (a essência da disciplina seria assim a sua interdisciplinaridade), seja em razão da peculiar *finalidade* prosseguida pelas suas normas (que ora seria o equilíbrio entre agentes económicos públicos e privados, ora seria a realização do interesse geral, ora ainda a prossecução de novos fins salutistas e desenvolvimentistas através da realização de políticas económicas), seja, enfim, em função de um *objeto* centrado nos fatores

---

[4] Cfr. EDUARDO PAZ FERREIRA, *Direito da Economia*, Lisboa, 2001, pp. 15-16.
[5] As dificuldades sentidas na definição do objeto desta disciplina nas Faculdades de Direito portuguesas que a incluíram no currículo das respetivas licenciaturas jurídicas não constituem um problema exclusivo nosso, quiçá resultante da escassa reflexão em torno do tema: como bem frisa SALDANHA SANCHES, "uma breve passagem por outros sistemas dá-nos a mesma indicação" e confirma as mesmas conclusões (*Direito Económico*, cit., p. 21).

determinantes do funcionamento da Economia (fatores esse que seriam, consoante a perspetiva adotada, ou os agentes económicos – as empresas, públicas e privadas –, ou o sistema económico no seu todo, ou ainda os poderes públicos enquanto qualificados interventores na vida económica)[6].
Vejamos então onde segundo o nosso parecer falham estas propostas.

b) *A sua suposta interdisciplinaridade*

Quanto à alegada interdisciplinaridade como característica irrepetível do chamado Direito Económico, e como bem sublinha Jorge Miranda, a necessidade de ter em conta a realidade social (no caso, a economia) está longe de ser privativa de uma delimitada zona do saber jurídico[7]. Atente-se, por exemplo, ao direito constitucional, que não prescinde das realidades política e sociológica, e ao direito administrativo, cuja íntima ligação à realidade administrativa é também conhecida.

Pois bem, do mesmo modo que os referidos vínculos não justificam o abandono por parte dos cultores daquelas disciplinas jurídicas do método dogmático, para passarem a fazer respetivamente análise política, sociológica ou administrativa, também nesta particular zona do direito não está o jurista legitimado a preterir o raciocínio jurídico para o substituir pela análise económica[8].

Não quer isto dizer, note-se bem, que tal especial interação entre direito e economia (especialmente evidente e problemática em áreas novas como a disciplina jurídica do comércio internacional, a resolução de conflitos no âmbito da Organização Mundial do Comércio e a regulação económica e financeira internacional)[9] não justifique a obtenção, por parte dos juristas que

---

[6] Sobre a problemática do objeto e método de uma disciplina de Direito Económico e as várias posições da doutrina nesta matéria, ver JORGE MIRANDA, *Direito Económico*, «Enciclopédia Polis do Direito e do Estado», vol. II, 1984, pp. 440-444, e, mais recentemente, MARIA EDUARDA AZEVEDO, em *Temas de Direito da Economia*, Coimbra, 2013, pp. 9-52.
[7] Cfr. *Direito Económico*, cit., p. 442.
[8] Neste sentido, ver JORGE MIRANDA, ob. cit., loc. cit..
[9] Como observa SALDANHA SANCHES, a designação Direito Económico tem sido usada sobretudo para tratar estes outros setores que não os tradicionais domínios como os do Direito da Obrigações ou dos Direitos Reais, "onde a economia emerge com mais nitidez do discurso jurídico, apenas porque são setores onde o trabalho de integração e construção jurídicas dos

se dedicam ao «núcleo duro» de toda esta zona do direito, de uma formação científica mais alargada, nomeadamente ao mundo das ciências económicas – legitimando inclusive essa necessidade a existência nas Faculdades de Direito de um grupo científico à parte devotado às chamadas Ciências Jurídico-Económicas (grupo pluridisciplinar que abrange o Direito Fiscal, o Direito Financeiro Público, o Direito Monetário Europeu, o Direito da Concorrência, etc.). Só que esse traço comum é insuficiente para justificar o agrupamento das restantes matérias jurídico-económicas não englobadas em tais específicas disciplinas numa última disciplina de fronteira, por assim dizer residual, sob o genérico rótulo de Direito Económico ou Direito da Economia[10].

novos objetos se encontra ainda no seu início": trata-se de novos domínios onde "o discurso jurídico ainda aparece como que submerso pela realidade económica que deve disciplinar", com permanente e sistemático recurso " a conceitos de matriz económica" (*Direito económico*, cit., pp. 22-23)

[10] SALDANHA SANCHES insiste mais do que uma vez, para sustentar a inadequação de um conteúdo programático como o que aqui propomos para a disciplina de Direito Económico, que "numa cadeira da menção de jurídico-económicas, não pode ter lugar (sob pena da demonstração prática do esvaziamento e da ausência de *diferentia specifica* da menção)" o estudo de um direito administrativo especial, como o direito da regulação, pois este tipo de estudos teriam a sua sede própria na secção de Ciências Jurídico-Políticas – não cabendo à menção de Jurídico-Económicas "tratar de forma superficial temas que cometem a outras secções" (*Direito Económico*, cit., p. 128).
Este argumento só teria a nosso ver alguma valia em escolas como a Faculdade de Direito de Lisboa, onde a disciplina de Direito Económico é uma cadeira opcional agregada ao grupo de disciplinas confiadas à secção de Ciências Jurídico-Económicas – não, por exemplo, na Faculdade de Direito do Porto, onde ela integra o elenco das cadeiras obrigatórias do curso de licenciatura. De todo o modo, mesmo no primeiro caso o argumento é a nosso ver improcedente, na medida em que se pressupõe que um cultor das Ciências Jurídico Económicas não consiga tratar mais do que superficialmente um tema de direito administrativo especial (ou de direito privado especial). Na verdade, a formação vocacional (e que com o tempo se torna numa formação base) de qualquer jurista universitário *enquanto jurista* (não enquanto economista ou «para-economista») – aqui se incluindo os juristas das chamadas secções de jurídico-económicas – entronca (deve entroncar) sempre e por definição pelo menos numa das grandes áreas científicas do direito (direito privado, direito público e administrativo, direito penal). Muito mau sinal seria para esses cultores das ditas ciências jurídico-económicas a admissibilidade de uma tal *capitis deminutio*...

c) *A falta também de uma nova e distinta finalidade das respetivas normas*

No que respeita à moderna e *distinta finalidade* para que convergiriam as (novas) normas de direito económico (a qual recorde-se, ora se traduziria na prossecução quer de um indefinido *interesse geral*, quer ainda dos *novos fins salutistas e desenvolvimentistas* através da realização de políticas económicas – uns e outros fins conceptualmente não coincidentes com o clássico interesse público que caracteriza as normas de direito administrativo), estamos perante um critério demasiado vago e notoriamente insuficiente para sustentar por si só a autonomia científica de uma nova disciplina jurídica.

Para além do mais, esta posição incorre também no risco de estender desmesuradamente o âmbito do Direito Económico, com injustificada invasão do âmbito próprio de várias disciplinas jurídicas tradicionais[11].

d) *O insucesso das várias tentativas de autonomização de um direito económico como novo ramo do direito em razão do objeto*

Finalmente, e no que concerne às várias tentativas de autonomização de um novo ramo do direito em razão do respetivo *objeto*, enquanto *quid especificum*, acaba a maioria delas por enfermar também a nosso ver dos defeitos que apontámos às demais correntes doutrinárias.

Falta desde logo a uma autónoma disciplina científica que reivindique para si a ambiciosa designação de Direito Económico um objeto específico e próprio, que não pode ser (pela sua excessiva vastidão) o conjunto de princípios e regras que disciplinam a atividade económica. Não é pois sustentável a existência, como disciplina científica autónoma, de um Direito Económico erigido em direito global da economia, com superação da clássica divisão do direito nos seus vários ramos[12].

---

[11] C. Ferreira de Almeida elege o (a realização do) «interesse geral» (um conceito não coincidente com a noção usual do «interesse público» que preside às normas de direito administrativo) como mínimo denominador comum das normas de Direito Económico. Para o autor existiria assim um Direito Económico Público e um Direito Económico Privado unificados por aquele elemento teleológico (*Direito Económico*, parte II, 1979, pp. 661-689).

[12] Isto mesmo é reconhecido por Maria Eduarda Azevedo (autora que, não obstante, e como se verá na nota seguinte, adere à tese ampla do Direito Económico como ramo que engloba todas as normas relativas ao sistema económico na sua globalidade): "o direito da economia

Por seu turno, um Direito Económico que abrangesse toda a regulação das empresas (ou, de um ponto de vista mais atento à atividade empresarial, que se configurasse como um direito dos negócios) pecaria, por um lado, por defeito, pois seria excessivamente redutor, excluindo como excluiria do seu objeto imediato boa parte do fenómeno essencial na vida económica vintecentista, nomeadamente toda a intervenção indireta dos poderes públicos na economia (bem como as intervenções diretas nos circuitos de distribuição de bens sem a intermediação de uma empresa pública); e pecaria, por outro lado, por excesso, na medida em que consumiria no seu âmbito o direito das sociedades comerciais – passando olimpicamente por cima da *summa divisio* entre direito público e direito privado.

A conceção do Direito Económico como um ramo autónomo do direito, dedicado ao estudo de todas as normas relativas ao sistema económico na sua globalidade[13] enferma de todos os defeitos que apontámos às conceções

não se há de considerar como o regime jurídico da economia ou da atividade económica", porque "não se pode definir um ramo do direito a partir de um conteúdo não jurídico", sendo de todo o modo uma tal conceção "destituída de qualquer utilidade ou rigor científico" – pelo que o regime da generalidade dos atos económicos seria definido pelo direito patrimonial privado (direito das obrigações, direitos reais, direito comercial), "não se afigurando legítimo promover a sua diluição no âmbito do direito da economia" (*Temas...*, cit., p. 15). Mas fica em aberto o problema do objeto, que a autora não resolve, problema metodológico que se agrava com a sua defesa da «superação» pelo Direito da Economia da «dicotomia direito público/direito privado» (cfr. especialmente pp. 44-49 da obra citada).

[13] Reconduzem-se a esta conceção ampla as definições de Direito da Economia de A. Menezes Cordeiro («sistema resultante da ordenação de normas e princípios jurídicos, em função da organização e direção da economia» – *Direito da Economia*, 2.ª ed., Lisboa, 1988, p. 8), de A. Sousa Franco, («ramo normativo do direito que disciplina, segundo princípios específicos e autónomos, a organização e a atividade económica» – *Direito Económico / Direito da Economia/*, DJAP, vol. IV, p. 46), de António Carlos dos Santos, Eduarda Azevedo e Mª Manuel Leitão Marques («direito específico da ordenação da economia», que inclui «formas de regulação de relações entre entidades privadas, entre entidades públicas e entre umas e outras, quer de natureza pública, quer de natureza privada»; e que integra não apenas a «regulação proveniente das autoridades públicas [Estado e instituições internacionais], mas também o direito regulador das «relações entre particulares e de formas concertadas ou negociadas entre o Estado e os particulares» – *Direito Económico*, 5.ª ed., Coimbra, 2006, p. 26) – definições estas a que adere E. Paz Ferreira (*Direito da Economia*, Lisboa, 2001, p. 24). Maria Eduarda Azevedo, por seu turno, adere a esta posição (cfr. *Temas...*, cit., p. 35 e ss.), com a particularidade de desenvolver e agregar no respetivo sustento todo o disperso argumentário favorável à autonomia da disciplina e que procuramos refutar no texto: para esta autora, na síntese que adianta logo na apresentação da sua obra, "o Direito da Economia

anteriores: um tal objeto é excessivamente vago, alargando desmesuradamente o âmbito da pretensa disciplina que lhe correspondesse, também com ultrapassagem da divisão (para nós intocável) entre direito público e direito privado.

Resta abordar a aceção restritiva do Direito Económico que o delimita pelo seu objeto mas sem o considerar um *quid especificum*, entendendo ser objeto da disciplina o fenómeno da intervenção dos poderes públicos na vida económica. É o que passamos a fazer no ponto que se segue.

1.1.3. Objeto da disciplina. Definição de Direito Administrativo da Economia

a) *Primeira delimitação do objeto da disciplina*

Sem querer apurar ainda em definitivo a resposta à questão de se saber se o chamado Direito Económico enquanto disciplina jurídica goza de uma verdadeira autonomia científica ou de uma mera autonomia pedagógica ou funcional – questão que abordaremos apenas no próximo ponto – estamos à partida de acordo com a visão mais restritiva que circunscreve a disciplina em questão ao campo da intervenção dos poderes públicos na vida económica; o mesmo é dizer que para nós o Direito Económico é – só pode ser – um direito público da economia.

Note-se que esta aceção peca ainda por algum excesso, pois a intervenção dos poderes públicos na vida económica também é objeto de outros ramos do direito público com clara autonomia, como o direito tributário, o direito financeiro público e o direito monetário[14].

Assim, tal intervenção terá que ser circunscrita, por um lado, aos casos em que os poderes públicos figuram como agentes produtivos (através de

---

corresponde a um ramo novo do Direito" cujo corpo normativo "disciplina, segundo princípios próprios e autónomos, a organização e a atividade económica" – consubstanciando "um sistema de normas instrumentais de objetivos claramente definidos que ultrapassam a dicotomia tradicional direito público/direito privado e promovem a compreensão das relações fundamentais entre o Direito e a Economia no quadro de um verdadeiro encontro interdisciplinar" – *Temas...*, cit., p. 5).

[14] Neste sentido, ver JORGE MIRANDA, *Direito Económico*, cit., p. 444.

empresas públicas ou da participação em empresas privadas) e ainda às situações em que eles interferem diretamente nos circuitos de distribuição mediante operações de compra e de venda e outros atos económicos; e por outro lado à atuação das entidades públicas administrativas de infraestruturação, planeamento, fomento e regulação das atividades económicas privadas.

b) *Definição de Direito Administrativo da Economia*

Uma vez feitas as devidas e prévias ressalvas, sempre diremos que passa por aqui a mais importante divisão relativamente ao âmbito do Direito Económico: pela que separa os que sustentam uma aceção ampla da disciplina (o direito económico como um somatório de matérias dispersas sempre resultante de um corte transversal que tende a atravessar quase todos os ramos do direito[15]) e os que pugnam por uma aceção restrita (o direito económico como direito público da economia) – reservando estes últimos a designação Direito Económico para aqueles institutos do Direito Constitucional, do Direito Administrativo, do Direito Comunitário e do Direito Internacional Público que regulam (direta ou indiretamente) a intervenção dos poderes públicos na economia.

Nesta controvérsia assiste pois razão aos que, na esteira da doutrina alemã dominante[16], optam decididamente pela aceção restrita do Direito Económico,

---

[15] É frequente a enumeração desses ramos: teríamos assim como partes integrantes do Direito Económico o direito civil patrimonial, o direito civil dos contratos e das obrigações, o direito comercial, o direito financeiro público, o direito constitucional económico, o direito administrativo económico, o direito económico comunitário, etc.
Percebe-se a tentação: afinal, e como pertinentemente se interroga Saldanha Sanches, "o que são disciplinas tão solidamente ancoradas na tradição jurídica – como a Teoria Geral do Direito Civil, o Direito das Obrigações (quase todo), os Direitos Reais ou o Direito das Sucessões – senão «Direito Económico»? São-no, no sentido de ramos do Direito que tratam de negócios jurídicos (normalmente com um conteúdo económico), de débitos e créditos, de propriedade fundiária ou da transmissão de patrimónios. São Direito Económico porque, sem elas, seria impensável o funcionamento da economia. Escusado será falar de disciplinas mais recentes como o Direito Comercial, o Direito das Sociedades Comerciais, o Direito Bancário ou o Direito dos Valores Imobiliários. No entanto, é precisamente esta enorme vastidão de horizontes, este colossal *embarras de richesse*, que explica a pobreza possível desta disciplina que tanto parecia prometer" (*Direito Económico*, cit., p. 21).
[16] É o caso, entre nós, de Augusto de Athayde (*Elementos para um Curso de Direito Administrativo da Economia*, CCTF, n.ºs 140, 1970, pp. 100-101), Carlos A. Mota Pinto (*Direito*

no sentido de esta disciplina apenas abranger (apenas dever abranger) – e na nossa opinião, como veremos, por razões de índole pedagógico-funcional – as matérias que integram o direito público da economia[17].

Referimo-nos portanto tão só às várias formas de intervenção do Estado na economia: quando o mesmo Estado (em sentido amplo) se serve do Direito como meio ou instrumento para influir sobre os processos de mercado[18], introduzindo nestes metas próprias do Estado Administrativo ou Estado Social, quando ele presta os chamados serviços públicos ou serviços de interesse económico geral, e ainda quando atua diretamente no mercado, em regra como se fora um empresário mais (que assim se «junta» aos empresários privados já existentes no setor económico), mesmo que em ordem à prossecução última de fins de interesse público[19].

Definiremos por conseguinte o Direito Económico – *rectius*, e pelas razões que adiante se explanarão, o *Direito Administrativo da Economia* – como

---

Público da Economia, apontamentos policopiados coligidos por José Manuel Pureza, Fernando Vitorino Queirós e Luís Bianchi de Aguiar, Coimbra 1980-1981, p. 12), JORGE MIRANDA (*Direito Económico*, cit., pp. 445-446) e de LUÍS S. CABRAL DE MONCADA (*Direito Económico*, 4.ª ed., Coimbra, 2003); na doutrina alemã, ver, entre outros, ROLF STOBER, *Derecho Administrativo Económico*, Madrid, 1992; G. PÜTTNER, *Wirtschaftsverwaltungsrecht*, 1989; H. W. ARNDT, *Wirtschaftsverwaltungsrecht*, in Steiner (Org.), «Besonderes Verwaltungsrecht», 3.ª ed., 1988; Peter Badura, *Wirtschaftsverwaltungsrecht*, in von Münch (org.), «Besonderes Verwaltungsrecht», 6.ª ed., 1986; H. D. JARASS, *Wirtschaftsverwaltungsrecht*, 2.ª ed., 1984; W. Thiele, *Wirtschaftsverwaltungsrecht*, 2.ª ed., 1974; E. R. HUBER, *Wirtschaftsverwaltungsrecht*, 2.ª ed., 1953/1954; W. THIELE, *Wirtschaftsverwaltungsrecht*, 2.ª ed., 1974.

[17] É sintomático que nos citados textos à querela metodológica não se siga o que seria lógico e coerente: uma inovadora «disciplina interdisciplinar». É que à maioria dos defensores da aceção ampla de Direito Económico, nas lições que começam a redigir, falece-lhes o ânimo: raramente passam de um primeiro capítulo onde aprofundam sobremodo e precisamente a dita questão (metodológica), abalançando-se quando muito a uma incursão pela Constituição Económica – o mesmo é dizer que nunca tais premissas em sede de objeto e de método acabam por ter, na prática, o seu desenvolvimento lógico, que seria, repita-se, uma «disciplina interdisciplinar» com princípio, meio e fim. Ou então (e contraditoriamente com as premissas de que partem), para além da questão metodológica, o conjunto das matérias que tratam reconduz-se afinal apenas ao direito público económico: é o caso de MARIA EDUARDA AZEVEDO, cujos *Temas de Direito da Economia* (cit.) são, afinal, a Constituição Económica, o setor empresarial do Estado, as privatizações, a regulação económica e as parcerias público-privadas.

[18] KÜBLER, *Über die praktischen Aufgaben zeitgemässer Privatrechtstheorie*, Karlsrue, 1975, p. 52, apud A. Ureba, *La empresa publica*, Madrid, 1985, p. 70.

[19] ALBERTO ALONSO UREBA, *La empresa publica. Aspectos jurídico-constitucionales y de Derecho económico*, Madrid, 1985, p. 70.

o *conjunto de princípios e regras administrativas relativas à intervenção dos poderes públicos na vida económica, quer tal intervenção se efetive por intermédio da própria Administração, enquanto agente produtivo ou prestador de bens, ou através de interferências diretas nos circuitos de produção e distribuição de bens e de prestação de serviços (intervenção direta), quer se traduza ela numa atividade de infraestruturação, de planeamento, de fomento ou de regulação das atividades económicas privadas (intervenção indireta ou regulatória* lato sensu*).*

1.1.4. A autonomização da disciplina não enquanto (novo) ramo do direito público, mas como resposta a uma necessidade didática ou funcional

a) *A pretensa autonomia da disciplina como (novo) ramo do direito* público

Concluímos no ponto anterior que Direito Económico e Direito Público da Economia são (devem ser) uma e a mesma coisa – conquanto fiquem excluídos do seu objeto as normas reguladoras das atividades monetária, financeira e tributária dos poderes públicos. Ou seja, o objeto de uma (nova) disciplina jurídica que se dedique ao estudo das normas reguladoras da intervenção dos poderes públicos na vida económica deverá circunscrever-se às atuações ditas de intervenção neste domínio – quer direta (através sobretudo de empresas públicas) quer indireta (ou de regulação – *lato sensu* – das atividades económicas privadas).

Acompanhamos por isso neste ponto autores como Jorge Miranda, Manuel Afonso Vaz[20], Luís S. Cabral de Moncada[21] e Luís Silva Morais[22], retomando

---

[20] Este autor define o Direito Económico como a «ordenação jurídica das relações entre entes públicos e entre estes e os sujeitos privados na perspetiva da intervenção do Estado na vida económica, em ordem a prosseguir o interesse geral» (*Direito Económico*, 4.ª ed., Coimbra, 1998, p. 30). Dado o todo da definição, o elemento finalístico (prossecução do interesse geral) não coincide com o «interesse geral» que C. Ferreira de Almeida elege como mínimo denominador comum de um direito económico pluridisciplinar que abrangeria partes do direito constitucional, do direito administrativo, do direito penal, do direito privado, etc. (*Direito Económico*, parte II, pp. 661-689).

[21] Autores e obras anteriormente citados. Refira-se que a posição – e a exposição – de Luís S. Cabral de Moncada segue(m) nesta parte a(s) de Mota Pinto.

[22] Também para este autor o direito da economia é constituído pelo "corpo normativo que congrega as principais *formas de disciplina jurídica dos processos de intervenção pública na economia, cobrindo quer as modalidades de intervenção pública na economia,* cobrindo quer as modalidades

o tradicional entendimento da doutrina portuguesa do direito económico como um direito público económico[23].

Onde discordamos dos dois primeiros juspublicistas citados é noutra questão que não a do objeto do Direito Económico (ou do Direito Público da Economia), a saber, no ponto da sua (pretensa) autonomia como ramo do direito público.

É que entendemos inexistir em Portugal, assim como nos demais ordenamentos próximos do nosso, "um novo ramo de Direito público, emancipado do Direito Administrativo", nomeadamente "o Direito público económico (ou o Direito económico público)", ou seja, "um núcleo de Direito público económico suscetível de obter autonomia a par do Direito administrativo, do Direito fiscal, do Direito judiciário", em razão do "fortíssimo enlace com a Constituição", num "relacionamento dos sujeitos (..) em moldes extremamente diversificados" e em regimes legais *sui generis* como o das empresas públicas e o dos contratos económicos[24].

Na verdade, tudo isto é pouco (muito pouco) para justificar um novo ramo do direito público e por conseguinte uma nova disciplina científica. Como bem

---

de intervenção direta na atividade económica – *maxime* traduzidas numa participação ou numa modelação direta da atividade produtiva através de instrumentos de planificação, da provisão de certos bens e serviços por parte de organismos da administração pública ou através da atuação de empresas públicas – quer as modalidades de intervenção indireta na atividade económica", assentando o seu eixo sistemático "não em ideias genéricas de organização normativa de várias dimensões da atividade económica" (portanto quer da iniciativa económica privada, quer da iniciativa económica pública), "mas na ideia de *iniciativa pública de desenvolvimento e conformação das atividades económicas e de funcionamento dos mercados*" (*Direito da Economia*, cit., p. 39).

[23] Esta primeira fase do ensino do Direito Económico nas nossas Faculdades de Direito é sublinhada por Eduardo Paz Ferreira (*Direito da Economia*, Lisboa, 2001, p.20); o autor ilustra a sua afirmação com a referência aos manuais de Jorge Miranda (*Direito Público da Economia*, Lições Policopiadas, Universidade Católica, Lisboa, 1983) e de Carlos A. Mota Pinto (*Direito Público da Economia*, Lições Policopiadas, Coimbra, 1982), assim como aos precedentes e pioneiros *Elementos para um Curso de Direito Administrativo da Economia* (CCTF, n.ºs 140, 141 e 142, 1970), de Augusto de Athayde.

Nesta perspetiva histórica, juntaríamos ainda a estes manuais, e voltando agora à Escola de Coimbra, *A Ordem Jurídica do Capitalismo* (Coimbra, 1973) e *Economia e Constituição* (Coimbra, 1979), ambos de Vital Moreira, e *Direito Público da Economia*, Lições Policopiadas, Coimbra, 1976, de J. Martins Teixeira.

[24] Jorge Miranda, *Direito Económico*, cit., p. 446. No mesmo sentido do texto citado, ver M. Afonso Vaz, *Direito Económico*, cit., pp. 28 a 31

sublinha Carlos A. Mota Pinto, se confrontarmos "o direito administrativo com o direito público da economia constatamos que, embora este apresente algumas características que o contra distinguem daquele, estas não lhe imprimem o cunho individualizador que a autonomia requer"; assim, e "no fundo, as regras administrativas de direito público da economia mais não são mais do que regras de direito administrativo especial, que não conseguiram romper com a tessitura normativa do direito administrativo"[25] – tudo como melhor veremos adiante, a propósito da opção que também tomámos de designar o conjunto de matérias que outros agregam sob a designação de Direito Económico (ou de Direito Público da Economia) por Direito Administrativo da Economia.

Não há em suma – continua a não haver –, no nosso entendimento, um corpo homogéneo e sistematizado (ou sistematizável) de normas unificadas por interesses específicos e por princípios próprios, um corpo diferenciado de princípios e regras que requeira por isso a adoção de um método de estudo distinto daquele que é próprio do direito administrativo. Ou seja, inexiste mais um ramo do direito público a que deva corresponder uma nova e distinta disciplina científica[26].

b) *A autonomização da disciplina como resposta a uma necessidade didática ou funcional*

A autonomização de uma disciplina de Direito Económico (ou de Direito Público da Economia, ou Direito Administrativo da Economia) relativamente

[25] *Direito Público da Economia*, cit., p. 49.
[26] Já discordamos por isso de C. A. Mota Pinto quando este autor sustenta, em contrapartida, a autonomia do direito público da economia como disciplina científica, com base na interpenetração entre direito e economia, a qual conferiria por isso a esta última um método específico ou próprio na abordagem às respetivas normas (*Direito Público da Economia*, cit., pp. 59-62). E discordamos pelas razões já acima aduzidas: é que os vínculos que determinadas disciplinas (ou determinados setores dessas disciplinas) apresentam com certas realidades, se requerem do jurista que sobre elas se debruce uma sensibilidade e um conhecimento mínimos dessa realidade para melhor entender muitos dos seus conceitos, não justificam uma substituição ou um desvirtuamento do método dogmático jurídico ditado pela análise própria que reclamam essas realidades. No caso, a necessidade do conhecimento das regras e princípios próprios da ciência económica, para onde remetem muitas vezes as normas de direito económico, não implica qualquer preterição ou deturpação do raciocínio jurídico específico do direito administrativo.

às disciplinas tradicionais afins responde assim e tão só, pelas razões que se tem vindo a expor, a uma necessidade didática ou funcional de estudar uma série de assuntos de grande importância mas que por uma razão ou outra acabam por não ser abordados nos lugares curriculares próprios – ou que sendo abordados nesses lugares acabem por sê-lo mais ao de leve e (parafraseando a sugestiva expressão de Manuel Afonso Vaz) a «outra luz»[27].

A perspetiva unificada do conjunto de matérias normalmente agregadas sob a designação de Direito Económico que vamos empreender não é, pois, e em suma, mais do que isso: uma visão de conjunto das ditas matérias a uma mesma «luz» e com maior profundidade, é certo, mas que não pode aspirar a erigir-se em nova disciplina científica.

1.1.5. Porquê «Direito Administrativo da Economia», e não «Direito Público da Economia»

a) *A centralidade do fenómeno da intervenção dos poderes públicos na economia*

A nossa definição de Direito Administrativo da Economia justificaria, do mesmo modo, a adoção de outras designações, como a de Direito Económico *tout court*, ou a de Direito Público da Economia – bastaria começá-la, mais genericamente, pela referência ao «conjunto de princípios e regras *de direito público*». Mas preferimos a denominação Direito Administrativo da Economia, pelas razões que se seguem.

Comece-se por se relembrar que a designação mais restrita de Direito Administrativo da Economia foi primeiramente defendida na doutrina portuguesa por Marcello Caetano[28], relativamente a este mesmo conjunto de matérias – cujo ensino unificado e aprofundado numa só disciplina conheceu

---

[27] *Direito Económico. A Ordem Económica Portuguesa*, 4.ª ed., Coimbra, 1998, p. 28. Sobre o tema, ver RENÉ SAVATIER, *La nécessité de l'enseignement d'un droit économique*, in «Rec. Dalloz», 1961, crónicas; e entre nós ver também as referências de J. SIMÕES PATRÍCIO, em *Introdução ao Direito Económico*, «Cadernos de Ciência e Técnica Fiscal», n.º 125, Lisboa, 1982, pp. 44-46.
[28] Cuja definição de Direito Administrativo da Economia acabamos aliás de retomar, com ligeiras atualizações (cfr. *Manual de Direito Administrativo*, I, 10.ª ed., p. 47, Coimbra, 1982).

entre nós, há quase quatro décadas, a sua primeira experiência com os «Elementos para um Curso de Direito Administrativo da Economia», de Augusto de Athayde[29].

Augusto de Athayde defende a legitimidade da designação que emprestou ao seu curso sustentando que, no mínimo, estaremos sempre perante uma parte (e a principal parte) do todo que é (ou poderá ser) o «Direito da Economia»: "qualquer que seja o critério que possa vir a ser apurado para delimitar o âmbito do «Direito Económico», o Direito Administrativo da Economia nele caberá sempre, talvez mesmo como a sua divisão central e mais importante" – pois "praticamente a unanimidade dos defensores da autonomia do Direito Económico reconhece que ele se desenvolveu justamente em torno da intervenção pública na economia"[30].

A nossa posição não é tão defensiva, pois apenas excluímos do objeto do nosso curso as matérias grosso modo reconduzíveis ao direito privado (desde logo as abrangidas pelo direito comercial, mas também e ainda as que giram em torno de contratos privatísticos, por exemplo, o contrato de compra e venda – razão pela qual excluímos do estudo da disciplina o grosso do chamado «Direito dos Consumidores»[31]) e ao direito penal, e ainda os ramos de direito

---

[29] «Cadernos de Ciência e Técnica Fiscal», n.ºs 140, 141 e 142, Lisboa, 1970.

[30] *Elementos para um curso...*, cit., «Cadernos de Ciência e Técnica Fiscal», n.º 140, pp. 100-101. O autor manteve esta posição nas suas posteriores publicações, nomeadamente nos *Estudos de Direito Económico e de Direito Bancário*, Rio de Janeiro, 1983, pp. 25 e sgs., em *Intervenção e desintervenção do Estado na atividade económica: notas para a formulação de uma tipologia jurídica (Comunicação à Academia das Ciências de Lisboa)*, in «Memórias da Academia das Ciências de Lisboa», Lisboa, 1990/1991; e nas *Lições de Direito Económico* (polic.), Universidade Lusíada, Lisboa, 1998.

[31] Não obstante reconhecer o caráter controverso da natureza jurídica do direito do consumo, frisa e bem JORGE MORAIS CARVALHO o constituir o direito civil a sua sede principal, apresentando as normas que se inserem noutros ramos do direito um caráter instrumental relativamente ao direito civil do consumo, como é o caso do caso do direito administrativo do consumo, que regula "no essencial a organização e funcionamento das instituições que têm como fim a promoção e a defesa dos direitos dos consumidores, analisando e controlando a aplicação da legislação" (*Manual de Direito do Consumo*, Coimbra, 2013, pp. 16-17).
Note-se contudo que uma parte do direito do consumo apresenta uma forte marca de administratividade: é ela a do regime de proteção dos utentes dos serviços públicos essenciais (Lei n.º 23/96, de 26.07, cuja mais recente alteração foi efetuada pela Lei n.º 10/2013, de 28.01), tendo sobretudo em conta o verdadeiro dever de contratar que impende sobre alguns dos prestadores desses serviços (casos esses em que se prevê inclusive a intervenção da entidade reguladora na definição do clausulado contratual), e o dever que recai sobre os demais prestadores de

público cuja autonomia é pacificamente aceite, como são os casos do Direito Tributário, do Direito Financeiro Público e do Direito Monetário. Já não as que integram o Direito Constitucional e o Direito Comunitário, pelas razões que adiante se explanarão.

Sousa Franco, nas suas «Noções de Direito da Economia»[32], não considera possível reconduzir ao Direito Administrativo algumas das matérias que incluímos no objeto desta disciplina. O autor refere em particular o direito da concorrência e em geral o direito regulatório, alegando em suma que tais normativos regem comportamentos privados – e salienta ainda, no que se refere especificamente ao direito da concorrência, o ser este direito em vários países aplicado diretamente pelos tribunais. Sousa Franco também exclui a problemática jurídica do planeamento económico do âmbito próprio do direito administrativo, assim como os contratos públicos que não tenham a natureza de contrato administrativo, salientando ainda a especificidade do regime das empresas públicas – por pressuporem e convocarem tais atos e figuras mecanismos de consenso e de participação (desde logo pela parcial aplicação do direito privado) incompatíveis com os esquemas de atuação autoritária e unilateral no seu entendimento típicos do direito administrativo.

Não assiste todavia razão ao ilustre autor que se acaba de citar.

Comece por se dizer (e sem querermos obviamente entrar aqui a fundo nos critérios de distinção entre direito público e direito privado) que as normas de direito regulatório que visam acautelar interesses públicos confiados à Administração Pública, nomeadamente às entidades reguladoras (entidades administrativas a quem – a começar pela Autoridade da Concorrência – a lei atribui prerrogativas de autoridade na matéria), são indiscutivelmente (pela conjugação dos critérios do interesse prosseguido e da posição dos sujeitos) normas de direito público, mais concretamente de direito administrativo.

Também a conceção de direito administrativo de que parte Sousa Franco para excluir as suprarreferidas figuras não é de modo algum atual: na verdade, constitui hoje doutrina pacífica o integrarem o direito administrativo instrumentos e mecanismos de consenso e de participação, a par dos clássicos

---

"emitir uma proposta contratual ao público que não discrimine qualquer utente, com ou sem a inclusão de cláusulas legalmente impostas" (MORAIS CARVALHO, obra citada, p. 243).
[32] *Direito da Economia*, vol. I, Lisboa, 1982-83, pp. 38-40.

instrumentos unilaterais e autoritários, e nem por tal facto ele se desvirtua[33]. Do mesmo modo, o *plano* (quer o plano económico, quer o plano urbanístico) é atualmente considerado um ato jurídico típico de direito administrativo, a par do regulamento e do ato administrativo[34].

Quanto ao regime das empresas públicas e dos contratos económicos, estamos, é certo, perante um fenómeno novo de aplicação simultânea de princípios de direito público e de regras de direito privado (nomeadamente de direito comercial); mas a delimitação e estudo desta mescla – do chamado *direito administrativo privado*, ou direito privado administrativo –, malgrado a ausência neste âmbito da relação jurídico-administrativa, não deixa de ser, ainda e sempre, tarefa de jusadministrativistas, no âmbito de uma ciência do direito administrativo que não cessa de se renovar e de se adaptar aos novos tempos.

b) *Direito Administrativo da Economia e ordenamentos jurídicos superiores*

Dir-se-á ainda que uma disciplina cujo objeto engloba não apenas matérias de direito administrativo, mas também de direito constitucional, de direito comunitário e de direito internacional público, não deverá ter a sua designação circunscrita a uma das componentes – no caso, à componente administrativista[35].

Todavia, uma prévia abordagem parcelar aos chamados ordenamentos jurídicos superiores (nomeadamente ao direito constitucional e direito comunitário)[36] é (hoje) obrigatória em todas as disciplinas jurídicas clássicas.

---

[33] E. Paz Ferreira sublinha o carácter não atual (a «crise») da conceção de direito administrativo de que parte A. Sousa Franco em *Direito da Economia*, cit., p. 43.
[34] Sobre o caráter jusadministrativo da problemática jurídica do planeamento económico, ver Luís S. Cabral de Moncada, *A problemática jurídica do planeamento económico*, Coimbra, 1985, especialmente pp. 129-144, e Cristina Queiroz, *O plano na ordem jurídica*, in «Boletim do Conselho Nacional do Plano», n.º 15, 1988, pp. 123-163; sobre a mesma questão relativamente ao planeamento urbanístico, ver F. Alves Correia, *O plano urbanístico e o princípio da igualdade*, Coimbra, 1989, especialmente pp. 217-241.
[35] Este argumento é também e ainda esgrimido, relativamente à Constituição Económica, por Sousa Franco: do mesmo modo a formulação da CE sairia do âmbito do Direito Administrativo (ob. e loc. cit.).
[36] Fala-se em «ordenamentos jurídicos superiores» a propósito da pretensão de superioridade normativa de outros ordenamentos que não apenas o direito constitucional – nomeadamente do direito comunitário e do direito internacional público –, sublinhando-se

Com efeito, e como se procurará demonstrar nas alíneas que se seguem, não é pelo facto de as disciplinas que entroncam no direito constitucional e no direito comunitário requererem o estudo prévio de matérias que em rigor são (também) direito constitucional e direito comunitário, que tais disciplinas devem por essa razão deixar de ter a designação e a autonomia que sempre tiveram.

c) *A Constituição Económica como «Constituição Administrativa» económica*

Nenhuma disciplina jurídica dispensa atualmente o tratamento dos respetivos fundamentos constitucionais[37], e para um bom número delas o mesmo se diga no respeitante ao direito comunitário (avultando aqui o direito comercial) e, ainda, ao direito internacional público – sendo esta necessidade especialmente evidente no que concerne a todo o direito administrativo.

Existe pois uma «Constituição Administrativa» económica, como «tête de chapitre» do Direito Administrativo da Economia[38], a qual é tendencialmente coincidente, contas feitas, com a parte da Constituição Económica

---

assim a insuficiência do esquema clássico da pirâmide normativa assente no pressuposto de existência de um único ordenamento. Sobre os problemas relacionados com a unidade do sistema jurídico, e em especial a articulação das várias fontes, ver por todos: J. J. GOMES CANOTILHO, *Direito Constitucional e Teoria da Constituição*, 7.ª ed., Coimbra, 2003, pp. 694-696, e, mais recentemente, JOAQUIM FREITAS DA ROCHA, *Constituição, ordenamento e conflitos normativos*, Coimbra, 2008, *in totum*.

[37] Como observa VITAL MOREIRA, as constituições já não restringem hoje à «constituição política»: "sob o ponto de vista material – ou seja, quanto ao seu objeto – o direito constitucional, além do direito político ou direito do Estado (*Staatsrecht*) em sentido estrito, abrange também princípios essenciais dos ramos infraconstitucionais do direito"; ora, "se existe um ramo do direito público com uma presença significativa na Constituição, esse é – a par do direito penal – o direito administrativo", pelo que "a «constituição administrativa» é o direito constitucional administrativo, ou o direito administrativo constitucional", ou (e agora parafraseando RAMÓN ENTRENA CUESTA, *Curso de Derecho Administrativo*, vol. I/1, 9.ª ed., Madrid, 199?, p. 91) «direito administrativo constitucionalizado» *Constituição e Direito Administrativo (a «Constituição administrativa» portuguesa)*, in AAVV, «Ab vno ad omnes – 75 anos da Coimbra Editora», Coimbra, 1998, p. 1141.

[38] Expressão de VITAL MOREIRA, a propósito da inserção nas Constituições dos princípios e regras fundamentais dos demais ramos do direito (ob. e loc. cit.).

tradicionalmente estudada entre nós nas disciplinas de Direito Económico ou de Direito Público da Economia[39].

Como bem sublinha Augusto de Athayde, existe uma "ligação direta entre a chamada «Constituição Económica» e o Direito que rege a intervenção administrativa na economia"[40]. Nas palavras de Hans Huber, "o Direito Administrativo da Economia só pode ser concebido, aplicado e caracterizado por forma suficiente se for entendido em conjunto com o tipo concreto de Direito Constitucional Económico com o qual está coordenado", pois este ramo do Direito Administrativo depende em cada época "das normas superiores de Direito Constitucional Económico que nele devem encontrar a sua realização"[41].

d) *O direito económico comunitário como direito administrativo económico comunitário*

No que respeita especificamente ao direito comunitário, refira-se ainda que a Administração Pública que nos rege já não se circunscreve aos níveis estadual, regional e local: para além destas administrações, temos ainda a Administração Pública Comunitária, uma Administração supraestadual cuja cabeça é a Comissão Europeia e que exerce os seus poderes no território de

---

[39] É o caso desde logo de quase todo o Título I («Princípios gerais») da Parte II da Constituição («Organização económica»), nomeadamente da maioria das alíneas dos art.ºs 80.º (princípios fundamentais da organização económica) e 81.º (incumbências prioritárias do Estado), e ainda dos art.ºs 82.º (setores de propriedade dos meios de produção), 83.º (requisitos de apropriação pública), 84.º (domínio público), 86.º (fiscalização e intervenção nas empresas privadas e definição dos setores básicos vedados à iniciativa económica privada), 88.º (meios de produção em abandono) e 89.º (participação dos trabalhadores na gestão das unidades de produção do setor público); e também dos Título II (planeamento económico) e III (políticas económicas) da mesma Parte I.
Já no título IV (Sistema financeiro e fiscal) da «Organização económica» têm assento os princípios e regras fundamentais do direito financeiro público e do direito fiscal (e já não do direito administrativo da economia).
[40] *Elementos para um curso...*, cit., «Cadernos de Ciência e Técnica Fiscal», n.º 140, p. 161.
[41] *Wirtschaftsverwaltungsrecht*, vol. I, 2.ª ed., p. 48, *apud* A. Athayde, op. cit., p. 166. Entre nós, também CARLOS FERREIRA DE ALMEIDA, como vimos um dos defensores da conceção transversal da disciplina, salienta o ser a aceção mais comum de direito económico (aquela que o restringe aos aspetos de intervenção dos poderes públicos na atividade económica, ou seja, a um direito público da economia) a que o vê como um direito administrativo da economia (*Direito Económico*, Parte I, Lisboa, 1979, p. 3).

Portugal e no dos demais Estados-membros, atribuindo subvenções e fiscalizando os monopólios, os auxílios às empresas e a gestão dos fundos comunitários – ou seja, exercendo também a chamada intervenção indireta na vida económica portuguesa.

Ora, o direito que rege esta Administração e o exercício das suas administrativas funções – as quais, repita-se, têm hoje uma incidência direta nas ordens jurídicas internas dos Estados Membros da União (cfr. art.º 7.º-6 e 8.º-4 CRP)[42] – é o Direito Administrativo Comunitário, mais especificamente, e nas matérias que nos importam, o Direito Administrativo Económico Comunitário.

e) *Uma «abordagem administrativista» do direito público da economia: preponderância do direito administrativo sobre o direito constitucional, o direito comunitário e o direito internacional público*

Enfim, as explicações que se acaba de dar legitimam cientificamente a designação que elegemos – mas não serão porventura suficientes para *justificar* a nossa escolha, se tivermos em conta que os autores portugueses, nas últimas décadas, têm adotado, todos eles, as designações «Direito Económico», «Direito da Economia» ou, quando muito, «Direito Público da Economia». Que fortes motivos nos levam afinal a pôr em causa uma já tão arreigada tradição?

A adoção desta designação que merece a preferência da doutrina alemã dominante (*Wirtschaftsverwaltungsrecht*) deve-se ao acento tónico posto no curso a lecionar, e que de resto muito tem a ver (muito deve ter a ver) com o percurso académico e profissional do respetivo regente.

Na verdade, não iremos privilegiar no tratamento do supracitado conjunto de matérias a componente constitucional ou constitucionalista (nomeadamente a chamada «Constituição económica», centrada sobretudo na Parte II da Constituição, relativa à «Organização Económica»).

Também a componente comunitária ou comunitarista (em torno da qual gira toda a problemática da defesa da concorrência – mesmo o próprio direito nacional da concorrência) não será objeto de um especial aprofundamento. Com efeito, a integração desta matéria – porventura mais cultivada por

---

[42] Cfr. VITAL MOREIRA (ob. cit., p. 1146).

juseconomistas (no âmbito do Direito Comunitário) e até por juscomercialistas – no nosso curso de Direito Administrativo da Economia não se deve tanto à sua (em alguma medida) formal recondução ao direito administrativo, mas sobretudo a razões de carácter didático.

É que com a redução curricular dos cursos de licenciatura em Direito implicada pelo chamado processo de Bolonha, deixou de haver espaço para duas disciplinas de direito comunitário, esgotando-se a única cadeira devotada a este ramo do direito com o chamado direito institucional, com os princípios e as fontes (a «ordem jurídica comunitária») e, quando muito, com o direito processual comunitário. Subsistiria assim uma grave lacuna na formação básica dos juristas se uma súmula do chamado direito económico comunitário não fosse incluída noutra disciplina – no caso no Direito Administrativo da Economia. Todavia, repita-se, não é – e nunca será – uma cadeira de Direito Administrativo da Economia o local ideal para o aprofundamento de tal matéria, mas antes uma outra de desenvolvimento dos estudos de direito comunitário (ou de direito empresarial ou «direito dos negócios», no que respeita ao direito interno da concorrência), porventura já no âmbito de um curso de mestrado.

Será pois a vertente substancialmente administrativa ou administrativista a que nos merecerá maiores desenvolvimentos.

f) *Uma «abordagem administrativista» do direito público da economia (cont.): preponderância dos direitos fundamentais económicos clássicos sobre os demais princípios da Constituição Económica*

Referimos acima que não iremos privilegiar no tratamento deste conjunto de matérias a componente constitucional ou constitucionalista.

E reforçamos agora essa nota, com a explicitação de que, mesmo no tratamento dos princípios constitucionais, daremos preferência àqueles que maior imbricação têm com o direito administrativo, como é caso dos direitos fundamentais económicos clássicos (nomeadamente as liberdades de profissão e de empresa e o direito de propriedade privada): com efeito, estes direitos com numerosas e fortes incidências administrativas (sobretudo no domínio da administração regulatória) serão abordados sobretudo do ponto de vista da respetiva resistência a possíveis restrições trazidas por normas de direito administrativo.

O escasso desenvolvimento doutrinário que tais direitos mereceram até agora entre nós (o que se nota desde logo nas demais lições de Direito Económico) tem dificultado sobremodo a sujeição ao teste de constitucionalidade das incontáveis restrições legais que povoam o ordenamento administrativo da economia, podendo-se dizer que os tribunais estão nesta matéria «entregues a si próprios» – no caso com prejuízo para a liberdade económica, como se poderá facilmente constatar pela permissiva jurisprudência do Tribunal Constitucional.

Os direitos fundamentais económicos clássicos constituirão por isso, inclusive, o nosso ponto de partida para o estudo do ordenamento administrativo económico, tornando-se, por assim dizer, o omnipresente referencial de todas as matérias abordadas. Eles constituem «o outro prato da balança», se tivermos presente que o Direito Administrativo da Economia é também e sobretudo a expressão jurídica do equilíbrio entre a intervenção dos poderes públicos na vida económica e a liberdade económica, o mesmo é dizer, as garantias fundamentais das pessoas face a essa intervenção[43].

Esta acentuação que pretendemos imprimir ao nosso curso justifica-se sobretudo pelo facto de as demais lições de Direito Económico que se publicaram entre nós nas últimas quatro décadas – em razão sobretudo (segundo cremos) da origem, vocação e formação científicas dos respetivos autores – refletirem todas elas outras sensibilidades científicas que não aquela que é própria dos cultores do direito administrativo geral[44]. Razão pela qual, e dado este contexto,

---

[43] Nunca será demais a importância que lhes venhamos a atribuir: alguns dos autores alemães pioneiros nestas matérias chegaram mesmo ao ponto de circunscrever definitoriamente todo o direito económico ao conjunto das disposições e institutos limitativos do princípio básico da liberdade de iniciativa económica privada (cfr. HÄMMERLE, *Wirtschaftsrechts als Disziplin*, 1936, GIESEKE, *Zur Systematic des Wirtschaftsrechts*, 1937 e KRAUSE, *Bericht* über *Stand und Aufgaben des Wirtschaftsrechts*, 1937 (indicação de M. AFONSO VAZ, *Direito Económico. A Ordem Económica Portuguesa*, 4.ª ed., Coimbra, 1998, p. 21).

[44] Tomemos, a título de exemplo, os manuais com edições mais recentes. O enfoque das lições de MANUEL AFONSO VAZ (*Direito Económico...*, cit.), e mesmo o das lições de LUÍS S. CABRAL DE MONCADA (*Direito Económico*, 4.ª ed., Coimbra, 2003) é sobretudo constitucionalista (sublinha criticamente este enfoque de ambos os autores SALDANHA SANCHES, em *Direito Económico*, cit., pp. 42-43). Já PAZ FERREIRA (*Lições de Direito da Economia*, Lisboa, 2001), por seu turno, combina uma componente jusconstitucional simplificada com a componente comunitária. ANTÓNIO CARLOS DOS SANTOS, EDUARDA AZEVEDO & Mª MANUEL LEITÃO MARQUES (*Direito Económico*, 5.ª ed., Coimbra, 2006) optam por reunir "num único volume, um conjunto de

o ensino de uma disciplina que na sua arquitetura, nas suas prioridades e nos seus desenvolvimentos se guie sobretudo pela sensibilidade jusadministrativa acaba por ser um contributo mais útil para o conhecimento científico do que um repisar de qualquer das abordagens tradicionais a estas matérias.

g) *Uma profunda alteração do paradigma do Estado Social de Direito, melhor refletida no Direito Administrativo do que no Direito Constitucional*

Finalmente, e no que respeita às relações entre o Estado e a economia, o momento presente aconselha uma abordagem mais atenta ao direito administrativo, em detrimento do direito constitucional formal: com efeito, e sem temas que podem servir para a cultura jurídica de um economista, passando por questões como o acesso à atividade económica, o controlo dos preços e a regulação da concorrência e mesmo por uma espécie de introdução jurídica à organização privada do mercado, sempre sem grandes esforços de construção jurídica dos temas" (SALDANHA SANCHES, *Direito Económico*, cit., pp. 47-50).

Quando chega a vez dos jusprivatistas, é usual a defesa da conceção ampla do Direito Económico, a qual se traduz desde logo na inclusão do programa da disciplina de todo um direito geral das empresas (consumindo o direito privado das empresas uma boa parte do direito comercial) – ver o caso paradigmático de CARLOS FERREIRA DE ALMEIDA, *Direito Económico*, Parte I, Lisboa, 1979. Enfim, aqueles a que chamaríamos os juseconomistas puros insistem na tecla da interdisciplinaridade. O tratamento das mesmas matérias nas lições de A. SOUSA FRANCO (*Noções de Direito da Economia*, cit.), assim como o «projeto de reconstrução» do Direito Económico de SALDANHA SANCHES (*Direito Económico*, cit.) que passa pelo "regresso *(em força...)* da Economia Política", trai a formação base destes autores, mais virada para a ciência económica propriamente dita (como é típico dos juristas cuja investigação se desenvolve essencialmente no âmbito das chamadas Ciências Jurídico-Económicas); note-se que são precisamente estes últimos (os juseconomistas) que normalmente sublinham o residir a autonomia metodológica do Direito Económico na especial presença e influência dos aspetos económicos no estudo dos fenómenos jurídicos. Paradigmaticamente, SALDANHA SANCHES termina o primeiro capítulo do seu *Direito Económico. Um projeto de reconstrução* (cit.) com as afirmações que se seguem: "... qualquer que seja o conteúdo do conceito de Direito Económico, ele não pode deixar de ser um modo de articulação entre estes dois domínios. E mais: não pode deixar de ser dado considerando não apenas a situação atual da economia, mas também o modo como ela é hoje ensinada na Faculdade de Direito de Lisboa" (p. 51). Mais explicitamente, no último capítulo da citada obra, o autor repudia um ensino do Direito Económico que o torne naquilo que ele designa como uma "versão simplificada do Direito Constitucional e do Direito Administrativo"; e em vez disso propugna para tal ensino a utilização de "conceitos forjados na área da economia, para resolver problemas de aplicação ou interpretação da lei em qualquer área do Direito", no sentido "de um Direito que convoca estas metodologias inspiradas pela economia, como forma de abordar os problemas colocados no Direito Civil ou no Direito Público" (op. cit., p. 127).

querer ressuscitar o velho adágio de Otto Mayer («o Direito Constitucional passa e o Direito Administrativo fica»)[45], a verdade é que neste dealbar do séc. XXI estamos a assistir também no nosso país a uma profunda alteração do paradigma do Estado Social de Direito ou Estado Providência do séc. XX.

O novo modelo de Estado resultante desta rápida mutação que estamos a atravessar apresenta contornos ainda algo indefinidos, mas que mais depressa se descortinam no direito ordinário (mais atento à realidade constitucional) do que no texto da lei fundamental.

A título de exemplo, fala-se por demais na mudança do *Estado prestador* (de bens e serviços) para o *Estado regulador*, assumindo hoje o chamado direito regulatório uma importância de primeiro plano. Todavia, só uma interpretação atualista e sistemática da Constituição permite (como melhor veremos) recortar um correspondente e unitário suporte desse extenso e complexo direito regulatório[46].

Pelo contrário, a grande maioria dos princípios económicos fundamentais e das tarefas e fins expressa e enfaticamente cometidos ao Estado pelas normas programáticas com elevada carga semântica que abundam nesta parte do texto constitucional são ainda tributários de um modelo de Estado providencialista e economicamente dirigista – um Estado que recorre a desenvolvidas técnicas de planificação e que detém vastos setores empresariais em resultado de uma política agressiva de nacionalizações[47] – hoje definitivamente ultrapassado.

Quais ramos secos de uma árvore a que já foi cortada a raiz, a maioria dos preceitos da nossa atual Constituição económica formal está condenada à «poda» das próximas revisões da lei fundamental – razão bastante, por si só, para não merecerem mais o estudo de tipo aturado de que já foram objeto (então sim, justificadamente) nos vinte anos que se seguiram à aprovação da Constituição de 1976.

---

[45] Esta passagem consta do prefácio à 3.ª edição do seu célebre manual de direito administrativo, de 1924. A frase assinala a ausência de novidades no direito administrativo desde a data da 2.ª edição (anterior à I Grande Guerra Mundial) – isto depois das profundas transformações entretanto ocorridas na Alemanha e no Mundo, cujas repercussões se fizeram sentir no plano constitucional (cfr. VITAL MOREIRA, ob. cit., p. 1142).

[46] O mais forte sinal desta mudança dos tempos está na lacónica redação do atual n.º 3 do art.º 267.º CRP, introduzida pela Revisão Constitucional de 1997, que prevê a possibilidade de a lei criar entidades administrativas independentes.

[47] Cfr. EDUARDO PAZ FERREIRA, *Direito da Economia*, Lisboa, 2001, p. 16.

CAPÍTULO II
A ESPECIFICIDADE DAS NORMAS DO DIREITO ADMINISTRATIVO DA ECONOMIA

1.1.1. Razões da especificidade do Direito Administrativo da Economia

a) *Um direito jovem e caracterizado pela abundância e diversidade das respetivas fontes*

A forte intervenção dos poderes públicos na economia, com criação de possantes setores empresariais públicos pela via das nacionalizações – intervenção típica do Estado Administrativo (ou Estado Providência) que tem o seu início no período do «entre guerras» e que se consolida no nosso espaço civilizacional a partir do final da II Grande Guerra – marca o nascimento do D.A.E (ou pelo menos da sua parte mais importante[48]), com as características que no essencial este ainda hoje apresenta; o que faz dele um direito que prima pela juventude[49].

---

[48] Como lembra A. DE LAUBADÉRE, nem todo o D.A.E. é assim tão recente: por confronto com o que se poderá designar por novo direito administrativo económico, muito do direito administrativo tradicional já tinha um objeto económico desde o séc. XIX, como era (é) o caso das normas reguladoras da contratação pública e das concessões, com as suas regras e teorias, como a teoria da imprevisão, o princípio do reequilíbrio financeiro dos contratos administrativos, etc. (*Direito Público Económico*, trad. Evaristo Mendes, Coimbra, 1985, p. 109).
[49] Sobre o carácter recente do D.A.E., ver ANDRÉ DE LAUBADÉRE, *Direito Público Económico*, cit., pp. 109-110.

O primeiro aspeto a considerar no D.A.E. é o da (grande) quantidade de normas que o integra, consequência inevitável da intervenção que se acaba de referir.

Este conjunto normativo é basicamente constituído (entre nós) por decretos-lei e (sobretudo) por regulamentos administrativos – e não tanto por legislação parlamentar, isto por razões de celeridade e em função da especificidade e da tecnicidade do objeto das normas de D.A.E., as quais se não compadecem com os morosos e (tecnicamente) menos esclarecidos procedimentos e debates parlamentares.

São frequentes neste domínio a lei individual e a lei medida[50] – comandos legais que incluem não apenas a norma, mas também a sua execução, e cujo advento se deve aliás, como veremos, às necessidades ditadas pelo intervencionismo económico e social. Com efeito, e uma vez que, ao levar a cabo as novas tarefas que lhe estão constitucionalmente atribuídas, o legislador se depara frequentemente com situações de contornos singulares, a lei que regula estas mesmas situações constitui-se ela própria como instrumento de uma política e como meio para alcançar determinados fins.

Reitere-se que não deixa por isso a lei medida de traduzir o exercício da função político-legislativa, pois não apenas o seu carácter singular é requerido pelas novas exigências de justiça material postuladas pelo Estado Social de Direito (não sendo geral e abstrata, ela é também nesse sentido *universal*), como mantém o carácter inovador ou primário, situando-se como se situa no plano das escolhas políticas, das opções fundamentais da comunidade. A adoção de uma lei medida carece de todo modo de justificação, à luz dos princípios da adequação e da necessidade, e não pode restringir direitos, liberdades e garantias (veja-se entre nós a exigência de generalidade e abstração das leis restritivas consagrada no art.º 18.º, n.º 2 CRP).

---

[50] Na definição de HANS HUBER, a lei medida é toda a lei "determinada por uma situação concreta de perturbação e cujo fim primordial é a superação dessa situação através de medidas apropriadas e necessárias" (*Wirtschaftsverwaltungsrecht*, 2.ª ed., 1954, apud Villar Palasi, *La intervención administrativa en la industria*, v. I, Madrid, 1964, p. 50).

b) *Uma interpenetração entre direito, política(s) e economia que é causa de instabilidade das normas de DAE*

O conteúdo das normas do Direito Administrativo da Economia é fortemente condicionado pelas leis sociológicas (e psicológicas) de «validade tendencial» que determinam o funcionamento do sistema económico, na medida em que, ao procurar atingir os objetivos que o movem, os poderes públicos tomam normalmente em consideração as expectativas dos agentes económicos ditadas por tais leis[51].

Ora, nem sempre as normas do D.A.E. são bem-sucedidas, pois, e como diz André de Laubadére, "os fenómenos económicos escapam, numa boa parte, à influência da vontade humana"[52], não sendo livremente manipuláveis pelo arbítrio humano; acresce que "os mecanismos económicos não têm um comportamento transparente, porque são complexos e muito sensíveis: passam pela mediação da atividade humana, dificultando ou mesmo impossibilitando a tarefa do legislador na adoção de fórmulas jurídicas que garantam a realização dos objetivos a que se propôs"[53].

O D.A.E. vive por isso sob o signo da instabilidade. Isto desde logo em virtude da sua maior permeabilidade à vontade política do legislador: com efeito, as opções de política económica incorporadas nas normas deste setor do ordenamento administrativo não primam pela constância, sendo elas objeto de sistemática (e por vezes radical) mudança em função quer dos chamados ciclos eleitorais (da aproximação de eleições), quer da formação de novas maiorias políticas (no rescaldo de eleições).

Mas a mutabilidade do D.A.E. deve-se também e sobretudo ao facto (a partir de um certo ponto alheio à vontade do legislador e dos poderes públicos em geral) de ser a intervenção administrativa na economia, por definição, um dos campos onde "a resposta aos problemas conjunturais é a nota mais saliente": na verdade, "a ordenação económica responde as mais das vezes a circunstâncias transitórias face às quais a Administração deve atuar com rapidez"[54]. Em virtude das chamadas «políticas económicas conjunturais»

---

[51] Cfr. C. A. Mota Pinto, *Direito Público da Economia*, cit., p. 29.
[52] *Direito Público Económico*, trad. Evaristo Mendes, Coimbra, 1985, p. 107.
[53] C. A. Mota Pinto, *Direito Público da Economia*, cit., p. 29.
[54] C. D. Ciriano Vela, *Administración económica y discrecionalidad*, Valladolid, 2000, p. 91.

que lhes subjazem, as normas de D.A.E. que instrumentam tais políticas vão conhecer um horizonte temporal necessariamente limitado.

Importa ter presente, sobretudo, que a economia está por definição sujeita a crises (crises cíclicas, crises ditadas pelo próprio desenvolvimento económico, que pode implicar uma passagem por fases difíceis de reconversão, crises provocadas, enfim, por fatores mais ou menos aleatórios) – as quais, as mais das vezes, impõem aos poderes públicos uma especial premência nas suas respostas.

As dificuldades assinaladas ditam ainda, com frequência, a necessidade de novos ajustes e correções aos normativos vigentes. Muito contribui o D.A.E. assim, em virtude também desses fatores – pelo menos tanto como o direito fiscal – para o agravamento da chaga moderna da «inflação legislativa» já acima mencionada.

A elas se deve também a importância acrescida na panóplia das fontes de D.A.E não apenas dos regulamentos administrativos (menos perenes e mais atreitos a alterações por definição do que a lei), mas também e ainda de outros instrumentos mais ou menos *sui generis*, como os planos, as diretivas e os contratos económicos (contratos-programa, contratos de gestão, contratos de concessão, etc.).

c) *A complexidade dos fenómenos económicos e a consequente e inevitável discricionariedade das normas que os tentam conformar; o recurso cada vez mais frequente à jurisdição arbitral*

A complexidade da realidade económica é outra determinante do D.A.E., desde logo por ser este um terreno onde se entrechocam múltiplos interesses: interesses das empresas (grandes, médias e pequenas) que entre si concorrem no mercado, dos consumidores e das suas associações, das organizações de defesa do ambiente, das múltiplas administrações públicas (Governo, entidades reguladoras independentes, associações públicas profissionais, autarquias locais, empresas públicas, etc.), entidades todas elas com distintos interesses e «agendas».

A já assinalada especificidade do objeto das normas de D.A.E. também contribui para tal complexidade: ela requer as mais das vezes a utilização de conceitos técnicos importados não apenas da ciência económica mas também de outras disciplinas técnicas e científicas (estabelecendo-se assim remissões para outras ciências que não a ciência jurídica) – o que tem consequências no plano da aplicação e interpretação destas normas, inclusive ao nível da própria resolução jurisdicional dos conflitos emergentes.

Por isso a regulação desta realidade a vários títulos complexa é uma tarefa difícil de levar a cabo, requerendo dos poderes públicos, no que respeita ao conteúdo das normas e como vimos ao próprio tipo de instrumentos normativos utilizados, uma grande versatilidade: como melhor veremos, é desde logo menor a densidade dos regimes nelas consagrados, abundando nas normas de D.A.E. os conceitos imprecisos e a discricionariedade administrativa (sobretudo a chamada discricionariedade técnica).

O mesmo se diga quanto ao modo inclusive de solução dos conflitos, no momento da aplicação e da interpretação das normas de D.A.E.: tal dificuldade está na origem de um cada vez mais frequente recurso à jurisdição arbitral em alternativa à jurisdição dos tribunais administrativos do Estado, por estarem estes menos preparados para dar a resposta adequada e eficaz que tal tipo de litígios requer.

1.1.2. Características específicas das normas de D.A.E: dispersão e amplitude de fontes, mutabilidade, maleabilidade e heterogeneidade de conteúdo.

a) *Dispersão e amplitude*

O D.A.E. é dos setores do ordenamento jurídico mais avessos às características que enformam qualquer sistema normativo digno desse nome: falta-lhe nomeadamente a unidade, a completude e a logicidade interna que encontramos não apenas nos ramos mais tradicionais do direito, como o direito civil e o direito penal, mas também nas subdivisões mais consolidadas do próprio Direito Administrativo, como o Direito do Urbanismo. Daí as características tradicionalmente lembradas pela doutrina da sua *dispersão* e *heterogeneidade*, em virtude sobretudo das excessivas *amplitude* e *diversidade* das respetivas fontes.

A incoerência e incompletude do D.A.E. advêm-lhe desde logo da sua excessiva juventude, já acima assinalada; mas tais traços peculiares devem-se sobretudo à «inflação normativa» que o caracteriza e à extrema diversidade de fontes «baralhadora» da clássica hierarquia que noutros ramos tão eficazmente consegue enquadrar, cimentar e articular entre si as respetivas normas[55].

Também contribui para esse resultado a fobia da intervenção dos poderes públicos na economia: com efeito, esta interferência excede muitas vezes os limites do razoável, quedando-se por soluções transitórias e incorrendo em contradições e conflitos tanto mais frequentes quanto maior é o ensejo daqueles de domar a vida económica, quanto maior é a sua ambição (deles poderes públicos) de procurar afanosamente discipliná-la em todas as suas vertentes[56].

b) *Mutabilidade e heterogeneidade*

A propósito da falta de unidade e da incoerência das normas do D.A.E., acaba de se fazer referência (porquanto constituiu uma das causas dessa inconsistência) quer ao carácter transitório da sua vigência (ou seja, à sua *mutabilidade* ou *mobilidade*), quer à *heterogeneidade* das fontes.

Como lembra Mota Pinto, "as normas deste ramo de direito não podem aspirar a longa duração, pois as frequentes alterações da conjuntura, da estrutura económica e política tendem a encurtar o ciclo biológico dos diplomas" – e daí o recurso não apenas ao decreto-lei, em detrimento da lei formal, mas também e sobretudo "aos regulamentos, despachos e resoluções que têm um processamento mais simples dado que podem ser mais facilmente revistos e revogados"[57]. Ganha por isso maior peso o poder executivo na elaboração das normas de D.A.E., deslocando-se o centro de gravidade da produção normativa do Legislativo para o Executivo[58].

Acresce que entre nós o recurso à Resolução de Conselho de Ministros (ato normativo mais ou menos informal de que o Governo se pode socorrer no

---

[55] Nas sugestivas palavras de Luís S. Cabral de Moncada, "a disciplina da economia assemelha-se a uma rede de temas e de normas, não a um conjunto sistemático" (*Direito Económico*, cit., p. 86).

[56] Esta dispersão dificulta inclusive o conhecimento rápido e seguro das normas de D.A.E. efetivamente vigentes, impondo-se por isso a assunção pelo Governo da tarefa de elaborar e manter um catálogo ou índice quotidianamente atualizado do direito em vigor neste específico domínio (necessidade que já se fazia sentir há quatro décadas atrás – ver, nesse sentido, Augusto de Athayde, *Direito Administrativo da Economia*, cit., p. 149, nota 15).

[57] *Direito Público da Economia*, cit., p. 43.

[58] C. A. Mota Pinto, ibidem.

mais lato domínio do «económico-social» por força da verdadeira carta branca passada ao Governo pela al. *g)* do art.º 199.º da Constituição[59]) e mesmo ao Decreto-Regulamentar[60], em alternativa ao decreto-lei, evita o controlo da Assembleia da República sobre a atividade legislativa do Governo exercido através do procedimento de apreciação parlamentar daqueles diplomas legislativos (al. *c)* do art.º 162.º)[61].

Obviamente, no elenco das fontes do D.A.E. ocupa o direito comunitário (nomeadamente o direito económico comunitário) um lugar sem paralelo no que respeita aos demais ramos do direito.

Note-se ainda, a este respeito, que o direito comunitário está longe de esgotar as normas de origem internacional que acabam por integrar também o D.A.E. Em consequência da chamada «globalização», a progressiva internacionalização da atividade económica, geradora de uma crescente interdependência com outros países que extravasa o âmbito da União Europeia – nomeadamente por via dos acordos bilaterais (por exemplo, com o MERCOSUL) ou multilaterais (como é o caso dos estabelecidos no âmbito do GATT/OMC) celebrados entre a UE e outros blocos económicos – diminui ainda mais a importância do D.A.E. interno e das próprios poderes unilaterais de intervenção económica das autoridades estaduais, as quais abdicam de tais poderes a favor de instâncias executivas internacionais[62].

c) *A flexibilidade: em especial, a omnipresença da chamada «discricionariedade técnica» nas normas de DAE*

A doutrina acentua também reiteradamente a *maleabilidade* ou *flexibilidade* como característica específica das normas de D.A.E.

---

[59] Permitindo-lhe nomeadamente *"praticar todos os atos e tomar todas as providências necessárias à promoção do desenvolvimento económico-social e à satisfação das necessidades coletivas"*.

[60] Forma que têm que assumir os regulamentos independentes do Governo, por imposição do art.º 112.º n.º 6 CRP.

[61] Estas alternativas podem ser muito úteis do ponto de vista da autonomia do executivo, sobretudo nos casos de governos minoritários ou assentes em coligações parlamentares menos sólidas, na medida em que no mínimo evitam um debate parlamentar que em tais circunstâncias se pode revelar (ainda) mais moroso e mais atreito à chicana política em detrimento da discussão técnica que os temas económicos requerem em primeira linha.

[62] Neste ponto, ver Luís S. Cabral de Moncada, *Direito Económico*, cit., pp. 71-73.

Esta característica do D.A.E. relativamente ao que é habitual no direito administrativo geral – o ser ele (D.A.E.) um direito "ávido de maleabilidade"[63] – exprime-se numa série de aspetos.

Ela manifesta-se desde logo na importância de outras fontes para além das tradicionais (Constituição, lei, regulamento): é o caso do *Plano*, cuja natureza *sui generis* torna impossível a respetiva recondução aos quadros jurídicos tradicionais[64], assim como da *Diretiva* e do *Contrato Económico* (hoje fontes fundamentais do direito que rege as empresas públicas – quer as estaduais, quer as municipais).

Mas quando se fala na maleabilidade das normas de D.A.E. quer-se sobretudo mencionar, como já acima se referiu, ora a frequente e intencional utilização por estas normas de *conceitos jurídicos indeterminados* de *experiência* e de *valor* (que implicam o passar a Administração a dispor de uma margem de livre apreciação na respetiva aplicação), ora a reiterada atribuição pelo legislador de poderes discricionários propriamente ditos à mesma Administração (especialmente no âmbito da chamada *discricionariedade técnica*)[65].

Resulta este reforço dos poderes discricionários em sentido amplo desde logo de um uso recorrente pelo legislador de termos provenientes da ciência económica e de outras disciplinas técnicas e científicas (consoante o ramo de atividade económica em questão), uso esse que constitui como vimos uma constante das normas de D.A.E., dificultando a tarefa da respetiva interpretação e implicando do mesmo passo o reconhecimento à Administração de uma razoável liberdade de apreciação e decisão (reconduzível em regra à dita discricionariedade técnica). A dificuldade maior reside no significado e alcance dos conceitos que o legislador vai buscar à ciência económica: umas vezes tais conceitos devem ser recebidos pelo direito com o exato significado que têm no seu ambiente originário, outras vezes ganham no direito um significado distinto, outras vezes ainda são rececionados pelos vários ramos do direito que lidam com a economia (pelo direito administrativo económico, pelo direito fiscal, pelo direito financeiro público, pelo direito contabilístico e do balanço, pelo direito comercial) com sentidos divergentes.

[63] Na sugestiva expressão de A. DE LAUBADÉRE, *Direito Público da Economia*, cit., p. 109.
[64] Cfr. C. A. MOTA PINTO, *Direito Público da Economia*, cit., p. 42.
[65] Nesta matéria, ver por todos C. D. CIRIANO VELA, *Administración económica y discrecionalidad*, Valladolid, 2000.

A discricionariedade *lato sensu* é consequência também da notória e genérica dificuldade experimentada pelo direito em apreender e dominar os fenómenos económicos[66].

Com efeito, e como já se referiu, a vida económica está sujeita por definição a ciclos e a mudanças que requerem respostas velozes e adequadas, respostas essas cuja concreta configuração só as autoridades administrativas económicas conseguem dar cabalmente caso a caso, em função das circunstâncias de cada situação concreta. Frequentemente, note-se, são os próprios poderes públicos que querem imprimir, e por norma com demasiada rapidez, determinadas mudanças na vida económica, utilizando as normas de D.A.E. como instrumento ou veículo das políticas económicas por si elegidas – pelo que também neste caso requer a eficiência destas normas, pela mesma ordem de razões, a atribuição de poderes discricionários à Administração.

Em suma, coloca-se mais vezes e com mais premência neste setor do direito administrativo a problemática da *discricionariedade administrativa*, nomeadamente a questão de se saber quando termina a *interpretação* destas normas (a que corresponde a possibilidade de posterior produção de prova pericial, com total controlo judicial da decisão administrativa) e começa a tarefa de complementação dos pressupostos legais confiada pelo legislador à administração; ou seja, quando cessa a *vinculação* e começa a *discricionariedade* na aplicação das mesmas normas – esta zona de insindicabilidade judicial ou mero *controlo interno*, em cujo âmbito a decisão administrativa se sujeita apenas aos princípios gerais da atividade administrativa e aos direitos fundamentais, únicos parâmetros por isso, doravante, da fiscalização a exercer pelos tribunais administrativos.

d) *Heterogeneidade de conteúdo: a remissão para técnicas e regras de direito privado*

A intervenção direta dos poderes públicos na economia é o campo de aplicação por excelência do chamado "direito administrativo privado" (*Verfaltungsprivatrechtslehre*).

Com efeito, não apenas as entidades administrativas clássicas que intervêm elas próprias nos circuitos económicos realizando por exemplo operações de

---

[66] A. DE LAUBADÉRE, *Direito Público da Economia*, cit., p. 112-113.

compra e venda de determinados bens para efeitos de garantia de abastecimento público (é o caso de determinadas entidades com funções regulatórias), mas também e sobretudo as empresas públicas (quer as que atuam num mercado concorrencial, quer as que exploram serviços públicos essenciais em regime de monopólio), estão em regra, uma e outras, submetidas ao direito comercial, servindo-se do Direito privado para a satisfação mediata dos fins públicos que lhes são confiados pelos respetivos entes matriz.

Mas não deixam por isso tais entidades de ser materialmente administração pública.

Naturalmente, quando atos seus se reconduzam à chamada atividade «de gestão pública» – nomeadamente nos casos pontuais em que elas exercem, por delegação dos respetivos entes matriz, os poderes públicos de autoridade necessários à direta prossecução dos interesses públicos de que estejam encarregues (o que acontece com as empresas públicas que exploram serviços públicos essenciais ou atividades de interesse económico geral) – aplica-se a tais atos o direito administrativo.

Mas mesmo na sua atividade dita «de gestão privada» tais entidades não se submetem apenas ao direito privado, sujeitando-se ainda aos princípios gerais da atividade administrativa e aos direitos fundamentais.

Configura-se assim um especial regime jurídico – o *Verfaltungsprivatrecht* – cuja particularidade reside na manutenção dentro da trama jurídico-privada de um conjunto de vinculações que vão acompanhar a atuação de tais entidades (mesmo as que possuem uma natureza jurídico-organizativa privada), limitando a respetiva autonomia.

Por conseguinte o D. A. E. é, uma vez mais, inovador, agora quanto a este específico aspeto: também o seu conteúdo é *heterogéneo*, na medida em que recorre a (e remete para) técnicas e regras de direito privado[67].

---

[67] Cfr. C. A. MOTA PINTO, *Direito Público da Economia*, cit., p. 44.

TÍTULO II
BREVE PERSPETIVA HISTÓRICA DA INTERVENÇÃO DOS PODERES PÚBLICOS NA VIDA ECONÓMICA

CAPÍTULO I
AS RELAÇÕES ENTRE ESTADO E ECONOMIA NA ÉPOCA CONTEMPORÂNEA: DO ESTADO LIBERAL OITOCENTISTA AO «ESTADO ADMINISTRATIVO» DO SÉC. XX; PREVISÕES PARA O SÉC. XXI

2.1.1. Incursão histórica pelas relações entre Estado e economia até às origens do Estado de Direito

Definimos acima o Direito Administrativo da Economia como o conjunto de princípios e regras administrativas relativas à intervenção dos poderes públicos na vida económica.

Pois bem, para melhor compreendermos o direito que hoje rege essa intervenção, impõe-se uma breve incursão histórica pelas relações entre Estado e Economia até às origens do Estado de Direito – o modelo de Estado que ainda hoje impera no nosso espaço civilizacional, e que como se sabe se implantou nos Estados Unidos da América e na Europa nos finais do séc. XVIII e, sobretudo, na primeira metade do séc. XIX.

Um olhar que se virasse ainda mais para trás – nomeadamente para a ordem jurídico-económica do Antigo Regime – já pecaria a nosso ver por excesso, atenta sobretudo a economia das presentes lições[68]. Na verdade, os Estados do espaço cultural e jurídico em que nos inserimos (que é o da

---

[68] Ver, todavia, uma interessante visão panorâmica do governo da economia no «Estado Absoluto» não circunscrita à experiência italiana em MARIA ADELAIDE VENCHI CARNEVALE, *Diritto Pubblico dell'Economia*, Tomo I, «Trattato di Diritto Amministrativo», coord. Giuseppe Santaniello, Milão, 1999, pp. 20-36.

Europa Continental), neste período anterior ao Estado de Direito, não passaram pela experiência de uma Constituição, não tendo tido por conseguinte uma Constituição Económica – e isto quer obviamente no sentido moderno e formal de Constituição (de conjunto de normas integradas e ordenadas num texto jurídico superior que conferem ao Estado uma ordenação básica), quer mesmo num sentido mais amplo de conjunto coerente de princípios fundamentais unificadores de uma determinada ordem económica: com efeito, a profunda heterogeneidade desta "torna difícil descobrir os elementos da unidade do sistema que permitiriam caracterizar uma constituição económica"[69].

Seria por isso inadequado colocar a ordem económica do Antigo Regime "em pé de igualdade com os princípios estruturadores de ordem jurídica posteriores ao início do constitucionalismo", pois apenas existe uma "relativa continuidade jurídica e social dos sistemas, estruturas, ordens jurídicas e instituições jurídico-económicas desde o início do liberalismo até hoje" – razão pela qual o estudo daquela ordem económica é "melhor campo de pesquisa para historiadores do que para juristas"[70].

Uma nota ainda: os traços gerais dos modelos jurídicos do Estado de Direito Liberal e do Estado Social de Direito que agora nos propomos relembrar não dispensam nem substituem a (também rápida) análise que encetaremos igualmente da parte económica das anteriores Constituições portuguesas, na primeira parte destas lições, relativa à Constituição Económica.

---

[69] E. Paz Ferreira, *Direito da Economia*, cit., p. 69. Na fase final do Antigo Regime as disposições legislativas fundamentais da ordem económica tinham uma natureza dispersa e até algo contraditória, sobretudo pelo facto de coexistirem na respetiva estrutura da "aspetos da ordem medieval (designadamente no respeitante à propriedade da terra e à produção agrícola, à organização do Estado e à estrutura municipal) com formas estruturais próprias dos Estados nacionais na fase do pré-capitalismo comercial e estadual (comércio colonial, aparecimento de um setor público de índole regalista, certos aspetos do regime económico e da atividade do grande comércio, sobretudo externo e colonial)" (A. Sousa Franco & G. d'Oliveira Martins, *A Constituição Económica*, cit., p. 107). Para maiores aprofundamentos, ver P. Soares Martinez, *Manual de Direito Corporativo*, 3.ª ed., Lisboa, 1973, pp. 62 e ss.

[70] A. Sousa Franco & G. d'Oliveira Martins, ibidem.

2.1.2. Reflexão sobre o momento presente

Para além da viagem a esse passado relativamente recente, importa ainda refletir sobre o momento presente e perscrutar o futuro próximo, uma vez que estamos a atravessar um tempo de profundas mudanças nesta matéria que os textos constitucionais – teimosamente fieis ao paradigma do Estado Providência do segundo pós-guerra – ainda não refletem nos seus devidos termos.

Este último relance completará assim a visão de conjunto sobre o «antes» e o «depois» que consideramos indispensável para uma melhor compreensão do direito administrativo económico hoje *efetivamente* vigente.

2.1.2. Reflexão sobre o momento presente

Para além da viagem a esse passado relativamente recente, importa ainda refletir sobre o momento presente e perscrutar o futuro próximo, uma vez que estamos a atravessar um tempo de profundas mudanças nesta matéria que os textos constitucionais – teimosamente fiéis ao paradigma do Estado Providência do segundo pós-guerra – ainda não refletem nos seus devidos termos. Este último balanço completará assim a visão de conjunto sobre o «antes» e o «depois» que consideramos indispensável para uma melhor compreensão do direito administrativo económico hoje efetivamente vigente.

CAPÍTULO II
O ESTADO DE DIREITO LIBERAL DO SÉC. XIX

2.2.1. Os princípios políticos fundamentais do Estado de Direito

O Estado de Direito que na primeira metade do séc. XIX se implanta generalizadamente na Europa[71] é – e pesem as substanciais diferenças entre a matriz francesa (mais revolucionária) e a matriz germânica (mais reformista) – um Estado baseado no sistema de *governo representativo*[72], no *princípio da separação ou divisão de poderes*[73], no *princípio da igualda-*

---

[71] *Grosso modo*, pela via revolucionária em França e nos países que mais sofreram a influência francesa em virtude das invasões napoleónicas (como Portugal e Espanha), e pela via reformista nos Estados da Europa central, nomeadamente nos principados germânicos e no Império Austro-Húngaro.

[72] As ideias de *governo representativo* e *representação política* assentam nas teorias contratualistas da origem do poder (Locke, Rousseau), segundo as quais – e uma vez que todo o poder dos governantes repousa no livre consentimento dos governados – deve o governo da nação ser exercido por *representantes eleitos* em quem a «nação» (tese da soberania nacional) ou o «povo» (tese da soberania popular) delegam um poder que lhes pertence originariamente. Esta passa a ser a única legitimidade política aceite. Note-se contudo que nos primórdios do Estado Liberal a nova legitimidade representativa ainda convive com a legitimidade dinástica (só o parlamento é eleito, dependendo o governo também do rei) e com o sufrágio restrito, censitário ou capacitário (pois a soberania reside mais na «nação» ou na «sociedade» do que, em rigor, no «povo»).

[73] É a alternativa do *governo limitado* por contraposição ao *governo absoluto* (Locke, Montesquieu): consiste na distribuição das diferentes funções do Estado por órgãos ou complexos de órgãos (por «poderes») distintos e separados entre si. Estes são *soberanos* porque não conhecem outro poder acima, mas detêm apenas *parte* do antigo poder soberano uno e pleno de que era originário e exclusivo titular o monarca absoluto dos séculos XVII e XVIII. As três funções

de[74], na supremacia da lei sobre todas as demais atividades do Estado (*princípio da legalidade*)[75], no princípio do *controlo jurisdicional da atividade da Administração* e na garantia dos *direitos fundamentais* (dos direitos de *liberdade e propriedade*).

O Estado de Direito surge como reação ao «Estado-de-Polícia», o Estado do «despotismo iluminado» que constituiu a última fase do triplo processo de *concentração, institucionalização* e *territorialização* do poder na coroa iniciado nos finais da Idade Média (processo esse originador do Estado tal qual hoje ainda o conhecemos, enquanto forma histórica de organização política da sociedade).

As monarquias absolutistas foram assim ora derrubadas, ora objeto de profundas transformações, em nome da liberdade individual, contra o arbítrio e a opressão, e em nome da liberdade económica e social, contra o intervencionismo real e dos poderes particularistas que ainda se faziam sentir[76].

---

antes concentradas neste – (1) *legislativa*, (2) *executiva ou administrativa* e (3) *jurisdicional* – passam a competir respetivamente (1) a uma assembleia representativa (parlamento), (2) ao rei (mais tarde ao governo) e (3) aos tribunais. Cada um dos três poderes, para além da faculdade de *estatuir* (na sua esfera limitada de atribuições), tem ainda a faculdade de impedir os outros de extravasarem os respetivos limites. Este sistema de recíprocas vigilância e limitação funciona sobretudo, e afinal, em benefício da liberdade dos cidadãos, como bem expressa a célebre injunção de Montesquieu: «il faut que le pouvoir arrête le pouvoir».

[74] O *princípio da igualdade perante a lei* parte do princípio de que os homens nascem livres e iguais (Locke, Rousseau), traduzindo-se na abolição dos privilégios (p. ex., no acesso a cargos públicos) em razão do nascimento ou de outros fatores tidos por arbitrários (como o *status* religioso) que proliferavam no Antigo Regime, e que agora cedem perante a ideia da atribuição dos «bens da vida» a cada um segundo o seu mérito ou capacidade. A lei passa a ser «cega», ou seja, *universal* ou *geral*: ela aplica-se agora a todo e qualquer indivíduo que caia na sua previsão, não sendo mais possível ao rei (ou a quem quer que seja) estabelecer derrogações ou incidências singulares, com aplicação de critérios subjetivos, arbitrários e imprevisíveis. A generalidade e a abstração da lei asseguram-lhe as respetivas racionalidade, justiça e legitimidade.

[75] Traduz-se *grosso modo* (sem entrar na destrinça entre reserva de lei e prevalência de lei) na subordinação de toda a atividade do executivo (governo e administração) e dos tribunais à Lei, i. é, às normas positivas e escritas emanadas do parlamento. É claro que também no Antigo Regime vigoravam leis imperativas que obrigavam todos os órgãos do Estado: o carácter inovador do princípio reside no estarem agora separados (separação de poderes), como é próprio do Direito, o autor (ou autores) das leis e aqueles (a estas *definitivamente sujeitos*) a quem cabe a respetiva aplicação.

[76] Tenha-se presente que não foram anulados pela onda revolucionária apenas os poderes dos «déspotas ilustrados», mas também e ainda quase todos os corpos sociais sobrevindos da época medieval que, não obstante o acentuado declínio que conheceram nos últimos tempos do Antigo Regime, lutavam então pela sobrevivência, coexistindo ainda com o poder central típico do

2.2.2. A conceção liberal do Estado

A compreensão liberal do princípio da separação de poderes (que não coincide por inteiro com a dos pensadores que o formularam – Locke e Montesquieu) confere um papel de primordial importância ao Parlamento e à função legislativa a este atribuída em exclusivo.

A conceção liberal de Estado parte da "subordinação do Estado ao direito": é o «Estado de Direito» Liberal. A lei é agora entendida (novo conceito de lei) como regra necessariamente geral e abstrata, enquanto expressão da racionalidade e já não da *voluntas* de um soberano: só pode ser lei a disposição tomada em abstrato, e que se destina a ser aplicada a todos os indivíduos[77] – isto por contraposição à situação anterior, juridicamente "estruturada de acordo com critérios singularizados e, frequentemente, de privilégio"[78]. Ela é também e ainda autodefinição de interesses pela comunidade política afirmada no Parlamento, por um acordo de vontades esclarecidas que constitui a expressão da *vontade geral*[79].

Note-se que, e como bem sublinha J. J. Gomes Canotilho, o conceito de lei adotado pelo Estado de Direito resulta de um repositório histórico de variados contributos[80].

Desde logo, temos a dimensão material e universal da lei como «lei boa e justa», racional, virada para o bem comum, sempre presente no pensamento ocidental, da antiguidade grega ao jusnaturalismo cristão-medieval.

Estado de Polícia a com toda uma Administração moderna que transitaria intacta para o novo Estado Liberal (AUGUSTO DE ATHAYDE, *Direito Administrativo da Economia*, cit., pp. 140-141).

[77] J. J. GOMES CANOTILHO, *Direito Constitucional e Teoria da Constituição*, 7.ª ed., Coimbra, 2003, pp. 717-720.

[78] SEBASTIÁN MARTÍN-RETORTILLO, *Esbozo histórico sobre la libertad de comercio y la libertad de industria*, «Libro homenaje al Profesor José Luis Villar Palasi», Coordinación R. Gómez-Ferrer Morant, Madrid: Ed. Civitas, 1989, p. 701.

[79] Conceito elaborado por Rousseau – a par do conceito de *soberania popular* – , e que viria a ser consagrado na «Declaração dos Direitos do Homem e do Cidadão» de 1789. Note-se todavia que (e não obstante as ambiguidades próprias deste período, bem patentes na divisão entre os moderados mais afeiçoados ao modelo inglês e os jacobinos radicais – fiéis ao pensamento do filósofo de Genebra – que atravessou a Revolução Francesa) a conceção imperante no Estado Liberal não entende a vontade geral como *voluntas* (mesmo geral, no sentido de vontade da maioria que assim impõe o seu domínio) mas como *ratio*, ou seja, como expressão de um acordo racional.

[80] *Direito Constitucional e Teoria da Constituição*, 7.ª ed., Coimbra, 2003, pp. 717-720.

Mas temos também os sucessivos contributos de Hobbes (que salienta os momentos voluntarista e positivo da lei – a lei como *vontade* e *ordem*), de Locke (com a sua acentuação da lei geral e abstrata como instrumento de liberdade, de guia para homens livres que atuam no seu próprio interesse, e em virtude de tais características como barreiras de proteção da vida, segurança, liberdade e propriedade dos súbditos contra o arbítrio do soberano – é a cosmovisão liberal propriamente dita), de Montesquieu (que estabelece a ligação da lei ao poder legislativo próprio das assembleias representativas, no quadro do princípio da separação de poderes), de Rousseau (que entende ser a lei instrumento de atuação da igualdade política – uma lei «duplamente» geral, quanto ao objeto e quanto à origem: porque dirigida a todos, sem aceção de pessoas, e porque fruto também da vontade igual de todos) e, enfim, de Kant (a lei como expressão da razão)[81].

A lei distingue-se agora nitidamente dos demais atos normativos (nomeadamente das normas internas da Administração): acentuam-se os elementos típicos sempre presentes nos atos legislativos, que são, para além da generalidade e da abstração, a eficácia externa e a identificação do seu objeto próprio com a liberdade e propriedade dos cidadãos[82].

O Parlamento é tido como o fórum de representação da sociedade, por contraposição aos outros dois poderes (executivo e judicial) cuja legitimidade é apenas indireta, e que continuam (sobretudo o executivo) a ser objeto de desconfiança, por corporizarem um Estado que não deixa de ser entendido como «o outro», aquilo que resta do Estado-de-Polícia, em suma, como uma realidade sempre estranha à sociedade e tendencialmente antagónica desta.

Por oposição ao *status quo ante*, consagra-se em benefício da assembleia representativa a quem é confiada doravante a função legislativa uma tripla reserva de lei: uma *reserva de Parlamento* (através do monopólio atribuído a este órgão da produção normativa), uma *reserva de função legislativa* (decorrente do conceito

---

[81] J. J. Gomes Canotilho, *Direito Constitucional e Teoria da Constituição*, 7.ª ed., Coimbra, 2003, pp. 717-720.

[82] É o conceito material de lei: a lei como regra que cria direito (que modifica a esfera jurídica dos cidadãos), que não se confunde com as «leis administrativas»; e a lei material como ato que intervém na propriedade e na liberdade dos cidadãos, e que se distingue das normas do Executivo emanadas noutros domínios tidos como irrelevantes – outros âmbitos que não o da administração agressiva ou ablativa, que interfere por definição com as ditas liberdade e propriedade (neste ponto, ver por todos, J. J. Gomes Canotilho, *Direito Constitucional e Teoria da Constituição*, 7.ª ed., Coimbra, 2003, pp. 717-720).

material de lei – segundo este, apenas é considera «lei» a norma que contenda com a liberdade e propriedade dos cidadãos) e uma *reserva de direito* (visto ser a lei escrita do parlamento a única fórmula admitida de criação de direito)[83].

O direito administrativo que concretiza a subordinação do Estado à lei nasce com o Estado de Direito: trata-se de um direito especial, relativo à Administração Pública, que visa proteger os particulares (a sua vida e segurança, a sua liberdade e a sua propriedade) contra as autoridades administrativas (potencialmente adversas).

O novo princípio da legalidade administrativa – nos termos do qual a Administração apenas pode atuar por meios jurídicos e sempre com sujeição a uma lei prévia – constitui a expressão fundamental da submissão do Estado (mais concretamente, do poder executivo) ao Direito. Ele tem que se ser visto à luz do princípio da separação de poderes tal qual este é entendido pelos mentores deste modelo de Estado, os quais como vimos atribuem ao poder legislativo – ou seja, ao Parlamento – um papel de primeiríssima importância na vida política e jurídica da comunidade.

Com efeito, a novidade é que a Administração passa a estar sujeita a normas que lhe são impostas já não pelo seu supremo dirigente (pelo monarca), mas de fora, ou seja, por um outro poder do Estado independentizado do executivo, isto é, pelo Parlamento[84].

O novo Estado assenta na *filosofia individualista* (Locke, Kant), na doutrina do *liberalismo económico* (Adam Smith, David Ricardo) e no *modelo jurídico liberal*. Vejamos o que significam sobretudo os dois últimos postulados.

2.2.3. O liberalismo económico

O Estado de Direito Liberal propugna (paradoxalmente, tal como o modelo de Estado que o antecedeu) a separação entre Estado e sociedade; todavia, e

---

[83] J. J. Gomes Canotilho, ibidem.
[84] Na verdade, no «Ancien Régime» o problema não residia tanto na inexistência ou insuficiência de leis limitadoras da atividade da poderosa Administração de então, mas sobretudo na circunstância de o autor dessas leis – o supremo titular por excelência da função legislativa – ser, em *ultima ratio*, o próprio monarca, ou seja, o dirigente máximo da primeira destinatária das ditas leis. Ora, por definição não é direito, não é jurídica a norma de conduta que alguém livremente dá a si mesmo...

ao invés do que sucedera com o Estado-de-Polícia, o objetivo agora é reduzir o Estado e as tarefas a assumir por ele (o mesmo é dizer, o poder executivo, a Administração Pública e a respetiva atividade) a uma expressão mínima. A obsessão pela ideia de liberdade leva não apenas a uma *limitação interna* do poder político (pela sua divisão «horizontal»), mas também a uma *limitação externa*, nomeadamente "pela redução ao mínimo das suas funções perante a sociedade"[85]. O Estado passa a ter como única tarefa interna "a garantia da paz social e da segurança dos bens e das vidas, de forma a permitir o pleno desenvolvimento da sociedade civil de acordo com as suas próprias leis naturais"[86].

O Estado Liberal procura assim intervir o menos possível na sociedade, e desde logo na atividade económica, sendo esta tida como uma mera continuação da atividade privada geral. Para a teoria económica liberal em que assenta o novo modelo de Estado a economia autorregula-se, não precisando de se regular pelo direito, nomeadamente pelo direito público: há uma ordem económica, e não uma ordem *jurídica* económica pública[87]. A vida económica é deixada ao livre jogo dos agentes económicos, que a modelam e conformam através de instrumentos jurídicos exclusivamente fornecidos pelo direito privado – constituindo o *mercado* a expressão do conjunto das relações interindividuais em que se funda toda a atividade económica. Entendia-se então que qualquer intervenção dos poderes públicos no mercado seria por definição arbitrária e atentatória da liberdade individual – para além de conduzir inevitavelmente ao desperdício, isto pela simples razão de não se guiarem tais poderes pelo critério do lucro (sendo a falta desse critério na vida económica sinónimo de ineficiência)[88].

O interesse geral da comunidade não é visto numa perspetiva coletiva, que transcenda os indivíduos, na medida em que se entende traduzir ele o somatório aritmético dos interesses dos respetivos membros. No mundo das atividades económicas, cada indivíduo, ao orientar as suas energias, a sua inventiva e o seu talento para a produção e para a distribuição de bens ao menor

---

[85] JORGE MIRANDA, *Manual de Direito Constitucional*, vol. I (*Preliminares. O Estado e os sistemas constitucionais*), 5.ª ed., Coimbra, 1996, p. 86.
[86] JORGE REIS NOVAIS, *Tópicos de Ciência Política e Direito Constitucional Guineense*, vol. I, Lisboa, 1996, p. 18.
[87] J. SIMÕES PATRÍCIO, *Introdução ao Direito Económico*, cit., p. 9.
[88] LUÍS S. CABRAL DE MONCADA, ob. cit., p. 20.

custo possível, num ambiente concorrencial fundado numa ordem jurídica contratual estável e segura, dava dessa forma o melhor contributo possível (ainda que involuntariamente[89]) para a prosperidade geral. Com a possibilidade que agora se abre de se obter o próprio benefício, permite-se também do mesmo passo alcançar um maior bem-estar para toda a comunidade[90]: é a teoria da «mão invisível» de Adam Smith.

2.2.4. O modelo jurídico liberal

a) *Traços gerais*

Como vimos, diferentemente do Estado de Polícia, o Estado Liberal não tem fins próprios: com a sua atividade (que é essencialmente uma atividade jurídica – legislativa e jurisdicional) ele visa apenas assegurar a coexistência dos cidadãos e garantir a possibilidade de cada um por si alcançar o próprio bem-estar, através do livre desenvolvimento da sua atividade económica individual, atividade esta cujo único limite é a igual liberdade dos demais membros da comunidade.

Estamos perante uma compreensão do Estado e do Direito essencialmente *negativa* (ausência de *fins positivos próprios* e por conseguinte de um *dever fazer*, de uma assunção de funções e tarefas viradas para a realização desses fins) e *formal* (ausência de conteúdo das normas jurídicas, as quais se limitam a fixar o quadro geral e as condições de realização das atividades individuais): a ordem jurídica é neutra no respeitante ao conteúdo e fins dos contratos celebrados sob a sua égide, assim como à função e destino da propriedade privada que também garante e regula (os quais são deixados à livre disposição dos respetivos titulares).

A conceção liberal de Estado é ainda e por último, reitere-se, *jurídica*, "no sentido de que a característica essencial da sua atividade é o tratar-se de uma atividade jurídica": compete assim ao Estado, através do Direito, "estabelecer o quadro geral das regras dentro do qual a liberdade individual de cada cidadão possa coexistir com a liberdade dos demais", correndo as demais formas

---

[89] Porquanto, insista-se, o seu objetivo não era filantrópico, mas ao invés, e tão só, a realização do próprio interesse.
[90] Sebastián Martín-Retortillo, *Esbozo historico...*, cit., p. 703.

possíveis de atividade estadual o risco de serem consideradas despóticas por se traduzirem numa desnecessária compressão das liberdades individuais e do direito de propriedade[91]. É também neste sentido que se fala em Estado de Direito – no sentido de ser "a instituição da ordem jurídica a sua função, ou seja, a criação e manutenção de uma ordem jurídica como condição para a coexistência da liberdade dos cidadãos: o Estado só se justifica pelo Direito e enquanto atuar na forma do Direito"[92].

b) *Estado Liberal e direito público*

O papel do direito em geral é esse: tão só o de proporcionar as condições necessárias para que a liberdade económica individual se possa exercer em toda a sua plenitude, com os «kantianos» limites, todavia, do exercício da liberdade dos demais consociados.

Por conseguinte, também o recém-nascido direito público se desinteressa da economia, preocupando-se apenas com a salvaguarda da ordem pública e da segurança de pessoas e bens; ele só tem em mente o objetivo de garantir os valores da segurança e das liberdades individuais e as demais condições necessárias ao desenvolvimento dos negócios privados fruto da livre iniciativa económica dos indivíduos. Não se verificam por isso à época os pressupostos em que hoje assenta a interpenetração entre direito público e direito privado: ao invés, a separação entre um e outro ramos do direito começa por ser quase absoluta.

O modelo jurídico do Estado Liberal não gira pois em torno do direito público: pelo contrário, "a ordenação que se pretende da realidade económica leva-se a cabo de forma principal através de normas de direito privado", de acordo com os postulados do capitalismo: o sistema concretiza-se logicamente em torno do princípio do dispositivo, e não a partir de normas imperativas, sendo os indivíduos particulares "os protagonistas fundamentais do processo de criação jurídica no âmbito económico"[93]. Os instrumentos deste processo são a liberdade contratual e o princípio da autonomia da vontade privada.

---

[91] Luís S. Cabral de Moncada, ibidem.
[92] Luís S. Cabral de Moncada, ibidem.
[93] Sebastián Martín-Retortillo, ob. cit., loc. cit.

No domínio económico predominam assim as figuras do contrato e do direito de propriedade, as quais constituem os fundamentos últimos do modelo jurídico do Estado Liberal; o mesmo é dizer que este se apoia essencialmente no direito privado (civil e comercial).

É certo que cabia ao direito público zelar pelo interesse coletivo: mas não lhe competia para tanto intervir "na esfera privada da atividade económica, pois que os interesses da coletividade eram aí realizados espontaneamente através do livre jogo da iniciativa e do risco individuais, permeáveis tão só ao direito privado comum e comercial"[94].

c) *Uma ordem jurídica assente no contrato, no direito de propriedade e, por fim, na proteção da empresa capitalista: a mercantilização do direito*

A ordem jurídica do liberalismo assenta no contrato e num direito de propriedade tendencialmente absoluto, por oposição ao sistema do *status* em que ainda se fundava todo o direito do Antigo Regime – o qual ditava múltiplas limitações à liberdade contratual (à validade e à estabilidade dos contratos) e à propriedade decorrentes de imperativos éticos ou políticos.

Os primeiros interesses objeto de tutela jurídica no Estado Liberal (em detrimento dos interesses singulares e muitas vezes privilegiados até então protegidos pela ordem jurídica do Antigo Regime) são os dos *proprietários*: "estes respondem em grande medida a uma configuração estática da titularidade do seu direito patrimonial"[95].

Dá-se a abolição dos institutos jurídicos tradicionais que, no interesse das múltiplas comunidades provindas do universo medieval (familiares – como o morgadio –, territoriais ou outras), *estratificavam* e *condicionavam* a propriedade plena, com base em critérios singularizados (e, frequentemente, repita-se, de privilégio), sendo tais institutos substituídos por disposições de carácter *geral e abstrato*, normalmente inseridas em códigos que tornam a propriedade um direito absoluto ou ilimitado e tendencialmente pleno. Fala-se por isso no «direito sagrado e inviolável de dispor à sua maneira de todos os seus bens», naquilo a que alguém designou por «individualismo possessivo».

---

[94] Luís S. Cabral de Moncada, ob. cit., p. 19.
[95] Sebastián Martín-Retortillo, *Esbozo historico...*, cit., p. 702.

Mas num segundo momento opera-se o reconhecimento, por sua vez em detrimento dessa configuração estática do direito de propriedade, de uma «propriedade dinâmica», "apoiada no sistema de produção e no tráfico mercantil que, inclusive, passará a ser protegida com preferência sobre a dos proprietários em sentido estrito" – acabando a tutela jurídica do comerciante, do industrial e do financeiro por prevalecer sobre a do proprietário[96].

É a superação da ideia de *propriedade* pela ideia de *empresa*, com a «comercialização» do direito: procura-se agora proteger o diligente homem de negócios. Na prática legislativa e judicial, "enquanto se podam de modo inexorável as vantagens jurídicas que conservavam lavradores, ganadeiros, artesãos, estabelece-se um muito subtil e coerente sistema para fortalecer e ampliar os *privilégios* a favor dos prestamistas" (legislação sobre hipotecas, reserva de propriedade, etc.), dos comerciantes, dos industriais e dos financeiros (regulamentação da sociedade anónima e dos negócios e títulos abstratos, limitações da responsabilidade)[97]. Em sede de fontes de direito, é atribuído valor coercivo geral às regras promulgadas pelas grandes empresas, ou seja, às condições gerais de contratação por estas impostas.

Esta simpatia pelos negócios abstratos leva ao reforço da propensão para banir qualquer consideração para lá da vontade declarada, e com isso toda a significação social do negócio (ou seja, a respetiva causa) – «mercantilizando-se» o direito privado que desta forma se coloca ao serviço do capitalismo. O direito do Estado desliga-se assim de toda a norma extrapositiva, rebaixando-se à condição de direito supletivo e não imperativo, na medida em que prevalecem as regras convencionais, «filhas» da autonomia privada, que ficam «axiomaticamente» fora do controlo estadual. O suporte patrimonial dos direitos subjetivos "realça-se de modo manifesto": tais direitos tornam-se sumamente abstratos, "sem limitações implícitas, não censuráveis mesmo quando abusivamente exercitados"[98] (constituindo um típico exemplo desta tendência a legalização da usura).

---

[96] Sebastián Martín-Retortillo, ob. cit., loc. cit.
[97] Sebastián Martín-Retortillo, ob. cit., p. 703.
[98] Sebastián Martín-Retortillo, ob. cit., loc. cit.

CAPÍTULO III
O «ESTADO DE DIREITO SOCIAL» OU «ESTADO ADMINISTRATIVO» DO SÉC. XX

2.3.1. Transição do Estado Liberal para o Estado Social

A partir da segunda metade do séc. XIX acelera-se a interpenetração entre Estado e Sociedade, em virtude sobretudo do alargamento do público político a que deram causa a segunda revolução industrial e o consequente e exponencial crescimento das cidades.

Nos finais do séc. XIX generaliza-se o sufrágio universal, organizam-se os primeiros partidos políticos de massas e começam-se a movimentar os grupos de interesse (sindicatos e outros).

É com a 1.ª Grande Guerra Mundial (1914-1918) que surgem as primeiras atividades estaduais de envergadura[99]: os Estados apossam-se da direção da economia para fazer face ao esforço de guerra (*mobilização económica*), e no final da guerra mantêm importantes poderes de intervenção na vida económica, agora para minorar os problemas decorrentes da desmobilização dos soldados e da depauperação provocada pelo conflito. Mas é sobretudo com a crise de 1929 que se iniciam com carácter sistemático as políticas económicas dirigistas e o chamado Estado-Providência (*Welfare State*). Estas políticas teorizadas por J. M. Keynes foram implementadas nos EUA por F. D. Roosevelt (foi o chamado *New Deal*) e ainda, de algum modo, na Europa, quer sob

---

[99] J. SIMÕES PATRÍCIO, *Introdução ao Direito Económico*, cit., p. 31.

regimes (supostamente) democráticos (como a República alemã de Weimar e a República espanhola), quer sobretudo sob a égide dos regimes autoritários e intervencionistas que se multiplicaram neste último continente nos anos 30.

No período do entre guerras emergem as chamadas Constituições de transição (de transição do Estado Social para o Estado Liberal), cujos textos já assinalam ao Estado a prossecução de tarefas e fins de carácter económico, atribuindo-lhes consideráveis poderes de intervenção nas atividades económicas; são paradigmáticas deste período de transição a Constituição mexicana de 1917, a Constituição alemã de Weimar (de 1919) – que influenciou, entre outras, a Constituição Portuguesa de 1933 e a própria Constituição Italiana de 1947 – e a Constituição da República Espanhola de 1933.

Mas o Estado Social de Direito – ou Estado Administrativo – consolida-se sobretudo a partir do segundo pós-guerra, aumentando significativamente a esfera de intervenção estadual na vida económica e social. Desde logo, com a II Grande Guerra renovam-se a aumentar as razões que motivaram a tomada das rédeas da economia no anterior conflito mundial, através de nova planificação económica do esforço militar[100]. As necessidades ditadas pela reconstrução de uma Europa devastada pela guerra levam (entre outras consequências no plano da intervenção dos poderes públicos na economia) ao decretamento de nacionalizações, à assunção pelo Estado da atividade bancária e ao advento nos países ocidentais do fenómeno da planificação económica[101].

Completando o que já se iniciara com a Primeira Grande Guerra Mundial, especialmente no período do entre guerras, "assistiu-se, quer durante as hostilidades de 1939-1945, quer particularmente no após-guerra, ao crescente interesse do Estado na economia – a chamada *intervenção económica* – substituindo-se de vez o tradicional abstencionismo elo comprometimento público na economia"; num primeiro tempo, "em ordem a suprir lacunas (desinteresse ou insuficiência) da iniciativa privada", depois "corrigindo-lhe deliberadamente os excessos ou os defeitos de atuação", enfim, "dirigindo (programando, até) a economia global"[102].

---

[100] Neste ponto, ver por todos A. J. AVELÃS NUNES, *Os Sistemas Económicos*, separata do «Boletim de Ciências Económicas» da Faculdade de Direito de Coimbra, vol. XVI, 1997, pp. 196 e ss.
[101] J. SIMÕES PATRÍCIO, *Introdução ao Direito Económico*, cit., p. 31.
[102] J. SIMÕES PATRÍCIO, *Introdução ao Direito Económico*, cit., p. 11.

2.3.2. Traços essenciais do Estado Social de Direito ou Estado Administrativo

O Estado de Direito que pontifica na segunda metade do séc. XX é um Estado descentralizado: assiste-se a uma profunda mutação da organização administrativa, com o fenómeno de pluralização da Administração. Traduz--se esta pluralização no deixar de haver uma Administração quase toda ela central ou centralizada, para passarem a coexistir muitas administrações em diferentes níveis territoriais. A partir sobretudo da década de 50 do séc. XX, por decalque da descentralização territorial, chega a vez da multiplicação das administrações institucionais, quer de tipo associativo, quer de tipo fundacional, dinamizando-se um processo de descentralização imprópria, dita técnica, funcional ou por serviços (processo esse designado entre nós por «devolução de poderes»).

Alarga-se também o leque dos domínios de intervenção da Administração Pública: a par da tradicional Administração de polícia mais ou menos alheada da vida económica consolidam-se os primeiros organismos de coordenação económica; e sobretudo nasce uma nova Administração de serviço público, de fomento, de planeamento e de infraestrutura. O Estado deixa de ter uma postura meramente negativa ou passiva, de simples proteção da ordem pública, para passar a agir sobre a sociedade e sobre a economia.

Em suma, e em consequência desta nova postura interventora do Estado, aparece uma administração social ou de prestação – mais abrangentemente, uma Administração de serviço público (prestação de bens e serviços essenciais), de fomento e de infraestrutura – a par da tradicional Administração de autoridade.

Dá-se por isso uma atenuação da separação Estado-sociedade: a Administração deixa de ser a portadora de uma lógica estranha à sociedade, passando a prestar bens e serviços (Administração prestadora ou constitutiva), a incrementar as atividades económicas privadas tidas por relevantes para os objetivos do crescimento e do desenvolvimento económico, a programar e planificar as suas intervenções a médio e longo prazo, a contratar (em vez de se limitar a fazer uso das suas tradicionais prerrogativas de autoridade, através da prática de atos administrativos e da edição de regulamentos administrativos) e a utilizar inclusive formas organizativas (de sociedade comercial, de fundação e de associação privadas) e de atuação de direito privado: é a chamada Administração de concertação. A Administração abre-se também à participação dos administrados (Administração participada ou «aberta») – seja a título consultivo, seja mesmo por associação ao exercício do poder administrativo.

2.3.3. As transformações sofridas pelo direito público

a) *Do princípio da legalidade ao princípio da juridicidade*

O próprio fundamento último do direito administrativo – o princípio da legalidade administrativa – sofre ao longo da primeira metade do séc. XX uma significativa evolução: a Administração passa a estar (mais amplamente) sujeita ao direito, e não apenas à lei.

A mudança a que se assiste é a do princípio da legalidade da administração, que se transmuta num mais lato *princípio de juridicidade*: o clássico e fundamental parâmetro da atividade administrativa começa a ser entendido como um princípio de juridicidade, através da sujeição da Administração também aos direitos fundamentais e aos princípios gerais de direito administrativo, e já não como princípio de legalidade estrita (de sujeição apenas a *regras* legais).

Em contrapartida, tende-se a admitir uma discricionariedade administrativa limitada pelos direitos fundamentais e por princípios jurídicos, bem como, dentro de certos limites de forma e competência, a existência de regulamentos complementares e mesmo de regulamentos independentes, sobretudo quando emanados por órgãos representativos dos poderes regional e local.

b) *O novo conceito de lei*

Importa lembrar aqui também a alteração das características da lei: com efeito, a generalidade e a abstração deixam de integrar o conceito de lei, admitindo-se em certos casos, como atos próprios da função legislativa, a lei-individual e a lei-medida.

A primeira teorização desta última figura deve-se a Carl Schmitt, com a sua distinção entre lei e medida: segundo o constitucionalista alemão, a (lei) medida seria uma ordenança de um legislador extraordinário com valor de lei, mas que constituiria a uma só vez *lei e sua execução*.

Segundo a posterior reflexão de Ernst Forsthoff (que reflete a evolução entretanto registada na prática constitucional) a lei-medida provém já não de um legislador extraordinário, mas do próprio legislador ordinário que, em resposta às exigências próprias da sociedade técnica do séc. XX, se vê obrigado a utilizar com frequência a lei para prosseguir escopos concretos, assim invadindo a esfera de ação tradicionalmente reservada ao poder executivo. Pese a diminuição das possibilidades de defesa do cidadão face a tais leis concretas, individuais ou temporárias, estas são constitucionalmente admissíveis se forem orientadas por uma dimensão de justiça material[103].

Enfim, lei perde o timbre da verdade racional (de que seria semântica expressão) que lhe imprimiram os ideólogos do liberalismo, esvanecendo-se o seu tradicional carácter exclusivamente garantístico dos direitos dos particulares: é o fim da reserva de lei enquanto reserva de função legislativa, pela impossibilidade de se manter um conceito material de lei referido apenas à liberdade e propriedade dos cidadãos. A lei passa a ser também instrumento de definição dos interesses públicos a cargo da Administração, fenómeno que adquire uma especial importância precisamente no domínio do direito administrativo da economia.

c) *A evolução do princípio da separação de poderes: de uma separação rígida a uma divisão funcional e flexível*

Finalmente, importa assinalar que o próprio princípio da separação de poderes em que por sua vez assenta o princípio da legalidade administrativa sofre uma significativa transformação. Com efeito, dilui-se a fronteira entre o Poder Legislativo e o Poder Executivo.

O séc. XX assiste ao fim da reserva lei enquanto reserva de Parlamento: o Governo recebe poderes normativos e até competência legislativa normal (veja-se o caso da Constituição Portuguesa de 1976, já na sequência da anterior ordem constitucional – nomeadamente a figura do decreto-lei, no âmbito da competência legislativa concorrente, que torna o Governo num «hospedeiro» da função legislativa).

---

[103] Nesta matéria, ver por todos J. J. GOMES CANOTILHO, *Direito Constitucional e Teoria da Constituição*, 7.ª ed., Coimbra, 2003, pp. 717-720.

Dá-se por outro lado um reforço do poder judicial, que passa a controlar não apenas a legalidade (estrita) da atuação administrativa (nas áreas de atuação vinculada), mas mais amplamente a sua juridicidade (estendendo-se por conseguinte o controlo jurisdicional às zonas de atuação discricionária, com referência aos princípios gerais de direito administrativo e aos direitos fundamentais). Alarga-se o domínio do juridicamente relevante, deixando a lei de ser a única fórmula de criação do direito: é o desaparecimento também da reserva de lei enquanto reserva de criação de direito.

CAPÍTULO IV
SÉCULO XXI: O RECUO DO ESTADO-ADMINISTRATIVO

2.4.1. A crise do Estado Social ou Estado Administrativo no último quartel do século XX

a) *Retrospetiva histórica: o Estado como produtor de bens e serviços essenciais numa era da prosperidade*

Como vimos, entre os finais da década de 40 (pós II Grande Guerra Mundial) e os primeiros anos da década de 70 (até à suspensão da convertibilidade do dólar em ouro e às subsequentes crises petrolíferas) – estamos a falar dos trinta anos de crescente e contínua prosperidade do mundo ocidental[104], período em que o chamado Estado Social, Estado Providência ou Estado Administrativo típico do séc. XX conheceu o seu apogeu – os poderes públicos (mesmo nas economias de mercado) chamaram a si (à titularidade pública) as atividades de prestação de bens e serviços públicos básicos, essenciais ao bem-estar das populações.

Foi sobretudo nessa época que se construíram novas infraestruturas (ou se completaram ou desenvolveram a um nível nunca antes atingido redes já existentes) e se erigiram a partir delas os grandes serviços públicos, a saber (e entre outros) nos setores dos transportes públicos, das telecomunicações (serviços postais, telefones e televisão) e da energia (da eletricidade, carvão, derivados do petróleo e gás natural). Essas atividades económicas, *ex novo* ou pela via da

---

[104] Mundo então composto, grosso modo, pelos Estados Unidos, Canadá, Austrália e Nova Zelândia, pelos países da Europa ocidental e pelo Japão.

nacionalização das empresas privadas que operavam em tais setores, passaram a ser exploradas por empresas públicas as mais das vezes em regime de monopólio legal – sendo quando muito objeto de concessão a privados, mas sempre sob direta supervisão dos poderes públicos, que mesmo neste caso mantiveram a responsabilidade pela execução de tais serviços públicos.

Mas tal quadro de prosperidade não haveria de durar muito. Nas décadas de 70 e de 80 as economias dos países ocidentais sofreram profundas mudanças que ditaram uma irreversível alteração desse estado de coisas. Para essas mudanças concorreram uma série de causas, umas públicas e notórias, outras nem tanto, mas que hoje estão mais ou menos identificadas – sendo que o peso relativo de cada uma delas nas consequências produzidas na economia é muito dificilmente determinável. O facto é que chegou ao fim essa era de prosperidade do mundo ocidental, traduzida num crescimento médio anual das economias dos países desse espaço civilizacional na casa dos 6%, com a consequente necessidade de alteração (no sentido de uma forte redução) dos fins e funções do Estado.

b) *Primeira reação à crise do Estado Social ou Administrativo: o ressurgimento do liberalismo económico*

A primeira resposta ao declínio económico que se seguiu à manifestação inicial, na década de 70, desta imensa e crescente crise (que não para de se agravar nas economias ocidentais) surgiu no mundo anglo-saxónico, onde a tradição liberal estava (e está) mais arreigada, com a verdadeira revolução política e ideológica iniciada no final da década pelo Presidente norte-americano Ronald Reagan e pela Primeira-Ministra britânica Margaret Tatcher nos respetivos países.

Os governos liderados por estes estadistas limitaram-se a pôr em prática as teses neoliberais dos economistas da Escola de Chicago (onde avulta a figura de Milton Friedman) e (já também nos campos da Filosofia Política e da Teoria do Direito e do Estado) de pensadores da Escola Austríaca, como Ludwig von Mises[105] e Friederich von Hayek; ou seja, uma vez mais a mudança política foi

---

[105] LUDWIG VON MISES (1881-1973), economista e filósofo de vulto, é o maior expoente da «Escola Austríaca», a mais importante corrente do pensamento económico liberal. Na obra

precedida por uma mudança nas mentalidades[106]. Os bons resultados económicos alcançados pelos governos americano e britânico na década de oitenta contagiaram as políticas económicas e de reforma administrativa de muitos outros países do mesmo espaço civilizacional, rendendo-se ao essencial da cosmovisão liberal mesmo as forças de esquerda moderada. Iniciou-se assim nesta época o processo de forte emagrecimento do (até então) cada vez mais agigantado Estado-Providência implantado no segundo pós-guerra, tendência essa cuja razão de ser se reforçou com as profundas mudanças tecnológicas e geopolíticas a que o mundo iria assistir nas décadas seguintes.

c) *A liberalização das economias indiana e chinesa, a implosão da URSS, a União Económica e Monetária dos Estados europeus e o alargamento da UE a leste; a globalização e consequente desindustrialização das economias ocidentais*

O processo de mudança que se tem vindo a descrever acelerou-se em consequência do fenómeno da chamada «globalização» que se seguiu à liberalização

---

mais conhecida de von Mises, «A Ação Humana» (*Human Action*), podemos encontrar os fundamentos metodológicos da dita Escola Austríaca.

[106] FRIEDERICH VON HAYEK (1899-1992) foi, com VON MISES, o outro grande epígono da Escola Austríaca. Laureado com o Prémio Nobel da Economia em 1974 pelos estudos que empreendeu sobre as crises económicas cíclicas (prémio que partilhou com o seu «adversário» no campo das ideias, o economista socialista K. GUNNAR MYRDAL), os seus trabalhos mais divulgados extravasam a área económica, tendo-se distinguido em domínios tão diversos como os da psicologia, da sociologia jurídica, do direito, da economia e da filosofia. A sua primeira (e mais célebre) obra – *O Caminho para a servidão* – remonta ao final da década de 30 do séc. XX: neste livro o autor critica duramente o intervencionismo estatal na economia emergente nessa década em ambos os lados do Atlântico (nos Estados Unidos com a política do «New Deal» do Presidente F. D. Roosevelt, e na Europa com o advento do fascismo italiano e do nacional socialismo alemão), sustentado a tese do carácter intrinsecamente totalitário de qualquer sistema de planificação económica – e, em contraponto, das virtudes (também) políticas da economia de mercado, como único antídoto eficaz face à ameaça totalitária. Mas a obra maior de HAYEK (também nos domínios da filosofia política e da sociologia jurídica) é sem dúvida o (muito mais recente) «Law, legislation and liberty».
Uma das mais contundentes críticas de HAYEK – dirigida sobretudo ao modelo jurídico-político do Estado de Direito da Europa continental, moldado pelo positivismo jurídico – é o da absolutização da vontade do legislador, que sem qualquer limite relevante, e ao sabor das flutuações da maioria, vai afeiçoando as leis às pretensões dos grupos de pressão mais bem organizados. Também o Estado Providência do segundo pós-guerra constituiu um alvo preferencial das suas críticas.

das economias indiana e chinesa na década de noventa do séc. XX e à implosão da União das Repúblicas Socialistas Soviéticas no início dos mesmos anos 90, acontecimento que ditou o fim da «guerra fria» entre as potências ocidentais lideradas pelos EUA e a U.R.S.S. e os respetivos «Estados-satélites» e o estertor do sistema comunista de economia planificada vigente até então numa quarta parte da Terra (nomeadamente na União Soviética, na China e nos respetivos Estados-satélites).

De entre estas mudanças, note-se, assumiu uma especial relevância a ocorrida na China, cuja economia se liberalizou radicalmente (não obstante se ter mantido a vertente ditatorial do regime comunista, cerceadora das liberdades política, religiosa e de expressão[107]).

Com a adesão à União Europeia dos países europeus que se libertaram da esfera de influência da extinta URSS, e em geral com o incremento do comércio mundial pressionado pelas mudanças políticas referidas (sobretudo no âmbito do GATT/OMC), as economias da Europa Ocidental abriram-se muito mais à concorrência dos produtos (e da própria força de trabalho qualificada) provenientes do resto do mundo.

A internacionalização das economias dos países europeus – que deu saltos qualitativos com o aprofundamento da integração económica europeia (nomeadamente com a implementação da União Economia e Monetária[108] em 1993, na sequência do Tratado de Maastricht) e com os mais recentes acordos do GATT/OMC – teve como principal consequência a deslocação dos centros de decisão nacionais em importantes matérias para fora do âmbito estadual.

---

[107] E mesmo de alguma intervenção pública na economia, através nomeadamente de um ainda relevante sector público empresarial e de algum controlo político nas maiores empresas, por intermédio da presença discreta de um representante do partido em cada uma delas.

[108] Traduzida na instituição de uma moeda única em quase todos os países da UE e na criação de um Banco Central Europeu e de um Sistema Europeu de Bancos Centrais que passou a centralizar as principais competências até então detidas pelas autoridades nacionais – nomeadamente a emissão de moeda e a fixação das taxas de juro e das taxa de câmbio.

d) *Os fenómenos da desindustrialização, da quebra do crescimento e da regressão demográfica no mundo ocidental*

Pelas razões que se tem vindo a apontar, no mundo ocidental deixou o Estado de dispor dos tradicionais meios de intervenção conjuntural na economia para minorar os efeitos de contextos internacionais adversos – e as adversidades seguiram-se de facto à maior abertura aos mercados externos de produtos, serviços e capitais e ao derrube de barreiras alfandegárias.

Logo na década de setenta do séc. XX, como vimos, os Estados europeus ocidentais e as respetivas empresas começaram a não poder suportar as notórias ineficiências dos seus pesados setores empresariais públicos, assim como a excessiva rigidez da sua legislação laboral e as (cada vez mais) elevadas despesas sociais com os respetivos trabalhadores – desde logo por já não disporem os primeiros (nomeadamente os Estados do «euro») do recurso a panaceias como a desvalorização da moeda, a descida administrativa das taxas de juro diretoras e a injeção de (mais) dinheiro na economia.

Passaram-se pois a debater as respetivas exportações (sobretudo as de produtos com menor valor acrescentado) com a concorrência de mercadorias oriundas dessas zonas do mundo agora produzidas e transformadas por uma mão-de-obra já razoavelmente qualificada e com recurso a tecnologias avançadas[109].

O mais gravoso efeito deste processo que se acelerou sobretudo a partir da década de noventa – da chamada globalização – para as economias ocidentais foi a *desindustrialização* e consequente e progressivo *declínio do crescimento económico*, que resultou de duas «migrações económicas» (chamemos-lhes assim) inversas com recíproca influência, em jeito de círculo vicioso.

A primeira dessas «migrações» foi (e continua a ser) a fuga do grosso da atividade industrial para outras paragens (nomeadamente para a Ásia) onde os custos de produção eram (e são) acentuadamente inferiores (em parte devido a menores custos de contexto, nomeadamente ambientais, urbanísticos

---

[109] Mercadorias e trabalhadores até então (sublinhe-se) circunscritas a territórios isolados do resto do mundo e a estádios de desenvolvimento tecnológico ainda muito atrasados em virtude de barreiras alfandegárias ou dos próprios sistemas políticos isolacionistas ali implantados.

e sócio-laborais) – deslocação do investimento propiciada sobretudo pela liberalização universal da circulação de capitais.

E a segunda «migração económica», subsequente à primeira, foi (e é) a entrada nos mercados dos países ocidentais das mercadorias lá produzidas (no oriente), que vão apresentando melhorias progressivas de qualidade e que são vendidas a preços imbatíveis. Esta invasão deveu-se (deve-se) também, por seu turno, ao movimento de liberalização do comércio internacional de mercadorias, traduzido numa progressiva desproteção alfandegária dos ditos países ocidentais face a importações de países terceiros, como já acima se referiu.

O estertor da indústria causou inúmeros problemas à economias e por consequência às finanças públicas dos países ocidentais, como o desequilíbrio da balança comercial, o agravamento do desemprego e a consequente quebra das receitas tributárias e aumento das despesas públicas sociais. Como fator de agravamento da saúde das economias ocidentais temos também, desde a década de 70 do século passado, o fenómeno da *regressão demográfica*, desta feita como resultado sobretudo de uma crise de valores.

Tudo isto obrigou enfim a profundas transformações do quadro jurídico da economia e das finanças públicas, acabando por se traduzir na imperiosa e inadiável necessidade de sucessivos cortes estruturais na despesa pública (com as concomitantes reformas ao nível da organização administrativa e do funcionalismo público e do respetivo enquadramento jurídico), na «desregulamentação» no domínio da segurança social, na flexibilização das leis laborais, na privatização das empresas públicas e "no avanço do mercado como instrumento de decisão económica" – gerando a incapacidade estatal para a disciplina independente da economia "uma verdadeira crise de «governabilidade» da economia à escala nacional"[110].

Note-se que todas estas medidas de redução da despesa pública e de aumento da eficiência do setor público subsistente e da economia em geral, não obstante os bons resultados conseguidos sobretudo nas décadas de oitenta e noventa, não foram suficientes para reequilibrar as finanças públicas dos Estados ocidentais, tendo-se mesmo assim agravado muitíssimo o défice público (e por consequência a dívida pública) – sobretudo na primeira década do séc. XXI, agora em virtude das já assinaladas vicissitudes da globalização e,

---

[110] Luís S. Cabral de Moncada, ob. cit., p. 72.

nomeadamente na Europa, da nova etapa da integração económica da maioria dos Estados deste continente (que acentuou os problemas dos países europeus com economias mais frágeis que não obstante optaram por integrar a zona euro).

Ora, a progressiva e acelerada deterioração das finanças públicas obrigou estes Estados a recorrer ao mesmo ritmo a empréstimos ao exterior para conseguirem manter pelo menos o essencial do modelo de Estado Social, Administrativo ou Infraestrutural que constituiu a sua «imagem de marca» no séc. XX. Até que, atingindo alguns Estados da zona euro patamares insustentáveis de endividamento, eclodiu, em 2009 (e na sequência da crise financeira global de 2008), a chamada crise da dívida soberana, que afetou não apenas a zona euro mas também toda a União Europeia.

2.4.2. A reforma do Estado Social ou Estado Administrativo: as privatizações

a) *Do Estado prestador ao Estado regulador*

A reforma do Estado Administrativo ou Estado Providência que tem vindo a ser levada a cabo nas duas últimas décadas guia-se por critérios de eficiência, passando no campo social e laboral por uma maior flexibilidade da legislação laboral e por uma maior racionalização do sistema de segurança social (fala-se por isso num novo conceito de «flexisegurança», a partir das recentes experiências governativas britânica[111] e nórdica) e, no campo económico (o que ora mais nos importa), sobretudo pela privatização de organizações e tarefas públicas.

Esta privatização traduziu-se na passagem de um *Estado prestador* de bens e serviços a um *Estado regulador*; com efeito, e como melhor veremos, não houve lugar a uma desregulamentação propriamente dita das atividades económicas: ao invés, a retirada do Estado dos setores produtivos onde intervinha diretamente, na qualidade de agente económico e normalmente em regime de monopólio, foi compensada pela (re)criação de quadros regulatórios por vezes bastantes extensos, cuja atuação passou a ser confiada não ao Governo

---

[111] Impulsionada pela tendência moderada representada por Tony Blair, líder do Partido Trabalhista inglês que viria a suceder a John Major (herdeiro político de Margaret Tatcher) na chefia do governo britânico.

e à administração dele dependente, mas a *entidades reguladoras independentes* dotadas de fortes poderes de intervenção.

O processo das privatizações ocorreu também noutros países próximos do nosso (sobretudo em Espanha e na Itália, mas também na França e na Alemanha) nos últimos vinte anos do séc. XX – por conseguinte com uma relativa proximidade temporal entre si –, tendo-se desenrolando ademais sob a comum e decisiva influência do Direito Económico Comunitário, depois (e sempre que necessário) das pertinentes revisões constitucionais[112].

Note-se, entrementes, que se tivermos ainda presente a quase extinção dos sistemas de economia totalmente planificada vigentes na U.R.S.S. e nos países da Europa de Leste, com o realinhamento desses países pelo modelo ocidental, tornaram todos estes fatores muito mais frutuoso o recurso ao direito comparado e por conseguinte mais exequível do que há duas décadas atrás a elaboração de uma teoria geral do D.A.E.[113].

b) *Privatização formal, privatização orgânica e material e privatização funcional (associação de privados ao exercício de funções e tarefas públicas)*

Voltando ao processo das privatizações, e para finalizar este ponto: são vários os caminhos e as formas da privatização de organizações e tarefas públicas a que se acaba de fazer referência, pelo que importa conhecê-los e distingui-los entre si.

Temos em primeiro lugar a (mera) *privatização formal*, levada a cabo em nome da eficácia da atuação dos poderes públicos: é a chamada «fuga para o direito privado», que se processa através da adoção pelas organizações públicas de formas jurídico-organizativas privadas – sociedades comerciais, fundações

---

[112] Nomeadamente nos países com textos constitucionais extensos, que conferem relevo à chamada Constituição Económica programática (como é o caso por excelência da Itália).

[113] Já não se justificam por isso as observações de C. A. MOTA PINTO tecidas a propósito do carácter recente deste direito: dizia então o professor de Coimbra nas suas lições que o Direito Público da Economia refletia "a diversidade da constituição económica dos diferentes países", desde as "economias de mercado mais ou menos puro até às economias integralmente planificadas, tornando inviável a elaboração no seu seio de uma teoria geral de vocação universalizante" – sendo por isso este direito "mais do que qualquer outro, localizado no espaço e no tempo" (*Direito Público da Economia*, cit., p.38).

– com vista à total submissão ao direito privado, por conseguinte, quer da atividade dos novos entes, quer mesmo da sua organização e funcionamento.

Fenómenos distintos do da «fuga para o direito privado» são os da *privatização material* e *orgânica*: aqui já estamos perante uma verdadeira privatização de atividades tradicionalmente reservadas à Administração (privatização material), com substancial privatização também das próprias entidades que as desenvolviam (privatização orgânica) – isto é, com simultânea venda a privados de parte ou da totalidade do capital social das empresas públicas que até esse momento exploravam tais atividades, em muitos casos em regime de monopólio. São as chamadas «privatizações», que entre nós ocorreram sobretudo na década de noventa.

Sublinhe-se uma vez mais que como pano de fundo destas privatizações temos a criação de entidades reguladoras independentes (autoridades administrativas independentes) cuja missão é assegurar a livre concorrência e os direitos dos utentes dos bens e serviços de «interesse económico geral» (antigos «serviços públicos»): é a tão propalada passagem do *Estado prestador* ao *Estado regulador* já acima mencionada.

Enfim, para além das privatizações formal e material que se acaba de referir, tem-se expandido o mecanismo tradicional da *privatização funcional* ou «Administração por particulares», com um forte incremento da entrega a privados da exploração de atividades que não obstante continuam reservadas à Administração Pública.

Outras formas de associação de privados ao desempenho de tarefas e funções públicas, e que acrescem à clássica devolução ou delegação de poderes processada ao abrigo do regime de concessão de exploração de serviços públicos a que se acaba de fazer referência, são ainda a celebração de contratos de prestação de «serviços de imediata utilidade pública» (*out sourcing*) e a constituição de sociedades de capitais mistos sob controlo público.

PARTE I
A CONSTITUIÇÃO ECONÓMICA

PARTE I
A CONSTITUIÇÃO ECONÔMICA

TÍTULO I
NOÇÕES GERAIS E PERSPETIVA HISTÓRICA

TÍTULO I
NOÇÕES GERAIS E PERSPETIVA HISTÓRICA

CAPÍTULO I
O CONCEITO DE CONSTITUIÇÃO ECONÓMICA

1.1.1. Constituição Económica e ordem jurídica da economia

Com a expressão Constituição Económica (CE)[114] pretende-se designar os "princípios fundamentais que dão unidade à atividade económica geral e

---

[114] O conceito é de origem germânica (*Wirtschaftsverfassung*), tendo sido desenvolvido pela doutrina deste país a partir do período do «entre guerras», na sequência da consagração na Constituição alemã de 1919 (vulgo «Constituição de Weimar») de um conjunto de princípios e normas fundamentais da organização e funcionamento da atividade económica.
Não faltam na doutrina portuguesa referências a tal conceito ao tempo da Constituição de 1933, nomeadamente Rogério Ehrhardt Soares, *Direito público e sociedade técnica*, Coimbra, Coimbra, 1969, p. 16, nota 18, Afonso R. Queiró & A. Barbosa de Melo, *A liberdade de empresa e a Constituição*, «RDES», 1967, Augusto de Athayde, *Direito Administrativo da Economia*, cit., pp. 165-168, e, sobretudo, Vital Moreira, em *Economia e Constituição*, Coimbra, pp. 46-57 (obra apenas publicada em 1979, mas que data, em versão policopiada, de 1972); todavia, as suas primeiras assumidas divulgação e utilização para «consumo próprio» entre nós dá-se apenas com a entrada em vigor da Constituição de 1976, tendo o conceito sido adotado como ponto de partida para o estudo de todo o direito público da economia nas lições de Teixeira Martins (*Direito Público da Economia*, cit.) e Avelãs Nunes (*Sistemas Económicos*) (cfr. C. Ferreira de Almeida, *Direito Económico*, II Parte, cit., pp. 710-715, e Manuel Afonso Vaz, *Direito Económico*, cit., p. 117, nota 1).
Note-se que – e como lembra Eduardo Paz Ferreira (*Direito Económico*, cit., pp. 58-59) – o conceito de CE não se impôs em todos os países: é o caso da França, cuja lei fundamental (um texto curto e «utilitário») não se alonga pelas matérias económicas, tendo curso neste país uma outra expressão mais ampla, a de *ordem pública económica* (sobre este conceito, ver por todos André de Laubadére, *Direito Público Económico*, obra e local citados); e que na doutrina portuguesa nem todos os autores utilizam o conceito (veja-se o caso de C. Ferreira de Almeida, que em razão do conceito amplo de Direito Económico por si adotado, e na

dos quais decorrem todas as regras relativas à organização e funcionamento da atividade económica de uma certa sociedade"[115]; constituem uns e outros, pois, um *sistema jurídico-económico* dotado de elementos definidores e tendencialmente caracterizado por uma unidade e coerência internas, o mesmo é dizer, uma determinada *ordem jurídico-económica*[116]. A noção de CE é assim menos ampla do que a de ordem jurídica da economia: ela abrange apenas os princípios fundamentais ou básicos e não já os princípios ou regras deles decorrentes que constam da legislação ordinária[117].

Acompanhamos Manuel Afonso Vaz, quanto ao significado e alcance do conceito: na esteira deste autor, também nós não repudiamos a expressão, uma vez extirpada de qualquer enfoque ideologicamente mais carregado como o que porventura lhe terá sido dado por alguma doutrina nos primeiros tempos de vigência da Constituição de 1976[118]. Pelo contrário, tal expressão é em si mesma útil, na medida em que nos fornece "um quadro terminológico simples para significar *os princípios jurídicos fundamentais da organização económica de determinada comunidade política*" – equivalendo assim apenas, também do nosso ponto vista, o conceito de CE (*Wirtschaftsverfassung*) ao de ordem económica fundamental (*Wirtschaftsordnung*), ou ainda à expressão francesa «*ordre public* économique»[119].

Mas a importância do conceito de CE, enquanto feixe de princípios fundamentais dotado de autonomia (ainda que de uma autonomia relativa) relativamente ao todo da Constituição do Estado ou Constituição Política

esteira de A. DE LAUBADÉRE, prefere falar em «Princípios Gerais de Direito Económico» – cfr. *Direito Económico*, II Parte, cit., pp. 710-715).

[115] C. A. MOTA PINTO, *Direito Público da Economia*, cit., p. 44.

[116] Cfr. VITAL MOREIRA, *Economia e Constituição*, cit., p. 41, MANUEL AFONSO VAZ, *Direito Económico*, cit., p. 117, e Luís S. CABRAL DE MONCADA, *Direito Económico*, cit., p. 123.

[117] O presente título corresponde, com alterações já de algum relevo, aos trabalhos que publicámos sob os títulos "*A ordenação da vida económica nas Constituições portuguesas (em breves traços): do constitucionalismo liberal à atual versão da Constituição de 1976*", in «Os 10 anos de investigação do CIJE», AAVV (Coord. Glória Teixeira & Ana Sofia Carvalho), Coimbra, 2010, pp. 351-400, e "*A Constituição Económica Portuguesa: enquadramento dogmático e princípios fundamentais*", in «Revista da Faculdade de Direito da Universidade do Porto», Ano VIII, 2011, pp. 31-106.

[118] MANUEL AFONSO VAZ, *Direito Económico*, cit., p. 121.

[119] MANUEL AFONSO VAZ, ibidem.

(*Staatsverfassung*)[120], tem a ver sobretudo com a já assinalada heterogeneidade do D.A.E., pois é a partir do vértice da ordem jurídica que se há-de demandar aquele mínimo de unidade e coerência indispensável a todo o conjunto. Como lembra Jorge Miranda, "é um facto a extensão, a heterogeneidade, a mobilidade a pulverização das regras sobre organização económica; e é um facto, talvez, inelutável, sobretudo em conjunturas de transformação ou de crise"; não obstante, face a "essa heterogeneidade, e pulverização, contra essa mutabilidade, haverá que procurar um princípio de unidade, de integração ou de coerência"[121] – o que constitui razão mais do que suficiente para justificar um estudo em separado deste conjunto de normas e princípios.

1.1.2. Localização da CE na Lei Fundamental; Constituição Económica e Constituição Social, Urbanística e Ambiental

Quanto à localização das normas da CE na lei fundamental, face à formal arrumação do leque de matérias por ela abrangidas, comece-se por se dizer que tais princípios fundamentais não constam – não têm de constar – de uma determinada parte da Constituição: podem estar (e normalmente estão) dispersos pelo texto constitucional. É o que se passa com a CE portuguesa.

Com efeito, e por um lado, nem toda a Parte II da nossa lei fundamental (art.ºs 80.º a 107.º), não obstante a epígrafe que ostenta («Organização Económica»), é em rigor e apenas direito constitucional económico, pois também se incluem neste conjunto de preceitos as regras fundamentais relativas ao domínio público (art.º 84.º), as quais constituem antes de mais a trave mestra de um clássico capítulo do direito administrativo geral, assim como os princípios e regras fundamentais do sistema financeiro público e fiscal (Título IV, art.ºs 101.º a 107º), verdadeiras «têtes de chapitre» já não propriamente do

---

[120] Sobre o tema da legitimidade da autonomização de uma Constituição Económica relativamente às demais normas e princípios do texto constitucional, ver por todos MANUEL AFONSO VAZ, *Direito Económico*, cit., pp. 118-119.
[121] JORGE MIRANDA, *Direito da Economia*, lições policopiadas, Lisboa, 1982-83, p. 61; também EDUARDO PAZ FERREIRA, *Direito da Economia*, cit., p. 58.

direito administrativo da economia, como vimos, mas sobretudo (respetivamente) do direito financeiro público e do direito fiscal[122].

Por outro lado, importantes princípios de direito constitucional económico encontram-se fora da Parte II da Constituição: é desde logo o caso das normas consagradoras dos direitos económicos fundamentais clássicos (liberdade de profissão – art.º 47.º, n.º 1 –, liberdade de empresa – art.º 61.º – e direito de propriedade privada – art.º 62.º), mas também e ainda de princípios políticos conformadores (igualmente) da ordem económica, como o princípio democrático (art.ºs 1.º, 2.º, 3.º, 9.º, al. c) e 10.º) e o princípio da efetividade da democracia económica, social e cultural (constante da al. d) do art.º 9.º e presente, *grosso modo*, em todo o Título III da Parte I – «Direitos e Deveres Económicos, Sociais e Culturais»).

Importa também distinguir dos princípios fundamentais que integram por direito próprio a CE aqueles que, não pertencendo em rigor a esse conjunto, mas a conjuntos paralelos – estamos a pensar não apenas na Constituição Financeira e Fiscal a que há pouco fizemos referência mas também e ainda na Constituição Social (art.ºs 63.º, 64.º, 65.º, n.ºs 1, 2 e 3, 67.º a 72.º, 74.º, 78.º e 79.º), na Constituição Urbanística (art.º 65.º, n.ºs 4 e 5) e na Constituição Ambiental (art.º 9.º, al. e) e art.º 66.º) –, não deixam de ter incidência nas matérias económicas[123].

1.1.3. Conteúdo e sentido possíveis da CE: os modelos de direção central e planificada da economia e de economia livre ou de mercado

Finalmente, importa referir, quanto ao conteúdo e sentido possíveis da CE, os dois modelos económicos situados em extremos opostos que podem ser acolhidos («normativizados») por uma Constituição, e que são designadamente

---

[122] Na definição de EDUARDO PAZ FERREIRA, a Constituição Financeira (e Fiscal) corresponde "aos princípios e normas específicos que regulam o modo de obtenção de receitas pelo Estado e ao processo de afetação à realização de despesas, revestindo-se de uma especial importância a *garantia* dos particulares face ao poder público" (*Direito da Economia*, cit., p. 62).
[123] Não obstante, há quem inclua tais matérias no objeto do D.A.E.; ver, por exemplo, MARIA ADELAIDE VENCHI CARNEVALE, *Diritto Pubblico dell'Economia*, Tomo I, cit., pp. 309-477.

o modelo de *direção central e planificada da economia* e o modelo de *economia livre ou de mercado*[124].

Como veremos, a nossa CE, a partir da entrada em vigor da Constituição de 1976, e com as sucessivas revisões constitucionais (sobretudo com as duas primeiras – a de 1982 e a de 1987), conheceu um processo de transição de um sistema mais próximo do primeiro dos referidos modelos para o atual sistema que poderemos qualificar de Economia Social de Mercado.

Refira-se ainda que – e hoje mais do que nunca, após a implosão da União das Repúblicas Socialistas Soviéticas e da consequente libertação dos países que estavam sob a sua esfera de influência político-militar e ideológica, todos eles com economias totalmente estatizadas ainda no início dos anos 90 do séc. XX, assim como a liberalização económica da Índia e da China na década de 90 do séc. XX – os concretos sistemas económicos têm em regra uma configuração mista, aproximando-se mais, de todo o modo, na sua esmagadora maioria, do modelo de economia de mercado.

1.1.4. A CE estatutária

É usual a distinção entre CE *estatutária* e CE *programática* ou *diretiva*.

A CE estatutária é formada por um conjunto de princípios e normas *preceptivos, estatutários ou de garantia* que incidem sobre a vida económica, visando a proteção das características básicas de um determinado sistema económico, através de disposições ora garantísticas (de manutenção do que está), ora modificativas (no sentido da consolidação de tal sistema)[125]: são os casos, entre outros, das normas consagradoras dos direitos fundamentais económicos clássicos e de todas as demais que com elas concorrem para definir o conteúdo e limites desses direitos, bem como de quase todos os «Princípios Fundamentais» constantes do art.º 80.º CRP (como a garantia de coexistência dos setores público, privado e cooperativo e social de propriedade dos meios de produção – al. *b)* – e de liberdade de iniciativa e de organização empresarial no âmbito de uma economia mista – al. *c)*).

---

[124] Cfr. Eduardo Paz Ferreira, *Direito da Economia*, cit., p. 58.
[125] Cfr. Manuel Afonso Vaz, *Direito Económico*, cit., p. 118, Luís S. Cabral de Moncada, *Direito Económico*, cit., p. 127 e A. Carlos dos Santos, Mª Eduarda Gonçalves & Mª Manuel Leitão Marques, *Direito Económico*, cit., pp. 63-64.

Estes princípios tanto podem ser *princípios políticos constitucionalmente conformadores* como *princípios-garantia*.

Segundo J. J. Gomes Canotilho, os primeiros são os que explicitam as valorações políticas fundamentais do legislador constituinte, ou seja, as opções políticas nucleares e de um modo geral a ideologia inspiradora da Constituição (por exemplo, e no âmbito da CE, o princípio democrático e o princípio da efetividade da democracia económica, social e cultural)[126]. Ainda na classificação do autor que ora acompanhamos, já os princípios-garantia, diferentemente dos anteriores, visam instituir direta e imediatamente uma garantia (dos cidadãos e não só): possuindo um elevado grau de abstração (que os leva a ter um vasto âmbito de aplicação), caraterizam-se também em contrapartida pela sua grande densidade, ou seja, apresentam um maior grau de determinabilidade, sendo (podendo ser) objeto de aplicação direta; vinculam por isso estritamente o legislador, reduzindo a lata discricionariedade de que este goza face a outros princípios mais vagos[127]. São desde logo os casos das normas consagradoras dos direitos fundamentais económicos clássicos.

1.1.5. A CE programática

Quanto à CE programática, consiste ela num quadro – por vezes muito extenso (é o caso da nossa atual lei fundamental) – de *diretivas de política económica*, num verdadeiro programa de realizações económico-sociais que tem como destinatários os órgãos político-legislativos e que visa a transformação da economia em ordem à prossecução de fins de índole social e político-económicos pré-concebidos[128].

Voltando a seguir de perto a classificação de J. J. Gomes Canotilho, estamos neste caso perante *princípios constitucionais impositivos*, que ditam aos órgãos do Estado, sobretudo ao legislador, a realização de fins e a execução de tarefas[129]. Trata-se de princípios ditos «dinâmicos», prospetivamente orientados, de tipo programático ou «diretivo», e que se afastam portanto do arquétipo

---

[126] J. J. GOMES CANOTILHO, *Direito Constitucional e Teoria da Constituição*, cit., pp. 1164-1168.
[127] J. J. GOMES CANOTILHO, ibidem.
[128] Cfr. MANUEL AFONSO VAZ, ob. e loc. citados. Sobre a Constituição programática, ver por todos J. J. GOMES CANOTILHO, *Constituição dirigente e vinculação do legislador*, Coimbra, 1982.
[129] J. J. GOMES CANOTILHO, *Direito Constitucional e Teoria da Constituição*, cit., pp. 1164-1168.

normativo, pois não são «padrões de conduta», faltando-lhes a caraterística de perenidade da norma, isto na medida que – em tese – se esgotam uma vez realizado o programa ou executada a tarefa[130].

São exemplos paradigmáticos de princípios deste tipo que integram a CE, na sua maioria, as «Incumbências Prioritárias do Estado» constantes do art.º 81.º CRP, como é o caso das injunções dirigidas à criação dos "instrumentos jurídicos e técnicos necessários ao planeamento democrático do desenvolvimento económico e social" (al. *j*)). O mesmo se diga dos extensos normativos relativos à política agrícola (art.º 93.º a 98.º), onde se preconiza nomeadamente a adoção de medidas de ordenamento e reconversão agrária no quadro da execução dos objetivos estabelecidos no texto fundamental nesta matéria.

A existência de uma CE programática (que nem sempre se verifica em termos de direito constitucional positivo: veja-se o caso dos textos constitucionais francês e alemão, onde não abundam propriamente tais diretivas de cariz económico-social) levanta o problema da sua difícil compatibilização com o princípio democrático, nomeadamente com as indicações do sufrágio, as quais podem aprovar um programa económico de sentido oposto a tais diretivas (por exemplo, de signo liberalizante).

Na verdade, não é função do legislador constituinte «fossilizar» no texto constitucional um programa de governo, mas tão só definir os grandes princípios retores da vida coletiva (como pode ser o caso da chamada cláusula de Estado Social) – devendo os objetivos de política económica ser livremente escolhidos e implementados pelas forças políticas eleitas, de acordo com as indicações do voto, com sujeição apenas aos limites decorrentes daqueles parâmetros constitucionalmente fixados.

Note-se de todo o modo que não está propriamente em causa, hoje em dia, a *legitimidade* da consagração de um quadro de disposições de tipo programático, uma vez que em regra estas mais não fazem do que explicitar no texto constitucional uma escala de valores típica do Estado Social: o que se questiona é antes os *limites da sua eficácia jurídica*[131]. Com efeito, a constitucionalização

---

[130] J. J. Gomes Canotilho, ibidem.
[131] Cfr. Luís S. Cabral de Moncada, *Direito Económico*, cit., pp. 127-128.

de uma matéria eminentemente política, que assim se pretende subtrair ao terreno da disputa das forças políticas e sociais, e converter *contra natura* numa questão de interpretação e aplicação do direito, traduz-se *in fine* num endosso à jurisdição constitucional da tarefa dificilmente exequível de zelar pela positiva implementação de normativos de conteúdo político e não jurídico[132].

1.1.6. CE formal e CE material: noções gerais

Outra distinção corrente, ainda no âmbito das especificações do conceito de Constituição Económica, é entre uma CE *formal* e uma CE *material*.

Enquanto se entende a CE formal como o conjunto de princípios e normas de conteúdo económico que constam do texto fundamental, já na CE material caberiam por um lado outras fontes formalmente inferiores à lei fundamental, dela se excluindo em contrapartida os normativos integrantes do texto mas de importância secundária: neste segundo sentido o critério de identificação seria o do carácter essencial da norma ou princípio jus-económico em questão para a definição do sistema económico.

Como se constata, estamos perante uma mera projeção no âmbito económico da complexa problemática geral do *ser* da Constituição que é estudada na disciplina de Direito Constitucional, o que nos obriga a proceder a uma breve revisão do tema – sem todavia perder de vista o objeto específico das nossas lições.

1.1.7. A CE formal

Começando pelo conceito de Constituição em sentido formal, reconduz--nos este sempre e apenas ao texto composto pelos normativos que ostentam uma superioridade formal relativamente à lei ordinária: assim, todas essas disposições, e unicamente essas disposições, *são* «Constituição», ainda que o conteúdo de algumas delas não seja *fundamental* à luz da noção de Constituição (do que é suposto ser uma Constituição – nomeadamente o

---

[132] Luís S. Cabral de Moncada, ibidem.

texto que agrega de forma sistematizada as decisões políticas basilares da comunidade[133])[134].

Como é sabido, e segundo esta construção do positivismo normativista (cuja paternidade se deve ao jurista austríaco Hans Kelsen), tal texto, que por definição se valida a si mesmo[135], é erigido em fundamento último de um juízo dedutivo lógico-formal de verificação da validade das normas e atos jurídicos de escalão inferior, juízo este alheio desde logo a quaisquer considerações de justiça ou validade material das normas jurídicas[136]. O texto constitucional constitui deste modo o vértice da pirâmide normativa, verdadeiro e definitivo «fecho» do sistema jurídico que assim garante a unidade formal deste e por conseguinte a unidade do próprio Estado.

É conhecida a mais importante crítica dirigida ao positivismo jurídico: a de, em virtude da sua absoluta e ostensiva impermeabilidade aos valores *lato senso* extra legais ou extra positivos, ter legitimado o advento dos regimes totalitários que pontificaram no séc. XX – em particular a escalada daqueles partidos que fizeram especial empenho em alcançar o poder pela via democrática, com escrupuloso respeito pelas regras formais/procedimentais plasmadas no texto constitucional (como foi o caso paradigmático, nos anos trinta do séc. XX, do Partido Nacional Socialista alemão).

Outra crítica ao conceito formal de Constituição (e que se afigura mais atual e mais pertinente, tendo em conta a específica problemática que ora nos ocupa) é a que lhe aponta não apenas a impossibilidade de o dito texto desempenhar por si só as tarefas de unificação e identificação da comunidade política (comunidade essa que, longe de ser um ente inerte, homogéneo

---

[133] Na definição de ROGÉRIO EHRHARDT SOARES, entende-se por Constituição "a ordenação fundamental de um Estado, que define os titulares do poder público, enuncia os órgãos políticos e a sua competência, e fixa garantias dos particulares" (*Constituição*, «DJAP», vol. I, p. 661 e ss.); já segundo MARCELO REBELO DE SOUSA, a Constituição será o "conjunto de normas fundamentais que regulam a estrutura, fins e funções do Estado, e a organização, a titularidade, o exercício e o controlo do poder político a todos os níveis, em particular a fiscalização do seu acatamento pelo próprio poder político" (*Ciência Política e Direito Constitucional*, I, Braga, 1979, p. 10).
[134] J. J. GOMES CANOTILHO, *Direito Constitucional*, 5.ª ed., Coimbra, 1991, pp. 66-74.
[135] É considerada condição suficiente para tanto a legitimidade democrática que ostente o poder constituinte, a qual se afere por sua vez tão só pelo respeito das normas de competência, forma e procedimento que regulam o acesso ao poder político e o respetivo exercício.
[136] As quais são relegadas para as esferas da moral e da política.

e «constituído», se afirma como um todo plural, dinâmico, heterogéneo, de unificação «constituenda»"), mas também e ainda de não alcançar sequer o desiderato que supostamente constituiria a sua razão de ser (a de garantia de unidade do sistema jurídico), dada a insensibilidade por si revelada quer à realidade constitucional, quer aos valores, que o leva a não explicar e a não justificar e enquadrar "os atos de direção política, «as transições ou mutações constitucionais», os critérios e potencialidades de uma interpretação criadora, etc." (Manuel Afonso Vaz[137]).

1.1.8. A CE material

a) As conceções «realistas» e «espiritualistas» de CE

Como resposta a tão notórias insuficiências, e em geral à crise da Constituição como conceito local e temporalmente localizado, foi-se progressivamente contrapondo ao conceito formal de Constituição fruto do positivismo jurídico normativista um conceito de Constituição material.

Surgem-nos todavia dois conceitos entre si opostos de Constituição material: um também positivista, só que da variante *realista* desta corrente de pensamento (de que constituem subdivisões a teoria *sociológica* de Ferdinand Lassale e a teoria *institucionalista* de Constantino Mortati); e outro conceito de Constituição material assente ao invés em *valores* ou *espiritualista*, que é sustentado por seu turno pelas correntes de pensamento conhecidas por «espiritualistas»[138].

Para as conceções «realistas», o que importa é a *Constituição real* que resulta das relações efetivas de poder na comunidade, perante a qual o texto constitucional (e nomeadamente se não traduzir ou acolher essas correlações de poder) pode não passar de «uma folha de papel» (Lassale); seriam assim as forças político-sociais institucionalizadas em partidos políticos que determinariam o caminho a seguir pela comunidade política, na prossecução das finalidades políticas de realização do interesse coletivo próprias daquela (Mortati)[139]. A Constituição seria por isso um mero «princípio diretor» de

---

[137] *Direito Económico*, cit., pp. 112.
[138] MANUEL AFONSO VAZ, *Direito Económico*, cit., pp. 112-113.
[139] MANUEL AFONSO VAZ, ibidem.

ação política imposto pelas forças coletivas dominantes na sociedade num dado momento histórico[140].

Já segundo as conceções «espiritualistas» (que têm a sua origem na Escola de Baden da «jurisprudência dos valores», no começo do séc. XX, mas que conheceram um especial incremento na Alemanha Federal do segundo pós--guerra), e voltando a seguir de perto e exposição de Manuel Afonso Vaz, a Constituição material seria formada "por um conjunto de valores transcendentes pré-constitucionais e suprapositivos que confeririam unidade de sentido à ordem constitucional de uma comunidade", determinando-se tal conjunto de valores "a partir da cultura da comunidade"; constituiria ela destarte "uma *ordem de valores* subtraída à dinâmica histórica, sendo anterior e superior à constituição escrita"[141].

b) Posição adotada: o relevo jurídico do texto constitucional, da realidade constitucional e dos valores constitucionais.

Como sublinha J. C. Vieira de Andrade, quer as conceções «realistas», quer as conceções «espiritualistas» põem em causa, em última análise, o conceito jurídico de Constituição e a *força normativa* desta; ora, sendo inevitável a adaptação do conceito oitocentista de Constituição às novas realidades que emergiram no séc. XX, tal não acarreta contudo a imprestabilidade do texto constitucional, em razão de uma sua definitiva «disfuncionalidade», e a respetiva substituição ora pela realidade constitucional ora pelos valores constitucionais[142].

Continuando a seguir Vieira de Andrade, nos nossos dias "a generalidade da doutrina inclina-se para a conclusão de que o conceito de Constituição pode ter um sentido útil e não deve ser abandonado, no plano teórico ou dogmático, como um instrumento ultrapassado", tendo perdido audiência "as conceções que, de um modo absoluto, reduzem a Constituição a uma pura realidade ou a um conjunto abstrato de valores". Tal redução da Constituição "a um pedaço de papel ou a um tratado de moral" traduz-se num esvaziamento

---

[140] MANUEL AFONSO VAZ, *Direito Económico*, cit., p. 113.
[141] MANUEL AFONSO VAZ, ibidem.
[142] JOSÉ CARLOS VIEIRA DE ANDRADE, *Direito Constitucional (Sumários de 1977/1978)*, Coimbra, 1980, p. 45-46.

e numa imprestabilidade prática do conceito que, de um modo ou de outro, acabam sempre por entregar o futuro da comunidade política ao jogo ou ao jugo das forças dominantes"[143].

A ideia de Constituição material compatibiliza-se hoje por isso com a tese da *força normativa da Constituição*; ainda nas palavras do autor que vimos acompanhando, nos nossos dias entende-se caber ao texto constitucional "uma tarefa histórica de conformação (material) da comunidade política concreta, conferindo-lhe unidade de sentido e garantindo-a"[144]. A Constituição material há-de operar por isso (continua Vieira de Andrade) "através de um *texto*, onde se manifestem e formulem as opções de valor jurídicas e políticas da comunidade – um texto que já não esgota nas suas palavras a Constituição; um texto que seja o depositário dos valores constituintes aceites e que sirva de base para a descoberta das soluções jurídico-constitucionais concretas; um texto que garanta a permanência das grandes opções comunitárias contra a leviandade das opiniões políticas do momento e contra a especulação abstrata do subjetivismo conservantista ou utópico"[145].

Importa assim, a esta luz, determinar o peso relativo de cada um dos específicos elementos constitucionais na normatividade constitucional, isto é, o relevo jurídico do *texto constitucional,* da *realidade constitucional* e dos *valores constitucionais.*

Pois bem, e agora nas palavras de Manuel Afonso Vaz, "à realidade e aos valores constitucionais devem ser reconhecidas funções de complementação, integração e desenvolvimento das normas constitucionais escritas, acentuando-se o peso a atribuir à realidade constitucional e à cultura constitucional – particularmente nas disposições constitucionais relacionadas com o processo de intervenção dos poderes públicos na vida económica e social – na concretização e atualização das soluções constitucionais cabíveis no preceito constitucional escrito"[146]. Com efeito, "ao nível das normas programáticas, ou mesmo «impositivas de legislação», a norma constitucional é, ou deve ser, *aberta,* permitindo a realização das opções da comunidade política e as mutações de sentido histórico-valorativas operadas na realidade constitucional"

---

[143] VIEIRA DE ANDRADE, ibidem.
[144] VIEIRA DE ANDRADE, ibidem.
[145] VIEIRA DE ANDRADE, ibidem.
[146] MANUEL AFONSO VAZ, *Direito Económico,* cit., p. 115.

– preservando ela assim a sua normatividade, ou seja, enquanto *ponto de partida* e *limite* das soluções constitucionais[147]. Enfim, o relevo e a incidência da realidade constitucional e dos valores relativamente ao texto manifestam-se não apenas em sede de revisão constitucional, mas também e sobretudo da *atividade interpretativa*[148].

Face a este conceito simultaneamente material e normativo de Constituição, extensível ao subconceito de Constituição Económica, perde a sua razão de ser a crítica dirigida a este último por Carlos Ferreira de Almeida: a de revelar tal terminologia "uma conceção estática, dogmática e dedutiva", quando o estudo de temas de direito económico requer "uma projeção dialética, indutiva, pragmática e dinâmica da ordem jurídica" – tornando-se qualquer estudo hierarquizado, que "pela sua rígida subordinação à expressão constitucional", se acabe por refugiar em construções abstratas, "insensível às mutações e exigências da vida concreta"[149].

c) Posição adotada (cont.): rejeição da possibilidade de a CE integrar princípios e regras consagradas apenas na lei ordinária

Finalmente, diga-se também que pelas razões já referidas é de rejeitar, à luz do conceito adotado de Constituição material, que a CE possa integrar princípios e regras porventura (tidas como) «fundamentais» da ordem jurídico-económica, mas tão só consagrados na lei ordinária (e já não no texto constitucional): com efeito, tal significaria, do mesmo passo, uma negação da força normativa própria do texto constitucional na hierarquia das fontes de direito[150].

Uma coisa é a função de complementação, integração e desenvolvimento das normas constitucionais escritas que deve reconhecida à realidade constitucional e aos valores constitucionais, outra coisa é reconhecer um tal papel ao texto da lei ordinária em si mesma considerada: é esta última que deve

---

[147] MANUEL AFONSO VAZ, ibidem.
[148] MANUEL AFONSO VAZ, *Direito Económico*, cit., p. 115, nota 2
[149] *Direito Económico*, II Parte, cit., p. 711-712.
[150] Neste ponto, ver MARIA LÚCIA AMARAL, *Responsabilidade do Estado e dever de indemnizar do legislador*, pp. 524-527, nota 154.

ser interpretada e integrada em conformidade com a Constituição, e não o contrário.

Como sublinha Maria Lúcia Amaral, ao juiz que aplica a Constituição está vedado conferir força normativa superior a preceitos infraconstitucionais, ainda que identificáveis como pertencendo à «Constituição Económica material»[151]. A tarefa interpretativa necessária à apreensão da unidade de sentido da parte económica da Constituição só pode levar em conta os preceitos da «Constituição formal», e não preceitos infraconstitucionais, seja qual for a importância destes últimos, pois – continua Maria Lúcia Amaral – "são as leis que têm que ser entendidas de acordo com o que é fixado nos parâmetros constitucionais e não o contrário"[152].

Na verdade, "se o sentido global da chamada «constituição económica» pudesse ser aprendido através da leitura conjunta das normas da Constituição «formal» e das normas da «Constituição material», estar-se-ia a pressupor a existência de uma unidade normativa capaz de englobar, a um mesmo nível, tanto preceitos de lei constitucional quanto preceitos da lei ordinária"; mas é precisamente isso que está vedado pelo princípio da constitucionalidade e pelo princípio da interpretação conforme à Constituição[153].

O mesmo já não se poderá dizer todavia quanto a outras fontes superiores de direito (outros ordenamentos jurídicos superiores): é o caso da chamada Constituição Económica comunitária, como melhor veremos.

---

[151] *Responsabilidade do Estado e dever de indemnizar do legislador*, pp. 524-527, nota 154.
[152] Ibidem.
[153] MARIA LÚCIA AMARAL, ibidem.

CAPÍTULO II
EVOLUÇÃO HISTÓRICA DO DIREITO CONSTITUCIONAL ECONÓMICO PORTUGUÊS

1.2.1. As constituições do liberalismo: considerações gerais

a) *O constitucionalismo liberal oitocentista: perspetiva geral*

As nossas Constituições liberais foram, sucessivamente, a Constituição de 1822, a Carta Constitucional de 1826, a Constituição de 1838 e a Constituição republicana de 1911[154].

Destas quatro constituições apenas a última é assumidamente republicana. Note-se, todavia, e como bem sublinha Paul Sieberts, que "desde 1820, nunca a ideia de proclamar a república foi abandonada"; acontece que "esse intento teve, por assim dizer, de ceder o lugar a outras questões"[155]. Com efeito, a Revolução de 1820 é obra do liberalismo radical: os revolucionários vintistas – e

---

[154] Sobre a génese teórica e histórica do Constitucionalismo Português (as constituições portuguesas), ver por todos J. J. GOMES CANOTILHO, *Direito Constitucional e Teoria da Constituição*, 7.ª ed., Coimbra, 2003, pp. 128-188 – autor e obra que se passa a seguir de perto na análise que ora encetamos das constituições do liberalismo. Sobre a evolução da Constituição Económica nos seis textos básicos do nosso constitucionalismo, ver, entre outros, EDUARDO PAZ FERREIRA, *Direito da Economia*, cit., pp. 67 a 177, MARIA EDUARDA AZEVEDO, *Temas de Direito da Economia*, Coimbra, 2013, pp. 53-83, e PAULO ALVES PARDAL, *Direito da Economia*, vol. I (coord. Luís Silva Morais), Lisboa, 2014, pp. 80-121.

[155] *D. Miguel e a sua época. A verdadeira história da guerra civil*, Lisboa, 1986, p. 329.

mais tarde os seus sucessores, os setembristas radicais (os mais extremistas dos protagonistas da revolução de Setembro de 1837) – são adeptos da soberania popular: para eles o poder reside no povo, quer quanto à sua origem, quer quanto às respetivas titularidade e exercício, e por isso, na sua pureza, aquele radicalismo é republicano. A Constituição de 1822 só é monárquica por razões de ordem pragmática (nomeadamente, e com a restauração monárquica em curso na França de Luís XVIII e a hegemonia da Santa Aliança na Europa, pelo justo receio sentido pelos seus protagonistas de atraírem sobre si a atenção das potências dominantes, de todo avessas a novas aventuras revolucionárias no continente europeu): trata-se de uma constituição "estruturalmente republicana", que "da monarquia conserva apenas o símbolo: a coroa" (Joaquim de Carvalho[156]).

Pela razão que se acaba de referir, o período do constitucionalismo liberal inaugurado por esta Constituição – e não obstante a vigência em quase todo ele da sua sucessora Carta Constitucional de 1826, formalmente assente no princípio monárquico e na legitimidade dinástica – foi, do princípio ao fim (com a óbvia exceção do curto e atribulado governo de D. Miguel I), um prelúdio à República. Como lucidamente observa Rui Ramos, a origem da crise política e institucional da monarquia portuguesa remonta à Revolução Liberal de 1834, que com a vitória militar das forças liberais lideradas por D. Pedro IV sobre as forças tradicionalistas pôs termo ao efémero reinado de D. Miguel I e do seu regime legitimista (1828-1834): "foi nessa altura que se deu o maior corte na vida institucional portuguesa e se deu início à republicanização do país", razão pela qual a mudança de regime que viria a ocorrer em 1910 "aconteceu, na verdade, em 1834"[157].

Na verdade, é em 1834 que os cargos de Estado deixaram de ser preenchidos por elementos das grandes famílias da nobreza e se dá por finda a governação monárquica tradicional vigente desde a Restauração de 1640: "os liberais viraram o país do avesso, arruinaram a nobreza e criaram as condições

---

[156] *História do Regime Republicano*, dir. Luís de Montalvor, vol. 1, Lisboa, 1930, p. 117, *apud* Gomes Canotilho, ob. cit., p. 130.

[157] Em «Público», 03.01.2010, p. 11. Mais aprofundadamente, ver do mesmo autor (em coautoria com BERNARDO VASCONCELOS E SOUSA e NUNO GONÇALO MONTEIRO), *História de Portugal*, 4.ª edição, Fev. de 2010, pp. 457-489 («Parte III, Idade Contemporânea, Cap. II – Rutura Constitucional e Guerra Civil (1820-1834»).

para a republicanização total do Estado"[158]. As características republicanas do regime eram aliás reconhecidas quer interna, quer externamente: "o país era visto como uma República com rei"[159]. Prova definitiva disso viria a ser o programa do Partido Republicano, em tudo "igual ao dos partidos liberais" – razão pela qual, quando a Revolução de 5 de Outubro de 1910 eliminou a figura do rei, tal representou apenas uma última etapa de implantação de um regime republicano que há muito criara raízes[160].

b) *A ordenação da vida económica nas Constituições do liberalismo*

Nenhuma das Constituições liberais ostenta explícita e positivamente uma ordenação fundamental da vida económica. Mas não quer isto dizer que tenha inexistido no liberalismo oitocentista uma ordenação jurídica da economia, e que aquelas leis fundamentais não contivessem em si, inclusive, uma verdadeira Constituição Económica.

Simplesmente, as constituições liberais, quando (na aparência) se limitavam a garantir a abstenção do Estado neste domínio através do efeito negativo e denegatório dos direitos fundamentais dos cidadãos – nomeadamente do direito de propriedade privada e da liberdade de profissão, comércio e industria[161] –, isso traduzia-se para todos os efeitos numa remissão para o direito privado (civil e comercial)[162], com atribuição a este ramo do direito do papel

---

[158] Ibidem.
[159] Ibidem.
[160] Ibidem.
[161] Sobre esta matéria, ver J. J. LOPES PRAÇA, *Direito constitucional portuguez. Estudos sobre a Carta Constitucional de 1826 e Ato Adicional de 1832*, Coimbra, 1878 (reimpressão, Coimbra, vol. I, 1997), pp. 73-76, Coimbra, 1878, MARNOCO E SOUSA, *Constituição Política da República Portuguesa – Comentário*, pp. 164-174, Coimbra, 1913 (sobre a Constituição de 1911), A. SILVA LEAL, *O princípio constitucional da liberdade de trabalho*, em *Revista do Gabinete de Estudos Corporativos*, 1961, pp. 143-157 (incidindo já este último trabalho, sobretudo, sobre a Constituição de 1933 e sobre o direito corporativo nela ancorado), e A. SOUSA FRANCO & GUILHERME D'OLIVEIRA MARTINS, *A Constituição económica portuguesa. Ensaio interpretativo*, Coimbra, 1993, pp. 109-120. Não podemos deixar de relevar, ainda, a perspetiva socioeconómica e histórico-institucional da revolução liberal portuguesa que nos dá MIRIAM HALPERN PEREIRA em *Negociantes, fabricantes e artesãos, entre novas e velhas instituições*, II vol. da coleção *A crise do antigo regime e as Cortes Constitucionais de 1821-1822*, Lisboa, 1992.).
[162] Como vimos, no Estado liberal, "a ordenação que se pretende da realidade económica, leva-se a cabo principalmente através de normas de direito privado", por serem estas

de ordem jurídica socialmente conformadora e integradora por intermédio das instituições e regras que lhe são próprias (Luís S. Cabral de Moncada)[163], ou seja, através do modelo jurídico do contrato, e, em geral, da consagração do direito de propriedade e dos direitos da personalidade.

Em suma, desta particular configuração da ordenação económica do Estado liberal resulta a importância da legislação civil e sobretudo da comercial, para onde conduzem, por remissão, as normas constitucionais garantes da liberdade económica. Um especial relevo apresentaram por isso, entre nós, o Código Civil de 1867 (da autoria do Visconde de Seabra), e o Código Comercial. São pois notórias a perenidade e estabilidade dos Códigos civis e comerciais, bem superiores às das Constituições sob cuja égide são publicados: por exemplo, o Código (Civil) de Seabra (de 1867) e o Código Comercial de Veiga Beirão (de 1888), que foram publicados sob a Carta Constitucional, durou o primeiro exatamente um século (fazendo assim companhia a mais duas Constituições), sendo que o segundo continua, pura e simplesmente, em vigor (ainda que já com a maioria das suas disposições revogadas)!

Refira-se ainda que os limites e restrições à liberdade económica que – com maior ou menor amplitude – as constituições do liberalismo não deixaram de ressalvar, nunca extravasaram o âmbito da cláusula geral de "ordem pública" (as nossas constituições liberais utilizam, como únicas causas legítimas de restrições, conceitos típicos daquela noção, como os de "utilidade pública", "costumes públicos", e "segurança e saúde"), a qual se resumia, no respeitante às atividades económicas, ao mínimo indispensável para a garantia do funcionamento da vida social e política (sendo certo que se circunscreviam então as atividades política e administrativa a uma esfera de assuntos de um modo

---

as requeridas pela "progressiva afirmação dos postulados capitalistas", concretizando-se o sistema, logicamente, à volta sobretudo do "princípio dispositivo, alheio a qualquer ordenação da atividade económica por parte do Estado": na sugestiva expressão de MAX WEBER, serão por isso os indivíduos particulares "os protagonistas fundamentais do processo de criação jurídica no âmbito económico" (SEBASTIÁN MARTÍN-RETORTILLO, *Esbozo histórico sobre la libertad de comercio y la libertad de industria*, «Libro homenaje al Profesor José Luis Villar Palasi», Coordinación R. Gómez-Ferrer Morant, Madrid, 1989, p. 702). Tal situação instrumentaliza-se tecnicamente através da "afirmação da liberdade contratual e do princípio da autonomia da vontade, como autêntico poder de autodeterminação para o exercício de faculdades e de direitos, o que conduz a uma acentuada descentralização dos diferentes centros de decisão económica" (ibidem).

[163] *Direito Económico*, 5.ª ed., Coimbra, 2007, pp. 126-127.

geral alheios à decisão económica). Isto é, para aqueles constituintes, essas restrições só seriam permitidas em função do interesse geral, de um interesse imputável a toda uma comunidade de indivíduos iguais perante a lei (e não, por exemplo, direta ou indiretamente, de interesses de tipo corporativo).

Com efeito, a proclamação da liberdade económica resultou de uma rotura total (e se não imediatamente nos planos social e institucional, como vimos, pelo menos no plano dos princípios) com a estrutura socioeconómica de origem medieval ainda subsistente, em maior ou menor medida, nas antecedentes monarquias absolutas[164]: a ela se seguiu a formal extinção, normal-

---

[164] Como melhor se verá na Constituição portuguesa de 1822, precise-se que o desmantelamento do sistema corporativo já havia sido espoletado, *sponte sua*, pelas monarquias absolutas – impondo-se, em homenagem à verdade e ao rigor históricos, relativizar o papel que normalmente se atribui em exclusivo nesta e em muitas outras matérias às revoluções liberais: como diz lapidarmente SEBASTIÁN MARTÍN-RETORTILLO, "muitas são, como é sabido, as questões e esta da liberdade económica é uma delas, em que a Revolução mais não fez do que confirmar uma situação em parte já existente" (*Esbozo histórico sobre la libertad de comercio y la libertad de industria*, in R. Gomez-Ferrer Morant (org.), «Libro homenage al Profesor Jose Luis Villar Palasi», Madrid, 1989, p. 698)
Na verdade, os privilégios corporativos foram condenados de antemão pela própria evolução económica, social e tecnológica, cujas exigências os monarcas absolutos não deixaram de reconhecer explicitamente em países como e França e a Espanha – tendo estado as revoluções liberais na origem tão só do desmantelamento *generalizado* dos obstáculos à liberdade económica que viria a ser levado a cabo ao longo do séc. XIX (SEBASTIÁN MARTÍN-RETORTILLO, *Esbozo...*, cit., p. 698).
Ainda antes da eclosão da Revolução Francesa (e quando nem se sonhava com a possibilidade de tal tipo de ocorrência), já o governo de Luís XVI, pela mão de Turgot (Édito de Turgot, de 12 de Março de 1776) suprimira as magistraturas corporativas (à exceção das profissões mais carecidas de vigilância, designadamente, dos barbeiros, farmacêuticos, ourives e impressores-livreiros) e proclamara a "liberdade para exercer no nosso Reino a espécie de comércio e profissão de artes e ofícios que a cada qual convenha e até de exercer várias", taxando as corporações, no preâmbulo do mesmo diploma, de instituições arbitrárias "que não permitem ao indigente viver do seu trabalho, que retardam o progresso das artes, pelas dificuldades que encontram os inventores..." (registe-se, contudo, que o parlamento de Paris conseguiu suster a aplicação deste decreto); nesta matéria, ver RÉGINE PERNOUD, *As origens da burguesia*, Lisboa, 1971, e J. RAMÓN PARADA, *Derecho administrativo II (organización y empleo)*, 4.ª ed., p. 290, Madrid, 1992.
Também pela mesma época (ainda na última década do séc. XVIII) o governo monárquico absolutista espanhol, com as "Reales Ordenes" de 26 de Maio de 1790 e de 1 de Março de 1798, estabeleceu "a liberdade de quaisquer pessoas de trabalhar nos seus ofícios ou profissões, sem outro requisito que não o fazer constar a sua perícia, ainda que lhes faltem os da aprendizagem, do 'oficialato', do domicílio e dos que prescreviam as ordenações gremiais"

mente por via legislativa[165], primeiro dos privilégios corporativos, e a seguir, em via de regra, dos seus inspiradores e beneficiários (dos próprios organismos corporativos)[166].

(J. RAMÓN PARADA, *Derecho...*, cit., idem) – remontando "a crise dos postulados mercantilistas e do sistema corporativo" pela afirmação da "liberdade económica frente à ordenação corporativista e localista do comércio e da indústria" ao reinado de Carlos III (SEBASTIÁN MARTÍN-RETORTILLO, *Esbozo...*, cit., p. 698).
Por outro lado, nota ainda MIRIAM HALPERN PEREIRA, reportando-se às reflexões de JEAN-PIERRE HIRSCH (*Revolutionary France, Craddle of free entreprise*, em *The American Historical Review*, 94, 1989), que em França, como em Portugal, "negociantes e industriais, até às vésperas da Revolução, oscilaram entre duas filosofias distintas, um forte intervencionismo e as novas oportunidades proporcionadas pela competição e a liberdade dos circuitos comerciais. Apoiavam o sistema corporativo e o sistema de regulamentação da atividade comercial e industrial (...). Na realidade, a nova retórica da liberdade de comércio e da natureza individual da empresa gerou um crescente fosso entre o discurso e a realidade. O regresso à regulamentação veio a efetuar-se durante o Consulado e o Diretório" (*Negociantes, fabricantes e artesãos, entre novas e velhas instituições*, II vol. da coleção «A crise do antigo regime e as Cortes Constitucionais de 1821-1822», dir. Miriam Halpern Pereira, Lisboa, 1992, p. 67).
Refira-se ainda a este propósito, que a Assembleia Nacional constituinte francesa, tal como as nossas primeiras Cortes Constituintes, se limitou também, significativamente, ao direito de propriedade na sua proclamação de direitos (diferentemente da Convenção, que viria a consagrá-la no art.º 17.º da sua Declaração de direitos – "nenhum género de trabalho, de cultura, de comércio pode ser interdita à indústria dos cidadãos"), só a tendo garantido num simples diploma legal – a lei de 2-17 de Março de 1791.

[165] Constitui exceção a Constituição brasileira de 1824, que no seu § 25 do art.º 179.º (imediatamente a seguir ao § 24, que consagra a liberdade de "trabalho, comércio e indústria") declara ela própria, desde logo, que "ficam abolidas as corporações de ofícios, seus juízes, escrivães e mestres".

[166] Em França a proclamação expressa da liberdade de "trabalho, comércio e indústria" só passou a integrar explicitamente o ordenamento jurídico com a lei de 2-17 de Março de 1791, que dispõe passar a ser "livre a toda a pessoa de fazer o negócio ou exercer a profissão, arte ou ofício que entenda por bem [fazer ou exercer] ", suprimindo ainda "os ofícios, direitos de recebimento das 'mestrias' e todos os direitos e privilégios das profissões" (decreto de Allarde), seguindo-se-lhe, por fim, a extinção das corporações pela Lei Le Chapelier, de 14 e 17 de Junho de 1791.
Declara enfaticamente este último diploma: "deve, sem dúvida, aos cidadãos de um mesmo ofício ou profissão reconhecer-se-lhes o direito de celebrar assembleias, mas não se lhes deve permitir que o objeto dessas assembleias seja a defesa dos seus pretensos interesses comuns; não existem mais corporações no Estado, e não existem mais outros interesses que não o interesse particular de cada indivíduo e o interesse geral; não pode permitir-se a ninguém que inspire aos cidadãos a crença num interesse intermédio que separe os homens da coisa pública por um espírito de corporação"; ver J. RAMÓN PARADA, *Derecho...*, cit., p. 290-291, e

Também os parlamentos e governos do liberalismo, "no quadro de uma ação legislativa intensa", garantiram a propriedade como valor absoluto, "libertando-a dos encargos feudais": foram reduzidas "as sisas aplicadas sobre as transmissões de bens imóveis", abolidos "os foros, censos e rações sobre a propriedade imobiliária", extintos os dízimos eclesiásticos e revogadas "as doações dos chamados bens da coroa e outros direitos reais incidentes sobre imóveis"[167].

Note-se todavia que dessa proteção da propriedade não beneficiaram nem a nobreza tradicional (que na sua grande maioria havia cerrado fileiras em torno do Rei D. Miguel I) nem a Igreja Católica, nem a própria coroa: muito pelo contrário, os vencidos da guerra civil foram espoliados das suas propriedades, as ordens religiosas foram suspensas e confiscados os seus haveres, e nem os bens da coroa escaparam à voracidade dos novos senhores: os bens de uns e outros acabaram por ser «vendidos» por quantias irrisórias a «particulares», por coincidência e precisamente os identificados com o novo *status quo* e que estiveram na origem do confisco.

G. ARIÑO ORTIZ & J. M. SOUVIRÓN MORENILLA, *Constitución y colégios profesionales*, Madrid, 1984, p. 30-31).
A Espanha liberal começa, na Constituição de Cádis, por atribuir às Cortes a tarefa de "promover e fomentar toda a espécie de indústria e remover os obstáculos que a entorpeçam" (art.º 131º, ap. 21), estabelecendo ainda o art.º 354.º deste texto que "não haverá [mais] postos aduaneiros senão nos portos de mar e nas fronteiras", remetendo a concretização desta medida para o legislador (SEBASTIÁN MARTÍN-RETORTILLO, *Esbozo...*, cit., p. 699). Todavia, os diplomas fundamentais nesta matéria (para alguns mais importantes que a própria Constituição) foram os Decretos de 8 de Junho de 1813, proclamados sob a égide das Cortes de Cádis, que consagram "a liberdade de indústria sem que seja necessário para o seu exercício, exame, título ou incorporação em grémio algum", assim como a liberdade de comércio e de circulação de mercadorias – os quais mais não vêm, como vimos, do que confirmar o conteúdo das Reais Ordens de 1890 e 1898 (J. RAMÓN PARADA, *Derecho...* p. 291, e SEBASTIÁN MARTÍN-RETORTILLO, *Esbozo...*, cit., p. 699).
Entre nós, as "corporações das artes e ofícios" foram extintas pelo decreto de 7 de Maio de 1834 (logo após a vitória dos liberais), rezando o preâmbulo desde diploma que "não se coadunavam com os princípios da Carta Constitucional da monarquia, base em que devem assentar todas as disposições legislativas, a instituição de juiz e procuradores do povo, mesteres, caso dos Vinte e Quatro e classificação dos diferentes grémios, outros tantos estorvos à indústria nacional, que, para medrar, muito carece de liberdade que a desenvolva e de proteção que a defenda" (LOPES PRAÇA, ob. cit., p. 165).

[167] MARIA EDUARDA AZEVEDO, *Temas de Direito da Economia*, Coimbra, 2013, p. 61.

1.2.2. As constituições liberais (cont.): a Constituição de 1822

a) *Traços gerais*

Como vimos efeito, a Revolução de 1820[168] é obra do liberalismo radical: para os revolucionários vintistas o poder reside no povo, quer quanto à sua origem, quer quanto às respetivas titularidade e exercício.

São princípios norteadores da Constituição de 1822: o *princípio democrático* (soberania nacional – art.º 26.º – sem dependência do rei – art.º 27.º, rei esse cuja autoridade apenas «provém da nação» – art.º 121.º), o *princípio da representação ou do mandato representativo* (a soberania, inclusive a constituinte, só «pode ser exercitada pelos representantes legalmente eleitos» – art.ºs 26.º, 27.º, 32.º, 94.º), o *princípio da separação de poderes* (legislativo, executivo e judicial) – «de tal maneira independentes que um não poderá arrogar a si as atribuições do outro» (art.º 30.º) e o *princípio da igualdade jurídica e do respeito pelos direitos pessoais* (sobretudo, art.ºs 3.º e 9.º).

b) *Ordenação económica*

Esta primeira Constituição do liberalismo desinteressa-se, mais ainda do que qualquer das constituições que se lhe seguiram, das matérias económicas: neste texto, a Constituição Económica resume-se mesmo à consagração do direito à propriedade privada (art.º 6.º: «A propriedade é um direito sagrado e inviolável, que tem qualquer português, de dispor à sua vontade de todos os seus bens, segundo as leis. Quando por alguma razão de necessidade pública e urgente for preciso que ele seja privado desse direito, será primeiramente indemnizado pela forma que as leis estabelecem.»).

Com efeito, a liberdade económica ou «de profissão, comércio e indústria» não está especificamente salvaguardada, existindo tão só uma cláusula geral de liberdade no seu art.º 1.º («...a Constituição Política da Nação Portuguesa tem por objeto manter a liberdade, segurança e propriedade de todos os portugueses»).

---

[168] A Constituição de 1822 apenas teve vigência de 1822 a 1823 e de 1836 a 1838.

Pelo menos no plano teórico, a não consagração expressa da liberdade de trabalho, comércio e indústria (tal como na Declaração francesa de direitos de 1789) foi justificada com base numa aceção ampla do direito de propriedade, de que aquelas liberdades não constituiriam mais do que simples derivações – já protegidas, portanto, pela norma consagradora daquele.

Mas esta omissão deve-se sobretudo a uma razão muito prática, a saber à contradição dos interesses económicos dos revolucionários de 1820 com o ideário por si proclamado: é que as burguesias comercial e artesanal, que constituíram os mais fortes pilares sociais da revolução liberal, empenharam--se acima de tudo na defesa dos seus próprios privilégios, e portanto dos respetivos esteios institucionais – ou seja, das tão anatemizadas estruturas corporativas. São disso elucidativas as petições dos comerciantes estabelecidos e dos artesãos dirigidas às Cortes Constituintes de 1821-1822, onde domina a preocupação pela manutenção do seu estatuto e a limitação do acesso de novos elementos às atividades comercial e artesanal, defendendo--se os primeiros, sobretudo, da proliferação dos tendeiros volantes[169], e os segundos das emergentes indústrias mecanizadas[170]. Não por acaso, de todas

---

[169] Os tendeiros volantes ripostaram às investidas corporativistas dos comerciantes estabelecidos, invocando linearmente "os princípios do livre comércio e seus benefícios, as Bases da Constituição e a igualdade de direitos nela escorada"; e na Comissão parlamentar do Comércio esta argumentação colheu inicialmente, chegando esta Comissão a afirmar que "os clamores dos que procuram afastar a concorrência são filhos da sede de monopólio, própria de semelhantes classes [mercadores ricos] contra os quais deve estar sempre de guarda um governo ilustrado e previdente"; mas tal posição de princípio diluir-se-ia no plenário do Congresso, tendo o comércio retalhista acabado por conseguir a confirmação (ímpar), pelas Cortes, dos estatutos da poderosa Mesa do Bem Comum dos Mercadores; e manter-se-ia, até meados do séc. XIX, a prática da emissão de passaportes internos para o exercício do comércio fora da localidade de residência (M. HALPERN PEREIRA, *Negociantes...*, cit., pp. 38 a 41).

[170] As corporações dos artesãos travaram, por sua vez, uma luta prolongada pelos seus privilégios – não só pela manutenção dos que ainda lhes assistiam, como ainda pela recuperação dos já lhes haviam sido retirados pela Monarquia Absoluta (cuja política económica, cá como noutros países, como a Prússia e a Rússia, e também a França e a Espanha, fora orientada pelo liberalismo económico); uma luta que traduziu, essencialmente, o conflito entre artesãos independentes e empresários capitalistas. Era uma causa perdida de antemão; mas a verdade é que "o artesanato opôs uma contínua resistência à extensão do capitalismo industrial. Lutou desesperadamente. Organizadamente". E pese a falta de simpatia pela estrutura corporativa evidenciada pelas Cortes, estas não ousaram eliminá-la, tendo assim sobrevivido até 1834 (M. HALPERN PEREIRA, *Negociantes...*, cit., pp. 356 e 357, e 396 a 399).

as constituições do liberalismo só a de 1822 não confere expressa proteção à propriedade industrial...

Passado o período compromissório dos anos vinte, nenhuma das nossas outras constituições liberais deixou de proclamar expressamente a liberdade económica, como se verá de seguida.

Note-se, por fim, que se ao poder legislativo – às Cortes – não são conferidos poderes significativos em matérias económicas, o mesmo já não se passa com os municípios: dispõe o art.º 208.º de um texto com alguma tendência descentralizadora que "o governo económico e municipal dos concelhos pertence às câmaras".

1.2.3. As constituições liberais (cont.): a Carta Constitucional de 1826[171]

a) Traços gerais

Como explica Gomes Canotilho[172], ao conceito abstrato-normativo de constituição da Revolução Liberal (como criação artificial, derivada a-historicamente e *"ex abrupto* da razão abstrata") contrapõe o pensamento tradicionalista e contrarrevolucionário (incarnado em Portugal pelos legitimistas, que cerraram fileiras em torno de D. Miguel I) um conceito *histórico-natural* de constituição, enquanto resultado não de uma deliberação, mas de uma sedimentação multissecular que por outro lado não pode ser generalizável – possuindo cada nação uma constituição natural única e irrepetível que a história se encarregou de fazer.

Refira-se que esta conceção histórica tem pelo menos o mérito de ser a primeira corrente de pensamento a realçar a necessidade de uma correspondência entre constituição e realidade constitucional.

Tal ideia é perfilhada em parte pelo movimento cartista, que junta os adeptos das chamadas constituições outorgadas ou cartas constitucionais: para esta corrente, não obstaria ao carácter de ordem normativa da constituição a necessidade – agora numa perspetiva experimentalista – de ela se articular com os fatores políticos reais de cada país. Assim, seriam conciliáveis, no plano

---

[171] Vigência da Carta Constitucional: 1826-1828, 1834-1836, 1842-1910.
[172] Obra citada, pp. 135-136.

da titularidade e exercício do poder político, o princípio do governo representativo (da soberania nacional ou popular) com o princípio monárquico, pois estar-se-ia perante poderes distintos que não derivariam um do outro. Ao lado do rei – e em contraponto a este – prevê o segundo texto constitucional português um órgão representativo: a Câmara dos Deputados.

A Carta Constitucional de 1826 instaura uma monarquia constitucional com soberania monárquica. O poder constituinte baseia-se no princípio monárquico, assentando na legitimidade dinástica: é o monarca que outorga aos seus súbditos por vontade e direito próprio uma lei fundamental – mas a que ele próprio se vincula juridicamente doravante, residindo nesta limitação o compromisso com o constitucionalismo moderno. A par da Câmara dos Deputados – único órgão dotado de uma legitimidade democrática ou mais precisamente representativa (pese o reforço do regime de sufrágio censitário para a respetiva eleição, já presente na anterior constituição) – temos uma Câmara de Pares («Pares do Reino») nomeada pelo rei, vitalícia e hereditária, figurativa da antiga ordem nobiliárquico-feudal, e que assenta também, como o monarca, na legitimidade tradicional ou hereditária.

São princípios norteadores da Carta Constitucional de 1826: (I) princípio monárquico (art.º 4.º: «o seu governo [da nação] é Monárquico, Hereditário e Representativo»), só parcialmente representativo, por contraposição ao princípio democrático ou de governo representativo (soberania popular ou nacional), consagrado na anterior constituição, (II) princípio da separação de poderes (com a particularidade da consagração de um quarto poder teorizado por Benjamin Constant – o poder moderador – de que é titular o rei, nos termos dos art.ºs 11.º e 71.º), (III) princípio censitário (art.ºs 65, n.º 5 e 68.º, n.º 1) e (IV) princípio do reconhecimento de direitos civis e políticos dos cidadãos portugueses (art.º 145.º).

b) *Ordenação económica*

A Carta não se ocupa especialmente de assuntos económicos. Mas cuida do essencial, através da consagração do direito de propriedade e da liberdade económica.

Nos termos do seu art.º 145º, "a inviolabilidade dos Direitos Civis e Políticos dos Cidadãos Portugueses, que tem por base a liberdade, a segurança individual e a propriedade, é garantida pela Constituição do Reino".

Mais prescreve, especificamente, o § 21.º do mesmo artigo o ser "garantido o Direito de Propriedade em toda a sua plenitude. Se o Bem Público, legalmente verificado, exigir o uso e emprego da propriedade do Cidadão, será ele previamente indemnizado do valor dela. A Lei marcará os casos, em que terá lugar esta única exceção, e dará as regras para se determinar a indemnização.". A garantia da propriedade é alargada à dívida pública e à propriedade intelectual: enquanto o número seguinte (§22) assegura aos credores do Estado o cumprimento da dívida pública ("Também fica garantida a dívida pública"), dispõe por seu turno o § 24.º: "Os Inventores terão a propriedade de suas descobertas, ou das suas produções. A Lei assegurará um Privilégio exclusivo temporário, ou lhes remunerará em ressarcimento da perda que hajam de sofrer pela vulgarização".

Enfim, no que se refere à liberdade económica, a Carta ela transcreve integralmente o texto do § 24 do art.º 179.º da Constituição brasileira de 1824 (que por sua vez emprega uma fórmula semelhante à usada no art.º 16.º da Declaração de direitos da Constituição francesa de 1793): "Nenhum género de trabalho, cultura, indústria ou comércio pode ser proibido, uma vez que não se oponha aos costumes públicos, à segurança e saúde dos cidadãos" (art.º 145.º, § 23). E para marcar bem a diferença relativamente à Constituição de 1822, tem a Carta o cuidado de afirmar no art.º 145.º, §5 o *princípio da liberdade de circulação de pessoas e bens.*

1.2.4. As constituições liberais (cont.): a Constituição de 1838[173]

a) *Traços gerais*

Com a revolução de Setembro de 1837, à ideia de constituição outorgada sucede a ideia da constituição pactuada, como compromisso entre as correntes vintista e da restauração – ideia essa que presidirá ao novo texto constitucional aprovado no ano seguinte. Agora a lei fundamental já não é (já não

---

[173] Vigência da Constituição de 1838: 1838-1842.

pode ser) uma carta doada por vontade do soberano, mas um pacto entre este e os representantes da nação (no caso da Constituição de 1838, entre o rei e as cortes). A diferença fundamental reside na transição da monarquia hereditária (em que a titularidade do poder do rei assenta na legitimidade dinástica) para a monarquia representativa (em que a mesma titularidade lhe advém apenas da sua condição – dele monarca – de representante da nação). Isso mesmo é afirmado na Constituição de 1938, no passo em que se proclama que «a soberania reside essencialmente com a Nação, da qual derivam todos os poderes» (art.º 33.º). Nas sugestivas palavras de Passos Manuel, o trono é cercado de instituições republicanas, passando o monarca a ser apenas «o primeiro magistrado da nação».

São princípios norteadores da Constituição de 1838: (I) o princípio democrático (soberania nacional: «a soberania reside essencialmente com a Nação, da qual derivam todos os poderes» – art.º 33.º), (II) princípio da separação de poderes (art.º 35.º: «Os poderes políticos são essencialmente independentes; nenhum pode arrogar as atribuições do outro»); (III) princípio do reconhecimento dos direitos e garantias dos portugueses (1.ª parte da Constituição). Tal como na constituição anterior, surge uma câmara alta – Câmara dos Senadores – só que, e tal como a câmara baixa, igualmente eletiva e temporária.

b) *Ordenação económica*

Também a Constituição de 1838 declara ser "permitido todo o género de trabalho, cultura, indústria e comércio, salvas as restrições por utilidade pública" (§ 3 do art.º 23.º), mantendo da Carta a consagração das liberdades de deslocação e emigração (art.º 20.º). Sublinhe-se todavia que esta liberdade está consagrada num simples parágrafo único (§ 3) de um artigo (o 23.º) cujo corpo principal trata apenas do direito de propriedade (e já não «em pé de igualdade» com este, como na antecedente Carta Constitucional) – ou seja, e de novo na linha da Constituição de 1822, como se de uma mera concretização, ou derivação do direito de propriedade, se tratasse[174].

[174] Recorde-se, na Constituição de 1922, pelo menos no plano teórico (e pese a já referida ambiguidade das Cortes Constituintes nesta matéria), a não consagração expressa da liberdade de trabalho, comércio e indústria (tal como na Declaração francesa de direitos de 1789) foi justificada com base numa aceção ampla do direito de propriedade, de que aquelas

Uma particular importância – na medida em que retrata o espírito do tempo – apresenta o parágrafo 2.º deste art.º 23.º: "É irrevogável a venda de bens feita na conformidade das leis". É que com esta disposição procuraram os revolucionários «setembristas» assegurar a irreversibilidade dos confiscos que se seguiram à vitória dos liberais na guerra civil. Nas palavras de Gomes Canotilho, dúvidas não restam "de que a constituição setembrista é um estatuto ratificador de transferências (muitas vezes «devoristas») da propriedade imobiliária a favor de certas frações da classe burguesa"[175]. A leitura do art.º 22.º impele-nos a saltar de um mero exercício de memória e de semântica para o terreno dos interesses económicos: a garantia que neles se estabelece da «dívida nacional» e da «irrevogabilidade da venda dos bens nacionais feita em conformidade com as leis» aponta, claramente, para a constitucionalização do confisco do suporte económico das classes nobiliárquicas ligadas ao miguelismo ou ao estamento clerical. Inversamente, "o mesmo artigo aponta para os vencedores: a «classe senhorial cartista» e a «classe burguesa»"[176].

1.2.5. As constituições liberais (cont.): a Constituição republicana de 1911

a) *Traços gerais: o advento da República*

A República – instituída entre nós em 5 de Outubro de 1910 – evidenciou-se sobretudo pelo seu «programa laico» (laicismo), fruto da cosmovisão individualista e racionalista, desdobrado nos seguintes postulados: (a) separação do Estado e da Igreja, (b) igualdade de cultos, (c) laicização do ensino e (d) manutenção da legislação do liberalismo referente à extinção das ordens religiosas e confisco dos seus bens. Refira-se que, em teoria, constava ainda deste reportório a liberdade de culto (cfr. art.º 3.º, n.ºs 4-10 da Constituição de 1911) – sendo esta todavia diariamente desmentida pela encarniçada perseguição à Igreja protagonizada por todos os governos republicanos (com a

---

liberdades não constituiriam mais do que simples derivações – já protegidas, portanto, pela norma consagradora daquele.
[175] GOMES CANOTILHO, *As Constituições*, in «História de Portugal» de JOSÉ MATTOSO, 5.º vol., p. 161 Direito Constitucional, cit., p. 161.
[176] GOMES CANOTILHO, *As Constituições*, cit. , loc. cit. (cfr. também *Direito Constitucional*, cit., pp. 147-162)..

exceção do breve consulado do Presidente Sidónio Pais), os quais desde cedo resvalaram para um anticlericalismo sectário, concretizador de um "projeto de hegemonia de uma nova mundividência" (Fernando Catroga[177]).

Recorde-se, enfim, que a 1.ª República se caracterizou pelo parlamentarismo absoluto (hegemonia do parlamento, com apagamento do Presidente da República – com a exceção do já referido consulado de Sidónio Pais, no ano de 1918) e pela consequente instabilidade governativa (por ficar o governo à mercê de sucessivos e efémeros arranjos conjunturais num parlamento excessivamente fragmentado, onde nenhum partido consegue a hegemonia, facto agravado ainda pela indisciplina partidária dentro de cada grupo parlamentar – fenómeno do «multipartidarismo competitivo e desorganizado»).

b) *Traços gerais (cont.): princípios norteadores da Constituição republicana*

Os princípios políticos norteadores da Constituição republicana de 1911 são: (i) o *princípio da soberania nacional* («a soberania reside essencialmente na Nação» – art.º 11.º), que nesta constituição se demarca da soberania popular («os membros do Congresso são Representantes da Nação e não dos colégios que os elegem» – art.º 7.º, §1.º), convergindo ainda com a ideia de soberania nacional uma fórmula ambígua que aponta para o sufrágio censitário (consignação do «sufrágio direto dos cidadãos eleitores» – art.º 8.º –, expressão que é interpretada no sentido de excluir o sufrágio universal, isto apesar da consagração deste último no programa do Partido Republicano Português e da sua condição de *ratio essendi* da República); (ii) o *princípio da representação ou do mandato representativo* («os Deputados e Senadores são invioláveis pelas opiniões e voto que emitirem no exercício do seu mandato» – art.º 15.º), princípio este cuja prevalência está também em consonância com o princípio da soberania nacional; (iii) o *princípio da separação de poderes* (estes são «independentes e harmónicos entre si» – art.º 6.º); (iv) o *princípio da descentralização* (cfr., em especial, a proibição da ingerência do poder executivo na vida dos corpos administrativos e a consagração da autonomia financeira destes – art.º 66.º, n.ºs 1 e 6) e (v) o *princípio do reconhecimento dos direitos fundamentais*

---

[177] *A importância do positivismo na consolidação da ideologia republicana em Portugal*, Coimbra, 1977, pp. 310 e ss, *apud* Gomes Canotilho, ob. cit., loc. cit.

(consagrando-se a «inviolabilidade de direitos concernentes à liberdade, à segurança e à propriedade» – art.º 3.º).

c) Ordenação económica: os direitos fundamentais económicos clássicos

Para além da importante projeção do princípio do reconhecimento dos direitos fundamentais na Constituição Económica republicana, constitui um último e importante princípio constitucional o *princípio da não intervenção do Estado na economia*. Fiel ao ideário do liberalismo económico, a Constituição republicana mantém a matriz liberal no campo da economia que era já apanágio das constituições monárquicas: continua a ser modesto o lugar dos direitos económicos e sociais, e inexistem por outro lado diretivas referentes à intervenção do Estado na economia.

Sendo a Constituição republicana de 1911 particularmente omissa em matérias económicas, ela mantém todavia a linha dos anteriores textos constitucionais no que respeita especificamente aos direitos fundamentais económicos clássicos: nos termos do seu art.º 25.º, "É garantido o direito de propriedade, salvo as limitações estabelecidas na lei; e o art.º 26.º garante por seu turno "o exercício do todo o género do trabalho, industria o comércio, salvo as restrições da lei por utilidade pública."

A nota especificamente «republicana» aparece apenas com a total (e inevitável) extinção das concessões régias, prerrogativa que é inclusive retirada ao executivo: no mesmo art.º 26.º dispõe-se ainda que "Só o Poder Legislativo e os corpos administrativos, nos casos do reconhecida utilidade pública, poderão conceder o exclusivo de qualquer exploração comercial ou industrial".

1.2.6. A Constituição de 1933

a) Noções prévias

A Constituição de 1933, aprovada sete anos depois da tomada do poder pelas Forças Armadas no pronunciamento de «28 de Maio» de 1926 que pôs termo à I República, institui entre nós um regime dito «corporativo» mas muito marcado pela autoridade do Estado – um *corporativismo de Estado*, por conseguinte. Esta orientação sobremodo acentuada no texto constitucional (como melhor veremos de seguida) deveu-se sem dúvida à influência dos «ares do tempo» que então se respiravam na Europa; mas foi também e sobretudo consequência de um cansaço coletivo e de uma reação algo extremada relativamente ao ambiente de anarquia, instabilidade e individualismo exacerbado que marcou os quinze anos da I República.

O art.º 5.º do novo texto básico declara que "o Estado português é uma República unitária *e corporativa*"; e o seu art.º 6.º atribui ao Estado a incumbência de definir e fazer respeitar "os direitos e as garantias resultantes da natureza ou da lei, em favor dos indivíduos, das famílias, das autarquias locais *e das corporações morais e económicas*" (a revisão constitucional de 1935 virá substituir esta última expressão por "outras pessoas coletivas públicas e privadas"), ostentando os títulos IV e V, significativamente, as epígrafes "Das corporações morais e económicas" e "Da família, das corporações e das autarquias como elementos políticos". Finalmente, o art.º 102.º institui, junto do parlamento, uma "Câmara Corporativa", a que o art.º 106.º atribui funções consultivas no procedimento legislativo, cujos pareceres são obrigatórios mas não vinculativos.

Tenha-se presente que a criação desta última instituição, supostamente o traço mais caracterizadamente corporativista da Constituição, se inspirou sobretudo no "Conselho Supremo da Economia" da Constituição de Weimar – uma Constituição não propriamente corporativista, mas que, não imune às tendências políticas e filosóficas do tempo, não deixou de conferir um relevo significativo aos grupos sociais – do que nas instituições italianas dela contemporâneas[178].

b) *O regime corporativo*

O «Estado Novo» erigido pelo novo texto fundamental é "marcado por uma orientação dirigista da atividade económica privada, em prol de desígnios nacionais determinados unilateralmente pelo Estado. O Estado orgânico

---

[178] Neste sentido, ver A. SILVA LEAL (que realça ainda, com acuidade, que foi sobretudo o Estatuto Nacional do Trabalho, e não tanto a Constituição, que se comprometeu com a linha ideológica do fascismo italiano), em *Os grupos sociais e as organizações na Constituição de 1976 – a rotura com o corporativismo*, em *Estudos sobre a Constituição*, v. III, dir. de Jorge Miranda, pp. 221 e 227-228, Lisboa, 1979.

e corporativo era a garantia da unificação das forças económicas privadas e laborais em torno de uma unidade representada pela Nação mas sempre sob a tutela estatal corporizada pelo Ministério das Corporações, espécie de controleiro da atividade (corporativa) das unidades dispersas da vida económica. Para o corporativismo autoritário, o Estado era o resultado da fusão dos interesses humanos divergentes num todo orgânico, consubstanciando uma realidade unitária superior de qualidade moral, ao jeito hegeliano, diferente das partes que a integravam"[179].

Ainda na síntese histórica de Luís S. Cabral de Moncada, sendo a intervenção direta do Estado no aparelho económico pouco significativa, imperava não obstante o dirigismo estatal, "consubstanciado no controlo estatal da organização corporativa e nos mecanismos de licenciamento prévio das atividades industriais, ditos de *condicionamento industrial*, garantia da prevalência dos interesses gerais da economia nacional corporativa, na interpretação não liberal que o Governo lhe dava, sobre os individuais"[180].

Não se fundou destarte o corporativismo português na livre associação de trabalhadores, profissionais e empresários, nem tão pouco no "ideário puro" do corporativismo à época teorizado pelo pensador romeno Mailonesco e entre nós pela corrente de pensamento do Integralismo Lusitano (baseado num "discurso anti estatista que pretendia substituir o Estado centralizador e dirigista por uma regulação das atividades económicas e ouras feitas pelas corporações, vistas estas como associações autónomas, embora de natureza pública e inscrição obrigatória ou, pelo menos, com autoridade sobre os não filiados"[181]). Diferentemente, assentou o corporativismo do Estado Novo "no controlo estatal sobre os circuitos económicos e sobre o exercício das profissões e das atividades económicas (cf. Decreto-Lei n.º 29.232, de 08/12/1938, com o qual culminou a estatização da organização autónoma da economia e das profissões)"[182].

Outra expressão desse paternalismo na Constituição de 1933 é também visível no seu art.º 34.º, segundo o qual "o Estado promoverá a formação e

---

[179] Luís S. Cabral de Moncada, *Manual Elementar de Direito Público da Economia e da Regulação*, Coimbra, 2012, p. 13.
[180] Ibidem.
[181] Luís S. Cabral de Moncada, *Manual Elementar...*, cit., p. 14.
[182] Luís S. Cabral de Moncada, cit., pp. 13-14.

desenvolvimento da economia nacional corporativa, visando a que os seus elementos não tendam a estabelecer entre si concorrência desregrada e contrária aos justos objetivos da sociedade, mas a colaborar mutuamente como membros da mesma coletividade", e no seu art.º 35.º, onde se diz ainda que "a propriedade, o capital e o trabalho desempenham uma função social, em regime de cooperação económica e solidariedade, podendo a lei determinar as condições do seu emprego ou exploração conformes com a finalidade coletiva".

Como conclui Luís S. Cabral de Moncada, nunca tiveram as corporações papel autónomo da disciplina da atividade económica, tendo cabido sempre esse papel "aos organismos de coordenação económica que eram institutos públicos integrados na Administração Indireta do Estado"[183]. Isto na medida em que os seus elementos base – os sindicatos e os grémios patronais –, por serem considerados organismos particulares em razão desde logo dos interesses parciais ou de grupo (e não comuns ou gerais) por si defendidos, só poderiam ser «encaminhados» para a prossecução do bem comum uma vez organicamente «reunidos» em organismos nacionais – organismos de cúpula que, todavia, "eram rigidamente controlados pelo Estado, roubando à organização corporativa qualquer veleidade de descentralização"[184].

c) *Versão corporativista dos direitos fundamentais económicos clássicos*

A Constituição de 1933 garante, no art.º 8, n.º 15, o direito de propriedade privada e o direito de transmissão de bens, em vida ou por morte – proibindo o n.º 12 do mesmo artigo o confisco de bens (atentado à propriedade privada paradoxalmente não apenas tolerado, mas inclusive e como vimos objeto de reforçada proteção na lei fundamental, no antecedente período do constitucionalismo liberal).

No n.º 7 do mesmo art.º 8.º é também consagrada "a liberdade de escolha de profissão ou género de trabalho, indústria ou comércio, salvas as restrições legais requeridas pelo bem comum e os exclusivos que só o Estado e os

---

[183] Luís S. Cabral de Moncada, *Manual Elementar...*, cit., p. 15.
[184] Ibidem.

corpos administrativos poderão conceder nos termos da lei, por motivo de reconhecida utilidade pública"[185].

Este último preceito – único que apresenta especificidades dignas de nota – parece constituir, à primeira vista, uma transcrição da norma homóloga da Constituição antecedente. Mas se é certo que a não autonomização da liberdade de trabalho e profissão relativamente à liberdade de comércio e indústria é tributária das declarações de direitos do liberalismo, nos restantes aspetos já se verifica a ocorrência de alterações substanciais (resultantes, no caso, da interceção de influências de correntes de pensamento políticas, jurídicas e filosóficas de origens bem diferenciadas[186]).

Com efeito, a marca distintiva por excelência da Constituição de 1933 (o corporativismo) não podia deixar de esvaziar boa parte do conteúdo útil, sobretudo, daquela liberdade fundamental. Veja-se, desde logo, o inciso do artigo: é apenas aparente a permutabilidade dos termos usados num e noutro preceito ("Estado" em vez de "Poder Legislativo"); na verdade, uma vez instituído o regime corporativo, tal ressalva ganha uma amplitude e um sentido bem distintos dos resultantes do contexto da Constituição republicana: enquanto no texto fundamental que se acaba de referir a designação de "corpos administrativos" se circunscrevia tão só aos tradicionais corpos territoriais[187], naqueloutro a utilização da mesmíssima expressão abre caminho à intervenção dos organismos corporativos nas atividades económicas em geral.

Mas conjugue-se ainda esta com outra clara compressão do âmbito de proteção da norma analisada, que é a que resulta do art.º 31.º ("O Estado tem o direito e a obrigação de coordenar e regular superiormente a vida económica e social com os objetivos seguintes: 1.º – "Estabelecer o equilíbrio da população, das profissões, dos empregos, do capital e do trabalho..."): esta norma,

---

[185] Nesta matéria, ver A. SILVA LEAL, *O princípio constitucional da liberdade de trabalho*, em *Revista do Gabinete de Estudos Corporativos*, 1961, p. 143-157 e AFONSO QUEIRÓ & A. BARBOSA DE MELO, *A liberdade de empresa e a Constituição*, em *Revista de Direito e de Estudos Sociais*, 1967, pp. 216-258.

[186] Sobre as diversas doutrinas que inspiraram o corporativismo português, e sobre o carácter de "relativa rotura" da Constituição económica de 1933 face ao constitucionalismo liberal, ver A. SOUSA FRANCO & GUILHERME D'OLIVEIRA MARTINS, *A Constituição Económica...*, cit., pp. 120-121.

[187] Designadamente, aos constantes dos títulos IV e V: instituições administrativas locais – distritais e municipais – e províncias ultramarinas.

reforçada pelo art.º 34.º[188], propicia, na certeira expressão de René Savatier, a política do chamado malthusianismo profissional e económico (sistema em que é Estado, e não a sociedade – o mercado – quem avalia e determina as necessidades da comunidade em termos de produção de bens e prestação de serviços, nomeadamente profissionais, regulando a oferta – isto é, o número de empresas industriais e comerciais e de profissionais admitidos a desenvolver a sua atividade em cada ramo de atividade, de acordo com aquelas necessidades, por forma a evitar a concorrência "selvagem", a "desregulação", enfim, a infelicidade, quer dos cidadãos, quer das próprios acionistas, empresários e profissionais liberais)[189].

[188] É o seguinte o texto deste artigo: "O Estado promoverá a formação e desenvolvimento da economia nacional corporativa, visando a que os seus elementos não tendam a estabelecer entre si concorrência desregrada e contrária aos justos objetivos da sociedade e deles próprios, mas a colaborar mutuamente como membros da mesma comunidade".

[189] Pese a existência deste expresso fundamento constitucional, o sistema corporativo de "porta fechada" circunscreveu-se, no anterior regime, às atividades industriais, através da célebre Lei do Condicionamento Industrial (e já não ao universo das profissões – deixando incólume a liberdade de escolher e exercer as profissões mais sensíveis à tentação corporativista: as chamadas profissões liberais).
Paradoxalmente, ocorrerão já na nova ordem constitucional as primeiras investidas corporativistas nesta sede, destacando-se em tais arremedos as restauradas ordens profissionais.
As razões deste desencontro residem, quanto ao primeiro ponto, no estádio de atraso socioeconómico em que o país ainda vivia na anterior ordem constitucional: dada a carência de quadros e técnicos qualificados, a todos os níveis, o "terreno" não era, na prática, fértil para o incremento do protecionismo profissional, antes pelo contrário.
Quanto ao segundo ponto: para além da avalanche de quadros qualificados provocada pelo surto desenvolvimentista dos anos 70 e 80 ter alterado esta realidade factual, (re)suscitando, portanto, o jogo das motivações protecionistas, sucede que sobrevive ainda na sociedade portuguesa muito da cultura constitucional do anterior regime – qual hera frondosa a que hajam cortado há pouco a raiz... (e pese, nesta sede, o flagrante contraste de tais investidas com o espírito e a letra aa Constituição de 1976 – a qual, como veremos, rompeu radicalmente com o corporativismo, não oferecendo para tais efeitos, e diversamente de outras constituições "aparentadas", um único ponto de apoio). Podemos pois, subscrever ainda, aqui e agora, as palavras de JEAN RIVERO, ditas num contexto espácio-temporal análogo ao nosso: "o «ar do tempo» mudou, mas as organizações profissionais – pelo menos as que se mantiveram ou se recriaram – nem sempre despojaram por completo o velho homem" (*Le pouvoir réglementaire des Ordres professionnels et la sauvegarde des libertés individuelles*, «Droit Social», 1950, p. 393).
Ressalva ainda RIVERO, na mesma obra e local, que "seria injusto injuriá-las" por isso, pois "para respeitar a lei, é preciso conhecê-la"; ora, "os profissionais, que não são – à parte o caso dos auxiliares da justiça, evidentemente! – juristas, pecam sobretudo por ignorância, sem dúvida, mais do que por malícia". Mas paradoxalmente, entre nós, têm sido os advogados e a

É que, como vimos, dos próprios termos da Constituição, decorre a possibilidade de nem ser, sequer, a pessoa coletiva Estado, diretamente, a encarregar-se dessa missão, mas as próprias corporações, agora rejuvenescidas com as modernas vestes da "publicidade"[190].

Importará focar, em contrapartida, a nítida consideração, pelo constituinte, da "liberdade de escolha de profissão ou género de trabalho, indústria ou comércio" como uma liberdade individual, isto é, como proteção a uma manifestação da personalidade, atenta a expressa consagração do momento da "escolha", e a sua posição relativa entre os restantes direitos e liberdades fundamentais[191].

d) *A componente social e administrativa própria do Estado Social de Direito conexa com o sistema corporativo*

Também a proteção do trabalho subordinado, e os decorrentes limites conformadores das atividades económicas, passam a constar do texto constitucional (sobretudo com a revisão constitucional de 1951, que proclama explicitamente o direito ao trabalho, logo a seguir, significativamente, ao direito à vida). Alarga-se assim também por esta via à decisão económica a esfera dos assuntos próprios do Estado.

Às componentes liberal, autoritária e corporativa da Constituição de 1933, junta-se, a uma vez, ainda que em estreita conexão com o sistema corporativo, a componente social, por influência, sobretudo, das constituições

---

sua Ordem a revelar as mais brutais tendências corporativistas (ver, a este respeito, o nosso *A liberdade de escolha da profissão de advogado*, Coimbra, 1992).

[190] Lembram AFONSO QUEIRÓ & BARBOSA DE MELO a limitação da liberdade de profissão, comércio e indústria na Constituição de 1933 "pelo princípio corporativo, o qual implica (...) a existência de associações, formadas pelos agentes económicos, que interferem, em maior ou menor medida, na disciplina das atividades económicas respetivas", podendo por via deste princípio sofrer aquela liberdade "apreciáveis limitação face aos organismos corporativos" (*A liberdade...*, cit., p. 247, nota).

[191] Colocou-a o constituinte no conjunto dos direitos fundamentais da personalidade; concretamente, entre o direito à vida e à integridade pessoal (§1), o direito ao bom-nome e reputação (§2), a liberdade religiosa (§3), a liberdade de expressão (§4), a liberdade de ensino (§5), o direito à inviolabilidade do domicílio e da correspondência (§6), e a liberdade pessoal (§8); e deixa, a mesma liberdade, concomitantemente, de estar associada ao direito de propriedade (que só emerge no § 15).

contemporâneas ditas "de transição", que preludiam o Estado Social de Direito ou Estado Administrativo de Direito[192]. Ou seja, através, afinal, de outras normas da mesma lei fundamental, o conceito constitucional de "trabalho" (e por arrastamento o de "profissão") deixa de significar, no plano jurídico--constitucional, como que um sinónimo de "comércio" e "indústria", acabando por pôr em causa a tradicional unidade jurídica da "liberdade de escolha de profissão ou género de trabalho, indústria ou comércio" consagrada no § 7 do art.º 8, em conformidade, de resto, com as tendências do tempo[193].

O mesmo se diga da componente propriamente administrativa característica do mesmo Estado Social ou Administrativo, no que se refere ao princípio da apropriação coletiva dos recursos naturais: nos termos do art.º 49.º, nºs 1 a 7, dá-se a integração no domínio público *ex vis constitucionem* das águas marítimas e plataforma continental[194], lacustres e fluviais navegáveis ou flutuáveis, com os seus leitos e alvéolos, das camadas aéreas superiores ao território para além do limite legalmente reconhecido ao proprietário do solo e, sobretudo, dos jazigos minerais, das nascentes de águas mineromedicinais e outras riquezas naturais existentes no subsolo – prevendo--se ainda o aumento pela via legislativa deste elenco de bens dominiais[195]. Com este preceito pretendeu o constituinte de 1933 "estabilizar, com valor

---

[192] JORGE MIRANDA (*Manual...*, v. I, cit., p. 276) refere "o aparecimento, enquadrados no projeto, de vários direitos sociais – proteção da família (art.º 13), associação do trabalho à empresa (art.º 36), direito à educação e à cultura (art.ºs 42 e 43), e, a partir de 1951, direito ao trabalho (art.º 8, 1-A) e incumbência da defesa da saúde pública (art.º 6.4) - bem como da contratação coletiva (art.º 37), a acrescentar à função social da propriedade (citado art.º 35).
[193] Como refere SILVA LEAL em 1961 (*A liberdade...*, cit., p. 145), "no nosso tempo, a palavra *trabalho* parece tender cada vez mais para uma significação rigorosa e reduzida. Se não se pode negar que os empresários em nome individual ou os sócios gerentes *trabalhem* – o certo é que, quando se fala agora em *trabalho* e em *trabalhar*, se tem em vista fundamentalmente a prestação subordinada de serviços".
[194] A menção à plataforma continental foi acrescentada pela Revisão de 1971.
[195] Nas palavras de RUI MEDEIROS & LINO TORGAL, em comentário ao atual artigo 84.º da Constituição de 1976 (que praticamente repete o preceituado no art.º 49.º da Constituição de 1933), a afetação no plano constitucional destas categorias de bens ao domínio público, com proibição por conseguinte da respetiva "fruição ou apropriação exclusiva (ou sequer principal) das suas utilidades por parte dos particulares individualmente considerados", constitui "expressão do princípio jurídico estruturante ou fundamental do Estado Social" (*Constituição Portuguesa Anotada*, Tomo II, cit., p. 75).

supralegal, o carácter desses bens, impedindo o legislador ordinário de lho tirar" (Marcello Caetano)[196]

1.2.7. A Constituição de 1976: do texto originário à versão atual

a) *Antecedentes: o golpe militar do 25 de Abril; a fase pré-constitucional (1974-1976)*[197]

Com o golpe militar do 25 de Abril de 1974 – empreendido por duas centenas de oficiais subalternos com pouco mais de dois milhares de homens debaixo do respetivo comando, sob a designação de «Movimento das Forças Armadas» (MFA) – deu-se uma rotura da ordem constitucional que pôs termo ao regime corporativo do «Estado Novo».

À cabeça dos objetivos constantes do Programa do MFA, no âmbito do propósito mais genérico de instauração de um regime democrático, estava a eleição no Portugal continental de uma Assembleia Constituinte por sufrágio secreto, direto e universal, assim como a realização de eleições gerais de carácter constituinte também nos territórios ultramarinos, para que os respetivos povos pudessem decidir livremente os seus destinos (incluindo desde logo a hipótese da independência relativamente ao Portugal continental) – reservando-se o MFA (e aqui em representação de todas as Forças Armadas) ao papel de garante de que a transição se faria, «aquém e além-mar», com integral respeito pelos direitos dos cidadãos[198]/[199].

---

[196] *Manual de Direito Administrativo*, vol. I, 9.ª edição, Coimbra, 1983, p. 897.

[197] Deixa-se ao leitor o aviso de que, nesta alínea, não prescindimos de fornecer a nossa própria perspetiva histórica relativa ao enquadramento político dos acontecimentos que levaram ao surto das nacionalizações de 1975, e que explicam a razão de ser de certas características do texto originário da constituição de 1976 (quase todo ele redigido naquele conturbado ano). É que, em nosso entender, o esforço de clarificação dos acontecimentos gerais que enquadram os fenómenos objeto de um estudo monográfico ou de umas lições, e a articulação entre uns e outros, constitui não um desvio relativamente a tal objeto específico, mas antes, e ao invés, uma indeclinável obrigação científica e pedagógica do seu autor.

[198] Sobre os acontecimentos do 25 de Abril e as respetivas «causas ocultas», ver FERNANDO PACHECO DE AMORIM, *25 de Abril – Episódio do Projeto Global*, Porto, 1996.

[199] Nos termos do n.º 7 («Política Ultramarina») do Decreto-Lei n.º 203/74, de 15.05, compromete-se o I Governo Provisório a assegurar as condições para que as populações residentes dos territórios ultramarinos *"possam decidir o seu futuro no respeito pelo princípio da autodeterminação,*

Mais dispunha o referido texto que até à aprovação da nova Constituição se prolongaria a vigência da Constituição de 1933 a título supletivo, ou seja, em tudo o que não contrariasse aquele «Programa» (assim como os decretos-lei avulsos com valor constitucional que fossem sendo promulgadas pelos órgãos de governo provisórios – «Junta de Salvação Nacional», Presidente da República e Governo).

Entre as medidas «imediatas» do dito «Programa» e dos primeiros diplomas legais promulgados pelos novos poderes contam-se respetivamente a dissolução das duas câmaras do parlamento – da então designada «Assembleia Nacional» (n.º 2 da al. *a*) do Programa) e da «Câmara Corporativa» (Lei 2/74, de 14.05) –, das corporações (DL 362/74, de 17.08) e dos organismos corporativos (DL 203/74, de 15.05 e DL n.º 443/74, de 12.09). É o fim do arcaico regime corporativo do «Estado Novo»: de todo um vasto universo de entidades semipúblicas ou publicizadas apenas sobrevive um punhado de ordens profissionais, doravante sob as modernas vestes da «associação pública».

O Programa do MFA é por demais lacónico no domínio económico, limitando-se a preconizar uma «nova política económica» anti-inflacionária e antimonopolista ao serviço das «classes» até então «mais desfavorecidas» e uma «nova política social» de defesa das «classes trabalhadoras» visando um «aumento acelerado» da qualidade de vida das pessoas.

Pois bem, se na sua *primeira fase* (nos primeiros tempos, que podemos balizar entre o «25 de Abril» e o «28 de Setembro» de 1974[200]) o novo regime mereceu o consenso da generalidade das populações – quer pela moderação

---

sempre em ordem à salvaguarda da uma harmónica e permanente convivência entre os vários grupos étnicos, religiosos e culturais" (al. *b*)), assim como a *"manutenção das operações defensivas no ultramar destinadas a salvaguardar a vida e os haveres dos residentes de qualquer cor ou credo, enquanto se mostrar necessário"* (al. *c*)).

[200] O «28 de Setembro» é um episódio marcante do período revolucionário: a convocação para esse dia em Lisboa, pelos partidos de Direita (Partido do Progresso/Movimento Federalista Português, Partido Liberal e Partido Trabalhista), de uma manifestação de apoio ao Presidente da República, General António de Spínola, provoca uma violenta reação por parte das forças de esquerda, que alegam tratar-se de uma tentativa de (contra)golpe de Estado. Estas organizam «check-points» nas principais estradas de acesso a Lisboa, revistando os automóveis em busca de armas e intimidando indiscriminadamente os seus ocupantes, ou seja, todas as pessoas que tinham ousado circular de automóvel nesse dia (tendo sido especialmente incomodados os caçadores que se faziam acompanhar dos apetrechos necessários para a época de caça que então se iniciava).

do Programa do MFA e das primeiras leis constitucionais avulsas, quer pela confiança inspirada pelas individualidades então convidadas a ocupar os mais cargos do País (nomeadamente o General António de Spínola, primeiro Presidente da República neste período de transição – e demais membros da chamada Junta de Salvação Nacional, nova sede formal do poder – e ainda o Professor Adelino da Palma Carlos, que assume a chefia do I Governo Provisório) – a verdade é que a revolução, sobretudo a partir do «28 de Setembro» de 1974 (quando começa uma *segunda fase* deste período), acaba por tomar um rumo radicalmente oposto ao indicado pelas promessas e expetativas iniciais.

Ao que tudo indica, os líderes operacionais do golpe militar tinham uma «agenda oculta» que começaram a revelar nos meses seguintes, e cujo primeiro (senão principal ou mesmo único...) objetivo consistia na entrega incondicional dos riquíssimos territórios ultramarinos (em especial Moçambique e, sobretudo, Angola) aos movimentos guerrilheiros enfeudados às então duas superpotências mundiais (Estados Unidos e União Soviética) – naturalmente, sem a prometida consulta às respetivas populações[201]. Desta forma, os

---

Ora, tudo isto acontece com a complacência (quando não cumplicidade) das autoridades, pois após a demissão (três meses antes) do I Governo Provisório chefiado pelo Professor Adelino da Palma Carlos (precisamente por causa da progressiva desordem causada por um MFA cada vez mais esquerdista e revolucionário, que todos os dias desautorizava o Governo), a chefia do II Governo Provisório fora entregue ao coronel comunista Vasco Gonçalves, que «cavalgou» decididamente a onda revolucionária (inaugurando o período também conhecido por «gonçalvismo»).
Na verdade, não houve qualquer «intentona» (tentativa de golpe de Estado), mas antes (e na esteira da típica estratégia de tomada de poder por meios violentos praticada em todo o mundo pelos comunistas desde a Revolução Russa de Outubro de 1917) a primeira das *«inventonas»* que serviram de pretexto para as medidas que se seguiriam: a proibição daqueles partidos e a prisão ou exílio (para os conseguiram fugir) dos seus dirigentes e outras personalidades de direita. No dia seguinte o General Spínola demite-se da presidência da República, assumindo a chefia do Estado o (até então) seu camarada de armas e amigo General Francisco da Costa Gomes, personagem ambígua e equívoca que a partir de então passa a dar total cobertura aos desmandos esquerdistas que se viriam a suceder até ao «25 de Novembro» de 1975.
[201] Ou seja, o próprio episódio do 25 de Abril e a desordem que se lhe seguiu (com a consequente desarticulação e paralisia das estruturas militar, política, económica e administrativa do País durante aproximadamente um ano) mais não terão sido afinal do que uma *cortina de fumo* intencionalmente provocada e lançada pelo tempo necessário para se alcançar um resultado que não fora conseguido pela via da agressão militar externa... Verdadeiramente, o «Portugal continental» não apresentava o mínimo interesse económico

referidos movimentos «de libertação», armados e financiados ao longo dos onze anos de guerra pelos Estados Unidos e pela União Soviética (potências que cobiçavam as imensas riquezas naturais destes territórios) – e que não obstante tão importante auxílio estavam à data do 25 de Abril de 1974 praticamente derrotados pelo menos em dois dos três teatros de guerra (com a exceção portanto do PAIGC[202], na Guiné-Bissau)[203] –, acabaram por receber «de mão beijada», nesse ano de 1975, o monopólio do poder nos novos Estados lusófonos. E procederam de imediato ao (físico) extermínio das respetivas

ou estratégico para as duas superpotências, nunca tendo sido posta em causa por qualquer delas a sujeição deste canto ocidental da Europa à esfera de influência americana decorrente dos acordos de Yalta. Por isso não se chegou a consumar e a consolidar a conquista do poder pelo Partido Comunista Português no ano de 1975: tal representaria uma impensável quebra dos acordos de partilha do mundo em «esferas de influência» que assinalaram a vitória dos aliados na II Grande Guerra Mundial, e que a União Soviética, de resto, sempre respeitou escrupulosamente. Pode-se pois dizer que o (aparentemente) inexplicável recuo do Partido Comunista – e que abriu caminho à normalização da situação política no Portugal europeu – resultou também e ainda da sua cega obediência às instruções emanadas pela extinta superpotência.

Note-se que o «25 de Abril» se limitou a antecipar de forma atabalhoada a mudança de um vetusto regime político «vindo de outras eras», e que (e não fora a determinante questão ultramarina que provocou esta verdadeira «feira de enganos») teria seguramente ocorrido pela via reformista (como de resto veio a acontecer na vizinha Espanha dois anos depois) – quanto mais não fosse por força da irresistível *vis* atrativa do modelo de Estado Democrático de Direito vigente há mais de trinta anos na Europa comunitária e genericamente em todo o mundo ocidental. Ou seja, tal meta seria inevitavelmente alcançada sem uma (a todos os títulos desnecessária e custosa) *rotura da ordem constitucional*.

[202] Partido Africano para a Independência da Guiné e de Cabo Verde.

[203] Sobre o tema, ver por todos JOHN P. CANN, *Contrainsurreição em África. O modo português de fazer a guerra*, Atena, Lisboa, 1998, e J. DA LUZ CUNHA, KAÚLZA DE ARRIAGA, BETHENCOURT RODRIGUES & SILVINO SILVÉRIO MARQUES, *África – a vitória traída. Quatro generais escrevem*, Braga, 1977. Tenha-se presente que a grande, inédita e inesperada dificuldade com que se depararam os «movimentos de libertação» (o mesmo é dizer, as duas superpotências que os impulsionaram e financiaram) – e que constituiu a nosso ver a principal causa do seu (à partida improvável) fracasso político e militar – foi o ambiente de relativa boa convivência com as populações autóctones que, de um modo geral, os portugueses brancos (diferentemente dos demais povos coloniais europeus) conseguiram criar em África (e nas outras paragens do mundo que conheceram a sua presença). Nos territórios ultramarinos portugueses (e ao contrário de outros domínios coloniais europeus que foram também objeto da cobiça das superpotências a partir do final da 2.ª Grande Guerra), o terreno nunca foi fértil para a subversão induzida do exterior...

oposições internas, perpetuando-se no poder até aos dias de hoje, com óbvio prejuízo para os respetivos povos[204].

Voltando ao «Portugal metropolitano», que é o que ora nos importa, nesta sua *segunda fase* (a do chamado «PREC» – «Processo Revolucionário Em Curso» – que decorre entre o «28 de Setembro» de 1974 e o «25 de Novembro» de 1975), o período pré-constitucional passou a apresentar, e com toda a nitidez, os seguintes traços característicos:

---

[204] Cfr. FERNANDO PACHECO DE AMORIM, *25 de Abril...*, cit., pp. 135 e segs. Tudo isto aconteceu com violação do disposto no Programa do MFA e no já citado DL 203/74. Os seguintes excertos do discurso de tomada de posse como Presidente da República do General Spínola, em 15 de Maio de 1974, confirmam e pormenorizam este programa que viria a ser traído pelo mesmo MFA:
"Entretanto os nossos esforços concentrar-se-ão no restabelecimento da paz no Ultramar, mas o destino do Ultramar português terá de ser democraticamente decidido por todos os que àquela terra chamam sua. Haverá que deixar-lhes inteira liberdade de decidir, e, em África, como aqui, evitaremos por todas as formas que a força de minorias, sejam elas quais forem, possam afetar o livre desenvolvimento do processo democrático em curso.
"Nesta linha de pensamento, desejamos firmemente, em plena corporização dos ideais do MFA triunfante, que a paz volte ao Ultramar. E pensamos que o regresso dos partidos africanos de emancipação ao quadro das atividades políticas livremente desenvolvidas será a prova cabal do seu idealismo e o mais útil contributo para o pleno esclarecimento e a perfeita consciencialização dos povos africanos em ordem a uma opção final conscientemente provida e escrupulosamente respeitada".
Na mesmíssima linha de pensamento, o General Costa Gomes (outro membro da Junta de Salvação Nacional, que viria a suceder ao General Spínola na Presidência da República quatro meses depois) afirmava em conferência de imprensa, no regresso de uma viagem a Angola e a Moçambique:
"O que os movimentos de guerrilha têm agora a fazer é cessar imediatamente as operações armadas (...). Enquanto tal não se verificar, não podemos aceitá-los como partidos nas mesmas condições dos outros. Após isso, poderão esses movimentos emancipalistas usufruir da liberdade de atuação concedida a todos os partidos políticos, como seja exporem os seus programas e, no futuro, submeterem-se à vontade das populações dos territórios, expressas num referendo (...). Sem o preenchimento destas condições, a Junta de Salvação Nacional não pode concordar com as exigências de independência. Até porque os partidos emancipalistas têm menos projeção dentro dos territórios do que o mundo supõe (...). Um dos objetivos do MFA é terminar o mais brevemente que possa ser a guerra, procurando-se de seguida uma solução política para os territórios do Ultramar. Julga-se não estar diretamente correlacionado o problema do cessar das operações com a independência imediata, porque eu tenho as minhas dúvidas que os partidos que nos combatem no campo militar representem a expressão dos povos de Angola, Moçambique e Guiné-Bissau".

(i) *Poder instável e policêntrico* (essencialmente exercido por uma estrutura militar revolucionária paralela, corporizada primeiramente no MFA, e institucionalizada depois no Conselho da Revolução e na própria pessoa do Chefe de Estado – um militar que é também por inerência, desde o «28 de Setembro» de 1974, Chefe do Estado Maior General das Forças Armadas)[205];

(ii) *Ostensivo desrespeito pelos direitos fundamentais por parte dos poderes públicos* (perseguições a indivíduos e forças políticas e sociais não comunistas, *maxime* saneamentos e prisões à margem do estatuto da função pública, da lei laboral e do direito e processo penal, por motivos e com fundamentos exclusivamente políticos, encerramento ou tomada de controlo de jornais oposicionistas, nacionalizações sem a atribuição de qualquer indemnização, incentivo e cobertura político-administrativa para ocupações selvagens de casas, empresas e propriedades agrícolas, etc., etc.);

(iii) *Clara opção pelo ideal socialista (ainda que com entrechoque de distintos modelos de «socialismos»)* – traduzida na coletivização e estatização da vida económica, através sobretudo da legitimação de ocupações selvagens de propriedades agrícolas no Alentejo e da *nacionalização* das empresas dos grandes grupos económicos[206].

Um especial interesse para a matéria tratada no presente trabalho apresenta a *nacionalização* primeiro dos bancos emissores (Banco de Portugal, Banco de Angola, Banco Nacional Ultramarino) e de 8 empresas do setor pesqueiro e atividades conexas que se encontravam em situação de falência técnica (nacionalizações estas ditadas por razões técnicas ou ideologicamente neutras)[207], e depois – a seguir ao «11 de Março» de 1975[208], ou seja, em jeito

---

[205] Cf. EDUARDO PAZ FERREIRA, *Direito Económico*, cit., p. 107.
[206] Cf. EDUARDO PAZ FERREIRA, *Direito Económico*, cit., p. 108.
[207] Cfr. NUNO SÁ GOMES, *Nacionalizações e privatizações*, Lisboa, 1988, pp. 53-61. Estas nacionalizações foram operadas pelos Decretos-Lei n.ºs 450/74, 451/74 e 452/74, todos de 13 de Setembro, em execução do «Programa do Governo Provisório» (DL n.º 203/74, de 15 de Maio).
[208] O «11 de Março» foi uma repetição do «28 de Setembro», com a diferença (e ao que parece) de então ter havido mesmo uma tentativa (ainda que desesperada e condenada à partida ao insucesso) de contragolpe por parte dos oficiais «spinolistas» do MFA (os mesmos que haviam ensaiado um ano antes, em 16 de Março de 1974, uma primeira tentativa de golpe de Estado

de *facto consumado* (sem discussão pública, e sem qualquer tipo de preparação) e já sob o signo da ideologia coletivista, num ambiente revolucionário dominado pelo Partido Comunista Português[209] – de mais 253 grandes empresas pertencentes aos maiores grupos económicos portugueses[210]/[211].

Foram nomeadamente nacionalizados no *setor financeiro* os restantes bancos e todas as companhias de seguros (com exceção das instituições bancárias e seguradoras estrangeiras, das caixas económicas e de crédito agrícola mútuo e das mútuas de seguros)[212], e ainda as empresas-chave dos grandes grupos económicos e de um modo geral todas as que operavam em setores da economia considerados básicos ou estratégicos, para além do já referido setor financeiro: nomeadamente, na *indústria* (setores do petróleo, da petroquímica, da side-

---

contra o regime do «Estado Novo», também fracassada), com o objetivo de fazer regressar o rumo dos acontecimentos à letra e ao espírito do Programa do MFA. Uma vez malogrado o presuntivo golpe, são dissolvidos a Junta de Salvação Nacional e o Conselho de Estado, e substituídos por uma nova instância onde se cristaliza a cúpula do MFA, o Conselho da Revolução. O General Spínola foge para Madrid, onde funda com outros exilados políticos um movimento de resistência (o MDLP – Movimento Democrático para a Libertação de Portugal); e redobram a partir dessa altura as perseguições políticas, que passam a ter como alvo as restantes forças do espectro político, nomeadamente do centro (CDS) e da esquerda não comunista (PSD e PS); é também a hora das nacionalizações.

[209] Nas palavras de MEDEIROS FERREIRA, as nacionalizações acabaram de um modo geral "por corresponder, nas suas linhas gerais, as medidas preconizadas pelo PCP para a sua fase de luta pelo poder denominada «revolução democrática e nacional» " (*Portugal em Transe*, Vol. VIII, da «História de Portugal» de JOSÉ MATTOSO, p. 112, *apud* E. PAZ FERREIRA, *Direito da Economia*, cit., p. 104).

[210] Cfr. NUNO SÁ GOMES, ibidem. Em rigor, as nacionalizações levadas a cabo nesta época decorreram entre meados de 1974 (antes da aceleração do «PREC») e meados de 1976 (já no período de normalização política subsequente ao «25 de Novembro» de 1975). Mas as mais significativas e ideologicamente orientadas tiveram lugar no período compreendido entre o «11 de Março» e o «25 de Novembro».

[211] MEDEIROS FERREIRA correlaciona os dois temas que acabamos de referir – processo de *descolonização* e as *nacionalizações* – explicando estas últimas do ponto de vista das consequências económicas do primeiro: segundo o autor, que parte do (indemonstrado) pressuposto da independência dos territórios ultramarinos, as nacionalizações também teriam sido justificadas pela necessidade de o poder político português deter e defender os interesses económicos e financeiros mais relevantes no contencioso colonial com os novos países africanos que inevitavelmente emergiria com a independência destes (ob. cit., p. 112, *apud* E. PAZ FERREIRA, *Direito da Economia*, cit., p. 104).

[212] A nacionalização dos demais bancos foi levada a cabo pelo DL n.º 132-A/75, de 14 de Março, e das companhias de seguros pelo DL n.º 135-A/75, de 15 de Março.

rurgia, dos adubos, do cimento, do tabaco, da celulose, dos estaleiros navais, das minas, vidreiro e cervejeiro)[213], na *agricultura* (Companhia das Lezírias[214] e prédios rústicos beneficiados pelos aproveitamentos hidroagrícolas na zona de intervenção da Reforma Agrária[215]), nos *transportes* (todas as grandes empresas de transporte público aéreo, rodoviário, ferroviário, marítimo e fluvial)[216], na *produção, transporte e distribuição de energia elétrica*[217] e na *comunicação social* (5 empresas de radiodifusão[218], a RTP – Rádio Televisão Portuguesa[219] e as entidades titulares dos principais jornais diários de Lisboa[220])[221].

As nacionalizações ocorreram entre 13 de Setembro de 1974 (bancos emissores) e 29 de Julho de 1976 (empresas jornalísticas) – concentrando-se todavia as mais significativas no ano de 1975, nomeadamente no período compreendido entre o «11 de Março» e o «25 de Novembro». Foram efetuadas sempre por decreto-lei, de forma individualizada, acarretaram a nacionalização indireta de muitas outras empresas (nomeadamente das detidas a 100% pelas diretamente nacionalizadas) e denotaram uma absoluta reverência pelo capital e pelos interesses económicos além-fronteiras (tendo as empresas

---

[213] Uma lista exaustiva das empresas industriais nacionalizadas e dos respetivos decretos-lei de nacionalização pode ver-se em NUNO SÁ GOMES, *Nacionalizações e privatizações*, cit., 1988, pp. 57-61, e MANUEL AFONSO VAZ, *Direito Económico*, cit., pp. 184-186

[214] Nacionalização operada pelo Decreto-Lei n.º 628/75, de 13 de Novembro.

[215] Nacionalizações operadas pelo Decreto-Lei n.º 407/75, de 30 de Julho.

[216] TAP - Transportes Aéreos Portugueses (transporte aéreo) – DL n.º 205-E/75, de 16 de Abril –, 93 empresas de transporte não urbano que deram origem à Rodoviária Nacional, EP, nacionalizações levadas a cabo através de uma série de decretos-lei de Junho de 1975 (transporte rodoviário), CP - Caminhos de Ferro Portugueses – DL n.º 205-B/75, de 16 de Abril –, Carris de Ferro de Lisboa – DL n.º 346/75, de 3 de Julho – e Metropolitano de Lisboa – DL n.º 280-A/75, de 5 de Junho (transporte ferroviário), Companhia Nacional de Navegação – DL n.º 205-C/75, de 16 de Abril, Transfruta, Transnavi – DL n.º 808/76, de 8 de Novembro –, Companhia Portuguesa de Transportes Marítimos – DL n.º 205/75, de 16 de Abril –, SCM, Sofamar e Socarmar – DL n.º 701-E/75, de 16 de Dezembro (transporte marítimo e atividades conexas), e 5 empresas que operam no rio Tejo e que originaram a Transtejo – DL n.º 701-D/75, de 17 de Dezembro (transporte fluvial).

[217] Nacionalizações operadas pelo Decreto-Lei n.º 205-E/75, de 16 de Abril.

[218] Nacionalizações operadas pelo Decreto-Lei n.º 674-C/75, de 2 de Dezembro.

[219] Nacionalização operada pelo Decreto-Lei n.º 674-D/75, de 2 de Dezembro.

[220] Foram nacionalizadas pelo Decreto-Lei n.º 639/76, de 29 de Julho, as empresas detentoras de *O Século, Diário de Notícias, Diário Popular* e *A Capital*.

[221] Cfr. NUNO SÁ GOMES, *Nacionalizações e privatizações*, cit., 1988, pp. 53-61, e MANUEL AFONSO VAZ, *Direito Económico*, cit., pp. 181-187.

estrangeiras congéneres das nacionalizadas continuado a operar no nosso país sem qualquer entrave, mesmo nos setores que viriam a ser vedados à iniciativa económica privada pela primeira lei de delimitação dos setores – cfr. a expressa salvaguarda constante do art.º 8.º da Lei n.º46/77, de 8 de Julho).

Duas observações ainda, relativamente a esta matéria.

Em primeiro lugar, refira-se que, por resgate de concessões ou criação *ex novo* de empresas públicas, os poderes públicos já traziam da anterior ordem constitucional uma posição monopolista nos setores do tratamento e distribuição de água para consumo público e do saneamento (serviços municipalizados), dos telefones (TLP), dos correios e telecomunicações (CTT – Correios e Telecomunicações), assim como uma presença significativa no setor turístico (ENATUR – Empresa Nacional de Turismo), no setor financeiro (CGD – Caixa Geral de Depósitos), no setor elétrico (serviços municipalizados, Empresa de Eletricidade da Madeira), na construção (EPUL – Empresa Pública de Urbanização de Lisboa) e na gestão de parques industriais (EPPI – Empresa Pública de Parques Industriais). Quer estas empresas, quer sobretudo as sociedades comerciais nacionalizadas depois do «25de Abril», viriam a ser transformadas em empresas públicas institucionais de figurino único[222] – em pessoas coletivas públicas com atividade regulada em regra pelo direito privado mas globalmente sujeitas a um regime de pendor marcadamente publicístico (cfr. o primeiro Estatuto Geral das Empresas Públicas, aprovado pelo DL 260/76, de 8 de Abril).

Em segundo lugar, importa ter presente que, sem qualquer explicação plausível, e em bom rigor, o objeto das nacionalizações foram *empresas* (nomeadas e identificadas uma a uma nos diplomas legais que as levaram a cabo), e não *setores de atividade económica* – isto não obstante o concreto alcance dos atos de nacionalização ter acarretado, na prática, a nacionalização por inteiro da esmagadora maioria dos setores económicos correspondentes à atividades das empresas nacionalizadas, criando-se assim *monopólios estatais de facto* (e não *de jure*). É certo que na sua grande maioria[223] tais setores *totalmente nacionalizados*

---

[222] Ver, no entanto, a figura especial da empresa pública de direito público que o primeiro regime das empresas públicas consagra.

[223] Com a óbvia exceção dos setores impossíveis de serem reconduzidos aos conceitos de «setores básicos» ou «setores chave» da economia, como os das bebidas e das empresas jornalísticas – uma vez que as empresas que neles operavam foram atingidas pela onda das

na prática acabaram por ser vedados à iniciativa económica privada, transformando-se assim em monopólios estatais de direito, através da primeira lei de delimitação de setores (Lei n.º 46/77, de 08.07[224]); mas o princípio da irreversibilidade das nacionalizações que a Constituição viria a consagrar no seu texto originário precludia apenas a (re)privatização das empresas nacionalizadas individualmente consideradas e não a dos respetivos setores de atividade[225].

Finalmente, na sua *terceira fase* (do «25 de Novembro» de 1975[226] até à entrada em vigor da nova Constituição, em 2 de Abril de 1976), o período

nacionalizações por razões obviamente conjunturais (nomeadamente por pertencerem aos grandes grupos económicos portugueses especialmente visados pelas forças revolucionárias).
[224] Eram os seguintes os setores que então esta lei vedava à iniciativa económica privada:
– Atividades bancária e seguradora;
– Atividades de produção, transporte e distribuição de energia elétrica para consumo público; produção e distribuição de gás para consumo público, através de redes fixas ligadas à respetiva produção; captação, tratamento e distribuição de águas para consumo público, através de redes fixas; saneamento público; comunicação por via postal, telefónica e telegráfica, transportes regulares aéreos e ferroviários; transportes públicos coletivos urbanos de passageiros, nos principais centros populacionais, excerto em automóveis ligeiros; e exploração de portos marítimos e aeroportos;
– Indústrias de armamento, de refinação de petróleos, petroquímica de base, siderúrgica, adubeira e cimenteira.
[225] Isto não obstante a lei fundamental aludir a nacionalizações, e não a empresas nacionalizadas.
[226] O contragolpe do «25 de Novembro» marca o fim do «PREC» – do período dos excessos revolucionários. Após a verificação, nas eleições constituintes de Março de 1975, da relativamente fraca expressão eleitoral da esquerda comunista (e da sua concentração na cintura industrial de Lisboa e no Alentejo), que preludia o chamado «Verão quente» (três meses desse ano de 1975 marcados pela revolta generalizada da população do norte e centro do país contra o poder revolucionário, a qual teve a sua mais viva expressão no assalto e destruição das sedes dos partidos da esquerda comunista), aos quatro sucessivos governos pró-comunistas chefiados pelo coronel Vasco Gonçalves (II, III, IV e V Governos Provisórios) sucede o VI Governo Provisório – agora presidido pelo Almirante Pinheiro de Azevedo, um moderado, membro da Junta de Salvação Nacional, que dá mostras de querer reverter o rumo dos acontecimentos. É então a vez de a extrema-esquerda militar tentar um golpe de Estado – golpe esse que aborta graças a uma pronta reação do Regimento de Comandos da Amadora, chefiado pelo Coronel Jaime Neves (com o amparo na retaguarda da Região Militar do Norte, então comandada pelo Coronel Pires Veloso, e ainda, ao que parece, da Força Aérea) – tendo a reposição da legalidade tido o apoio das principais figuras do Conselho da Revolução. O próprio Partido Comunista Português, única força organizada no país que, se tivesse verdadeiramente querido esse desiderato, teria com a maior facilidade tomado então as rédeas do poder, demarca-se inesperadamente dos golpistas e renuncia ao assalto final – limitando-se a garantir a sua sobrevivência, com o expresso apoio do mesmo MFA.

pré-constitucional caracteriza-se por uma certa estabilização e normalização da vida política e social portuguesa: findam as perseguições políticas e são libertados os presos políticos e reintegrados nos seus empregos todos aqueles que haviam sido saneados por razões políticas – ocorrendo um "refluxo favorável à liberdade económica e à economia de mercado, que, aliás, encontra alguma continuidade de inspiração na ação legislativa posterior à entrada em vigor da Constituição e parece corresponder, no essencial, ao modelo inspirador da lei fundamental"[227].

b) *A Constituição de 1976: texto originário*

A Constituição de 1976 é um texto claramente *compromissório*, que traduz, na conseguida expressão de Gomes Canotilho, um «equilíbrio à beira do abismo»[228] – um equilíbrio desde logo entre forças democraticamente legitimadas pelo sufrágio (os partidos políticos com assento na Assembleia Constituinte) e estruturas de poder sem qualquer legitimidade democrática (o MFA e o Conselho da Revolução)[229], e, já dentro do leque das forças

---

O «25 de Novembro» foi o «Thermidor» da Revolução portuguesa: uma vez concluída a descolonização, é chegado o momento de pôr fim ao manicómio em que (nas expressivas palavras de François Mitterrand) o nosso país se tornara: o MFA, através das suas principais figuras de proa (onde avulta a eminência parda do regime, o coronel Melo Antunes), consegue à última hora, e do mesmo passo, neutralizar a incómoda extrema-esquerda e colocar um homem seu à frente do comando operacional do contragolpe, o General Ramalho Eanes – o qual logo se torna Chefe do Estado Maior General das Forças Armadas, e, pouco depois, candidato apadrinhado pelo MFA e apoiado pelos partidos do chamado «arco constitucional» (PS, PSD e CDS) à presidência da república (veio a ser o primeiro presidente eleito do novo regime).
[227] A. SOUSA FRANCO & GUILHERME D'OLIVEIRA MARTINS, *A Constituição Económica*..., cit., p. 136
[228] "Num «equilíbrio à beira do abismo», as várias forças políticas tentam veicular a sua ideologia ao articulado do texto constitucional. Daqui resulta, não uma ordem constitucional moldada de acordo com um projeto político definido e coerente, mas uma *justaposição* de modelos políticos diferentes e por vezes antagónicos. A Constituição portuguesa surge-nos carregada ideologicamente, avançada nuns pontos e conservadora noutros, sujeita, na sua concretização, à evolução das forças políticas reais» (J. J. GOMES CANOTILHO, *Direito Constitucional e Teoria da Constituição*, cit. , p. ???)
[229] O MFA forçou os principais partidos políticos – nomeadamente aqueles que tinham assento na Assembleia Constituinte – a celebrar duas «Plataformas de Acordo Constitucional», uma primeira em 13 de Abril de 1975 e uma segunda (que substituiu a primeira) em 26 de

partidárias representadas na Assembleia Constituinte, entre programas e ideologias diametralmente opostos.

É óbvio que qualquer texto constitucional exprime por definição um compromisso, um consenso entre as forças opostas e conflituantes que emergem nas comunidades políticas modernas, caracterizadas pelas suas diversidade e heterogeneidade política e social. Mas há constituições em que, em virtude do contexto político conturbado em que foram redigidas e aprovadas, esse compromisso é sobremodo saliente: são, entre outros, os casos da alemã de 1919 (Constituição de Weimar), da espanhola de 1933 (Constituição Republicana), em parte da italiana de 1947 e ainda da portuguesa de 1976[230].

Na sua versão originária a Constituição portuguesa de 1976 procura conjugar o *princípio democrático* e o princípio do *Estado de Direito* com o *princípio socialista*[231]: logo no seu art.º 2.º dispunha-se então o ser a República Portuguesa "um Estado democrático, baseado na soberania popular, no respeito e na garantia dos direitos e liberdades fundamentais e no pluralismo de expressão e organização política democráticas, *que tem como objetivo assegurar a transição para o socialismo mediante a criação de condições para o exercício democrático do poder pelas classes trabalhadoras*". Por sua vez, o art.º 9.º, al. *c)*, incluía entre as tarefas do Estado, a de "*socializar os meios de produção e a riqueza*", através de

---

Fevereiro de 1976, em virtude das quais ficaram enxertadas no texto fundamental normas como o art.º 10.º e o art.º 148.º (texto não revisto).

Segundo a primeira "plataforma comum", elaborada por um MFA "representado pelo Conselho da Revolução", ditado esse cujos termos deveriam "integrar a futura constituição política", apenas os partidos que aceitassem o conteúdo de tal documento estariam habilitados a apresentar candidatos às eleições constituintes; e os respetivos eleitos deveriam trabalhar sob a supervisão de uma "comissão do MFA", que controlaria a sua fidelidade ao "espírito" da dita plataforma!

[230] Neste ponto, ver MANUEL AFONSO VAZ, *Direito Económico*, cit., pp. 117-118. Como nota ainda o autor, enquanto as referidas constituições italiana e portuguesa conseguiram apesar de tudo evitar o confronto armado, em virtude de uma adesão *in extremis* das forças políticas antagonistas ao compromisso constitucional, o mesmo já não aconteceu, como se sabe, com a espanhola de 1933, cujo fracasso deu origem a uma das mais sangrentas guerras civis de que há memória (ob. cit., p. 119, nota).

[231] É a qualificação perfilhada por SOUSA FRANCO, JORGE MIRANDA, CARLOS A. MOTA PINTO, CARLOS FERREIRA DE ALMEIDA, MENEZES CORDEIRO e GUILHERME D'OLIVEIRA MARTINS; já GOMES CANOTILHO & VITAL MOREIRA, REBELO DE SOUSA e AVELÃS NUNES consideram ser a Constituição prevalentemente socialista (cfr. autores e obras citadas por EDUARDO PAZ FERREIRA, *Direito da Economia*, cit., p. 119).

formas adequadas às características do presente período histórico (...)" – reiterando (entre outros) o art.º 80.º («Princípios fundamentais da organização económica») a ideia de construção de uma *sociedade socialista*[232], e o art.º 81.º as incumbências do Estado para se atingir tal desiderato.

Era por isso atribuído ao Plano um papel fundamental na organização da vida económica: nos termos do art.º 91.º, n.º1, *"Para a construção de uma economia socialista, através da transformação das relações de produção e de acumulação capitalista, a organização económica e social do país deve ser orientada, coordenada e disciplinada pelo Plano".*

Não obstante a ambição revelada e o tom proclamatório, note-se, não só a vinculatividade do Plano é débil (por ser apenas vinculativo para o *setor* público, nos termos do art.º 92.º), como nunca virá a ter qualquer importância no plano fáctico (o que é por demais bizarro, dada a experiência de três décadas de planeamento herdada do Estado Novo): entre 1976 e 1989 (ano em que, com a 2.ª Revisão Constitucional, ao Plano único e obrigatório sucede a previsão de uma pluralidade de planos), os sucessivos Planos globais foram raros e sempre aprovados «tarde e a más horas»[233].

Quanto à estrutura de propriedade dos meios de produção, a coexistência dos três setores (art.º 89.º, n.º 1) parece estar assegurada *apenas* durante a fase da transição para o socialismo – implicando o fim de tal fase, implicitamente, a supressão de um setor de propriedade privada que o art.º 89.º, n.º 4 já definia, de resto, de forma residual.

---

[232] Eram os seguintes os dizeres deste preceito: "A organização económico-social da República Portuguesa assenta no desenvolvimento das relações de produção socialistas, mediante a apropriação coletiva dos principais meios de produção e solos, bem como dos recursos naturais, e o exercício do poder democrático das classes trabalhadoras".

[233] Note-se, enfim, que a partir da adesão de Portugal à então Comunidade Económica Europeia (1986), o planeamento económico e social limitou-se (tem-se limitado) à execução dos programas comunitários de fomento, quer de carácter geral, quer específicos, passando a dita execução dos planos económicos e sociais a depender essencialmente das ajudas da União concedidas através dos chamados «instrumentos financeiros de solidariedade regional», nomeadamente dos fundos estruturais (FEDER-Fundo Europeu de Desenvolvimento Regional, FSE-Fundo Social Europeu, FEOGA-Fundo Europeu de Orientação e Garantia Agrícola – Secção Orientação e IFOP-Instrumento Financeiro de Orientação da Pesca) e do Fundo de Coesão, tendo este último sido instituído apenas em 1994 (cfr. ANTÓNIO CARLOS DOS SANTOS, MARIA EDUARDA GONÇALVES & MARIA MANUEL LEITÃO MARQUES, *Direito Económico*, 6.ª ed., Coimbra, 2011, p. 199).

O texto do art.º 10.º (texto não revisto), que invoca explicitamente a legitimidade revolucionária, resulta diretamente do «Pacto MFA-Partidos»: rezava este extravagante «normativo» (?) que "a aliança entre o Movimento das Forças Armadas e os partidos e organizações democráticas assegura o desenvolvimento pacífico do processo revolucionário" (n.º 1); e que "o desenvolvimento do processo revolucionário impõe, no plano económico, a apropriação coletiva dos principais meios de produção". O mesmo se diga do art.º 148.º, que constitucionaliza o «Conselho da Revolução», entidade político-militar a quem são atribuídos poderes legislativos em assuntos militares e amplos poderes de controlo da constitucionalidade das leis (incluindo o «poder legislativo negativo» de declaração *erga omnes* da respetiva inconstitucionalidade).

De todo o modo, frise-se, este extenso conjunto de normas não deixa de contrastar com a *expressa consagração do direito de propriedade no art.º 62.º*, em termos aliás excessivamente garantísticos (nomeadamente por não prever explicitamente a possibilidade da existência de restrições legais) – isto não obstante a sua formal exclusão do catálogo dos direitos, liberdades e garantias[234] e as significativas exceções ao direito à justa indemnização que constavam do texto originário[235]/[236]. A inclusão do direito de propriedade entre

---

[234] Colhendo todavia o consenso da doutrina e da jurisprudência a sua qualificação como «direito liberdade e garantia» *de natureza análoga*.

[235] Era a seguinte a redação deste preceito:
"Artigo 62.º
" (Direito de propriedade privada)
"1. A todos é garantido o direito à propriedade privada e à sua transmissão em vida ou por morte, nos termos da Constituição.
"2. Fora dos casos previstos na Constituição, a expropriação por utilidade pública só pode ser efetuada mediante o pagamento de justa indemnização."
O n.º 1 manteve a sua formulação originária. O mesmo já não aconteceu com o n.º 2, cuja atual redação é a seguinte:
"2. A requisição e *a expropriação por utilidade pública só podem ser efetuada*s com base na lei e *mediante o pagamento de justa indemnização*."

[236] Dispunha então o art.º 82.º: "... a lei pode determinar que as expropriações dos latifundiários e de grandes proprietários e empresários ou acionistas não deem lugar a qualquer indemnização". Hoje dispõe em vez disso o atual art.º 83.º: "*A lei determina os meios e as formas de intervenção e de apropriação pública dos meios de produção, bem como os critérios de fixação da correspondente indemnização.*"
Também o Art.º 87.º, n.º 2 («Meios de produção em abandono») tinha a seguinte redação: "2. No caso de abandono injustificado *(de meios de produção)*, a expropriação não confere direito a indemnização". Atualmente, reza o n.º 2 do atual art.º 88.º, em substituição da fórmula

as normas constitucionais que regulam a organização económica deve pois ser entendida – como bem sublinha Eduardo Paz Ferreira – como inegável expressão da própria importância que ele teve desde o início da nova ordem constitucional "para a definição do sistema económico, a aceitação da propriedade privada como forma de garantia de uma espaço de liberdade económica de cada sujeito em relação ao Estado"[237].

De entre os outros dois setores, o da propriedade pública e o da propriedade social, a Constituição manifesta no seu texto originário uma clara preferência pelo segundo[238] – apesar de, também aqui, tal primazia nunca se ter traduzido no plano da legislação ordinária, da prática governativa e dos factos, porquanto todas as nacionalizações, que se poderiam ter traduzido na transferência da titularidade (ou quando menos a «posse útil») dos meios de produção nacionalizados para entidades do setor cooperativo e social, se operaram afinal exclusivamente a favor do Estado, engrossando consideravelmente o setor empresarial estadual.

Já o preceito consagrador da iniciativa económica privada se não situava sequer na Parte I da Constituição («Direitos fundamentais»), mas na sua Parte II («Organização económica»), nomeadamente no primitivo art.º 85.º. n.º 1; ou seja, a iniciativa privada não chegava a corresponder ao exercício de um direito formalmente catalogado como direito fundamental (ainda que «económico, social e cultural»), dando azo a uma sua material qualificação como

---

originária: "2. Os meios de produção em abandono injustificado podem ainda ser objeto de arrendamento ou de concessão de exploração compulsivos, em condições a fixar por lei.".
Note-se, todavia, que no plano legislativo se salvaguardou sem qualquer ambiguidade o princípio geral do direito à indemnização em matéria de nacionalizações: através da Lei nº 80/77, de 26 de Outubro foram fixados os critérios das indemnizações a atribuir, consagrando ainda este diploma as bases e os princípios reguladores do exercício do direito à indemnização pelos antigos titulares das empresas nacionalizadas. Depois de estipulado um valor provisório (claramente inferior à cotação em bolsa que tinham os títulos à época da nacionalização), no ano de 1979 foram entregues aos ex-acionistas os correspetivos títulos representativos da dívida pública, os quais passaram a vencer juros com uma taxa inversamente proporcional ao montante do crédito reconhecido a cada dos ex-titulares.
[237] *Direito da Economia*, cit., p. 114.
[238] A versão originária do n.º 1 do art.º 90.º chega mesmo a eleger a propriedade social como o setor de propriedade que "tenderá *(leia-se: deverá tender)* a ser predominante".

mera garantia institucional (garantia objetiva de existência de um espaço, ainda que mínimo, reservado à iniciativa económica privada[239]).

Previa assim o citado art.º 85.º, n.º 1 do texto originário, que "nos quadros definidos pela Constituição, pela lei e pelo plano pode exercer-se livremente a iniciativa económica privada enquanto instrumento de progresso económico" – criando-se todavia no n.º 2 do mesmo artigo a obrigatoriedade de o legislador vedar os setores considerados «básicos» à dita iniciativa privada, e consagrando-se no n.º 3 a possibilidade de o Estado intervir na gestão das empresas privadas "para assegurar o interesse geral e os direitos dos trabalhadores em termos a definir pela lei".

Finalmente, o antigo art.º 83.º instituía a célebre garantia da «irreversibilidade» das «nacionalizações efetuadas depois de 25 de Abril de 1974», considerando-as "conquistas irreversíveis das classes trabalhadoras" (incluindo-se ainda essa irreversibilidade no elenco dos limites materiais à revisão constitucional - atual art.º 288.º); e a Reforma Agrária, outra das bandeiras socializantes, era objeto de todo um título da lei fundamental (Título IV – art.ºs 96.º a 104.º).

c) *A Constituição de 1976 (cont.): primeira revisão (1982)*

Da Revisão Constitucional de 1982 não resultaram significativas modificações da organização económica: as principais mudanças foram antes de signo político, com a clara reafirmação da primazia da democracia política sobre a democracia económica e social[240] e com a consolidação dos princípios próprios do Estado de Direito.

Pode-se pois dizer que a primeira manifestação do poder constituinte derivado na nova ordem constitucional se centrou na normalização do texto constitucional, no sentido de sublinhar o primado da democracia política e do Estado de Direito: foram desde logo eliminadas do texto as prescrições menos próprias de um Estado de Direito, como o supracitado n.º 2 do art.º 80.º, que possibilitava as expropriações de «latifundiários» e de «grandes proprietários e

---

[239] Era o entendimento perfilhado por GOMES CANOTILHO & VITAL MOREIRA, na 1.ª edição da sua «Constituição Anotada».
[240] Neste ponto, ver MANUEL AFONSO VAZ, *Direito Económico*, cit., pp. 121-123.

empresários» (eram estas exatamente as expressões que constavam do texto...) sem o pagamento de qualquer indemnização.

Sobressaem, no sistema político, a extinção do Conselho da Revolução e a substituição da Comissão Constitucional[241] por um verdadeiro Tribunal Constitucional.

Sublinhe-se também, e de um modo geral, a considerável redução da pesada carga socializante que inquinava o texto originário levada cabo na Revisão de 1982, pela substituição das expressões mais semanticamente carregadas (como as reiteradas referências à «fase de transição para o socialismo», às «relações de produção socialistas» e ao «poder democrático das classes trabalhadoras») por princípios, termos e conceitos caracterizados por maiores rigor jurídico e neutralidade ideológica. Cabe aqui uma particular referência à substituição do arrazoado que constava da redação inicial do art.º 80.º por um conjunto de princípios, competências e garantias que passaram a enformar a organização económica e social – texto este que, com uma ou outra alteração, sobreviveu até ao momento presente.

É também com a revisão de 1982 que se dá a primeira desvalorização do Plano: o orçamento deixa de ser obrigatoriamente elaborado de acordo com o plano anual, passando a subordinar-se apenas às leis das grandes opções do mesmo plano anual[242].

São ainda de assinalar três importantes alterações (duas sistemáticas e uma de conteúdo) no âmbito mais geral da Constituição Económica, respeitantes aos direitos fundamentais económicos clássicos, a saber:

i) a deslocação da liberdade de profissão do antigo n.º 3.º do art.º 51.º CRP (correspondente ao atual art.º 58.º CRP), com a mesma redação, para o capítulo dos direitos, liberdades e garantias, com introdução de um novo preceito que reconhece "a todos os cidadãos" um "direito de

---

[241] As deliberações desta Comissão, no âmbito da fiscalização da constitucionalidade das leis, eram simples pareceres sujeitos (para produzirem – ainda que indiretamente – os efeitos próprios de uma decisão de controlo da conformidade dos atos legislativos ordinários com a lei fundamental) à homologação daquele órgão político-militar (uma instância como vimos «enxertada à força» na estrutura dos órgãos de soberania por direta – e a todos os títulos ilegítima – interferência do MFA nos trabalhos da Assembleia Constituinte).

[242] Cfr. Luís S. CABRAL DE MONCADA, *Direito Económico*, cit., p. 688.

acesso à função pública, em condições de igualdade e liberdade, em regra por via de concurso" – passando a constituir um e outro enunciados, respetivamente, os n.º 1 e 2 do atual art.º 47.º CRP, sob a epígrafe "Liberdade de escolha de profissão e acesso à função pública"[243];

ii) a deslocação do princípio da livre iniciativa económica, previsto como vimos na parte da Constituição dedicada à Organização Económica (concretamente no art.º 85.1 CRP), sem alterações significativas de redação, para o capítulo dos direitos fundamentais "económicos, sociais e culturais"[244], passando a constituir, conjuntamente com o direito de criar cooperativas e com o direito de autogestão, respetivamente, os n.ºs 1, 2, 3 e 4 do atual art.º 61.º CRP, sob a epígrafe "Iniciativa privada, cooperativa e autogestionária";

iii) No art.º 62.º, n.º 2, a expressa exigência de a expropriação (e a *requisição*, figura que agora é acrescentada à hipótese da norma) por utilidade pública só poderem ser efetuadas com base legal.

d) *A Constituição de 1976 (cont.): segunda revisão (1989)*

As grandes mudanças no que se refere à Constituição Económica viriam apenas com a 2.ª Revisão Constitucional (de 1989), ou seja, a seguir à adesão de Portugal às Comunidades Europeias (em 1986).

Para melhor se entender as causas e o contexto da Revisão de 1989, e para além da radical mudança de paradigma representada pela integração de Portugal na então Comunidade Económica Europeia, importa referir que uma etapa preliminar do processo de (re)privatização das empresas nacionalizadas em 1975 teve lugar sobretudo no primeiro governo de maioria absoluta do PSD (chefiado por Cavaco Silva e empossado em meados da década de 80),

---

[243] Mantendo-se contudo o normativo que prescreve a intervenção do Estado para assegurar a igualdade (de oportunidades) "na escolha da profissão ou género de trabalho" no artigo consagrador do direito ao trabalho (constituindo, designadamente, a atual al. *b*) do n.º 2 do art.º 58.º CRP).

[244] Nas palavras de A. Sousa Franco & G. D'Oliveira Martins esta nova versão da constituição é marcada no seu todo por uma "maior dignificação formal dos princípios da *liberdade económica* e da propriedade privada" e pela "clarificação de certos aspetos formais que eram tidos (com ou sem razão) como representativos da diminuição do respetivo estatuto constitucional" (*A Constituição económica...*, cit., p. 145).

antes mesmo da abolição da garantia da irreversibilidade das nacionalizações (que só viria a ocorrer no final da década de 80, com a dita segunda revisão constitucional).

Assim, abriu-se caminho nestes anos à participação de capital privado mesmo nas empresas nacionalizadas entre o «25 de Abril» e a entrada em vigor da Constituição (com aumentos de capital através de subscrição privada), mantendo-se contudo a maioria do capital destas entidades na titularidade do Estado[245], através de uma série de diplomas que de um modo geral foram sujeitos à fiscalização do Tribunal Constitucional, passando o crivo apertado desta instância (ainda que não poucas vezes por maiorias apertadas)[246]/[247].

---

[245] Bem como, num primeiro momento a respetiva personalidade jurídica pública (cfr. n.º 2 do art.º 2.º do DL 358/86, de 27.10 e Lei 24/87, de 24.06, que criou a original e efémera figura da «sociedade pública» – pessoa coletiva pública –, que só tem paralelo no direito italiano): apenas as empresas públicas não abrangidas pela garantia da irreversibilidade das nacionalizações foram nesse primeiro momento transformadas *ex lege* em sociedades anónimas (previamente à privatização de parte do respetivo capital). Só a Lei 84/88, de 20.06 entraria "decididamente na via das privatizações, admitindo a transformação das empresas públicas em sociedades anónimas e a consequente alienação do capital respetivo através de transação na bolsa de valores ou excecionalmente por venda direta" (L. CABRAL DE MONCADA, *Direito Económico*, cit., p. 197.).

[246] Sobre esta jurisprudência, ver, por todos, VITAL MOREIRA, *A Segunda Revisão Constitucional*, «Revista de Direito Público», ano IV, n.º 7, 1990.

[247] Foram os seguintes os diplomas que antecederam as privatizações pós 1989 (depois de abolida a garantia da irreversibilidade das nacionalizações que se seguiram ao «25 de Abril de 1974»): o DL 343/80, de 02.09 (previsão da troca de participações sociais, na propriedade de empresas públicas, por títulos representativos de indemnização por nacionalizações), a Portaria 694/82, de 14.07 (alienações de participações maioritárias e minoritárias fora dos setores básicos da economia, pertencentes, separada ou conjuntamente, e direta ou indiretamente, aos entes públicos aí discriminados), as Portarias 257/86, de 30.05 e 683/86, de 14.11 (desenvolvimentos da matéria regulamentada pela Portaria 694/82 quanto a participações minoritárias pertencentes a empresas pública ou sociedades anónimas de capitais públicos), os DL 406/83, de 19.11 e 449//88, de 10.12 (alterações à lei de delimitação dos setores – Lei 46/77, de 08.07 –, com sucessivas reduções dos setores vedados), o DL 321/85, de 19.11 (criação dos títulos de participação em empresas públicas), o art.º 88.º da Lei do Orçamento de Estado n.º 49/86, de 31.12 (obrigatoriedade de a alienação de participações sociais públicas ser precedida de concurso público), a Lei 26/87, de 29.06 (alienações do setor público por negociação particular), a Lei 27/87, de 29.06 (alienação das participações do setor público e a alteração do capital das empresas participadas pelo Estado), o DL 358/86, de 27.10, alterado pela Lei 24/87, de 24.06 (alienação das participações detidas pelo Estado em empresas de comunicação social), a Lei 84/88, de 20.07, que prevê as privatizações parciais, e a Lei 71/88,

Mas o processo das privatizações só viria a conhecer um especial e definitivo impulso com a abolição da garantia da irreversibilidade das nacionalizações: segundo a redação então dada ao n.º 1 do art.º 85.º, "a reprivatização da titularidade ou do direito de exploração de meios de produção outros bens nacionalizados depois de 25 de Abril de 1974 só poderá efetuar-se nos termos da Lei-Quadro aprovada por maioria absoluta dos Deputados em efetividade de funções". A prevista Lei-Quadro veio a ser a Lei 11/90, de 05.04 (uma *lei reforçada* quer pela maioria exigida para a respetiva aprovação, quer pela matéria regulada).

Antecipe-se ainda que, quase uma década depois, com a revisão de 1997, o atual art.º 296.º, na redação que lhe foi dada por esta 4.ª Revisão Constitucional, «recolhe» o texto que constou entre 1989 e 1997 no n.º 1 do art.º 85.º (o qual passa a albergar outra distinta previsão) e acrescenta-lhe um conjunto de orientações genéricas que deverão ser observados por qualquer futura Lei-Quadro das Privatizações, nomeadamente (i) a alienação das empresas por concurso público, oferta em bolsa ou subscrição pública, (ii) a afetação das receitas obtidas à amortização da dívida pública e da dívida do setor empresarial do Estado ou ao reinvestimento produtivo, (iii) a salvaguarda dos direitos dos trabalhadores e atribuição a estes de um direito preferencial de subscrição do capital social até uma determinada percentagem e (iv) a avaliação das empresas por, no mínimo, duas distintas entidades independentes.

Com uma lógica semelhante à dos processos de reprivatização que ocorreram noutros países europeus (por coincidência também nas décadas de 80/90), o impulso da reprivatização consagrada no texto fundamental em 1989 visou dois objetivos interligados, um *conjuntural* e outro *estrutural*.

O primeiro objetivo (o conjuntural) foi o de (sucessivamente) travar e reduzir, ou mesmo anular (com as receitas das vendas das participações sociais públicas) o gigantesco défice que as empresas públicas vinham a acumular desde 1975, devido aos preços sociais praticados pelas empresas encarregadas da exploração de serviços públicos essenciais (as mais das vezes fixados, por razões eleitoralistas, num patamar muito inferior àquele que seria suficiente para tornar o bem ou serviço produzido acessível sem provocar um grave

---

de 24.05 e o DL 328/88, de 27.09, que definem um regime geral de alienação de participações sociais públicas.

equilíbrio financeiro nas respetivas constas de exploração), mas também e sobretudo em virtude de uma manifesta e generalizada ineficiência da respetiva gestão que as tornou num voraz sorvedouro de dinheiros públicos.

E o segundo objetivo (o estrutural) foi o de transformar o modelo económico inicialmente consagrado na lei fundamental, de matriz socializante, num modelo de verdadeira economia de mercado[248] – percorrendo agora o poder constituinte derivado um caminho inverso ao encetado em 1975 pelo poder constituinte originário.

Outras alterações dignas de nota foram ainda:

(i) O fim de toda e qualquer referência à Reforma Agrária (antigos art.ºs 96.º a 104.º), com a adoção de uma distinta filosofia na abordagem das políticas agrícola, comercial e industrial;

(ii) A supressão da figura persecutória dos «delitos contra a economia» (antigo art.º 88.º);

(iii) A recondução dos meios de produção possuídos ou geridos por coletividades locais ou em regime de autogestão (até então integrados no setor público) ao (agora designado) setor cooperativo *e social* de propriedade dos meios de produção (atual art.º 82.º, n.º 4);

(iv) A extinção das últimas referências no articulado da lei fundamental à transição para o socialismo (que constavam ainda dos art.ºs 2.º e 9.º);

(v) A pura e simples eliminação do princípio da «apropriação coletiva dos principais meios de produção e solos» do catálogo dos limites materiais à revisão constitucional (atual art.º 288.º) e substituição no art.º 80.º da expressão (princípio da) «apropriação coletiva *dos* principais meios de produção e solos» pela expressão (princípio da) «apropriação pública *de* meios de produção e solos»;

(vi) Em contraponto à alteração que se acaba de referir, a primeira e mais importante concretização do princípio que se mantém da «apropriação pública de meios de produção e solos», no que respeita aos recursos naturais e aos «meios de produção» a eles inerentes: nos termos do novo art.º 84.º CRP (e com quase total reprodução do art.º 49.º da

---

[248] Sobre a importância deste «volte face» na ordem constitucional da economia no nosso país, ver L. CABRAL DE MONCADA, *Direito Económico*, cit., p. 198.)

Constituição de 1933), reintegram-se no domínio público *ex vis constitucionem* as "águas territoriais com os seus leitos e os fundos marinhos contíguos, bem como os lagos e cursos de água navegáveis ou flutuáveis, com os *respetivos leitos*" (al. *a)* do n.º 1), as *"camadas aéreas superiores ao território acima do limite reconhecido ao proprietário ou superficiário"* (al. *b)* do n.º 1) e, sobretudo, os *"jazigos minerais"*, as *"nascentes de águas mineromedicinais"* e as *"cavidades naturais subterrâneas existentes no subsolo, com exceção das rochas, terras comuns e outros materiais habitualmente usados na construção"* (al. *c)* do n.º 1).

(vii) A eliminação da referência ao plano como base fundamental da atividade do Governo, a extinção do plano a longo prazo, o fim da obrigatoriedade da referência do orçamento ao planeamento[249] e a substituição do Plano único por uma pluralidade de planos que deixam de ser vinculativos para o setor público (atuais art.ºs 90.º e 91.º), com a consequente mudança de designação do «Conselho Nacional do Plano» para «Conselho Económico e Social», verificando-se também nesta última matéria uma substancial mudança de orientação (cfr. atual art.º 92.º).

No que respeita aos direitos fundamentais económicos, sociais e culturais, eles ficaram praticamente intocados – sendo hoje o único legado ideologicamente marcante que nos deixa o constituinte originário.

Não obstante o que se acaba de dizer, importa ter presente uma alteração mais significativa (da profundidade da viragem operada em 1989) do que à partida possa parecer, e que é a de o Serviço Nacional de Saúde (art.º 64.º, n.º 2) ter passado a ser «*tendencialmente* gratuito», e já não «gratuito» *tout court*. Com esta clarificação dissiparam-se as dúvidas levantadas a propósito da (então recente) introdução de taxas moderadoras no SNS, cuja inconstitucionalidade fora suscitada à luz do texto originário – «confortando» desta forma o constituinte derivado a jurisprudência do Tribunal Constitucional, o qual aceitara pouco tempo antes a conformidade de tais taxas com o disposto no art.º 64.º, n.º 2, ainda à luz da redação anterior deste preceito (cfr. Ac. TC n.º 330/89, de 22.06).

---

[249] Cfr. Luís S. Cabral de Moncada, *Direito Económico*, cit., p. 688.

Quanto aos direitos fundamentais económicos clássicos, e começando pelo direito de livre iniciativa económica ou liberdade de empresa (art.º 61.º), há que assinalar outra clarificação – mais uma «pequena grande» mudança, e que é a da substituição da expressão "a iniciativa económica privada pode exercer--se livremente *enquanto instrumento do progresso coletivo* nos quadros definidos pela Constituição" por aquela que é a atual redação do preceito: *"a iniciativa económica privada exerce-se livremente nos quadros definidos pela Constituição e pela lei e tendo em conta o interesse geral"*.

É que a subordinação do exercício da iniciativa económica privada ao *«progresso coletivo»*, enquanto seu (necessário) *«instrumento»*, suscitava legítimas dúvidas quanto à estrutura do direito em causa, colocando-se entre nós a questão em termos próximos dos que se colocavam também à época em ordenamentos próximos[250].

Uma hipótese era a de estarmos perante um direito fundamental de liberdade que, como os demais, se configuraria essencialmente como um direito especial de personalidade (como mais uma manifestação ou desenvolvimento da personalidade individual) – ainda que sujeito a *limites externos,* nomeadamente a restrições legais ditadas pela salvaguarda de outros direitos e interesses constitucionalmente consagrados (restrições essas porventura mais fortes e intensas do que os limites impostos aos direitos, liberdades e garantias pessoais constantes do catálogo, falando-se por isso num *enfraquecimento* do direito, justificativo desde logo da sua exclusão do catálogo dos superprotegidos direitos, liberdades e garantias).

Outra distinta hipótese era a de os limites referidos na anterior redação do preceito serem *limites internos* que traduziriam uma diferente estrutura do direito fundamental em causa, no sentido de a *utilidade social* (o «progresso coletivo») se configurar como um seu verdadeiro co-fundamento, a par do desenvolvimento da personalidade. Não estaríamos assim apenas perante a proteção, face aos poderes públicos, de um espaço de liberdade ou autonomia colocado na livre disponibilidade do titular do direito, mas antes face à consagração de uma «liberdade socialmente vinculada», de uma posição

---

[250] Nomeadamente nos direitos italiano e espanhol. Sobre o tema, ver por todos ALBERTO ALONSO UREMA, *La empresa publica. Aspetos jurídico-constitucionales y de Derecho Económico*, Madrid, 1985, pp. 90-95, e a bibliografia aí citada.

à partida *funcionalizada* ao interesse coletivo. E por isso tal posição apenas seria merecedora da proteção jusfundamental se se verificasse a sua utilidade social – justificando-se de todo o modo uma maior conformação do direito por parte dos poderes públicos, porquanto, sendo o interesse coletivo fundamento e não limite externo do direito, poderia ele próprio ser causa ou razão de uma restrição mais forte cuja admissibilidade teria, de outro modo, que ser questionada.

A discussão deixou então de ter razão de ser entre nós: com a abolição da «vassalagem» da iniciativa económica privada ao «progresso social» dissiparam-se as dúvidas que ainda pudessem subsistir sobre a natureza e estrutura da liberdade de empresa enquanto direito fundamental de defesa ligado à personalidade (o mesmo é dizer, enquanto verdadeiro e próprio direito, liberdade e garantia pessoal de natureza análoga amparado também pelo art.º 18.º CRP). A noção da chamada *função social* deste direito (assim como do direito de propriedade privada, como veremos) convoca pois (continua a convocar) uma maior amplitude e intensidade de restrições legais constitucionalmente admitidas – mas que traduzem limites sempre e ainda *externos* ao próprio direito, e não propriamente a sua funcionalização.

Por último, e ainda no domínio dos direitos fundamentais económicos clássicos, mais especificamente do direito de propriedade privada sobre meios de produção, importa frisar que a Revisão de 1989 acaba de vez com a figura do *confisco*, que o art.º 89.º continuava a admitir: para além da supressão da possibilidade genérica da inexistência de qualquer indemnização constante do n.º 1, também o n.º 2, que previa a título sancionatório a expropriação sem indemnização dos meios de produção injustificadamente votados ao abandono, foi alterado no sentido de prescrever a (mais suave) consequência de uma tal situação poder dar origem a um *"arrendamento ou concessão de exploração compulsivos, em condições a fixar pela lei"*. E em conformidade com tais alterações ao art.º 89.º, cai também da redação do n.º 2 do art.º 62.º a ressalva inicial do «Fora dos casos previstos pela Constituição, ...»: agora esta disposição diz apenas que *"A requisição e a expropriação por utilidade pública só podem ser efetuadas mediante o pagamento de justa indemnização"*.

e) *A Constituição de 1976 (cont.): terceira e quarta revisões (1992 e 1997)*

A Revisão Constitucional de 1992 (terceira) traduziu-se em duas específicas e pontuais alterações à Constituição determinadas pela necessidade de ratificar o Tratado de Maastricht, pois, e segundo a mais autorizada doutrina juspublicista, tal não seria possível à luz da redação do texto fundamental então vigente.

Foi por isso acrescentado um sexto número ao art.º 7.º, segundo o qual *"Portugal pode, em condições de reciprocidade, com respeito pelo princípio pelo princípio da subsidiariedade e tendo em vista a realização da coesão económica e social, convencionar o exercício em comum dos poderes necessários à construção de uma União Europeia"*.

E também o art.º 102.º passa a dizer (pretendendo-se com a nova redação abrir caminho à ratificação do Tratado da União Europeia relativamente a um particular e delicado aspeto do respetivo clausulado) que *"o Banco de Portugal, como Banco Central nacional, colabora na definição e execução das políticas monetária e financeira e emite moeda nos termos da lei"*.

A Revisão de 1997 (quarta) foi bem mais ampla do que a de 1992, tendo sido introduzidas significativas alterações em quase todos os títulos da Constituição.

No que respeita à Constituição Económica, a grande alteração foi, sem dúvida, a abolição da obrigatoriedade da existência de setores básicos vedados à iniciativa económica privada: em vez dela, passa o legislador a ter a (mera) possibilidade de instituir a chamada *reserva de empresa pública* em qualquer setor qualificável como «básico». Assim, em vez do "A lei *definirá* os setores básicos nos quais é vedada a atividade às empresas privadas e a outras entidades da mesma natureza", passa o n.º 3 do art.º 87.º a dispor que "A lei *pode definir* os setores básicos nos quais seja vedada....".

Como sublinha Paz Ferreira, com esta modificação do texto constitucional é suprimido "o último facto de rigidez e favorecimento do setor empresarial do Estado que nele se poderia detetar"[251]. Desaparece pois o originário e injuntivo princípio da reserva de empresa pública, para dar lugar a uma competência legislativa discricionária (discricionariedade de decisão) – o mesmo é dizer, a um instrumento facultativo de intervenção dos poderes públicos na

---

[251] *Direito da Economia*, cit., p. 144.

economia a que uma maioria parlamentar (e um executivo que nela se apoie) porventura mais estatista ou socializante poderá recorrer para implementar o seu programa.

Um importante aditamento foi ainda o da previsão de um quarto subsetor no *setor cooperativo e social* de propriedade dos meios de produção: para além dos subsetores já consagrados no texto constitucional – *cooperativo, comunitário* e *autogestionário* (regulados respetivamente nas al. *a), b)* e *c)* do art.º 82.º) – acresce agora o subsetor *solidário*: segundo a nova al. *d)* do art.º 82.º, o setor cooperativo e social compreende também *"os meios de produção possuídos e geridos por pessoas coletivas, sem carácter lucrativo, que tenham como principal objetivo a solidariedade social, designadamente entidades de natureza mutualista".*

Uma nota ainda sobre o desaparecimento do art.º 83.º (que previa a apropriação pública dos meios de produção *e solos*) da menção aos solos, com subsistência apenas na letra do preceito dos meios de produção enquanto objeto passível de apropriação pública: a nosso ver, pretendeu o constituinte reduzir a complexidade destes conceitos e da respetiva articulação.

Comece-se por se referir, neste ponto, que os solos – e nomeadamente os solos rurais – podem ser encarados ora de uma perspetiva estática, enquanto meros bens imóveis, ora de uma perspetiva dinâmica, enquanto meios de produção, sobretudo aqueles cuja capacidade agrícola ou geológica esteja a ser plenamente aproveitada. Pois bem, sobretudo para efeitos de fixação da indemnização devida ao expropriado, poderão eles ser reconduzidos, nos termos da legislação ordinária, ora à categoria genérica dos bens imóveis – o mesmo é dizer, serem sujeitos ao Código das Expropriações –, ora à categoria de bens de produção, aplicando-se-lhes (podendo ser-lhes aplicados), designadamente, num e noutros caso, distintos critérios para a determinação da justa indemnização que o expropriante terá sempre que pagar como contrapartida quer da expropriação (de bens imóveis e outros direitos com valor patrimonial) quer da «apropriação pública» (de bens de produção).

Pois bem, o que pretendeu o constituinte de 1997 com esta supressão terá sido, precisamente, e a nosso ver, não «amarrar» por sistema os solos, no plano constitucional, à categoria dos bens de produção, deixando essa tarefa de qualificação ao legislador e à própria Administração, a qual deverá proceder em concreto à recondução de cada solo a expropriar ou a apropriar, reitere-se, a partir dos pressupostos que a lei ordinária enunciar.

Outra alteração digna de menção foi a da (re)formulação do princípio do planeamento: em vez da expressão (mais tributária do espírito inicial do texto fundamental) «planificação democrática da economia», passou a atual al. *e)* do art.º 80.º a acolher a expressão «planeamento democrático do desenvolvimento económico e social».

Em conformidade com esta desvalorização semântica, alteram-se as relações entre planeamento e orçamento, a benefício deste último instrumento, com a perda definitiva da função do planeamento de "meio de direção da economia em favor do orçamento": o orçamento apenas tem que se sujeitar às grandes opções em matéria de planeamento e já não às do plano anual – o que "acentua o desaparecimento do plano (anual) como critério constitucional de direção económica" (Luís S. Cabral de Moncada)[252]. Também "a vinculação à lei das grandes opções apenas se verifica relativamente ao orçamento, não relativamente a leis avulsas, que a podem derrogar tacitamente"[253].

Não se pode olvidar, por fim, a expressa previsão, na nova redação dada ao n.º 3 do art.º 267.º («Estrutura da administração»), da criação por lei de «autoridades administrativas independentes» – se tivermos nomeadamente em conta a importância fulcral destas entidades no novo modelo do «Estado Regulador» de que mais adiante se falará aprofundadamente.

f) *A Constituição de 1976 (cont.): quinta, sexta e sétima revisões (2001, 2004 e 2005)*

A Quinta Revisão (de 2001), tal como a Terceira (de 1992), visou também a adaptação do texto fundamental a compromissos internacionais entretanto assumidos pelo Estado português: para além de um conciso acrescento ao art.º 7 de um novo número (n.º 8) que abriu caminho à ratificação do tratado institutivo do Tribunal Penal Internacional, procedeu ainda a alterações nos domínios das relações internacionais[254] e dos direitos, liberdades e garantias[255]. A Sétima Revisão (de 2005) girou do mesmo modo em torno

---

[252] *Direito Económico*, cit., p. 688.
[253] Luís S. Cabral de Moncada, ibidem.
[254] Nos âmbitos específicos da «supranacionalidade» europeia e do espaço lusófono.
[255] Inviolabilidade do domicílio, expulsão e extradição e direitos sindicais dos agentes das forças de segurança.

das questões europeias, resumindo-se à introdução de uma nova norma (o art.º 295.º) destinada a possibilitar o referendo sobre o malogrado Tratado da Constituição Europeia.

Nenhuma destas duas alterações apresenta todavia um direto interesse para as nossas matérias. Diferentemente, já apresenta uma direta e crucial importância para o objeto do nosso estudo a Sexta Revisão Constitucional (de 2004) – a qual foi também impulsionada pela perspetiva da ratificação do (hoje defunto) Tratado Constitucional da União Europeia.

O artigo objeto da Revisão de 2004 foi o art.º 8.º: segundo a nova redação do seu n.º 4, *"As disposições dos tratados que regem a União Europeia e as normas emanadas das suas instituições, no exercício das respetivas competências, são aplicáveis na ordem interna, nos termos definidos pelo direito da União, com respeito pelos princípios fundamentais do Estado de Direito"*.

Como sublinha Luís S. Cabral de Moncada, na redação deste preceito abdica-se de qualquer resguardo de soberania nacional à face da Constituição Europeia – sobretudo na medida em que dizer-se "que a CE europeia não pode contrariar *princípios fundamentais do Estado de Direito Democrático* em nada afeta a respetiva prevalência pois que não existe qualquer oposição entre a CE europeia e tais princípios"[256].

Ora, desta nova hierarquia de fontes – nota ainda o autor que se acaba de citar – decorre uma agora inquestionável supremacia do direito europeu (quer originário, quer derivado) sobre a nossa Constituição Económica formal que conduz "à perda de efetividade de algumas das suas normas"[257], sendo hoje possível afirmar-se que, de um modo geral "a repercussão dos princípios gerais europeus na ordem interna alimentada pela transposição das normas europeias acabou por gerar uma CE em sentido material (e agora formal) que é decisiva na compreensão da ordem constitucional da economia e que se agrega à ordem (constitucional) interna, conduzindo-a num sentido mais liberal"[258].

Foi ainda levada a cabo por esta sexta revisão constitucional uma alteração significativa no domínio da coesão económica, social e territorial, também claramente determinada pelo direito comunitário (sendo, como se sabe, um

---

[256] *Direito Económico*, cit., p. 304.
[257] L. S. CABRAL DE MONCADA, *Direito Económico*, cit., p. 304.
[258] Ibidem.

dos objetivos prioritários da União Europeia, que remonta à fundação das comunidades[259], o reforço da coesão económica e social de todo o território comunitário – cfr. art.º 3.º, § 3, do TUE, e art.º 4.º, n.º 2, al. *c)*, art.º 14.º, art.º 107.º, n.º 3, al. *a)* e *c)*, e art.ºs 174.º a 178.º TFUE).

Consistiu tal alteração no acrescento, na parte inicial da alínea *d)* do art.º 81.º, da expressão *"Promover a coesão económica e social de todo o território nacional, ..."* e ainda da especificação da dicotomia «interior/litoral» na descrição das assimetrias carentes de correção que a norma já formulava na sua redação anterior ("... orientando *o desenvolvimento no sentido de um crescimento equilibrado de todos os setores e regiões e* eliminando *progressivamente as diferenças económicas e sociais entre a cidade e o campo* e entre o litoral e o interior.").

Como teremos ocasião de aprofundar adiante, com a atual redação desta alínea, a partir do que era à partida qualificável tão só uma tarefa (e um fim) do Estado, o constituinte criou a nosso ver um novo princípio fundamental da nossa Constituição Económica interna, que vem reforçar o princípio homólogo da Constituição Económica comunitária, e que é o *princípio da coesão territorial nos domínios económico e social.*

---

[259] Ainda que sob a fórmula mais suave do texto originário do Tratado de Roma, que aludia então ao «desenvolvimento harmonioso» do conjunto da então Comunidade Europeia enquanto «missão» comunitária.

TÍTULO II
OS PRINCÍPIOS FUNDAMENTAIS DA CONSTITUIÇÃO ECONÓMICA PORTUGUESA[260]

---

[260] Sobre os princípios fundamentais da Constituição económica, e para além dos autores e obras mais frequentemente citados neste título, ver o recente trabalho de PAULO ALVES PARDAL, *Direito da Economia*, vol. I (coord. Luís Silva Morais), Lisboa, 2014, pp. 121-200.

TÍTULO II
OS PRINCÍPIOS FUNDAMENTAIS DA CONSTITUIÇÃO ECONÓMICA PORTUGUESA

CAPÍTULO I
O PRINCÍPIO DEMOCRÁTICO

2.1.1. O princípio democrático como princípio também da Constituição Económica

O princípio democrático, consagrado logo no art.º 1.º CRP (*"Portugal é uma República soberana*, baseada *na dignidade da pessoa humana e na vontade popular..."*), é, antes do mais, um princípio político[261] – e não um princípio político qualquer, por ser uma «norma de valor» reconduzível à segunda mais importante «decisão constitucional fundamental», que é a da *democracia política* (sendo as outras a *liberdade* – a primeira das decisões constitucionais fundamentais – e a *justiça social*)[262].

Mas o princípio democrático é também um princípio da Constituição Económica; mais do que isso, na sua vertente de democracia representativa, mais especificamente de respeito pela *regra da maioria* ou *voto maioritário*, é ele o primeiro grande princípio da Constituição Económica [263]. E quando o qualificamos como tal, não por acaso o fazemos: é que desde o início da nova

---

[261] Cfr. L. CABRAL DE MONCADA, *Direito Económico*, cit., p. 136-140 (princípio democrático), pp. 254-255 (subprincípio da subordinação do poder económico ao poder político), pp. 221-224 (subprincípio da legalidade) e pp. 191-192 (subprincípio da participação ou democracia participativa).
[262] JOSÉ CARLOS VIEIRA DE ANDRADE, *Direito Constitucional (Sumários de 1977/1978)*, Coimbra, 1980, pp. 188-189.
[263] CARLOS A. MOTA PINTO, *Direito Público da Economia*, cit., pp. 71-72.

ordem constitucional que ele prima inclusive sobre o *princípio da democracia económica, social e cultural* (a que nos referiremos de seguida)[264].

Não estamos por conseguinte apenas perante uma "regra de funcionamento da democracia política, de um princípio de legitimidade do poder político": muito mais do que isso, como refere ainda Carlos A. Mota Pinto, o princípio democrático "é um princípio de legitimação das soluções constitucionais e legislativas a todos os níveis da vida socioeconómica, e não somente ao nível da atividade política"; a regra da maioria "consiste, pois, na mediação da vontade da maioria em todas as questões de âmbito e importância socioeconómica"[265]. Ora, conclui o autor que temos vindo a acompanhar, "como a expressão da vontade da maioria é a lei parlamentar, o respeito por este princípio implica que a lei ordinária surja como o modelo privilegiado de desenvolvimento das diretivas constitucionais, nomeadamente das normas programáticas"[266].

Em suma, e continuando a seguir de perto a exposição de Carlos A. Mota Pinto, a intervenção do Estado na economia passa "pela mediação dos representantes da Nação", tirando o Poder Político maioritário "a sua legitimidade do sufrágio universal" – o que, reitere-se, torna a regra da maioria um princípio fundamental *também* da Constituição Económica, pois, como vimos, esta não pode ser vista de forma isolada relativamente ao todo da Constituição: o seu conteúdo "depende do modo de funcionamento (no caso, democrático) do sistema político constitucional"[267].

O princípio democrático, desenvolve ainda Mota Pinto, "traduz-se, no domínio da atividade económica, na determinação da forma de concretização das noções ideológicas recebidas, do processo de realização dos objetivos definidos e do modo de execução das tarefas do Estado, através das indicações do sufrágio"[268]. Assim, se é certo que o "legislador ordinário, a Assembleia da República e o Governo, nos termos da sua subordinação ao poder constituinte, têm de respeitar as normas que apontam metas, estabelecem diretivas ou

---

[264] Neste ponto, ver CARLOS A. MOTA PINTO, ob. cit., loc. cit., JORGE BRAGA DE MACEDO, *Estudos sobre a Constituição*, vol. I, p. 189-205, e MANUEL AFONSO VAZ, *Direito Económico*, cit., pp. 121-122.
[265] CARLOS A. MOTA PINTO, *Direito Público da Economia*, cit., pp. 98-99.
[266] CARLOS A. MOTA PINTO, cit., ibidem.
[267] L. CABRAL DE MONCADA, *Direito Económico*, cit., p. 137.
[268] CARLOS A. MOTA PINTO, *Direito Público da Economia*, cit., pp. 71-72.

definem incumbências ao Estado", também não é menos certo o ser o mesmo legislador quem *decidirá, "em cada momento, da oportunidade, do grau e da forma da sua realização*"; ou seja, ele "*está vinculado pelos fins e pelos princípios constitucionais, mas escolhe, fundado na sua legitimidade democrática, os meios da sua concretização*"[269].

Tendo a realização da política económica pelos poderes públicos que ser levada a cabo em conformidade com a vontade popular expressa no sufrágio, traduzida na lei, *maxime* na lei formal do Parlamento, estamos perante um princípio de legitimação da intervenção do Estado e não de uma "mera questão de técnica constitucional de repartição das tarefas normativas" (entre o poder executivo e poder legislativo, entre os dois «legisladores» – Governo e Assembleia da República) – razão pela qual o princípio democrático é um princípio da Constituição Económica Estatutária, e não da Constituição Económica Programática, "pois é um princípio conformador da decisão económica de um agente económico tão importante como é o Estado" (Mota Pinto)[270].

2.1.2. Subprincípios: a subordinação do poder económico ao poder político

Decorre do que se acaba de referir (da supremacia da vontade popular sobre todo o poder económico) – constituindo por isso uma projeção do princípio democrático – o princípio consagrado na al. *a)* do art.º 80.º, da subordinação do poder económico ao poder político.

Outras normas da Constituição Económica dão expressão a este princípio, nomeadamente a al. *f)* do art.º 81.º, que incumbe o Estado da tarefa de "*assegurar o funcionamento eficiente dos mercados, de modo a garantir a equilibrada concorrência entre as empresas, a contrariar as formas de organização monopolistas e a reprimir os abusos de posição dominante e outras práticas lesivas do interesse geral*", e o art.º 87.º, quando sujeita a disciplina económica do investimento estrangeiro à defesa da independência nacional.

Note-se que se têm que sujeitar às indicações do sufrágio, não apenas os poderes económicos privados (cujos abusos deverão ser reprimidos, nomeadamente nos domínios laboral, ambiental, da concorrência e na ótica dos direitos do consumidor), mas também e ainda os poderes económicos públicos: por

---

[269] CARLOS A. MOTA PINTO, idem, pp. 72-73.
[270] Op. cit., p. 99.

conseguinte deverão estes subordinar-se igualmente ao que nesta matéria vier a ser ditado pelos legítimos representantes do povo, em execução do Programa de Governo sufragado pelo voto[271] – isto sem prejuízo, claro está, da força normativa dos princípios e fins constitucionais, que funcionarão sempre e de todo o modo como os grandes parâmetros da atuação do Governo e do Parlamento[272].

2.1.3. Subprincípios (cont.): o princípio da legalidade

Segundo o princípio da legalidade em sede de intervenção dos poderes públicos na atividade económica, as formas variadas de intervenção e nacionalização por aqueles empreendidas devem assumir a forma de lei[273].

É ainda o princípio democrático que explica as inúmeras remissões que as normas da Constituição Económica fazem para a lei – e quase sempre lei formal da Assembleia da República: com efeito, esta última constitui a expressão por excelência da vontade da maioria[274]. Segue-se um elenco não exaustivo dessas reservas.

Temos, desde logo, a exigência específica de as restrições aos direitos fundamentais económicos clássicos (à liberdade de profissão, e ainda à liberdade de empresa e direito de propriedade privada, nas dimensões em que estes dois direitos fundamentais apresentem natureza análoga aos direitos, liberdades e garantias) terem que assentar em lei formal da Assembleia da República (cfr. art.º 47.º, n.º 1, 61.º, n.º 1 e 62.º, n.º 2 – normas que vêm reiterar quanto a estes direitos especiais o disposto no art.º 18.º e na al. *b)* do art.º 165.º para todos os direitos, liberdades e garantias).

No que respeita ao direito de propriedade, também o art.º 83.º repete a exigência do art.º 62.º, n.º 2, no que respeita, especificamente, aos meios e formas de intervenção e apropriação pública dos meios de produção: estas últimas, assim como os critérios da correspondente indemnização, devem assumir a

---

[271] L. CABRAL DE MONCADA, *Direito Económico*, cit., pp. 224-225.
[272] No preenchimento das normas constitucionais é por isso limitada a discricionariedade do legislador, devendo este levar em consideração, antes do mais, um conjunto de determinantes heterónimas, positivas e negativas, retiradas do texto constitucional (sobre o tema, ver por todos J. J. GOMES CANOTILHO, *Constituição Dirigente e Vinculação do Legislador*, 2.ª ed., Coimbra, 2001, especialmente pp. 401 e segs.).
[273] CARLOS A. MOTA PINTO, *Direito Público da Economia*, cit., p. 103.
[274] CARLOS A. MOTA PINTO, p. 71 (nota 1), e p. 99.

forma de lei da AR (cfr. al. *l*) do n.º 1 do art.º 165.º). Suscita-se todavia no caso da apropriação pública de (ou intervenção nos) meios de produção privados a questão de se saber se cada intervenção ou apropriação requer uma específica intervenção legislativa parlamentar, ou se basta a pré-existência de um regime legal genérico aprovado pela AR, podendo nesta hipótese as referidas intervenção ou apropriação assumir a forma de decreto-lei, ou mesmo de ato próprio do poder executivo. Como melhor veremos, é esta última posição a correta: quer o ato de expropriação de bens imóveis, quer o ato de apropriação pública ou nacionalização de bens de produção, são atos expropriativos, sujeitos ao mesmo regime constitucional de base, e como tal atos próprios do poder executivo.

Também a definição de setores básicos da economia vedados à iniciativa privada está reservada à lei (art.º 86.º, n.º 2), que é lei formal da AR (al. *j*) do n.º 1 do art.º 165.º). O mesmo se diga quanto à intervenção na gestão das empresas privadas (art.ºs 83.º e 86.º, n.º 2), apenas possível nos casos expressamente previstos em lei da AR (cfr. al. *l*) do n.º 1 do art.º 165.º), e ao regime específico de benefícios fiscais e financeiros e outras condições privilegiadas a atribuir às cooperativas e em geral ao regime dos meios de produção integrados no setor cooperativo e social de propriedade (art.º 85.º e al. *x*) do n.º 1 do art.º 165.º), assim como às bases gerais do regime das empresas públicas (al. *c*) do art.º 80.º – iniciativa económica pública – e al. *u*) do n.º 1 do art.º 165.º). O regime dos planos de desenvolvimento económico e social (art.ºs 90.º e 91.º) é ainda objeto de reserva de lei da AR (al. *m*) do n.º do art.º 165.º), tal como as bases da política agrícola (art.ºs 89.º, 93.º a 98.º e al. *n*) do n.º 1 do art.º 165.º).

Já a disciplina do investimento estrangeiro (art.º 87.º) e a organização e funcionamento do Conselho Económico e Social, assim como as demais funções não previstas na Constituição e o estatuto dos seus membros (art.º 92.º, n.ºs 1 e 3) requerem apenas um ato legislativo, que tanto poderá ser um decreto-lei como uma lei formal da AR (o mesmo não acontecendo porém com a composição desta instância de concertação, que tem que ser determinada por lei da AR – cfr. art.º 92.º, n.º 2, e parte final da al. *m*) do n.º 1 do art.º 165.º)

Repita-se, estas remissões não se limitam a proceder a uma repartição de poderes ditada por razões técnicas e orientada por finalidades meramente organizativas, entre poder executivo e legislativo (entre «legisladores» – AR e Governo): mais do que isso, elas traduzem um princípio de legitimação reforçada da intervenção dos poderes públicos sempre que estes intervêm na propriedade dos meios de produção e solos e, de um modo geral, nas atividades económicas.

2.1.4. Subprincípios (cont.): o princípio da participação (democracia participativa)

O art.º 2.º da Constituição, *in fine*, integra nos elementos definidores da República Portuguesa enquanto «Estado de direito democrático» os objetivos da *"realização da democracia económica, social e cultural e aprofundamento da democracia participativa"*. Também o último dos princípios elencados no art.º 80.º é o da *"participação das organizações representativas dos trabalhadores e das organizações representativas das atividades económicas na definição das principais medidas económicas"*.

Este princípio da participação concretiza-se logo no próprio texto fundamental (art.º 92.º) com a previsão de um Conselho Económico e Social, *"órgão de consulta e concertação no domínio das políticas económica e social"* que *"participa na elaboração das propostas das grandes opções de desenvolvimento económico e social"*, e de que farão parte *"representantes do Governo, das organizações representativas dos trabalhadores, das atividades económicas e das famílias, das regiões autónomas e das autarquias locais"*. Também os art.ºs 89.º e 98.º consagram, específica e respetivamente, a participação dos trabalhadores na gestão das empresas públicas e dos trabalhadores rurais e dos agricultores na definição da política agrícola.

Como é sabido, a democracia participativa complementa a democracia representativa, suprindo a tendência dos sistemas parlamentares para o excessivo distanciamento entre governantes a governados: a participação dos administrados na organização e procedimento da Administração procura assim corrigir esta deficiência das democracias modernas, assumindo uma especial importância na específica vertente da legitimação decisória da intervenção dos poderes públicos na economia.

Resumindo e concluindo, o princípio democrático constitui um princípio também da Constituição Económica, não apenas na sua vertente de democracia representativa (de regra da maioria), mas também e ainda, complementarmente, na sua vertente de democracia participativa (de participação dos governados na organização e procedimento da Administração Económica)[275].

---

[275] Sobre este princípio, ver por todos MANUEL AFONSO VAZ, *Direito Económico*, cit., pp. 132-134.

CAPÍTULO II
O PRINCÍPIO DA EFETIVIDADE DA DEMOCRACIA ECONÓMICA, SOCIAL E CULTURAL

2.2.1. O Princípio do Estado Social de Direito: *democracia económica* (social e cultural) e *democracia política*

O princípio do Estado Social ou princípio da efetividade dos direitos económicos, sociais e culturais[276] é também ele uma «norma de valor» que se reconduz à terceira «decisão constitucional fundamental» subjacente à nossa lei fundamental, que é a *justiça social* (sendo a primeira e a segunda, respetivamente, e como vimos, a *liberdade* e a *democracia política*)[277].

Diferentemente de outros textos fundamentais, como a Lei Fundamental de Bona ou a Constituição Francesa, que apenas consagram uma genérica «cláusula de Estado Social», a Constituição portuguesa de 1976 desdobra a dita cláusula numa extensa e detalhada lista de direitos (e deveres) fundamentais «económicos, sociais e culturais»: direito ao trabalho (art.ºs 58º e 59.º), direito à proteção na doença, velhice, invalidez, viuvez, orfandade e desemprego (art.º 63.º – «Segurança Social e Solidariedade»), direito à saúde (art.º 64.º), direito à habitação (art.º 65.º), direito à educação e ao ensino (art.ºs 73.º e 74.º), etc.[278]

---

[276] Sobre este princípio como princípio fundamental da Constituição Económica, ver por todos L. CABRAL DE MONCADA, *Direito Económico*, cit., pp. 171-191.

[277] JOSÉ CARLOS VIEIRA DE ANDRADE, *Direito Constitucional (Sumários de 1977/1978)*, Coimbra, 1980, pp. 188-189.

[278] Sobre os direitos sociais enquanto direitos fundamentais, ver CRISTINA QUEIROZ, *Direitos Fundamentais Sociais*, Coimbra, 2006, e J. REIS NOVAIS, *Direitos Sociais*, Coimbra, 2010

Em consonância com a consagração destes direitos, o art.º 2.º define o Estado português, enquanto «Estado de direito democrático», pelo objetivo que lhe preside de *"realização da democracia económica, social e cultural"*; também o art.º 9.º encarrega o Estado das tarefas de promover *"a igualdade real entre os portugueses, bem com a efetiva*ção dos direitos económicos, sociais, culturais e ambientais, mediante a transformação e modernização das estruturas económicas, sociais e culturais"; e o art.º 81.º assinala por sua vez ao mesmo Estado, de entre um amplo leque de «incumbências prioritárias» (de fins e tarefas), a missão de cuidar *"em especial das (pessoas) mais desfavorecidas"* (al. *a*)) e de *"promover a justiça social, assegurar a igualdade de oportunidades e operar as necessárias correções das desigualdades na distribuição da riqueza e do rendimento, nomeadamente através da política fiscal"* (al. *b*)).

De igual modo o constitucionalmente favorecido setor cooperativo e social "constitui, nesta perspetiva, um domínio privilegiado para, cumprindo o objetivo plasmado no art.º 2.º, assegurar, na organização e na gestão dos meios de produção, a realização da democracia económica e social"[279].

Todos estes preceitos consagram *o princípio do Estado Social* como princípio estruturante do Estado Português: nas palavras de Gomes Canotilho & Vital Moreira, "entre nós o Estado Social é ainda uma *expressão da compreensão democrática da CRP* (a *democracia social* como componente da democracia, ao lado da *democracia política*). É no fundo uma extensão do Estado de direito democrático à organização económica, social e cultural e em particular ao mundo do trabalho"[280].

Enfim, a Constituição Económica comunitária também acentua este paradigma (com especial ênfase após as alterações introduzidas nas duas últimas décadas aos tratados institutivos): no n.º 3 do art.º 3.º do Tratado da União Europeia[281], logo a seguir à reafirmação do objetivo da União de estabelecimento de um mercado interno, proclama-se hoje que o empenho dela (União) no *"desenvolvimento sustentável da Europa"* assenta *"numa economia social de mercado altamente competitiva que tenha como meta o pleno emprego e o progresso social, e num elevado nível de proteção e de melhoramento da qualidade do ambiente"*. Por sua vez,

---

[279] Jorge Miranda & Rui Medeiros, *Constituição Portuguesa Anotada*, Tomo II, Coimbra, 2006, p. 49.
[280] *Constituição Anotada...*, vol. I, cit., pp. 210-212.
[281] Versão consolidada do Tratado de Lisboa.

prescreve o art.º 9.º do Tratado de Funcionamento da União Europeia que *"na definição e execução das suas políticas e ações, a União tem em conta as exigências relacionadas com a promoção de um elevado nível de emprego, a garantia de uma proteção social adequada, a luta contra a exclusão social e um elevado nível de educação, formação e proteção da saúde humana"*[282].

2.2.2. O Princípio do Estado Social de Direito (cont.): *igualdade real e igualdade formal*

Tal como o Estado de Direito e a democracia representativa assentavam (e assentam) na *igualdade formal* (igualdade «na lei», igualdade perante a lei e igualdade em termos de direitos de participação política, por contraposição ao sistema de privilégios de nascimento e de «estado» que caracterizavam o Antigo Regime), a democracia económica e social assenta por seu turno na *igualdade real* (ou material).

Com efeito, desde cedo se constataram as manifestas insuficiência e inutilidade da igualdade formal face à diversidade de condições objetivas e à desigualdade de oportunidades evidenciadas no cenário de intervenção mínima do Estado na sociedade e na economia que caracterizou o período liberal. Proclamar a igualdade de direitos e deveres – ao jeito do art.º 13.º CRP, quando garante que *"todos os cidadãos têm a mesma dignidade social e são iguais perante a lei"* – tornou-se por isso insuficiente por nem todos os cidadãos possuírem "os mesmos meios e condições para exercer esses direitos ou para suportar esses deveres", impondo-se a consideração de "uma outra dimensão da igualdade, a igualdade material ou substancial" (Manuel Afonso Vaz)[283].

Ora, a igualdade real ou material constitui um objetivo fixado ao Estado que passa pela realização de uma função redistributiva através do sistema tributário (cfr. art.º 104.º CRP[284]), devendo as receitas dos impostos ser primacialmente dedicadas à efetivação dos direitos económicos, sociais e culturais; na verdade, "prestar a cada cidadão um mínimo de educação e ensino, de se-

---

[282] Versão consolidada do Tratado de Lisboa.
[283] *Direito Económico*, cit., pp. 130.
[284] Nos termos do n.º 1, *"o imposto sobre o rendimento pessoal visa a diminuição das desigualdades e será único e progressivo..."*; e por sua vez, reza o n.º 3 que *"a tributação do património deve contribuir par a igualdade entre os cidadãos"*.

gurança social, de condições de habitação e de sanidade é a forma mais segura de corrigir desigualdades e possibilitar a igualdade de oportunidades"[285].

Note-se que a possibilidade aberta pelo princípio da igualdade real, de "conferir um tratamento preferencial a grupos sociais mais desfavorecidos ou a setores ou regiões mais deprimidas" não contraria o princípio da igualdade na sua dimensão formal: é que "o princípio da igualdade não proíbe toda a diferença de tratamento", só sendo violado "se o tratamento desigual for desproporcionado à desigualdade material que o justifica" (Manuel Afonso Vaz)[286].

2.2.3. Problemática jurídica dos direitos económicos, sociais e culturais enquanto pretensões a prestações

A maioria dos direitos integrados no Título III da Parte I da Constituição (art.ºs 58.º a 79.º) são estruturalmente direitos a certas formas de atividade estadual, e já não (como o grosso dos consagrados no Titulo II - «Direitos, Liberdades e Garantias») direitos à não intromissão do Estado em determinadas esferas de liberdade ou autonomia individual; trata-se por conseguinte de direitos *a*, e já não de direitos *de*.

A enunciação destes direitos económicos, sociais e culturais "*não pode ser entendida como significando a consagração de meras diretivas programáticas* não vinculativas e muito menos como tratando-se de votos piedosos (Carlos A. Mota Pinto). Trata-se de direitos dos cidadãos juridicamente tutelados; simplesmente, conclui o autor, "estamos perante aquilo que poderemos considerar *obrigações de meio e não de resultado*".

Significa o que acaba de se dizer que tais direitos se traduzem em meros mandatos constitucionais sujeitos à reserva do possível. Todavia, mesmo no que respeita aos mandatos constitucionais, pode-se ainda extrair uma componente jurídico-subjetiva a partir da respetiva vinculação jurídica efetiva.

No ponto da situação que faz sobre a matéria, começa Böckenförde por sublinhar que as pretensões a prestações configuradas *ab initio* nestes direitos fundamentais apresentam um tal nível de generalidade "que exigiriam

---

[285] Manuel Afonso Vaz, *Direito Económico*, cit., pp. 131.
[286] Ibidem.

primeiramente uma atividade do legislador antes que daí pudessem resultar pretensões jurídicas exigíveis judicialmente"[287]. Ora, e como nota o autor, os ditos direitos "não contêm em si mesmos nenhuma pauta para a amplitude da sua garantia" – não dispondo de qualquer critério para o estabelecimento de prioridades "entre as pretensões de prestação dos diferentes direitos fundamentais" e não indicando "que parte dos recursos financeiros estaduais devem manter-se à sua disposição"[288].

De todo o modo, continua Böckenförde, ainda que, em virtude da sua qualidade de direitos fundamentais, se aceitasse a conversão da realização de tais prestações numa questão jurídica, então, por um lado, a "impossibilidade económica" converter-se-ia "num *limite à garantia* dos direitos fundamentais"; e, por outro lado, "as decisões de prioridade acerca do emprego e distribuição de meios financeiros estaduais" passariam por sua vez a ser "uma questão de *realização* dos direitos fundamentais e de *concorrência* de direitos fundamentais" – assim como a "determinação da dimensão das pretensões de prestação dos direitos fundamentais" se tornaria numa "questão de prévia *interpretação* dos direitos fundamentais" (sublinhados nossos)[289].

Ora – alerta por seu turno Robert Alexy – tendo em atenção os consideráveis custos financeiros que o Estado se vincularia a suportar, "a existência de direitos fundamentais sociais amplos que pudessem ser judicialmente impostos" levaria a uma determinação "da política de finanças públicas, em partes essenciais, pelo direito constitucional"; mas assim sendo, "a política de finanças públicas ficaria, em boa medida, nas mãos do Tribunal Constitucional, o que contradiria a Constituição"[290]. A política transformar-se-ia então "em execução judicialmente controlada da Constituição", com a "substituição do ordenamento constitucional democrático e baseado no princípio do Estado de Direito por um Estado judicial e dos juízes" (Böckenförde) – resultado que obviamente ninguém deseja[291].

---

[287] ERNST-WOLFGANG BOCKENFÖRDE, *Escritos sobre derechos fundamentales* (tradução de J.L. Requeijo Pagés e I. Villaverde Ménendez), Baden-Baden, 1993, p. 79.
[288] Ibidem.
[289] Ibidem.
[290] *Teoria...*, cit., p. 491.
[291] Ibidem.

Sobretudo por estas razões, assevera Böckenförde, não podem deixar de se reduzir as pretensões sociais de prestação a "mandatos jurídico-objetivos dirigidos ao legislador e à Administração", por serem elas, na certeira expressão de Peter Häberle, estruturalmente, "direitos fundamentais-medida"[292].

Todavia – ressalva ainda Böckenförde – de modo algum significa isto que se devam ficar tais mandatos normativamente pela condição de "simples proposições programáticas políticas e não vinculantes"[293].

Na verdade, se como mandatos constitucionais que são, as respetivas "via, dimensão e modalidades de realização" ficam dependentes do "juízo político do órgão atuante", nem por isso deixam eles de ser juridicamente vinculantes nos três seguintes aspetos: (I) "o fim ou programa como tal subtrai-se à noutro caso existente liberdade de fins ou de objetivos dos órgãos políticos, sendo-lhes apresentado como algo que os vincula"; (II) é inadmissível a inatividade e a desatenção evidente e grosseira do fim ou do programa por parte dos órgãos do Estado"; (III) "as regulações e as medidas tendentes à prossecução do fim, uma vez estabelecidas, mantêm-se constitucionalmente, de forma que a via da realização do mandato nelas descrita está protegida frente a uma supressão definitiva ou frente a uma redução que ultrapasse os limites até ao ponto da desatenção grosseira"[294].

Pois bem, conclui Böckenförde, "até onde chegar esta vinculação jurídica efetiva, pode-se extrair também dos mandatos constitucionais uma componente jurídico-subjetiva", sem com isso "pôr em perigo a estrutura constitucional democrática e baseada no princípio do Estado de direito" – apresentando-se esta vertente jurídico-subjetiva "sob a forma de pretensões de defesa dos particulares afetados frente a uma inatividade, uma desatenção grosseira ou uma supressão definitiva das medidas adotadas em execução do mandato constitucional"[295]. Tais pretensões aparentam-se, ainda segundo o autor, "com as pretensões de defesa frente à discricionariedade", uma vez que tal como elas não se dirigem "a um determinado fazer positivo, mas a uma

---

[292] BÖCKENFÖRDE, *Escritos...*, cit., p. 80.
[293] Ibidem.
[294] BÖCKENFÖRDE, *Escritos...*, cit., pp. 80-81.
[295] BÖCKENFÖRDE, *Escritos...*, cit., p. 81.

defesa frente a violações dos limites e vinculações traçados ao campo de jogo político dos órgãos estaduais pelos mandatos constitucionais"[296].

No que respeita à supressão das medidas adotadas em execução do mandato constitucional, as pretensões de defesa dos titulares destes direitos implicam inclusive, segundo a mais autorizada doutrina constitucional, a chamada proibição do *retrocesso social*, com subtração à livre disposição do legislador da eliminação ou substancial diminuição de direitos adquiridos, "em violação do princípio da proteção da confiança e da segurança dos cidadãos no âmbito económico, social e cultural", como o "direito de subsídio de desemprego, direito a prestações de saúde, direito a férias pagas, direito ao ensino, etc." (Gomes Canotilho & Vital Moreira).

Em suma, e parafraseando agora de novo Mota Pinto, o Estado nunca está num momento histórico concreto obrigado à satisfação integral correspondente destes direitos, a garantir o resultado (v.g. o caso do direito à habitação – "apesar de consagrado pela Constituição, o Estado não garante uma casa para cada português"); mas isso não o dispensa de "aplicar a diligência, a competência e o interesse adequados à satisfação dessas necessidades"[297]. Isto porque a realização daqueles direitos, na medida em que em maior ou menor medida se traduz sempre "em prestações que representam elevadas despesas por parte do Estado", depende da "acumulação dos recursos da sociedade num momento concreto, recursos esses que por definição são escassos" (princípio da reserva do possível)[298].

---

[296] BÖCKENFÖRDE, idem.
[297] *Direito público da economia*, cit., p. 79.
[298] C. A. MOTA PINTO, ibidem.

CAPÍTULO III
O PRINCÍPIO DA COESÃO TERRITORIAL
NOS DOMÍNIOS ECONÓMICO E SOCIAL

2.3.1. Noções gerais

Já o vimos acima, foi levada a cabo pela Revisão de 2004 (sexta revisão constitucional) uma alteração significativa no domínio da «coesão económica, social e territorial», também claramente inspirada, como se aprofundará adiante, pelo direito comunitário (remontando à fundação da Comunidade Económica Europeia, como um dos seus objetivos prioritários, o reforço da coesão económica e social de todo o território comunitário[299] – cfr. art.º 3.º, § 3, do TUE, e art.º 4.º, n.º 2, al. *c*), art.º 14.º, art.º 107.º, n.º 3, al. *a*) e *c*), e art.ºs 174.º a 178.º TFUE).

Consistiu tal alteração no acrescento, na parte inicial da alínea *d*) do art.º 81.º, da expressão *"Promover a coesão económica e social de todo o território nacional, ..."* e ainda da especificação da dicotomia «interior/litoral» na descrição das assimetrias carentes de correção que a norma já formulava na sua redação anterior *("... orientando o desenvolvimento no sentido de um crescimento equilibrado de todos os setores e regiões e eliminando progressivamente as diferenças económicas e sociais entre a cidade e o campo e entre o litoral e o interior.")*.

---

[299] Ainda que sob a fórmula mais suave e mais genérica do texto originário do Tratado de Roma, que aludia então ao «desenvolvimento harmonioso» do conjunto da então Comunidade Europeia enquanto «missão» comunitária – enunciado similar à redação da al. *g*) do art.º 9.º da nossa Constituição, que comete ao Estado, enquanto sua fundamental, o *"promover o desenvolvimento harmonioso de todo o território nacional (...)"*.

Reitere-se, com a atual redação desta alínea, a partir do que era à partida qualificável tão só uma tarefa (e um fim) do Estado (claramente enunciado como tal, aliás, na al. *g)* do art.º 9.º CRP, que comete ao Estado a «tarefa fundamental» de *"promover o desenvolvimento harmonioso de todo o território nacional"*, e na anterior redação da al. *d)* do art.º 81.º), algo de substancial muda no texto constitucional. Na verdade, ao acrescentar a territorialidade como elemento referencial da política de coesão nacional, para além das componentes económica e social, em si mesmas consideradas[300], o constituinte criou a nosso ver um novo princípio fundamental da nossa Constituição Económica interna, que vem reforçar o princípio homólogo da Constituição Económica comunitária, e que é o *princípio da coesão territorial nos domínios económico e social*.

Note-se bem, a formulação originária do objetivo enunciado na al. *g)* do art.º 9.º e na al. *d)* do art.º 81.º era já enformada pelo clássico ensinamento da ciência regional, de não se dever o esforço de coesão interna apenas a razões de equidade, de aproximação das condições de vida dos cidadãos, mas também ao reconhecimento de que um maior equilíbrio é inclusive "desejável para todos, evitando as deseconomias das grandes aglomerações e permitindo a participação plena de todas as forças" do país[301].

Este princípio constitui um desdobramento, por um lado, do princípio da efetividade dos direitos económicos, sociais e culturais (art.ºs 1.º, 2.º, 9.º, al. *d)* e 58.º a 79.º CRP), e por outro lado do princípio político fundamental da unidade do Estado (art.ºs 5.º e 6.º CRP).

Com efeito, a intervenção pública no sentido da correção das assimetrias e desequilíbrios económico-sociais subsistentes no todo do território nacional, através de políticas de desenvolvimento regional que respondam à "exigência de maior seletividade e de maior concentração geográfica regional nas intervenções a fazer em zonas mais atrasadas"[302], reconduz-se naturalmente às missões primeiras dos poderes públicos de realização da democracia

---

[300] Nas palavras de J. J. GOMES CANOTILHO, em *Metódica Multinível: «Spill-over effects»* e interpretação conforme o direito da União Europeia, in «Revista de Legislação e Jurisprudência», Ano 138.º, n.º 3955, Mar.-Abr. 2009, p. 184.

[301] MANUEL PORTO, *As exceções às regras gerais de elegibilidade territorial das despesas previstas no Anexo V do QREN (Quadro de Referência Estratégico Nacional, aprovado pela Resolução do Conselho de Ministros n.º 86/2007, de 3 de Julho)*, in «Revista de Legislação e Jurisprudência», Ano 138.º, n.º 3952, Set.-Out. 2008, p. 4.1

[302] MANUEL PORTO, ibidem.

económica, social e cultural e de promoção da igualdade real. A *solidariedade* consagrada no art.º 1.º CRP e em que se funda a redistribuição da riqueza e do rendimento através da política fiscal (al. *b)* do art.º 81.º) não é apenas uma solidariedade entre cidadãos, mas também e ainda entre regiões, visando corrigir desigualdades não só entre pessoas individualmente consideradas, mas entre comunidades regionais.

Mas não são só razões de equidade e de mera índole socioeconómica que presidem a tal intervenção: esta reconduz-se também e ainda à prioritária incumbência dos poderes públicos de zelar pela subsistência dos pressupostos da própria unidade política e jurídica do Estado. Na verdade, subjaz a este princípio de coesão territorial a (correta) premissa de que a unidade do Estado não é apenas garantida pela integração política e jurídica do respetivo território, mas igualmente por uma sua integração económica e social (o mesmo é dizer, das comunidades que nele se radicam) que passa pela obrigatoriedade de adoção de políticas públicas orientadas nesse sentido.

Note-se, enfim, o não ter sido estranha a esta alteração ocorrida em 2004, no sentido do reforço das políticas públicas de coesão territorial, a constatação das crescentes desertificação e empobrecimento do interior do país nas últimas três décadas – processo que urge inverter através das adequadas políticas de desenvolvimento regional, em razão, quanto do mais não seja, reitere-se, e em *ultima ratio*, da salvaguarda da própria unidade política do Estado.

Não deixando pois de constituir uma necessidade expressa pela lei fundamental o *"promover a correção das desigualdades derivadas da insularidade das regiões autónomas e incentivar a sua progressiva integração em espaços económicos mais vastos, no âmbito nacional ou internacional"* (al. *e)* do art.º 81.º CRP), decorrendo estas específicas incumbências do mesmo princípio de coesão territorial (neste caso ditadas por particulares obstáculos de cariz geográfico à coesão do todo do território nacional), o facto é que a preocupação primeira dos poderes públicos nesta matéria é hoje as (geograficamente muito menos «distantes») regiões do interior do país – e já não os arquipélagos dos Açores e da Madeira (sobretudo na medida em que esta última região apresenta hoje um PIB *per capita* francamente superior à média nacional).

2.3.2. Constituição Económica comunitária: o princípio comunitário da coesão económica e social de todo o território da União

No respeitante à política de coesão assente nas clássicas dimensões económica e social, e de modo similar à Constituição Portuguesa no âmbito da Revisão de 2004, também os tratados comunitários, na redação que lhes foi dada pelo Tratado de Lisboa, passaram a prestar uma especial atenção à *dimensão territorial*, com enfatização do conceito de *regiões menos favorecidas*[303]. Como explica Gomes Canotilho, "o mesmo é dizer que a *diretriz da política europeia de coesão* vem radicar, também, segundo as novas regras do direito europeu originário ou primário, numa *política de desenvolvimento territorial harmonioso*, devendo todos os instrumentos normativos derivados, quer de âmbito europeu, quer de âmbito nacional, conformar-se com aquela regra orientadora, sob pena de violação do Direito da União Europeia"[304].

Assim, o Tratado da União Europeia, no seu art.º 3.º, n.º 3, proclama hoje a coesão territorial nos domínios económico e social como objetivo prioritário: "*A União promove a coesão económica, social e territorial, e a solidariedade entre os Estados-membros*".

E o TFUE contém por sua vez um título que constitui todo ele um desenvolvimento do princípio enunciado no TUE (Título XVIII – «A coesão económica, social e territorial», art.ºs 174.º a 178.º). Nos termos do art.º 174.º do TFUE, "*A fim de promover um desenvolvimento harmonioso do conjunto da União, esta desenvolve e prossegue a sua ação no sentido de reforçar a sua coesão económica, social e* territorial. *Em especial, a União procura reduzir a disparidade entre os níveis de desenvolvimento das diversas regiões e o atraso das regiões menos favorecidas*". Mais especifica o último parágrafo do mesmo artigo que "*entre as regiões em causa, é consagrada especial atenção às zonas rurais, às zonas afetadas pela transição industrial e às regiões com limitações naturais ou demográficas graves e permanentes, tais como as regiões mais setentrionais com densidade populacional mais baixa e as regiões insulares, transfronteiriças e de montanha*".

Digno de menção é ainda o preceituado no art.º 176.º, relativo ao FEDER – Fundo Europeu de Desenvolvimento Regional, que fixa a este fundo o objetivo

---

[303] J. J. Gomes Canotilho, em *Metódica Multinível...*, cit., p. 184.
[304] Ibidem.

de "*contribuir para a correção dos principais desequilíbrios regionais na União através de uma participação no desenvolvimento e no ajustamento estrutural das regiões menos desenvolvidos e na reconversão das regiões industriais em declínio*".

Refira-se, entretanto, que é muito mais estreita, ou pelo menos mais evidente, no direito constitucional da União, a ligação do princípio da coesão territorial à *solidariedade* (entre os Estados-membros), valor a que os tratados institutivos fazem constantemente apelo em variadas matérias e circunstâncias, e que dá origem a um princípio fundamental autónomo – o *princípio da solidariedade* (cfr. também o art.º 3.º, n.º 3, parte final do TUE) [305]. Todavia, e como bem frisa Manuel Porto, tal não significa que os tratados e a União se preocupam (e que por isso se ocupem) apenas com os países no seu conjunto e com as diferenças de desenvolvimento entre eles (países): cuida-se aqui também (para não dizer primeiramente) dos desequilíbrios internos dentro de cada país[306]. As regiões que deverão beneficiar dos fundos estruturais são em princípio unidades recortadas dentro de cada país, "com desequilíbrios patentes entre si, que se quer combater"[307].

2.3.3. Constituição Económica comunitária (cont.): política de coesão territorial, direito multinível e administração multinível

Importa ainda referir que, nos termos do art.º 175, §1 TFUE – e de acordo com o princípio da subsidiariedade (art.º 5.º, n.º 3 TUE) –, cabe a cada Estado-membro conduzir e coordenar as suas políticas para alcançar tais objetivos no respetivo território. Cumpre em contrapartida à União, no âmbito das suas próprias políticas de integração económica do espaço comunitário, nos termos ainda do referido art.º 175.º TFUE, dar o respetivo contributo aos Estados-membros nesta matéria, apoiando a prossecução dos objetivos destes essencialmente por intermédio dos chamados fundos estruturais (FEOGA – Fundo Europeu de Orientação e Garantia Agrícola, Secção Orientação; FSE – Fundo Social Europeu; FEDER – Fundo Europeu de Desenvolvimento

---

[305] João Mota de Campos & João Luís Mota de Campos, ibidem, p. 276.
[306] Manuel Porto, *As exceções às regras gerais de elegibilidade territorial...*, cit., p. 44.
[307] Manuel Porto, ibidem.

Regional; Fundo de Coesão), de financiamentos a atribuir pelo BEI – Banco Europeu de Investimentos e de outros instrumentos financeiros[308].

Ora, e como bem sublinha Gomes Canotilho, retira-se claramente desta última disposição do TFUE que a política comunitária de coesão territorial se inscreve "no universo do direito multinível", sendo bem reveladora da "dimensão caracterizadora do direito europeu como um comando jurídico aberto à concretização decorrente dos resultados alcançados a partir da cooperação entre os Estados-membros"[309].

O modo de *produção jurídica multinível* que caracteriza o direito europeu, ainda segundo o autor que se acaba de citar, "assemelha-se aos regimes jurídico-legais de âmbito nacional que se apresentam como regimes gerais sujeitos a uma ulterior densificação por normas de nível inferior" – muito embora na situação ora em apreço não estarmos perante "«normas de delegação» ao poder administrativo regulamentador, mas sim (perante) «normas de delegação» ao poder normativo estadual dos Estados membros" –, traduzindo-se esta delegação num fenómeno de *difusão* do poder normativo comunitário também "para os centros de produção normativa estaduais", os quais, em sede de complementação e execução dos regimes jurídicos europeus, "desempenham um papel fundamental"[310].

Sublinhe-se bem, pois, que esta matéria (política de coesão territorial), estando como está consagrada em termos expressos nas normas dos Tratados, integra o elenco de competências da União – o que, "segundo o princípio da atribuição de competências à União por parte dos Estados, plasmado no art.º 5.º, n.º 1 do TUE", significa que beneficia do estatuto jurídico do primado sobre o direito interno dos Estados-membros[311].

O mesmo é dizer que, em caso de conflito entre normas estaduais (inclusive de nível constitucional) e normas comunitárias emanadas no exercício daquelas competências (e sem prejuízo da já referida ressalva do art.º 8.º, n.º 4.º CRP), terá que ser conferida prevalência às segundas.

---

[308] Cfr. João Mota de Campos & João Luís Mota de Campos, *Manual de Direito Europeu*, 6.ª edição, Coimbra 2010, pp. 275-276.
[309] J. J. Gomes Canotilho, em *Metódica Multinível...*, cit., p. 188.
[310] Ibidem.
[311] J. J. Gomes Canotilho, ibidem.

Assim sendo, e constituindo "os regulamentos europeus que aprovam os regimes jurídicos disciplinadores dos fundos que servem de instrumento à política de coesão" um "nível legal de densificação" desta política que deverá ser uniformemente aplicável em todos os Estados-membros, terão as normas estaduais de complementação e execução destes regulamentos que se conformar com o conteúdo destes (isto sem prejuízo da margem de apreciação de que sempre gozam os Estados no âmbito da adaptação dos normativos comunitários à respetiva realidade social)[312], *sob pena de padecerem de uma verdadeira e própria invalidade (pois a relação entre os primeiros e as segundas é, neste caso, de verdadeira hierarquia normativa, e já não de mera preferência aplicativa).*

Note-se, por fim, que a partir do momento em que os Estados-membros ficam habilitados a desenvolver tais regimes jurídicos comunitários através de regulamentos administrativos, as suas administrações públicas passam a integrar uma Administração Europeia regida pelo direito administrativo europeu, nos termos dos tratados institutivos (cfr. art.º 4.º TUE, segundo o qual *"os Estados-membros tomam todas as medidas gerais ou especiais adequadas a garantir a execução das obrigações decorrentes dos Tratados ou resultantes dos atos das instituições da União"*) – falando-se então também numa *Administração multinível*[313].

---

[312] J. J. GOMES CANOTILHO, em *Metódica Multinível...*, cit., p. 189.
[313] J. J. GOMES CANOTILHO, em *Metódica Multinível...*, cit., p. 189-190.

CAPÍTULO IV
O PRINCÍPIO DA RELEVÂNCIA DOS DIREITOS FUNDAMENTAIS ECONÓMICOS CLÁSSICOS; REMISSÃO

O princípio da liberdade económica nas atividades produtivas (e que se desdobra nas liberdades de profissão e empresa e no direito de propriedade de meios ou bens de produção) é também ele uma «norma de valor» que se reconduz à primeira das «decisões constitucionais fundamentais» subjacentes à nossa lei fundamental, que é a da *liberdade* (sendo a segunda e a terceira, respetivamente, recorde-se, a *democracia política* e a *justiça social*)[314].

Como já acima se sublinhou, os direitos fundamentais económicos clássicos que constituem projeções na atividade económica produtiva do princípio da liberdade – nomeadamente as liberdades de profissão e de empresa e o direito de propriedade privada (este último na sua modalidade, quanto ao objeto, de «propriedade de meios de produção») – apresentam uma importância fundamental para o objeto das nossas lições: com efeito, estes direitos com numerosas e fortes incidências administrativas (sobretudo no domínio da administração regulatória) devem ser estudados do ponto de vista da respetiva resistência a possíveis restrições trazidas por normas legais e regulamentares de direito administrativo económico.

Tais direitos fundamentais constituem por isso, mais do que um ponto de partida para o estudo do ordenamento administrativo económico, o omnipresente referencial de todas as matérias abordadas. Eles são «o outro prato da

---

[314] JOSÉ CARLOS VIEIRA DE ANDRADE, *Direito Constitucional (Sumários de 1977/1978)*, Coimbra, 1980, pp. 188-189.

balança», se tivermos presente que o ordenamento jusadministrativo económico é sobretudo a expressão jurídica do equilíbrio entre a intervenção dos poderes públicos na vida económica e a liberdade económica, o mesmo é dizer, as garantias fundamentais das pessoas face a essa intervenção.

A sua importância justifica a respetiva abordagem num segundo título desta parte das nossas lições dedicada à Constituição Económica[315].

---

[315] Sobre as liberdades de profissão e de empresa, ver por todos, respetivamente, J. PACHECO DE AMORIM, *A liberdade de profissão*, in «Estudos em Comemoração dos Cinco Anos (1995-2000) da Faculdade de Direito da Universidade do Porto», Coimbra Editora, 2001, pág. 595-782, e *A liberdade de empresa*, in «Nos 20 anos do Código das Sociedades Comerciais. Homenagem aos Profs. Doutores Ferrer Correia, Orlando de Carvalho e Vasco Lobo Xavier», vol. II (Vária), Coimbra Editora, 2007. Sobre o direito de propriedade privada, ver também por todos MIGUEL NOGUEIRA DE BRITO, *A justificação da propriedade privada numa democracia constitucional*, Coimbra, 2007, em especial pp. 903 e segs. Relativamente a estes três direitos subjetivos públicos fundamentais, ver ainda as anotações aos artigos 47.º, 61.º, 62.º, e 83.º e 86.º/3 CRP nas três «Constituições anotadas» abundantemente citadas neste trabalho.

CAPÍTULO V
O PRINCÍPIO DA COEXISTÊNCIA DAS INICIATIVAS ECONÓMICAS PRIVADA E PÚBLICA E DOS SETORES DE PROPRIEDADE DOS MEIOS DE PRODUÇÃO

2.5.1. Noções gerais

a) *A coexistência de iniciativas económicas e setores de propriedade públicos e privados na Constituição Económica portuguesa*

Nos termos do n.º 1 do art.º 61.º CRP, *"a iniciativa económica privada exerce-se livremente nos quadros definidos pela Constituição e pela lei e tendo em conta o interesse geral"*. Este preceito consagra um genérico direito de livre iniciativa económica privada (ou não pública) de que as restantes "iniciativas" previstas nos n.ºs 2 a 5 do mesmo artigo (iniciativa cooperativa e iniciativa autogestionária) constituem formas particulares de exercício que são objeto de específicas previsão e proteção[316]/[316]/[317].

---

[316] Na verdade, (1) os *sujeitos* activos das iniciativas previstas nos n.ºs 2 a 5 são todos eles *privados* (inclusive os trabalhadores a quem cabe em exclusivo o direito conferido pelo n.º 5), (2) o sujeito passivo é sempre o Estado e (3) o respetivo âmbito é sempre o da *empresa* (pese embora a circunscrição do direito de livre iniciativa autogestionária à *gestão* da empresa, e não também à sua *criação*). Entendemos aqui a *empresa*, por conseguinte, como «unidade económica e social» que extravasa a forma societária, e portanto como resultado também do exercício das iniciativas cooperativa e autogestionária; por outras palavras, a forma associativa e a gestão democrática de uma empresa não desvirtuam a sua natureza de empresa.

Mas para além da garantia da livre iniciativa económica privada estabelecida no art.º 61.º CRP, temos consagrado nas al. *c)* e *b)* do art.º 81.º um princípio de, respetivamente, "*liberdade de iniciativa e de organização empresarial no âmbito de uma economia mista*" e "*coexistência do setor* público, do *setor privado e do setor cooperativo e social de propriedade dos meios de produção*" – reforçando o n.º 1 do art.º 82.º («Setores de propriedade dos meios de produção») esta última garantia: "é garantida a coexistência de três *setores de propriedade dos meios de produção*".

Está também acautelada, por conseguinte (e ainda que dentro de determinados parâmetros, como melhor veremos de seguida) uma «liberdade» de *iniciativa económica pública* no âmbito de uma «economia mista» (ou seja, de uma economia onde concorrem operadores – prestadores de bens e serviços – quer privados, quer públicos).

A nossa lei fundamental protege pois iniciativas no campo económico de duas distintas e contrapostas naturezas, a saber a iniciativa privada e a iniciativa pública, as quais dão origem, respetivamente, às empresas privadas e às empresas públicas. E consagra a existência de três setores de propriedade dos meios de produção (privado, cooperativo e social e público) – sendo que, genericamente, enquanto nos setores *privado* e *cooperativo e social* operam

---

Não obstam a tal simplificação a diversidade dos regimes consignados no art.º 61.º CRP – designadamente (1) a impossibilidade de restrição legal na criação de cooperativas, (2) no extremo oposto a sujeição "em pleno" da iniciativa autogestionária a uma reserva de lei conformadora (lei essa ainda hoje inexistente), e – num grau intermédio – (3) a outorga ao legislador de algum poder de conformação quanto às demais formas de iniciativa económica privada reconduzíveis ao n.º 1 do citado art.º 61.º CRP

[317] Assim, quando a Constituição prevê no seu art.º 86.3 a possibilidade de delimitação de setores básicos vedados "às empresas privadas e a outras entidades da mesma natureza", deve-se entender por entidades da "mesma natureza" todas as que tenham também natureza privada. São assim abrangidas por esta última expressão todas as demais entidades *privadas* ou *não públicas*, incluindo as cooperativas – pois, no respeitante à *summa divisio* entre entidades públicas e privadas, não há *tertium genus*...

[318] Sobre os setores de propriedade dos meios de produção, ver, para além dos autores e obras mais frequentemente citados neste capítulo, EDUARDO PAZ FERREIRA, *Direito da Economia*, cit., pp. 177-295, MARIA EDUARDA AZEVEDO, *Temas de Direito da Economia*, Coimbra, 2013, pp. 83-133, e PAULO ALVES PARDAL, *Direito da Economia*, vol. I (coord. Luís Silva Morais), Lisboa, 2014, pp. 200-245.

empresas privadas (resultantes da iniciativa económica privada), no setor público operam *empresas públicas* (resultantes da iniciativa económica pública)[319].

Note-se, ainda, que a «liberdade» de iniciativa económica pública no âmbito de uma «economia mista» nem sempre se terá que processar numa situação de concorrência (real ou potencial) entre operadores públicos e privados. Com efeito, mais de que uma «liberdade» de iniciativa económica pública poderemos ter em setores qualificáveis como «básicos» situações de monopólio ou reserva legal de iniciativa económica pública (ou de empresa pública): é o que prevê o n.º 3 do art.º 86.º CRP, segundo o qual *"a lei pode definir setores básicos nos quais seja vedada a atividade às empresas privadas e a outras entidades da mesma natureza"*. O mesmo é dizer que dentro de cada um destes setores de atividade económica legalmente vedados à iniciativa económica privada já não haverá lugar a uma coexistência de distintas formas de propriedade de meios de produção (coexistência de empresas públicas e privadas).

b) *A coexistência de iniciativas económicas e setores de propriedade públicos e privados na Constituição Económica comunitária*

No plano da Constituição Económica comunitária – a qual, enquanto parte integrante do Direito da União europeia, recorde-se, prevalece sobre todo o nosso direito interno, inclusive o direito constitucional – não há, em princípio, uma imposição relativamente aos regimes de iniciativa económica e de propriedade, nomeadamente a favor da iniciativa e da propriedade privadas: nos termos do art.º 345.º do TFUE, *"os Tratados em nada prejudicam o regime da propriedade dos Estados-membros"*.

Todavia, e como sublinha Luís S. Cabral de Moncada, esta neutralidade é mais aparente do que real: é que, e como decorre do regime europeu da proteção da concorrência entre as empresas (cfr. art.ºs 101.º a 109.º do TFUE),

---

[319] Não há por isso uma geométrica correspondência entre "iniciativa privada" e "setor privado dos meios de produção", e entre "iniciativa cooperativa e social" e "setor cooperativo e social de propriedade dos meios de produção" (art.º 82.º CRP) – até porque, se assim não fosse, ficariam fora do âmbito de proteção do art.º 61.º CRP a fundação e desenvolvimento das organizações previstas na novel al. *d)* do art.º 82 CRP, cujo caráter empresarial não deverá ser liminarmente excluído pelo facto de não terem fim lucrativo (o que as reconduz à previsão genérica do n.º 1 daquele artigo do texto básico).

do princípio da igualdade de trato entre as empresas públicas e as privadas (art.º 106.º), do princípio da proibição das ajudas de Estado (art.ºs 107.º a 109.º) e da imposição de adaptação dos monopólios públicos de natureza comercial à liberdade de circulação de mercadorias (art.º 37.º), "o modelo económico europeu é de uma economia de mercado aberto, sendo a livre concorrência e o mercado os princípios ordenadores da decisão económica", modelo esse que acentua os princípios gerais constantes da Constituição Económica interna[320].

c) *Conclusão*

Face ao que se acaba de expor, torna-se inadequada, na nossa opinião, face à atual redação seja dos tratados comunitários, seja do texto constitucional, e tendo em conta ainda o princípio geral da subsidiariedade do Estado decorrente do todo da Constituição, a ideia de que quer a própria Constituição Económica comunitária, quer o nosso texto fundamental assumiriam nesta sede uma posição rigorosamente «neutral» ou «neutralista» – como sustenta relativamente a este último Manuel Afonso Vaz[321], admitindo uma iniciativa económica pública equiparável, nos seus fundamentos e limites, ao exercício do direito de livre iniciativa económica privada.

Assim, podendo o setor público "estender-se para além dos limites dos setores básicos"[322], está todavia excluída a hipótese de um governo de índole socialista tornar a economia maioritária ou predominantemente pública[323].

---

[320] *Direito Económico*, cit., pp. 296-297.
[321] *Constituição Portuguesa Anotada*, vol. II, org. JORGE MIRANDA & RUI MEDEIROS, Coimbra, 2006, pp. 12-13. Veja-se, contudo, na mesma obra coletiva, e no sentido de uma "resposta matizada" a esta questão, o extenso e profundo comentário ao art.º 82.º de RUI MEDEIROS, que em geral subscrevemos (ob. cit., pp. 22-54).
[322] JORGE MIRANDA & RUI MEDEIROS, *Constituição Portuguesa Anotada*, vol. II, cit., p. 35.
[323] Neste sentido, ver também PAULO OTERO & RUI GUERRA DA FONSECA, *Comentário à Constituição Portuguesa*, vol. II, Coimbra, 2008, pp. 58-59, nota 109, e, sobretudo, JORGE MIRANDA & RUI MEDEIROS: nas palavras destes últimos autores, "não é possível radicalizar uma ideia de *neutralidade da* Constituição": esta "se, por um lado, impõe o princípio da coexistência e aponta para a intervenção do Estado na vida económica, consagra, por outro lado, diversos limites constitucionais à iniciativa económica pública, impedindo assim uma correlação arbitrária ou aleatória dos três setores de propriedade" (*Constituição Portuguesa Anotada*, vol. II, cit., p. 33).

2.5.2. A («livre») iniciativa económica pública

a) *Noções prévias*

Sem prejuízo de um regresso ao tema numa Parte III das nossas lições – a saber, quando abordarmos o tema das empresas públicas no direito português e da intervenção na gestão e nacionalização de empresas privadas, no âmbito da intervenção direta dos poderes públicos na atividade económica – tentaremos proceder nas alíneas que se seguem a um breve enquadramento constitucional desta matéria.

Já referimos no ponto anterior, e numa primeira aproximação à problemática ora em análise, que a iniciativa económica pública, num sentido muito amplo, se poderia traduzir quer na criação ou aquisição de uma empresa, quer numa nacionalização.

Mas importa agora delimitar, com mais precisão, o conceito de (livre) iniciativa económica pública.

Comece por se dizer que a iniciativa económica pública é um *poder* ou uma *competência* atribuída pela Constituição e pela lei ao Estado e a outros entes públicos – e não um direito subjetivo reconduzível aos direitos fundamentais económicos clássicos (aos direitos de livre profissão, de livre empresa ou de propriedade privada). A «liberdade» de iniciativa económica pública será sempre um poder discricionário de entidades públicas, ou seja, uma «liberdade juridicamente determinada», um dever-função que não comporta uma liberdade de fins[324] – e não um direito-liberdade, um espaço de verdadeira liberdade ou autodeterminação garantido ao seu titular pela Constituição[325].

Para além disso, também não pode ser identificada com a (livre) iniciativa económica pública a mera empresarialização de um serviço público que perdure como atividade materialmente pública, como atividade por cuja execução o Estado (ou outro ente público) continue a ser responsável nos termos da

---

[324] Cfr. ALBERTO ALONSO UREBA, *La empresa pública*, cit., p. 138.
[325] É este o objeto da proteção de qualquer verdadeiro direito fundamental negativo ou de liberdade. Por isso mesmo os direitos fundamentais só podem estar em regra na titularidade de entidades privadas: os entes públicos não são por regra seus titulares, estando-lhes, ao invés – e por definição – *sujeitos*, mesmo quando desenvolvam a sua atividade ao abrigo do direito privado.

Constituição ou da lei (em regime de monopólio ou não – veja-se, por exemplo, entre nós o caso da empresarialização dos hospitais do Serviço Nacional de Saúde no início da década de 2000).

A ideia de (livre) iniciativa económica pública implica pois a prossecução *ex novo* de uma atividade empresarial já num ambiente de mercado, em que a empresa pública opere num contexto pelo menos parcialmente concorrencial[326]. Note-se, não obstante, e como melhor se verá, que nos setores de atividade económica qualificáveis como básicos poderá excecionalmente esta concorrência (pelo menos a concorrência com empresas privadas) vir a ser limitada ou mesmo suprimida, ao abrigo da faculdade conferida pelo art.º 86.º, n.º 3 CRP, através de um severo condicionamento ou mesmo de uma total proibição de os privados neles operarem – não deixando por isso as empresas públicas que operem nesses setores protegidos de traduzir ainda uma manifestação da iniciativa económica pública.

b) *Os limites à «livre» iniciativa económica pública: a presença justificativa de um interesse público específico ou secundário*

Falámos acima na «liberdade de iniciativa e de organização empresarial» do Estado e de outros entes públicos (art.º 80.º, al. *c)* CRP) como uma «liberdade juridicamente determinada». Propomo-nos agora identificar e analisar os possíveis (e genéricos) limites jurídicos decorrentes da lei fundamental à criação de empresas de iniciativa pública, independentemente do âmbito (estadual, regional ou municipal) ou da forma jurídico-organizativa adotada.

Diga-se, antes do mais, que essa iniciativa competirá apenas ao Estado, às Regiões Autónomas e ainda às autarquias locais (nomeadamente aos municípios), no caso destas últimas desde que se trate da *"prossecução de interesses próprios das populações respetivas"* (n.º 2 do art.º 235º CRP).

Mas para além desta primeira limitação competencial que com facilidade se extrai do texto constitucional, impõe-se a constatação nesta matéria de que não prescreve a letra da Constituição explicitamente qualquer restrição à iniciativa económica pública. Diferentemente, o texto constitucional

---

[326] Neste sentido ver ALBERTO ALONSO UREBA, *La empresa publica*, cit., pp. 133 e 142-143; e entre nós PEDRO GONÇALVES, *Regime Jurídico das Empresas Municipais*, Coimbra, 2007, p. 64 e segs.

dispensa-lhe mesmo um tratamento de favor (veja-se, sobretudo, as al.ªs *b)*, *c)*, *d)* do art.º 80º e al. *i)* do art.º 81º CRP). Ora, sobretudo à luz de uma interpretação histórica, poderíamos ser por isso levados a crer numa perfeita paridade, face à nossa lei fundamental, entre iniciativa económica privada e iniciativa económica pública; ou seja, que estaria superado o princípio da subsidiariedade da intervenção direta dos poderes públicos na atividade económica expressamente consagrado apesar de tudo na Constituição anterior.

E, todavia, é evidente que este poder de iniciativa económica pública, como qualquer poder público (mesmo discricionário), não pode desconhecer outros limites implícitos decorrentes do todo do texto constitucional.

Pois bem, como já acima se aludiu, sempre constituirá um limite diretamente decorrente da Constituição quer à criação de empresas públicas (ou à aquisição de empresas já existente) pelos poderes públicos, quer à nacionalização de empresas privadas – mesmo de empresas destinadas a atuar num contexto de mercado, em ambiente concorrencial – a presença justificativa de um *interesse público* específico ou secundário que não apenas o da mera angariação de receitas.

Na verdade, o Estado e os demais entes territoriais não são titulares de um verdadeiro direito fundamental de livre iniciativa económica, em ordem à mera prossecução de um fim lucrativo (ou seja, em ordem à obtenção de meios e recursos para a administração): é que de outra forma subsistiria o perigo de o poder público acabar "por ocupar um espaço de liberdade reservado ao cidadão" (Rolf Stober)[327]. Tais entes não podem hoje "prosseguir interesses privados mediante uma atividade empresarial à custa do agravamento da economia privada"[328]. E isso sempre se deduziria, quanto mais não fosse, da existência da Constituição fiscal: na verdade, se a lei fundamental "concedeu ao poder público a faculdade soberana de criar impostos e taxas", é porque o constituinte partiu do princípio que o Estado e os demais entes públicos congéneres "estavam cingidos a esse direito porque nenhuma outra possibilidade teriam de obter receitas"[329]. Razão pela qual também, por seu turno,

---

[327] *Derecho Administrativo Económico*, Madrid, 1992, trad. Santiago González-Varas Ibáñez, pág. 169.
[328] ROLF STOBER, idem.
[329] Ibidem.

não se concede aos particulares essa prerrogativa: "porque estes devem obter lucros da sua atividade empresarial ou profissional"[330].

c) *Os limites à «livre» iniciativa económica pública (cont.): interesse público, princípio da proporcionalidade e princípio da subsidiariedade do Estado*

Mas importa relevar no ordenamento os pertinentes princípios jurídicos que nos possam fornecer critérios mais precisos para a necessária delimitação da iniciativa económica pública.

Como bem explica Romero Hernández, a capacidade de auto-organização da administração, na medida em que supõe uma margem de discricionariedade, designadamente na escolha dos meios (no caso, da escolha entre os normais instrumentos juspublicísticos de atuação, e os instrumentos privatísticos, através da criação de entidades submetidas ao direito privado), não deixa de estar ainda e sempre teleologicamente vinculada, em concreto ao *interesse público* que lhe cumpre prosseguir – naturalmente sem prejuízo da consideração de que a eficácia faz parte desse interesse[331].

É que, e sem prejuízo dos princípios da Constituição Económica ora objeto da nossa análise, nem todos os interesses gerais estão confiados à Administração: pelo contrário, no Estado Liberal-Social, assente numa economia de mercado (adotando a fórmula comunitária, numa economia de *mercado aberto* e *livre concorrência*), a satisfação das necessidades ou interesses coletivos económicos que não hajam sido publicizados pela lei (ainda que sejam publicizáveis) está confiada em regra à iniciativa privada – devendo os poderes públicos, em não existindo uma particular justificação, evitar interferir diretamente no mercado (através designadamente do desenvolvimento de atividades industriais, comerciais ou de serviços submetidas ao direito privado e em concorrência com os agentes privados).

Ora, assim sendo, "o fim (o interesse público) só justifica os meios (a criação de empresas desta natureza) quando a estes presida o *princípio da proporcionalidade*. O interesse público determina-se aqui como conceito, quando existe uma

---

[330] Ibidem. No mesmo sentido, ver também JORGE MIRANDA & RUI MEDEIROS, *Constituição Portuguesa Anotada*, vol. II, cit., pp. 29-30.
[331] *Las empresas municipales de promoción de iniciativas empresariales, in* «Administración Instrumental», vol. II, Madrid, 1994, pág. 1348.

congruência tal (...) que a afetação de recursos e a programação conducente à criação de uma empresa desta natureza seja claramente pedida por uma situação que a faça proporcionada e congruente. Mais do que nunca, aqui a decisão administrativa deve ser precedida da adequada motivação (...)"[332].

Por consequência, e agora nas palavras de Paulo Otero, "a intervenção empresarial do Estado deve obedecer ao princípio da proporcionalidade, envolvendo uma ponderação concreta entre as reais ou previsíveis vantagens para o interesse público decorrentes de uma tal forma direta de intervenção (...) segundo critérios de aptidão ou adequação"[333].

Naturalmente, e como melhor veremos adiante, esta convocação do princípio da proporcionalidade pressupõe a consagração no texto constitucional de um modelo de economia de mercado (ainda que de economia *social* de mercado), o mesmo é dizer que subentende a primazia dos privados na atividade de produção e distribuição de bens e de prestação serviços como valor constitucional – e por conseguinte a pré-existência de um *princípio de subsidiariedade* da intervenção direta dos poderes públicos na economia.

Não obstante inexistir uma possibilidade de reserva de empresa privada, não prevendo a Constituição a delimitação (ou a possibilidade legal de delimitação) de âmbitos subtraídos à atividade empresarial do Estado, nem por isso se deixará de partir do princípio de que qualquer iniciativa económica pública se traduz por regra numa restrição a uma iniciativa económica privada ou social/cooperativa genericamente tutelada pelo art.º 61.º CRP enquanto direito, liberdade e garantia de natureza análoga (e objeto de apoio e estímulo por parte do Estado – cfr. art.ºs 85.º e 86.º)[334]; isto na medida em que, mesmo num contexto (obrigatoriamente) concorrencial ou igualitário[335], a primeira

---

[332] F. ROMERO HERNÁNDEZ, *Las empresas...*, cit., pág. 1351.
[333] PAULO OTERO, *Vinculação...*, cit., pág. 205-206.
[334] Cfr. JORGE MIRANDA & RUI MEDEIROS, *Constituição Portuguesa Anotada*, vol. II, cit., pp. 29-30.
[335] Como veremos, trata-se de um outro limite à iniciativa económica pública em sentido estrito (à atividade empresarial desenvolvida pelos poderes fora do âmbito dos serviços públicos, não qualificável como materialmente administrativa, onde têm primazia outros interesses que não o do mercado) decorrente sobretudo da Constituição Económica comunitária: o de que – e sem prejuízo do respeito pelo regime próprio de propriedade de cada Estado e da especificidade dos serviços de interesse económico geral – os poderes públicos deverão por princípio sujeitar-se às mesmas regras a que estão sujeitas as empresas privadas, ou seja, de

ocupará um espaço que está em princípio destinado à segunda pela Constituição – carecendo por isso os poderes públicos de justificar a necessidade e adequação de tal afetação de recursos públicos à luz do interesse público justificativo da intervenção.

Entre nós, assinala também Paulo Otero como limites genéricos ao intervencionismo público, a subordinação da respetiva habilitação ao interesse público – representando este interesse "o fundamento, o limite e o critério da atuação económica pública e, consequentemente, da iniciativa económica pública" e o "princípio (implícito) da subsidiariedade do Estado, enquanto manifestação direta do respeito pela dignidade da pessoa humana", especialmente "pela subordinação da intervenção direta do Estado a uma regra de necessidade"[336].

Sublinhe-se, por fim, que os limites à iniciativa económica pública que se acaba de enunciar valem quer para os casos de criação ou aquisição pela via contratual de empresas já existentes, quer, por maioria de razão, para os casos de nacionalização de empresas privadas. Não assiste por isso a nosso ver razão a Luís S. Cabral de Moncada, na sua afirmação de que "não há limites de fundo à apropriação pública dos meios de produção" referida no art.º 83.º CRP, e que decorre da posição de base defendida pelo mesmo autor que aqui genericamente refutamos, de inexistência de limites ao princípio da «livre» iniciativa económica pública de que o referido preceito constitui corolário[337].

2.5.3. A coexistência dos setores de propriedade dos meios de produção (setor público, setor privado e setor cooperativo e social)

a) *Noções prévias*

Como vimos, as al. *c)* e *b)* do art.º 81.º estabelecem um princípio de, respetivamente, *"liberdade de iniciativa e de organização empresarial no âmbito de uma*

---

que terão tais empresas públicas de se submeter às mesmas condições concorrenciais em que as demais operam.
[336] *Vinculação...*, cit., pág. 46, 121 e 124. No mesmo sentido, ver também Maria João Estorninho, *A fuga...*, pág. 167 a 175. Sobre os diversos limites à iniciativa económica pública, ver ainda Jorge Miranda & Rui Medeiros, *Constituição Portuguesa Anotada*, vol. II, cit., pp. 29 e segs.
[337] *Direito Económico*, cit., p. 272.

economia mista" e de *"coexistência do setor público, do setor privado e do setor cooperativo e social de propriedade dos meios de produção";* e ainda segundo o n.º 1 do art.º 82.º («Setores de propriedade dos meios de produção») "é garantida a coexistência de três *setores de propriedade dos meios de produção".*

A primeira das referidas alíneas consagra (acabamos de constatá-lo também), a par de uma liberdade de empresa ou de iniciativa económica privada já previamente tutelada pelo art.º 61.º CRP, um princípio, algo similar àquele, de «livre» iniciativa económica pública – princípio este que, todavia (reitere-se), não consubstancia um verdadeiro direito subjetivo negativo ou de liberdade, mas antes um poder discricionário de criação de empresas públicas (ou de aquisição de empresas privadas já existentes) destinadas à partida e em regra a atuar num mercado concorrencial e em condições de igualdade relativamente aos demais operadores económicos. Estamos por isso perante um *direito*, no primeiro caso, e perante um *poder*, no segundo caso, de acesso a atividades económicas e de livre organização empresarial – posições jurídicas distintas e contrapostas de cujas existência e exercício resultam diferentes consequências jurídicas, como melhor veremos.

A segunda das alíneas supracitadas (al. *b)* do art.º 81), assim como o n.º 1 do art.º 82.º, têm como objeto e destinatários também, respetivamente, as atividades económico-empresariais e as entidades privadas e públicas que as desenvolvem através das organizações empresariais por si criadas para o efeito. Mas são normas de proteção do já existente: nelas se estabelece uma garantia institucional de cada um dos três setores de propriedade ou titularidade dos «meios de produção» abrangidos na respetiva previsão. Refira-se ainda que esta garantia integra o elenco dos limites materiais da revisão constitucional (art.º 288.º, al. *f)*).

Tenha-se presente que a Constituição usa a mesma expressão «setores de atividade (económica)» para significar diferentes realidades. Neste caso, a divisão dos setores de atividade económica assenta não em atividades mas em empresas ou estabelecimentos, em função da distinta natureza dos entes *titulares, gestores* e/ou *possuidores* das ditas empresas ou estabelecimentos[338].

---

[338] Cfr. António Carlos dos Santos, Maria Eduarda Gonçalves & Maria Manuel Leitão Marques, *Direito Económico*, cit., p. 631 e Jorge Miranda & Rui Medeiros, *Constituição Portuguesa Anotada*, vol. II, cit., , p. 35.

Quanto aos «meios de produção», compreende tal conceito, desde logo, os *bens produtivos,* ou seja, todos os bens que *facultam a obtenção de novos bens e serviços,* uma vez integrados em certos esquemas – por norma em concatenação com o trabalho humano no âmbito de organizações empresariais (Menezes Cordeiro)[339] – bens produtivos esses aos quais se contrapõem, *grosso modo,* os *bens de consumo* (o mesmo é dizer, "aqueles que, por si, satisfazem as necessidades humanas, esgotando-se nessa ocasião"[340]) e os *serviços finais.*

Para além dos bens produtivos ou instrumentos de trabalho integram ainda o conceito de «meios de produção» as matérias-primas; por isso, e não obstante o constituinte parecer diferenciar os «meios de produção» dos «recursos naturais» (al. *d)* do art.º 80.º)[341], o conceito constitucional em análise abrangerá também, mais genericamente, e para além das infraestruturas e redes públicas (como os portos, aeroportos e linhas férreas), os próprios recursos naturais integrados no domínio público por lei ou pela própria Constituição (como os jazigos minerais e as nascentes de águas mineromedicinais – cfr. al. *c)* do n.º 1 do art.º 84.ºCRP)[342].

Estando os meios de produção em regra "afetos (em termos de propriedade ou de outro título jurídico) às empresas, como unidades centralizadoras dos fatores de produção", há bens suscetíveis de ser utilizados na produção que não estão ou podem não estar ativados "ou por natureza reserva de recursos ou subsolo ou por retenção, intencional ou não", como serão os casos de máquinas não instaladas e de terrenos incultos – podendo nestas hipóteses não serem empresas os respetivos titulares, mas antes "o Estado, pessoas singulares ou sociedades que se não organizam como empresas" (Carlos Ferreira de Almeida)[343].

---

[339] Como explica ainda o autor, trata-se de uma categoria mais ampla do que a romanística das coisas frutíferas, pois "não se cinge às coisas corpóreas" e alarga-se em geral a "todo o fenómeno de produção, sem se ater aos frutos" (*Direito da Economia,* 1.º vol., Lisboa, 1994, p. 307.
[340] MENEZES CORDEIRO, *Direito da Economia,* cit., p. 308.
[341] MENEZES CORDEIRO, ibidem, *Direito da Economia,* cit., p. 310.
[342] Neste sentido, também PAULO OTERO & RUI GUERRA DA FONSECA, *Comentário à Constituição Portuguesa,* vol. II, Coimbra, 2008, p. 217.
J. J. GOMES CANOTILHO & VITAL MOREIRA distinguem os recursos naturais dos meios de produção apenas e na medida em que os primeiros terão uma componente maior "não produzida pelo trabalho, que não é, portanto, em sentido estrito, capital" (*Constituição da República Portuguesa Anotada,* vol. I, cit., p. 959).
[343] *Direito Económico,* II Parte, Lisboa, 1979, p. 381.

Todavia, e fora estes casos, reitere-se, um conceito juridicamente operativo de «meios de produção» passará sempre pela individualização daquelas universalidades de bens afetas à produção e distribuição de bens de consumo ou prestação de serviços, que o direito infraconstitucional normalmente designa e regula, em sentido objetivo, como *estabelecimentos* (comerciais), e em sentido subjetivo como *empresas*[344].

Recorde-se, por último, que quer a definição em geral dos setores de propriedade dos meios de produção, quer o regime em especial dos meios de produção integrados no setor cooperativo e social de propriedade, integram o elenco das matérias objeto de reserva relativa de competência da AR (cfr., respetivamente, al. *j*) e *x*) do n.º 1 do art.º 165.º CRP).

b) *O setor público*

Nos termos do n.º 2 do art.º 82.º, "*o setor* público é constituído pelos meios de produção cujas propriedade e gestão pertencem ao Estado ou a outras entidades públicas".

A primeira nota que se impõe é a da prévia distinção entre o *setor* público administrativo (constituído pelas entidades e serviços administrativos não-empresariais) e o *setor* público empresarial (constituído pelas empresas públicas). Naturalmente, a Constituição refere-se apenas a um setor público empresarial e não administrativo[345].

Passando à análise dos critérios de pertença ao setor público empresarial, para que uma empresa ou estabelecimento se considere nele integrado, requer o n.º 2 do art.º 82.º que, cumulativamente, esteja na titularidade de um ente público e que seja gerido também por um ente público (que poderá ser o ente proprietário ou outro).

Duas asserções são hoje consensuais na doutrina e na jurisprudência: a irrelevância para o efeito, por força ampla liberdade de auto-organização

---

[344] Também JORGE MIRANDA & RUI MEDEIROS salientam o facto de o texto constitucional englobar hoje, "indiferenciadamente, quer os bens individualmente considerados, usados no processo de produção, quer as próprias empresas enquanto organizações complexas de bens e direitos" (*Constituição Portuguesa Anotada*, vol. II, org., cit., p. 25, *apud* SIMÕES PATRÍCIO, *Curso de Direito Económico*, Lisboa, 1980, pp. 88-89).
[345] Cfr. MANUEL AFONSO VAZ, *Direito Económico*, cit., pp. 207-208.

empresarial dos poderes públicos, da forma jurídico-organizativa da empresa (que tanto poderá ser uma sociedade comercial como uma clássica empresa pública institucional, ou até uma empresa pública não personalizada, como é o caso dos serviços municipalizados)[346] e o não ser necessário que o respetivo capital seja detido a 100% pelo Estado e/ou por outra(s) entidade(s) pública(s) para a sua (automática) integração no setor público[347]/[348].

Suscitam-se todavia dúvidas sobre se bastará a *conjugação* de uma *influência dominante* sobre a empresa, direta ou indireta, por parte dos poderes públicos (a necessária para garantir a nomeação da maioria dos membros do respetivo órgão de gestão) com a *detenção de uma parte substancial do seu capital*, ou se será necessária de todo o modo uma participação maioritária para que a empresa integre o setor público.

Uma consolidada jurisprudência constitucional, seguida pela generalidade da doutrina, sustenta esta última posição[349]; nas palavras de Luís S. Cabral de Moncada, a «propriedade» de que fala o n.º 2 do art.º 82.º é uma *propriedade jurídica*, e não uma *propriedade económica* – sendo esta segunda a de quem exerce o controlo da empresa. Ora, necessária será ainda a *propriedade* jurídica da empresa por parte dos poderes públicos, e não apenas uma influência decisiva na respetiva *gestão*, para a dita empresa preencher os dois requisitos cumulativos previstos no referido preceito constitucional. Decisivamente influenciado pelo conceito comunitário de empresa pública, parece subscrever o entendimento primeiramente referido Manuel Afonso Vaz, com a ressalva de "que será sempre de exigir, para que a empresa seja integrada no setor

---

[346] Cfr. JORGE MIRANDA & RUI MEDEIROS, *Constituição Portuguesa Anotada*, vol. II, cit., pp. 43-45.

[347] E compreende-se que assim seja: sem prejuízo da necessária conciliação entre o interesse público prosseguido pelo parceiro público e o interesse privado (em regra, lucrativo) que motiva o parceiro privado, em *ultima ratio* (em caso de conflito) predominarão sempre na gestão da empresa os critérios e a lógica da gestão pública.

[348] Sobre os critérios para se aferir a pertença de uma empresa ao setor público pronunciou-se (a propósito da Lei n.º 84/88, de 20 de Julho) o Tribunal Constitucional no seu Ac. n.º 108/88 (publicado no DR, I Série, de 25.06.88).

[349] Cfr. PAULO OTERO & RUI GUERRA DA FONSECA, *Comentário à Constituição Portuguesa*, vol. II, cit., p. 229; JORGE MIRANDA & RUI MEDEIROS, *Constituição Portuguesa Anotada*, vol. II, Coimbra, 2005, pp. 35 e segs (nas palavras destes autores, "é duvidoso que, sendo a maioria do capital privado se possa falar em empresas integradas no setor público (estadual)" – p. 37).; J.J. GOMES CANOTILHO & VITAL MOREIRA, *Constituição Anotada*, vol. I, Coimbra, 2007, pp. 978 e ss.

público", a detenção pela banda dos poderes públicos "de parte do capital da empresa", conjuntamente com o respetivo controlo público[350].

Entendemos hoje ser a primeira das referidas posições a posição correta, essencialmente por razões de (maior) segurança e certeza jurídicas; não basta pois a «propriedade económica», nomeadamente uma forte posição acionista que atribua ao acionista ou acionistas públicos o poder de designar a maioria dos membros do seu órgão de gestão, importando ainda a propriedade *jurídica* da empresa, o que implica a titularidade da maioria do respetivo capital[351].

Note-se, ainda, que o critério constitucional plasmado no n.º 2 do art.º 88.º para a delimitação das entidades empresariais pertencentes ao setor público («propriedade e gestão» pertencentes «ao Estado ou a outras entidades públicas»), clarificado pela consolidada jurisprudência do Tribunal Constitucional acima referida e que aqui se subscreve, bem se poderá erigir como critério geral de aferição da *natureza profunda* (pública ou privada) das demais entidades maioritariamente participadas por entidades públicas (fundações, associações e cooperativas).

Refira-se enfim que subscrevemos a posição de Jorge Miranda, na esteira do Parecer da Comissão Constitucional n.º 15/77 (a propósito da questão de se saber se a gestão por empresas privadas de empresas nacionalizadas violava o princípio da irreversibilidade das nacionalizações, por implicar – ou não – reversão de setores), de que a exploração e gestão de meios de produção públicos por intermédio de *entidades privadas concessionárias* (e nesta qualidade vinculadas "à realização dos fins de interesse público que são próprios dos bens do setor público") deverá ser qualificada também como *gestão pública*, ainda que *indireta* (por ser o concessionário um mero agente ou órgão indireto do concedente[352]) – devendo por isso considerar-se que as empresas concessionárias integram igualmente o setor público, por públicas serem quer a propriedade quer a gestão dos meios de produção em causa[353].

Duas derradeiras observações ainda neste ponto.

---

[350] Cfr. MANUEL AFONSO VAZ, *Direito Económico*, cit., p. 208.
[351] Alteramos assim a posição que sustentámos em *A Constituição Económica portuguesa. Enquadramento dogmático e princípios fundamentais*, Revista da FDUP, Porto, Ano VIII – 2011, pp. 69-70.
[352] C. A. MOTA PINTO, *Direito Público da Economia*, cit., p. 115.
[353] JORGE MIRANDA, *Direito da Economia*, cit., pp. 333-336.
Em sentido contrário pronuncia-se abertamente SÉRGIO GONÇALVES DO CABO, em *A delimitação de setores na jurisprudência da Comissão e do Tribunal Constitucional. Uma perspetiva financeira*, in «Revista da Faculdade de Direito da Universidade de Lisboa», vol. XXXIV, 1993, pp.318 e segs.

A primeira é a de que não terão forçosamente de coincidir – e não coincidem de facto – o conceito constitucional e o conceito comunitário de empresa pública adotado recentemente pelo nosso legislador. É hoje qualificada entre nós como empresa pública (estadual ou municipal) toda a empresa na qual os poderes públicos possam exercer, de forma direta ou indireta, uma influência dominante em virtude da detenção da maioria do capital ou dos direitos de voto ou do direito de designar ou destituir a maioria dos membros dos órgãos de administração ou de fiscalização. Ora, é bom de ver que basta, para uma tal qualificação, que o poder de exercer uma influência dominante advenha não (ou não também) de uma (significativa) posição acionista (ou seja, com base na propriedade), mas tão só, genericamente, das regras que rejam a empresa[354].

O setor público empresarial delimitado pela aplicação do critério consagrado no art.º 82.º, n.º 2 não combina hoje por inteiro, pois, com o setor empresarial público resultante dos critérios normativos infraconstitucionais

---

Também RUI MEDEIROS, no seu comentário ao art.º 82.º, se distancia da posição de JORGE MIRANDA, sobretudo por duas razões. A primeira prende-se com os casos "em que a concessão de um serviço público é atribuída de raiz, em regime de concessão, a uma entidade privada, já que, mesmo que a gestão seja (indiretamente) pública, a propriedade pode ser privada"; e a segunda por serem os concessionários privados também titulares da liberdade de empresa (ao menos quanto ao exercício)" (JORGE MIRANDA & RUI MEDEIROS, *Constituição Portuguesa Anotada*, vol. II, cit., p. 38).

Não acompanhamos RUI MEDEIROS nas suas reservas. Quanto ao primeiro argumento, sempre se diga que a propriedade privada dos meios de produção dos concessionários afetos à concessão (mesmo dos por si adquiridos de raiz) é bastante limitada, por força da regra da respetiva inalienabilidade enquanto durar a concessão (cfr. art.º 419.º do Código dos Contratos Públicos, n.ºs 4 e 5), e do princípio da respetiva reversão finda a relação concessória (com efeito, se no termo da concessão o concedente vier a considerar os bens próprios do concessionário afetos à concessão necessários à continuação da exploração do serviço, pode requerer ao competente membro do governo a respetiva expropriação, dispensado hoje o Código das Expropriações em todos os casos o concedente – e não apenas na hipótese de resgate – de levar a cabo o procedimento expropriativo prévio à emissão da Declaração de Utilidade Pública). A posição de proprietário do concessionário é por isso uma posição precária, temporária e juridicamente limitada (trata-se de um direito real limitado atípico, que exclui o *ius abutendi*), posição essa que não pode ser determinante nesta sede: o que releva pois é que os meios de produção em causa estão antecipadamente destinados a integrar o domínio público ou privado do ente público concedente.

Enfim, no que respeita à liberdade de empresa, entendemos que o carácter público da atividade concessionada coloca a empresa concessionária, no que à concessão se refere, fora do âmbito de proteção do art.º 61. CRP.

[354] Expressão usada pela Diretiva da Comissão da CEE de 25 de Junho de 1980.

(setor este que se subdivide hoje, como melhor veremos, no Setor Empresarial do Estado – SEE, nos setores empresariais de cada uma das regiões autónomas e no Setor Empresarial Local – SEL[355]). Um âmbito legislativo mais amplo de setor público empresarial do que o constitucional não levanta, porém, problemas de constitucionalidade, desde que, em relação às empresas integradas no setor privado (e que constituirão, do ponto de vista constitucional, um «setor privado publicizado»), não consagre "soluções desconformes com o estatuto privado que constitucionalmente lhes cabe"[356].

E a segunda observação é que, em boa verdade, desde que os planos (recorde-se, figura introduzida com a 2.ª Revisão Constitucional, de 1989, em substituição do Plano único) deixaram de ser vinculativos para o setor público, esta delimitação perdeu boa parte do interesse prático que até então apresentava. Se bem virmos, agora a integração ou não de uma empresa no setor público para os efeitos dos n.ºs 1 e 2 do art.º 82.º CRP só relevará para efeitos de uma eventual sujeição ao poder-dever do Estado de *"assegurar a plena utilização das forças produtivas, designadamente zelando pela eficiência do setor público"* (al. *c*) do art.º 81.º CRP) e ainda ao ónus constante do art.º 89.º (*"nas unidades de produção do setor* público *é assegurada uma participação efetiva dos trabalhadores na respetiva gestão"*).

c) *O setor privado*

Se para se considerar uma empresa integrada no setor público a Constituição requer, cumulativamente, que o Estado ou outro ente público detenha as respetivas *propriedade* e *gestão*, faltando uma ou outra, a empresa integrará então o setor privado de propriedade dos meios de produção – isto se, por força das normas especiais do n.º 4 do art.º 82.º, não for afinal «reenviada» para o setor cooperativo e social.

É isso mesmo que o n.º 2 do art.º 82º reitera expressamente. Desta forma, as unidades produtivas de titularidade pública mas de *gestão privada* – como será o caso das empresas privadas que exploram nascentes de águas

---

[355] Sobre estes três setores (estadual, regional e autárquico) ver por todos JORGE MIRANDA & RUI MEDEIROS, *Constituição Portuguesa Anotada*, vol. II, cit., p. 40.
[356] Cfr. JORGE MIRANDA & RUI MEDEIROS, *Constituição Portuguesa Anotada*, vol. II, cit., pp. 37-38.

mineromedicinais – integram o setor privado. E o mesmo se passa com as situações inversas (de titularidade privada e gestão pública): nomeadamente, as *empresas intervencionadas* (cfr. n.º 2 do art.º 86.º) mantêm-se por isso no setor privado, mesmo durante o período da intervenção pública na respetiva gestão. Isto porque, num e noutro caso, note-se, a exploração e a gestão da empresa obedecem predominantemente "a critérios e lógica de gestão privada"[357].

Reitere-se que – e diferentemente das situações de utilização privativa e de exploração de bens do domínio púbico por entidades privadas não vinculadas à prossecução dos fins públicos dos entes titulares dos referidos bens – as empresas concessionárias de serviços públicos (essas sim) integram a nosso ver o setor público, e não o setor privado, por consubstanciarem uma forma de *gestão indireta* de meios de produção públicos, com obediência a critérios e lógica de gestão pública.

E pela mesma ordem de razões, também nas sociedades de capitais mistos a titularidade privada de uma parte do capital social não obsta à integração da empresa dominada pelo sócio público no setor público[358].

Com efeito, em ambos os casos os parceiros privados (e não obstante a legítima prossecução de fins privados/lucrativos) estão, em *ultima ratio*, submetidos ao interesse público ligado aos meios de produção em causa e prosseguido pelos parceiros públicos seus proprietários, que em hipótese de conflito prevalecerá sobre o referido escopo lucrativo.

Refira-se enfim que as empresas privadas – em particular as pequenas e médias – beneficiam tão só, e genericamente, do incentivo do Estado, nos termos do n.º 1 do art.º 86.º CRP.

d) *O setor cooperativo e social: nota introdutória*

O setor cooperativo e social é definido pelo *modo especial de gestão* de meios de produção, e já não pela respetiva titularidade. Aqui o que importa é, pois, a *propriedade económica* (trata-se de meios de produção «possuídos e geridos» por determinadas entidades ou coletivos), e não a *propriedade jurídica*[359].

---

[357] Manuel Afonso Vaz, *Direito Económico*, cit., p. 200.
[358] Cfr. Jorge Miranda & Rui Medeiros, *Constituição Portuguesa Anotada*, vol. II, cit., p. 48.
[359] L. Cabral de Moncada, *Direito Económico*, cit., p. 267.

As entidades (e coletivos[360]) «possuidoras e gestoras» dos meios de produção integrantes deste setor são também e ainda entidades privadas (ou, se se quiser, entidades da mesma natureza daquelas que integram o setor privado de propriedade de meios de produção).

Apresentam todavia tais entidades (e coletivos) determinadas características que as individualizam relativamente às demais unidades de produção privadas e que justificam a autonomização de um terceiro setor de propriedade de meios de produção *especialmente protegido* e mesmo *estimulado* pela Constituição.

No caso das cooperativas e da comunidades locais, isso acontece por assegurarem os princípios que enformam os respetivos regimes uma propriedade e uma gestão democráticas e igualitárias[361]; no caso dos coletivos de trabalhadores em autogestão, por maximizar esta modalidade de gestão empresarial uma participação dos trabalhadores no governo das unidades produtivas do setor público que a Constituição acarinha por princípio (cfr. art.º 89.º CRP)[362]; e no caso das entidades – associações ou fundações – referidas na novel al. *c)* do n.º 4 do art.º 82.º CRP, por prosseguirem fins não lucrativos e de solidariedade social.

Todo o setor cooperativo e social merece, da parte do Estado, uma particular «proteção» (al. *f)* do art.º 80.º CRP), sendo que as empresas que integram o setor cooperativo e as experiências autogestionárias viáveis beneficiam desde logo dos privilégios previstos nos art.ºs 85.º e 97.º CRP: umas e outras de «estímulo» e «apoio» do Estado (n.ºs 1 e 3 do art.º 85.º e n.º 1 e 2, al. *d)* do art.º 97.º), e as cooperativas, em especial, de benefícios fiscais e financeiros,

---

[360] Só é pressuposta a personalidade jurídica das entidades referidas nas al. *a)* (cooperativas) e *d)* (pessoas coletivas sem carácter lucrativo e com fins de solidariedade social) do n.º 4 do art.º 82.º: os coletivos de trabalhadores e as «comunidades locais» a que se referem as al. *b)* e *c)* deste número não precisam de ter personalidade jurídica própria para que lhes sejam aplicados os pertinentes normativos constitucionais.

[361] Referem-se à "liberdade de empresa das cooperativas", e a estas empresas como "empresas sob forma associativa", com "gestão democrática" e de adesão livre, L. CABRAL DE MONCADA, em *Direito económico*, cit., p. 145, e JORGE MIRANDA & RUI MEDEIROS, *Constituição Portuguesa Anotada*, cit., pp. 622-623.

[362] A autogestão só é possível nas empresas públicas: como bem frisam GOMES CANOTILHO & VITAL MOREIRA, está afastada pela lei fundamental "a autogestão em relação a empresas pertencentes ao setor privado", nas quais os trabalhadores têm apenas "o direito de controlo de gestão" (*Constituição Anotada*, cit., p. 329).

condições mais favoráveis na obtenção de crédito e auxílio técnico (n.º 2 do art.º 85.º)[363].

e) *O setor cooperativo e social (cont.): o subsetor cooperativo*

Começando pelo *subsetor cooperativo*, adiante-se que a cooperativa constitui uma figura intermédia entre a associação e a sociedade comercial[364]. A Constituição não adianta de todo o modo uma definição de cooperativa; mas exige reiteradamente às empresas cooperativas a observância dos *princípios cooperativos* internacionalmente consagrados, sob pena de não poderem beneficiar os seus titulares da tutela da norma consagradora do direito de livre iniciativa económica cooperativa (cfr. art.º 61.º, n.º 2), assim como das vantagens objetivas decorrentes da inclusão neste específico setor de propriedade de meios de produção[365].

Os mais importantes princípios cooperativos, para onde remete a al. *a)* do n.º 4 do art.º 82.º (e que caracterizam as verdadeiras cooperativas ou cooperativas *em sentido material*, por contraposição às falsas, que mais não são do que sociedades irregulares *sui generis*[366]) serão apenas (e de entre o conjunto maior dos reconhecidos sucessivamente em 1937 e em 1966 pela Aliança Cooperativa Internacional), os *da porta aberta,* da *filiação voluntária,* da *organização democrática,* da *limitação da taxa de juro a pagar pelo capital social*

---

[363] Não está previsto de modo explícito o mesmo tratamento de favor para as pessoas coletivas previstas na al. *d)* do n.º 4.º do art.º 82.º, por ter querido o constituinte derivado minimizar as alterações ao texto constitucional em 1997 (que já de si pecaram por algum excesso); deverá contudo fazer-se uma interpretação extensiva destes preceitos que preveem tais apoios e estímulos no sentido de abrangerem também o subsetor solidário.

[364] O atual Código Cooperativo (aprovado pela Lei 51/96, de 07.09, e alterado pelos DL, 343/98, de 06.11 131/99, de 21.04 e 24/2004, de 19.08) evita aliás cuidadosamente uma formal recondução da cooperativa a qualquer destes tipos clássicos de pessoas coletivas.

[365] Nas palavras de MENEZES CORDEIRO, cooperativas que o sejam apenas formalmente, desviando-se dos princípios cooperativos e atuando como entidades privadas comuns, saem "do setor cooperativo, para cair no setor privado" (*Direito da Economia,* cit., pp. 319-320).

[366] Cfr. ANTÓNIO CARLOS DOS SANTOS, MARIA EDUARDA GONÇALVES & MARIA MANUEL LEITÃO MARQUES, *Direito Económico,* cit., p. 67. Quanto a esta questão, ver também o Acórdão do Tribunal Constitucional n.º 321/89, de 20.04, publicado no DR, I Série, de 20.04.89.

(em se prevendo tal hipótese) e da *repartição equitativa de eventuais excedentes ou poupanças*[367].

f) *O setor cooperativo e social (cont.): o subsetor comunitário*

Passando ao *subsetor comunitário* (o dos "meios de produção comunitários, possuídos e geridos por comunidades locais" – al. *b)* do n.º 4 do art.º 82.º), esclareça-se desde logo que as «comunidades locais» aqui referidas não são as categorias constitucionalmente identificadas e consagradas das autarquias locais (ou suas associações) e das comissões de moradores que constituem manifestações do poder local: como é consensual na doutrina, esta previsão pretendeu (e pretende) proteger no plano constitucional a figura dos *baldios* enquanto forma específica e tradicional no nosso direito de propriedade/posse coletiva de terrenos no mundo rural (sobretudo no norte do país) – que são terrenos usados por residentes de um ou mais «lugares» ou localidades (o «universo dos compartes») que são também administrados por membros de tais comunidades[368].

Nos termos do art.º 3.º da Lei dos Baldios (Lei n.º 68/93, de 4 de Setembro), "os baldios constituem, em regra, logradouro comum, designadamente para efeito de apascentação de gados, de recolha de lenhas ou de matos, de culturas e outras funções, nomeadamente de natureza agrícola, silvícola, silvopastoril ou apícola". Em consonância com o conceito constitucional mais amplo de «meios de produção comunitários», suscetível de alcançar outros meios de produção que não os solos com aptidão agrícola (*lato sensu*), prevê ainda o referido diploma, no n.º 2 do art.º 2.º a sua aplicação a "equipamentos comunitários, designadamente eiras, fornos, moinhos e azenhas", desde que (também) "usados, fruídos e geridos por comunidade local".

---

[367] A Aliança Cooperativa Internacional é a mais representativa organização (para não dizer a única) do movimento cooperativo internacional; refira-se ainda que os referidos princípios aprovados primeiramente no congresso da organização de 1937 (e objeto de atualização e desenvolvimento no Congresso de Viena da ACI de 1966) inspiraram-se por sua vez diretamente nos postulados fundacionais dos «Pioneiros de Rochdale». Sobre o tema, ver por todos RUI NAMORADO, *Os princípios cooperativos*, Coimbra, 1995, e *Introdução ao direito cooperativo*, Coimbra, 2000; quanto à importância dos princípios cooperativos, ver ainda o Acórdão do Tribunal Constitucional n.º 38/84, de 11.04, publicado no DR, I Série, de 07.05.84.

[368] O diploma que regula atualmente os baldios é a Lei n.º 68/93, de 4 de Setembro.

Esta propriedade comunitária é uma figura de contornos consuetudinários que o direito positivo se limitou a reconhecer «minimalisticamente», abundando as remissões explícitas e, sobretudo, implícitas ou pressupostas para o costume (que aqui se revela como importante fonte mediata de direito). Segundo a noção adiantada por Marcelo Caetano, os baldios são «bens da comunidade» ou de «propriedade comunal», comunidade essa não personalizada e de contornos indefinidos, formada pelos habitantes de uma determinada circunscrição administrativa ou de parte dela que utilizem tais bens, em prática reiterada, ao longo de um período razoável de tempo[369]. Um traço essencial da natureza e regime dessa comunidade é o facto de todos os que nela ingressam adquirirem gratuitamente o direito à respetiva fruição de acordo com as suas necessidades ou apetências, fruição que aqueles que dela (comunidade) saem perdem, por seu turno, também sem qualquer indemnização ou contrapartida.

O Tribunal Constitucional já teve ocasião de se pronunciar sobre esta matéria nos acórdãos n.º 325/89 e 240/91, declarando neste último (no âmbito da fiscalização preventiva) a inconstitucionalidade de diversas normas de um decreto da AR que pretendia reduzir drasticamente a autonomia das «assembleias de compartes» e, na prática, induzir a prazo uma transferência da propriedade dos baldios para o domínio privado das Freguesias[370].

g) *O setor cooperativo e social (cont.): o subsetor autogestionário*

Quanto ao *subsetor autogestionário* ou *de exploração coletiva por trabalhadores*[371], e tal como o subsetor cooperativo, resulta ele de uma das modalidades do di-

---

[369] MARCELLO CAETANO, *Manual de Direito Administrativo*, vol. II, 9.ª ed., Coimbra, 1983, pág. 976.
[370] Tendo-se frustrado na altura este intento do legislador ordinário, a verdade é que, de então para cá, as Freguesias não desistiram de se apossar dos terrenos baldios, mesmo no âmbito do enquadramento legal mais restritivo que resultou da intervenção do Tribunal Constitucional. O Acórdão n.º 240/91 admitiu a conformidade constitucional da previsão legal da extinção dos baldios que tenham deixado de ser utilizados pela respetiva comunidade, por razões de utilidade pública e mediante decisão administrativa (ainda que contra o pagamento de uma justa indemnização à comunidade local utilizadora ou outro mecanismo de compensação) – tendo passado a ser esse o corrente fundamento para a respetiva apropriação pelas Freguesias.
[371] Para MANUEL AFONSO VAZ (*Direito Económico*, cit., pp. 205-206), assim como para PAULO OTERO & RUI GUERRA DA FONSECA (*Comentário à Constituição...*, cit., pp. 240-241), e atendendo à letra do preceito em análise, trata-se de figuras distintas.

reito de livre iniciativa económica (ou liberdade de empresa) explicitamente reconhecido a entidades de natureza privada pelo art.º 61.º CRP.

Mas decorre precisamente da genérica manifestação do direito de livre iniciativa económica consagrada no n.º 1 do dito art.º 61.º, assim como do também fundamental direito de propriedade privada (na sua modalidade de propriedade de meios de produção), a primeira delimitação do âmbito constitucionalmente protegido da iniciativa autogestionária reconhecida no n.º 4 do mesmo artigo.

Com efeito, é a proteção constitucional desses outros direitos, liberdades e garantias que (e como bem sublinham Gomes Canotilho & Vital Moreira) preclude a autogestão em relação a empresas pertencentes ao setor privado, nas quais os trabalhadores têm apenas o direito de controlo de gestão[372]. Se bem virmos, a gestão de uma empresa pelo coletivo dos seus trabalhadores, sendo um direito reportado à qualidade destes de assalariados, implica, por definição, que não são estes os seus proprietários, mas terceiras entidades; ora, reconhecer aos primeiros um tal direito, sem mais (ou seja, em substituição de uma gestão pelos órgãos da empresa segundo as regras do direito comum, sem passar pela via da respetiva aquisição ou por outro ato jurídico válido[373]),

---

Segundo Manuel Afonso Vaz, o subsetor de *exploração coletiva por trabalhadores* é potencialmente mais amplo do que o fenómeno da *autogestão* (sobre bens e empresas de propriedade pública) – podendo designadamente compreender situações de exploração coletiva por trabalhadores de empresas privadas (com consentimento do seu titular) ou mesmo de empresas propriedade dos próprios trabalhadores.
A nosso ver, qualquer das duas situações referidas cai noutros setores (ou subsetores) de propriedade. Nomeadamente, a primeira recai no setor privado, pois os titulares da empresa, se a não abandonaram, continuam a «pôr e a dispor» dela, não sendo por isso neste caso a posição dos trabalhadores suficientemente sólida para justificar uma mudança de setor. E a segunda situa-se sem dúvida no setor cooperativo (ou no setor privado, se desrespeitar os princípios cooperativos, desde logo o «princípio da porta aberta», que obriga a cooperativa a aceitar como cooperante todo o candidato que pertença à categoria dos interessados, que no caso são, por definição, todos os trabalhadores) – pois outra coisa em rigor não é uma empresa cooperativa senão uma empresa que é propriedade dos seus trabalhadores, no sentido de pertencer a cada um deles, igualitariamente, a mesma quota-parte que pertence aos demais.

[372] *Constituição Anotada*, cit., p. 329
[373] Carlos Ferreira de Almeida, *Direito Económico*, I Parte, Lisboa, 1979, p. 294.

implicaria a negação do direito de livre iniciativa económica e do direito de propriedade dos titulares da empresa em autogestão[374].

Foi esse aliás o insuperável dilema que enredou o primeiro e único esboço de regime legal de autogestão ensaiado na nova ordem constitucional, o da Lei 68/78, de 18.10 – o qual, note-se, visou apenas regular situações passadas, concretamente as das empresas (privadas) que entraram em autogestão no período compreendido entre o 25 de Abril de 74 e a data de entrada em vigor do diploma (tendo este por isso caducado há muito)[375].

Não foi até hoje aprovado um regime legal de autogestão de empresas (públicas), apesar do que dispõe o n.º 5 do art.º 61.º («Iniciativa privada, cooperativa e autogestionária): "é reconhecido o direito de autogestão, no termos de lei". E bem se percebe porquê: esta figura é tributária de um texto fortemente ideologizado, na sua versão originária, sobrevivendo hoje no articulado como uma relíquia de outros tempos, que deixou de ter qualquer correspondência na cultura político-administrativa e na realidade constitucional dos nossos dias.

h) *O setor cooperativo e social (cont.): o subsetor solidário*

O quarto e último subsetor do setor cooperativo e social é constituído pelos *"meios de produção possuídos e geridos por pessoas coletivas sem carácter lucrativo, que tenham como principal objetivo a solidariedade social, designadamente entidades de natureza mutualista"* (al. *d*) do n.º 4 do art.º 82.º).

---

[374] Como bem notam Jorge Miranda & Rui Medeiros, enquanto "na cooperativa, a propriedade pertence aos cooperadores, na autogestão ocorre uma dissociação entre propriedade e gestão" – havendo "um direito geral de iniciativa cooperativa, a que qualquer pessoa, em razão do objeto e atividade, pode aceder"; por isso, "a autogestão oferece-se de alcance limitado, por não poder contender com o exercício normal das outras formas de iniciativa económica, a pública, a privada e a social" *Constituição Portuguesa Anotada*, vol. I, cit., p. 623).

[375] Cfr. Jorge Miranda & Rui Medeiros, *Constituição Portuguesa Anotada*, vol. I, cit., p. 623. É portanto a própria Lei 68/78 que põe termo a tal possibilidade, na medida em que se aplicava apenas, nos termos do seu art.º 1.º, "às empresas e estabelecimentos comerciais, industriais, agrícolas ou pecuárias em que, por uma evolução de facto não regularizada ainda nos termos gerais de direito, os trabalhadores assumiram a gestão entre 25 de Abril de 1974 e a data de entrada em vigor da presente lei, sob a forma cooperativa, autogestionária o qualquer outra, tenham ou não sido credenciados por qualquer Ministério". Sobre este regime, ver por todos Carlos Ferreira de Almeida, *Direito Económico*, I Parte, Lisboa, 1979, pp. 282-323.

Este novo preceito da Constituição confere um especial realce às *mútuas* («entidades de natureza mutualista»[376]). Supomos que tal se deve desde logo ao facto de estas associações, em rigor, desenvolverem uma atividade por definição *ad intra*, na medida em que se dedicam à interajuda ou auxílio mútuo, ou seja, a uma solidariedade estatutariamente circunscrita aos próprios associados – e não, propriamente, a uma atividade *ad extra*, em benefício de terceiros. E também à maior amplitude do leque de escopos a que tradicionalmente se dedicam as mútuas, relativamente à tradicional noção de (fins de) solidariedade social: pense-se, por exemplo, nas atividades bancária e seguradora.

É que estas características poderiam levar à exclusão de tais entidades de um conceito (mais) preciso de instituições de solidariedade social, e por conseguinte do subsetor solidário – e terá sido isso que o constituinte quis evitar.

Mas o que importa sublinhar é que (e como bem lembram Paulo Otero & Rui Guerra da Fonseca[377]) as «mútuas» não são no nosso direito as mais importantes pessoas coletivas reconduzíveis à categoria genericamente enunciada: atente-se desde logo na enorme relevância das (clássicas) instituições particulares de solidariedade social (IPSS) e outras entidades equiparáveis – relevância essa que aliás o próprio texto constitucional se encarrega de sublinhar, mais atrás, no art.º 63.º («Segurança social e solidariedade»), também com nova redação resultante da mesma Revisão de 1997 de que resultou a al. *d)* do n.º 4 do art.º 86.º.

Com efeito, o dito art.º 63.º incumbe o Estado de apoiar (e fiscalizar), nos termos de lei, "*a atividade e o funcionamento das instituições particulares de solidariedade social e de outras de reconhecido interesse público sem carácter lucrativo, com vista à prossecução de objetivos de solidariedade social consignados, nomeadamente neste artigo, na al. b) do n.º 2 do artigo 67.º, no artigo 69.º, na alínea e) do n.º 1 do artigo 70.º e nos artigos 71.º e 72.º*" (estas remissões reportam-se, respetivamente, às matérias da proteção nas situações de velhice, invalidez, viuvez e

---

[376] Segundo o art.º 1.º do Código das Associações Mutualistas, aprovado pelo DL 72/90, de 03.03, as "*associações mutualistas são instituições particulares de solidariedade social com um número ilimitado de associados, capital indeterminado e duração indefinida que, essencialmente, através da quotização dos seus associados, praticam, no interesse destes e de suas famílias, fins de auxílio recíproco, nos termos previstos neste diploma*".

[377] *Comentário à Constituição...*, cit., p. 242.

orfandade e desemprego – art.º 63.º –, à criação de creches, lares de terceira idade e outros equipamentos de apoio à família – al. *b)* do nº 2 do art.º 67.º –, à criação de instituições de acolhimento de crianças órfãs, abandonadas ou privadas de um ambiente familiar normal – art.º 69.º –, à implementação de atividades de aproveitamento de tempos livres – al. *e)* do n.º do art.º 70.º – e de apoio aos cidadãos portadores de deficiência – art.º 71.º – e às pessoas idosas – art..º 72.º).

2.5.4. A possibilidade de vedação de setores básicos da economia à iniciativa económica privada (art.º 86.º, n.º 3)

a) *Noções prévias*

A «liberdade» de iniciativa económica pública no âmbito de uma «economia mista» nem sempre se terá que processar numa situação de concorrência real entre operadores públicos e privados. Com efeito, poderemos ter em setores qualificáveis como «básicos», a título execional, situações de monopólio ou reserva legal de iniciativa económica pública (ou de empresa pública): é o que prevê o n.º 3 do art.º 86.º CRP, segundo o qual *"a lei pode definir setores básicos nos quais seja vedada a atividade às empresas privadas e a outras entidades da mesma natureza"*. O mesmo é dizer que dentro de cada um destes setores de atividade legalmente vedados à iniciativa económica privada já não haverá lugar a uma coexistência de distintas formas de propriedade de meios de produção (coexistência de empresas públicas e privadas), mas a uma exclusão da iniciativa económica privada.

Tenha-se presente, aquilo que é hoje uma simples faculdade do legislador já foi um imperativo constitucional, até à Revisão de 1997; o mesmo é dizer que o antigo *princípio da reserva de setor empresarial do Estado* se tornou num simples instrumento legislativo de política económica, a que o legislador poderá ou não recorrer em função de escolhas legitimadas pelo sufrágio – e cujo estudo incluímos por isso ainda no âmbito genérico da análise do princípio da coexistência das iniciativas económicas pública e privada e dos setores de propriedade de meios de produção.

Comece por se dizer que as *"outras entidades da mesma natureza"* das empresas privadas eventuais destinatárias do normativo em questão são todas as demais entidades *privadas* ou *não públicas* para além das empresas privadas com escopo lucrativo, incluindo portanto as cooperativas e restantes coletivos e instituições que compõem o terceiro setor.

A questão nem sequer se coloca em termos de a letra da lei favorecer uma hipótese (a de as entidades do setor cooperativo e social poderem aceder ao setores vedados) e o espírito da lei outra (a que ora sustentamos)[378]: na verdade, a letra e o espírito do n.º 3 do art.º 87.º convergem no sentido da exclusão dos setores vedados a todas as entidades (e coletivos) não-públicas. Fugindo o aprofundamento de uma tal questão à economia do presente trabalho, não queremos deixar de salientar que no respeitante à *summa divisio* entre entidades públicas e privadas, e como é doutrina pacífica, não há *tertium genus*... as cooperativas, as comunidades locais, os coletivos de trabalhadores em autogestão e as instituições particulares de solidariedade social têm natureza privada, tal como as empresas privadas (com escopo lucrativo), o mesmo é dizer que umas e outras têm a mesma natureza[379].

Recorde-se por fim que o direito comunitário não coloca entraves à existência de monopólios públicos industriais. Desde logo, e como vimos, no plano da Constituição Económica comunitária não há, em princípio, uma imposição relativamente aos regimes de iniciativa económica e de propriedade, nomeadamente a favor da iniciativa e da propriedade privadas (cfr. art.º 345.º do TFUE); e quanto à específica questão da reserva pública de setores de atividade, limita-se o art.º 37.º TFUE a prescrever uma adaptação dos monopólios públicos de natureza comercial à liberdade fundamental comunitária de circulação de mercadorias (art.º 37.º).

---

[378] É nestes termos que Nuno Baptista Gonçalves coloca a questão, em *Constituição Económica: a reserva do setor público e a lei de delimitação de setores*, «Lusíada – Revista de Ciência e Cultura», Série de Gestão, n.º 2 – Abril/1994, Lisboa, p. 119, nota 2.

[379] No sentido defendido no texto, ver Maria Manuel Leitão Marques, *A Constituição Económica depois da segunda revisão constitucional*, in «Revista de Direito Público», Ano V, n.º 9, 1991; em sentido contrário chegou-se a pronunciar a Comissão Constitucional, no seu Parecer n.º 32/81, de 17.11; na doutrina, sustentam ainda esta última posição Joaquim da Silva Lourenço, *O cooperativismo e a Constituição*, in «Estudos sobre a Constituição, 2.º vol., Lisboa, 1978, pp. 378-379, Jorge Miranda, *Iniciativa económica*, in «Nos dez anos da Constituição», Lisboa, 1986, p. 78 e Paulo Otero & Rui Guerra da Fonseca, *Comentário à Constituição...*, cit., p. 394.

b) *Limites da intervenção do legislador na definição do que sejam «setores básicos»*

Uma vez que o exercício pelo legislador do poder que lhe é atribuído se traduz, por definição, numa restrição à liberdade de empresa, impõe-se segundo cremos uma interpretação conjugada do n.º 3 do art.º 86.º com o art.º 61.1 CRP.

Desde logo, é a nosso ver este poder em boa medida *conformador* do direito de livre iniciativa económica privada que justifica a remissão (também) para a lei da "definição" dos "quadros" nos quais se exerce a liberdade de empresa operada pelo dito art.º 61.º, n.º 1. Importa pois averiguar em que medida, ou até que ponto, "a Constituição recebe um quadro legal de caracterização do direito fundamental, que reconhece"[380] – o que na verdade, e ainda que tão só nessa estrita medida, torna a lei definidora daqueles quadros, mais do que uma lei meramente *restritiva*, uma lei *conformadora do conteúdo* do direito.

A nosso ver, esta dimensão conformadora da intervenção do legislador circunscreve-se à tarefa consignada ao legislador pelo n.º 3 do art.º 84.º de *definir* os setores *básicos* vedados à iniciativa privada[381]. Com efeito, assiste aqui ao legislador, em primeiro lugar uma verdadeira *discricionariedade de decisão* quanto à questão da existência ou não de setores vedados (ou condicionados) aos particulares; em segundo lugar, e caso o legislador opte pela existência de um setor reservado ao Estado, ainda lhe cabe uma *discricionariedade de escolha* (quais os setores – de entre os qualificáveis como "básicos" – que serão objeto dessa reserva); e, finalmente, nos confins desta liberdade de escolha, ele dispõe de uma *margem de liberdade* (ainda que estreita) na tarefa subsuntiva de preenchimento do conceito de "setores básicos".

Diferentemente do que sustenta a jurisprudência do Tribunal Constitucional e, na sua esteira, alguma doutrina[382], está hoje longe de poder ser considerado como setor básico aquilo que o legislador quiser, tendo a eventual

---

[380] Ac. TC n.º 187/01, de 2.5.

[381] As demais intervenções legislativas previstas no capítulo da organização económica (como as do art.º 83.º, do n.º 2 do art.º 86.º, e dos art.ºs 87.º e 88.º) e ainda noutros locais da Constituição são simplesmente *restritivas*, e não (também) *conformadoras*.

[382] Seguem a posição do Tribunal Constitucional, entre outros, NUNO BAPTISTA GONÇALVES, em *Constituição Económica...*, cit., pp. 124-125, SÉRGIO GONÇALVES DO CABO, em *A delimitação de setores...*, cit., pp. 322-323, SOUSA FRANCO, *A revisão da Constituição Económica*, in «Revista da Ordem dos Advogados, Ano 42, III, p. 649 e PAULO OTERO & RUI GUERRA DA FONSECA (*Comentário à Constituição...*, cit., pp. 393-34),

tarefa de predeterminação do que é ou não um "setor básico" que se confinar a balizas bem mais estreitas do que as da mera ponderação do direito de livre iniciativa económica privada com outros direitos e interesses constitucionalmente consagrados: parafraseando Vital Moreira a respeito deste conceito, estamos perante uma "noção pré-constitucional mais ou menos precisa" e que há-de ser definida "pela lei tendo em conta precisamente" essa noção.

Tenha-se presente a necessidade, em tudo o que concerne aos setores de produção, de se acompanhar uma mais rápida evolução quer da realidade constitucional, quer do próprio direito constitucional: desde logo, os setores que eram passíveis de ser considerados como "setores básicos" há 30 anos (por exemplo, os setores considerados estratégicos para a economia do país) não o são hoje.

É ainda à luz desta evolução que se deve considerar de todo em todo caduca a doutrina do ainda hoje muito citado Ac. do TC n.º 186/88, de 11.08 (e reiterada no Ac. TC n.º 444/93, de 14.07), que considerou ser a margem do legislador nesta matéria assaz ampla, só podendo ser consideradas inconstitucionais as alterações "clara e inquestionavelmente «fraudatórias» da Constituição, seja por via de uma desconforme e de todo o ponto de vista incompreensível extensão dos setores vedados, seja, ao contrário, por via de uma praticamente nula vedação"). Com efeito, desde a data desse acórdão já ocorreram duas revisões constitucionais que introduziram alterações substanciais à Constituição económica (a começar pela disposição do direito fundamental em questão e pelo preceito que prevê a delimitação dos setores de produção) – representando uma e outra importantes passos no "esforço de adequação da constituição económica portuguesa à constituição económica europeia, caracterizada por um marcado ceticismo quanto à iniciativa pública" (Eduardo Paz Ferreira)[383].

Excluídas desta problemática estão as atividades económicas de exploração de bens dominiais, reservadas por natureza aos poderes públicos; e o mesmo se diga das atividades económicas que envolvam por natureza ou definição o exercício de prerrogativas de autoridade. Em ambos os casos estamos ainda na esfera de assuntos que por prévia definição (e não por escolha) são próprios do Estado, e não da sociedade. Também de fora ficam as atividades industriais sobre as quais recai um manto de proibição quase absoluta, em razão da respetiva

---

[383] *Direito da Economia*, Lisboa, 2001, p. 205.

perigosidade para imperiosos interesses públicos – mas que não deixem de ter que ser desenvolvidas a título pontual e precário, e não necessariamente por operadores públicos (porquanto nem por isso passaram – não tinham que passar – para a esfera do Estado), por nada terem a ver também com a problemática da possível qualificação de um setor económico como básico.

Quanto à esfera das atividades que por natureza não são próprias do Estado, mas da sociedade, e sobre as quais não recai um manto de quase absoluta proibição pela perigosidade que apresentem para imperiosos interesses públicos, é para nós pacífico que de entre esse universo «restante» só serão qualificáveis como (setores) «*básicos*», num primeiro «apanhado», aquelas atividades hodiernamente tidas como de *interesse económico geral*, que começam por compreender os serviços públicos essenciais, mas que a estes se não reduzem, e que a doutrina italiana tradicionalmente reconduz ao (lato) conceito de *serviço público objetivo*. Integram-se nesta categoria os setores da produção e distribuição de eletricidade, de armazenamento e distribuição de petróleo e gás, das comunicações (incluindo as telecomunicações, a Internet, os serviços postais e os serviços públicos de rádio e televisão), do tratamento e distribuição de água, de saneamento, de recolha e tratamento de resíduos sólidos urbanos, dos transportes públicos (dos ferroviários e também de transportes públicos aéreos, marítimos e rodoviário que explorem as linhas sob reserva pública, passíveis de concessão a privados), das atividades portuárias e aeroportuárias e, enfim, dos serviços mínimos bancários e dos seguros[384].

A estas atividades poderemos acrescentar os monopólios fiscais do tabaco e dos fósforos, assim como a atividade de jogos de fortuna e azar, domínios já reservados ao Estado desde tempos remotos, muito antes portanto da atual Constituição, sendo que esta possível reserva pública não se funda propriamente numa sua correspondência com a prestação de serviços essenciais, mas antes no objetivo de, retirando-se tais atividades do mercado – sem todavia as proibir de todo, antes chamando-as a si (ou concessionando-as) –, melhor se proteger os consumidores dos riscos sanitários e «morais» associados

---

[384] Sobre esta matéria, ver entre nós RODRIGO GOUVEIA, *Os serviços de interesse geral em Portugal*, Coimbra, 2001, JOÃO NUNO CALVÃO DA SILVA, *Mercado e Estado. Serviços de interesse económico geral*, Coimbra, 2008 e JOSÉ RUI NUNES DE ALMEIDA, *Transparência e proporcionalidade no financiamento dos serviços de interesse económico geral*, Porto, 2014.

respetivamente ao tabaco e ao jogo a dinheiro, através do desincentivo ao consumo do primeiro e da redução das «ocasiões de jogo».

Finalmente, algumas atividades poderão situar-se numa zona de dúvida (como por exemplo a da distribuição retalhista de combustíveis), não devendo as opções tomadas pelo legislador nessa zona marginal ser objeto de reexame judicial (sem prejuízo claro está da sua sujeição ao juízo de proporcionalidade exigido pelo art.º 18.º CRP por definição incluído nos poderes de controlo dos tribunais). Numa outra zona cinzenta potencialmente «apropriável» também como setor básico situam-se as atividades económico-empresariais cujo objeto confine com funções de soberania, como são os casos por excelência das indústrias de armamento, das empresas de segurança e das agências de detetives.

Refira-se ainda que, atendendo ao caráter excecional de qualquer destas hipóteses de «retirada do mercado» de inteiros setores de atividade económica ao abrigo do art.º 86.º/3 CRP, impende a nosso ver sobre o legislador a obrigação de invocar este normativo do texto básico como específica norma habilitante para aquele que, reitere-se, se nos afigura como o tipo mais gravoso de restrições à liberdade de empresa e ao direito de acesso à propriedade de meios de produção.

Regressando à nossa exposição, os "quadros definidos pela lei" nos quais se exerce a iniciativa económica privada, serão destarte apenas aqueles que resultam da própria Constituição – ou seja, tão só os da delimitação dos setores de produção, e designadamente a separação entre por um lado os setores básicos vedados, e por outro lado todos os demais por definição insuscetíveis de serem nacionalizados ou de sofrerem limitações objetivas de acesso (condicionamentos de acesso e exercício equiparáveis à nacionalização) por força do direito consagrado no art.º 61.1 CRP. Apenas portanto no que se refere à delimitação dos setores de produção "a Constituição recebe um quadro legal de caracterização (...) que reconhece"[385].

---

[385] Ac. TC n.º 187/01, de 2.5. Não deixe de se referir que para quem como nós entenda que o n.º 1 do art.º 61.º CRP consagra um genérico direito de livre iniciativa económica privada (ou não pública) de que as restantes "iniciativas" do artigo (n.ºs 2 a 5) constituem formas particulares de exercício, constitui ainda um outro caso de outorga ao legislador de um poder de conformação a reserva de lei instituída no n.º 5 para o "direito de livre iniciativa económica autogestionária".

Repita-se, é indiscutível o carácter conformador de qualquer lei de delimitação de setores, pois dela dependerá o próprio âmbito de proteção do direito fundamental consagrado no art.º 61.1 CRP – o qual será tão mais alargado quanto mais liberais sejam as opções do legislador no que respeita aos setores incluídos na reserva (opções essas, não deixe de se ter presente, sempre limitadas ao universo dos setores qualificáveis como "básicos").

Por outras palavras ainda, e no sentido em que neste debate se utiliza o predicado (lei) "conformadora", os operadores privados que atuem em setores em abstrato qualificáveis como "básicos", mas deixados como a generalidade dos demais setores de produção à livre disposição dos particulares, beneficiam da proteção do art.º 61.1 CRP em virtude dessa opção legislativa, e não por direto efeito desta disposição de direito fundamental

Assim sendo, o direito de iniciativa propriamente dito, de fundar empresas destinadas a atuar nos demais setores não qualificáveis como básicos (dos setores excluídos deste conceito) e de a eles aceder – resumidamente, a liberdade de *escolha* de, ou de *acesso* a, essas atividades – integra segundo o nosso entendimento o núcleo duro, ou o "conteúdo essencial" do direito de livre iniciativa económica privada.

Em síntese, resulta de uma visão conjugada do art.º 83.º, n.º 3 com o art.º 61, n.º 1, que a "lei" de que fala o art.º 61.1 CRP é desde logo – e pacificamente – uma lei *restritiva*. Mas é também, em determinada matéria (delimitação de setores de produção), uma lei *conformadora*. Sem prejuízo, e na medida em que sobreleva nessa mesma matéria a função de interpretação, porquanto a tarefa de preenchimento do conceito impreciso «setores básicos» consubstancia essencialmente uma atividade interpretativa, ela é ainda e sobretudo uma lei *interpretativa*. A lei do art.º 61.1 CRP é pois e a uma vez *restritiva, conformadora* e *interpretativa*.

CAPÍTULO VI
O PRINCÍPIO DA PROPRIEDADE PÚBLICA DOS RECURSOS NATURAIS E DE MEIOS DE PRODUÇÃO

2.6.1. A propriedade pública dos recursos naturais

A primeira e mais importante concretização deste princípio consagrado na al. *d)* do art.º 80.º CRP diz respeito aos recursos naturais (e naturalmente aos «meios de produção» a eles inerentes): trata-se, nos termos do art.º 84.º CRP (cuja atual redação foi introduzida como vimos pela Revisão Constitucional de 1989, com quase total reprodução do art.º 49.º da Constituição de 1933), da integração *ex vis constitucionem* no domínio público dos principais recursos naturais, ou seja, das "águas territoriais com os seus leitos e os fundos marinhos contíguos, bem como os lagos e cursos de água navegáveis ou flutuáveis, com os *respetivos leitos*" (al. *a)* do n.º 1), das "*camadas aéreas superiores ao território acima do limite reconhecido ao proprietário ou superficiário*" (al. *b)* do n.º 1) e, sobretudo, dos "*jazigos minerais*", das "*nascentes de águas mineromedicinais*" e das "*cavidades naturais subterrâneas existentes no subsolo, com exceção das rochas, terras comuns e outros materiais habitualmente usados na construção*" (al. *c)* do n.º 1)[386].

---

[386] Nas palavras de J. J. GOMES CANOTILHO & VITAL MOREIRA, com as revisões constitucionais de 1989 e 1997 não foi afastado o princípio da propriedade pública dos principais recursos naturais (com exceção da terra, "que a Constituição considera manifestamente aberta à propriedade privada"), os quais se afirmam "como propriedade da coletividade" (*Constituição da República Portuguesa Anotada*, Vol. I, cit., p. 959).

Refira-se ainda que, em termos idênticos aos consagrados também na Constituição de 1933, a última alínea do n.º 1 do art.º 84.º (al. *f)*) institui uma cláusula geral, segundo a qual pertencerão também ao domínio público *"outros bens como tal classificados por lei"*. Todavia, e como bem observam Rui Medeiros & Lino Torgal, "a definição constitucional do domínio público serve de referência inspiradora à ação qualificadora do legislador ordinário", para que este "apenas considere como dominiais bens cujo destino público tenha uma relevância minimamente análoga à dos enunciados nas várias alíneas do n.º 1 do artigo 84.º"[387].

2.6.2. Propriedade pública de meios de produção e iniciativa económica pública

O princípio da propriedade pública de meios de produção, consagrado quer na al. *d)* do art.º 80.º, quer no art.º 83.º (sob a epígrafe «Apropriação pública de meios de produção» dispõe este artigo que "a lei determina os meios e as formas de intervenção e de apropriação pública dos meios de produção, bem como os critérios de fixação da correspondente indemnização"), está intimamente ligado ao princípio da livre iniciativa económica pública.

Neste ponto, comece por se lembrar o que já acima procurámos demonstrar: que a iniciativa económica pública – qualquer iniciativa económica pública – apenas se justifica em razão da presença de um *interesse público* (ou, em sentido amplo, *coletivo*) que a reclame. E pode ela traduzir-se, *lato sensu* (e numa perspetiva «dinâmica») quer na criação (*ex novo*) de uma empresa, quer na aquisição (por via do direito privado), quer ainda na expropriação, nacionalização ou «apropriação coletiva» (por via do direito público) de uma empresa privada já existente: num caso e noutro, tal redunda numa situação (numa perspetiva «estática») de *"propriedade pública (....) de meios de produção, de acordo com o interesse coletivo"* especificamente prevista e legitimada na al. *d)* do art.º 80.º CRP e, ainda, no art.º 83.º.

Ora, como também se referiu supra, a Constituição já não impõe, como acontecia até 1989, a apropriação coletiva de meios de produção, nomeadamente dos *principais meios de produção* (no que constituía uma importante limitação

---

[387] *Constituição Portuguesa Anotada*, Tomo II, cit., p. 75.

não só da liberdade de conformação política na área económica[388], mas também e sobretudo da liberdade de empresa).

Claro está, esta evolução do texto constitucional tornou o princípio ora em análise, enquanto princípio, "porventura, o hermeneuticamente menos imediato do elenco expresso no artigo 80.º", sendo hoje algo obscuro "o sentido da referência à propriedade pública de meios de produção, sobretudo a jusante da garantia de (co)existência do setor público produtivo"[389]. Interroga-se por isso a doutrina, e muito justamente: "Mas qual é o sentido deste princípio, herança de outras eras, numa Constituição Económica em que pontificam os princípios da economia mista, aliás irreversível (al. *g*) do art.º 288.º), dos direitos subjetivos fundamentais, da garantia do setor privado, da reprivatização?"[390].

Acresce que, desde 1989, o movimento na direção inversa da apropriação pública de meios de produção, em termos de políticas públicas, a saber o da privatização das empresas públicas, nomeadamente das nacionalizadas após o 25 de Abril de 1974, passou a ter também respaldo constitucional (com a permissão hoje constante do art.º 293.º CRP), não se podendo atualmente afirmar uma prevalência da «apropriação pública» (de meios de produção privados, designadamente através da respetiva nacionalização) sobre a «apropriação privada» de meios de produção que integram o setor público (através da respetiva aquisição, no âmbito do processo de privatização): pelo contrário, a Constituição Económica comunitária apontará quando muito no sentido inverso (de preferência pela titularidade privada dos meios de produção).

Todavia, o atual sentido possível dos normativos em apreço – e nomeadamente do art.º 83.º – será o expresso por Gomes Canotilho & Vital Moreira: não obstante a Constituição ter deixado de impor a apropriação coletiva dos principais meios de produção, nem por isso ela deixa de *consentir*, "com grande margem de liberdade, a propriedade pública de meios de produção"[391], funcionando assim o preceito em causa como *norma de habilitação* para o legislador que vem reforçar, no que aos meios de produção em geral concerne,

---

[388] Cfr. J. J. GOMES CANOTILHO & VITAL MOREIRA, *Constituição da República Portuguesa Anotada*, Vol. I, cit., p. 959.

[389] RUI GUERRA DA FONSECA, *Comentário à Constituição Portuguesa*, II vol., cit., p. 73.

[390] LUÍS S. CABRAL DE MONCADA, *Direito Económico*, cit., p. 272.

[391] J. J. GOMES CANOTILHO & VITAL MOREIRA, *Constituição da República Portuguesa Anotada*, Vol. I, cit., p. 959.

a habilitação genérica já concedida no n.º 2 do art.º 62.º[392]. Para além desta função de (reforçada) habilitação ao legislador ordinário, sublinham os autores que agora se acompanha a presença de uma *incumbência constitucional* de definição legal dos meios e formas de intervenção e apropriação coletiva, assim como das correspondentes indemnizações (cujo incumprimento se traduzirá numa inconstitucionalidade por omissão).

Esta abertura da lei fundamental poderá ser utilizada por uma maioria política de pendor socializante para (re)criar as bases de um sistema económico (mais) centralizado e planificado, através de uma reserva pública dos «setores básicos» da atividade económica acompanhada da concomitante nacionalização das empresas que neles operem, ainda que dentro dos limites assinalados no ponto anterior ao princípio da livre iniciativa económica pública. Ou seja, neste princípio manteve-se o objeto mas alterou-se o conteúdo normativo: quer a atual al. *d)* do art.º 80.º, quer o art.º 83.º, deixaram de ser normas imperativas, em espécie preceptivas ou impositivas, para se tornarem normas permissivas ou facultativas, simétricas à que passou a permitir a privatização dos meios de produção públicos, designadamente das empresas nacionalizadas após o 25 de Abril de 1974.

---

[392] Nos termos deste preceito, *"a requisição e a expropriação por utilidade pública só podem ser efetuadas com base na lei e mediante o pagamento de justa indemnização"*; como melhor veremos, é aqui legitimada a privação quer provisória, quer definitiva não apenas de bens imóveis, mas de quaisquer direitos com valor patrimonial, desde que os atos ablativos tenham base legal, que a estes presidam razões de interesse geral e mediante o pagamento de justa indemnização.

CAPÍTULO VII
O PRINCÍPIO DO PLANEAMENTO ECONÓMICO

2.7.1. Noções gerais

Na definição de A. Sousa Franco, o plano é "o ato jurídico que define e hierarquiza objetivos a prosseguir no domínio económico-social durante um determinado período de tempo, estabelece as ações destinadas a prossegui-los e pode definir os mecanismos necessários à sua implementação"[393].

Note-se todavia que esta noção não é completa: como qualquer plano (urbanístico, ambiental ou outro), para além da enunciação hierarquizada dos objetivos a atingir, das medidas a tomar para o efeito e das condições a criar para a respetiva implementação, o plano económico é composto também e ainda por dois estudos ou avaliações que constituem o ponto de partida para a enunciação dos referidos objetivos, medidas e condições, a saber por um *diagnóstico* e por um *prognóstico*. Enquanto o diagnóstico se resume a um «retrato» da atividade económica à data, com os dados globais e setoriais desta, é através do prognóstico que se projetam no futuro as estimativas mais plausíveis com base no diagnóstico realizado, atendendo nesta específica matéria aos comportamentos tidos como mais prováveis dos agentes económicos

---

[393] *Noções de Direito da Economia*, I, Lisboa, 1982-1983, p. 310 (ver, neste ponto, obra citada, pp. 309-333); uma definição semelhante pode ver-se em Luís S. CABRAL DE MONCADA, *Direito Económico*, cit., p. 665. Na matéria ora em análise, ver também L. S. CABRAL DE MONCADA, op. cit., pp. 249-251 e 663-676, e ainda do mesmo autor a obra *Problemática jurídica do planeamento económico*, Coimbra, 1985, *in totum*; e CRISTINA QUEIROZ, *O plano na ordem jurídica*, in «Boletim do Conselho Nacional do Plano, n.º 15, 1988, pp. 123 e segs.

considerados, e onde se indicam concomitantemente as medidas adequadas a influenciar esses comportamentos na direção dos objetivos de política económica previamente fixados[394].

A preocupação de racionalização do processo económico em geral e da atividade pública de intervenção na economia em especial é característica da nossa época, sendo conatural ao modelo hoje universalmente vigente do Estado Social ou Administrativo de Direito[395]. Mas esta preocupação traduz-se, de país para país, em diferentes graus, modos e âmbitos de previsão e conformação da interferência dos poderes públicos na economia, segundo os modelos jurídicos e políticos dominantes.

A primeira grande divisão nesta matéria passa pelo diferente papel que o plano assume, por um lado, nos sistemas socialistas, de direção e planificação centrais da economia (que vigoraram numa quarta parte do mundo ao longo do séc. XX, sobrevivendo hoje apenas numa meia dúzia de países muito pouco relevantes), e por outro lado nos sistemas de economia de mercado (modelo que é na atualidade praticamente universal). Na fórmula socializante, de sentido homogeneizador, em que cabe ao setor económico público dirigir e impulsionar a economia do país, o plano é imperativo não apenas para os poderes públicos mas também para um setor económico privado residual. Já nas fórmulas mais liberalizantes ou mesmo liberais, marcadas pela heterogeneidade, e onde predomina o setor económico privado (ainda que no âmbito de uma economia mista), o plano é meramente indicativo (pelo menos para o setor privado), tornando-se "num instrumento de orientação da economia e de correção dos critérios dominantes do mercado": ele é essencialmente um «plano de equilíbrio geral», interessando menos o seu grau de imperatividade do que "o grau esperado de «conciliação» e «concertação» das relações da empresa com o seu meio exterior" (Cristina Queiroz)[396].

---

[394] Luís S. Cabral de Moncada, *Direito Económico*, cit., p. 666.
[395] Cfr. Luís S. Cabral de Moncada, idem, p. 663, Cristina Queiroz, *O plano...*, cit., p. 134, e J. J. Gomes Canotilho & Vital Moreira, *Constituição da República Portuguesa Anotada*, vol. I, cit., p. 960 (nas palavras destes autores, "o planeamento económico implica uma racionalização e previsibilidade da ação pública na promoção do desenvolvimento económico, que constitui em si mesma uma mais valia na gestão dos planos das próprias empresas").
[396] Cristina Queiroz, *O plano...*, cit., pp. 146-147; neste ponto, ver também Luís S. Cabral de Moncada, *A problemática jurídica...*, cit., pp. 49 e segs., André de Laubadère, *Direito Público Económico*, Coimbra, 1985, trad. Teresa Costa, pp. 312 e segs., Robert Savy, *Direito Público*

Note-se que dentro das economias de mercado a racionalização do processo económica conhece ainda significativas variações.

Nos países mais liberais, como os Estados Unidos, "as preocupações de racionalidade aludidas não transcendem o quadro orçamental, o mesmo é dizer, não se exprimem num documento juridicamente autónomo", ou seja, no (num) *plano* – num "documento de lógica previsional própria que vise situar a intervenção económica do Estado num quadro estratégico de médio ou longo prazo" (Luís S. Cabral de Moncada)[397]. Só o orçamento é utilizado para esse efeito, isto é, como instrumento de estabilização da atividade económica, através da influência por si exercida sobre o consumo, o aforro e o investimento globais.

Já nos países com uma menos arreigada tradição liberal no plano económico, como é o caso paradigmático da França (a cuja ordem jurídica foi beber o nosso constituinte nesta matéria), a articulação do orçamento com a estratégia económica faz-se através da sua subordinação a um plano juridicamente vinculativo, com um âmbito material e temporal que transcende o do orçamento e que determina o respetivo conteúdo: nestes países o plano económico é por isso concebido "como um instrumento global de política económica independente do orçamento"[398]. Em tais sistemas, "a conformação da atividade económica privada, bem como da dos entes públicos autónomos, não se faz só indiretamente através do manuseamento das receitas e despesa orçamentadas, conduzindo-as ao sabor dos efeitos pretendidos, mas sim mediante o apelo e o incitamento diretos dos empresários privados e outrora segundo a lógica de um quadro previsional geral da vida económica constante de um documento independente" – em suma, faz-se neles planificação económica (Luís S. Cabral de Moncada)[399].

Fique todavia a ideia genérica – confirmada entre nós pelas sucessivas revisões constitucionais, que como vimos foram debilitando progressivamente a eficácia jurídica dos planos económicos – de que, primeiro no mundo ocidental (nos sistemas ditos capitalistas), depois universalmente, se verifica

---

Económico, trad. Rui Afonso, Lisboa, 1984, pp. 61 e segs., e ROLF STOBER, *Direito Administrativo Económico Geral*, Lisboa, 2008, trad. António Francisco de Sousa, pp. 39 e segs.

[397] *Direito Económico*, cit., p. 664.
[398] LUÍS S. CABRAL DE MONCADA, *Direito Económico*, cit., p. 665.
[399] Ibidem.

"um certo abandono da prática do planeamento global a médio prazo, ou pela incerteza das previsões a médio prazo no decurso da crise, ou pelo predomínio de orientações profundamente liberais, ou pela tendência para o Estado controlar a economia, sem objetivos e estratégias claras de desenvolvimento, apenas através do intervencionismo financeiro" (António Sousa Franco[400]) – descartado que está entre nós o dirigismo monetário desde a implementação da União Económica e Monetária Europeia e da criação da moeda comum europeia a que Portugal aderiu desde a primeira hora[401].

2.7.2. O planeamento no texto constitucional

De modo análogo ao princípio tratado no ponto anterior – e como bem observam Rui Medeiros & Lino Torgal – a Constituição ainda presta algum tributo à importância que a «*planificação democrática da economia*» merecia no texto originário[402], pese a progressiva desvalorização do planeamento económico ao longo das sucessivas revisões constitucionais, com destaque como vimos para a substituição do Plano único por uma pluralidade de planos e para a perda do carácter vinculativo destes para o setor público ocorridas na 2.ª Revisão Constitucional (de 1989).

A al. *e)* do art.º 80.º consagra um princípio de *"planeamento democrático do desenvolvimento económico e social"* que se concretiza, em título próprio da Parte II da Constituição (Título II – Planos, art.ºs 90.º a 92.º), num sistema integrado pelas leis das *"grandes opções"*, por planos de *"desenvolvimento económico e social"* que deverão ser elaborados de harmonia com tais opções (planos de âmbito nacional que não obstante poderão *"integrar programas específicos de âmbito territorial e de natureza setorial"*) – tudo conforme o disposto no n.º 1 do art.º 91.º – e ainda pelo próprio Orçamento de Estado, o qual, não integrando hoje em rigor qualquer plano, deverá de todo o modo e por seu turno, nos termos do n.º 2 do art.º 105.º, ser elaborado em consonância também com as ditas *"grandes opções em matéria de planeamento"*. A *"existência de planos económicos*

---

[400] *Noções de Direito da Economia*, 1.º vol., cit., p. 313.
[401] Cfr. n.º 4 do art.º 3.º do Tratado da União Europeia e art.ºs 127.º a 138.º do Tratado sobre o Funcionamento da União Europeia
[402] *Constituição Portuguesa Anotada*, Tomo II, cit., p. 14.

no âmbito de uma economia mista" constitui ainda um limite material à revisão constitucional (cfr. al. *g)* do art.º 288.º).

Sem prejuízo de o modelo económico constitucionalmente consagrado ser hoje inequivocamente (e após as sucessivas revisões constitucionais) o da economia livre ou de mercado e não o de direção central e planificada (o que resulta desde logo da parca eficácia jurídica dos planos), nem por isso o princípio geral do planeamento deixou – ainda que de modo mediato ou indireto (através da subordinação do orçamento às grandes opções em matéria de planeamento) – de vincular os mecanismos de direção estadual da economia, transmitindo a esta "a lógica previsional específica dos planos globais numa perspetiva temporal adequada, de modo a racionalizar a decisão pública envolvida" e exercendo por essa via influência não apenas sobre a atividade do Estado, mas também "sobre toda a atividade económica" (Luís S. Cabral de Moncada)[403].

Refira-se, por fim, que o planeamento é adjetivado no texto fundamental com o predicado «democrático», concretizando-se este atributo nas modalidades da *democracia representativa*, da *democracia participativa* e da *descentralização democrática* (cfr. art.º 6.º, n.º 1 e 267.º, n.º 2 CRP)

O plano como instrumento de democracia representativa decorre de ser o princípio do planeamento um corolário do princípio da subordinação do poder económico ao poder político[404], princípio este que é, por sua vez, e como vimos, um subprincípio do princípio democrático na sua vertente de democracia representativa, ou seja, de respeito pela *regra da maioria* ou *voto maioritário*. Com efeito, é o primeiro dos poderes que constam do elenco do art.º 199.º («Competência administrativa do Governo») o de *"elaborar os planos, com base nas leis das respetivas grandes opções, e fazê-los executar"*; e integra por sua vez a competência política e legislativa da Assembleia da República *"aprovar as leis das grandes opções dos planos nacionais e o Orçamento do Estado, sob proposta do Governo"* (al. *g)* do art.º 161.º).

Já a participação dos interessados no planeamento, enquanto modalidade de democracia participativa, se realiza através da intervenção a título

---

[403] *Direito Económico*, cit., pp. 249-250.
[404] Neste sentido, cfr. Rui Medeiros & Lino Torgal, *Constituição Portuguesa Anotada*, cit., T. II, p. 14, e Rui Guerra da Fonseca, *Comentário à Constituição Portuguesa*, II vol., p. 84.

consultivo do «Conselho Económico e Social» (órgão integrado, nos termos do n.º 2 do art.º 92.º, por *"representantes do governo, das organizações representativas dos trabalhadores, das atividades económicas e das famílias, das regiões autónomas e das autarquias locais"*) na *"elaboração das propostas de grandes opções e dos planos de desenvolvimento económico e social"* – n.º 1 do art.º 92.º[405].

Enfim, a descentralização democrática da atividade administrativa de planeamento opera-se por sua vez através de uma execução dos planos nacionais *"descentralizada, regional e setorialmente"* (art.º 91.º, n.º 3).

2.7.3. O planeamento na prática constitucional

Já o constatámos, na nova ordem constitucional o planeamento não teve, paradoxalmente, qualquer importância no plano fáctico.

Na verdade, só a partir da adesão de Portugal à então Comunidade Económica Europeia (1986) é que o planeamento voltou a ganhar algum relevo, através da execução dos programas comunitários de fomento, quer de caráter geral, quer específicos. A conceção e execução dos planos económicos e sociais passaram a traduzir-se essencialmente na programação e canalização das ajudas da União concedidas através dos chamados «instrumentos financeiros de solidariedade regional», a saber dos fundos estruturais já então existentes (FEDER-Fundo Europeu de Desenvolvimento Regional, FSE-Fundo Social Europeu, FEOGA-Fundo Europeu de Orientação e Garantia Agrícola – Secção Orientação e IFOP-Instrumento Financeiro de Orientação da Pesca) e, a partir de 1994, do novel Fundo de Coesão[406].

Os referidos fundos têm sido aplicados em Portugal desde 1989 através dos chamados Quadros Comunitários de Apoio, que são planos de médio prazo (com uma duração que varia entre os cinco e os sete anos), de configuração quer setorial, quer regional, cuja elaboração e aplicação é da responsabilidade do executivo português. Já foram executados até hoje o QCA I (1989-1993), o QCA II (1994-1999), o QCA III (2000-2006) e o QREN-Quadro de Referência

---

[405] Nas palavras de J. J. GOMES CANOTILHO & VITAL MOREIRA, o planeamento democrático há-de processar-se "através de instituições democraticamente participadas" (*Constituição da República Portuguesa Anotada*, vol. I, cit., p. 960).

[406] Cfr. ANTÓNIO CARLOS DOS SANTOS, MARIA EDUARDA GONÇALVES & MARIA MANUEL LEITÃO MARQUES, *Direito Económico*, 6.ª ed., Coimbra, 2011, p. 199.

Estratégico Nacional 2007-2013), estando atualmente em curso a execução do quinto quadro comunitário de apoio (o QCA 2014-2020 – «Portugal 2020»)[407].

---

[407] Cfr. António Carlos dos Santos, Maria Eduarda Gonçalves & Maria Manuel Leitão Marques, *Direito Económico*, 6.ª ed., Coimbra, 2011, pp. 199-200.

CAPÍTULO VIII
O PRINCÍPIO DO FOMENTO ECONÓMICO

2.8.1. Noções gerais

O fomento económico, enquanto modalidade singular de intervenção dos poderes públicos na vida económica, está amplamente consagrado na Constituição Económica, mais especificamente na Parte II do texto constitucional («Organização económica»), embora não nos artigos 80.º ou 81.º (o que não a reduz a sua importância enquanto seu princípio fundamental).

O fomento económico é a atuação dos poderes públicos que se traduz na adoção de *medidas de encorajamento da atividade económica privada*, designadamente através da realização de prestações que ampliam os direitos dos seus destinatários (como a outorga de subvenções ou bens materiais – de equipamento e outros –, a concessão de crédito bonificado ou a prestação de garantias de Estado, a mobilização de capital de risco, o auxílio técnico e a prestação de outros serviços), ou então do *afastamento de ónus* (como as reduções e isenções tributárias).

Tais incentivos económicos visam incrementar condutas dos beneficiários tidas por favoráveis ao *crescimento económico* e (sobretudo e em última instância) ao *desenvolvimento económico*: as atividades beneficiárias das medidas de fomento deverão assim apresentar um interesse estratégico para a prossecução de objetivos macroeconómicos conjunturais ou estruturais, tais como o aumento da produção ou da produtividade, a redução do desemprego, o incremento das exportações (ou das indústrias produtoras de bens transacionáveis substitutos de bens importados), ou ainda, em geral, da competitividade internacional das empresas portuguesas.

2.8.2. O fomento das atividades desenvolvidas pelas entidades do setor cooperativo e social

Desde logo, são por expressa decisão constitucional destinatárias «naturais» da atuação de fomento dos poderes públicos as entidades do setor cooperativo e social de propriedade de meios de produção.

Particular realce merecem nesta matéria as cooperativas em geral (art.º 85.º, n.ºs 1 – *"O Estado estimula e apoia a criação e a atividade das cooperativas"* – e 2 – *"A lei definirá os benefícios fiscais e financeiros das cooperativas, bem como condições mais favoráveis à obtenção de crédito e auxílio técnico"*).

Para além desta previsão genérica, a Constituição encarrega o Estado de prestar auxílio, em especial, às cooperativas de habitação (art.º 65.º - *"Para assegurar o direito à habitação, incumbe ao Estado:... d) incentivar e apoiar as iniciativas das comunidades locais e das populações, tendentes a resolver os respetivos problemas habitacionais e a fomentar a criação de cooperativas de habitação..."*) e, sobretudo, às cooperativas agrícolas, estimulando designadamente a constituição pelos agricultores e trabalhadores rurais de cooperativas de produção, de compra, de venda e de transformação de produtos agrícolas e de serviços associados (art.º 97.º, n.º 3).

As cooperativas agrícolas são ainda preferenciais beneficiárias das operações de redimensionamento das unidades de exploração agrícola com dimensão excessiva do ponto de vista dos objetivos da política agrícola que o legislador venha a fixar (cfr. art. 94º), prevendo-se para além disso que Estado as apoie, no âmbito da prossecução dos objetivos de política agrícola, através da concessão de assistência técnica e da criação de formas de apoio à comercialização (a montante e a jusante da produção) e à cobertura de riscos resultantes dos acidentes climatéricos e fitopatológicos imprevisíveis ou incontroláveis (art.º 97º, n.º 1).

Também as "experiências viáveis de autogestão" deverão ser auxiliadas pelo Estado (art.º 85.º, n.º 3), assim como as instituições particulares de solidariedade social, (art.º 63.º, n.º 5), designadamente as respetivas empresas ou meios de produção em matéria de creches, lares e centros de terceira idade e outros equipamentos e atividades de apoio à família (art.ºs 67.º, n.º 2, al. b)), de centros de acolhimento de crianças órfãs, abandonadas ou por qualquer razão privadas de um ambiente familiar normal (art.º 69.º, n.º 2), promoção de atividades de ocupação e aproveitamento de tempos livres para jovens (art.º 70.º, n.º 1, al. b)) e idosos (art.º 72.º).

2.8.3. O fomento da atividade económica privada em geral

Sendo clara (reitere-se) a preferência constitucional pelo setor cooperativo e social de propriedade de meios de produção (como se acaba de comprovar pela ampla gama de situações e atividades contempladas neste âmbito), o facto é que a Lei Fundamental prevê também o fomento da atividade económica privada em geral, incluindo a desenvolvida por entidades do setor privado.

Prescreve desde logo em termos genéricos o art.º 86.º, n.º 1, que *"O Estado incentiva a atividade empresarial, em particular das pequenas e médias empresas..."*.

Mas é no âmbito da consagração das políticas económicas – agrícola (artºs 93º a 98º), comercial (artº 99º) e industrial (artº 100º) – que os apoios se especificam, em função dos contextos e atividades em causa.

Começando pela política agrícola, refira-se desde logo que os pequenos agricultores, preferencialmente os integrados em unidades de exploração familiar – o mesmo é dizer, as pequenas empresas agrícolas – gozam do mesmo estatuto preferencial das cooperativas em matéria de auxílios. As pequenas empresas agrícolas são assim, e do mesmo modo, favorecidas nas operações de redimensionamento de explorações agrícolas com *dimensão excessiva* (artº 94º, nº 1), prevendo-se igualmente em seu benefício a concessão de assistência técnica e a criação de formas de apoio à comercialização (a montante e a jusante da produção) e à cobertura de riscos resultantes dos acidentes climatéricos e fitopatológicos imprevisíveis ou incontroláveis (artº 97º, nº 1). Também no âmbito da promoção do redimensionamento das unidades de exploração agrícola com *dimensão inferior* à adequada segundo os objetivos da política agrícola fixados por lei se preveem incentivos jurídicos, fiscais e creditícios à respetiva integração (cfr. art. 94º).

Enfim, no âmbito da política industrial (art.º 100.º), é contemplado o apoio às pequenas e médias empresas e, em geral (e independentemente do seu tamanho ou classificação), às iniciativas e empresas geradoras de emprego e fomentadoras de exportação ou de substituição de importações (al. *d*)), assim como à projeção internacional das empresas portuguesas (al. *e*)).

2.8.4. Os programas de fomento económico da União Europeia

Falámos acima, mais de uma vez, dos programas comunitários de fomento, quer de carácter geral, quer específicos, e de como a execução dos planos económicos e sociais se passou a traduzir entre nós, a partir de 1986, essencialmente na programação e canalização das ajudas da União concedidas através dos chamados «instrumentos financeiros de solidariedade regional», a saber dos fundos estruturais já então existentes (FEDER-Fundo Europeu de Desenvolvimento Regional, FSE-Fundo Social Europeu, FEOGA-Fundo Europeu de Orientação e Garantia Agrícola – Secção Orientação e IFOP--Instrumento Financeiro de Orientação da Pesca) e, a partir de 1994, do novel Fundo de Coesão[408].

Como referimos também, é muito estreita no direito constitucional da União a ligação entre estes programas de fomento destinados a garantir a coesão económica e social de todo o território da União e o valor da *solidariedade* (entre os Estados-membros), a que os tratados institutivos fazem constantemente apelo em variadas matérias e circunstâncias, e que dá origem a um princípio fundamental autónomo – o *princípio da solidariedade* (cfr. também o art.º 3.º, n.º 3, parte final do TUE) [409]. Os tratados e a União preocupam-se com os países no seu conjunto e com as diferenças de desenvolvimento entre eles (para além como vimos dos desequilíbrios internos dentro de cada país)[410].

Pois bem, esta matéria – incluindo os específicos programas de fomento económico – tem hoje expresso assento nos tratados institutivos da União: o Tratado da União Europeia, no seu art.º 3.º, n.º 3, proclama a coesão territorial nos domínios económico e social como objetivo prioritário da UE, contendo o TFUE por sua vez um título que constitui todo ele um desenvolvimento

---

[408] Cfr. António Carlos dos Santos, Maria Eduarda Gonçalves & Maria Manuel Leitão Marques, *Direito Económico*, 6.ª ed., Coimbra, 2011, p. 199.
[409] João Mota de Campos & João Luís Mota de Campos, ibidem, p. 276.
[410] Manuel Porto, *As exceções às regras gerais de elegibilidade territorial...*, cit., p. 44.

desse princípio (Título XVIII – «A coesão económica, social e territorial», art.ºs 174.º a 178.º).

Nos termos do art.º 175, §1 TFUE – e de acordo com o princípio da subsidiariedade (art.º 5.º, n.º 3 TUE) –, cabe a cada Estado-membro conduzir e coordenar as suas políticas para alcançar tais objetivos no respetivo território, cumprindo em contrapartida à União, no âmbito das suas próprias políticas de integração económica do espaço comunitário, dar o respetivo contributo aos Estados-membros nesta matéria, apoiando a prossecução dos objetivos destes essencialmente por intermédio dos chamados fundos estruturais; menciona o dito normativo o FEDER, o FEOGA e o FSE (sendo este fundo ainda objeto de uma regulação específica nos art.ºs 162.º a 164.º TFUE), bem como os financiamentos a atribuir pelo BEI e outros instrumentos financeiros[411].

Mais prevê o Artigo 177 §1 TFUE a adoção de regulamentos definidores das missões, dos objetivos prioritários e da organização dos fundos com finalidade estrutural, consagrando ainda o §2 do mesmo artigo a existência de um Fundo de Coesão, criado nos mesmos termos, destinado a contribuir financeiramente para a realização de projetos nos domínios do ambiente e das redes transeuropeias de infraestruturas de transportes.

Como vimos, entre nós, os referidos fundos têm sido aplicados desde 1989 através dos chamados Quadros Comunitários de Apoio, que são planos de médio prazo quer setoriais, quer regionais, cuja elaboração e aplicação é da responsabilidade do executivo português. Já foram executados até hoje quatro QCA, estando atualmente em curso a execução do quinto quadro comunitário de apoio (o QCA 2014-2020).

2.8.5. Os limites impostos pelo Direito da União às ajudas de Estado

Por um lado, e como se acaba de constatar, em razão dos princípios da solidariedade entre os Estados membros e da coesão territorial, o Direito da União prevê e regula programas comunitários de fomento económico cuja execução é confiada às administrações públicas dos Estados membros.

---

[411] Cfr. João Mota de Campos & João Luís Mota de Campos, *Manual de Direito Europeu*, 6.ª edição, Coimbra 2010, pp. 275-276.

Mas a verdade é que, por outro lado, nesta mesma matéria (fomento da atividade económica privada), vigora no Tratado de Funcionamento da União Europeia um princípio de proibição de toda a ajuda de Estado a operadores económicos (nomeadamente a empresas nacionais) que falseie ou ameace falsear a concorrência no mercado comunitário[412]. O tema apenas será abordada com o devido detalhe, porém, numa última parte das nossas lições.

[412]

SECÇÃO 2
OS AUXÍLIOS CONCEDIDOS PELOS ESTADOS

Artigo 107.º
1. *Salvo disposição em contrário dos Tratados, são incompatíveis com o mercado interno, na medida em que afetem as trocas comerciais entre os Estados-Membros, os auxílios concedidos pelos Estados ou provenientes de recursos estatais, independentemente da forma que assumam, que falseiem ou ameacem falsear a concorrência, favorecendo certas empresas ou certas produções.*
2. *São compatíveis com o mercado interno:*
a) *Os auxílios de natureza social atribuídos a consumidores individuais com a condição de serem concedidos sem qualquer discriminação relacionada com a origem dos produtos;*
b) *Os auxílios destinados a remediar os danos causados por calamidades naturais ou por outros acontecimentos extraordinários;*
c) *Os auxílios atribuídos à economia de certas regiões da República Federal da Alemanha afetadas pela divisão da Alemanha, desde que sejam necessários para compensar as desvantagens económicas causadas por esta divisão.(...).*
3. *Podem ser considerados compatíveis com o mercado interno:*
a) *Os auxílios destinados a promover o desenvolvimento económico de regiões em que o nível de vida seja anormalmente baixo ou em que exista grave situação de subemprego, bem como o desenvolvimento das regiões referidas no artigo 349.º, tendo em conta a sua situação estrutural, económica e social;*
b) *Os auxílios destinados a fomentar a realização de um projeto importante de interesse europeu comum, ou a sanar uma perturbação grave da economia de um Estado-Membro;*
c) *Os auxílios destinados a facilitar o desenvolvimento de certas atividades ou regiões económicas, quando não alterem as condições das trocas comerciais de maneira que contrariem o interesse comum;*
d) *Os auxílios destinados a promover a cultura e a conservação do património, quando não alterem as condições das trocas comerciais e da concorrência na União num sentido contrário ao interesse comum;*
e) *As outras categorias de auxílios determinadas por decisão do Conselho, sob proposta da Comissão.*

Artigo 108.º
1. *A Comissão procederá, em cooperação com os Estados-Membros, ao exame permanente dos regimes de auxílios existentes nesses Estados. A Comissão proporá também aos Estados-Membros as medidas adequadas, que sejam exigidas pelo desenvolvimento progressivo ou pelo funcionamento do mercado interno.*
2. *Se a Comissão, depois de ter notificado os interessados para apresentarem as suas observações, verificar que um auxílio concedido por um Estado ou proveniente de recursos estatais não é compatível com*

o mercado interno nos termos do artigo 107.º, ou que esse auxílio está a ser aplicado de forma abusiva, decidirá que o Estado em causa deve suprimir ou modificar esse auxílio no prazo que ela fixar.
Se o Estado em causa não der cumprimento a esta decisão no prazo fixado, a Comissão ou qualquer outro Estado interessado podem recorrer diretamente ao Tribunal de Justiça da União Europeia, em derrogação do disposto nos artigos 258.º e 259.º.
A pedido de qualquer Estado-Membro, o Conselho, deliberando por unanimidade, pode decidir que um auxílio, instituído ou a instituir por esse Estado, deve considerar-se compatível com o mercado interno, em derrogação do disposto no artigo 107.º ou nos regulamentos previstos no artigo 109.º, se circunstâncias excecionais justificarem tal decisão. (...).
3. Para que possa apresentar as suas observações, deve a Comissão ser informada atempadamente dos projetos relativos à instituição ou alteração de quaisquer auxílios. Se a Comissão considerar que determinado projeto de auxílio não é compatível com o mercado interno nos termos do artigo 107.º, deve sem demora dar início ao procedimento previsto no número anterior. O Estado-Membro em causa não pode pôr em execução as medidas projetadas antes de tal procedimento haver sido objeto de uma decisão final.
4. A Comissão pode adotar regulamentos relativos às categorias de auxílios estatais que, conforme determinado pelo Conselho nos termos do artigo 109.º, podem ficar dispensadas do procedimento previsto no n.º 3 do presente artigo.

Artigo 109.º
O Conselho, sob proposta da Comissão, e após consulta do Parlamento Europeu, pode adotar todos os regulamentos adequados à execução dos artigos 107.º e 108.º e fixar, designadamente, as condições de aplicação do n.º 3 do artigo 108.º e as categorias de auxílios que ficam dispensadas desse procedimento.

CAPÍTULO IX
O PRINCÍPIO DA ECONOMIA DE CIRCULAÇÃO OU DE MERCADO E DA LIVRE CONCORRÊNCIA

2.9.1. Noções gerais

Como já se aludiu mais de uma vez, os ordenamentos jurídico-económicos – o mesmo é dizer, as constituições económicas que constituem as suas bases ou fundamentos –, e parafraseando agora Rolf Stober, "podem ser formulados como dois princípios fundamentais: se assentam na autorresponsabilidade do empresário, são constituídos na forma de economia de mercado e na forma de livre concorrência; se assentam na responsabilidade do Estado, são organizados na perspetiva da economia planificada e na perspetiva da Administração de direção central"[413].

Deparamos sempre, pois, em cada ordenamento com algo que constitui *uma decisão prévia* ou *decisão constitucional fundamental* da respetiva Constituição: mesmo os chamados sistemas mistos ou de economia mista, que procuram juntar "o melhor dos dois mundos", acabam por assentar, basicamente, no modelo económico de mercado e de concorrência. O que vale dizer que mesmo os sistemas ditos de *economia social de mercado*, como o nosso, se baseiam "na autonomia privada, no sentido de um direito ao livre e auto-responsável exercício no domínio económico", sendo a autonomia privada por definição "acompanhada de liberdades objetivas de circulação, que garantem a livre

---

[413] *Direito Administrativo Económico Geral*, cit., pp. 39-40.

circulação de mercadorias, a livre prestação de serviços, a livre circulação de trabalhadores e a livre circulação de capitais"[414].

A autonomia privada e as liberdades objetivas de circulação são juridicamente asseguradas pelo direito geral de liberdade e pelos tradicionais direitos subjetivos económicos, direitos estes qualificáveis como fundamentais, a partir do momento em tenham assento no texto constitucional, beneficiando então do especial regime de proteção garantido pela lei fundamental – o que acontece entre nós com as liberdades de profissão e de empresa e ainda com o direito de propriedade privada (este último na sua modalidade, quanto ao objeto, de «propriedade de meios de produção»).

Como é óbvio, qualquer Estado soberano (através da máxima expressão da sua soberania, que é o poder constituinte) pode escolher entre o sistema de mercado e o sistema de direção central e planificada da economia. Pois bem, como vimos, é hoje indiscutível – depois das sucessivas revisões da Constituição de 1976 que resultaram num progressivo fortalecimento dos direitos fundamentais económicos clássicos e da economia de mercado – que a escolha do nosso constituinte recaiu (recai) sobre o sistema de mercado.

Isto posto, nunca se sublinhará em demasia o quanto pesou nos definitivos contornos dessa escolha da economia de mercado aberto a adesão de Portugal às Comunidades Europeias (em 1986): com efeito, as grandes mudanças no que se refere à Constituição Económica deram-se apenas com a 2.ª Revisão Constitucional (de 1989), ou seja, logo a seguir à referida adesão. Esta revisão constitucional que procurou adaptar o texto constitucional ao direito comunitário, assim como a (imediatamente antecedente) adesão à então Comunidade Económica Europeia em si mesma considerada, deram causa a uma verdadeira mudança de paradigma da nossa Constituição Económica – sobretudo na medida em que a chamada Constituição Económica comunitária passou, genericamente, a integrar a Constituição Económica portuguesa, gozando da chamada «prevalência aplicativa» sobre toda a ordem jurídica interna (com exceção dos «princípios fundamentais do Estado de direito democrático» – cfr. art.º 8.º, n.º 4 CRP).

Refira-se, por fim, que o modelo da economia de mercado ainda não está explicitamente proclamado numa determinada norma do nosso texto

---

[414] ROLF STOBER, ibidem.

constitucional. Mas a sua consagração resulta globalmente da tutela quer do direito geral de personalidade e de liberdade (art.º 26.º, n.º 1 e 27.º), quer dos direitos fundamentais económicos clássicos (art.º 47.º, n.º1, 61.º e 62.º), quer ainda da garantia institucional da propriedade privada e da livre iniciativa económica (art.º 80.º, al. *b)* e *c)*) e (como se aprofundará na alínea seguinte) da proteção da livre concorrência (art.º 81.º, al. *f)* e 99.º, al. *a)* e *c)*),

2.9.2. Do conceito económico de concorrência às normas de defesa da concorrência

A concorrência é o mecanismo de decisão económica próprio do sistema de mercado livre[415] que tem por finalidade "garantir a presença no mercado de um número suficiente de empresas independentes funcionando em condições adequadas a proporcionar aos consumidores e utilizadores uma razoável possibilidade de escolha"[416]. Assim, haverá concorrência efetiva e eficaz se às empresas for assegurada *liberdade de acesso ao mercado*, se elas dispuserem da *liberdade de ação*, e se, em consequência, os consumidores e utilizadores puderem exercer a *liberdade de escolha* em função do preço e da qualidade dos bens e serviços que lhes são propostos[417].

Ora, num mercado aberto onde todos os agentes económicos têm juridicamente liberdade para agir na prossecução dos seus interesses, a concorrência surge como contraponto disciplinador da atividade de cada um deles, promovendo a convergência dos esforços de cada um para a melhoria do resultado do setor em toda a economia[418].

Não bastam todavia para assegurar a liberdade de concorrência de cada um dos operadores económicos as garantias subjetivas de acesso ao mercado e de liberdade de atuação e organização profissional e empresarial (faculdades que integram as liberdades de profissão e de empresa), assim como a liberdade de escolha dos consumidores dos produtos e serviços oferecidos pelos ditos operadores.

---

[415] Cfr. Luís S. Cabral de Moncada, *Direito Económico*, cit., p. 272.
[416] João Mota de Campos & João Luís Mota de Campos, *Manual de Direito Comunitário*, 5.ª ed., Coimbra Editora, Coimbra, 2007, pág. 599, 600;
[417] *Ibidem*.
[418] Adalberto Costa, *Regime Legal da Concorrência*, Coimbra, 2004, pág. 94.

Com efeito, o contexto real em que as empresas desenvolvem a sua atividade nos nossos dias não é de «concorrência perfeita» (pois nunca se verifica na prática o modelo económico abstrato e ideal em que os produtos são homogéneos, o mercado é atomizado e onde existe mobilidade dos fatores de produção): o mesmo é dizer que "são possíveis desvios mais ou menos acentuados ao funcionamento das regras da concorrência" através de comportamentos de coligação e concertação empresariais e de abusos de posições de domínio no mercado que visem a maximização de vantagens económicas e financeiras dos seus autores com prejuízo para os consumidores e em geral para o são funcionamento do mercado[419].

Ora, é a partir desta constatação que surge a necessidade de criação de normas de defesa da concorrência que previnam e reprimam tais comportamentos: *normas jurídicas* que visam por meios «artificiais» a salvaguarda das *normas económicas* da concorrência (sendo estas últimas, na sua origem, pautas de comportamentos sociais de cariz natural ou espontâneo). O objetivo das leis de defesa da concorrência é assim "o de assegurar uma estrutura e comportamento concorrenciais dos vários mercados no pressuposto de que é o mercado livre que, selecionando os mais capazes, logra orientar a produção para os setores suscetíveis de garantir uma melhor satisfação das necessidades dos consumidores e, ao mesmo tempo, a mais eficiente afetação dos recursos económicos disponíveis, que é como quem diz, os mais baixos custos e preços" (Luís S. Cabral de Moncada)[420].

Deste modo o princípio da concorrência "é assumido como valor *jurídico-objetivo* de organização económica, ou seja, como *garantia institucional* de ordem económica": sendo tida a projeção no mercado das diferentes e autónomas iniciativas (privadas e públicas) "como a forma mais adequada de racionalização económica", o facto é que tal diversidade, quando «entregue a si própria», "longe de por si mesma se perpetuar, tende e restringir-se, mercê de múltiplos processos de concentração económica"; e por isso o poder público é chamado a garantir a estabilidade e a continuidade da dita racionalização económica (Manuel Afonso Vaz)[421]. De garante de direitos subjetivos

---

[419] Luís S. Cabral de Moncada, *Direito Económico*, cit., p. 487-488.
[420] *Direito Económico*, cit., p. 486-487.
[421] *Direito Económico*, cit., p. 228.

fundamentais que pressupostamente (se o mercado fosse de «concorrência perfeita») garantiriam por si sós a livre concorrência, passa assim o Estado a "defensor ativo da concorrência, para o que lhe compete ditar regras que assegurem o *estado de concorrência*"[422].

Acrescem ainda às normas e políticas de defesa da concorrência motivações de ordem política: pretende-se também com elas "impedir e combater concentrações excessivas de poder económico privado ou público, na certeza de que o resultado respetivo, ou seja, o dirigismo económico privado ou público, é suscetível de pôr em causa a transparência do funcionamento do mercado e o controlo pelo público consumidor por ele potenciado do andamento dos preços e quantidades de bens e serviços, bem como a autenticidade das necessidades, ou seja, numa palavra, a soberania do consumidor"[423].

2.9.3. A defesa da livre concorrência no texto constitucional

A Constituição consagra como incumbência do Estado, enquanto Estado regulador, *"assegurar o funcionamento eficiente dos mercados, de modo a garantir a equilibrada concorrência entre as empresas, a contrariar as formas de organização monopolistas e a reprimir os abusos de posição dominante e outras práticas lesivas do interesse geral"* (artigo 81.º, alínea *f)*). Também no âmbito dos «objetivos da política comercial» do Estado (art.º 99.º) se incluem a *"concorrência salutar dos agentes económicos"* (al. *a)*) e o *"combate (...) às práticas comerciais restritivas"* (parte final da al. *c)*).

O *princípio da concorrência* é por conseguinte assumindo também pela nossa lei fundamental como valor objetivo (ou conjunto de valores objetivos) da ordem económica constitucional.

Poder-se-á todavia fazer o reparo de que, mercê das vicissitudes históricas do nosso texto constitucional, acabou por não ser nele acolhido o princípio da economia de mercado e da livre concorrência com a ênfase e o carácter expresso e taxativo que conhece noutras Constituições ocidentais. Dir-se-á nomeadamente que, para além de inexistir uma expressa consagração da economia de mercado aberto enquanto garantia institucional, nas referidas

---

[422] Ibidem. Também *Constituição Portuguesa Anotada*, Tomo II, cit., pág. 20.
[423] Luís S. CABRAL DE MONCADA, *Direito Económico*, cit., p. 487.

normas constitucionais de defesa da concorrência aparenta prevalecer uma intencionalidade ideologicamente comprometida de proteger (dir-se-ia, apenas) as pequenas e médias empresas, predominando as motivações de ordem também político-ideológica de combate aos «monopólios privados» e aos latifúndios – isto em detrimento de uma tutela da economia de mercado em geral, de cunho (mais) liberal ou liberalizante. Pelo que, e atentas as antinomias ainda presentes no texto entre princípios tendencialmente antagónicos a que já fizemos abundantes referências, poderiam oferecer fundadas dúvidas o significado e alcance das nossas normas constitucionais de proteção da concorrência.

Contudo, e como veremos de seguida, uma vez que o princípio da economia de mercado aberto e de livre concorrência ocupa na Constituição Económica comunitária um lugar central, impõe-se nesta matéria uma interpretação conforme das suprarreferidas normas constitucionais com o direito comunitário vigente (sobretudo com os tratados institutivos).

2.9.4. A defesa da economia de mercado e da livre concorrência na Constituição Económica comunitária

No n.º 3 do art.º 3.º do Tratado da União Europeia[424], logo a seguir à reafirmação do objetivo da União de estabelecimento de um mercado interno, proclama-se hoje que o empenho dela (União) no "*desenvolvimento sustentável da Europa*" assenta "*numa economia social de mercado altamente competitiva que tenha como meta o pleno emprego e o progresso social, e num elevado nível de proteção e de melhoramento da qualidade do ambiente*".

Por sua vez, no Tratado sobre o Funcionamento da União Europeia á atribuída à União competência exclusiva no "*estabelecimento das regras de concorrência necessárias ao funcionamento do mercado interno*" (art.º 3.º, al. *b*)). As liberdades fundamentais de livre circulação de mercadorias, pessoas, serviços e capitais são objeto de detalhada regulamentação nos art.ºs 28.º a 66.º; e o regime europeu da proteção da concorrência entre as empresas consta por sua vez dos art.ºs 101.º a 109.º, destacando-se neste último o princípio da igualdade

---

[424] Versão consolidada do Tratado de Lisboa.

de trato entre as empresas públicas e as privadas (art.º 106.º) e o princípio da proibição (relativa) das ajudas de Estado (art.ºs 107.º a 109.º).

Note-se, por fim, que não obstante o que se acaba de dizer, as alterações introduzidas pelo Tratado de Lisboa ao antigo Tratado da Comunidade Europeia denotam uma ligeira inflexão relativamente ao cunho (mais) liberal ou liberalizante que caracterizava aquela (com a redação que lhe fora dada pelo Tratado de Maastricht). Com efeito, desaparece do «pórtico» do tratado, a saber da sua Parte I («Os princípios»), mais concretamente do conjunto das (atuais) «Disposições de aplicação geral» (atual Título II da Parte I), a referência à adoção de uma política económica "conduzida de acordo com o princípio de uma economia de mercado aberto e de livre concorrência".

Em contrapartida, e como acima se sublinhou, no frontispício do Tratado da União Europeia – no n.º 3 do art.º 3.º (artigo onde de algum modo de inscrevem agora a missão e os objetivos últimos da União, e que por isso, de acordo com a nova arquitetura dos Tratados, «sucede» ao antigo art.º 2.º do Tratado de Roma[425]) – sublinha-se que o desenvolvimento da Europa assenta numa «economia *social* de mercado».

Voltando agora ao TFUE, esta tecla da «economia social de mercado» é reforçada pelo art.º 9.º, com a referência às *"exigências relacionadas com a promoção de um elevado nível de emprego, a garantia de uma proteção social adequada, a luta contra a exclusão social e um nível elevado de educação, formação e proteção da saúde humana"*, e pelo (atual) art.º 14.º. Este último junta agora (significativamente) à redação anterior do antigo art.º 16.º (*"Sem prejuízo do disposto no artigo 4.º do tratado da União Europeia e nos artigos 93.º, 106.º e 107.º do presente Tratado, e atendendo à posição que os serviços de interesse económico geral ocupam no conjunto dos valores da União e ao papel que desempenham na promoção da coesão social e territorial, a União e os seus Estados-Membros, dentro do limite das respetivas competências e no âmbito de aplicação dos Tratados, zelarão por que esses serviços funcionem com base em*

---

[425] Na medida em que a União Europeia sucede à antiga Comunidade Europeia, temos agora uma única entidade regulada fundamentalmente por dois tratados. Tendo em conta esta alteração, ficou reservado ao Tratado da União Europeia a fixação da missão e dos grandes objetivos da União, passando a caber ao antigo Tratado da Comunidade Europeia (atual Tratado sobre o Funcionamento da União Europeia) o papel de texto agregador das normas relativas à organização e funcionamento das instituições comunitárias e do regime da respetiva atuação em cada um dos domínios que lhe foram transferidos pelos Estados.

princípios e em condições, nomeadamente económicas e financeiras, que lhes permitam cumprir as suas missões") o seguinte texto: *"O Parlamento e o Conselho, por meio de regulamentos adotados de acordo com o processo legislativo ordinário, estabelecem esses princípios e definem essas condições, sem prejuízo da competência dos Estados-Membros para, na observância dos Tratados, prestar, mandar executar e financiar esses serviços".*

Não obstante estas alterações (quase todas relativamente recentes), cujo significado no todo dos tratados institutivos não pode ser ignorado, a verdade é que se mantém a redação anterior dos (atuais) artigos 120.º (primeiro do Capítulo I – «A Política Económica» do Título VIII - «A Política Económica e Monetária») e 127.º (primeiro do Capítulo II – «A Política Monetária» do mesmo Título VIII), onde se afirma que, respetivamente, os Estados-membros e a União (art.º 120.º) e o SEBC – Sistema Europeu de Bancos Centrais (art.º 127.º, n.º 1) "atuarão de acordo com o princípio de uma economia de mercado aberto e de livre concorrência, *favorecendo uma repartição eficaz dos recursos, e em conformidade com os princípios estabelecidos no artigo 119.º*"; e que no n.º 1 deste mesmo art.º 119.º se diz que *"para alcançar os fins enunciados no artigo 3.º do Tratado da União Europeia, a ação dos Estados-Membros e da União implica, nos termos do disposto nos Tratados, a adoção de uma política económica baseada na estreita coordenação das políticas económicas dos Estados-Membros, no mercado interno e na definição de objetivos comuns,* e conduzida de acordo com o princípio de uma economia de mercado aberto e de livre concorrência".

CAPÍTULO X
O PRINCÍPIO DA REGULAÇÃO ECONÓMICA

2.10.1. **Noções gerais**

Começou-se a falar da mudança do *Estado prestador* (de bens e serviços) para o *Estado regulador* na sequência do processo das privatizações desencadeado na década de 80 do séc. XX (e a que acima fizemos já referência), para sublinhar a importância de primeiro plano que passou a assumir o direito administrativo da regulação[426].

Fizemos acima referência, nomeadamente, aos vários caminhos e formas de privatização de organizações e tarefas públicas. E demos o devido destaque, de entre estas, às *privatizações material* e *organizativa*, verdadeira privatização *primo* de atividades tradicionalmente reservadas à Administração, *secundo* com substancial privatização também das próprias entidades que as desenvolviam – isto é, com simultânea venda a privados de parte ou da totalidade do capital social das empresas públicas que até esse momento exploravam tais atividades, em muitos casos em regime de monopólio.

Falámos também e ainda na expansão do mecanismo tradicional da privatização funcional ou «Administração por particulares», com um forte incremento da entrega a privados da exploração de atividades que não obstante continuam reservadas à Administração Pública (a qual se continua a

---

[426] Nesta matéria, ver PEDRO GONÇALVES, *Reflexões sobre o Estado Regulador e o Estado Contratante*, Coimbra, 2013.

responsabilizar pela respetiva execução, dispondo para tanto dos necessários poderes de supervisão e intervenção na atividade concessionada).

Com este processo não houve lugar a uma desregulamentação propriamente dita das atividades económicas: ao invés, a retirada do Estado dos setores produtivos onde intervinha diretamente enquanto agente económico e normalmente em regime de monopólio, foi compensada pela (re)criação de quadros regulatórios bastantes extensos, cuja atuação passou a ser confiada não ao Governo e à administração dele dependente, mas a *entidades reguladoras independentes* dotadas de fortes poderes de intervenção.

Sublinhe-se agora também o facto de, não obstante a ocorrência da referida alteração estrutural da ordem pública económica, o suporte desse extenso e complexo direito regulatório apresentar ainda um caráter lacónico e algo disperso na Parte II da Constituição («Organização Económica»).

Sinais desses novos tempos detetam-se no art.º 293.º CRP, o qual, na sequência da abolição da regra da irreversibilidade das nacionalizações realizadas após o 25.04.1974, estabelece os princípios fundamentais que presidem (terão que presidir) ao regime legal de reprivatização dos bens nacionalizados.

Mais relevante é a presente formulação da al. *f)* do art.º 81.º e nos atuais n.º 3 do art.º 267.º CRP e n.º 1 do art.º 86.º, introduzidas também pela Revisão Constitucional de 1997, preceitos que agora preveem respetivamente (i) a necessidade de assegurar o *funcionamento eficiente dos mercados* (de modo a, designadamente, garantir a equilibrada concorrência entre as empresas, a contrariar as formas de organização monopolistas e a reprimir os abusos de posição dominante e outra práticas lesivas do interesse geral), (ii) a possibilidade de a lei criar entidades administrativas independentes (categoria a que se reconduzem as entidades reguladoras independentes) e (iii) o reforço do dever de fiscalização do Estado sobre empresas privadas que prossigam atividades (explorem serviços) de *interesse económico geral* (dever esse de que em regra ficarão incumbidas as entidades reguladoras independentes).

Também o art.º 39.º prevê especificamente a instituição de uma entidade reguladora independente para o setor da comunicação social (a Alta Autoridade para a Comunicação Social); e consagra por seu turno o art.º 101.º a regulação do sistema financeiro, no sentido desde logo de o funcionalizar à formação, captação e segurança das poupanças, assim como à afetação dos meios financeiros daí resultantes ao desenvolvimento económico e social, cometendo (implicitamente) o artigo seguinte (art.º 102.º) essas tarefas regulatórias, em primeira linha, a um banco central nacional (o Banco de Portugal).

Cabe ainda uma referência ao n.º 3 do art.º 267.º CRP, que abre caminho a uma regulação estadual independente para lá dos dois setores que se acaba de referir; poderemos ainda acrescentar o n.º 4 do mesmo artigo – cuja redação remonta à primeira revisão constitucional, de 1982 –, o qual legitima, a par daquela modalidade de regulação, a criação de outro tipo de regulação não dependente do Governo: a *autorregulação através de associações públicas*[427].

Frise-se uma vez mais que com a criação de entidades reguladoras independentes (autoridades administrativas independentes) se pretende assegurar o interesse público do eficiente funcionamento dos mercados, nomeadamente a livre concorrência entre os operadores (públicos e privados, ou só privados) que agora desenvolvem essas atividades económicas privatizadas e a satisfação dos direitos dos utentes dos bens e serviços de «interesse económico geral» (antigos «serviços públicos»)[428].

Já com os esquemas de autorregulação, através da instituição de associações públicas económicas e profissionais em regra de inscrição obrigatória – sobretudo destas últimas – visa-se, para além também da defesa dos interesses gerais da profissão abstratamente considerada e dos destinatários dos serviços profissionais, não propriamente garantir a *livre* concorrência entre os operadores, mas antes e sobretudo uma *leal* concorrência entre estes, com base em elevados padrões de conduta extraídos da praxis ou costume segregado pela comunidade profissional em causa.

Enfim, estes normativos da lei fundamental são, no seu conjunto, mais do que meros sinais ou indícios da mudança acima referida: globalmente considerados, e à luz de uma interpretação atualista que leve em conta a evolução da realidade constitucional e dos valores entretanto verificada, eles não podem

---

[427] Sobre o tema, ver por todos VITAL MOREIRA, *Administração autónoma e associações públicas*, Coimbra, 1997, e *Auto-regulação profissional e administração pública*, Coimbra, 1997.

[428] Sobre os serviços de interesse económico geral, ver PEDRO GONÇALVES, *Reflexões sobre o Estado Regulador...*, cit., e ainda JOÃO NUNO CALVÃO DA SILVA, *Mercado e Estado. Serviços de interesse económico geral*, Coimbra, 2008, J. R. NUNES DE ALMEIDA, *Os princípios da transparência e da proporcionalidade no financiamento dos serviços de interesse económico geral*, Porto, 2014, RODRIGO GOUVEIA, *Os serviços de interesse geral em Portugal*, Coimbra, 2001 e DULCE LOPES, *O nome das coisas: serviço público: serviço público, serviços de interesse económico geral e serviço universal no direito comunitário*, in «Temas de Integração», n.ºs 15 e 16, Coimbra, 2003.

deixar de se configurar como um novo princípio constitucional, a saber um (o) *princípio de regulação económica*.

2.10.2. O conceito de regulação pública económica

O moderno conceito de *regulação pública* (económica e social) só pode ser apreendido à luz dos acontecimentos, tendências e movimentos a que acima se fez referência, nomeadamente da profunda mudança nos fins e funções do Estado por eles causada.

A «regulação pública económica» para que (implicitamente) remetem os supracitados normativos constitucionais não é, evidentemente, o conceito amplo de «regulation», de origem anglo-saxónica, que se identifica com toda a intervenção dos poderes públicos nas atividades económica e social, mas antes um conceito de significado estrito, mais próximo (e tomando ainda como referencial a experiência anglo-saxónica) da chamada *administrative regulation*, a cargo das *executive* ou *independent agencies* estadunidenses, na figuração que lhes foi dada pela Administração do Presidente Reagan e também no Reino Unido pelo Governo Tatcher nos anos 80 do séc. XX, no sentido, respetivamente, (i) da desregulação (num primeiro momento), da re-regulação (num momento subsequente) e do (ii) *new public management* e do *contracting out* ou contratação externa (aquisições de serviços, concessões, parcerias público privadas).

Sendo pois a regulação pública (económica) hoje dominante, obviamente, uma forma de intervenção do Estado na economia, ela diferencia-se bem do paradigma antecedente da planificação e do dirigismo estatais, na medida em que (ao invés destes) pressupõe um contexto de economia de mercado e de livre concorrência. Não se demitindo o Estado da prossecução de fins de interesse geral – porquanto garante, através do exercício dos poderes públicos regulatórios, o funcionamento de uma sã e leal concorrência, os direitos dos utentes/consumidores dos bens e serviços de interesse económico geral (através sobretudo das chamadas *obrigações de serviço público*) e determinados *interesses coletivos* (prevenindo certos riscos próprios da economia de mercado) – enquadra-se o dito exercício de poderes estaduais na lógica própria de um sistema económico baseado na livre formação de preços e na descentralização do processo de decisão económica.

A regulação económica pressupõe por conseguinte e em suma um sistema de economia de mercado e de livre concorrência, cujas falhas de funcionamento aquela pretende prevenir e corrigir, com os objetivos não só de o preservar, mas também e ainda de maximizar a respetiva eficiência.

Com a revalorização dos princípios da iniciativa económica privada, da economia de mercado aberto e da livre concorrência, e a concomitante retirada dos poderes públicos da maioria das atividades económicas de interesse geral enquanto prestadores de bens e serviços (o mesmo é dizer, com o fim da maioria dos antigos serviços públicos), o Estado (aqui entendido em sentido amplo) passou desta última qualidade (de prestador) àquela que se entende agora ser a sua genuína vocação: a de (mero) *regulador*.

O Estado assume-se agora prioritariamente como regulador, nomeadamente das ditas atividades de interesse económico geral, munindo-se para o desempenho desse novo papel de fortes poderes de supervisão e intervenção de caráter não apenas administrativo, mas também jurisdicional e «legislativo/normativo» (o que faz destas autoridades verdadeiros minigovernos setoriais).

A titularidade de uma tal panóplia de poderes tem em vista a salvaguarda em cada um dos setores regulados, não apenas da lei e do interesse público, mas também (e sobretudo, dir-se-á) da sã, leal e efetiva concorrência entre operadores (indutora de eficiência, à luz do pensamento económico clássico) e, sobretudo, dos interesses dos utentes/consumidores dos bens e serviços produzidos.

Neste processo as mais das vezes lento e complexo de transição para o mercado – de verdadeira construção de «fileiras de mercado» nos antigos setores públicos – constituiu um objetivo primeiro dessas autoridades o evitar que aos antigos monopólios públicos viessem a suceder monopólios privados.

O *princípio da boa administração ou eficiência*, enquanto princípio instrumental da realização do interesse geral ou interesse público primário, passa a ocupar um lugar de primeiro plano: o objetivo é agora tão só o de garantir e estruturar o funcionamento *eficiente* do setor regulado.

2.10.3. Os poderes regulatórios

Para a prossecução dos ambiciosos objetivos que se vem de referir, a lei tem que atribuir às autoridades reguladoras os necessários instrumentos, concentrando-se (tendo que se concentrar) nas suas mãos um conjunto de poderes que se caracterizam pela sua diversidade e intensidade. Assim, e para além do clássico poder administrativo traduzido na (i) prática de atos relativos a situações concretas de administração ativa, tais entidades dispõem (têm que dispor ainda) de (ii) poderes normativos quase-legislativos (de segregação, revelação «jurisprudencial» e positivação das normas deontológicas, no caso das ordens profissionais, e de emanação de verdadeiros regulamentos independentes, no caso das autoridades reguladoras independentes)[429] (iii) e de poderes quase-jurisdicionais (poderes disciplinares, no caso das ordens profissionais, e poderes de dirimir conflitos entre operadores privados, no caso das autoridades reguladoras independentes).

É em nome desse princípio que se dá a separação orgânica das autoridades reguladoras relativamente ao Governo e à Administração estadual dele dependente, gozando tais autoridades de um estatuto de maior ou menor *autonomia* (no caso dos mecanismos de autorregulação através de associações públicas) ou de maior ou menor *independência* (no caso das entidades reguladoras independentes).

No que especificamente se refere às entidades reguladoras independentes, reconduzem-se estas à categoria mais ampla das autoridades administrativas independentes. Trata-se de autoridades criadas por lei para prosseguirem interesses inequivocamente estaduais (por isso são também Administração do Estado), e que em alguns casos nem sequer têm personalidade jurídica própria, dispondo todavia (reitere-se) de poderes regulatórios muito intensos (normativos, jurisdicionais e administrativos). Mas o exercício de tais funções não está sujeito sequer a poderes de mera orientação ou controlo do Governo (o qual, por consequência, não responde por elas perante a Assembleia da República) – o que, não obstante a expressa previsão constitucional da figura (art.º 267, 3 CRP), levanta problemas quanto à respetiva legitimidade democrática, pois não deixam as ditas autoridades de ser braços do poder executivo.

---

[429] Sobre o tema, ver J. PACHECO DE AMORIM & RUI MESQUITA GUIMARÃES, *A infração contraordenacional na regulação económica e financeira*, in AAVV, «Infrações económicas e financeiras. Estudos de Criminologia e Direito», Coimbra, 2014, pp. 635-655, e MARTA VICENTE, *A quebra da legalidade material na atividade normativa de regulação económica*, Coimbra, 2012.

O mesmo se diga da exigência de um elevado perfil técnico-científico dos membros dos órgãos diretivos não apenas dessas entidades, mas também das ordens profissionais (neste último caso, por inerência).

Esta exigência, no que às autoridades reguladoras independentes especificamente concerne, contribui para a sua legitimação, por favorecer a aceitação das medidas por elas tomadas pelos respetivos destinatários, compensando em parte o défice de legitimidade democrática que se acaba de assinalar.

Note-se que o dito perfil – e agora abarcando de novo todas as entidades reguladoras – é ainda ditado pelo princípio da boa administração ou eficiência, em razão da enorme complexidade técnica e económica das atividades profissionais (p. ex, medicina) ou dos setores económicos regulados (p. ex., energia, telecomunicações), e por consequência também da respetiva regulação – perfil esse que por outro lado reforça a «autonomização» ou «independentização» daqueles titulares de cargos públicos face ao poder executivo governamental.

O atributo da independência – e regressando ao universo mais restrito das entidades reguladoras independentes – é todavia exigido pelo facto de o Estado manter por vezes uma presença nas atividades económicas reguladas, concretamente nos antigos operadores públicos privatizados, seja através da titularidade de *golden shares* (ações privilegiadas, em termos legal ou estatutariamente previstos), seja mesmo pela manutenção de uma posição acionista maioritária ou minoritária mas que lhe permita manter uma influência dominante na sociedade comercial em questão – e de precisarem as autoridades reguladoras, em razão de um tal contexto, de manterem totais imparcialidade e equidistância face também a esses operadores, obstando assim a situações de falta de neutralidade que poderiam inclusive pôr em causa a imprescindível confiança dos investidores privados.

E isto não apenas por força dos princípios imediatamente convocáveis (concorrência, imparcialidade, igualdade e transparência), mas também para evitar a repetição do erro cometido nas antigas empresas públicas encarregadas da exploração de serviços públicos essenciais, de os preços sociais por elas praticados acabarem por ser fixados, sob intensa pressão do Governo, e por razões as mais das vezes eleitoralistas, num patamar muito inferior àquele que seria suficiente para tornar o bem ou serviço produzido acessível – mas não tão baixo ao ponto de provocar um grave desequilíbrio financeiro nas respetivas contas de exploração ou diretamente nas finanças públicas (na hipótese de parcial subsidiação estadual desses preços).

Refira-se, a este propósito, que o conflito subjacente entre a regulação económica (determinação do preço eficiente do bem ou serviço) e regulação social (garantia da universalidade do acesso) tende a ser ultrapassado pela separação entre a componente económica e a componente social, com a salvaguarda desta última através de regimes especiais de proteção dos consumidores mais vulneráveis, seja por via do financiamento público direto a estes utentes, seja por via do financiamento aos operadores das chamadas «obrigações de serviço público».

O que se vem de dizer reforça-se no caso de a atividade de prestação dos bens e serviços de interesse económico geral se ter que desenvolver através de uma infraestrutura de rede: requer-se aqui uma gestão independente desta, de modo a garantir o acesso igual de todos os operadores a tal rede única.

TÍTULO III
OS DIREITOS FUNDAMENTAIS ECONÓMICOS CLÁSSICOS

CAPÍTULO I
A LIBERDADE DE PROFISSÃO

3.1.1. Noções gerais

a) Natureza clássica do direito: a liberdade de profissão como direito da personalidade

O art.º 47.º, n.º 1 CRP consagra a «liberdade de escolha de profissão»: nos termos deste preceito, *"todos têm o direito de escolher livremente a profissão ou género de trabalho, salvas as restrições legais impostas pelo interesse coletivo ou inerentes à própria capacidade"* [430] / [431].

---

[430] O presente capítulo corresponde, ainda que com alterações significativas, à segunda parte do trabalho que publicámos sob o título *"A liberdade de profissão"*, in «Estudos em Comemoração dos Cinco Anos (1995-2000) da Faculdade de Direito da Universidade do Porto», Coimbra Editora, 2001, pp. 595-782.

[431] Sobre esta matéria, ver J. J. GOMES CANOTILHO & VITAL MOREIRA, *Constituição da República Portuguesa Anotada*, 3.ª ed., anotações aos art.º 47.2 e 267.3, Coimbra, 1993; JORGE MIRANDA, *Manual de Direito Constitucional*, v. IV, pág. 401-416, Coimbra, 1990, *Liberdade de trabalho e profissão*, RDES, XXX, pp. 145-162, *As associações públicas no direito português*, pp. 33 e 34, Lisboa, 1985, e *Ordem Profissional*, in DJAP, VI, Lisboa, 1994; ROGÉRIO EHRHARDT SOARES, *A Ordem dos Advogados. Uma corporação pública*, em *Revista de Legislação e Jurisprudência*, nºs 3807 a 3810, 1991-1992, p. 227 a 230 do nº 3809, e 267 a 269 do nº 3810; VITAL MOREIRA, *Administração Autónoma e Associações Públicas*, Coimbra, 1997, pp. 467 a 476.
Sobre o atual regime constitucional dos direitos fundamentais (em geral), ver J. J. GOMES CANOTILHO, *Direito Constitucional e Teoria da Constituição*, 7.ª ed., Coimbra, 2003, pp. 307-531 e 1253-1305; J. C. VIEIRA DE ANDRADE, *Os direitos fundamentais na Constituição Portuguesa de 1976*, 2.ª ed., Coimbra, 2001; JORGE REIS NOVAIS, *As restrições aos direitos fundamentais não*

A deslocação da liberdade de profissão dos direitos fundamentais económicos, sociais e culturais para o catálogo dos direitos, liberdades e garantias "pessoais" traduziu o formal reconhecimento, garantia e proteção pelo constituinte de uma sua "densidade subjetiva" reforçada.

Implica esta densidade "uma tendencial conformação autónoma e disponibilidade por parte dos seus titulares")[432], tendo em conta nomeadamente a "*força vinculante*" e a "densidade aplicativa («aplicabilidade direta») que apontam para um reforço da «mais-valia» normativa" daqueles preceitos relativamente às demais normas da Constituição (J. J. Gomes Canotilho)[433]. Ou seja, acentuou no plano jurídico-constitucional a sua configuração de direito mais intimamente ligado à personalidade – o que, entre outros aspetos, e sem desvirtuar a natureza de direito de liberdade ou de defesa, acarreta, em determinadas circunstâncias, uma sua reforçada projeção nas relações interprivadas.

Face a esta configuração da liberdade de profissão como um direito de personalidade – atributo que nunca lhe foi negado, aliás, mesmo antes do referido reforço nesse sentido[434] – importa determinar a sua posição relativa na Constituição nessa qualidade.

É que, como resumiu o Tribunal Constitucional Federal alemão, ao lado de uma liberdade geral de atuação, as modernas constituições intentam proteger através dos preceitos relativos aos direitos fundamentais "a liberdade da atuação humana em determinadas esferas vitais que, segundo a experiência histórica, se expuseram especialmente à intervenção do poder público"; em

expressamente autorizadas pela Constituição, Coimbra, 2003; MANUEL AFONSO VAZ, *Lei e reserva de lei – a causa da lei na Constituição portuguesa de 1976*, Porto, 1992; e também JORGE MIRANDA, *Manual de Direito Constitucional*, v. IV, Coimbra, 1990; CRISTINA QUEIROZ, *Direitos fundamentais (teoria geral)*, Porto, 2002 e RABINDRANATH CAPELO DE SOUSA, *A Constituição e os direitos de personalidade*, em *Estudos sobre a Constituição*, obra coletiva, dir. Jorge Miranda, v. II, Lisboa, 1978, pp. 93-197, e *O direito geral de personalidade*, Coimbra, 1995.

[432] J. J. GOMES CANOTILHO, *Direito Constitucional*, cit., p. 538.
[433] *Direito Constitucional e Teoria da Constituição*, cit., p. 398.
[434] Neste tema, ver por todos R. CAPELO DE SOUSA, *A Constituição e os direitos de personalidade*, em *Estudos sobre a Constituição*, obra coletiva, dir. Jorge Miranda, v. II, Lisboa, 1978, pp. 93-197, e *O direito geral de personalidade*, Coimbra, 1995, pp. 278- 282. O autor refere ainda o conjunto das "liberdades sócio-económicas" como direitos especiais de personalidade, onde "preponderam a as liberdades de *atividade da força de trabalho*, de *iniciativa económica*, de *negociação jurídica* e *apropriação de bens e sua transmissão*" (idem, p. 278).

tais esferas elas "delimitam, através de uma gradação de níveis de reserva legal, a amplitude em que são possíveis os atos de intervenção". Mas na medida em que as ditas esferas não estejam protegidas por esses direitos fundamentais, "o indivíduo pode, em caso de uma intervenção do Poder público limitativa da sua liberdade", invocar a cláusula geral de personalidade[435].

Note-se que está hoje consagrado no texto fundamental – no seu art.º 26.º, n.º 1 – um direito geral de personalidade com expresso estatuto constitucional, em relação ao qual aquela liberdade constitui um direito especial.

No que respeita aos outros direitos fundamentais de personalidade que se cruzam com esta específica liberdade, poderemos citar: como direitos especiais, o direito de acesso à função pública "em condições de igualdade e liberdade" (art.º 47.2 CRP), a liberdade de aprender (art.º 43.º CRP), a liberdade científica e as suas garantias institucionais (art.º 42.º e 76.2 CRP); e para além destas, ainda as demais liberdades do denominado bloco das liberdades do pensamento ou liberdades de conteúdo intelectual[436], a saber: as liberdades de expressão, informação e comunicação (art.ºs 37.º, 38.º, 39.º e 40.º CRP), a liberdade de consciência, religião e culto (art.º 41.º CRP) e a liberdade de ensino (art.º 43.º CRP); e, enfim, as demais liberdades económicas, nomeadamente a liberdade de deslocação e emigração (art.º 44.º CRP), o direito de livre iniciativa económica ou liberdade de empresa (art.º 61.1 CRP) e a liberdade de consumo (esta última reconduzível ao referido direito geral de personalidade consagrado no art.º 26.1 CRP).

Como direitos legais de "natureza análoga", e dentro da chamada autonomia privada, estão ainda em íntima conexão com a liberdade de profissão as genéricas liberdades de atuação jurídica (sobretudo a contratual e a de livre conformação do conteúdo dos contratos). A seu tempo veremos a importância que cada um deles assume no reforço da liberdade de profissão em muitas das suas manifestações.

---

[435] BVerfGE 6, 37, citada por DIETRICH JESCH, *Ley e administración*, trad. M. Herdero, Madrid, 1978, p. 175, em nota.
[436] F. J. GÁLVEZ MONTES, *Comentário ao art.º 20.º da Constituição Espanhola*, in «Comentários a la Constitución», obra coletiva, dir. Garrido Falla, F., 3.ª ed., Madrid, 2001, p. 463.

b) Liberdade de trabalho e direito ao trabalho

Parece não ter tido o constituinte originário noção da radical diversidade de estrutura entre o direito ao trabalho e a *liberdade* de trabalho, que face àquele intento constitui um insuperável obstáculo lógico: insistindo numa omissão de resto já de algum modo herdada da anterior Constituição, aparenta o mesmo constituinte considerar a liberdade de escolha de profissão ou género de trabalho mais como uma componente do direito ao trabalho, e não como uma concretização da omissa (mas necessariamente implícita ou pressuposta) e genérica liberdade de trabalho (que é um direito negativo, ou de defesa, e não positivo como aqueloutro)[437].

Mas o certo é que a liberdade de profissão e o direito ao trabalho são direitos de natureza e estrutura distintas, que se reconduzem aos "dois tipos básicos de direitos fundamentais" em que se dividem estas figuras (direitos de defesa, ou *self executing* e direitos sociais), os quais são "diferentes quanto à determinação do respetivo conteúdo e, por consequência, com diversa força jurídica" (J. C. Vieira de Andrade)[438].

Estas formulações que aqui se critica não resultam de meras deficiências jurídico-normativas, constituindo antes a sua causa remota a progressiva conotação do termo "trabalho" com o trabalho subordinado (já acima referida), e que refletiu a transição do Estado liberal para o Estado social.

Com o advento do Estado social de direito, a originária liberdade contratual da entidade patronal e do trabalhador, e a abstenção do Estado na vida económica, vão dando lugar, na esfera jurídica do cidadão, enquanto desempregado, a um impróprio direito de crédito, face ao Estado (a quem as

---

[437] No que foi acompanhado por alguma doutrina: João CAUPERS, em *Os direitos fundamentais dos trabalhadores e a Constituição*, Coimbra, 1985, não chega também a discernir esta diferença. Afirma o autor, quanto ao direito ao trabalho dos cidadãos desempregados, que quando o Estado não possa providenciar emprego a todos os que dele necessitam, (porque "não detém a generalidade, ou sequer a maioria dos meios de produção", e, porque se garante também a liberdade de empresa, não possam por sua vez os empresários "ser forçados a admitir os trabalhadores desempregados"), o direito ao trabalho daqueles englobaria, desde logo, "a liberdade de trabalho (...) ". E diz mais adiante CAUPERS, na mesma linha de raciocínio, (ob. cit., p. 112) que "o próprio direito ao trabalho se reconduz, do ponto de vista prático, ao 'direito' de dispor da capacidade para trabalhar, alienando-a, quando se não disponha de outro bem para colocar no mercado".

[438] *Os direitos fundamentais...*, cit., pp. 189-190.

Constituições passam por isso a atribuir a incumbência de zelar pelo pleno emprego – resultando esta incumbência de uma correspondente obrigação, ainda que uma obrigação de meios, e não de resultados), e ainda a um verdadeiro direito real sobre o posto de trabalho, enquanto empregado, face, desde logo, ao próprio empregador[439].

É todavia evidente que este fenómeno não deixa de ser parcelar e localizado. Desde logo, porque se mantém, em *ultima ratio*, a *liberdade*, quer da entidade empregadora, quer do trabalhador, de celebrar ou não o contrato de trabalho (e se a da primeira é uma manifestação das liberdades contratual e de empresa, a do segundo é-o da liberdade de trabalho, tal como a liberdade de rescisão unilateral do contrato de trabalho pelo trabalhador) – ainda que nos estritos limites a que estas faculdades hoje se confinam; mas também e sobretudo porque o trabalho subordinado e a atividade empresarial (comercial ou industrial), se passaram a ocupar o centro da atenção dos constituintes, nem por isso esgotam as categorias juridicamente relevantes do labor humano, subsistindo por si só, e porque irreconduzíveis àquelas, as demais formas do trabalho autónomo, ou não-subordinado, onde avultam as chamadas profissões liberais.

Diferentemente do direito ao trabalho, a liberdade de trabalho não deixou pois de ser na sua essência um direito *self-executing*, a ações *negativas* ou

---

[439] Na verdade, a liberdade de trabalho era entendida na primeira fase do Estado liberal, também e sobretudo, como o poder ou faculdade reconhecido às partes celebrantes do contrato de trabalho (entidade patronal e trabalhador), em consonância com os princípios civilísticos da autonomia da vontade e da liberdade contratual, de determinarem livremente o conteúdo daquele contrato (só proibindo o direito civil, que então o regulava exclusivamente, os contratos perpétuos ou com um conteúdo indeterminado).
Mas com a crescente preocupação em substituir a insuficiente (quando não perversa) igualdade formal pela igualdade material, foi-se cerceando progressivamente tal liberdade, até à quase absoluta tipicização do contrato de trabalho (traduzindo-se em cláusulas legais impostas, obviamente, a ambas as partes, mas sempre em função do reforço da posição contratual do trabalhador); cada vez mais a entidade patronal se apresenta numa posição de virtual sujeição jurídica, e o trabalhador, em contraposição, e uma vez celebrado o contrato, como titular de um verdadeiro poder sobre o respetivo posto de trabalho (direito fundamental *ao trabalho* nas relações horizontais – entendido agora o posto de trabalho como objeto de um verdadeiro direito real do trabalhador, e os postos de trabalho em geral como propriedade social – cfr. J. J. GOMES CANOTILHO & VITAL MOREIRA, (*Constituição*..., pp. 286-287).

omissões, integrante do *status* negativo[440] e que se ergue, predominantemente, face ao Estado[441].

Ao invés, escapa o direito ao trabalho a tal noção (de direito subjetivo público clássico, que se ergue predominantemente face ao Estado), em qualquer das suas expressões, por sempre lhe faltar um ou outro daqueles dois elementos: na sua vertente de direito à segurança no emprego, só é qualificável como um direito de defesa (atualmente como um "direito, liberdade e garantia dos trabalhadores") nas relações horizontais (entre particulares). E na sua manifestação "anterior" ao contrato de trabalho, enquanto verdadeiro direito subjetivo público, já não é qualificável como direito de defesa, mas como direito a prestações (correspondendo-lhe todavia apenas uma obrigação de meios, e não de resultados)[442].

Autores há que, em conjugação com o argumento literal da consagração de um só direito (que já não se verifica entre nós), invocam ainda a identidade de objeto (o direito de exercer uma atividade laboral)[443]. Simplesmente, tal identidade é apenas do objeto mediato, e não de conteúdo, ou de objeto

---

[440] Lembra ROLF STOBER que o "direito de liberdade profissional se originou historicamente como um direito de liberdade de corte liberal" e como "direito de defesa frente ao Estado" (*Derecho...*, cit., p. 146).

[441] Ainda que se possa manifestar, residualmente, nas relações horizontais. É, por exemplo, o caso da problemática da validade, face à Constituição, do tipo de cláusula em que o trabalhador se obriga, no contrato de trabalho, a não concorrer com a entidade patronal por um determinado período posterior ao termo da relação laboral (entre nós resolvido pelo legislador – no Código do Trabalho – no sentido conforme à Constituição).

[442] Não se consubstancia ele – como acontecia, por exemplo, nas antigas constituições coletivistas dos países do leste da Europa – num direito de exigir do Estado um posto de trabalho, traduzindo-se antes numa "situação ativa usualmente tutelada de forma débil", isto é, na "pretensão de que o Estado, através da execução de políticas de pleno emprego, promova a criação de novos postos de trabalho" (JOÃO CAUPERS, *Os direitos...*, cit., p. 111); ou seja, a tal direito corresponde uma obrigação de meios, e não de resultados.

[443] Como é o caso de MAZZIOTI, a propósito do art.º 4.º da Constituição italiana; segundo este autor, "o objeto do direito ao trabalho entendido em sentido positivo, isto é, como direito a trabalhar, não pode ser diverso do direito ao trabalho entendido como liberdade, já que, se assim fosse, não se trataria mais de dois aspetos de um mesmo direito, mas de dois diferentes direitos: ora a Constituição fala de um só direito" (*Il diritto al lavoro*, Milão, 1956, p. 61). Pois bem, parece-nos enfermar esta posição de um excesso de formalismo: para que um direito exista não é necessário que uma lei o enuncie formalmente, para tanto bastando uma inequívoca atribuição de uma posição de vantagem pensada imediatamente no interesse do titular seu beneficiário.

imediato. Na verdade, enquanto a segunda vertente do direito ao trabalho acima referida prescreve a obrigação de o Estado *promover* uma política que assegure as condições necessárias à efetivação do pleno emprego, a liberdade de trabalho constitui o seu simétrico: dela decorre essencialmente a obrigação estruturalmente inversa de o Estado *se abster de promover* qualquer política que direta ou indiretamente crie obstáculos ao igual acesso dos cidadãos às atividades laborais permitidas[444]/[445].

Com a citada deslocação da liberdade de profissão do artigo consagrador do direito ao trabalho para o elenco dos direitos, liberdades e garantias pessoais, operada na 1.ª revisão constitucional, corrigiu-se, pois, essa distorção, passando a corresponder a arrumação de um e outro direito às respetivas natureza e estrutura.

O que não anula, evidentemente, certas conexões entre os dois direitos. Há quem defenda, por exemplo, que sem prejuízo das transformações ocorridas em 1982, se manteria a seguinte ligação: a de "só através dela" (liberdade de trabalho) se concretizar "o direito ao trabalho"[446], pois ainda que a primeira não seja assimilável ao segundo, "em Estado Social, é para que as pessoas possam ter trabalho e, assim, granjear meios de subsistência, que podem escolher uma profissão ou género de trabalho"[447]. Também o Tribunal Constitucional

---

[444] A liberdade de trabalho e o direito ao trabalho podem ser até conflituantes; veja-se a problemática do pluriemprego ou "pluriatividade": a liberdade de um indivíduo acumular duas ou mais profissões pode representar um obstáculo a uma política de pleno emprego. Com efeito, "aquele que ocupa dois empregos pode ser acusado de ter ocupado, por via de qualquer dos dois empregos, um lugar que de outro modo pertenceria a um desempregado, impedindo-o, desse modo, de obter um posto de trabalho" (JEAN SAVATIER, *Cumuls d'emplois et limitation de la durée du travail*, em *Droit Social*, 1984, p. 554); ver, sobre este assunto, LISE CASEAUX, *La pluriactivité ou l'exercice par une même personne physique de plusiers activités professionnelles*, Paris, 1993, pp. 72 a 79, e ainda GOMES CANOTILHO & VITAL MOREIRA, *Constituição Anotada*, vol. I, 4.ª edição, Coimbra, 2007, p. 657 (coment. ao art.º 47.2, V).

[445] O que não quer dizer, como melhor veremos adiante, que também o exercício da liberdade trabalho, tal como a realização do direito ao trabalho, não dependa do mesmo modo de uma prévia atuação fáctica dos poderes públicos inclusive de prestações em sentido estrito – basta pensarmos na possibilidade de inexistência de uma normal oferta de empregos e em geral de oportunidades de trabalho numa determinada região ou área de atividade económica em virtude de uma pontual e manifesta abstenção do Estado em sede de infra-estruturas e investimento público.

[446] JORGE MIRANDA, *Manual de Direito Constitucional*, v. IV, 3.ª ed., Coimbra, 2000, cit., p. 496.

[447] JORGE MIRANDA, *Manual...*, v. IV, cit., p. 498.

alvitra em dois acórdãos (Ac. n.º 328/94 e Ac. n.º 187/01) sobre a existência na liberdade profissional de uma "dimensão positiva ligada ao «direito ao trabalho»".

Contudo, mesmo esta visão mitigada não nos parece, ainda, inteiramente correspondente à real configuração do direito. É que, no respeitante ao regime constitucional do trabalho subordinado, torna-se necessário, antes de mais, e aprofundando o que já acima dissemos, diferenciar quatro situações: a de desemprego, "anterior" portanto à celebração do contrato de trabalho, a da celebração do dito contrato, e a situação (posterior) decorrente do mesmo contrato, havendo que «dividir» ainda esta última no direito do trabalhador ao *status quo* (direito à "segurança no emprego", isto é, à *manutenção* do vínculo laboral – art.º 53.º CRP), a que corresponde um dever de *non facere* da entidade empregadora, e no conjunto dos "direitos" do trabalhador, a que correspondem deveres de *facere* do empregador (art.º 59.º CRP: direito à retribuição, ao repouso, etc.).

Ora, não é adequada na nossa ordem constitucional, sobretudo depois da revisão de 1982, a sistematização tradicional do direito francês, de uma liberdade de trabalho que englobe aqueles quatro momentos ou aspetos. Em bom rigor a liberdade de trabalho só abrange, pois, o segundo momento; e pese a progressiva tipicização do conteúdo do contrato de trabalho, resta sempre na esfera dos contraentes a liberdade – esta sim, tutelada pelo art.º 47.1 CRP – de escolher a contraparte, de celebrar ou não o contrato (e de o rescindir, só sendo contudo titular desta faculdade o trabalhador) e, enfim, a de, na margem subsistente de conformação do conteúdo do contrato, escolher a atividade profissional a desempenhar em regime de trabalho subordinado[448].

---

[448] Com efeito, e quanto ao primeiro momento (momento anterior à obtenção de emprego), o desempregado só pode ser titular, face ao Estado, de um direito a um comportamento positivo, sendo certo que tal *facere* estatal se esgota numa obrigação de meios (de promover uma política de pleno emprego) e não de resultados (de fornecer um posto de trabalho). Esta posição jurídica do cidadão desempregado é plena e exclusivamente identificável com o direito ao trabalho.
O terceiro momento é efetivamente ambíguo, tendo sido causa, noutras ordens jurídicas, como a italiana, de alguma confusão conceptual. Na verdade, o direito à segurança no emprego, constituindo uma tradicional componente do direito ao trabalho, não deixa, estruturalmente, de se configurar como um direito de defesa (ainda que só atuante nas relações horizontais ou interprivadas), na medida em que lhe corresponde uma obrigação de *non facere*; de qualquer modo, estando hoje autonomizado como um direito, liberdade e garantia "dos trabalhadores",

Claro está, malgrado tal aspeto cair na alçada do art.º 47.1 CRP, não deixa de ser verdadeira a conclusão de que a proteção oferecida por este preceito interessa sobretudo aos profissionais independentes.

Face ao exposto, convirá ter presente que o direito ao trabalho repousa sempre, em maior ou menor medida, de forma mais ou menos direta, na ação do Estado (legislativa e administrativa), e só a título residual na iniciativa individual do beneficiário; ele pertence essencialmente ao chamado domínio social, em que "a Constituição atende fundamentalmente aos factos ou situações que põem em causa a segurança económica das pessoas ou as torna especialmente vulneráveis (as eventualidades cobertas pelo sistema de segurança social, a maternidade, a infância, a juventude, as deficiências físicas e mentais, a terceira idade)"[449].

No caso, o facto «atendível» é a situação de desemprego: trata-se da incumbência que o Estado hoje assume de tentar suprir as múltiplas contingências da vida que coartem a um cidadão a possibilidade prática de, por sua livre iniciativa, e na situação existente «aqui e agora», obter um emprego assalariado (no mercado de trabalho), ou de abraçar uma profissão livre (como produtor ou prestador, em regime de independência, de outros bens ou serviços, e que não, portanto, a sua mera força de trabalho).

Mas voltando à afirmação acima reproduzida (de que só através da liberdade de escolha de profissão se concretizaria o direito ao trabalho, na medida em que em Estado Social, só para as pessoas terem trabalho e, assim, granjear

---

deixa de haver motivos para as referidas dúvidas conceituais (criticamente quanto a esta "localização", veja-se J. C. VIEIRA DE ANDRADE, *Os direitos fundamentais...*, cit., p. 179). Enfim, o quarto momento consubstancia um conjunto de direitos a prestações a cargo da entidade patronal, que se reconduzem pacificamente, e de novo, ao direito ao trabalho.
Não podemos pois concordar com JORGE LEITE, quando este autor invoca o art.º 47.1 CRP, como norma tutelar do direito do trabalhador subordinado exercer a atividade profissional para a qual foi contratado – ou, visto noutra óptica, de não ser impedido pela entidade patronal de exercer a mesma atividade (*Direito de exercício da atividade profissional no âmbito do contrato de trabalho*, RMP, n.º 47, 1992, p. 23). Parece-nos que o acesso às instalações físicas da empresa, ao "lugar" de trabalho, é uma componente do direito à segurança no emprego (a que corresponde um dever de abstenção do empregador); mas já o direito correspondente à obrigação (positiva) de distribuir de serviço ao trabalhador constitui uma componente do direito ao trabalho, designadamente um direito à "realização pessoal" do trabalhador, decorrente da al. *b)* do art.º 59.º CRP.
[449] A. SILVA LEAL, *Os grupos...*, ob. cit., loc. cit..

meios de subsistência, é que elas teriam o direito de escolher uma profissão), ela parte, a nosso ver de um erro de perspetiva: é um facto que quer a liberdade de trabalho e de escolha do género de trabalho, quer o direito ao trabalho, estão estreita e diretamente ligados ao direito à vida[450] e à própria ideia de dignidade da pessoa humana que hoje encimam a escala de valores do Estado Social. Contudo, a relação que há entre elas é de alteridade, e não de instrumentalidade (e muito menos, como vimos, de derivação). Porque elas constituem vias alternativas para prosseguir um mesmo escopo: só através da realização de um *ou* de outro direito consegue cada indivíduo apto a trabalhar alcançar a sua subsistência e a do respetivo agregado familiar, em condições de dignidade[451].

Particularmente reveladora dessa unidade valorativa «pós-liberal» de ambos os direitos, na 1ª revisão constitucional, o apoio sem reservas do grupo parlamentar do Partido Comunista à deslocação da liberdade de profissão para o elenco dos direitos, liberdades e garantias (que obteve assim a unanimidade, e não apenas a maioria qualificada PS-PSD em que assentou a maioria das alterações empreendidas na mesma revisão); nesse sentido, comunicou o deputado Vital Moreira ao Presidente da Comissão parlamentar de Revisão o assentimento do grupo parlamentar comunista a tal transferência do então n.º 3 do art.º 51.º CRP, sublinhando o ter-se feito a dita passagem "pela mesma razão porque passam os direitos dos trabalhadores, isto é, exatamente para clarificar e esclarecer que a liberdade de profissão *deve estar contida nos «Direitos, liberdades e garantias», por direito próprio e não a título de equivalência*"[452].

Enfim, é por essa mesma razão, e nessa precisa medida, portanto, que a Constituição valora, garante e protege um e outro direito fundamental – como indispensáveis instrumentos de realização de um interesse bem mais importante para a dignidade humana, na ordem de valores do Estado social, do que o aspeto clássico e "personalístico" da "realização pessoal" através

---

[450] Nas palavras de ANDRÉ ROUAST, o carácter essencial deste direito subjetivo público decorre do simples facto de ser "pelo seu trabalho que o homem vive" – podendo-se por isso "considerá-lo como um corolário do direito à vida, que é um dos mais indiscutíveis direitos naturais" (*Liberté du travail et droit du travail*, in «Études de droit contemporain», IV, Paris, 1959, p. 181).

[451] Salienta a importância da "profissão" como "realização vital" no direito alemão ROLF STOBER (*Derecho...*, cit., p. 143).

[452] Diário das Sessões da AR de 19.06.82, II série, nº 109, 2022 – (12).

do exercício da profissão desejada e livremente escolhida pelo indivíduo (em conformidade com a sua vocação)[453].

Não deixe contudo de se notar que a realização do direito ao trabalho é – numa constituição essencialmente liberal como a Constituição Portuguesa de 1976 na sua atual versão (e não planificada, ou de economia dirigida) – simplesmente subsidiária da liberdade de trabalho. Isto é, o caminho preferido para a prossecução do bem-estar material e espiritual da sociedade, como modelo constitucionalmente privilegiado de realização pessoal nas atividades económicas, é o da livre escolha de emprego ou de profissão, sem o recurso à intervenção auxiliar de terceiros (e designadamente, do Estado), por ser o que melhor se adequa à dignidade de pessoa humana tal como ela é entendida num Estado Liberal-Social. A meta a atingir, a sociedade ideal, nesta ordem de valores assente primacialmente na liberdade e na responsabilidade individuais, é aquela em que cada um dos seus membros válidos possa construir a sua vida recorrendo ao seu engenho e às suas capacidades – sem precisar portanto de se socorrer direta ou indiretamente ao Estado.

Por isso mesmo, numa ordem constitucional como a nossa, assente numa "valoração ético-axiológica" da dimensão da ação do Estado "na efetivação das

---

[453] Glosando o art.º 35.1 da Constituição espanhola, dizem G. ARIÑO ORTIZ & J. M. SOUVIRON MORENILLA ser uma noção ampla de "profissão ou ofício" como a de SAINZ MORENO ("qualquer atividade lícita e duradoura que uma pessoa elege como atividade própria, quer constitua um modo de vida quer seja apenas expressão da sua personalidade") "uma noção social ou sociológica de profissão, mais que constitucional; não expressa um sentido jurídico, mas o contrário". E para os mesmos autores isso não seria de estranhar: "a configuração moral da profissão como «expressão da personalidade» (já em âmbitos absolutamente "seculares", mas não alheados de uma conceção sagrada das coisas: a arte, as artes, etc.) pertence a épocas históricas já distantes, e nesse sentido desencontradas com a norma de hoje, com uma conceção jurídico-constitucional dos nossos dias. Dada a conceção economicista da vida, hoje imperante, torna-se necessário aprofundar o significado de «profissão»" (*Constitución...*, cit., pp. 98-99).
É óbvio que os autores pecam por excesso nestas considerações: a escolha e o exercício de profissão, de qualquer profissão, constitui sempre uma manifestação da personalidade, como expressão do espírito, ou do intelecto, e como tal um interesse também de primeiro plano tão protegido como o económico pela norma consagradora da escolha de profissão. Claro está que se uma atividade não puder qualificada como «trabalho» ou «profissão», por não ser apta a constituir um modo de vida, diferentemente do que afirma SAINZ MORENO, deverá cair na alçada de outro direito especial de personalidade, ou ainda do direito geral de personalidade, nas ordens constitucionais em que este tenha um estatuto constitucional (como é hoje explicitamente o caso da nossa).

condições materiais e objetivas potenciadoras da realização do indivíduo"[454], mas que concilia e harmoniza os valores da autonomia individual e da solidariedade, reveste-se de uma especial perversidade toda e qualquer medida ou política legislativa e/ou administrativa que direta ou indiretamente, com intencionalidade ou por deficiência (por exemplo, pela inexistência de garantias de imparcialidade em aspetos de organização e de procedimento administrativos), possa comportar lesões injustificadas à liberdade de escolha de profissão de um particular, sobretudo quando corresponda a tais lesões simétricos e ilegítimos benefícios de interesses profissionais também particulares ou privados.

É que tais intervenções estaduais têm por consequência, a uma só vez, o privar um indivíduo das suas condições materiais de existência e o atentar à sua autonomia, na medida em que o mesmo indivíduo já conseguira, ou conseguiria alcançar tais condições pela sua livre escolha, e com recurso apenas ao seu engenho – pela via mais conforme, como vimos, à sua dignidade enquanto indivíduo responsável e autodeterminado.

Finalmente – e sem prejuízo de tudo o que até agora se disse – importa ressalvar que a liberdade de profissão, como os demais clássicos direitos fundamentais de liberdade, não deixa de apresentar dimensões positivas, cuja existência justifica a asserção de que "uma mera proibição objetiva de intervenção seria menos do que um direito subjetivo de defesa com o mesmo conteúdo"[455] – e que são desde logo os casos dos chamados "direitos à proteção do direitos"[456] e dos direitos à "organização e procedimento". Mas não só: a

---

[454] MANUEL AFONSO VAZ, *Direito Económico. A ordem económica portuguesa*, 3.ª ed., Coimbra, 1994, p. 56.

[455] Mas como veremos o aspeto mais importante é da autonomia técnica e científica das profissões intelectuais protegidas mesmo quando exercidas em regime de trabalho subordinado

[456] Aos chamados "direitos de proteção" do titular do direito fundamental frente ao Estado correspondem na esfera deste deveres de proteção face a possíveis intervenções de terceiros através das adequadas "ações positivas fácticas ou normativas", as quais têm "como objeto a delimitação das esferas de sujeitos jurídicos com o mesmo grau hierárquico, bem como a inoponibilidade e imposição desta demarcação" – o que torna "os direitos a proteção" em "direitos constitucionais a que o Estado organize e maneje a ordem jurídica de uma determinada maneira no que respeita à relação recíproca de sujeitos jurídicos iguais" (ROBERT ALEXY, *Teoria...*, cit., pp. 435-436).
Como é óbvio, nunca foi posto em causa o primigénio dever do Estado de garantir a segurança e a proteção de cada um dos cidadãos face aos seus consociados para todos os cidadãos

realização da liberdade de profissão pode mesmo passar por atuação prestativa dos poderes públicos[457], o que reforça a componente positiva, podendo esta ser extraída pela via interpretativa ou ainda por disposição expressa; não se deverá todavia confundir também nesta segunda hipótese a dimensão positiva dos direitos de liberdade com os correspondentes direitos fundamentais "económicos e sociais" a prestações fácticas que abundam na nossa Constituição e que gozam de idêntica qualificação (de direitos fundamentais).

Em suma, mesmo os direitos fundamentais de liberdade (e não apenas os direitos fundamentais "económicos e sociais" a prestações fácticas) podem ser pois também direitos a ações positivas, considerando-se estas hoje consensualmente adstritas àqueles[458]. Sendo os direitos fundamentais de liberdade sempre e por definição "algo mais do que direitos de defesa frente a intervenções do Estado", eles apresentam assim, para além do conteúdo jurídico-subjetivo, uma dimensão ou conteúdo jurídico objetivo[459], consubstanciando também uma *ordem objetiva de valores* que faz desde logo impender sobre o Estado deveres de proteção e mesmo de promoção.

c) *Conceito constitucional de profissão*

As dificuldades que se deparam ao intérprete no preenchimento dos conceitos utilizados pelas normas consagradoras de direitos fundamentais são evidentes: nelas abundam "as cláusulas gerais e os conceitos indeterminados (*les normes souples*), sobremaneira rebeldes, pela sua feição, a uma análise *in abstrato*, rigorosa e esgotante"[460]. Mas nem por isso fica o mesmo intérprete

---

possam usufruir dos seus direitos; apenas acontece que, segundo a melhor doutrina, e agora numa perspetiva inversa, deve-se entender que a estes deveres de proteção correspondem na esfera do titular do direito fundamental objeto dessa proteção verdadeiros direitos subjetivos, porquanto um tal reconhecimento de direitos subjetivos comporta "uma medida maior de realização do que a sanção de meros mandatos objetivos" (ROBERT ALEXY, *Teoria...*, cit., p. 440).
[457] Podendo inclusive teoricamente decorrer de um direito de liberdade um direito a prestações do Estado.
[458] Nesta matéria, ver por todos ROBERT ALEXY, *Teoria de los derechos fundamentales*, Madrid, 1993, pp. 419 a 481.
[459] Entre nós, ver J. C. VIEIRA DE ANDRADE, *Os direitos fundamentais...*, 2.ª ed., cit., pp. 109-166. Ver ainda ROBERT ALEXY, *Teoria de los derechos fundamentales*, Madrid, 1993, p. 440.
[460] AFONSO QUEIRÓ & BARBOSA DE MELO, *A liberdade...*, cit., p. 224.

dispensado de encetar um esforço prévio no sentido de se proceder a alguma precisão conceptual.

Para J. J. Gomes Canotilho & Vital Moreira, a liberdade de profissão é "uma componente da liberdade de trabalho". Os mesmos autores defendem que a "densificação" do conceito de profissão ou de género de trabalho deve ser feita "de forma extensiva", cobrindo "toda e qualquer atividade não ilícita"[461] suscetível "de constituir *ocupação* ou *modo de vida*", abrangendo "as profissões «principais» e «secundárias», as profissões «típicas» e não as não «típicas», as «profissões livres» e as «estadualmente vinculadas», as profissões «autónomas» e não «autónomas»"[462].

Em nossa opinião, é necessário decantar um pouco mais a noção excessivamente abrangente que nos é dada pela doutrina[463]; neste contexto, parecem-nos ser de aceitar, à partida, as conclusões (mais restritivas) da doutrina alemã relativamente ao art.º 12.1 da Lei Fundamental de Bona, assinalando, designadamente, os limites inerentes à própria noção de profissão.

Estes limites seriam identificáveis, desde logo, nas características da estabilidade e da aptidão de uma atividade para constituir a base económica da existência individual – o que implica a subtração desse âmbito específico das seguintes situações: das iniciativas económicas precárias, das atividades economicamente irrelevantes[464], das situações de "estado", como o serviço militar obrigatório,

---

[461] Refere J. J. Gomes Canotilho (a título de exemplo de tarefa metódica de delimitação do âmbito de proteção de uma norma consagradora de um direito fundamental) que os bens protegidos por esta norma "abrangem apenas as atividades lícitas (mesmo se elas forem económica, social e culturalmente neutras ou irrelevantes como a profissão de astrólogo), ficando de fora do âmbito de proteção as atividades ilícitas («passador de droga», «prostituição», «contrabandista»)" (*Direito Constitucional e Teoria da Constituição*, cit., p. 1275).

[462] *Constituição...*, cit., p. 262. Ver, também, a idêntica tipologia no direito alemão de que nos fala Rolf Stober, com remissão para a jurisprudência do TCF (*Derecho...*, cit., p. 145).

[463] Veja-se, por exemplo, a definição de Jorge Miranda, noutra perspetiva: para este autor, a liberdade de profissão é ainda entendida, antes de mais, como "liberdade de trabalho latissimo *sensu*", compreendendo "positivamente, a liberdade de escolha e de exercício de qualquer género ou modo de trabalho" lícito, "possua ou não esse trabalho carácter profissional (...), permanente ou temporário, independente ou subordinado, esteja estatutariamente definido ou não" (*Direito...*, v. IV, cit., p. 408).

[464] Dito de outra forma (mais conceptualista): o próprio significado semântico do termo "profissão" implica o ser esta uma atividade "apta a constituir um modo de vida" do respetivo exercente, não podendo tal qualidade deixar de constituir um elemento essencial do conceito jurídico-constitucional de profissão.

e do exercício de cargos públicos (que caem na alçada de outras liberdades fundamentais; respetivamente, as primeiras situações referidas no direito de livre iniciativa económica, as segundas na cláusula geral da personalidade[465], as terceiras na liberdade pessoal e as quartas nos direitos de participação política).

Note-se, todavia, que a característica de estabilidade da atividade profissional (ou, nas palavras de Rolf Stober, a característica de "atividade projetada no tempo, e não de forma passageira"[466]), se é certo que exclui iniciativas económicas precárias sem ligação entre si, não implica contudo nem o seu desenvolvimento a título *principal*, nem a sua *habitualidade* (podendo ser exercida a título de atividade *secundária* e de forma *descontínua* ou *irregular*).

Um outro aspeto importante é o da restrição do objeto da liberdade de profissão, tal de resto como a liberdade de empresa, como liberdades económicas «puras» que são, a um *facere* do sujeito, e já não também à "relação de uma pessoa com as outras relativamente aos bens naturais ou culturais por ela apropriados"[467] – o que as distingue do direito de propriedade[468] e das restantes liberdades particulares[467].

---

[465] Não queremos com isto dizer que não consideremos digna do especial regime de proteção constitucional dos direitos, liberdades e garantias uma "profissão não remunerada" (e passe a óbvia contradição nos termos); simplesmente, na medida em que, como vimos, entendemos ter estatuto constitucional um direito geral de personalidade, tais atividades inominadas que se possam (também) considerar como manifestações da personalidade e instrumentos do seu desenvolvimento, mas não sejam abrangíveis pelos direitos especiais da personalidade (como é o caso da liberdade de profissão), deverão cair sob a alçada protectora daquela cláusula geral.
[466] *Derecho...*, cit., p. 145.
[467] SOUSA FRANCO, *Nota sobre o princípio da liberdade económica*, BMJ, 355, 1986, p. 12.
[468] Sem prejuízo de se verificar uma coincidência de âmbitos entre três direitos – os quais constituem "a tríade dos direitos básicos da constituição económica" (J. M.ª BAÑO LÉON, *El ejercicio de las profesiones tituladas y los colegios*, in «Revista Galega de Administración Pública», n.º 24, Jan./Abr. 2000, p. 27). Desde logo, nas palavras de OSSENBÜHL, "a liberdade profissional" (que no direito constitucional alemão abrange a liberdade de empresa) e "a proteção da propriedade são os dois pilares da liberdade económica": enquanto a primeira "protege a aquisição", a "garantia da propriedade protege o já adquirido". Mas para além desta relação funcional, verifica-se ainda segundo o autor uma coincidência de âmbitos, na medida em que a norma consagradora do direito de propriedade "não protege apenas a integridade dos direitos e bens patrimoniais, mas também e aproveitamento e a disposição dos objetos protegidos como propriedade" – e por isso "a atividade profissional e o uso da propriedade podem ser coincidentes; dito em termos jurídicos: estão em concorrência ideal (*Idealkonkurrenz*)" (*Las libertades...*, cit., p. 36). Nesta matéria, ver ainda H.-J. PAPIER, *Ley fundamental...*, cit., pp. 587-588.

d) Elementos do conceito: a irredutível individualidade da liberdade de profissão

Constitui uma específica característica da liberdade de profissão, que a distingue das outras liberdades económicas como a liberdade de empresa, a sua irredutível individualidade: ela "interessa apenas aos indivíduos considerados em si mesmos" (Silva Leal[470]), na medida em que a atividade protegida pela norma tem que ser subjetivamente imputável a um indivíduo, a cada indivíduo.

Concretizando um pouco mais: para que uma determinada atividade economicamente relevante possa ser atribuída a um indivíduo como consubstanciadora da *sua* profissão, e portanto merecer a tutela oferecida pela norma (por esta específica norma, insista-se), só pode ser concebível como «profissão» se implicar uma dedicação imediata, uma entrega *pessoal* e direta da parte do mesmo indivíduo para o seu (dela) desenvolvimento – supondo esta destrinça a receção pelo constituinte da contraposição tradicionalmente consagrada no direito privado entre a empresa (regida também e sobretudo pelo direito comercial) e a profissão liberal (sujeita ao regime contratual definido no Código Civil).

Os serviços profissionais, quer sejam prestados em regime de trabalho assalariado, quer sejam prestados em regime independente, são sempre serviços *personalizados*; no primeiro caso, tal qualidade, por ser óbvia, carece de demonstração, enquanto no segundo constitui ela a característica que em última instância distingue a *profissão comercial* da fattispecie *empresa*. Foi precisamente a valorização deste elemento *pessoal* relativamente ao elemento *económico* que esteve na origem "da sua supremacia sobre a liberdade de iniciativa privada"[471].

Suscitam-se-nos todavia fundadas dúvidas sobre se a atividade de mera gestão (por assim dizer "estática") do próprio património (como o arrendamento de bens imóveis) se deverá considerar incluída ainda nos específicos âmbitos de proteção das liberdades de profissão e de empresa.
[469] Este ponto será adiante objeto de mais desenvolvimentos.
[470] *O princípio...*, cit., p. 146. Também JORGE MIRANDA, *Iniciativa económica*, em *Nos dez anos da Constituição*, obra coletiva, Lisboa, 1986, p. 73.
[471] JORGE MIRANDA, *Manual...*, cit., v. IV, p. 496. A este respeito, diz ainda GÉRARD LYON--CAEN que a atividade profissional "é, certamente, uma atividade económica exercida em função de uma retribuição. Mas tratar-se-á de uma retribuição do trabalho, não de uma retribuição do capital. Essa retribuição tem por causa jurídica a prestação fornecida, *l'acte acompli*" (*Le droit...*, cit., p. 108).

Enfim, há que não olvidar a própria etimologia do termo. Ela sugere a condição profissional como resultante de uma escolha pública e livre: a profissão (como a fé...)[472], configura-se, pois, como uma atividade voluntária e publicamente *abraçada* pelo indivíduo, tornando este *públicos* quer a decisão, quer o subsequente exercício profissional, "seja na manifestação de facto que implica a dedicação habitual, seja formalmente através de expressões diversas"[473].

Mas importa não ir muito mais além deste tipo de indícios, distinguindo o conceito sociológico do conceito jurídico-constitucional de profissão[474]. Uma boa definição no âmbito daquela ciência (sociologia) é-nos dada por Talcot Parsons[475]: o da profissão como domínio (conhecimento) das regras e das técnicas necessárias para, «racionalmente», lidar com determinadas situações ou enfrentar certos problemas, e o do profissional como «autoridade social», porque detentor desse domínio. É que – observam certeiramente G. Ariño Ortiz & J. M. Souviron Morenilla – as ilações extraídas de conceitos desse tipo, como a de que só se adquire a condição de profissional pelo decurso do tempo exercitando a respetiva atividade, são considerações meramente sociológicas, que não têm necessariamente repercussões jurídicas[476].

---

[472] Segundo ACHILLE MELONCELLI a palavra "profissão" implica "a assunção da parte de uma pessoa de uma posição face a outros em termos de fé: a profissão é a proclamação de um credo próprio. Profissão deriva, de facto, do latim *profiteor, professio*: declaração pública de querer dedicar-se a um dado exercício" (*Le professioni...*, p. 410). Na língua alemã, o mesmo vocábulo ("beruf") significa "profissão" e "vocação".

[473] G. ARIÑO ORTIZ & J.M. SOUVIRON MORENILLA, *Constitución...*, cit., p. 100.

[474] A sociologia das profissões tende a incluir no conceito profissão o pressuposto da posse de especiais qualificações ou conhecimentos. Nas palavras de MAGALI SARFATTI-LARSON, "a profissão é uma designação que damos às formas historicamente especificadas que instituem laços estruturais entre um nível de instrução formal relativamente elevado e postos ou recompensas relativamente desejáveis na divisão social do trabalho" (*À propos des professionnels et des experts ou: comme il est peu utile d'essayer tout dire*, «Sociologie et societés», número especial de «La sociologie des professions, vol. XX, n.º 2, 1988, p. 28, cit. ALAIN QUEMIN, *Un diplôme, pour qui le faire? Coûts et bénéfices des examens comme instruments de fermeture des groupes professionnels: l'exemple des commissaires-priseurs*, «Droit et Société», n.º 36/37, 1997, p. 349). Também para ANDREW ABBOTT "a associação das universidades e das profissões parece prosseguir ineluctavelmente pois as profissões repousam sobre o saber e as universidades são a sede do saber nas sociedades modernas" (*The system of professions. An Essay on the Division of Expert Labor*, Chicago, 1988, p. 195, cit. QUEMIN, op. cit., p. 349).

[475] Em *Le professioni e la struttura sociale*, em *Società e dittatura*, Bolonha, 1956, p. 19 e segs, citado por FRANCO LEVI, *Libertà fondamentali del professionista ed ordini professionali*, RTDP, 1976, p. 906.

[476] *Constitución...*, cit., p. 101.

e) Profissões liberais e assalariadas, profissões manuais, intelectuais e artísticas

Convirá ainda lembrar que a própria Constituição se encarrega de explicitar que considera sinónimos os termos "profissão" e "género de trabalho", o que não deixa de ter consequências, a saber:

- O não haver lugar à distinção entre "profissão" e "atividade laboral", sendo de rejeitar considerações como as tecidas por um autor francês, de que existiria "de qualquer modo no absoluto" a *"profissão"* como realidade que suporia "uma certa competência atestada por uma qualificação", que se distinguiria da simples *atividade* que poderia merecer os qualificativos ora de *assalariada*, ora de *não assalariada*"[477];
- O constituir a consagração da liberdade de trabalho no próprio art.º 47.1 CRP uma pressuposição lógica, por se consagrar, *mais* do que a liberdade de trabalhar, a *explícita* liberdade de *escolher qualquer género de trabalho* ([478]);
- Enfim, o não haver razão para encetar bizantinas destrinças entre as profissões intelectuais, manuais (ou ofícios), artísticas, etc., como acontece no ordenamento jurídico italiano, face ao imperativo constitucional do exame de Estado profissional, que obriga à identificação das profissões «em sentido estrito» a ele sujeitas[479].

Sem prejuízo desta última asserção – de que não há lugar à distinção entre profissões intelectuais, artísticas e manuais – merecem uma consideração e um tratamento especiais aquelas profissões (entre nós, contas feitas, muito poucas[480]) que nos termos dos respetivos estatutos não possam ser exercidas por sociedades comerciais de responsabilidade limitada (excluindo liminarmente e em bloco a aplicação do direito comercial aos respetivos atos), e ainda todas

---

[477] GÉRARD LYON-CAEN, *Le droit...*, cit., p. 109.

[478] Não nos parecendo por isso exato dizer-se, como GOMES CANOTILHO & VITAL MOREIRA, que esta última está apenas *"implicitamente* consagrada na Constituição" por tal decorrer "do princípio do Estado de Direito democrático" (*Constituição...*, cit., nota I, p. 261).

[479] Sobre o conceito de profissão no direito italiano, ver BRUNO CAVALLO, *Lo status professionale*, I, Milão, 1968, pp. 195-221, e CARLO MAVIGLIA, *Professioni e preparazione alle professioni*, Milão, 1992, pp. 9-185.

[480] Incluem-se neste rol apenas as profissões de advogado, solicitador e revisor oficial de contas.

as demais profissões colegiadas que, não sofrendo esse constrangimento, estão todavia também sujeitas a limitações específicas de natureza deontológica em matéria de concorrência, publicidade, etc.

Naturalmente, nestas profissões intelectuais protegidas acentua-se a assinalada nota distintiva, relativamente às demais atividades económicas, da *personalização* dos serviços prestados – só que agora no que respeita à outra face da mesma moeda: ou seja, já não como justificativo de uma particular proteção, mas como fundamento de especiais restrições.

Com efeito, a proibição de adoção da forma jurídica da sociedade comercial traduz-se numa restrição à liberdade económica de organização. Por sua vez, as tabelas de preços fixadas pelas Ordens profissionais constituem uma restrição à liberdade de fixação de preços, que é por sua vez uma das vertentes da liberdade de atividade dos operadores económicos no mercado[481]. Do mesmo modo, a proibição da publicidade que recai com um especial rigor sobre os profissionais forenses e sanitários e sobre os técnicos oficiais de contas e os revisores oficiais de contas traduz-se numa restrição à liberdade de concorrência que integra ainda a dita liberdade de atividade dos operadores económicos no mercado. Ora, a liberdade de concorrência enquanto igualdade de oportunidades em matéria económica[482] também integra a liberdade de profissão, tal como integra a liberdade de empresa (como melhor veremos adiante, não estamos perante uma mera garantia institucional do sistema de economia de mercado[483]: a livre concorrência é mais uma dimensão

---

[481] Para além de constituírem em simultâneo uma restrição à liberdade de consumo.

[482] OLIVIER JOUANJAN, *Le principe d'égalité en droit allemand*, Paris, 1992, p. 159.

[483] Isto diferentemente do que se poderia concluir dos normativos constitucionais que entre nós constituam as traves mestras do regime nacional da concorrência, na medida em que se limitam a consagrar incumbências estaduais – designadamente a de "assegurar o funcionamento eficiente dos mercados, de modo a garantir equilibrada concorrência entre as empresas, a contrariar as formas de organização monopolistas e a reprimir os abusos de posição dominante e outras práticas lesivas do interesse geral" (art.º 81.º, al. *e*) CRP), de "garantir a defesa dos interesses e dos direitos dos consumidores" (art.º 81.º, al. *h*) CRP) e de combater as "práticas comerciais restritivas" (art.º 99.º, al. *c*) CRP). Acontece todavia que esta função do Estado de defensor ativo da concorrência acaba em última análise por não poder ser desligada da realização de valores subjetivos, porquanto com tal atuação o Estado preserva afinal as liberdades político-económicas não apenas dos consumidores, mas dos próprios operadores (produtores de bens ou prestadores de serviços) na sua «natural» diversidade. Como consta da "Exposição de motivos" da Lei espanhola de defesa da concorrência (Lei n.º 16/1989,

das liberdades individuais protegidas pelo art.º 61.1 e pelo art.º 47.1.º CRP, verificando-se aqui uma coincidência de âmbitos ou concorrência ideal de ambos os direitos[484])[485].

As sobreditas restrições afetam por conseguinte atividades protegidas por ambas as liberdades económicas (liberdade de profissão e liberdade de empresa).

Quanto à faculdade de escolha da forma de sociedade comercial para qualquer atividade que se pretenda desenvolver com fins lucrativos (chame-se-lhe o que se lhe chamar – equilíbrio financeiro, rentabilidade, mais valias, etc.) – e ainda que tal atividade seja marcadamente *profissional* no sentido que se vem de apurar (baseando-se nomeadamente na responsabilidade individual de cada um dos sócios) –, é ela também e ainda tutelada pela liberdade de empresa; e por isso a proibição de assunção da forma de sociedade comercial que recai sobre algumas profissões liberais não deixa de constituir também uma restrição à liberdade de empresa destes profissionais – importando por isso confrontar tal restrição com a simultânea proteção que lhes é conferida

---

de 17 de Julho), é a concorrência "no plano das liberdades individuais, a primeira e mais importante forma em que se manifesta o exercício da liberdade de empresa", entroncando o correspondente "mandato aos poderes públicos" na disposição jusfundamental consagradora desta liberdade." (ref. de I. IBÁÑEZ GARCÍA, *Defensa de la competencia...*, cit., p. 9; sublinham também esta passagem da «exposição de motivos» J. OLAVARRIA IGLESIA & J. VICIANO PASTOR, *Profesiones liberales y derecho de la competencia: crónica de la situación*, in «Revista de Derecho Privado», n.º 11, Jan.-Dez. 1997, p. 217).

[484] Na doutrina alemã, sustenta entre outros H. JARASS o extrair-se esta liberdade do art.º 12.º GG (H. D. JARRASS & B. PIEROTH, *Grundgesetz Kommentar*, Munique, 1989, p. 55, ref. de OLIVIER JOUANJAN, op. e loc. cit.). Parte da doutrina alemã hesita todavia em dar esse passo interpretativo, dada a firme jurisprudência do Tribunal Constitucional Federal no sentido de a lei fundamental não conter «princípios constitucionais concretos determinantes da vida económica» (sobre a «neutralidade económica» da Constituição alemã, ver BVerfGE 4, 7 e ss. (20 de Julho de 1954), 50, 290 (337) – antes preferindo reconduzir a dita liberdade de concorrência ao direito ao livre desenvolvimento da personalidade (art.º 2.º GG) garantido também aos empresários (O. JOUANJAN, op. cit., loc. cit.). Mas se a Lei Fundamental de Bona é omissa nesta e noutras matérias de âmbito económico (suportando e reforçando assim esse silêncio o alegado princípio da «neutralidade económica»), o mesmo já não se passa com o nosso texto constitucional, como vimos – o que parece dificultar a integral transposição dos termos do debate para os nossos quadros jurídicos.

[485] Sobre o tema, ver por todos J. M. SÉRVULO CORREIA, RUI MEDEIROS, TIAGO FIDALGO DE FREITAS & RUI TAVARES LANCEIRO, *Direito da Concorrência e Ordens Profissionais*, Coimbra, 2010.

por uma e outra disposições de direito fundamental (uma vez mais em situação de coincidência de âmbitos ou concorrência ideal de direitos)[486].

f) Definição de profissão e distinção de figuras afins: a liberdade de empresa (remissão) e o direito de acesso a funções públicas

Pese, como diz G. Lyon Caen, a quase impossibilidade de definir abstratamente a profissão[487], sempre diremos, em jeito de remate desta parte do nosso trabalho, e ensaiando uma fórmula muito genérica, que *poderá ser considerada "profissão" de um indivíduo toda e qualquer atividade laboral por este abraçada e exercida, que lhe seja diretamente imputável (no sentido do seu desenvolvimento implicar, por definição, uma dedicação pessoal e direta), e que se caracterize ainda por ser lícita, estável e apta a constituir a base económica da sua existência.*

A liberdade de profissão será assim a liberdade de escolha e exercício de tal atividade, "sem exclusivos nem interdições pessoais e em princípio independentemente de autorização administrativa" (Vital Moreira[488]).

Contudo, esta noção não é em si mesma suficiente para delimitar o âmbito de aplicação do art.º 47.1 CRP; é que, como diz J. Castro Mendes, "a categoria dos direitos, liberdades e garantias está na geografia jurídica um pouco como os prédios rústicos, os quais se definem por limites e fronteiras"[489], em especial, acrescentamos nós, os "de defesa", ou "pessoais" (os mais ligados à personalidade), importando por isso identificar os limites (ou, quanto mais não seja, os critérios que permitam a identificação das "pontas extremas") que separam esta liberdade de alguns dos direitos "vizinhos",

---

[486] Entre nós refere-se às distintas abordagens a que podem convidar as restrições à liberdade de atuação dos agentes económicos no mercado, e nomeadamente "a consideração do desvalor que as restrições a essa mesma liberdade revestem enquanto constrangimentos à *liberdade de ingresso e de exercício de uma profissão*" (op. ult. cit., p. 473) CAROLINA CUNHA, em *Profissões liberais e restrições da concorrência*, in VITAL MOREIRA (org.), «Estudos de Regulação Pública – I», Coimbra, 2004, pp. 472-474 ("III - Restrições de concorrência resultantes da autorregulação das profissões liberais, al. c), A perspetiva do direito constitucional e do direito comunitário").

[487] *Le droit...*, cit., p. 109.

[488] *Administração autónoma...*, cit., p. 468.

[489] *Direitos, liberdades e garantias – alguns aspetos gerais*, em *Estudos sobre a Constituição*, dir. Jorge Miranda, v. I, Lisboa, 1977, p. 94.

nomeadamente do direito de acesso à função pública e do direito de livre iniciativa económica[490].

É que não basta extrair um conceito – neste caso o de "profissão" – das normas (isoladas) que o preveem, para conseguir determinar a extensão e o alcance das referidas normas (isto é, concretamente, do art.º 47.1 CRP). Tal indagação ajuda-nos, quando muito, a determinar o âmbito natural do direito, "o círculo potencial e expansivo" deste[491]; pelo que importa ainda delimitar o seu âmbito jurídico. Ora, o âmbito jurídico é já, como diz Manuel Afonso Vaz, o resultado das "*restrições constitucionais* (expressas ou implícitas) ao conteúdo "natural" do direito"[492]. Aquele resulta da própria "consagração constitucional", que introduz por si só "limites ou restrições ao conteúdo natural", de *limites ou restrições imanentes* que decorrem da Constituição no seu todo. O âmbito jurídico do direito é, pois, um âmbito já integrado e conciliado no "sistema de valores jurídico-políticos expressos na Constituição"[493].

Ou seja, a distinção entre a liberdade de profissão e os direitos de acesso à função pública e de livre iniciativa económica (ou liberdade de empresa), é tarefa que releva ainda para a própria "con(figuração) constitucional" do direito, para a definição dos "contornos de consagração constitucional de um direito preceituado na Constituição" (M. Afonso Vaz)[494].

Vamos pois proceder ao confronto entre a liberdade de profissão e o direito de acesso a funções públicas – remetendo para o capítulo dedicado à liberdade de empresa a distinção entre esta e a liberdade de que ora nos ocupamos.

---

[490] Importa ainda, noutra ótica, identificar também os pontos de junção da liberdade de profissão com outros desses direitos "vizinhos", como é o caso do seu "cruzamento" com a liberdade científica (no campo específico das profissões academicamente tituladas) e com a liberdade negativa de associação.
[491] Manuel Afonso Vaz, *Lei...*, cit., p. 317.
[492] *Lei...*, cit., pp. 316-317.
[493] Ibidem.
[494] *Lei...*, cit., pp. 315-327.

3.1.2. Liberdade de profissão e direito de acesso a funções públicas

a) *O direito de acesso a funções públicas; inserção sistemática do n.º 2 do art.º 47.º CRP*

Prosseguindo com o escopo de delimitar o âmbito de aplicação do art.º 47.1 CRP, vamos agora ensaiar o seu confronto com o nº 2º do mesmo artigo. Defende Jorge Miranda, a este respeito, que "a liberdade de trabalho e de profissão se traduz no corolário do direito de acesso à função pública"[495]. A. Sousa Franco & G. Oliveira Martins veem por sua vez no direito de acesso à função pública "uma modalidade especial" da liberdade de trabalho e profissão[496]. Enfim, dizem J. J. Gomes Canotilho & Vital Moreira que o direito de acesso à função pública (art.º 47.2 CRP) "surge qualificado, após a 1ª revisão constitucional" como "um direito de carácter pessoal *associado* à liberdade de escolha de profissão"[497] (sublinhado nosso).

Como ponto de partida, acreditamos ser a terceira e última das posições citadas a correta. Começaremos por sublinhar que o art.º 47.2 CRP parece pecar por redundância. Na verdade, quer o "direito de acesso à função pública em condições de igualdade e liberdade, em regra por via de concurso", quer o correspondente e indeclinável dever assinalado ao Estado é algo já devidamente consagrado noutros preceitos, em locais tão ou mais solenes do que o capítulo onde se insere o novel preceito. Queremo-nos referir, concretamente, ao art.º 13.º CRP (que consagra um direito a um tratamento igual face, desde logo, ao Estado legislador, não oferecendo dúvidas a sua natureza de direito, liberdade e garantia, ou quanto mais não seja, a sua natureza *análoga* pela via dos art.º 16.º e 17.º CRP[498]) e ao art.º 266.2 CRP (que garante o direito a

---

[495] *Manual...*, IV, pp. 496-497.
[496] *A Constituição Económica...*, cit., p. 213. A tal "modalidade especial" acrescentam os autores "alguma mescla de direitos de participação política"; tal entendimento não é todavia aceitável, na medida em que, e como ressalvam Gomes Canotilho & Vital Moreira (*Constituição Anotada...*, cit., p. 264), o preceito em análise não abrange o direito de acesso a cargos públicos.
[497] *Constituição Anotada...*, cit., anotação ao art.º 47.º.
[498] Dizem J. J. Gomes Canotilho & Vital Moreira que a diferença qualitativa está em que agora o princípio da igualdade é elemento constituinte do próprio direito (de acesso à função pública), que assim se torna um *direito de igualdade* (*Constituição...*, cit., p. 265). Mas nós cremos que todos os direitos fundamentais são direitos de igualdade, isto é, que qualquer

um tratamento justo e imparcial face ao Estado administrador, dada a consagração dos correspondentes princípios constitucionais – princípios esses que vinculam agora também o próprio legislador, desde logo em matéria de organização e procedimento administrativos).

Este preceito, ao instituir "em regra" a "via do concurso" (procedimento que garante – no normal pressuposto de serem mais os candidatos do que as vagas a preencher – o ser a escolha determinada em razão do mérito ou capacidade dos mesmos candidatos), já está a admitir a possibilidade de exceções a essa regra que, note-se, os citados preceitos poderiam, por si só, não permitir, segundo um entendimento mais rigoroso – sendo como é o concurso público o processo indicado no sentido de garantir um grau mínimo de transparência nas admissões à função pública.

Refira-se ainda que o mesmo normativo, ao limitar-se a garantir "condições de igualdade e liberdade", dirigindo-se como se dirige primacialmente ao legislador (não só porque se trata de matéria reservada à lei, como porque para o administrador chega e sobra o art.º 266.2 CRP), reduz o direito, na prática, a uma dimensão adjetiva, ou organizacional/procedimental. Significa isto o afastamento da substantiva "liberdade de escolha" (que constitui a predominante dimensão do normativo anterior), subsistindo apenas os direitos à não proibição de acesso, à candidatura aos lugares postos a concurso (uma vez reunidos os requisitos exigidos) e à não preterição relativamente a outro concorrente, se este tiver condições inferiores nos planos do mérito e da capacidade, ou se a sua nomeação resultar de uma escolha puramente discricionária[499].

Claro está que, do ponto de vista da liberdade de trabalho ou profissão, esta conclusão seria perfeitamente inócua no que respeita ao ingresso na organização administrativa, ou seja, quando esteja em causa a obtenção de um emprego público: é lugar-comum dizer-se que não existe um direito subjetivo a obter do Estado um posto de trabalho. Mas ela ganha um pleno significado se entendermos que o preceito abrange todas as «funções públicas» (excluindo,

---

tratamento desigual nos campos da vida por eles abrangidos constituirá *de per si* uma violação do correspondente direito (ibidem).
[499] J J. J. GOMES CANOTILHO & VITAL MOREIRA, citando as conclusões do Ac. TC n.º 53/88 (*Constituição Anotada*, cit., p. 265).

claro, os *cargos* públicos)[500], ou seja, a função pública em sentido amplo ou *objetivo*, o que inclui as profissões consubstanciadoras do chamado «exercício privado de funções públicas». Não vemos motivos para excluir tais profissões do âmbito de aplicação do preceito: pelo contrário, parece-nos ser essa a razão da existência e localização deste preceito que pretende ser a trave mestra do regime de acesso à função pública.

Funda-se o nosso entendimento, desde logo, na própria inserção sistemática do artigo ora analisado. Em razão da sua peculiar configuração, é óbvio que ele destoa das demais disposições consagradoras de direitos, liberdades e garantias pessoais. É que o direito em questão não é imediatamente, i. é, no seu conteúdo ou dimensão principal, um direito de defesa, mas um direito a prestações jurídicas, sendo difícil por isso a fruição integral do regime de proteção oferecido pelo art.º 18.º CRP. Não obstante, e mesmo que se pudesse perfilar um entendimento diverso (isto é, o ter ele a estrutura própria dos direitos de defesa), o mais lógico não deixaria de ser, ainda assim, a sua inserção no extenso artigo dedicado à função pública (art.º 269.º CRP – "Regime da função pública"): é que sempre poderia gozar, e na medida do possível, da proteção do art.º 18.º CRP pela via mais adequada à sua peculiar configuração da qualificação como "direito fundamental de natureza análoga".

Não é pois, e em suma, essa a explicação para a localização da referida norma – nem pelo seu conteúdo, nem pela sua estrutura, ele se configura como um direito, liberdade e garantia pessoal. Torna-se notório, por conseguinte, o carácter forçado de tal inserção. Pelo que teremos antes que procurar o porquê deste acrescento introduzido pela revisão constitucional de 1982 ao referido capítulo constitucional, e, dentro deste capítulo, da sua "associação" à liberdade profissional.

---

[500] Parecem pronunciar-se nesse sentido J. J. GOMES CANOTILHO & VITAL MOREIRA ("não há razões para contestar que o conceito constitucional corresponde aqui ao sentido amplo da expressão em direito administrativo"); mas ao concretizar mais a sua posição os autores acabam por só mencionar as atividades exercidas "ao serviço de uma pessoa coletiva pública" no âmbito da relação de emprego público (*Constituição Anotada*, cit., p. 264).

b) *O caso do "exercício privado de funções públicas"*

Parece-nos desde logo que, constituindo a norma em questão a trave mestra do regime de acesso a toda a função pública (à função pública no sentido mais amplo desta expressão), a referida "associação" não pode ter sido estabelecida pelo constituinte com o intuito de homogeneizar, ou sequer de aproximar, os regimes de acesso às profissões privadas e à função pública (e muito menos os regimes de "saída" ou cessação de atividade).

Diferentemente, cremos apontar este acrescento no sentido de realçar que o elemento identificador da atividade sob que incide o preceito é o ser ela também e ainda, conceptualmente, "profissão", ainda que *pública, e mesmo que não integrada na organização administrativa* – e não o ser uma atividade integrada por definição na mesma organização, como supõem, diferentemente, e de forma inequívoca, todas as normas do citado art.º 269º CRP (provocando aliás com isso consequências no sentido inverso do da suposta "associação" de regimes).

Outras razões, e de maior peso, subsistem ainda no sentido dessa abrangência. É que as profissões consubstanciadoras de um "exercício privado de funções públicas" enfermam de uma contradição dificilmente superável, na medida em que resultam de uma fórmula avessa aos princípios da unidade do Estado e da indivisibilidade da soberania (como aliás o revela a própria expressão que as designa, contraditória nos seus termos): elas constituem resquícios do antigo sistema das concessões reais, anterior ao Estado de Direito.

Mas a título de exceções pontualmente justificáveis, não deixa de ser sustentável a sua compatibilidade com a Constituição, depois de asseguradas, claro, as devidas cautelas (exigindo cada uma dessas *exceções*, na sua condição de *exceção a uma regra essencial do Estado de Direito*, uma análise particular): elas justificar-se-ão, sobretudo, quando, por um lado, as funções a desempenhar assentem num elevado grau de conhecimentos técnicos e científicos, pressupondo uma lata autonomia técnica do profissional responsável, e por outro, na medida em que a função pública neles (profissionais) delegada se resuma a um mero poder de certificação (ou, para usarmos o termo mais correto, de *verificação*), concretamente de praticar atos jurídico-públicos simplesmente declarativos ou recognitivos, que se limitam a conferir fé pública àquilo que é declarado.

O Estado entende que, em tais (raros) casos, a melhor forma (para o interesse público) de levar a cabo uma determinada missão, é o ser ela desempenhada por privados[501], fazendo funcionar os incentivos quer da retribuição variável própria das profissões privadas, quer da (quase) total autonomia face à organização administrativa, repousando, em contrapartida, na garantia que por si só representa a idoneidade técnica e científica do exercente (ou seja, o Estado «descansa» na mera *responsabilidade individual* ou *profissional* deste último).

Mas como é óbvio, mais do que o acesso à função pública normal (enquadrada na organização administrativa), e este parece-nos ser o argumento determinante na posição que sustentamos, o acesso a estas profissões liberais «autoritárias» exige por si só garantias reforçadas em termos de "condições" de igualdade, imparcialidade e liberdade. Porque se trata de aceder a uma situação já de si verdadeiramente privilegiada (no sentido ancestral do termo). Impõe-se pois, a realização ou de um concurso público para o preenchimento das vagas abertas, se vigorar o sistema de *numerus clausus*, ou então de verdadeiros exames de Estado (urgindo nesse caso um reforço das garantias de imparcialidade e da competência científica do júri que impeçam os profissionais já existentes de interferir no procedimento de acesso à profissão, reforçando o privilégio de que já gozam com a possibilidade de providenciarem ainda eles próprios pelo «fecho» da profissão a novos concorrentes)[502].

Enfim, visto concluirmos que o art.º 47.2 CRP abrange (também) as profissões consubstanciadoras de um «exercício privado de funções públicas», teremos que restringir o âmbito de aplicação do art.º 47.1 CRP ao *acesso*[503] às profissões privadas. E extrair dessa conclusão as devidas consequências: designadamente, a inexistência de uma substantiva "liberdade de escolha" *também* das profissões que se traduzam num «exercício privado de funções públicas» (para além, evidentemente, de certas restrições à liberdade de

---

[501] Diz ALESSANDRO SANTAGATA que em tais casos "o Estado considera indispensável que certos procedimentos sejam espoletados por sujeitos que – por seleção e capacidade – possam assegurar o prosseguimento dos fins do próprio Estado de melhor forma do que fariam simples dependentes" (*L'ausiliarietà ai poteri statali o pubblici da parte di privati professionisti*, «Foro Amm.», 1974, II, p. 565).

[502] Sobre o tema em geral do exercício privado de funções públicas, ver por todos PEDRO GONÇALVES, *Entidades privadas com poderes públicos*, Coimbra, 2005.

[503] Em sentido amplo, isto é, quer no que toca ao regime do ingresso, quer no que respeita ao regime de «saída» ou de cessação de atividade.

exercício impensáveis no universo das profissões privadas). Neste aspeto, não podemos, pois, deixar de discordar de J.J. Gomes Canotilho & Vital Moreira, quando estes autores afirmam que "o exercício de funções públicas não está sujeito a requisitos materialmente distintos daqueles que condicionam, em geral, a liberdade de profissão"[504].

Repare-se que não divergimos em absoluto da supracitada afirmação de Jorge Miranda, de que "a liberdade de trabalho e de profissão se traduz no corolário do direito de acesso à função pública". Certamente que as especiais cautelas com os princípios da igualdade, imparcialidade e liberdade no acesso à função pública não relevam apenas para o interesse público (garantia de escolha dos melhores, de acordo com o mérito e as capacidades de cada um); toda e qualquer atividade pública, subsumindo-se como se subsume ao conceito de *profissão* ou *género de trabalho*, não deixa de merecer nessa qualidade a especial tutela que a Constituição concede ao trabalho (designadamente, no próprio art.º 47.º CRP, mas também e sobretudo dos art.ºs 53.º a 59.º CRP), pelo que se impõem cautelas não menos especiais no que respeita à pena de demissão e ao respetivo processo, por exemplo.

Por outro lado, se as simétricas problemáticas do acesso à função pública e da quebra do vínculo[505] não podem ser analisadas à luz da liberdade de profissão, já no que respeita à proibição ou inibição, para o futuro, do exercício de uma concreta atividade profissional, mesmo que pública, não deixam de se nos oferecer fundadas dúvidas[506].

---

[504] *Constituição...*, cit., p. 264.
[505] Quer da demissão propriamente dita quer da extinção da relação de tipo concessório que subjaz ao exercício privado de funções públicas.
[506] Na verdade, uma hipotética pena perpétua ou por tempo indefinido de exercício de uma profissão privada não é equiparável quer à exoneração da função pública, quer mesmo, pelo menos no plano teórico, à de exclusão de uma associação pública profissional agregadora de exercentes privados de funções públicas (que constitui a nosso ver um mero ato de extinção de uma relação de tipo concessório, similar à da exploração de um serviço público). É que, num e noutro caso, uma coisa é o efeito da quebra justificada do vínculo criado pelo ato de nomeação ou pelo ato de tipo concessório (ainda que tal quebra possa surgir a título de sanção), ou seja, uma coisa é a cessação da atividade, a *saída* em si mesma considerada, e outra coisa é o eventual efeito de inibição de exercício da concreta atividade pública exercida anteriormente à quebra do mesmo vínculo.
Dito de outro modo: se é verdade que o particular nunca adquire, pela positiva, um direito absoluto e permanente "à função pública", do mesmo modo que não adquire um direito

Em suma, importa distinguir o âmbito *natural* e o âmbito *jurídico* do direito. Quando começámos por tentar esboçar uma noção de profissão de um indivíduo como "toda e qualquer atividade laboral por este abraçada e exercida, que lhe seja diretamente imputável (no sentido do seu desenvolvimento implicar, por definição, uma dedicação pessoal e direta), e que se caracterize ainda por ser lícita, estável e apta a constituir a base económica da sua existência", este constituiria, entre nós, o âmbito "natural" do direito (M. Afonso Vaz[507]), abrangendo, porventura, e no que respeita quer ao acesso, quer à «saída» ou cessação do vínculo, quer a atividade empresarial, quer ainda as profissões públicas (em sentido amplo).

Contudo, recordemos, o âmbito jurídico do direito, que procuramos delimitar, é "um âmbito já integrado e conciliado naquele sistema de valores jurídico-políticos expressos na Constituição", pelo que a própria "consagração constitucional" introduz, deste modo, "imites ou restrições ao conteúdo natural"[508]. Ou seja, trata-se ainda de um problema de definição dos "contornos de consagração constitucional de um direito preceituado na Constituição" (M. Afonso Vaz[509]). Ora, quer a criação de empresas e o exercício da atividade económico-empresarial, como melhor veremos, quer o acesso (ou a "saída" das) às profissões públicas (em sentido amplo), estão fora do âmbito preceptivo do direito consagrado no art.º 47.1 CRP, e portanto da autónoma proteção deste preceito[510]. E do mesmo modo, neste particular se distingue ainda a

---

absoluto e permanente a um posto de trabalho numa entidade privada (e por isso excluímos as profissões públicas do âmbito do art.º 47.1 CRP), não implica tal asserção a inversa possibilidade de o mesmo particular poder ser, sem mais, destinatário de uma proibição absoluta e permanente de vir a exercer um género de atividade laboral, mesmo que pública. Ora, sendo tal proibição certamente lesiva da liberdade pessoal, e não contendendo ela com o art.º 47.2 CRP, parece só poder contender, por exclusão de partes, com o art.º 47.1 CRP.
Se se concluir nesse sentido, apenas quando sobrevenha, para além da rotura com a função (pela demissão ou pela extinção da relação de tipo concessório), um efeito inibitório (isto é, uma proibição futura) é que a medida sancionatória contenderá, pois, com a liberdade de profissão. É certo que não é usual nem fácil esta distinção entre o efeito de demissão ou de extinção da relação concessória, e o efeito inibitório "prospetivo"; mas acreditamos pelo menos na sua importância teórica.

[507] *Lei...*, cit., pp. 316-317.
[508] M. Afonso Vaz, *Lei...*, cit., pp. 315-327.
[509] Ibidem..
[510] Não deixando, porém, de "reemergir" noutros locais da lei fundamental constituindo aí também, por sua vez, valores constitucionalmente protegidos nas suas dimensões próprias,

nossa Constituição da Lei Fundamental alemã, pois o homólogo art.º 12.1 GG inclui, no seu âmbito jurídico, as profissões públicas de "exercício privado"[511].

c) *As profissões consubstanciadoras de um "exercício privado de funções públicas"*

Importa ainda identificar as mais importantes das profissões que acabamos de referir, e cuja exclusão do âmbito de aplicação do art.º 47.1 CRP nós sustentamos – isto é, as que consubstanciam um "exercício privado de funções públicas".

Poderemos começar com a classificação das profissões estabelecida por Fernando Sainz Moreno, de acordo com o grau de intensidade da intervenção dos poderes públicos: "1) profissões livres não sujeitas a regras especiais, mas só às regras gerais do Direito; 2) profissões reguladas por normas legais ou por normas administrativas ditadas com base numa norma legal, cujo conteúdo continua sendo, apesar dessa regulamentação, uma atividade privada; 3) profissões reguladas no sentido de conferir uma natureza de função pública ao

---

designadamente pelo art.º 61.1 CRP (liberdade de empresa) e pelo art.º 47.2 (direito de acesso à função pública).

[511] Repita-se, importa deixar expressa a nossa dúvida no que respeita já não ao regime de acesso à função pública, mas à suspensão ou exclusão da mesma, quando estas se configurem como uma proibição ou inibição de exercer, para o futuro, todo um *género* de atividade. É que se a inexistência de uma substantiva liberdade de escolha das profissões públicas implica o não contender com esta liberdade, nas sanções disciplinares, o efeito de suspensão temporária ou de demissão de um posto ou emprego na função pública (à semelhança do que sucede com as análogas medidas no direito laboral), já o efeito de *proibição de exercício de função pública* poderá contender com a liberdade de profissão (quer a genérica, quer mesmo a *inabilitação circunscrita ao exercício de um género de atividade, mesmo que seja entendida como função concreta e determinada* – sobre a diferença, ver JORGE FIGUEIREDO DIAS, *Direito penal português. As consequências jurídicas do crime*, Lisboa, 1993, p.169-171).

Infelizmente, as mais das vezes a lei não distingue, ou não distingue com a suficiente clareza, as duas situações: com efeito, uma coisa é a quebra do vínculo de emprego público, ou demissão propriamente dita, e outra a proibição de voltar a exercer aquela função (que só cessa com a reabilitação – reabilitação essa que não constitui um facto jurídico com efeitos opostos à demissão, pois "não determina o reingresso do funcionário no cargo que perdeu, mas apenas lhe confere o direito de voltar a ser para ele nomeado – FIGUEIREDO DIAS, *Direito*..., cit., p. 170). Na verdade, uma vez que qualquer função concreta e determinada, no sentido de categoria ou género de atividade (e não de *lugar*, ou *posto de trabalho*) não deixa de constituir uma profissão legalmente definida, poderá entender-se que uma proibição absoluta e permanente que a tenha por objeto não poderá deixar de contender com o art.º 47.1 CRP.

seu conteúdo – total ou parcialmente –, mas conservando todavia o carácter de atividade privada, e 4) profissões que se desenvolvem dentro da organização administrativa, isto é, dentro da "função pública" em sentido estrito"[512].

Segundo este esquema, e acompanhando ainda a exposição do mesmo autor, "o «exercício privado de funções públicas» encontra-se no terceiro grau de intensidade, maior, pois, do que a que resulta de uma mera regulação estadual", o que "a doutrina alemã denomina *"Staatlich gebundener Beruf"* (*profissões estadualmente vinculadas* – itálico nosso), mas "menor do que a que resulta da sua integração na organização administrativa"[513].

De acordo com a conceção tradicional, será uma profissão pública de exercício privado aquela cujo desempenho for integrável no conjunto das funções próprias do Estado. O primeiro (e principal) traço característico deste desempenho é o facto de ele implicar o exercício de prerrogativas de autoridade (em regra, o poder de praticar atos de certificação que gozem de fé pública); nas palavras de F. Sainz Moreno, "certas atividades que gozam de uma especial eficácia reconhecida pelo Direito ou que se exercitam fazendo uso de poderes que, em princípio, só correspondem aos poderes públicos"[514].

Vale aqui, para estas duas situações (cuja distinção entre si não se nos afigura relevante) o conceito de Administração Pública em sentido *formal*, que na definição de Rogério Ehrhardt Soares é toda aquela "que se traduz em atos que apresentam determinadas *características externas* que são *típicas* dos atos do complexo administrativo"[515]. Entre nós, apresentam esta nota típica as profissões de Notário[516], Revisor Oficial de Contas[514] e Solicitador de Execução (no

---

[512] FERNANDO SÁINZ MORENO, *El ejercicio privado de funciones públicas*, «RAP», n.º 100-102, 1983, p. 1781.
[513] F. SAINZ MORENO, *Ejercicio...*, cit., p. 1781.
[514] Ibidem.
[515] *Direito administrativo*, II (Lições ao 2.º Ano do Curso de Direito do Porto da Universidade Lusíada), Porto, 1991, p. 14.
[516] O novo Estatuto do Notariado, aprovado pelo DL n.º 26/2004, de 04.02 (última alteração introduzida pelo DL n.º 15/2011 de 25.01), tornou esta profissão entre nós tradicionalmente integrada na organização administrativa numa profissão liberal colegiada numa ordem profissional, a Ordem dos Notários (cujo Estatuto foi por sua vez aprovado pelo DL n.º 27/2004, de 04.02, última alteração introduzida pelo DL n.º 15/2011 de 25.01). Nos termos do n.º 1 do art.º 1.º do Estatuto ("Natureza"), "o notário é o jurista a cujos documentos escritos, elaborados no exercício da sua função, é conferida fé pública"; e mais precisa o n.º 2 do mesmo artigo o ser o mesmo profissional, "simultaneamente, um *oficial público* que confere autenticidade aos

que a esta última se refere, com a particularidade de lhe estarem cometidos poderes de autoridade de natureza judicial, e não administrativa)[518]; apresentou a de Corretor de Bolsa[519] até 30 de Abril de 1991 (quando se extinguiu a profissão[520]); e é o caso ainda, como veremos, da profissão não colegiada de professor do ensino não estadual parificado ou homologado[521].

documentos e assegura o seu arquivamento *e um profissional liberal que atua de forma independente, imparcial e por livre escolha dos interessados*".
[517] Diz o art.º 40 do Estatuto do DL 487/99, de 16.11 (Regime Jurídico dos Revisores Oficiais de Contas) que constituem "competências exclusivas" destes profissionais "a revisão legal das contas das as auditorias às contas e os serviços relacionados de empresas ou de outras entidades (...)", de cujo decorrendo do exercício da revisão de contas a *"certificação legal* das contas" regulada nos art.ºs 43.º e 44.º; dispõe o nº 6 deste último artigo que "a certificação legal das contas, em qualquer das suas modalidades, bem como a declaração de impossibilidade de certificação legal, *são dotadas de fé pública,* só podendo ser impugnadas por via judicial quando arguidas de falsidade".
Correspondem os citados art.ºs 40.º e 44.º deste diploma, no antigo estatuto dos ROC (que configurava a profissão nos seus correctos termos de atividade de «exercício privado de funções públicas» – DL 519-L2/79, de 29.12 – aos art.ºs 1.1 *a)* (atribuições exclusivas), 2.6. (certificação legal) e 3 (revisão legal) deste último diploma.
Sobre a profissão do «auditor de cuentas» como «exercício privado de funções públicas», ver na doutrina espanhola CARMEN FERNÁNDEZ RODRÍGUEZ, *El auditor de cuentas,* Madrid, 1997, pp. 179-180.
[518] Esta profissão surge com a reforma do processo executivo de 2003, estando regulamentada nos seus aspetos organizativos e funcionais nos art.ºs 116.º a 131.º do Estatuto da Câmara dos Solicitadores aprovado pelo DL 88/2003, de 26.05 (última alteração levada a cabo pelo DL 226/2008, de 20.11).
Os solicitadores de execução vêm exercer em regime liberal, nos processos executivos de menor valor, funções de autoridade que anteriormente estavam cometidas às secretarias judiciais e aos próprios juízes cíveis.
[519] O hoje revogado DL 8/74, de 14.01 (Regulamento da Bolsa) instituía um monopólio das operações de bolsa a favor dos corretores das bolsas de valores, designando-os como (únicos) "intermediários oficiais das operações que nelas tenham lugar" (art.º 91.1); e o art.º 112.º prescrevia que "para efeitos de prova em juízo é equiparado a documento autêntico o 'Diário de registo das operações efetuadas' (...) bem como as certidões dele extraídas".
[520] O n.º 4 do DL 229-I/88, de 04.07 (modificado pelos DL 39/91, DL 142-A/91 e 41/91 de 16-10), transfere a exclusividade das intervenções em bolsa para as sociedades corretoras e para as sociedades financeiras de corretagem, acabando com o exercício da atividade de corretagem "em nome individual" (nos termos do art.º 27.º da mesma lei, com a redação que lhe foi dada pelos citados diplomas). Ou seja, passou-se de um regime de exercício individual de funções públicas para um regime propriamente concessório.
[521] O anterior Estatuto do Ensino Particular e Cooperativo (DL n.º 553/80, de 21.11) sujeitava os professores do ensino privado homologado não-superior a um forte regime publicístico nos seus art.ºs 45.º a 74º que praticamente desapareceu no novo Estatuto aprovado pelo DL

Mas não cremos que a ideia de "funções próprias do Estado" se esgote no exercício de poderes de autoridade.

Assim, constituirão ainda "funções próprias do Estado" os casos em que a existência mesma da profissão se deva ao facto de ter sido o próprio Estado a "inventá-la", colocando os seus exercentes a reboque (como simples antecâmara – por definição socialmente dispensável) da organização administrativa, para zelar por interesses ligados ao próprio aparelho administrativo, sob a direta supervisão deste, no desempenho de tarefas idênticas ou complementares às da burocracia. Ou, visto do lado oposto, usando-os como uma simples extensão da atividade administrativa burocrática em exercício "liberal"[522].

Pelo que deveremos recorrer ainda à conjugação de dois outros critérios: do material – tornando-se indispensável recorrer agora à noção que nos dá ainda Rogério Ehrhardt Soares de Administração Pública em sentido *material*: a de "conjunto de tarefas e constelação de atos que *materialmente* correspondam à ideia de «administrar»"[523] – e ainda do formal/organizacional. É que os próprios aspetos formais/organizativos podem constituir em si mesmos caracteres definidores da profissão (concretamente, os que marcam a profissão desde que, por obra e graça do legislador, ela nasce como tal), concorrendo com os assinalados aspetos materiais/funcionais para a determinação da natureza pública ou privada da profissão.

Ainda dentro das profissões colegiadas, reconduzia-se à categoria que acabamos de identificar a profissão de Solicitador (com a particularidade da sua ligação não à Administração, mas aos tribunais), e reconduz-se ainda a profissão de Despachante Oficial, não obstante as alterações legislativas que ocorreram no final dos anos 90 no sentido da sua «despublicização»[524]; e no

---

n.º 153/2013, de 04.11. Subsistem todavia no novo estatuto normativos indiciadores do traço publicístico da profissão, como a sujeição dos docentes ao poder disciplinar estadual (a exercer pela Inspeção Geral da Educação e Ciência) no âmbito das atividades de avaliação externa (cf. art.º 51.º/2) e outras que adiante se referirá no texto.

[522] Trata-se de atividades profissionais que não supõem propriamente a transferência de funções de autoridade, mas que acabam tão só por se traduzir num regime de privilégio, através da atribuição do monopólio legal de uma atividade ao conjunto limitado dos sujeitos privados escolhidos para o efeito pela Administração.

[523] *Direito...*, cit., p. 13.

[524] Referimo-nos ao DL 173/98, de 26.06 (que aprovou o novo Estatuto da Câmara dos Despachantes Oficiais) e ao DL 445/99, de 03.11 (que aprovou o Estatuto dos Despachantes Oficiais).

universo das profissões não colegiadas, subsumem-se ainda a tal espécie as profissões de perito avaliador[525] e de administrador judicial[526] (estes últimos também ligados à função jurisdicional).

Estas atividades distinguem-se ainda, a nosso ver, da figura mais conhecida da concessão de serviços públicos, pela conjugação de dois critérios (um positivo e outro negativo): na medida em que assentam na responsabilidade individual ou pessoal do exercente, portanto numa «profissão», e não numa organização complexa ou numa empresa, de acordo com a distinção que adiante teremos ocasião de esboçar, e também e ainda na medida em que não constituem um «serviço público subjetivo» em sentido estrito, isto é, não se traduzem na realização por privados, investidos para tanto pelo ato ou contrato de concessão, de uma tarefa administrativa de gestão de um serviço público de que seja titular a Administração por atribuição legal ou "com base numa lei" (Pedro Gonçalves[527]), e "virada para a produção de bens e serviços que a administração pública coloca à disposição dos cidadãos"[528].

Tal distinção não implica que não se verifique, caso a caso, uma maior ou menor aproximação da profissão em questão à figura da concessão de serviços públicos. Mas sobretudo, num e noutro caso mantém-se um vínculo ou uma relação sempre sujeito a uma quebra ou extinção, quanto mais não seja a título de sanção (vínculo esse mais visível no concessionário, menos visível no exercente privado, onde a "câmara" ou outro organismo com um papel equivalente substitui o Estado). Em suma, todas as profissões de exercício privado de funções públicas estão sob *publica reservatio*; por conseguinte, elas não são – não *podendo* sê-lo, aliás, as que envolvem o exercício de poderes públicos – estranhas de todo à organização administrativa. Assim sendo, repita-se, através da respetiva associação pública profissional, dos órgãos pedagógicos e

---

[525] Esta atividade profissional está prevista no Código das Expropriações e regulada no Decreto-Lei n.º 125/2002, de 01.05 (última alteração levada a cabo pelo DL n.º 12/2007 de 19.01).
[526] Atividade prevista e regulada no Código da Insolvência e da Recuperação da Empresa Dec.-Lei n.º 53/2004, de 18 de Março (última alteração operada pela Lei n.º 16/2012 de 20.04) e Lei n.º 22/2013 de 26 de fevereiro (estabelece o estatuto do administrador judicial).
[527] Pedro Gonçalves, *A concessão de serviços públicos*, Coimbra, 1999, pp. 108 e 109. Sobre esta matéria, e em especial sobre a moderna definição de concessão de serviços públicos, ver por todos os referidos autor e obra.
[528] Zanobini, *Corso di diritto amministrativo*, I, 5.ª ed, 1955, pp. 17 e segs, cit. Guido Landi, *Farmacia*, «EdD», p. 841.

científicos da instituição escolar, de mecanismos de participação das próprias associações privadas representativas da categoria, etc. – sempre subsistirá um vínculo ao Estado, por ténue que seja, funcionando esses organismos como "correias de transmissão" do mesmo Estado.

Enfim, para além do conteúdo da respetiva atividade, elas apresentam, por isso, normalmente, certos aspetos formais que passamos a enunciar.

Desde logo, o ato que proporciona o respetivo acesso é normalmente um despacho formal de nomeação[529], de tipo concessório[530], através do qual se estabelece a ligação do sujeito privado a um determinado setor da organização administrativa – aproximando-se assim aquele "da figura do «órgão», ainda que indiferenciado, ou indireto, do Estado"[531]. Este ato é em regra precedido por concurso público[532]; ora, como diz Zanobini, a propósito da profissão de notário em Itália, o concurso implica a existência de um certo número de lugares ou vagas taxativamente determinados, excluindo que "aqueles que tenham os requisitos queridos pela lei, tenham um verdadeiro direito" a escolher e a aceder a tal profissão – direito que é próprio tão só de quem se dedica às profissões livres[533].

---

[529] Por vezes acompanhado de uma ajuramentação: por exemplo, segundo o art.º 119.2 do novo Estatuto da Câmara dos Solicitadores, "*o solicitador de execução só pode iniciar funções após a prestação de juramento solene em que, perante o Presidente do Tribunal da Relação e o Presidente Regional da Câmara, assume o compromisso de cumprir as funções de solicitador de execução nos termos da lei e deste estatuto*". Também "*o notário inicia a atividade com a tomada de posse mediante juramento perante o Ministro da Justiça e o bastonário da Ordem dos Notários*" (art.º 38.º, n.º 1 do Estatuto do Notariado).

[530] Claro está, que estes atos só partilham com os atos de nomeação de funcionários públicos, o aspeto formal da investidura individual em funções públicas; mas tal como as concessões translativas, não admitem propriamente o destinatário no seio da organização administrativa (mantendo ele integralmente a sua qualidade de "particular"), mas antes lhe transmitem poderes ou direitos próprios da Administração; como diz Zanobini, implicam precisamente um movimento inverso, de dentro para fora (*Corso di Diritto Amministrativo*, 2ª ed., Milão, pp. 540-541, citado por A. Marques Guedes, *A Concessão*, Coimbra, 1954, p.119-120).

[531] Alessandro Santagata, *L'ausiliarietà ai potere statali e pubblici da parte dei privati professionisti*, «Foro Amm.», 1974, II, cit., p. 560.

[532] Entre nós, o concurso de acesso ao notariado está regulado nos art.º 34.º a 36.º do Estatuto do Notariado (Cap. IV – "Concurso para atribuição de licença").

[533] *L'esercizio...*, cit., p. 341. Nos termos do n.º 1 do art.º 34.º do nosso atual Estatuto do Notariado, "as licenças para instalação de cartório notarial são postas a concurso consoante as vagas existentes" – mais especificando o n.º 3 do mesmo preceito o serem as mesmas vagas "preenchidas de acordo com a graduação dos candidatos e as referências de localização dos cartórios manifestadas no respetivo pedido de licença".

Também a própria atividade destes profissionais está sujeita a um regime que apresenta notáveis similitudes com o regime da concessão. Nomeadamente, a fortíssima limitação da concorrência pela atribuição do exclusivo da profissão a um quadro fixo de exercentes (notários, solicitadores, no seu regime originário, corretores de bolsa, despachantes oficiais)[534], a transferência do exercício de direitos e poderes públicos (notários, solicitadores de execução, corretores de bolsa, revisores oficiais de contas, professores do ensino privado homologado) por ato formal de autoridade (constitutivo, e não permissivo ou declarativo), e a manutenção, na esfera do Estado, de poderes mais ou menos amplos de intervenção no exercício da profissão, quer diretamente (normalmente disciplinares – professores do ensino privado homologado não-superior, notários)[535], quer indiretamente (quando incidam sobre a organização e funcionamento das próprias associações públicas profissionais)[536]; estes vínculos não impedem porém que, como acontece com as profissões privadas de interesse público, a atividade seja assumida por conta e risco do profissional.

Vamos assim surpreender as assinaladas características nos procedimentos de nomeação e, em geral, em muitos dos aspetos dos regimes legais que regulam o exercício destes profissionais (também "liberais") em regra agrupados em específicas associações públicas profissionais que outrora tinham o exclusivo da designação de "Câmaras" (com ou sem personalidade jurídica)

---

[534] Aqui subsiste uma diferença substancial entre a profissão pública de exercício privado e a concessão: é que enquanto esta supõe, em princípio, o não haver concorrência, naquela verifica-se um "oligopólio legal": a limitação do quadro de exercentes pretende apenas limitá-la (ainda que fortemente), e não eliminá-la (pelo contrário, tem-se por benéfica *alguma* concorrência); ver, a este respeito, a propósito da profissão de notário, ZANOBINI, *L'esercizio...*, cit., p. 342.

[535] O caso mais nítido é entre nós o do notário, que "está sujeito a fiscalização e ação disciplinar do Ministro da Justiça" (art.º 3.º do Estatuto do Notariado). Sobre estas características da concessão, ver MARCELLO CAETANO, *Direito Administrativo*, t. II, 9.ª ed., Coimbra, 1983, rev. e act. D. Freitas do Amaral, pp. 1100 e 1109 (poderes e direitos do concedente).

[536] Estes aspectos organizativos refletem a substancial diferença entre as profissões privadas e as de exercício privado de funções públicas. É que nestas últimas tal regime justifica-se, como diz SERGIO BARTOLE, "em razão da natureza pública da atividade profissional prestada pelos exercentes: reconduzida a atividade deste privados ao quadro da substituição do Estado no exercício de funções ou poderes de que este é titular, concebe-se logicamente a possibilidade de o Estado organizar discricionariamente e do modo mais congruente com a realização das suas próprias finalidades o exercício de tal atividade" (*Albi...*, cit., p. 948).

– e que são, pois, os já citados notários, solicitadores de execução[537], revisores oficiais de contas e despachantes oficiais, e que *eram* os extintos corretores de Bolsa e, ainda, originariamente, os solicitadores (se bem que, como vimos – e à semelhança do se passa hoje com os peritos avaliadores, administradores da insolvência e solicitadores de execução – com a especificidade da sua inserção na orla do poder judicial do Estado, e não do executivo).

Para além destas profissões agrupadas em particulares associações públicas profissionais outrora homogeneamente designadas por «Câmaras», como vimos, outras três profissões são também reconduzíveis à figura do exercício privado de funções públicas, nomeadamente a de perito avaliador, a de administrador judicial e a de professor do ensino privado homologado ou «parificado»[538]. Note-se que, diferentemente desta última profissão, as duas primeiras, e tal como as profissões de despachante oficial e (outrora) a de solicitador, não supõem própria e diretamente a posse de prerrogativas de autoridade – as quais continuam na titularidade do juiz –, repousando antes na competência técnica e científica dos profissionais (nas áreas respetivamente da avaliação imobiliária, e do direito e da gestão).

Finalmente, e quanto aos professores do ensino privado «parificado» ou homologado, comece por se sublinhar que toda a prestação de ensino enquadrada nos graus, planos de estudo e programas supervisionados e sancionados pelas autoridades educativas, a qualquer nível (ensino primário, secundário, técnico-profissional, superior), constitui um *serviço público* (no sentido que é dado a esta expressão pela doutrina italiana desde Zanobini, e que entre nós, se promovido por entidades cooperativas ou privadas previamente autorizadas – por autorização constitutiva – corresponde à noção de atividade de *interesse público*).

Mas o ensino, ou melhor, este ensino moldado em planos de estudo e programas mais ou menos estandardizados, titulado por graus de origem e

---

[537] Estes estão agrupados num Colégio de Especialidade da Câmara dos Solicitadores, nos termos do n.º 6 do art.º 67.º do novíssimo Estatuto da Câmara dos Solicitadores.
[538] Os professores do ensino privado homologado ou «oficialmente reconhecido» conhecem outras formas de integração orgânica direta e indireta (através do respetivo assento em conselhos escolares de natureza pedagógica e científica, ou pelo menos da possibilidade de designarem representantes para esses mesmos conselhos) que traduzem também uma participação individual na gestão de assuntos públicos.

criação estadual, projeta-se ainda em dois distintos momentos: num momento *didático*, consubstanciado na própria atividade material de prestação de serviços (de ensino), e que corresponde aos referidos conceitos de *serviço público* ou de (atividade de) *interesse público* (se promovido por entes não estaduais para tanto *autorizados*), e num momento *autoritário*, que se expressa na verificação dos seus resultados, com relevância jurídica geral. Este momento, constituindo uma derivação do poder soberano, consubstancia o exercício de uma inalienável *função pública*, mesmo quando desempenhado pelos professores do ensino promovido por entidades cooperativas ou particulares.

A profissão de professor do ensino privado homologado não-superior está regulamentada nos art.ºs 42º a 51º do DL n.º 152/2013, de 04.11 (Estatuto do Ensino Particular e Cooperativo de nível não superior). Neste regime, é de realçar a exigência (1) dos mesmos requisitos físicos e perfil psíquico exigidos aos docentes das escolas públicas, com a obrigação de apresentação da respetiva prova prevista na lei para estes últimos (art.º 43.º), e as obrigações das escolas particulares e cooperativas (2) de manutenção de um processo individual e atualizado de cada docente contratado, que acompanha este último em caso de mudança de estabelecimento, e que tem que estar em todos os seus elementos permanentemente disponível aos competentes serviços do Ministério da Educação e Ciência (art.º 48.º), e (3) de fornecimento no final de cada ano letivo ao MEC de uma relação discriminada dos docentes ao seu serviço (art.º 47.º), assim como a sujeição dos docentes ao poder disciplinar estadual (a exercer pela Inspeção Geral da Educação e Ciência) no âmbito das atividades de avaliação externa (cf. art.º 51.º/2).

Quanto aos professores do ensino superior não estadual, importa referir que a respetiva atividade de avaliação e de certificação (ou melhor, de *accertamento* ou *certazione*), em absoluta igualdade de circunstâncias com a do ensino superior estadual, reveste naturalmente uma especial importância, dada a suscetibilidade de utilização dos conhecimentos titulados por tal nível de ensino para fins socialmente relevantes, constituindo pressuposto de efetivação de importantes *status*[539].

---

[539] Designadamente, nos campos profissional (em sentido estrito), da função pública (quer em termos de requisitos exigidos para a admissão a concurso, quer em termos de carreira), e militar (para a determinação do respetivo *status*).

d) *A recondução do direito de escolha e exercício das profissões consubstanciadoras de um exercício privado de funções públicas ao n.º 2, e não ao n.º 1 do art.º 47.º CRP*

Em jeito de remate a esta breve incursão pelas profissões públicas de exercício privado, importa reter que não implica tal qualificação que as profissões «públicas» ou publicizadas percam, como «profissões», a sua «individualidade» (tanto maior quanto mais elevado for o grau da sua complexidade técnica e científica) – daí o Estado preferir, algumas vezes, que elas se exerçam em regime liberal, apesar de serem funções públicas («exercício privado de funções públicas»).

Simplesmente, no que respeita ao acesso e à manutenção do «vínculo» (não à proibição de exercício, ou «inabilitação» *ex nunc*), tal factor só relevará juridicamente em sede dos princípios constitucionais da organização administrativa, do direito fundamental a um tratamento igual e imparcial de acesso à função pública, e eventualmente da tutela da liberdade científica – mas não propriamente da liberdade de profissão. Só assim se explica, aliás, a amplitude que por vezes atingem os poderes da Administração central quer sobre a organização e o funcionamento das associações públicas que agregam os exercentes destas profissões públicas, quer sobre o exercício da profissão; bem como a amplitude dos poderes sobre a atividade profissional dos seus membros de que por sua vez as próprias associações públicas destes profissionais são titulares (ou seja, é muito mais estreita a articulação destes três planos entre si – Estado/Associação pública/profissional – do que nas Ordens profissionais agregadoras de profissões privadas).

Pelo que deixa de ter utilidade e sentido discutir os parâmetros de constitucionalidade do respetivo procedimento de acesso à luz do art.º 47.1 CRP: por exemplo, se é ou não admissível o sistema de "numerus clausus", ou um sistema de admissão dependente de uma apreciação de necessidade objetivas, ou ainda se – uma vez excluída, claro está, a escolha puramente discricionária – a Administração goza de uma maior ou menor margem de apreciação na admissão do pretendente à profissão pública.

Por outro lado, e como sucede com o estatuto da função pública relativamente à pena de demissão, também no plano teórico a possibilidade de exclusão da associação pública profissional, com a consequente cessação de atividade não levantará em si mesma os problemas que levanta a exclusão de uma ordem profissional, não postulando por isso, em princípio, os seus procedimentos disciplinares o rigor exigível aos procedimentos disciplinares conducentes à suspensão de exercício das profissões privadas[540].

Também a lei que prevê a pena de demissão da função pública (bem como, teoricamente, a exclusão de uma associação pública que agregue estes profissionais), já não se apresenta como restritiva do conteúdo da liberdade de profissão, na medida em que o próprio constituinte subtraiu do seu âmbito natural, no caso, quer o acesso, quer *a manutenção do vínculo* às profissões públicas[541].

A admissibilidade de "restrições" à liberdade de aceder (escolher) a uma profissão pública e de manter do vínculo ao Estado (quer nas profissões públicas propriamente ditas, quer nas profissões que consubstanciam um "exercício privado de funções públicas"), não deve ter pois como parâmetro imediato da sua constitucionalidade o art.º 47.1 CRP, mas o art.º 47.2 CRP; ainda que se

---

[540] A não ser, como vimos, que à quebra do vínculo se siga uma impossibilidade de reingresso em nova oportunidade, isto é, uma verdadeira inibição ou proibição de exercício dessa atividade profissional para o futuro – o que normalmente acontece nos concretos regimes legais – pelo que, partindo de tal base, também não poderá haver uma verdadeira irradiação (definitiva), requerendo-se aqui do mesmo modo um horizonte temporal, por força ainda do art.º 47.1.CRP.

Claro está que no caso destas profissões públicas de exercício privado esta diferença, não deixando de existir no rigor dos princípios, acaba por ser meramente teórica, face aos concretos regimes legais, atenta, reconheça-se, a dificuldade de proceder a tal distinção (entre o equivalente ao "lugar" ou "posto" e o género de atividade); pelo que na verdade, e por sua vez, os próprios regimes disciplinares, na prática, terão que se revestir, por sua vez, de cautelas idênticas às que gozam os processos disciplinares nas Ordens profissionais. Por conseguinte, a diferença de âmbitos só é, na verdade, nítida no que respeita ao acesso.

[541] Contudo, o exercente de uma profissão pública, quando esta envolva a posse e a aplicação de conhecimentos técnicos e científicos especialmente complexos, pode merecer uma proteção constitucional face ao Estado – mas já não, direta e principalmente por via do art.º 47.º CRP, mas do art.º 42.1 CRP e dos seus corolários (liberdade científica). Há por isso quem fale em profissões liberais ou intelectuais num sentido amplo, precisamente para sublinhar a independência e a responsabilidade inerentes a essas cientificidade e tecnicidade: é o caso de V. ABELLÁN HONRUBIA, para quem tais profissões se definem também e sobretudo pela sua independência – não se devendo ligar esse critério "nem ao regime laboral, nem ao carácter privado da atividade": com efeito, desenvolve ainda a autora, "cada vez mais estes profissionais exercem a sua atividade tanto de forma não assalariada e privada, como submetidos a um contrato de trabalho ou ao serviço da administração pública"; pelo que se trata de "uma «independência» e de uma «responsabilidade» referidas à atividade profissional, não ao regime jurídico ou económico em que a mesma se presta" (*La libre circulación de profesiones liberales en la CEE*, in «Gaceta jurídica de la CEE», n.º 52, D-9, p. 199., cit. de I. GARCÍA VELASCO, *La Libertad de ejercicio de la profesión de la abogacía en la Comunidad Europea*, Salamanca, 1992, p. 26).

trate de "profissões", a impertinência da primeira norma decorre dos limites imanentes que restringem o âmbito natural da liberdade de profissão (âmbito esse que abrange todas as profissões, não distinguindo entre elas)[542].

Mas, insista-se, não só o legislador não deixa por isso de ter que respeitar os direitos decorrentes das exigências de igualdade, imparcialidade e liberdade impostas pelo art.º 47. 2 CRP, como estão ainda protegidas pelo art.º 47.1 CRP as atividades profissionais públicas objeto, *em género*, de inibição ou proibição de exercício (não, repita-se, a «perda» do concreto «lugar» ou posto de trabalho público).

3.1.3. Liberdade de profissão e direito de acesso a profissões «estadualmente vinculadas»: noções prévias; as profissões de médico e de advogado

a) *As profissões colegiadas em Ordens como profissões privadas ainda que «estadualmente vinculadas»*

Dentro do universo das profissões, as profissões liberais propriamente ditas ou em sentido estrito, universitariamente tituladas ou intelectuais-protegidas, normalmente colegiadas em Ordens profissionais – entes públicos associativos de filiação obrigatória para quem pretenda exercer a profissão correspondente ao título universitário – são em regra (e fora alguns casos como os que se acaba de referir nos pontos anteriores, que consubstanciam verdadeiras atividades públicas de exercício privado) *profissões privadas* – de «interesse» ou «necessidade» pública (e que por levam por vezes «aparelhadas» determinadas vinculações públicas – obrigações ou ónus), mas, insista-se, privadas.

Não significa isto que os chamados profissionais liberais, como autoridades sociais que são, não vejam a sua atividade sujeita a determinados vínculos (por isso se fala nestas profissões no direito alemão como «profissões estadualmente vinculadas»), e por conseguinte a específicos deveres não apenas para com

---

[542] Também aqui a «valoração» do âmbito de afirmação da liberdade de profissão exclui toda a matéria referente à função pública (em sentido amplo), objeto de autónomo tratamento, aliás, logo no art.º 47.2 (e também noutros locais da Constituição); isto é, trata-se ainda de um problema de delimitação dos "contornos de consagração constitucional de um direito preceituado na Constituição" (MANUEL AFONSO VAZ, *Lei*..., ob. cit., loc. cit.).

os seus clientes mas também para com a sociedade em geral – e em certos casos mesmo para com o Estado (sendo que por vezes o cumprimento desses deveres pode ir inclusive contra os interesses materiais dos próprios clientes).

b) *A vertente funcional das profissões colegiadas em Ordens*

Pela razão que se acaba de adiantar, a atividade da grande maioria das profissões colegiadas em Ordens, não sendo *pública* (exercício privado de funções públicas), nem por isso deixa de apresentar (ainda que em segunda linha, não deixe de se ressalvar) uma vertente *funcional* – só se explicando a respetiva sujeição a corpos privativos de normas de conduta profissional (os chamados códigos deontológicos) pela existência dessa vertente funcional do seu direito de liberdade profissional. É esta aliás a principal justificação subjacente ao privilégio participativo traduzido na existência das Ordens profissionais conferido às profissões intelectuais protegidas: ela reside em *ultima ratio* na qualidade de (publicamente certificados) detentores de conhecimento científico que apresentam estes profissionais universitariamente titulados, a qual aponta decididamente para a participação nas tarefas públicas através da autorregulação.

Assim, é insuficiente para o legítimo exercício destas profissões "a simples fidelidade a pactos contratuais com um específico cliente": diferentemente, "a confiança que legitima a autoridade profissional" reside "no facto de ser constitutivo da profissão como instituição social um empenho a favor de um particular *bem central*" ou *coletivo*: "a saúde para o médico, a justiça para o advogado, a segurança das infraestruturas para o engenheiro civil, a equidade fiscal para o técnico oficial de contas, a transparência dos mercados para o revisor oficial de contas, etc."[543].

Fala-se por isso, na perspetiva da análise económica do direito, na "externalidade sobre a componente de «bem público» ínsita nos serviços profissionais: "o médico, ao assistir o doente, reduz as causas da epidemia e protege a saúde pública, o advogado, ao defender o cliente garante o funcionamento da justiça e assegura que o direito de todos ser feitos valer ou defendidos; o engenheiro

---

[543] LORENZO SACCONI, *Fondamento ed efficacia delle deontologie professionale*, in S. ZAMAGNI, «Le professioni intellettuali tra liberalizzazione e nuova regolazione», Milão, 1999, p. 68.

ao projetar adequadamente a infraestrutura, que o construtor realiza com base no contrato de empreitada com o Ente Local, garante condições de segurança para todos os que usarem a infraestrutura independentemente do facto de que esses paguem o preço pela sua conceção, o professor ao preparar o aluno cria um ambiente social mais culto e evoluído de que beneficiam toso os que interagem nesse ambiente, etc."[544].

Estas externalidades não são em princípio descartáveis, ou seja, a sua produção enquanto componente de «bem público» "é conjunta e não passível se separação"[545]. Mas "o profissional pode maximizar ou minimizar a componente de bem público implicada no seu serviço": é o caso por exemplo do médico que limita a sua terapia "à cura da doença possuída singularmente pelo paciente, sem dar qualquer aconselhamento sobre métodos de prevenção ou sobre precauções a ter para reduzir o risco de contágio", ou ainda do advogado que serve o cliente "sem efeitos externos positivos sobre o aumento da legalidade e sobre a afirmação da justiça, por exemplo defendendo sistematicamente o próprio cliente com métodos lesivos dos direitos de outros sujeitos (contrapartes ou terceiros)", ou do professor (profissão entre nós não colegiada, mas que noutros países como a Itália é agregada numa Ordem profissional) que restringe "o conteúdo do ensino apenas às meras habilidades profissionais específicas que o estudante pode utilizar para obter uma renda privada, reduzindo ao mínimo toda a componente educativa do ensino"[546].

Pois bem, é aqui que joga um importante papel a deontologia profissional tornada corpo de regras obrigatórias e atuado por uma específica autoridade: ela constitui uma garantia suplementar (assegurada pelos próprios profissionais através das Ordens profissionais) que reforça a confiança pública no profissional – desde logo de que este não irá abusar da sua autoridade em detrimento do cliente, mas também e ainda de que se não limitará a beneficiar o seu cliente com prejuízo (ou com menor benefício do que daquele que seja

---

[544] LORENZO SACCONI, *Fondamento ed efficacia...*, cit., pp. 51.
[545] Por exemplo, "qualquer pessoa pode obter benefício da elevação do nível de saúde pública derivado da eliminação das causas de uma epidemia, mesmo que não contribua para sustentar o seu custo (não pode ser excluído quem não paga o preço ou não se sujeita a terapia preventiva), nem o facto de que um individuo beneficie da eliminação das causas da epidemia reduz a sua disponibilidade por outros (não separabilidade do bem)" (op. cit., pp. 51-52.).
[546] LORENZO SACCONI, *Fondamento ed efficacia...*, cit., p. 52.

eticamente devido) para terceiros e para a sociedade em geral, constituindo assim a mesma deontologia "um mecanismo de reputação entre o profissional e o cliente por um lado e a sociedade por outro lado, graças ao qual o próprio profissional obtém uma vantagem com a observância dos deveres deontológicos"[547].

Antes de concluir este ponto, importa ainda analisar, à luz dos critérios enunciados, as três profissões liberais mais antigas e mais relevantes para bens públicos valiosos, como a justiça e a saúde: nomeadamente, a advocacia, a medicina e a atividade de farmácia (enquanto componente indissociável da profissão farmacêutica).

Não que a sua natureza privada suscite hoje dúvidas. Fora a indefinição que nos parece ainda subsistir no direito alemão, onde tradicionalmente (desde o século passado) são vistas como profissões com uma forte componente publicística (designadamente as profissões de médico e advogado), com base no critério material-teleológico (isto é, pela importância dos interesses públicos tocados pelos seus exercentes[548]), em mais nenhum país da Europa, ao que sabemos, existe essa indefinição.

O interesse de uma tal análise está assim mais na oportunidade que ela nos oferece de definir claramente a fronteira entre a profissão consubstanciadora de um exercício privado de funções públicas, e a profissão privada de

---

[547] LORENZO SACCONI, *Fondamento ed efficacia...*, cit., pp. 22-23.

[548] O critério teleológico para a distinção entre «público» e «privado» não é certamente o mais rigoroso: hoje quase todas as profissões tocam em bens comunitários valiosos e por isso todas elas acabam por apresentar um maior ou menor interesse público. Mas o facto de apresentarem um maior ou menor interesse público, não as torna por isso *ipso facto* em profissões "públicas", ou, segundo um critério gradualístico, mais ou menos "públicas".

Tenha-se, todavia, na devida conta o omnipresente e omnicompreensivo conceito de «público» no direito alemão, designadamente quanto ao facto de este conceito se reportar a toda uma zona de entidades e atividades heterogéneas que se situam entre a esfera do que é genuinamente "estadual" e a esfera do "privado" (dos assuntos e atividades próprios da sociedade): a sua latitude no direito alemão transforma-o num saco de gatos onde cabem fenómenos tão diversos como a chamada "administração pública sob forma privada", a administração autónoma, a concessão de serviços públicos, certas atividades com um elevado grau de utilidade e interesse público, etc. Não devemos pois tomar a nuvem por Juno, transpondo conceptualmente para o (nosso) universo do "público-estadual" (segundo o esquema bipartido público/privado) fenómenos que na sua natureza profunda o direito alemão inclusive – as próprias doutrina e jurisprudência alemãs – acabam por considerar ainda "privados".

interesse público (ou mesmo, usando a expressão do Código Penal italiano para qualificar a advocacia e a medicina, de "necessidade pública").

Interessa-nos particularmente a análise da posição de Guido Zanobini: pronuncia-se este consagrado autor, no célebre e supracitado estudo datado do princípio do século XX, a favor da qualificação dessas profissões – medicina, advocacia e atividade de farmácia – como formas de um "exercício privado de funções e serviços públicos".

c) *A profissão de médico*

A impropriedade da qualificação da medicina (e em geral das profissões sanitárias, incluindo a farmacêutica, como melhor veremos) como um «serviço público em sentido objetivo», na medida em que, por arrastamento, se fale também da expressão "exercício *privado*" (desse serviço), como se de uma situação de exceção se tratasse, graças a um consentimento estadual (pois se assimilarmos a referida expressão ao moderno conceito comunitário de serviço de interesse geral o problema já não se levanta), é hoje um dado adquirido, por assentar num critério teleológico absolutamente inadequado ao mundo moderno[549].

Com efeito, no Estado social dos nossos dias, uma gigantesca Administração constitutiva concorre (ainda) com os privados prestando bens e serviços em praticamente todos os domínios da vida. Há certamente uma graduação na valia de cada um dos interesses coletivos cuja satisfação o Estado vai chamando a si, quando se abalança a prestar tais bens e serviços. Mas fora as atividades que poderemos designar como "conaturais" ao Estado, ou, na expressão de R. Ehrhardt Soares, "supinamente estaduais", como "a defesa, a administração da

---

[549] ZANOBINI, excessivamente influenciado pela doutrina germânica de então (LABAND, TRIEPPEL), e cuja influência aliás ainda hoje se faz sentir na Alemanha (sobretudo no que respeita à visão marcadamente publicística da advocacia e da medicina), diz relativamente à profissão médica, que um "primeiro indício da coincidência" da sua função "com os fins públicos do Estado" resultaria do facto de "o próprio Estado, através dos seus próprios órgãos, prover na sociedade os mesmos serviços que provêm os sanitários"; e que um segundo elemento que provaria "o carácter público do serviço exercitado pelos profissionais sanitários "seria ainda o facto da "lei constituir o exercício das profissões sanitárias em condições de monopólio" (*L'esercizio...*, cit., pp. 356 e 358).

justiça, as relações internacionais, a criação de impostos"[550], e aquelas que a lei expressa e formalmente qualifique como tais (dentro dos limites assinalados pela Constituição), nenhuma outra justifica que a mera intervenção do Estado transforme, por si só, em "serviço público" toda a atividade desenvolvida no respetivo setor (mesmo que sobrevenha e exigência da posse de determinada habilitação para os cidadãos nele poderem operar).

Por isso entendemos não ser aceitável o critério gradualístico defendido por Sainz Moreno. Este autor, apesar de considerar que "o carácter de «função pública» que se atribui ao exercício da profissão tem uma feição técnica", não se tratando "de um simples reconhecimento do «interesse público» em que a profissão exista, de que preste serviços à comunidade, mas algo de mais: da sua caracterização como «função pública» ", acaba por considerar que no problema de distinguir entre o que é atividade «profissional privada» e o que é «tarefa pública» própria do Estado (...) não se coloca em termos absolutos, porque entre as tarefas estaduais e as atividades próprias dos particulares não há uma rutura radical, mas antes um campo de gradações"[551].

Mas independentemente do seu acerto nesta matéria, uma tal observação sempre se nos afigura como um lugar-comum: é que um tal fenómeno sucede com todas as situações e figuras jurídicas. Há sempre zonas de fronteira, que, no caso em questão, o próprio Estado ou a tradição podem inclusive ir deslocando paulatinamente. Simplesmente, face à existência de uma reserva absoluta de constituição em sede de direitos, liberdades e garantias, e nomeadamente da liberdade de profissão, importa que o intérprete trace em cada tempo histórico uma linha fixa que permita apurar com o máximo de rigor o âmbito preceptivo da respetiva norma jusfundamental, sem com isso prejudicar também o conteúdo essencial de tudo aquilo que é supinamente estadual, e que portanto tem que ser subtraído à liberdade de escolha dos particulares (sob pena de em extremo oposto tornar o Estado refém da sociedade em aspetos por definição inalienáveis).

---

[550] *A Ordem...*, cit., p. 3807.
[551] *Ejercicio...*, cit., p. 1782.

d) *A profissão de advogado*

Não obstante o termos como pacífico e adquirido o que acabamos de afirmar, importa-nos particularmente o facto da tão autorizada voz de Zanobini (e autorizada, sobretudo, nesta matéria) se ter levantado a favor da qualificação da advocacia como função pública de exercício privado, a par do notariado (que naquele país é desde há muito uma profissão organizada em forma de "exercício privado")[552]. Ainda que, ao que saibamos, quase absolutamente isolada na doutrina italiana (vindo ainda a perder mais tarde e seu interesse na sequência de uma clarificação legislativa no sentido oposto – e nomeadamente com o atual Código Penal), tal posição merece ser analisada, pela inegável pertinência que ainda hoje apresentam os argumentos expendidos.

Para este autor, em primeiro lugar, "o princípio do monopólio a favor daqueles que correspondam às condições queridas pela lei" seria já um "indício do interesse público que se liga ao exercício da atividade profissional"[553]. Mas o que seria "decisivo" resultaria do facto dessa atividade profissional ser "circundada pela lei de uma verdadeira competência de direito público", na medida em que "o ordenamento jurídico exclui que os cidadãos possam recorrer à obra de alguns órgãos do Estado sem se valerem da obra de um profissional forense: em substância, não podem defender-se por si", o que tornaria "quer a obra do juiz, quer a obra do advogado" igualmente indispensáveis[554].

Parece-nos, em primeiro lugar, que os termos da questão começam por não ser corretamente colocados. É que constitui uma exigência primeira da ordem jurídica, decorrente do direito fundamental à justiça, o Estado não deixar de *garantir* (o Estado legislador, o Estado juiz e o Estado administrador) que nenhum cidadão possa estar em juízo sem ter *assegurada* a sua defesa. O que,

---

[552] Note-se, porém, que o autor não deixa de reconhecer um substancial distinção entre as duas profissões: diz ele, a tal propósito, que "o carácter dos fins que a função dos notários é destinada a satisfazer, não deixa lugar a dúvidas: trata-se do fim público e estadual de atestação em forma autêntica dos factos humanos que tenham relevância jurídica", exercendo "uma série de funções inerentes à administração da justiça, especialmente à jurisdição voluntária, substituindo-se assim às próprias autoridades judiciais" (*L'esercizio...*, cit., p. 341). Refere ainda o mesmo autor que a atividade destes profissionais "é circundada de condições e de normas muito mais rigorosas do que as que circundam a dos outros (profissionais)" (ibidem, p. 344)
[553] ZANOBINI, *L'esercizio...*, cit., pp. 348-349.
[554] Ibidem.

diga-se, torna *necessária* a existência de uma defesa, ou, mais amplamente, de uma assistência, se possível a cargo de defensores devidamente preparados – mas não torna por isso *públicos* tais defensores. Como as incapacidades do Código Civil, também esta é imediatamente estabelecida a favor do "incapaz", e não do Estado.

Ora, se é verdade que o Estado tem que *assegurar* essa defesa, também é verdade que não pode *impô-la*: se o cidadão preferir escolher um defensor a seu gosto, e não recorrer aos profissionais que para esse efeito o Estado *vinculou* (atribuindo-lhes não uma verdadeira competência, mas ainda assim uma *função materialmente pública*, sejam ou não organicamente funcionários ou assalariados), ele é livre de o fazer, como (constitucionalmente) livres são os advogados não vinculados (ou *livres*, ou *privados*) de corresponder a essa solicitação, e de aceder à barra do tribunal.

Ou seja, o Estado apenas tem que ter defensores (oficiais ou oficiosos) à sua disposição: para que aqueles que precisem de recorrer à justiça para resolver os litígios que tenham com terceiros, e não disponham de meios para tanto, tenham assegurada a sua assistência; e ainda para que os que, mesmo dispondo meios para tanto, sendo acusados de um crime, sejam igualmente assistidos, ainda que não se tenham dado sequer ao trabalho de procurar defensor.

O como vai o Estado dispor de defensores oficiosos, já é uma questão de política legislativa. Pode criar um corpo público "simétrico" ao Ministério Público – uma "advocacia dos pobres"; ou então, optar, como entre nós, por uma solução menos dispendiosa: a de fazer impender tal incumbência sobre os profissionais forenses em exercício, a título de tributo profissional e/ou financiando cada serviço de patrocínio prestado (verificando-se um paralelismo com as obrigações de serviço público que podem recair sobre as empresas *privadas* que desenvolvam atividades *privadas* mas qualificáveis como serviço de interesse económico geral). E aqui os profissionais desempenham um serviço público, no sentido próprio do termo; simplesmente, porque esporádico, e enquanto esporádico (e tal como as empresas que exploram SIEG sobre que recaem obrigações de serviço público), não é suficiente para caraterizar como tal (toda) a profissão.

Para além disso, o que é verdadeiramente indispensável no nosso ordenamento jurídico, em *ultima ratio*, é tão só que fique garantida a defesa, e não sequer que essa defesa seja assegurada por um profissional forense; de outro modo não se compreenderiam normas como o art.º 330.1 do anterior Código de Processo Penal (que permitia ao Juiz, em caso de falta do defensor, a sua substituição por "pessoa idónea", não exigindo que tal pessoa tenha formação jurídica) – o que revela que os seus exercentes são simplesmente auxiliares da Justiça, e não órgãos da administração da Justiça, tornando impossível dizer-se que são "igualmente indispensáveis" as obras do juiz e do advogado.

Recorrendo ainda ao critério material, poderemos dizer que desde sempre, na nossa Civilização, a advocacia foi tida, quer pela sociedade, quer pelo próprio Estado, e no seu conteúdo, como uma profissão intrinsecamente privada – protegida, condicionada, por vezes levando aparelhadas consigo vinculações estaduais, mas privada[555]. Enfim, recorrendo ao critério formal, não se verifica nem no procedimento de acesso, nem nas normas reguladoras da sua atividade, e para além do tributo profissional «em espécie» das nomeações para defesas oficiosas, qualquer outro dos traços típicos das profissões públicas que atrás enunciámos.

Não é de aceitar, portanto, a posição (assumida, de resto, na anterior ordem Constitucional) de Afonso Queiró & Barbosa de Melo, quando estes autores, citando precisamente Zanobini, afirmam que "os médicos e os advogados exercem uma profissão que participa *por natureza*, respetivamente, da função administrativa e da função jurisdicional", podendo por isso "ambas ser convertidas, sem quebra do tipo personalista do nosso Estado, em serviços públicos"[556].

---

[555] Diz ROGÉRIO EHRHARDT SOARES a este respeito que foi precisamente "a compreensão do sentido da advocacia como instrumento de realização da justiça" que sempre impediu, historicamente, a publicização desta profissão: "A civilização ocidental permanece fiel a uma ideia de que a advocacia profissão privada garante um momento equilibrador da afirmação pública da justiça. Trata-se ainda duma daquelas formas subtis de se alcançar uma divisão de poderes social – uma divisão de poderes muito mais importante nos nossos dias do que aquela que a compreensão geométrica dessa ideia nos ofereceu no sec. XIX" (*A Ordem...*, cit., p. 3807). No mesmo sentido, afirma JORGE MIRANDA que "no contexto do Estado de Direito do Ocidente" a advocacia é por definição uma profissão livre, ou liberal (no sentido de privada); *Direito...*, v. IV, cit., p. 413, nº 2.

[556] *A liberdade...*, cit., p. 245, nº 35.

3.1.4. Liberdade de profissão e direito de acesso a profissões «estadualmente vinculadas» (cont.): a profissão de farmacêutico e a atividade de farmácia na jurisprudência do Tribunal Constitucional e do Tribunal de Justiça da União Europeia

a) *A profissão de farmacêutico*: o pressuposto da *atividade de farmácia como vertente inseparável da profissão privada de farmacêutico*

Como já dissemos, a natureza privada da atividade de farmácia (e das profissões sanitárias em geral) não suscita hoje dúvidas: não assenta em qualquer fundamento aceitável a qualificação destas profissões como um «serviço público em sentido objetivo», na medida em que, por arrastamento, se fale também da expressão "exercício *privado*" (desse serviço).

No que respeita ao direito nacional e ao direito comunitário, a nossa posição sobre a atividade de farmácia como vertente inseparável da profissão de farmacêutico expressar-se-á na análise crítica que se passa a empreender quer da jurisprudência do Tribunal Constitucional – a saber das duas sentenças portuguesas sobre a atividade farmacêutica –, quer da jurisprudência do Tribunal de Justiça da União Europeia.

O longo excurso que dedicamos nas alíneas seguintes à profissão de farmacêutico e à vertente da atividade de farmácia (vertente essa incindível da imagem desta profissão enraizada na comunidade) tem, nossa opinião, plena justificação, por se cruzarem e confrontarem, nesta específica problemática, todas as figuras que têm que ser obrigatoriamente convocadas e entre si distinguidas na análise da liberdade económica, nomeadamente os direitos fundamentais económicos clássicos (liberdade de profissão, liberdade de empresa e direito de propriedade de meios de produção), a natureza pública ou privada de uma profissão, a concessão de serviços públicos e os temas das liberdades de escolha e exercício de profissão, da teoria dos degraus nas restrições à liberdade económica e do conteúdo essencial da liberdade de profissão. Assim se erige em exemplo ilustrativo da delimitação de todas estas figuras entre si o tema da profissão de farmacêutico e a sua componente ou vertente de atividade de farmácia.

b) *A profissão de farmacêutico e o Acórdão do Tribunal Constitucional n.º 76/85, de 6 de Maio*

O Acórdão nº 76/85, de 06.05, pronunciou-se pela constitucionalidade de todas as normas impugnadas da Lei nº 2125, de 20.03.65, diploma que então estabelecia as condições para o exercício da atividade das farmácias e impunha reservas ao acesso à sua propriedade. Destaca-se do sumário do acórdão a constitucionalidade do "princípio da indivisibilidade da propriedade e da direção técnica das farmácias", que no entendimento deste tribunal seriam limitações legítimas do "direito à propriedade privada e à liberdade de iniciativa privada" por se destinarem à salvaguarda da saúde pública, constituindo um meio adequado à prossecução dessa finalidade.

Como fundamento da impugnação das referidas normas foram aduzidas, entre outras, as seguintes razões: a) o facto de as farmácias pressuporem e realizarem uma atividade de interesse público, não invalidaria que prosseguissem simultaneamente uma prática mercantil, havendo por isso de considerar-se como verdadeiros estabelecimentos comerciais; b) a lei impugnada incorreria numa manifesta confusão entre o direito dominial sobre o estabelecimento farmácia e a direção técnica da atividade que esta visaria atingir. Desde logo, a exigência de conhecimentos especiais, como o curso superior de farmácia, enquanto condição de acesso à propriedade de uma farmácia, violaria o art.º 13.2 CRP; pelo que a mesma lei instituiria um monopólio a favor de uma classe, tão só porque habilitada com um grau académico, contrariando o Art.º 290.º *f)* CRP (?!).

Não nos interessam nesta sentença nem os fundamentos do pedido, nem a decisão, mas tão só os próprios termos em que toda esta problemática foi colocada e o entendimento das partes e do Tribunal a esse respeito. Assim sendo, de entre os argumentos constantes quer do próprio acórdão, de que foi relator o Conselheiro Monteiro Dinis, quer dos votos de vencido – e concretamente do Conselheiro Vital Moreira – só vamos pois destacar aqueles que importam ao objeto do nosso estudo.

Diz o Tribunal que "a tradição do nosso ordenamento jurídico, como aliás a dos países da Europa ocidental, entre os quais se contam aqueles cujas opções de política legislativa são historicamente mais próximas das nossas, é no sentido de limitar o acesso à propriedade das farmácias, restringindo-o aos detentores do título académico de farmacêutico"; e que "por outro lado, tal limitação está por via de regra associada ao efetivo exercício da direção técnica da farmácia pelo proprietário farmacêutico, em obediência ao princípio da indivisibilidade da propriedade e da direção técnica da farmácia". E cita, na Alemanha, "o princípio fundamental da legislação sobre farmácias, a chamada BApoG (Lei federal das farmácias de 20 de Agosto de 1960)", que se poderia "resumir nestas palavras: o farmacêutico na sua farmácia (*Apotheker in seiner Apotheke*)[557].

Como principal razão justificativa da indissociabilidade entre a propriedade e direção técnica da farmácia, o facto de que "o diretor técnico, a aceitar-se aquela dissolução, teria o estatuto jurídico de trabalhador por conta de outrem, ao serviço do proprietário do estabelecimento, ficando sujeito ao conjunto dos poderes patronais comuns, designadamente ao poder de direção e ao poder disciplinar. Sobre ele recairiam os deveres característicos da situação de trabalhador por conta de outrem, dos quais merecem destaque o dever de obediência, o dever de lealdade e o dever de não lesar os interesses patrimoniais da entidade patronal".

c) *O Ac. do TC n.º 76/85 (cont.); voto de vencido do Conselheiro Vital Moreira*

No respetivo voto de vencido, o Conselheiro Vital Moreira começa por expressar o seu entendimento de "que a reserva de propriedade das farmácias

---

[557] "Sendo o manuseamento e comercialização de produtos farmacêuticos uma atividade de interesse público, importará criar especiais garantias de que se processem de uma forma aceitável na perspetiva da sua prossecução.
"Para o legislador alemão estes objetivos serão alcançados através da obrigatoriedade da exploração de uma farmácia pertencer sempre a um farmacêutico o qual terá de a dirigir pessoalmente, explorando-a por sua conta e risco, sem sujeição à orientação de qualquer outra pessoa. Por isso se impede que o farmacêutico possa explorar mais de uma farmácia; por isso se estipula que, no caso de não poder continuar a dirigi-la pessoalmente (morte, abandono da exploração, aquisição de outra farmácia), a propriedade da farmácia seja transmitida a um farmacêutico que reúna os requisitos legais e técnicos para o fazer.
"O Tribunal Constitucional federal por decisão de 13 de Fevereiro de 1964 (cfr. *Entscheidungen des Bundesverfassungsgerichts*, v. 17, 1965, pp. 232 e segs.), entendeu que a legislação anteriormente assinalada não contrariava nenhum direito fundamental, designadamente o direito de escolha da profissão, o direito de propriedade privada, o direito de livre iniciativa económica, o direito de transmissão da propriedade por morte e a liberdade contratual".

para os farmacêuticos" constituiria "uma prerrogativa corporativa" que violaria "o *princípio da igualdade*, não havendo nenhum interesse público" que exigisse ou justificasse tal privilégio.

Afirma ainda que "em termos estritamente jurídico-constitucionais, nem sequer haveria nada de ilegítimo, se porventura as farmácias não pudessem ser, pura e simplesmente, objeto de propriedade de particulares". Por maioria de razão, seriam "lícitas restrições maiores ou menores ao seu acesso, desde que de carácter objetivo"; o mesmo raciocínio valeria para a liberdade de empresa, podendo esta claramente ir, segundo o juiz vencido, "até ao ponto de excluir a atividade farmacêutica dos quadros abertos à iniciativa privada". A reserva para os farmacêuticos do acesso à propriedade das farmácias não configuraria "nenhum monopólio, nem em sentido técnico, nem em qualquer sentido eventualmente julgado relevante sob o ponto de vista constitucional".

O problema estaria, pois, em saber-se se "a restrição do acesso *em termos subjetivos*, isto é, de acordo com o estatuto profissional das pessoas" infringiria ou não "o princípio da igualdade". Ora, "a proibição de exclusivos corporativos em matéria de propriedade e de liberdade de empresa (o que é completamente diferente da *reserva de profissão* para os habilitados a exercê-la)" seria uma "parte integrante da própria «civilização constitucional»". Por isso haverá que ter-se por violado o princípio da igualdade, sempre que um determinado direito for "reconhecido apenas a uma certa categoria de pessoas", excluindo outras que se possam "reclamar da mesma situação para o exercerem".

Não pela categoria não ser objetivamente identificável, nem por ser arbitrário o elemento que a distinguiria, que teria de facto algo a ver com a prerrogativa que lhe havia sido reconhecida: seria "evidente a ligação entre a profissão de farmacêutico e a propriedade de farmácias". Mas isto não seria bastante ("é fácil de ver que, se tais requisitos bastassem, então seria igualmente legítimo reservar as clínicas para os médicos, os jornais para os jornalistas, as tipografias para os tipógrafos, as empresas de pesca para os pescadores, se não, mesmo, as empresas agrícolas para os engenheiros agrónomos ou as empresas em geral para os economistas ou gestores de empresas..."). Ela não seria necessária, nem adequada à proteção do interesse público prosseguido pela lei. Bastariam duas coisas para a prossecução de tal interesse: que cada farmácia tivesse obrigatoriamente um diretor técnico farmacêutico e que a preparação dos fármacos manipulados na farmácia, bem como a venda dos medicamentos, fossem efetuados pelo diretor técnico ou por colaboradores seus. Ora, elas já constariam da lei.

Quanto ao argumento da independência profissional do farmacêutico, no sentido da razoabilidade da referida indissociabilidade, diz também este juiz que o princípio de que "a direção técnica é assegurada pelo seu proprietário farmacêutico" (art.º 84.1. do DL 48 547, de 27.8.68), sendo embora "a regra da lei, não deixa de ter exceções que irremediavelmente lhe comprometem o significado" [558] [559].

O Conselheiro Vital Moreira considera ainda falsa a dicotomia "reserva de propriedade contra propriedade livre": "a reserva corporativa da propriedade da farmácia" não seria "contraponto necessário da propriedade livre, sendo de todo em todo insustentável a tese de que, se se afastar aquela, tem de se cair nesta"; nesse sentido, lembra o ainda estar "à disposição da lei" toda uma legítima "panóplia de instrumentos gerais de restrição e condicionamento de exercício da liberdade de empresa: estabelecimento de incompatibilidades entre a propriedade de farmácias e o exercício de certas profissões ou a propriedade de determinados estabelecimentos, proibição de propriedade de mais do que uma farmácia pela mesma entidade, contingentação das farmácias, de acordo com a área e a população, etc., tudo isto podendo ser controlado preventivamente, através da concessão de licença ou autorização administrativa".

Enfim, o argumento de que com a afirmação do contestado princípio os interesses mercantis do empresário já não se sobreporiam aos interesses

---

[558] Aponta o juiz vencido as seguintes exceções, nos art.º 83.º e 83.º do citado diploma: as situações em que "o proprietário farmacêutico, por motivo de força maior estranho à sua vontade, não possa assumir efetivamente a direção técnica" (art.º 84 *b*)), aquelas em que "excecionalmente, se verifiquem circunstâncias ponderosas, como tal aceites pela Direção--Geral de Saúde" (art.º 84.º *e*)), destacando ainda, como sendo a exceção mais significativa, a possibilidade prevista no art.º 83.º, de "a farmácia pertencer a uma *sociedade* de farmacêuticos, cabendo a direção técnica a um deles (que pode ser o sócio com menos capital". Aí verificar--se-ia, "incontestavelmente, a separação entre a propriedade e a direção técnica da farmácia".
[559] Também na sua opinião não existiria incompatibilidade entre independência deontológica e relação de trabalho por conta de outrem, pois havendo conflito, ele seria resolvido a favor da independência profissional ("ao exercer a sua profissão por conta de outrem, o farmacêutico *não tem de ser menos livre e menos independente do que ao exercê-la por conta própria*"); assim se passaria com os médicos e os advogados, "que exercem profissões não menos deontologicamente qualificadas e não menos 'livres' do que a dos farmacêuticos".

deontológicos, não tornaria a restrição adequada à prossecução do fim legal na medida em suporia erroneamente que o "farmacêutico *doublé* de proprietário de farmácia" faria "sobrepor os valores da profissão aos interesses de proprietário"[560]. Mas mais do que inadequado, o princípio, pelas consequências já testemunhadas da sua aplicação, seria mesmo contraditório com o objetivo a alcançar: não só por favorecer o "farmacêutico testa-de-ferro", mas pela perversa consequência de tal obrigatoriedade juntar ainda ao proprietário fictício o diretor ausente ("é que, na maioria das vezes, nesses casos de propriedade fictícia, o farmacêutico que dá o nome não é, efetivamente, nem proprietário, nem diretor técnico. Com efeito, o *proprietário fictício* acumula também a qualidade de *diretor ausente*").

d) *O Ac. do TC n.º 76/85 (cont.); o pressuposto inquestionado da farmácia como objeto possível de direito de propriedade; aplicação à atividade de farmácia dos critérios de distinção entre a atividade empresarial e a atividade profissional*

Quer o requerente do pedido de declaração de inconstitucionalidade, quer o Tribunal, quer o citado juiz vencido, assentam em dois pressupostos que nunca chegam sequer a ser questionados. É o primeiro deles o da natureza da "propriedade" da farmácia; mas importaria averiguar se esta seria uma "verdadeira e própria propriedade" ou se não corresponderia antes "a outra figura"; tal pressuposto só viria a ser posteriormente questionado por Jorge Miranda, num artigo surgido em jeito de réplica à declaração de voto de vencido do Conselheiro Vital Moreira (acabando, contudo, aquele autor por não dar uma resposta satisfatória à questão por si mesmo levantada). E é o segundo o carácter de «empresa» do estabelecimento farmacêutico. Com base nestes dois pressupostos, toda a questão foi analisada à luz das normas constitucionais consagradoras do direito à propriedade privada e à liberdade de iniciativa económica privada, e da adequabilidade das restrições às finalidades prosseguidas por estas.

O fundamento da impugnação é disso ilustrativo, quando o requerente diz que do facto de as farmácias pressuporem e realizarem uma atividade

---

[560] Sendo os dois papéis conflituosos quando atribuídos a pessoas distintas, seguramente não passariam "a ser harmoniosos só porque acumulados na mesma pessoa".

de interesse público não invalidaria que prosseguissem "simultaneamente uma prática mercantil, havendo por isso de considerar-se como verdadeiros estabelecimentos comerciais", incorrendo por isso a lei impugnada "numa manifesta confusão entre o direito dominial sobre o estabelecimento farmácia e a direção técnica da atividade que esta visaria atingir".

Questão a que, em perfeita sintonia na colocação dos termos da questão, responde o acórdão com a legitimidade de limitar o acesso à *propriedade* das farmácias, restringindo-o aos detentores do título académico de farmacêutico", limitação a que estaria associada por via de regra, no direito comparado, "o efetivo exercício da direção técnica da farmácia pelo *proprietário* farmacêutico, em obediência ao princípio da indivisibilidade da propriedade e da direção técnica da farmácia". Bem como o citado juiz vencido, ao estabelecer por sua vez a diferença entre a proibição de exclusivos corporativos "em matéria de *propriedade* e de *liberdade de empresa*" e a "reserva de profissão para os habilitados a exercê-la".

Face ao exposto (e ao que adiante se desenvolverá), importa aplicar à atividade de farmácia os critérios acima enunciados para determinarmos a sua qualificação como empresa ou profissão, e a sua submissão, respetivamente, ao art.º 61.1 CRP ou ao art.º 47.1 CRP.

Como melhor se verá quando abordarmos a liberdade de empresa, não são decisivas para essa qualificação a caracterização jurídica e formal de uma atividade organizada em função da obtenção de lucro[561], e portanto a sua sujeição ao direito comercial, não podendo assim ser determinante nesse sentido o implicar tal atividade a prossecução de uma "atividade mercantil", e a consideração da farmácia como estabelecimento comercial para um ou outro efeito legal. É nesse sentido, de uma atividade profissional que oferece uma dimensão comercial ou lucrativa, que Guido Landi, por exemplo, define a farmácia como "uma atividade com perfis profissional e empresarial conexos, exercida por sujeitos privados sob vigilância pública"[562].

O essencial para tal efeito seria a sua identificação como atividade de exercício tradicionalmente individual, sobretudo quando pressupusesse, como é

---

[561] Incluindo portanto o requisito da forma jurídica societária, com exceção talvez da exigência da adoção da forma de sociedade anónima.
[562] *Farmacia*, «EdD», v. XVI, 1967, p. 844.

o caso das profissões sanitárias, o domínio de uma ciência ou de uma técnica especialmente qualificadas. Ora, ninguém negará que a atividade do farmacêutico ou boticário corresponde a esta descrição: farmácia e farmacêutico são conceitos tradicionalmente indissociáveis, como o são médico e o seu consultório; independentemente da sua forma jurídica e da sua estrutura comercial (uma vez que implica a título principal uma [re]venda de produtos, e não de serviços imateriais), a farmácia assentou, desde sempre, no saber do respetivo farmacêutico, porque muitos desses produtos eram, e são ainda, preparados pelo próprio farmacêutico na farmácia, e porque a venda de todos eles sempre exigiu o acompanhamento técnico, pessoal e direto, daquele profissional sanitário.

Também como teremos ocasião de constatar, se certas atividades de produção e distribuição de bens e serviços não são facilmente qualificáveis segundo esse critério[563], já relativamente a outras atividades, pelo contrário, o próprio legislador se pode encarregar de eliminar tal tipo de dúvidas, prescrevendo a proibição de os operadores transformarem a respetiva atividade individual numa estrutura de tipo empresarial. Vimos ser esse o caso das profissões liberais protegidas[564]. Ora, o mesmo se passa com a atividade de farmácia. Também aqui a lei impossibilitava o farmacêutico de pertencer a mais de

---

[563] Muitas situações não conseguem sair da zona de indefinição: se para certas profissões comerciais profundamente enraizadas na comunidade, e legalmente regulamentadas (por este ou aquele motivo), é fácil a sua qualificação nos termos referidos (seria o caso das que se traduzissem numa prestação de serviços *imateriais*: angariadores imobiliários, mediadores de seguros, etc., bem como das profissões liberais), já o mesmo não se passa com as pequenas empresas (as empresas comerciais comuns, as industriais, as agrícolas) levantam problemas de qualificação, que forçosamente se teriam que colocar previamente face a cada restrição legal, para averiguar da sua *adequabilidade*.

[564] Aqui o campo é reservado a indivíduos isolados, a quem será diretamente imputada a atividade desenvolvida, para todos os efeitos legais (normalmente a profissionais especialmente qualificados), tendo eles, e só eles, que exercer tal atividade (predominantemente, em regime independente, tolerando ainda a lei que o façam em regime de trabalho subordinado, desde que garantam a preservação da autonomia técnica e, nas profissões mais complexas, da autonomia deontológica). Nas profissões liberais protegidas as restrições legais às pertinentes atividades terão que ser consideradas restrições à liberdade de profissão, estando inclusive liminarmente afastada da esfera individual, em algumas dessas atividades, a liberdade de iniciativa empresarial, pelos motivos inversos dos do primeiro grupo de situações já analisado: ou seja, incompatibilidade da forma e estrutura empresarial com a natureza individual da atividade profissional protegida.

uma sociedade, ou de pertencer a ela e ser proprietário individual de uma farmácia – confinando assim o farmacêutico à sua farmácia. E em reforço desta proibição, juntava-lhe ainda o mesmo legislador a impossibilidade de desempenho simultâneo de qualquer função incompatível com o exercício efetivo da atividade de farmácia.

Estávamos, pois – e estamos ainda – perante uma realidade social e juridicamente una: a imagem social e legalmente consolidada da profissão de farmacêutico inclui a própria atividade de farmácia, tal como a do advogado as consultas no seu escritório, e a do médico a assistência ao doente no respetivo consultório. Não regia (não rege) aqui portanto um "princípio da indivisibilidade da propriedade e da direção técnica das farmácias" presidindo à farmácia como uma limitação legítima do "direito à propriedade privada e à liberdade de iniciativa privada": diferentemente, confirma-se a existência de uma incindível profissão liberal ou intelectual protegida para cujo acesso a lei exige o título académico da licenciatura em ciências farmacêuticas, constituindo, esta sim, uma restrição legítima à liberdade de escolha de profissão.

A farmácia era (e é) antes de mais *exercício* de uma profissão. Era a própria lei que o reconhecia (ver, nesse sentido, o n.º 3 da Base I da extinta Lei n.º 2125: "Os farmacêuticos exercem uma *profissão liberal* pelo que respeita à preparação de produtos manipulados e à verificação da qualidade e dose tóxica dos produtos fornecidos", e preâmbulo do também revogado DL 48.547: "algo é preciso fazer no que respeita à *atividade do farmacêutico como membro de uma profissão liberal*, e não como simples comerciante que vende os seus produtos a clientes habituais ou ocasionais"). E corresponde o estabelecimento farmacêutico, "no essencial, ao conjunto de meios e valores, materiais e imateriais, que permitem a organização e o exercício da atividade profissional – incluindo «a verificação da qualidade e dose tóxica dos produtos fornecidos», a preparação dos produtos manipulados e o abastecimento regular de medicamentos ao público"[565].

---

[565] Ac. TC n.º 187/01, de 2 de Maio. Salienta também este acórdão (sobre o qual nos debruçaremos adiante) que "a atividade dos farmacêuticos corresponde, pelo menos também, ao exercício de uma profissão liberal de interesse público, organizada economicamente em torno da farmácia (v. Lei n.º 2125 e do DL 48.547)", partindo-se na regulamentação legal "do modelo do farmacêutico independente que exerce uma profissão liberal, para o que dispõe de uma formação superior específica e está obrigatoriamente inscrito numa associação pública – a

Assim sendo, não constitui a farmácia adequado objeto de um direito de propriedade, um bem passível de apropriação por qualquer um, mas o próprio desenvolvimento da profissão de farmacêutico; ou, e "por outras palavras, são incindíveis o elemento subjetivo e o elemento objetivo na empresa farmacêutica, a titularidade da atividade e a titularidade da empresa"[566]. O que pode ser objeto do direito de propriedade é o estabelecimento no sentido da universalidade de bens que constituem os apetrechos técnicos da profissão, o que inclui o espaço físico (o local autorizado para o exercício da atividade)[567]; mas tal universalidade, constituindo pressuposto do alvará, não se confunde com este.

Por isso o "alvará" era, e bem, estritamente *pessoal*, nos termos do n.º 2 da base II da revogada Lei n.º 2125, de 20 de Março de 1965 – na medida em que o título académico por ele suposto era acordado *intuitu personae*; por isso a "transferência" da farmácia, qualquer que fosse a forma ou a designação que a lei lhe desse (eventualmente decalcada de institutos do direito comercial), mais não era do que uma nova autorização conferida a outro farmacêutico para exercer a sua atividade profissional (de farmácia) no mesmo local, ou, melhor dizendo, provendo-o na vaga aberta. As normas legais impugnadas limitavam-se, pois, a estabelecer uma reserva de profissão, diferentemente do que se afirma no voto de vencido[568]; a profissão de farmacêutico, que incluía

Ordem dos Farmacêuticos (v. o artigo 5.º do Estatuto da Ordem dos Farmacêuticos, aprovado pelo DL n.º 212/79, de 12 de Julho) –, vinculado a uma deontologia específica e subordinado a uma jurisdição disciplinar própria"

[566] SILVIO LESSONA, *La «comproprietà» delle farmacie priviligiate*, in «Scritti della faculta giuridica di Bologna in onore di Umberto Borsi», Pádua, 1955, p. 449. *Farmacia*, EdD, v. XVI, 1967, p. 844, *apud* Jorge Miranda, *Ainda sobre a propriedade da farmácia*, «Scientia Iuridica», n.ºs 274/276, Jul.-Dez. 1998, p. 252, nota 31.

[567] Por essa razão, é secundário o papel da organização que assessore o profissional em regime de trabalho autónomo (nomeadamente dos empregados e auxiliares), não ocorrendo uma cisão entre a "titularidade" e a "gestão" da organização. Não se desenvolve, pois, sob o impulso do profissional, uma estrutura que funcione por si mesma, cujo funcionamento se processe sem a predominância da prestação individual daquele, constituindo o seu trabalho, portanto, o cerne insubstituível dos serviços profissionais fornecidos a terceiros.

[568] O desenvolvimento da "ideia" de profissão, que parte, essencialmente, da autonomia do profissional (em contraponto à posição do empresário e à realidade empresarial), não se esgotando com eles, deve muito aos tradicionais regimes (publicísticos) das profissões protegidas, que ao consagrar a sua autonomia jurídica, proíbem e assim impedem "artificialmente", com a chamada "reserva legal de profissão", a ocorrência da mudança qualitativa

a tradicional e legalmente a vertente farmácia, era também (e é ainda) nesta vertente (atividade de farmácia) uma profissão intelectual protegida, ou, se se quiser, uma profissão liberal.

Tornava-se por essa razão imprópria a analogia feita na declaração de voto de vencido, dos farmacêuticos e desta vertente da profissão por estes exercidas, com os jornalistas, os tipógrafos, os pescadores e os economistas ou gestores, relativamente a empresas que se possam formar para desenvolver essas atividades. Estas atividades não eram (e não são) profissões protegidas, não subsistindo obstáculos legais a que se dissociem as organizações que as prossigam dos seus promotores, por não estarem em jogo interesses imperiosos que o exijam, como se passa com os médicos e os advogados. De facto, só era (e só é) "igualmente legítimo" reservar os consultórios médicos para os médicos, os escritórios de advogados para os advogados, etc.[569]

Mas a fragilidade desta posição revela-se sobretudo quando se diz que bastariam duas coisas para a prossecução de tal interesse: que cada farmácia tivesse obrigatoriamente um diretor técnico farmacêutico e que a preparação dos fármacos manipulados na farmácia, bem como a venda dos medicamentos, fossem efetuados pelo diretor técnico ou por colaboradores seus, e que elas já constariam da lei – que é o regime infelizmente hoje em vigor, como melhor veremos a seguir.

de uma atividade (inicialmente) configurada pela tradição e pela experiência social como profissional (mudança de "imagem": transformação material da uma atividade profissional em atividade empresarial). Parece-nos ser, ponto por ponto, o que se passou com a profissão de farmacêutico, na regulamentação da sua principal vertente, que é a atividade de farmácia – até à liberalização da «propriedade» dos estabelecimentos farmacêuticos levada a cabo pelo DL 307/2007, de 31 de Agosto.

[569] Diz Jorge Miranda no citado artigo: "Dir-se-á que na prática se confina certa profissão a pessoas com certa qualidade e que, desta sorte, se limita a liberdade de escolha de profissão ou género de trabalho. A primeira afirmação é indiscutível: a atividade farmacêutica fica destinada aos farmacêuticos. E, passe o paradoxo aparente ou o pleonasmo, assim tem de ser: a profissão de farmacêutico somente deve ser exercida por farmacêuticos, como a de médico só por médicos, a de advogados só por advogados, etc." (*Propriedade...*, cit., p. 96). Mas apesar da correção desta abordagem, em todo o resto do citado artigo o autor glosa a compatibilidade das normas impugnadas com a liberdade de empresa e com o direito à propriedade, ficando nós sem saber como liga (ou não liga) o autor no caso em apreço a liberdade de profissão com aqueloutras.

Na verdade, que mais resta para fazer numa farmácia senão isso, preparar fármacos e vender medicamentos (não contando com a inicial montagem das estantes e a da arrumação do primeiro *stock* de medicamentos, a isso se reduzindo a "iniciativa privada")? Estando para mais a atividade legalmente circunscrita a pequenas unidades de retalho, obedecerá a alguma exigência absoluta de justiça (conceito a que se reconduz o princípio da igualdade) permitir que outro que não o profissional liberal em questão aufira os rendimentos de uma atividade quer quantitativa quer qualitativamente imputável, na sua quase totalidade a este último, confinando o farmacêutico ao recebimento de um ordenado retirado daqueles rendimentos?

Como decorre de inúmeras disposições dos estatutos das Ordens profissionais em matéria de honorários – "as quais assentam primacialmente no esforço e na qualidade do profissional" – o princípio que rege estas atividades profissionais (atividade farmacêutica incluída) deverá ser o de que o respetivo exercício "apenas se admite que retirem rendimentos aqueles que estão habilitados a exercê-las" (Paulo Leal)[570]. Em suma, é a nosso ver tão desprovido de senso admitir esta possibilidade (hoje consagrada no atual regime da atividade de farmácia, como melhor se verá) como conceber a hipótese de um escritório de advogados ser propriedade de não advogados – os quais poderiam fazer tudo menos... prestar consultadoria e assessoria jurídica e exercer o patrocínio judiciário. Ou um consultório médico ser propriedade de não médicos, os quais teriam competência para tudo menos... para realizar as consultas e praticar os atos médicos a estas inerentes.

e) *O Ac. do TC n.º 76/85 (cont.); o regime administrativo de autorização constitutiva como elemento eventualmente indiciador da farmácia como atividade empresarial, e não profissional stricto sensu*

Não obstante o que se acaba de dizer, o Tribunal Constitucional parece ter-se impressionado com o (também tradicional) regime de autorização constitutiva a que ainda hoje obedece a abertura e o funcionamento da farmácia.

Como melhor veremos, constitui uma presunção (ilidível) da não existência ou desaparecimento de uma imagem socialmente consolidada de profissão

---

[570] *Sociedades de Profissionais Liberais*, Revista de Direito e Estudos Sociais, 1990, p. 109.

(individual) de exercício público ou independente, num determinado setor da economia (e por conseguinte da *propriedade* ou adequabilidade da atividade empresarial nesse setor), o tipo de exigências legais para o seu acesso se orientar no sentido inverso às postuladas para o exercício das profissões liberais protegidas, isto é, pensadas para organizações: concretamente, o preenchimento de certos requisitos objetivos, como sejam a disponibilidade, por parte do(s) candidato(s) a operadores em tal setor, de consideráveis meios técnicos e financeiros próprios da organização empresarial (os tais outros fatores de produção: para além dos recursos humanos adequados, ainda capital social elevado, caução, instalações e equipamentos adequados, etc.)[571]/[572]. Certamente que se incluirá nesta hipótese a atividade de *fabrico* de medicamentos, como se poderão ainda incluir (com mais reservas) os hospitais, casas de saúde e clínicas privadas.

Pois bem, as exigências técnicas no domínio do acesso à atividade de farmácia não são superiores, com certeza, em termos de equipamento e de investimento, por exemplo, às requeridas pela abertura de um consultório de médico dentista. Ou seja, o que é essencial para a abertura da farmácia é a *qualidade* de farmacêutico do titular, adquirida com o respetivo título académico, e não os acessórios técnicos e o espaço adequado também exigidos

---

[571] Assim, importa averiguar se ao tempo da restrição legal tal atividade se configura socialmente como uma profissão, e então as exigências de preenchimento de requisitos objetivos terão que ser primeiramente consideradas nessa óptica (o que pode tornar desde logo problemática a própria natureza objetiva das restrições). Mas caso a atividade, unitariamente considerada, não corresponda a uma profissão socialmente definida e enraizada, deverão sobrepor-se diferentes planos de restrições às atividades produtivas: num primeiro plano, porque subsistem tão só na esfera individual, e quanto ao acesso a essa atividade, uma liberdade *de empresa* (e não *de profissão*) as restrições seriam restrições àquela liberdade, e não a esta. E só num segundo plano é que se (re)coloca, pois, a problemática da liberdade de profissão – incidindo tão só a proteção constitucional quer sobre as plúrimas profissões subordinadas que compõem os recursos humanos da empresa (desde a de administrador ou gerente até às dos quadros técnicos), quer sobre eventuais profissões liberais que orbitem à volta desta, designadamente das que ainda se possam interpor no circuito de distribuição (entre a produção – os bens e serviços produzidos por tais empresas – e o consumo destes).

[572] Não quer dizer, claro está, que um indivíduo não possa ser o único sócio, ou proprietário do estabelecimento: simplesmente tal atividade desapareceu, ou nunca terá chegado a aparecer, na ordem social, como profissão, ou atividade profissional individual, e as exigências já são por definição desproporcionadas e desadequadas ao exercício individual, estando pensadas e inclusive logicamente formuladas para estruturas empresariais.

pela materialidade da profissão. Pelo que também por esta se via se confirma a natureza profissional da atividade.

É certo que nos regimes legais das atividades empresariais mais condicionadas acima referidas, subsiste, normalmente, ora uma margem de maior ou menor discricionariedade administrativa na apreciação dos referidos requisitos (em princípio da chamada discricionariedade técnica)[573], ora ainda a verificação de pressupostos de todo estranhos à entidade que se proponha a operar no setor, em nada podendo esta contribuir para a sua verificação. E neste último aspeto, é o que se passa de facto com o regime de acesso à atividade de farmácia. Mas não determinando tal vertente do mesmo regime a sua qualificação como atividade empresarial, fica ainda por demonstrar a constitucionalidade do dito regime à luz do art.º 47.1 CRP, questão que abordaremos adiante.

Já as situações excecionais de dissociação entre um "proprietário" não farmacêutico do estabelecimento e a direção técnica previstas no revogado DL n.º 48 547, de 27.08.68 e na própria Lei n.º 2125 (e de resto mantidas no atual regime da atividade farmacêutica) merecem uma análise mais cuidada. São elas as previstas no art.º 84.º do primeiro diploma citado, bem como os casos previstos pela base VI da Lei n.º 2125 (propriedade das Misericórdias e outras instituições de assistência ou previdência quando houvesse interesse público na abertura de farmácia em determinado local ou na manutenção da já existente e não aparecessem farmacêuticos interessados na sua instalação ou aquisição), e, em geral, as situações que redundavam nessa dissociação derivadas das providências previstas nas bases VI a VIII da mesma lei, quando em qualquer concelho não existisse farmácia ou o número das existentes fosse manifestamente insuficiente para acorrer às necessidades do público.

Ora, todos estes casos tinham (e têm) que ser enquadrados forçosamente no instituto da concessão de serviços públicos, e já não no exercício da profissão farmacêutica em regime liberal. E nada obsta a este enquadramento: na verdade, não estando constitucionalmente vedada ao Estado qualquer atividade económica, isto é, não existindo entre nós uma reserva de setor privado, quando por qualquer motivo não for possível ou desejável, para acudir a uma necessidade pública, recorrer à colaboração dos profissionais liberais

---

[573] Passe a impropriedade de tal qualificativo relativamente ao poder discricionário...

farmacêuticos, poderá usar o Estado a figura da concessão, e incumbir entidades privadas, em seu nome e no seu interesse, de prosseguir a atividade, uma vez assegurada a direção técnica também por um farmacêutico (ainda que agora, excecionalmente, em regime de trabalho subordinado).

Também entendemos não "comprometer irremediavelmente o significado da lei" a exceção apontada ainda pelo juiz vencido como sendo a mais significativa nesse sentido: ou seja, a possibilidade prevista no art.º 83.º, de "a farmácia pertencer a uma *sociedade* de farmacêuticos, cabendo a direção técnica a um deles, que pode ser o sócio com menos capital" (aí verificar-se-ia, "incontestavelmente, a separação entre a propriedade e a direção técnica da farmácia").

Pensamos que esta conclusão parte de um interpretação demasiado literal das normas a que se reporta. Na verdade, era (e é) a qualidade de farmacêutico que determina o conteúdo funcional da direção técnica da farmácia. Por conseguinte, outro sócio farmacêutico que não o formal diretor técnico, e que estivesse também presente na farmácia, e enquanto presente na farmácia, assumia uma responsabilidade e um poder idênticos aos daquele, não podendo deixar de se situar (também) no topo da hierarquia interna do estabelecimento. Assim o exige a autonomia técnica e científica de qualquer profissão intelectual protegida e universitariamente titulada.

Seria, quando muito, de admitir que aquela direção técnica conferisse ao seu titular um "voto de qualidade" em hipótese de discordância técnica ou deontológica entre dois ou mais sócios farmacêuticos, assumindo, para os demais efeitos, um significado simplesmente burocrático no âmbito das relações entre a farmácia e o Ministério da Saúde. O facto de a anterior legislação ter optado por um regime mais restritivo, exigindo a presença do farmacêutico-diretor técnico na farmácia, não significa que não pudesse ter optado, diferentemente, pela exigência da presença, tão só, de qualquer um dos sócios, sem por isso comprometer os princípios aplicáveis nesta matéria.

f) *O Ac. do TC n.º 76/85 (cont.); o regime privatístico (civil e comercial) de transmissão da farmácia como elemento eventualmente indiciador da farmácia como objeto passível de direito de propriedade, e não como uma intransmissível atividade profissional* stricto sensu

É um facto que quer das situações de exceção previstas no art.º 84.º do revogado DL 48 547, de 27.08.68, quer do minucioso regime sucessório previsto na também revogada Lei nº 2115, ressaltava a existência de interesses merecedores da tutela do direito, e de problemas suscitados por esses interesses (e aos quais os referidos regimes procuram dar resposta), que não conhecemos, por exemplo, nas análogas situações a que já recorremos para ilustrar a nossa exposição, isto é, dos consultórios médicos e dos escritórios de advocacia.

Ora, tais problemas, a nosso ver, sem prejuízo da eventual aplicabilidade (*contra natura*, diríamos) das pertinentes normas de direito civil e de direito comercial, pouco ou nada tinham a ver com o direito subjetivo público de propriedade sobre a universalidade de bens que constituíam o suporte material da farmácia, supostamente denegado aos não farmacêuticos. É que a farmácia propriamente dita não era um estabelecimento (comercial), um bem distinto da pessoa do farmacêutico e da respetiva qualidade profissional, e portanto alienável, e apropriável por outrem: por outras palavras, não era uma *empresa em sentido objetivo*, um "instrumento ou estrutura produtivo-económica, passível de constituir objeto de direitos ou negócios"[574].

Na verdade, as figuras do trespasse e da cessão de exploração reportavam-se essencialmente ao «alvará», e só por arrastamento – quase diríamos por esquecimento legal – à universalidade de bens que apenas fisicamente constituíam a farmácia, o que configurava segundo cremos um regime irregular que só se explicava por decorrências da situação manifestamente inconstitucional dos *numerus clausus* na atividade farmacêutica (como será demonstrado de seguida). E a prova que assim era está no regime de caducidade do alvará, na medida em que com a sua ocorrência deixava tal universalidade de merecer

---

[574] CAROLINA CUNHA, *Profissões liberais e restrições da concorrência*, in Vital Moreira (org.), «Estudos de Regulação Pública – I», Coimbra, 2004, p. 449: com a utilização destas noções a autora segue de perto o entendimento de J. M. COUTINHO DE ABREU, em *Da empresarialidade*, cit., pp. 286 e ss., e no *Curso de Direito Comercial*, vol. I, «Introdução, Atos de Comércio, Comerciantes, Empresas, Sinais distintivos», 3.ª ed., Coimbra, 2002, pp. 203 e ss.

qualquer tutela jurídica especial. Com efeito, se fossem elementos indissociáveis um do outro, o estabelecimento – ou pelo menos parte dele, isto é, o direito de fruição do local – reverteria para a Administração, ou diretamente para o novo farmacêutico, contra indemnização a atribuir aos herdeiros do anterior.

Não podia pois ser considerada aqui a existência de um "aviamento" caracterizador da farmácia como estabelecimento comercial juridicamente apropriável como qualquer outro, advindo-lhe, como lhe advinha, o seu valor economicamente mensurável, para além dos conhecimentos aplicados do próprio farmacêutico (ou seja, da sua qualidade – jurídica – de farmacêutico, conferida pela respetiva habilitação académica, e que constitui um atributo – mais um atributo – da própria personalidade), não de uma clientela conquistada em regime de concorrência, mas do privilégio inerente ao alvará, isto é, da situação de monopólio, ou, se se quiser, de oligopólio legal que gozavam (e gozam) cada um e todos os estabelecimentos farmacêuticos em virtude do regime vigente de autorização constitutiva. Cada farmácia constitui um posto de distribuição de medicamentos a um setor da população numérica e geograficamente determinado, segundo tal regime, em função de um certo *ratio* de habitantes por quilómetro quadrado.

Não fora este regime, e inexistiriam aqueles interesses económicos subsistentes para lá da vida cativa do farmacêutico, e que constituem uma sua consequência direta, pelos quais a lei zelava – e que de facto podiam, esses sim, levantar problemas face ao art.º 13.º CRP –, como (não) acontece com os consultórios médicos e os escritórios de advogados. Na verdade, deveria ser tão impossível vender uma farmácia como "vender um consultório médico ou dar em locação um escritório de advocacia"[575].

Com a abolição de tal regime também se extinguiriam as consequentes e receadas figuras do proprietário fictício e do diretor ausente. A primeira, porque em regime de livre acesso (só condicionado pela posse do título académico) deixaria de ter qualquer atrativo para os farmacêuticos a situação simulada de diretor técnico materialmente não proprietário. E a segunda porque finda a situação de domínio "geográfico", numa situação de concorrência que proporcionasse aos utentes a possibilidade de não ter que calcorrear uns

---

[575] Carolina Cunha, *Profissões liberais...*, cit., p. 449.

tantos quilómetros para aceder à farmácia mais próxima, o conhecimento público da ausência do diretor técnico poderia fazer gorar a viabilidade do estabelecimento, face a um estabelecimento fisicamente próximo com um diretor técnico visível[576].

Ora, deixando de existir tais interesses, a questão perderia a relevância incidental que tem para o direito infraconstitucional, não merecendo mais a sua tutela; o que iluminaria o aspeto que nos importa: o da farmácia como função integrante da profissão de farmacêutico, nada mais relevando constitucionalmente do que isto.

g) *O Ac. do TC n.º 76/85 (cont.); a eventual natureza da atividade de farmácia como atividade pública concessionada a privados, em regime de profissão liberal*

Importa agora analisar a problemática da atividade de farmácia sob os ângulos ignorados neste acórdão do Tribunal Constitucional, que sendo, aliás, os constitucionalmente mais relevantes, não foram suscitados pelo requerente do pedido de declaração de inconstitucionalidade.

Desde logo, há que averiguar se a atividade de farmácia, traduzindo o exercício de uma profissão liberal, não consubstancia uma concessão de serviços públicos, ou, reconduzindo-a a uma figura mais apropriada à natureza individual da atividade, uma profissão de exercício privado de funções públicas.

Pronuncia-se Guido Landi, face a um regime idêntico ao nosso anterior regime de «propriedade» de farmácia, pela qualificação da atividade de farmácia não como um serviço público concessionado ao farmacêutico, mas como uma atividade de exercício público (isto é, de porta aberta), envolvendo interesses

---

[576] Como nota VITAL MOREIRA, "para além de ser uma mina de ouro para um número reduzido de beneficiários, o regime de criação de farmácias em Portugal é também um óbvio convite à fraude, para dar cobertura quer a situações de propriedade de farmácia por não farmacêuticos, quer a situações de acumulação de propriedade de duas ou mais farmácias pela mesma pessoa. Não se pode ter uma ideia precisa do número de farmácias com proprietários declarados fictícios, mas não é ousado admitir que não é pequeno. É evidente que se o negócio farmacêutico não fosse tão artificialmente rendoso como é, por via das limitações legais à criação de novas farmácias, é evidente que a pressão para as situações de fraude seria menor. No estado de coisas vigente, porém, as vantagens valem bem o risco, tanto mais que existem conhecidos meios de prevenir o risco de «infidelidade» do putativo proprietário (como a oportuna assinatura de umas letras pelo valor da farmácia em causa)" (*Mina de ouro*, jornal «Público» de 10 de Fevereiro de 2004, p. 5).

públicos, mas de natureza privada, "com perfis profissional e empresarial conexos, exercida por sujeitos privados, sob a vigilância pública"[577]/[578].

Assumindo como "pressuposto objetivo necessário da concessão" uma reserva a título exclusivo a favor da administração do bem ou da atividade objeto da concessão, e concluindo-se pela reserva de administração da atividade de farmácia, para Landi decorreria da verificação desse pressuposto que o respetivo regime legal mais não seria do que "uma simples modalidade da organização do serviço (público), constituindo para o Estado uma opção lícita o assumi-lo em gestão direta"[579].

Note-se entrementes que o autor se move dentro do conceito tradicional de serviço público em sentido subjetivo ou «estrito», o qual apenas compreende atividades que se reconduzem a um sujeito público – nas suas palavras, "todo aquele que se traduza numa atividade técnica e material, voltada para a produção de bens e serviços que *a administração* coloca à disposição dos cidadãos"[580] [581].

---

[577] GUIDO LANDI, *Farmacia*, cit., pp. 841 e segs.
[578] O Tribunal Constitucional italiano, na sentença de 26.11.57, chegou a qualificar o regime de abertura e funcionamento de estabelecimentos farmacêuticos como concessão, considerando legítimo o dito regime, por entender estar a atividade farmacêutica excluída do âmbito da liberdade de empresa, dada, e segundo o seu particular entendimento do art.º 32.º CI, a presuntiva publicidade dessa atividade, enquanto "serviço de necessidade pública" em que o aspeto económico seria secundário (cfr. SERGIO BARTOLE, *Albi...*, cit., p. 949, e ENZO CHELLI, *Libertà...*, cit., p. 274).
A doutrina expressa nesta sentença está todavia naquele país – e sobretudo na atualidade – longe de ser pacífica. Entre nós, veja-se em sentido contrário a análise de JORGE MIRANDA da análoga norma da Constituição portuguesa, em *Propriedade...*, cit., loc. cit.
[579] GUIDO LANDI, *Farmacia*, cit., loc. cit.
[580] Ibidem.
[581] É considerado "serviço público em sentido subjetivo" toda a "atividade que o sujeito público, através do uso dos poderes públicos de que dispõe (legislativos ou administrativos) assume por si só, no âmbito das suas incumbências institucionais, por ser ela conexa com exigências de bem-estar e de desenvolvimento sócio-económico da coletividade no seu conjunto ou de vastas categorias dessa coletividade" (ALDO TRAVI & LUCA BERTONAZZI *La nuova giurisdizione...*, cit., pp. 209-210). Tal atividade, por outro lado "deve ser organizada num certo modo (legislativamente tipificado), porque o interesse público consiste na respetiva e específica gestão, o que tem por consequência tornar-se a modalidade de gestão determinante"; mas pelo facto de "a pertinência ou enquadramento do serviço no âmbito das incumbências institucionais da administração e do elemento teleológico constituído pela destinação/preordenação da serviço ao público (isto é aos cidadãos compreendidos *uti singuli* ou *uti universi*) " colocarem

Pois bem, de acordo com estas premissas, para Landi a atividade de farmácia não constitui um serviço público concessionado, na medida em que, limitando-se o Ministério da Saúde à assunção de uma posição de supremacia face quer aos farmacêuticos, quer, aliás, aos médicos e aos veterinários (ou seja, limitando-se a administração sanitária supostamente concedente ao desenvolvimento de uma atividade de "função pública" e não de "serviço público"), falta no direito vigente "qualquer elemento idóneo para se poder sustentar que o chamado serviço farmacêutico constitua uma reserva ou um monopólio administrativo do Estado, e por maioria de razão de outros entes públicos, exercido em regime de concessão"[582]; como não existem, do mesmo modo, elementos aptos a "sustentar que sejam, paralelamente, atividades reservadas

o momento subjetivo no centro das atenções, "isso não implica que o serviço tenha que ser gerido por um sujeito público" (ALDO TRAVI & LUCA BERTONAZZI, op. cit. loc. cit.).
Já o "serviço público em sentido objetivo", segundo POTOTSCHNIG, decorreria – recorde-se ainda – do disposto nos art.ºs 43.º CI e 41.º CI, 3.º parágrafo, parecendo admitir o art.º 43.º a hipótese da existência de serviços públicos considerados essenciais desenvolvidos por empresas privadas "não (ainda) reservados e não (ainda) transferidos para mãos públicas"; poderia assim um serviço público (essencial ou não) ser *explorado por empresas privadas sem qualquer ligação institucional à administração* (como acontece com as empresas concessionárias, que apresentam essa ligação institucional) – desde que se sujeitassem às condições estabelecidas no 41.º CI, 3.º parágrafo (*I pubblici servizi*, Pádua, 1964, autor e obra citados por ALDO TRAVI & LUCA BERTONAZZI, op. cit., p. 210).
[582] Esta situação, em termos de "direito vigente", não se alterou a nosso ver com a Lei de 31 de Março de 1998, publicada na «Gazzetta Ufficiale» n.º 82, supl. n.º 65/L de 8 de Abril de 1998 (nova jurisdição exclusiva do juiz administrativo).
É um facto que nos termos do n.º 1 do art.º 33.º deste diploma, "são devolvidas à jurisdição exclusiva do juiz administrativo todas as controvérsias em matéria de serviços públicos, nestes se compreendendo aquelas referentes ao crédito, à vigilância sobre os seguros, ao mercado mobiliário, ao *serviço farmacêutico*, aos transportes, às telecomunicações e aos serviços a que se refere a lei de 14 de Novembro de 1995, n. 581" (sendo os serviços a que se refere este último diploma os relativos à energia eléctrica, gás e telecomunicações).
Mas como notam ALDO TRAVI & LUCA BERTONAZZI (*La nuova giurisdizione...*, cit., p. 209), o legislador incluiu ainda no objeto da jurisdição exclusiva do Juiz administrativo "alguns «âmbitos de confins»" do conceito de «serviços públicos», levando a cabo "uma excessiva dilatação da noção de serviço público, à qual são adstritas atividades que não compartilham dos seus traços característicos" – tendo sido nomeadamente incluídas atividades que nunca foram consideradas serviço público em sentido estrito ou *subjetivo* (noção que só abrange aquelas atividades de interesse geral organizadas de uma forma específica e por definição reconduzíveis – ainda que indiretamente – a um sujeito público), mas tão só, e quando muito, serviços públicos em sentido *objetivo* (como são claramente os casos das atividades bancária, seguradora e farmacêutica).

ao Estado o serviço médico ou hospitalar e o serviço veterinário, sendo estes ainda objeto também de uma fiscalização da administração sanitária, e exercidos por profissionais privados, por entes públicos e por empresas privadas"[583].

Esta posição merece a nossa concordância, atendendo à pertinência dos argumentos expostos, e à sua serventia no nosso direito. Mas juntar-lhes-emos um outro argumento especialmente relevante face à Constituição portuguesa (e nomeadamente ao art.º 18.3 e 47.1): é que ainda que no nosso ordenamento se suscitassem indícios em sentido contrário, eles não chegariam por si só para afastar a tradição social e legislativa desta profissão como uma profissão privada e não criada pelos poderes públicos, correspondendo a uma imagem socialmente consolidada – nesta se compreendendo, bem entendido, a atividade de farmácia – que remonta aliás (ocioso será dizê-lo) muito para lá da vigência da atual Constituição.

Ora, uma vez que concluímos que a profissão farmacêutica, compreendendo nesta a sua vertente de atividade de farmácia, é uma profissão privada protegida (e afastados por isso os âmbitos preceptivos quer do art.º 61.1 CRP, quer do art.º 47.2. CRP), resta-nos a qualificação do respetivo regime de acesso como autorização constitutiva, impondo-se a apreciação do sistema por ele instituído, de contingentação das farmácias, à luz da liberdade de profissão.

Este regime limita o número de farmácias no território nacional, através do estabelecimento de determinados requisitos exigidos para os locais onde se pretenda exercer a atividade de farmácia, tendo em atenção, designadamente, os clássicos parâmetros protecionistas da proporção com a população e das distâncias entre os locais. Reconduz-se este tipo de restrições ao terceiro degrau de restrições, segundo a teoria elaborada pelo Tribunal Constitucional Federal alemão – o tipo de restrições mais lesivas da liberdade de profissão, por se fixarem pressupostos objetivos para o acesso à profissão, concretamente de um sistema de autorizações dependentes de uma apreciação de necessidades

---

Ora, só os serviços públicos em sentido subjetivo, ou propriamente ditos, são objeto de *reserva pública*, e só eles são portanto *concessionáveis*.
E ao exposto acresce ainda o apresentar a "disposição em análise uma valência específica, circunscrita à repartição das jurisdições" (ALDO TRAVI & LUCA BERTONAZZI, *La nuova giurisdizione...*, cit., p. 211).
[583] Ibidem.

objetivas –, estranhos, portanto, à pessoa do pretendente, que assim em nada pode contribuir para a sua verificação[584].

Pois bem, segundo a nossa interpretação do art.º 47.1 CRP, e como melhor veremos, está entre nós de todo em todo excluído esse tipo de restrições, tratando-se do acesso a profissões privadas.

E não procederá o argumento de que tal regime não veda o acesso à profissão de farmacêutico, na medida em que não impede a ninguém a *escolha* da profissão titulada de farmacêutico (para além da exigência do correspondente título universitário), limitando-se como se limita uma das suas normas a restringir ou condicionar tão só o *exercício* de uma das modalidades da profissão, através da exigência de certas condições para os locais destinados ao exercício tal modalidade.

Na verdade, a proteção do conteúdo essencial da liberdade de profissão abrange, como veremos, o núcleo essencial das funções e atributos tradicionalmente ligados à profissão, isto é, integrantes da "imagem" de cada profissão. É este alcance do art.º 47.1 CRP, como veremos, que justifica a sua existência como preceito autónomo, desintegrado de um direito geral de personalidade, ou de uma genérica liberdade económica individual[585]. Ora, como diz

---

[584] Como sublinha VITAL MOREIRA, "os malefícios deste malthusianismo no estabelecimento de novas farmácias só pode ser o que está à vista de todos. Existem menos farmácias do que as que poderiam existir, tendo em conta os seus potenciais candidatos, dado o número de farmacêuticos hoje existente, muitos com compreensível vontade de ter a sua farmácia. A reserva de mercado e ausência de concorrência tornam os seus proprietários beneficiários de típicas «rendas de monopólio» com rentabilidade comercial garantida e sem risco, o que as torna ainda mais apetecíveis. A escassez artificial e a sua rentabilidade garantida elevam exponencialmente o valor comercial das farmácias, que no mercado se comercializam hoje por centenas de milhares de contos. Por isso, o acesso a um novo alvará de farmácia constitui um bilhete de entrada para uma nova verdadeira mina de ouro de duração inesgotável." (*Mina de ouro*, jornal «Público» de 10 de Fevereiro de 2004).

[585] Tenha-se presente, a este propósito, o artifício do Tribunal Constitucional Espanhol, na sentença espanhola das farmácias, para negar, à revelia do entendimento perfilhado pela doutrina, a existência de um conteúdo essencial da liberdade de profissão: o não haver "um conteúdo essencial constitucionalmente garantido de cada profissão, ofício ou *atividade empresarial concreta*"; é que este Tribunal, no fundo, acabou por não reconhecer a autonomia da liberdade de profissão face à liberdade de empresa, encarando-as como simples expressões (quiçá meramente descritivas) das diferentes facetas de uma una liberdade económica.
Pois bem, o mesmo parece acontecer com a nossa jurisprudência constitucional, se bem que ainda com uma menor perceção relativamente a esta específica problemática. Recorde-se, na declaração da voto de vencido do Conselheiro Vital Moreira, quando este diz, aprovando

L. Tolivar Alas em crítica à sentença espanhola das farmácias, sendo indesmentível o essencial "carácter assessório da relação entre farmacêutico e farmácia", uma norma como a questionada, que implique a cisão entre um e outra "destrói palmarmente um aspeto típico da profissão e, ainda hoje, maioritário como *modus vivendi* do setor"[586].

h) *A profissão de farmacêutico e o Acórdão do Tribunal Constitucional n.º 187/01, de 2 de Maio*

O Tribunal Constitucional foi instado a pronunciar-se pela segunda vez sobre a conformidade da mesma legislação com a lei fundamental, tendo o pedido de declaração de inconstitucionalidade (desta vez apresentado pelo Provedor de Justiça) sido fundamentado em termos idênticos aos do pedido que deu origem ao primeiro acórdão, e obtido o mesmo resultado, ou seja, a respetiva rejeição. Este segundo acórdão do TC (Ac. n.º 187/01, de 02.05), relatado pelo Conselheiro Paulo Mota Pinto, é um aresto extenso e erudito, mas cujo texto (incluindo as declarações individuais de voto), por sua vez, nada acrescentou de verdadeiramente novo ao tratamento do tema levado a cabo pelo antecedente e supracomentado Ac. TC n.º 76/85, de 6.05 (mais respetivas declarações individuais de voto)[587].

nesse particular aspeto o sentido do Acórdão criticado, estar "à disposição da lei" toda uma legítima "panóplia de instrumentos gerais de restrição e condicionamento de exercício da liberdade de empresa: estabelecimento de incompatibilidades entre a propriedade de farmácias e o exercício de certas profissões ou a propriedade de determinados estabelecimentos, proibição de propriedade de mais do que uma farmácia pela mesma entidade, contingentação das farmácias, de acordo com a área e a população, etc., tudo isto podendo ser controlado preventivamente, através da concessão de licença ou autorização administrativa"...

[586] *La configuración*..., cit., p. 1353.
[587] O mesmo se diga do segundo parecer jurídico de Jorge Miranda emitido, ao que tudo indica, de novo a instâncias da Ordem dos Farmacêuticos ou da Associação Nacional de Farmácias – ou de ambas –, e publicado sob o título *Ainda sobre a propriedade da farmácia*, «Scientia Iuridica», n.ºs 274/276, Jul.-Dez. 1998, p. 237 e ss. (o que se explica pelas própria palavras do autor: "aquando do pedido de declaração de inconstitucionalidade formulado em 1984, emitimos um parecer favorável à não inconstitucionalidade das soluções prescritas pela Lei n.º 2.125. Mantemos este entendimento. E, por isso, não se estranhará que no presente parecer sigamos, em muitos dos seus traços essenciais, a argumentação que então aduzimos").

Começa por sintetizar o Acórdão, e apesar de ser mais amplo o objeto do pedido de declaração de inconstitucionalidade, que "considerando a teleologia das normas em questão e a fundamentação do pedido" se pode dizer "que se pretende fundamentalmente a apreciação da constitucionalidade da norma que *reserva* a propriedade da farmácia aberta ao público a farmacêuticos ou sociedades comerciais cujos sócios sejam farmacêuticos, apresentando-se as restantes disposições, ou como *instrumentais* relativamente àquela (...), ou como reguladoras de hipóteses em que uma caducidade imediata do alvará, por virtude da possível aquisição da farmácia por não farmacêutico, comportaria consequências indesejáveis (...).

Significa isto que, apesar de este acórdão ter acentuado enfaticamente a natureza da profissão farmacêutica (compreendendo nesta a sua vertente de atividade de farmácia) como uma profissão liberal ou "intelectual protegida", não são nele apreciadas as limitações objetivas (sistema de contingentação) do regime de acesso à atividade farmacêutica à luz da liberdade de escolha de profissão – regime esse, repita-se, que se reconduz ao terceiro degrau de restrições, segundo a teoria elaborada pelo Tribunal Constitucional Federal Alemão, isto é, ao tipo de restrições mais lesivas da liberdade de profissão, por se fixarem pressupostos objetivos para o acesso à profissão, concretamente de um sistema de autorizações dependentes de uma apreciação de necessidades objetivas (estranhos, portanto, à pessoa do pretendente, que assim em nada pode contribuir para a sua verificação).

Como sublinha a seguir o aresto (diríamos, com incontida satisfação ou alívio), "independentemente de se considerar que tal análise pode ser acolhida no direito português, em concretização do controlo, à luz do princípio da proporcionalidade (...), das restrições permitidas pelo artigo 47.º, n.º 1 à liberdade de profissão (...)"[588], importa desde já notar que no presente processo

---

[588] Não compreendemos como é que se pode levantar uma dúvida destas na matéria em questão.
Sobre a universalidade (pelo menos no nosso espaço civilizacional) da ideia de proporcionalidade como critério de aferição da legitimidade da intervenção restritiva dos poderes públicos nas liberdades fundamentais e portanto como garantia destas, é o próprio acórdão mais adiante suficientemente esclarecedor: "a ideia de proporcionalidade *lato sensu* representa, hoje, uma importante limitação ao exercício do poder público, servindo a garantia dos direitos e liberdades individuais (a aplicação às limitações a direitos fundamentais, enquanto "limite da limitação" remonta, na verdade, pelo menos a HERBER KRÜGER, *Die Einschränkung von*

não estão em causa as limitações ou requisitos *objetivos* para a abertura, propriedade e exploração de farmácias (para o exercício da profissão de farmacêutico independente)", situando-se "a questão da conformidade constitucional de tais condições objetivas – capitação por farmácia, área geográfica, iniciativa processual para a instalação, etc. (v. a Portaria n.º 936-A/99, de 22 de Outubro)" –, "portanto, fora do objeto do presente processo", estando neste "apenas

Grundrechten nach dem Grundgesetz, «Deutsche Verwaltungsblätter», 1950, pp. 628 e ss.). Nas jurisdições constitucionais europeias do pós-guerra, uma das primeiras decisões em que tal princípio foi aplicado, levando a uma decisão de inconstitucionalidade, foi, justamente, a citada primeira decisão do BVerfGE sobre as limitações à abertura de farmácia (Apotheken-Urteil)". Relativamente à sua aplicação entre nós, é ainda afirmado no mesmo Acórdão, e de seguida, que "também o Tribunal Constitucional português tem reconhecido e aplicado, em várias decisões, o princípio da proporcionalidade" – seguindo-se as referências a uma extensa jurisprudência...
Não deixe de se fazer ainda o seguinte reparo: é que o princípio da proporcionalidade como garantia dos direitos fundamentais de liberdade (na Constituição portuguesa "direitos, liberdades e garantias") não tem sequer que ser entre nós "reconhecido", como se não estivesse positivado (como sugere o termo "reconhecimento" utilizado no acórdão em análise). Na verdade, e diferentemente do que sucede com a Lei Fundamental de Bona, a nossa Constituição postula uma *expressa* exigência do respeito pelo chamado princípio da *concordância prática*, através da instituição no 1.º inciso do n.º 2 do seu art.º 18.º de um "critério de proporcionalidade na distribuição dos custos de um conflito" dos direitos ou interesses conflituantes, exigindo-se com o principio da *proibição do excesso* ou *proporcionalidade em sentido amplo*, a *adequabilidade*, *necessidade* ou *indispensabilidade* e *proporcionalidade* (em sentido estrito) do sacrifício de cada um dos valores para a salvaguarda do(s) outro(s). É que, repita-se, o constituinte português pôde ir mais longe do que o seu homólogo alemão – e dizemos "pôde", insista-se, porque esse *plus* mais não é, afinal, do que um oportuno aproveitamento da experiência jurídico-constitucional germânica adquirida a partir de 1949 (cujos dados foram objeto de uma recolha, sistematização e teorização notáveis, quer por parte da doutrina, quer, como vimos, da própria jurisprudência)!!!
Isto quanto ao princípio da proporcionalidade. Quanto ao seu corolário de criação ou revelação jurisprudencial que é a dita "teoria dos degraus", trata-se de um simples instrumento, de um "critério para a delimitação e para a concretização legislativa dos direitos fundamentais" que pode ser aplicado (ou não!) a quaisquer outros direitos com um âmbito de proteção "mais ou menos amplo", como por exemplo o direito de propriedade (PETER HÄBERLE, *Le libertà fondamentali nello stato costituzionale*, Roma, 1993, p. 93). Ora, esta asserção é válida para *qualquer Constituição* (seja a alemã, seja a nossa, seja – repita-se – qualquer outra), e em relação a *quaisquer direitos* com um âmbito de proteção "mais ou menos amplo": tratando-se de um mero critério ou técnica jurisprudencial de densificação do princípio da proporcionalidade, pode a nossa jurisdição constitucional decidir não utilizá-lo; mas (e diferentemente do princípio da proporcionalidade propriamente dito) o que não faz qualquer sentido é indagar sobre se deve ser "acolhido" ou não "no direito português", como faz o acórdão em análise...

em questão requisitos ou condições *subjetivas*, consistentes na exigência da *qualidade de farmacêutico* (ou, em certas hipóteses, sociedade comercial cujos sócios sejam farmacêuticos, ou, ainda, aluno de farmácia) para o exercício de uma certa atividade".

Resta referir que uma tão douta e extensa sentença, toda ela recheada de considerações laterais – e que a dado passo chega inclusive a sublinhar, a propósito precisamente da liberdade de escolha de profissão, o não estar a apreciação a efetuar pelo tribunal constitucional "limitada aos fundamentos de inconstitucionalidade invocados pelo requerente" – bem poderia ter tido a coragem de se pronunciar sobre esta matéria com um *obiter dictum*.

i) *A profissão de farmacêutico e o Acórdão do Tribunal de Justiça da União Europeia sobre farmácias de 19 de Maio de 2009*

A uma empresa holandesa dedicada à venda de medicamentos por correspondência – a «DocMorris NV» – foi concedida, por decisão de 29 de Junho de 2006 pelo Ministério da Justiça, Saúde e Assuntos Sociais do *Land* (Estado Federado) alemão do Sarre (doravante Ministério) o alvará para explorar, como sucursal, uma farmácia na cidade de Saarbrücken, sob reserva de contratação por aquela sociedade comercial de um farmacêutico encarregado de dirigir pessoalmente e sob sua responsabilidade a farmácia em causa.

Em 2 de Agosto de 2006 a Câmara dos Farmacêuticos (*Apothekerkammer*) do Land do Sarre interpôs um recurso contencioso da referida decisão para o Tribunal Administrativo do *Land* do Sarre (*Verwaltungsgericht des Saarlandes*), sustentando ser ela contrária à Lei Alemã das Farmácias (*Gezetz* über *das Apothekenwesen – ApoG*), por violar o chamado princípio da «*Fremdbesitzverbot*», isto é, o princípio que naquele país reserva exclusivamente aos farmacêuticos o direito de ser proprietário de uma farmácia e explorála, tal como resulta das disposições conjugadas do § 2, n.º 1, ponto 3, e dos §§ 7 e 8 da *ApoG* («regra de exclusão dos não farmacêuticos»).

Alegou por seu turno o Ministério, apoiado pela DocMorris (sendo mais tarde, já no âmbito do reenvio prejudicial, um e outra secundados por seu turno pela Comissão Europeia) ser a decisão de 29 de Junho de 2006 válida, por não estar ele obrigado a aplicar as referidas disposições da *ApoG* na medida em que estas violariam o artigo 43.º TFUE, que garante a liberdade de estabelecimento: é que uma sociedade de capitais que explorasse legalmente uma farmácia num EstadoMembro não teria acesso ao mercado alemão das farmácias, não sendo uma restrição desta natureza necessária à realização do objetivo legítimo de proteção da saúde pública.

O Tribunal Administrativo do Sarre decidiu suspender a instância e submeter ao Tribunal de Justiça da União Europeia (TJUE), ao abrigo do mecanismo da reenvio prejudicial, as seguintes questões prejudiciais: «1) Devem as disposições relativas à liberdade de estabelecimento das sociedades de capitais (artigos 43.° CE e 48.° CE) ser interpretadas no sentido de que se opõem à [regra de exclusão dos não farmacêuticos], prevista [nas disposições conjugadas do] § 2, n.° 1, pontos 1 a 4 e 7, [e dos §§] 7, primeiro período, e [...] 8, primeiro período, da [ApoG]? 2) Em caso de resposta afirmativa à primeira questão: tem uma autoridade nacional o direito e o dever, com base no direito comunitário e tendo especialmente em consideração o artigo 10.° CE e o princípio do efeito útil [do direito comunitário], de não aplicar as disposições de direito nacional por si consideradas contrárias ao direito comunitário, mesmo que não esteja em causa uma violação evidente do direito comunitário e que a incompatibilidade de tais disposições com o direito comunitário não tenha sido declarada pelo Tribunal de Justiça?»

Tomou o TJUE em consideração, desde logo, o vigésimo sexto considerando da Diretiva 2005/36/CE do Parlamento Europeu e do Conselho, de 7 de Setembro de 2005, relativa ao reconhecimento das qualificações profissionais (JO L 255, p. 22), que sublinha o não assegurar a diretiva "a coordenação de todas as condições de acesso às atividades do domínio farmacêutico e do seu exercício", nomeadamente o monopólio de distribuição de medicamentos, as quais devem continuar a ser matéria da competência dos EstadosMembros, em nada alterando "as disposições legislativas, regulamentares e administrativas dos EstadosMembros que proíbem às sociedades o exercício de determinadas atividades de farmácia ou o sujeitam a determinadas condições".

Conclui o TJUE o não se oporem os artigos 43.° TFUE e 48.° TFUE a uma legislação nacional que impede as pessoas que não têm a qualidade de farmacêutico de serem proprietários de farmácias e explorálas. É certo, nota o Tribunal, que esta regra de exclusão dos não farmacêuticos constitui uma restrição na aceção do artigo 43.° TFUE porquanto reserva a exploração de farmácias exclusivamente aos farmacêuticos, privando os outros operadores económicos do acesso a esta atividade não assalariada no EstadoMembro em causa. Contudo, entende o TJUE que esta restrição pode ser justificada pela proteção da saúde pública, mais precisamente pelo objetivo de assegurar um fornecimento seguro e de qualidade de medicamentos à população.

A este respeito – continua o Tribunal – os efeitos terapêuticos dos medicamentos, que os distinguem substancialmente de outras mercadorias, têm a consequência de, sendo aqueles consumidos sem necessidade ou de modo incorreto, poderem prejudicar gravemente a saúde, sem que o paciente disso possa ter consciência no momento da sua administração. Um consumo excessivo ou uma utilização incorreta de medicamentos origina, além disso, um desperdício de recursos financeiros, que é tanto mais prejudicial quanto é certo que o setor farmacêutico gera custos consideráveis e deve responder a necessidades crescentes, e que os recursos financeiros que podem ser consagrados aos cuidados de saúde não são, independentemente do modo de financiamento utilizado, ilimitados. Para o TJUE existe assim um nexo direto entre estes recursos financeiros e os lucros dos operadores económicos ativos no sector farmacêutico, pois o custo dos medicamentos é coberto, na maior parte dos Estados Membros, pelos respetivos organismos de seguro de doença.

Vistos os riscos para a saúde pública e para o equilíbrio financeiro dos sistemas de segurança social, segundo o entendimento perfilhado pelo Tribunal podem os Estados Membros sujeitar as pessoas encarregadas da distribuição a retalho dos medicamentos a exigências estritas, designadamente no tocante às suas modalidades de comercialização e à angariação de lucros – podendo, em particular, reservar a venda a retalho dos medicamentos unicamente aos farmacêuticos, em razão das garantias que estes últimos devem prestar e das informações que devem estar em condições de poder dar ao utente/consumidor. Mais concretamente, e tendo em conta a faculdade reconhecida aos EstadosMembros de decidir do nível de proteção da saúde pública, estes podem exigir que os medicamentos sejam distribuídos por farmacêuticos que gozem de uma verdadeira independência profissional, podendo também tomar medidas capazes de eliminar ou reduzir o risco de essa independência ser prejudicada, pois tal prejuízo seria de natureza a afetar o nível do fornecimento seguro e de qualidade de medicamentos à população.

Ora, sublinha ainda o TJUE, dado que os não farmacêuticos não têm, por definição, uma formação, uma experiência e uma responsabilidade equivalentes às dos farmacêuticos e não apresentam, consequentemente, as mesmas garantias que as fornecidas pelos farmacêuticos, gozam os Estados-Membro, no âmbito da sua margem de apreciação, da faculdade de considerar que, diversamente de uma farmácia explorada por um farmacêutico, a exploração de uma farmácia por um não farmacêutico pode representar um risco para a saúde pública, em particular para a segurança e a qualidade da distribuição a retalho dos medicamentos, por não incluir a angariação de lucros no quadro de tal exploração elementos moderadores como a formação, a experiência profissional e a responsabilidade que incumbe aos farmacêuticos e que caracterizam a sua atividade.

E por não considerar o Tribunal que se tivesse demonstrado no processo que uma medida menos restritiva das liberdades garantidas pelo artigo 43.º CE (atual art.º 49.º TFUE), diversa da norma de exclusão dos não farmacêuticos, permitiria assegurar o nível de segurança e de qualidade do fornecimento de medicamentos à população que resulta da aplicação desta norma, a regulamentação nacional em causa no processo principal mostra-se apta a garantir a realização do objetivo por si prosseguido e não excede o que é necessário para o atingir. Em particular, conclui o TJUE, um Estado membro pode considerar que existe o risco de as normas legais que protegem a independência profissional dos farmacêuticos não serem observadas ou serem contornadas na prática; e, de igual modo, os riscos relativos à segurança e à qualidade do fornecimento de medicamentos à população não podem ser afastados, com a mesma eficácia, através da obrigação de subscrição de um seguro, pois tal meio não impede necessariamente que o explorador em causa exerça influência sobre os farmacêuticos assalariados[589].

Que se nos oferece dizer? Desde logo, que bem andou o TJUE em confirmar a preservação da margem de liberdade dos Estados-membros em tão delicada matéria, apesar do substancial contributo que, em prol do direito de estabelecimento e da liberdade de circulação de serviços, o direito comunitário tem vindo a dar para a diluição em algumas vertentes da distinção entre a liberdade de empresa e o direito de propriedade das respetivas participações sociais, por um lado, e a liberdade de profissão, por outro, por via

---

[589] Acaba de se transcrever na anotação, quase literalmente, o resumo do Acórdão, que se apoia sobretudo nos pontos n.ºs 24, 2728, 3135, 3739, 54, 5758.

nomeadamente do conceito amplo de empresa vigente neste ordenamento, em sede das ditas liberdades de estabelecimento e de circulação de serviços, e da liberdade de concorrência.

Temos vindo pois a assistir neste plano supranacional a uma aproximação do regime do trabalho autónomo em geral (e das profissões liberais em particular) ao regime (mais) "desregulamentado" das empresas, com progressiva abolição das tradicionais restrições já acima referidas em matéria de limitação da responsabilidade, concorrência, publicidade, tabelas de preços dos serviços prestados, etc.

Note-se sobretudo que o direito comunitário não conhece a "distinção direito civil – direito comercial", pelo que as suas regras – em particular os artigos 43.º e ss. do Tratado de Roma "relativos à liberdade de estabelecimento e de prestação de serviços – são à partida aplicáveis desde que se exerça uma atividade económica", o que acontece também com o chamado trabalho autónomo, levando o TJCE a proceder sistematicamente a uma interpretação restritiva das exceções àquelas liberdades[590].

Naturalmente, nesta matéria de direito de estabelecimento e de livre prestação de serviços constitui o particular regime do reconhecimento mútuo de diplomas uma exceção ao esbatimento da destrinça jurídica entre os trabalhadores não-assalariados e as empresas conhecida do direito interno da maioria dos Estados-membros. Com efeito, destina-se tal regime a eliminar os obstáculos ao direito de estabelecimento e à livre prestação de serviços no espaço comunitário decorrentes das particulares exigências em matéria de qualificação profissional previstas nos ordenamentos internos para o exercício de determinadas profissões protegidas – e constitui o mesmo regime uma exceção à intermutabilidade dos conceitos de profissão liberal e empresa na medida em que as qualificações profissionais são por definição atributos atinentes aos indivíduos isoladamente considerados.

Todavia, o direito da União dissociou a atividade de farmácia do conteúdo funcional mínimo da reserva de profissão agregada ao título profissional de farmacêutico protegido pelas diretivas – o que não admira, pois em alguns países da União (como o Reino Unido, a Irlanda e a Bélgica) tal atividade não

---

[590] NICOLE DECOOPMAN, *Entreprises liberales, entreprises commerciales*, «La-Semaine-Juridique - Juris-Classeur-Periodique»; 67, 1993, pp. 185 e ss..

está mais associada à imagem daquela profissão, impossibilitando um «mínimo denominador comum». Mas não deixou o TJUE de fazer apelo ao interesse público fundamental em jogo da saúde pública que preside à atividade de farmácia, assim como à formação e responsabilidade que incumbe ao farmacêuticos e que os distingue dos demais empreendedores – em virtude (leia-se nas entrelinhas) de estarmos perante uma profissão intelectual protegida em razão da importância dos interesses públicos envolvidos pelo respetivo exercício, e que implica o domínio pelo farmacêutico academicamente titulado de uma ciência, exercício esse que está por tudo isto sujeito a um código deontológico especialmente exigente atuado por uma também muito exigente entidade reguladora (a saber, a respetiva ordem ou câmara profissional).

O Tribunal rejeitou ainda o paralelismo invocado pela DocMorris, pelo Estado do Sarre e pela Comissão entre a atividade de farmácia e a atividade de venda a retalho de equipamentos de ótica, que uma lei grega reservava parcialmente aos técnicos de ótica diplomados, normativo este que o Ac. TJUE de 21 de Abril de 2005 (Comissão/Grécia, C-140/03, Colet., p. 1-3177) declarou incompatível com os art.ºs 43.º e 48.º TCE (atual TFUE). A rejeição pelo TFUE desse acórdão como precedente a considerar deve-se à diferente intensidade que, para o guardião dos Tratados, apresentam os interesses públicos em jogo num e noutro caso. Mas aqui era, e é válido, a nosso ver, também e sobretudo o argumento (que do mesmo modo não foi também expressamente invocado) da formação e da responsabilidade dos profissionais em causa num e noutro caso: é que não são igualmente equiparáveis a formação técnico-científica e a responsabilidade deontológica e profissional do farmacêutico, de uma banda, e do técnico ótico do estabelecimento de venda dos referidos produtos, de outra banda.

j) *A profissão de farmacêutico e a liberalização da «propriedade» dos estabelecimentos farmacêuticos encetada pelo DL 307/2007, de 31 de Agosto*

Em jeito de apêndice aos comentários que se acaba de tecer à nossa jurisprudência constitucional, há que assinalar uma importante alteração legislativa, que consistiu na chamada liberalização da «propriedade» dos estabelecimentos farmacêuticos, através do DL 307/2007, de 31 de Agosto, o qual eliminou a limitação até então existente que se traduzia em permitir apenas aos farmacêuticos (aos licenciados em ciências farmacêuticas) o acesso à atividade de farmácia (na terminologia legal, à «propriedade» do estabelecimento farmacêutico).

Tal como a Comissão Europeia (como acabamos de ver), também entre nós a Autoridade da Concorrência (só que esta última no plano do direito a constituir) assumiu uma posição de acérrima defesa da chamada «liberalização da propriedade das farmácias». E na sequência de uma recomendação nesse sentido da nossa entidade reguladora da concorrência enveredou o legislador português pela trilha – a nosso ver altamente censurável – da cisão entre o estabelecimento farmacêutico e seu (até então único) titular, o farmacêutico profissional liberal, derrogando o fundamental princípio das profissões liberais ou intelectuais-protegidas, segundo o qual os honorários recebidos assentam primacialmente no esforço e na qualidade do profissional, na medida em que apenas se admite que retirem rendimentos do exercício profissional aqueles que estão habilitados a exercê-lo.

Como se procurou demonstrar, reitere-se, é por isso tão desprovida de senso esta possibilidade agora aberta pela lei como conceber a hipótese de um escritório de advogados ser propriedade de não advogados – os quais poderiam fazer tudo menos... prestar consultadoria e assessoria jurídica e exercer o patrocínio judiciário! Ou um consultório médico ser propriedade de não médicos, os quais teriam competência para tudo menos... para realizar as consultas e praticar os atos médicos a estas inerentes!

Em contrapartida, manteve o mesmo legislador o aspeto mais criticável do tradicional regime das farmácias, e que diz respeito também ao acesso à atividade, nomeadamente o sistema de contingentação das farmácias, flagrantemente violador da liberdade de escolha de profissão.

Com efeito, as limitações impostas por este regime – que restringe o número de farmácias no território nacional, através do estabelecimento de determinados requisitos exigidos para os locais onde se pretenda exercer a atividade de farmácia, tendo em atenção, designadamente, os clássicos parâmetros protecionistas da proporção com a população e das distâncias entre os locais – reconduzem-se ao tipo de restrições mais lesivas da liberdade de profissão, a saber a da fixação de pressupostos objetivos para o acesso à profissão, concretamente um sistema de autorizações dependentes de uma apreciação de necessidades objetivas (estranhos, portanto, à pessoa do pretendente, que assim em nada pode contribuir para a sua verificação) – tipo de restrições esse que, segundo a nossa interpretação do art.º 47.1 CRP, está entre nós de todo em todo excluído, tratando-se como se trata do acesso a profissões privadas.

3.1.5. Liberdade de escolha, liberdade de exercício e conteúdo essencial na liberdade de profissão: a «imagem de profissão»

a) *Os momentos da escolha e do exercício na estrutura do art.º 47.1 CRP*

As Constituições mais próximas da nossa nesta matéria, nomeadamente a alemã e a espanhola, distinguem explicitamente, na liberdade de profissão, entre os momentos da escolha e o do exercício – entre uma liberdade de escolha e uma liberdade de exercício, parecendo ainda um e outro textos fundamentais, segundo uma interpretação literal, só admitir restrições legais ao segundo momento, e não ao primeiro. Mas a jurisprudência e a doutrina constitucionais, em ambos os países, admitem pacificamente a possibilidade de restrições legais mesmo à escolha de profissão, por ser evidente a não correspondência de uma interpretação literal do preceito com a "realidade da vida" (pelo que não poderia, desse modo, "conduzir juridicamente a resultados esclarecedores")[591].

O nosso constituinte parece ter optado pela solução inversa: não faz qualquer referência explícita ao momento do exercício, limitando-se a autorizar o legislador a restringir o direito que atribui a "todos" de *"escolher* livremente a profissão", quando o imponha ora o "interesse coletivo", ora (fatores ou causas) "inerentes à (...) própria capacidade" (a fim de salvaguardar *"outros direitos ou interesses constitucionalmente protegidos"* – art.º 18.2 CRP); e também a epígrafe só refere a escolha ("Liberdade de *escolha* de profissão ...").

Mas face a tal redação, também nós iremos fazer uma análoga abordagem à das citadas doutrina e jurisprudência, ainda que agora no sentido inverso: assim, e desde logo, se é certo que não se pode pressupor uma separação absoluta entre escolha e exercício, é igualmente verdade que não deixa de ser necessário distinguir estes dois aspetos da liberdade de profissão, tendo ambos que estar

---

[591] ROGÉRIO EHRHARDT SOARES, *A Ordem...*, loc. cit.. Ver ainda neste ponto ROLF STOBER, *Derecho...*, pp. 148 a 150.

abrangidos pelo art.º 47.1 CRP. Como é óbvio, escolhe-se uma profissão com o desígnio de a exercer; pelo que, por um lado, os cidadãos terão que estar protegidos também contra intromissões dos poderes públicos desrazoáveis e desproporcionadas nas condições de exercício da profissão escolhida; e por outro lado, se se preveem e regulam em termos expressos restrições à faculdade de escolha, pela mesma lógica terão que ser admitidas também restrições ao exercício.

Dir-se-á que a liberdade de exercício profissional não tem que estar especificamente protegida pelo art.º 47.º, n.º 1 CRP, podendo recair no âmbito genérico de proteção do direito ao desenvolvimento da personalidade consagrado no art.º 26.1 CRP. O problema, todavia, é o da lógica incindibilidade entre os momentos da escolha e do exercício profissional. Nas palavras de Rogério Ehrhardt Soares, este preceito "não pode pretender regular somente a escolha de profissão, mas também o seu exercício. Se considerarmos a (...) unidade da liberdade profissional, também o exercício da profissão há-de ficar garantido contra intromissões administrativas ou contra regulamentações legais desmedidas"[592]: ninguém negará que corresponde também à realidade da vida o serem de diferente ordem os problemas que se levantam ao *como* (*como* exercer uma determinada profissão), isto é, à «realização da modalidade», e os problemas que se levantam ao *se*, ou seja, à "realização da substância" (concretamente, "a questão do *se* uma profissão é assumida, continuada ou abandonada")[593]. A única destrinça possível (e desejável) nesta matéria é a da necessariamente menor liberdade do cidadão no momento do exercício, na medida em que só o momento da escolha (que é o do «tudo ou nada» no que respeita à possibilidade de o aspirante à profissão nela ingressar) se revela de uma importância suprema quer para a subsistência física do indivíduo, quer para a sua realização pessoal.

Não obstante, e independentemente destas considerações, a análise da estrutura da norma revela-nos que o constituinte, depois de consagrar o

---

[592] *A Ordem...*, cit., p. 229. Contra, Vital Moreira (com base na interpretação literal do preceito): para este autor, "referindo-se a Constituição somente à liberdade de escolha, a liberdade de exercício só está constitucionalmente protegida enquanto afete a liberdade de escolha" (*Administração autónoma...*, cit., p. 468). Mas como se tenta demonstrar, a interpretação lógica que a norma reclama acaba por nos levar mais longe na proteção da liberdade profissional, nomeadamente no sentido de se incluir ainda no seu âmbito de proteção também a vertente do exercício profissional.

[593] Rogério Ehrhardt Soares, *A Ordem...*, cit., loc. cit.

direito, confere uma autorização ao legislador para o restringir *em duas distintas hipóteses*: numa primeira hipótese, quando o imponha o "interesse coletivo", e numa segunda, quando o imponham, não o "interesse coletivo", mas (alternativamente: «ou») causas, ou fatores "inerentes à ... própria capacidade" de quem aspira ao exercício da profissão.

Passando à análise do regime do art.º 47.º 1 CRP, e numa observação preliminar, sempre diremos que a primeira ressalva de restrições – a que as prevê em função do "interesse coletivo" – é a única cláusula geral, ou autorização genérica que encontramos no capítulo dos direitos, liberdades e garantias. Ela assemelha-se por isso à equivalente autorização do art.º 12.1 da Lei Fundamental Alemã ("O exercício da profissão poderá ser regulado por lei ou com base numa lei") – não só pela similitude de posições, mas por se seguirem ambas, como se seguem, à proclamação da liberdade de escolha. Todavia, e como teremos ocasião de constatar, tal como o direito de livre iniciativa económica ou liberdade de empresa (art.º 61.1 CRP – "a iniciativa económica exerce-se livremente nos quadros definidos pela Constituição *e pela lei* e tendo em conta o *interesse geral*"), o nosso inciso oferece a particularidade de permitir ao legislador as restrições por uma explícita invocação do "interesse coletivo".

Ora, se tivermos presente que um laconismo idêntico ao do segundo período do art.º 12.1 GG, na nossa Constituição, circunscreveria o legislador – por força do art.º 18.2 CRP – à tarefa (preventiva) de conciliação do direito com "outros direitos ou interesses constitucionalmente protegidos" (prevenindo por via geral e abstrata a ocorrência de possíveis futuros conflitos), a esta invocação do "interesse coletivo" só se pode atribuir na nossa lei fundamental um significado útil: é o de ter o constituinte pretendido com ela abrir uma exceção ao último inciso do art.º 18.2. CRP, autorizando o legislador a proteger "valores comunitários relativos", sem uma necessária consagração constitucional (art.º 18.2, terceiro inciso). Isto é, a proteger "aqueles valores que derivam das ideias e fins adotados pelo legislador em matéria social ou económica e que, portanto, haja sido o próprio legislador a elevar ao nível de interesses comunitários importantes"[594].

---

[594] EKKEHART STEIN, *Derecho...*, cit., loc. cit..

Digamos que tal exceção, ou concessão do constituinte ao legislador ordinário, terá sido como que um custo inerente à inclusão desta liberdade no superprotegido círculo dos direitos, liberdades e garantias pessoais. Assim, o "interesse coletivo" previsto no art.º 47.1 CRP não é a título obrigatório um "interesse (*coletivo*) constitucionalmente protegido". Naturalmente, esta interpretação obriga-nos a retirar o "quase" à (quanto ao resto, a nosso ver correta) afirmação de Jorge Miranda de que "as restrições derivadas do interesse coletivo se dirigem *quase* exclusivamente ao momento do exercício"[595]. O alcance que damos a esta primeira ressalva circunscreve-a forçosamente a este momento: com ela limitou-se, pois, o constituinte, a prever as restrições à liberdade de exercício de profissão.

Sublinhe-se, entretanto, que a liberdade de profissão não deixa de estar no círculo mais próximo dos direitos fundamentais da personalidade, ou «absolutos». Daí a bifurcação da norma nos dois momentos em que esta liberdade se divide estruturalmente (em nossa opinião, repita-se, também na ordem constitucional portuguesa).

Acompanhando ainda Jorge Miranda[596], sempre diremos, pois, com este autor, que a segunda ressalva (das "restrições impostas [por fatores] inerentes à [...] própria capacidade") se projeta, em contrapartida, na concretização, não do exercício, mas da *escolha* – possibilidade que o nosso constituinte, aproveitando uma vez mais a experiência constitucional alemã, não terá deixado afinal (também) de prevenir. Por subjazer tal intenção à segunda ressalva, é que se explica o facto de esta já não fazer referência aos direitos ou interesses afetados pelos (fatores ou causas) "inerentes à (...) própria capacidade" colidentes com a liberdade de profissão. O seu silêncio chega para deixar atuar a cláusula geral do último inciso do art.º 18.2 CRP: como é próprio dos direitos, liberdades e garantias, trata-se da previsão de uma simples e cautelar "mediação legislativa"[597] para, em geral resolver um conflito temido pelo legislador entre direitos ou interesses constitucionalmente protegidos[598].

---

[595] Jorge Miranda, *Manual...*, IV, cit., pp. 503-504.
[596] Ibidem.
[597] Na expressão usada por Manuel Afonso Vaz (*Lei...*, cit., p. 324).
[598] Mas mesmo aqui a indispensabilidade da lei restritiva se reportar a bens constitucionalmente protegidos não anula uma certa margem de discricionariedade do legislador no momento da restrição, quanto à intensidade e ao modo da sua realização. Neste sentido,

E não poderia ser de outro modo: como vimos, e de acordo com a teoria dos degraus, só para salvaguardar um bem coletivo particularmente importante – um "valor comunitário absoluto", objeto de consagração constitucional "com independência da política seguida num dado momento pela comunidade"[599] – é que se justificam as restrições à liberdade de escolha de profissão.

Teremos assim, de acordo com o art.º 47.1 CRP, um primeiro grau de maior liberdade do legislador, que ocorre quando este se confina à restrição do exercício, sem afetar a escolha, isto é, quando só o "como" ("realização da modalidade"), e não o "se" ("realização de substância")[600] seja objeto de uma regulamentação restritiva; é o caso das normas destinadas a evitar a produção de danos em terceiros, valendo aqui a simples adequação da restrição ao fim em vista (só estão excluídos, por violação do princípio da proibição do excesso, os encargos considerados em si mesmo excessivos, sujeitando-se assim a opção restritiva do legislador a um mero juízo de *razoabilidade*; basta, pois, uma apreciação razoável do interesse público determinado pelo próprio legislador restritivo para se concluir pela bondade desta)[601].

---

reconhece J. J. GOMES CANOTILHO ao legislador, em certos casos, uma maior liberdade na qualificação interesses públicos; simplesmente, lembra este autor que tal competência sempre estará, "ainda assim, *positivamente vinculada*, impedindo o legislador de limitar direitos em nome de interesses públicos não constitucionalmente protegidos (ex.: será inconstitucional a relativização do direito ao não despedimento sem justa causa dos trabalhadores com base no interesse da «produtividade das empresas», pois este interesse não é um «bem superior» ou «prevalecente» constitucionalmente protegido)" (*Direito Constitucional e Teoria da Constituição*, cit., cit., p. 458).

[599] ROGÉRIO EHRHARDT SOARES, *A Ordem...*, cit., p. 228.
[600] ROGÉRIO EHRHARDT SOARES, ibidem.
[601] Será o caso das normas que preveem, não uma habilitação ou a posse de um título académico, mas o encargo da obrigatoriedade de frequência de um estágio já no início da vida profissional (sem a qual o jovem profissional esteja impossibilitado de exercer plenamente a profissão), a fim de dotar os candidatos à profissão do mínimo de experiência, e assim evitando que a falta desta experiência possa redundar em prejuízo dos primeiros destinatários das prestações profissionais daqueles.
Ainda no mesmo exemplo, poder-se-á considerar que viola o primeiro grau de vinculação (restrições ao exercício) o regime de estágio que, podendo o legislador dispor as coisas de outro modo, sem com isso prejudicar o êxito da aprendizagem prática, opte por estipular para todos os estagiários uma carga horária gravosa, em sessões de estágio contínuas não remuneradas, que impossibilite, por exemplo, a manutenção de (outras) atividades remuneradas (quer do ex-trabalhador estudante que fez o seu curso em horário pós-laboral, quer ex-bolseiro), ou

Constituem restrições deste tipo, desde logo, a mera exigência de inscrição num «álbum» ou registo profissional (estadual ou corporativo). Como diz Carlo Lega, a obrigatoriedade de inscrição em tais «álbuns» é "uma limitação (anda por cima contingente) ao exercício do direito de desenvolver a própria atividade profissional que não limita nem suprime o próprio direito" (*rectius*, o direito de *escolha*)[602].

Também entre nós Jorge Miranda é explícito nesse sentido: "a exigência de inscrição não afeta, nem deixa de afetar a liberdade de escolha de profissão: ninguém é impedido de escolher o ofício de farmacêutico", ou "o de advogado, o de engenheiro ou o de médico" pelo mero facto de se ter de se inscrever numa ordem profissional, pois a limitação que "se verifica na escolha é anterior, na medida em que o acesso à profissão depende da frequência de determinado curso universitário"; o problema é pois "de exercício: alguém que já pôde escolher uma profissão e que dispõe das respetivas habilitações escolares", só a poderá exercer após a inscrição na Ordem[603].

Mas não é o ónus da inscrição a única restrição ao momento do exercício: também o limitam a prescrição do pagamento de específicos tributos profissionais (como é o caso das chamadas "quotas" cobradas pelas Ordens profissionais), a imposição do decurso de um período mais ou menos curto de estágio ou tirocínio, sob o controlo de uma autoridade pública (eventualmente condicionador do exercício pleno da respetiva atividade profissional), a sujeição a um particular corpo de normas jurídicas deontológicas (atuado por uma autoridade reguladora com funções de natureza predominantemente jurisdicional), etc.

Já quando a restrição legal incida sobre a escolha (tocando o momento da escolha com "a questão do *se* uma profissão é assumida, continuada ou abandonada – "realização de substância"[604]), nomeadamente quando a lei faça depender o acesso a uma atividade profissional da posse de determinados requisitos, teremos um segundo grau de menor liberdade do legislador. Nele se situam apenas os pressupostos subjetivos (todos os que em maior ou

---

que force os estagiários com residência habitual em pontos distantes do país a suportar os custos de uma residência habitual junto dos centros de formação.
[602] CARLO LEGA, *Ordinamenti professionali*, in «Novissimo Digesto Italiano», XII, Turim, p.11.
[603] *A Ordem dos Farmacêuticos como associação pública*, II, «Estado & Direito», nº 13, 1994, p.50.
[604] R. EHRHARDT SOARES, *A Ordem...*, cit., p. 228

menor grau possam depender da pessoa do candidato – da sua vontade, da sua capacidade, etc.).

Serão desde logo os casos de exigência de uma prévia qualificação para o acesso à profissão (da aquisição de determinados conhecimentos – de uma formação escolar determinada, devidamente comprovada e titulada), por poder constituir um perigo para a comunidade o exercício dessa profissão sem a qualificação exigida (dada em regra a necessidade da posse de elevados conhecimentos técnicos e científicos para o respetivo exercício, e por se prestar ainda a mesma profissão a um "exercício público", ou de porta aberta – como se passa com o grosso das chamadas profissões liberais). Tais qualificações são reconhecidas através de «atos de credenciação» emanados pela Administração que traduzem um «controlo preventivo» do exercício da liberdade de escolha de profissão (Gomes Canotilho)[605].

Mas teríamos também os outros pressupostos subjetivos condicionadores não propriamente do acesso à profissão, mas, por exemplo, da duração do seu exercício, como o limite de idade (como vimos acima, tem a ver a escolha não apenas com o facto de uma profissão ser ou não *assumida*, mas ainda com o ser ela *continuada* e *abandonada* – nos termos da supracitada análise de Ehrhardt Soares).

Contudo, para este segundo grau de ingerência na liberdade de profissão (requisitos subjetivos) importa que o bem coletivo a salvaguardar com a restrição seja um direito ou interesse constitucionalmente protegido, um bem portanto particularmente importante. Opera aqui o princípio da concordância prática. Sobretudo quando o acesso à profissão dependa de um «ato de credenciação», pode este conduzir a severas restrições à liberdade profissional, só sendo de considerar a respetiva legitimidade "quando os bens a defender através dela forem particularmente importantes e, como tal, individualizados pela Constituição (Gomes Canotilho)[606].

A excecionalidade destas restrições justifica-se também e ainda na medida em que elas farão relevar as insuperáveis desigualdades naturais inerentes às diferentes capacidades de cada indivíduo. Enfim, de entre as profissões protegidas, merecem ainda nesta ótica uma particular menção as profissões

---

[605] *Fidelidade à República ou fidelidade à NATO?*, in «Estudos em Homenagem ao Prof. Doutor. A. R. Queiró», Coimbra, 1984, p. 170.
[606] *Fidelidade à República...*, cit., p. 177.

intelectuais, em regra academicamente tituladas. É que, como diz Paul Kirchhof, se é certo que a "liberdade para lograr e modificar condições jurídicas pessoais" relativas ao "exercício do direito de acesso a uma profissão" está hoje garantida, não deixa de ser problemática "a igual liberdade de todos quanto às condições reais para utilizar a própria condição jurídica", pois "na hora de aceder ao mundo profissional os dotes naturais não são equivalentes"[607].

b) *A exigência de habilitações académicas como restrição à liberdade de escolha de profissão*

Impõem-se umas últimas observações, relativamente a este segundo degrau de maior gravame das restrições legais admitidas, a propósito sobretudo da exigência de habilitações académicas como limitação à liberdade de escolha de profissão[608].

A primeira observação diz respeito à redação do preceito, que não está propriamente famosa: falta o substantivo correspondente ao adjetivo "inerentes" (que não pode ser, obviamente, o "restrições legais", como resulta da estrutura semântica da frase), estando ainda claramente a mais o pronome "sua".

A fazer algum sentido o que julgamos constituir uma mera deficiência de expressão, poder-se-ia pensar quando muito nas "restrições...inerentes" como dados naturalísticos ou materiais, no sentido de meras incapacidades físicas ou psicológicas – como parece ser a interpretação de J. J. Gomes Canotilho, apontando como exemplo uma incapacidade física (o caso do jovem invisual que não pode aspirar a ingressar no curso de medicina)[609].

Mas afiguram-se-nos algo óbvias estas restrições, que, com alguma imaginação podemos tornar num obstáculo à realização de qualquer direito fundamental; a nosso ver, tais "restrições inerentes", no sentido material ou

---

[607] Paul Kirchhof, *La jurisprudência constitucional de los derechos fundamentales*, em A. Lopez Pina (org.), «La garantia constitucional de los derechos fundamentales. Alemania, España, Francia e Itália», tradução de Elena Cappucio, Ignacio Gutiérrez e J. F. López Aguilar, Madrid, 1991, p'.247..

[608] Nesta matéria, ver João Pacheco de Amorim, "*Os pressupostos do direito de inscrição na Ordem dos Arquitectos*", in «Cadernos de Justiça Administrativa», n.º 63, Mai./Jun. 2007, pp. 18-39, e João Pacheco de Amorim & Frédéric Teixeira, "*A incidência profissional das habilitações académicas*", in «Cadernos de Justiça Administrativa», n.º 105, Mai./Jun. 2014, pp. 42-59.

[609] *Direito Constitucional e Teoria da Constituição*, cit., p. 1255.

naturalístico, constituem os chamados "limites imanentes", acolhendo-se aqui o entendimento entre nós veiculado por Manuel Afonso Vaz do termo, de limite imanente como "uma expressão do direito que, embora pensável e atribuível ao círculo potencial e expansivo do direito, não é garantida *juridicamente*, antes a unidade valorativa da Constituição coloca *fora* da proteção constitucional ou tem mesmo como contrária a essa unidade valorativa"[610]. Não nos parece, pois, que a ressalva seja simplesmente confirmatória da própria figuração constitucional do direito, e que se reporte tão só ao mesmo tipo de factos geradores das incapacidades jurídicas de exercício de direitos previstas no Código Civil, isto é, às chamadas incapacidades "naturais" (causadoras de "menoridade", "interdição", "inabilitação", etc.).

Diferentemente, afigura-se-nos antes que ela se reporta sobretudo às inidoneidades legislativamente "criadas" ou determinadas (juridicamente qualificadas), depois de uma operação de "concordância prática" efetuada pelo próprio legislador (sendo este apenas o sentido do adjetivo "inerentes"); desde logo à (incapacidade) técnica e/ou científica, isto é, à *formal* falta de título académico adequado (ou da superação de exames *ad hoc*) – para além, claro, da falta de outros pressupostos subjetivos físicos ou fisiológicos condicionadores da liberdade profissional *legalmente previstos e regulados*, que não apenas as típicas e óbvias incapacidades do Código Civil, como é o caso, e quanto à duração do exercício profissional, do limite de idade em certas atividades profissionais[611].

A segunda observação que se impõe nesta matéria tem a ver com as particulares natureza e estrutura do ato administrativo habilitativo – da habilitação *ob personam* que constitui o exame-verificação da referida idoneidade técnica, e do resultado positivo dessa verificação – e da *qualidade* atribuída por tal ato, a qual se vem juntar aos restantes atributos da personalidade de cada um,

---

[610] *Lei...*, cit., p. 317
[611] Veja-se a jurisprudência do Tribunal Constitucional Federal alemão, relativamente à introdução de limites como o limite de idade legal para determinadas profissões – no caso, tratava-se de uma lei que impunha para a profissão de parteira, como limite etário, os setenta anos –, limites esses que não constituindo uma simples limitação ao exercício dessas profissões, mas uma interferência na liberdade de escolha, justificar-se-iam dada a importância dos bens ou interesses protegidos com a restrição.

qualidade que a lei restritiva pode portanto exigir a todos os que pretendam exercer as ditas profissões[612].

É que podendo o momento autoritário relevante de tal verificação definitiva mediante exame situar-se em "locais" ou momentos diferentes, de acordo com diferentes opções legislativas, essa verificação não pode deixar de ser *una*. Mas pode ser mais ou menos complexa na sua fase constitutiva, e ser preparada por um procedimento variegado.

Por exemplo, no que respeita às profissões liberais, ou intelectuais protegidas, tal verificação pode consistir num ato complexo integrado por todos os exames finais realizados por um aluno no respetivo curso universitário (como acontece em Espanha e em Portugal), ou num único exame – ora conclusivo do ciclo de estudos universitários, ora ainda deslocado para um âmbito diverso do estritamente universitário – como é o caso do sistema do chamado exame de Estado profissional, vigente na Alemanha e em Itália.

Importa contudo precisar, e para concluir esta segunda observação, que num sistema constitucional como o nosso, em que tal como no germânico a liberdade de escolha profissão goza de uma proteção máxima, são incomportáveis, para lá do referido mínimo (no caso, e face à atual opção legislativa nesta matéria, do ato complexo integrado pelos referidos exames universitários), quaisquer novas restrições ao momento da escolha, pela submissão do

---

[612] Diz GIANNINI, a respeito da exigência de uma prévia qualificação para o acesso à profissão (da aquisição de determinados conhecimentos – de uma formação escolar determinada, devidamente comprovada e titulada), por poder constituir um perigo para a comunidade o exercício dessa profissão sem a qualificação exigida – que apesar do reconhecimento pelos "direitos positivos contemporâneos em geral (...) da liberdade de trabalho", quando se queira "escolher atividades laborais que incidam fortemente nos interesses dos fruidores, torna-se necessário compatibilizar os dois interesses opostos, *e isso obtém-se com o instrumento da habilitação*", pelo que a não prevalecer "a liberdade de trabalho, para desenvolver tais atividades laborais, é preciso um *controlo de idoneidade* da parte de um poder público, munido de publicidade, tanto quanto possível na forma de documentação permanente (sublinhados nossos)" (GIANNINI, *Diritto...*, cit., p. 642).
Ora, uma vez fixada nestes termos "a posição constitucional da atividade laboral que requeira uma habilitação", entende GIANNINI que "se pode precisar que a normação positiva regula nos modos que reputa mais convenientes os dois elementos da idoneidade e da forma e publicidade da declaração em que se enuncia o resultado positivo do controlo". No que a este se refere, "o mínimo conteúdo possível que se lhe pode dar é o de um *accertamento* mediante exame, e quanto à publicidade da declaração o conteúdo mínimo é o de uma externação documental de que se possa facilmente ter notícia no arquivo da administração" (ibidem).

pretendente à profissão a outros controlos sucessivos da idoneidade técnica e científica, ou a ulteriores procedimentos autorizativos (o que não exclui, claro está, as meras restrições ao *exercício* profissional, como as já referidas exigências de inscrição em registos, do pagamento de específicos tributos profissionais, da imposição do decurso de um período de tirocínio, da sujeição a normas deontológicas, etc.).

Com efeito, e como é sabido, o específico efeito de proteção dos direitos, liberdades e garantias conferido entre nós pelo art.º 18.º CRP desdobra-se em três vertentes, e que são (1) a sua *direção (Schutzrichtung)*, a qual p. ex. os faz valer face ao legislador e ainda perante entidades privadas (efeito horizontal), (2) a sua *intensidade (Schutzdichte)*, de que resulta a salvaguarda de um núcleo essencial irrestringível a determinar caso a caso (e cujo reconhecimento é sobretudo "histórico") e, enfim, e para o que ora nos importa, (3) a respetiva *dimensão temporal (Zeitlicher Schutzerstreckung)*, através da qual se pretende resguardar a figura em questão já não dos ataques frontais, mas da acumulação ao longo do tempo de medidas restritivas sucessivas[613].

Numa terceira observação, convirá chamar a atenção para o facto de nestes casos se poder admitir a possibilidade de uma cisão entre uma situação de latência do direito (de uma liberdade simplesmente potencial), e um momento de efetivação, ou de legitimação do exercício do mesmo direito. Mas os atos administrativos previstos por estas leis restritivas – os atos que se destinem a verificar a aquisição ou posse dos referidos conhecimentos, e que atribuam ao administrado, em consequência da superação das provas de exame, uma *qualidade jurídica nova*[614], qualidade essa que pode ser pressuposto de concretos *status* – serão simples *atos recognitivos*, isto é, atos não-dispositivos (que se limitam a dar representação a uma realidade, e que implicam meros juízos de conhecimento ou ciência), atos esses que, e pesem as divergências

---

[613] Cfr. L. Parejo Alfonso, *Garantia institucional y autonomias locales*, Madrid, 1981, p. 31 e ss.
[614] Segundo Miele, são as qualidades jurídicas "modos de ser juridicamente definidos de uma pessoa, de uma coisa, de uma relação jurídica, dos quais o ordenamento jurídico faz outros tantos pressupostos de aplicabilidade de disposições gerais ou particulares à pessoa, à coisa, à relação". Para o mesmo autor, quando tais qualidades, em si mesmas consideradas, "sejam suscetíveis de satisfazer um ou mais interesses do sujeito", e nomeadamente quando digam respeito ao mesmo sujeito, "o ordenamento jurídico pode torná-las objeto de adequados direitos ou ainda de interesses reflexamente protegidos" (*Principi di diritto amministrativo*, I, 2.ª ed., Pádua, 1953, p. 65).

sobre a sua natureza e efeitos, são genericamente designados por *habilitações*, configurando-se, no caso, como habilitações *ob personam* (profissionais)[615].

Numa quarta observação importa sublinhar a diferença entre a qualidade jurídica conferida pelo ato habilitativo e a posição jurídica complexa traduzida no concreto direito de exercer a profissão e nos restantes direitos e deveres com aquele conexos (e que compõem o dito *status* profissional) – direitos e deveres esses porventura ainda dependentes de uma "inscrição" (num «álbum» ou registo profissional). É que só a primeira define e identifica, ainda que numa perspetiva estática, a categoria profissional – e não a situação de exercente, que apenas representa uma dinamização daquela qualidade. Ou

---

[615] Diz GIANNINI que no efeito habilitante destes atos "não se pode ver um efeito de um facto permissivo do exercício de uma situação subjetiva (direito de personalidade ou liberdade profissional, como se queira) ", do "tipo dos procedimentos autorizativos da tradição", nem o efeito de uma autorização constitutiva (...): o seu efeito é em vez disso mais simplesmente a atribuição de uma qualidade ou de uma qualificação jurídica (...) criada por um *"accertamento* ou por uma *certazione* (...), da qual a norma faz derivar a legitimação para desenvolver uma certa atividade laboral; é portanto um instrumento para obter uma conformação legal de um direito atinente ao trabalho".
No plano do direito positivo, o autor ressalva, a título excecional, a possibilidade da atribuição de tal qualidade jurídica através de atos de autorização (das chamadas *autorizações recognitivas*) ou mesmo de concessão (como seria o caso, no nosso ordenamento jurídico, por exemplo, do ato de inscrição nas associações públicas que agregam exercentes de profissões públicas). Se bem entendemos, tratar-se-ia de atos administrativos em sentido estrito, em que, excecionalmente, para além do *efeito de estatuição* (*Tatbestandswirkung*), isto é, do efeito autorizativo ou concessório, manter-se-ia ainda no ordenamento jurídico o respetivo efeito declarativo (*Festsellungswirkung*), ou seja, o efeito de enunciação dos pressupostos e motivos do ato, constituindo o eventual exame ou avaliação um simples ato instrutório do procedimento – um *accertamento* procedimental, instrumental de um autónomo *provvedimento* conclusivo do mesmo procedimento.
Seria o caso, para GIANNINI, do procedimento de inscrição nas Ordens profissionais, no ordenamento jurídico italiano, em que uma suposta presença fiscalizadora da legalidade do exame de Estado profissional da respetiva ordem teria o condão de, excecionalmente, "retirar" a este ato habilitatório a natureza de ato de *certazione*, ou ato recognitivo, para o tornar num simples ato instrutório de um único procedimento – de um procedimento autorizativo de inscrição ("transformando-se" este último, por sua vez, de simples *accertamento* declarativo, isto é, de um mero registo, num verdadeiro *provvedimento*). Mas parece-nos não ter este entendimento sobre o significado da presença de profissionais indicados pelas Ordens nos júris dos exames de Estado profissionais qualquer fundamento. De qualquer forma, tal problemática não se coloca sequer no nosso ordenamento jurídico, onde as grosseiras imitações do exame de Estado alemão e italiano – os atuais exames corporativos para o acesso às profissões de advogado, engenheiro, arquitecto, etc. – enfermam de prévias inconstitucionalidades materiais.

seja, existe entre as duas situações uma relação causa-efeito, em que a segunda é efeito da primeira.

Nas palavras de um autor italiano, sendo as "qualidades das pessoas definidas como aquelas que devem existir no sujeito, para que possa surgir validamente uma qualquer situação, não ligadas portanto a uma situação concreta", elas "constituem a premissa subjetiva para que possam nascer e produzir todos ou determinados efeitos nas várias situações concretas" (Salvatore Pugliatti)[616]. Ora, segundo Dante Gaeta, a tal conceito são reconduzíveis "as qualidades que definem a condição profissional em sentido próprio da pessoa (empresário, profissional, etc.)"[617]. Assim sendo, distinguir-se-á a *qualidade* profissional atribuída pelo ato habilitativo, e que é uma qualidade jurídica, do dito *status* profissional assumido pelo candidato à profissão com a inscrição no «álbum», que é a *situação jurídica subjetiva* propriamente dita de que aqueloutra qualidade constitui pressuposto.

Por outras palavras, independentemente do condicionamento do uso dos sinais externos da referida qualidade (do título e das insígnias próprias da profissão) e sem prejuízo de a lei ligar o direito de exercer em concreto a profissão (bem como um *status* com este conexo, na hipótese referida análogo ao de sócio de uma associação privada) à inscrição numa lista ou num registo, um advogado é advogado, essencialmente, por ser licenciado em direito – e não, ao invés, em virtude do cumprimento dessa formalidade. Como bem dizem M. Herrero de Miñon & J. Fernández del Vallado, "é médico ou advogado o licenciado em medicina ou direito que se colegia como tal médico ou advogado"[618]. Também nas palavras de Miguel Rodríguez Piñero, as profissões colegiadas são profissões tituladas, constituindo a colegiação apenas uma garantia adicional da exigência de titulação para o exercício da profissão[619]. Parece-nos particularmente feliz, no sentido por nós propugnado, a redação no art.º 1.1 do Estatuto da Ordem dos Advogados (cuja redação inspirou as disposições

---

[616] PUGLIATTI, *Gli istituti del diritto civile*, I, Milão, 1943, p. 260, *apud* Dante Gaeta, *Gente dell' aria*, «EdD», p. 599.
[617] GAETA, ibidem.
[618] *Especialización y profesión médica. La garantia constitucional de las profesiones tituladas y la especialización médica según la jurisprudencia*, Madrid, 1996, p. 14.
[619] *Colegiación obligatoria y Constitución*, in «Revista Relaciones Laborales», n.º 12, 23 de Junho de 1989, p. 3. Ver também, parafraseando M. R. PIÑERO, J. L. RIVERO ISERN, *La administración corporativa*, in «Administración Instrumental», cit., vol. I, p. 726.

análogas dos demais estatutos das Ordens profissionais que se foram criando na década de 90), quando diz ser a Ordem "a *instituição* representativa dos *licenciados em Direito* que, em conformidade com os preceitos deste Estatuto e demais disposições aplicáveis, *exercem* a advocacia"[620].

Uma última e quinta questão, relativamente às restrições à liberdade de escolha de profissão, é a das implicações quer no plano do direito privado (relativamente à sua projeção na capacidade negocial ou "competências" adstritas à disposição de direito fundamental, designadamente pela cominação da nulidade dos contratos indevidamente firmados pelo profissional não-titulado), quer no plano do direito penal, da falta de título habilitante prescrito pelas leis restritivas daquela liberdade que exijam uma posse (publicamente titulada) de determinados conhecimentos técnicos e científicos necessários para o exercício profissional. Hão de valer aqui, com todo o rigor, os princípios da necessidade, adequabilidade e proporcionalidade (art.º 18.2 CRP) das sanções civis e penais eventualmente cominadas para a violação da reserva de profissão[621].

c) *A exigência de habilitações académicas (cont.): o papel das Universidades no acesso às profissões intelectuais protegidas*

Nas ordens jurídicas onde se regista nesta matéria um maior aprofundamento na busca e na configuração de soluções harmoniosas para os principais problemas que ela suscita (nomeadamente, na alemã, na italiana e na espanhola), estão perfeitamente definidos os papéis que cabem quer às Universidades, quer, diretamente, ao próprio Estado, na organização e procedimento relativos ao acesso às chamadas profissões liberais, ou intelectuais protegidas[622].

---

[620] Chamando também a atenção para os termos por nós sublinhados, no nosso trabalho *A liberdade de escolha da profissão de advogado*, obra e local citados, no texto do artigo transcrito, PAULO C. RANGEL (*O princípio da taxatividade das incompatibilidades (para uma leitura constitucional dos preceitos deontológicos sobre incompatibilidades)*, «ROA», 1994, III (Dez.) p. 789.
[621] Sobre o tema, ver JOÃO PACHECO DE AMORIM, *O crime de exercício ilegal de profissão*, in «Estudos em Homenagem ao Prof. Doutor Jorge de Figueiredo Dias», vol. III, Coimbra, 2010, pp. 13-80.
[622] As chamadas "profissões liberais" têm a sua origem mais remota nas "operae liberales" do direito romano (nesta matéria, ver, por todos, JEAN SAVATIER, *La profession...*, cit., p. 24-27). Mas num horizonte temporal mais imediato, poderemos considerar esta designação, como faz ADRIANO MOREIRA, uma designação "de origem medieval, ligada ao exercício de

Sublinhe-se que na Alemanha está generalizada na Lei-quadro Universitária (federal), para todos os cursos universitários, a figura do exame de Estado. Ou melhor, de dois exames gerais subsequentes mas com distintos perfis: um primeiro meramente conclusivo, no final de cada curso, e outro, posterior a um período de prática profissional, mais vocacionado para avaliar a capacidade de aplicação no "terreno" profissional dos conhecimentos adquiridos na Universidade. Sendo o primeiro de âmbito exclusivamente universitário, só o segundo, porque diretamente organizado pela administração estadual, é verdadeiramente um exame de Estado (apesar da – indispensável – presença, ainda, de professores universitários nos respetivos júris).

Em Itália, está constitucionalmente consagrado um sistema muito semelhante. Simplesmente, ambos os exames são organizados diretamente pelo Estado; e o segundo exame (o exame de Estado profissional) só é exigido para as profissões protegidas (para as "*libere professione*"). Regista-se ainda uma participação mais ativa das numerosas Ordens profissionais na sua organização e procedimento (ainda que sem qualquer poder de decisão), designadamente através da indicação de um ou outro membro (sempre em

---

certas atividades que pressupunham determinada habilitação universitária". Ora, tal critério acaba assim por ser "um critério formal que há-de traduzir-se numa enumeração e não numa definição" (*Direito corporativo*, Lisboa, 1950-1951, p. 121): isto é, na enumeração das profissões academicamente tituladas. O autor assinala ainda como uma segunda característica de cada uma dessas atividades profissionais a "circunstância de ser uma atividade que se traduz, formalmente, no exercício da profissão, *eventualmente*, a risco próprio" (idem, pp. 121-122).
No nosso entender, deve-se recusar quer o âmbito mais restrito do termo (o âmbito histórico-sociológico, que apenas contempla as profissões liberais mais antigas, como as de médico e advogado - as que se revestiriam de uma dignidade inclusive "menos intelectual do que sentimental e espiritual", dada a vocação dos seus exercentes "para a missão privilegiada de «alto confidente», e, no sentido sentimental e espiritual, de «diretor»" do utente dos respetivos serviços – RENÉ SAVATIER, *L'origine*..., cit., p. 50), quer, no extremo posto o âmbito bem mais lato que também por vezes se lhe atribui: o que abrange, por exclusão de partes, todos os profissionais que não sejam nem assalariados nem comerciantes.
As profissões livres ou liberais serão assim, como diz ADRIANO MOREIRA, profissões intelectuais ou academicamente tituladas e aptas para o exercício independente (prestação de serviços); mas não só: de entre estas só serão de qualificar como tal aquelas que em virtude dos fatores conjugados da sua atinência a interesses coletivos relevantes, mereçam ainda uma especial proteção legal. Contudo, e dada a assinalada plurivocidade dos termos (profissão) "livre" ou "liberal", privilegiaremos a utilização da expressão "profissões intelectuais protegidas".

situação de minoria relativamente aos professores universitários) para os júris estatais de exame.

Em contrapartida, em Espanha, os efeitos profissionais dos títulos académicos não estão em regra condicionados por mais nenhuma intervenção estadual posterior à intervenção universitária[623].

Enfim, nos sistemas estudados, é obrigatório um período de tirocínio junto de um profissional com um mínimo de cinco anos de exercício, só findo o qual se pode exercer plenamente a profissão (sem *capitis diminutio*), sendo o "patrono" designado pela respetiva ordem profissional (variando contudo em cada país o número das profissões concretamente sujeitas a essa condicionante ao exercício profissional pleno).

Mas em Portugal, como em Espanha (fora como vimos o caso da advocacia), não existe o exame de Estado como figura habilitativa geral: ele só está previsto para o acesso a profissões de "exercício privado de funções públicas", como são os casos, já referidos, dos Notários e dos Revisores Oficiais de Contas.

Simplesmente, a determinação dos efeitos profissionais dos títulos académicos não estará entre nós tão explícita como na Constituição e na legislação universitária daquele país, nomeadamente no aspeto da estrita estadualidade

---

[623] Com a exceção da advocacia, para cujo acesso a «*Ley 34/2006, de 30 de octubre, sobre el acceso a las profesiones de Abogado y Procurador de los Tribunales*», passou a prever a necessidade de superação de uma prova de aptidão profissional (*Acreditación de la capacitación profesional*), que se configura todavia não como um exame corporativo, mas como um verdadeiro exame de Estado. Segundo o art.º 7.º (*Evaluación*), n.º 1, "*La evaluación de la aptitud profesional, que culmina el proceso de capacitación profesional, tiene por objeto acreditar, de modo objetivo, formación práctica suficiente para el ejercicio de la profesión de abogado o de la profesión de procurador, así como el conocimiento de las respectivas normas deontológicas y profesionales*". Mais específica o n.º 2 que as "*comisiones para la evaluación de la aptitud profesional serán convocadas conjuntamente por el Ministerio de Justicia y el Ministerio de Educación y Ciencia, oídas las comunidades autónomas, el Consejo de Coordinación Universitaria y el Consejo General de la Abogacía o el Consejo General de los Colegios de Procuradores*"; e reza, enfim, o n.º 3 do mesmo artigo que "*reglamentariamente se establecerá la composición de la comisión evaluadora para el acceso a la abogacía y de la comisión evaluadora para el acceso a la procura, que serán únicas para los cursos realizados en el territorio de una misma comunidad autónoma, asegurando la participación en ellas de representantes del Ministerio de Justicia y del Ministerio de Educación y Ciencia, y de miembros designados a propuesta de la respectiva comunidad autónoma. En todo caso, en la comisión evaluadora para el acceso a la abogacía habrá miembros designados a propuesta del Consejo General de la Abogacía Española; asimismo, en la comisión evaluadora para el acceso a la procura habrá miembros designados a propuesta del Consejo General de los Procuradores de los Tribunales. El número de representantes designados a propuesta de cada ministerio, de la comunidad autónoma, y de la correspondiente corporación profesional será el mismo.*"

(compreendendo, claro está, as Universidades e Escolas superiores) da expedição ou homologação dos títulos académicos e profissionais para as profissões que os requeirám e no que se refere à natureza constitutiva do título académico das profissões sujeitas a colegiação, independentemente do carácter dependente ou independente do exercício da profissão.

Cremos contudo ser a nossa ordem jurídica, contudo, suficientemente clara para não oferecer nesta matéria dúvidas de maior alcance. Desde logo, como vimos, a Constituição deixa bem claro que a formação dos profissionais é a primeira função das Universidades e "demais instituições de ensino superior", quando as incumbe especificamente de satisfazer "as necessidades (do país) em quadros qualificados", antes mesmo da genérica missão de elevar o "nível educativo, cultural e científico do país" (art.º 76.1 CRP).

Esta missão é confirmada, ou, melhor dizendo, *concretizada* pela Lei de Bases do Sistema Educativo Ensino (Lei 46/86, de 14.10, última alteração introduzida pela Lei n.º 49/2005, de 30.08), que confere expressa e inequivocamente ao ensino superior (ou seja, aos atos autoritários praticados no exercício das suas competências, certificados pelos diplomas expedidos pelos estabelecimentos deste nível de ensino, previstos no art.º 13 da mesma lei), verdadeiros efeitos profissionais. Diz o art.º 11.2 *b)* ("Ensino superior: âmbito e objetivos") que "são objetivos do ensino superior...formar diplomados nas diferentes áreas do conhecimento, *aptos* para a *inserção* em *setores profissionais* (...) e colaborar na sua formação contínua"; e diz por sua vez o n.º 3 do mesmo artigo que "o ensino universitário visa assegurar uma sólida preparação científica e cultural e proporcionar uma formação *técnica* que *habilite* para o *exercício de atividades profissionais* (...) e fomente o desenvolvimento das capacidades de conceção, de inovação e de análise crítica"[624].

---

[624] A respeito do específico fundamento constitucional destas disposições: diz ACHILLE MELONCELLI que a *intelectualidade* das profissões liberais ou protegidas "é uma capacidade que, ainda que *refinável* com a experiência, pressupõe indefetivelmente uma longa e complexa preparação teórica, que só é fornecida com solidez no grau mais elevado da organização escolástica: na universidade, ou, quando muito, nas escolas secundárias superiores". Como sublinha ainda o mesmo autor, "não é por acaso que as atividades profissionais protegidas são reservadas àqueles que estão na posse de um determinado título de estudo – geralmente o diploma de *laurea*, menos frequentemente o diploma de escola secundária superior – e pelo qual, por isso, se dá por certo, com *ato autoritário*, que eles adquiriram uma bagagem de conhecimentos tida como necessária e suficiente para desenvolver uma atividade económica

Os efeitos profissionais do ensino superior começam por se materializar com os atos autoritários praticados pelas instituições deste nível de ensino no exercício das suas competências, isto é, pelos atos especificamente contemplados no RJIES – Regime Jurídico das Instituições de Ensino Superior (Lei n.º62/2007 de 10.09) que consagra, enfim, como concretização da autonomia constitucional das instituições de ensino superior – concebida como sendo sua atribuição própria – a competência para conferirem os graus de licenciado, mestre e doutor, estando a outorga deste último grau reservado às Universidades (art.º 6.º, n.ºs 2 e 3), bem como a concessão de equivalência e o reconhecimento de graus e habilitações académicas (art.º 8.º/2).

Ou seja, tais efeitos decorrem destes atos verdadeiramente habilitativos, certificados ou documentados pelos diplomas expedidos pelas referidas instituições (já previstos, aliás, no art.º 13 da citada Lei de Bases do Sistema Educativo), independentemente das ulteriores formalidades de que neste ou naquele caso o legislador setorial possa ainda fazer depender a plena operatividade.

d) *A liberdade de escolha de qualquer das profissões privadas social e/ou legal mente tipificadas – com inclusão no objeto da escolha do conjunto de competências tradicionalmente ligadas à respetiva imagem – como conteúdo essencial da liberdade de profissão*

Resta-nos afirmar ainda que a liberdade de escolher qualquer profissão *privada*, uma vez comprovada a aptidão intelectual (e/ou física, claro está) pela aquisição e titulação dos conhecimentos adequados requeridos pelas restrições legais impostas por causas ou fatores inerentes à própria capacidade (cuja insuficiência pode ser causa de colisão da liberdade profissional com outros direitos ou interesses constitucionais) – bem como a simétrica impossibilidade de uma inibição do exercício profissional perpétua ou por tempo indefinido – *constitui ela própria o conteúdo essencial da liberdade de profissão*. A própria epígrafe do artigo, em consonância com o seu emparelhamento ou parificação com os restantes direitos, liberdades e garantias pessoais, enuncia assim a reserva absoluta de Constituição, o círculo inultrapassável pelos poderes públicos.

particularmente qualificada" (ACHILLE MELONCELLI, *Le professioni intellettuali nella Costituzione italiana*, em «Scritti per Mario Nigro», I, Milão, 1991).

Claro está, quando se fala na liberdade de escolha de profissão, "não contempla a lei fundamental apenas determinados «tipos de profissão» – que são um fenómeno tipicamente institucional –, podendo o indivíduo criá-los *ex novo*" (Peter Häberle)[625]. Mas o *conteúdo essencial* desta liberdade só pode consistir na livre escolha de qualquer das profissões privadas social e legalmente «tipificadas»: ora, implica isto o estar ao alcance da escolha de cada cidadão toda a profissão socialmente identificada com uma imagem típica ou característica (*charakteristisches Erscheinungsbild*), formada por um conjunto de funções e tarefas interligadas, e para cuja formação tenham contribuído quer a tradição, quer a legislação. Decorre do conteúdo preceptivo do art.º 47.1 CRP, pois, a obrigação de os poderes públicos respeitarem o conteúdo essencial de *cada* profissão assim identificada – o conteúdo essencial de cada «imagem», para que ela (profissão escolhida) não se torne irreconhecível.

Tenha-se presente, a tal respeito, o argumento aduzido na doutrina germânica a favor de idêntica interpretação do art.º 12.1 GG: é que só assim este preceito da Lei Fundamental alemã ganharia utilidade face à genérica proteção já conferida pela cláusula geral consagrada no art.º 2.1. GG[626]. Na nossa concreta ordem constitucional, impõe-se um argumento análogo, mas tomando como parâmetro imediato o preceito consagrador do direito de livre iniciativa económica (art.º 61.1 CRP): é que a não se extrair este efeito do art.º 47.1 CRP (proteção da «imagem» de cada profissão social e/ou legislativamente consolidada), este último preceito não oferece qualquer *utilidade* como norma autónoma relativamente à liberdade de iniciativa económica, como teremos ocasião de aprofundar.

Não se explica de outro modo, dada a abertura constitucional à extensão da proteção do regime dos direitos fundamentais de liberdade a outros direitos fundamentais de natureza análoga, e aos princípios da proibição do excesso (proporcionalidade, necessidade, adequabilidade das restrições), da proteção do núcleo essencial e da reserva de lei formal e universal constantes do mesmo regime, porque é que o nosso constituinte não se limitou a consagrar uma uma liberdade económica, como o alemão de 1949. Ele teria, inclusive, mais

---

[625] *Le libertà fondamentali nello Stato costituzionale*, Roma, 1993, p. 135.
[626] Diz este preceito que "Todos têm direito ao livre desenvolvimento da sua personalidade sempre que não vulnerem os direitos de outrem nem atentem à ordem constitucional ou à lei moral".

razões para isso do que as do seu homólogo alemão, dado o aperfeiçoamento do nosso regime de proteção relativamente ao da Lei Fundamental de Bona.

Repare-se pois que fora a salvaguarda do conteúdo essencial da imagem social e/ou legislativamente consagrada de cada profissão existente, as restrições a todas as restantes inominadas atividades económicas privadas, individuais lícitas, estáveis e duradouras, sujeitando-se aos critérios do art.º 18.1 CRP, não requereriam a específica intervenção do art.º 47.1 CRP, pois mesmo a salvaguarda da «individualidade», ou da personalidade é garantida pelos princípios da necessidade, adequabilidade e proporcionalidade.

É que pode não existir, de *facto – e não existirá pelo menos nas Constituições espanhola e portuguesa – uma proteção da imagem socialmente identificada* (de uma imagem típica, formada por um conjunto de funções e tarefas interligadas, e para cuja formação tenham contribuído quer a tradição, quer a legislação) *de cada um dos setores económicos, ou de produção* (isto é, dos zonas próprias de atuação das empresas, deixadas às organizações empresariais pela própria evolução política, económica e tecnológica de cada sociedade), diferentemente do que a nosso ver já sucederá no universo dos serviços profissionais, ou das profissões nessa qualidade social e/ou legislativamente identificadas (advocacia, medicina, venda ambulante, artesanato, etc.).

É pois de repudiar, a este propósito, o artifício do Tribunal Constitucional Espanhol, numa também histórica sentença sobre a atividade de farmácia, para negar, à revelia do entendimento perfilhado pela doutrina, a existência de um conteúdo essencial da liberdade de profissão: o de não haver "um conteúdo essencial constitucionalmente garantido de cada profissão, ofício ou *atividade empresarial concreta*". Com efeito, este Tribunal, no fundo, acaba por não reconhecer a autonomia da liberdade de profissão face à liberdade de empresa, encarando-as como simples expressões (quiçá meramente descritivas) de uma una liberdade económica.

Não queremos com isto significar que não haja um conteúdo essencial do direito de livre iniciativa económica, o que implica a proibição do legislador "o tornar impraticável, o dificultar além do razoável ou o despojar da necessária proteção"[627]. Simplesmente, recordemos que a qualificação do "carácter absoluto do conteúdo essencial" é operada "dentro de cada direito fundamental",

---

[627] L. Parejo Alfonso, *El contenido...*, cit., p. 186.

pela afirmação de "um limite definitório da substância nuclear (dos direitos fundamentais) que em nenhum caso pode ser ultrapassado"; mas esse limite é distinto para cada direito, e tem que ser "determinado em concreto"[628].

No caso da liberdade de empresa, e nas hipóteses que se podem visualizar, ressalta menos, todavia, a (apesar de tudo, lembre-se, sempre presente) "proibição absoluta", ou "limite fixo", ou "mínimo de valor inatacável", do que a faceta de "proibição relativa, referida a um conteúdo essencial elástico e só em concreto determinável" (sobre um e outro aspeto, ver a exposição de J. C. Vieira de Andrade[629]).

Resumindo e concluindo, constitui, por definição, o próprio âmbito do direito consagrado no art.º 47.1 CRP a liberdade de escolher e exercer qualquer profissão privada (que não esteja sob *publica reservatio*), o que inclui desde logo cada uma das atividades que como tal (como profissão privada) esteja social ou legalmente consolidada, mas também, como sublinha Peter Häberle, as «inominadas», desde que «profissionais», de acordo com a noção atrás apurada; "escolher significa ter a capacidade jurídica de desenvolver indiferentemente qualquer uma das atividades laborais que se possam configurar"[630].

É este pois o conteúdo do direito subjetivo de que é titular cada cidadão face ao Estado em virtude do disposto no mesmo art.º 47.1 CRP – e a que corresponde, portanto, um dever de abstenção por parte do mesmo Estado –, advindo-lhe, desse modo, a pretensão ou posição que ele pode fazer valer (quer nos procedimentos de acesso – de «entrada» – quer nos sancionatórios – de «saída» –, e quando a lei os prescreva) de uma proteção direta e intencional da própria Constituição (e não da eventual lei restritiva). Tal proteção respeita, concretamente, a um "interesse específico num determinado bem (numa determinada coisa, conduta ou utilidade da vida) "[631], constituindo esse bem, essencialmente, a capacidade de ser titular de relações jurídicas em matéria de trabalho ou profissão, seja esta independente, seja subordinada.

---

[628] Ibidem.
[629] *Os direitos fundamentais...*, cit., pp. 295 e 299.
[630] ALESSANDRO CATELANI, *Gli ordini e collegi professionali nel diritto pubblico*, Milão, 1976, p.16.
[631] M. ESTEVES DE OLIVEIRA, PEDRO C. GONÇALVES & J. PACHECO DE AMORIM, *Código de Procedimento Administrativo Comentado*, II ed., Coimbra, 1997, p. .

e) *A inaplicabilidade no nosso direito do 3.º grau de restrições da* Sthufentheorie

Enfim, uma vez aqui chegados, convirá esclarecer, e como se poderá aliás já ter deduzido das posições até agora sustentadas, que não consideramos aplicável à liberdade de profissão, na nossa ordem constitucional, o terceiro degrau da *Stufentheorie*.

Este terceiro grau, para o Tribunal Constitucional Federal Alemão, é constituído pelo tipo de restrições mais lesivas desta liberdade: são os casos da fixação de pressupostos objetivos para o acesso à profissão (estranhos à pessoa do pretendente, que assim em nada pode contribuir para a sua verificação), como a introdução de "numerus clausus" como mecanismo regulador da profissão, ou de um sistema de autorizações discricionárias dependentes de uma apreciação de necessidades objetivas (em que fosse possível, por exemplo, negar a alguém o acesso a uma profissão por esta estar saturada).

O Tribunal de Karlsruhe considerou ser este tipo de pressupostos em si mesmos contrários ao sentido do direito fundamental em questão, exigindo a proteção imperiosa de um bem coletivo *de capital importância* (e não apenas *particularmente importante*, como na anterior exigência), diretamente legitimado pela Constituição.

Ora, a nosso ver as situações previstas neste terceiro degrau estão na nossa lei fundamental já de si fora do âmbito preceptivo da liberdade de profissão, sendo as correspondentes manifestações da personalidade protegidas por outras normas jusfundamentais (como vimos menos protetoras), designadamente pelo art.º 47.2 CRP (direito de acesso a funções públicas) e pelo 61.1 CRP (direito de livre iniciativa económica ou liberdade de empresa). Isto diferentemente da Constituição germânica, cujo art.º 12.1 tende a abranger toda a atividade lícita apta a constituir a base económica da existência individual, incluindo as atividades empresariais e aquelas cujo conteúdo radica nas tarefas reservadas ao Estado (designadamente, as profissões de exercício privado de funções públicas) – e que constituem necessariamente os campos de atividade que os juízes constitucionais alemães tiveram em mente, quando entenderam prudentemente não fechar a porta por completo à possibilidade desse terceiro grau de restrições – apesar de ser ele contrário ao próprio sentido do direito[632].

Uma vez reportados àqueles preceitos (art.º 47.2 e 61.1 CRP), não nos esqueçamos, pois, que diferentemente da lacónica Lei Fundamental alemã, a nossa Constituição cuidou de subtrair implicitamente (todas) as profissões que implicassem o exercício de funções públicas do âmbito de aplicação do art.º 47.1 CRP. Mas cuidou ainda, e sobretudo – quer na constituição estatutária (direitos fundamentais), quer na constituição programática – de identificar e consagrar ela própria (aqui explicitamente), com inusitada minúcia, os bens coletivos (quer "particularmente importantes", quer de "capital importância") justificativos da fixação de pressupostos objetivos ao direito de propriedade e à liberdade de empresa[633].

---

[632] Não por acaso, a quase totalidade das limitações objetivas introduzidas pelo legislador com invocação da salvaguarda de bens coletivos de capital importância que foram consideradas pelo Tribunal Constitucional Federal Alemão conformes à Constituição reportam-se a atividades empresariais, e não a profissões individuais.
Ao que é do nosso conhecimento, apenas na já atrás referida sentença sobre a emissão de licenças para o transporte ocasional em carros de aluguer e táxis (BVerfGE 11, 168 e ss.) considerou o Tribunal admissível uma limitação objetiva de acesso a uma atividade nitidamente individual ou profissional em função do número de operadores já existentes, ou seja, por "saturação" do mercado.
Mas esta sentença por demais infeliz, e ao que sabemos, não fez "escola", tendo sido objeto de severas críticas por parte da doutrina. Especial relevo merecem as palavras de H.-J. Papier a seu respeito: sublinhou este autor o facto de a previsão legal de uma prévia "comprovação de necessidades" (*Bedürfnisprügung*) – condicionadora da admissão de novos operadores – que se limita afinal "a proteger os já ativos no setor face a uma eventual concorrência adicional, ou direcionada à implantação de estruturas ótimas de oferta e procura (segundo o critério do legislador ou da administração) não está com toda a certeza ao serviço de uma neutralização de riscos para bens coletivos de extraordinária importância"; malgrado pois a justificação adiantada pelo Tribunal – de que a existência e capacidade operativa do serviço local de táxis constituiriam bens de extraordinária importância para a comunidade, em virtude da sua condição de suporte necessário do serviço público de transportes (o que implicaria a licitude de uma limitação objetiva de acesso na medida necessária para proteger a existência do setor e com ele o interesse público relativo ao transporte) – o facto é que, como assevera ainda H.-J. Papier, tão ilícita era a antiga concessão de farmácias como esta prévia determinação de necessidades requerida pelo citado § 9.2 PBefG (*Ley fundamental...*, cit., p. 586).
[633] Parece-nos que os autores alemães experimentam algumas dificuldades em conciliar entre si todas as consequências que se vêm obrigados a retirar da consideração unitária das liberdades constitucionais de profissão e de empresa.

Como contraponto dessas restrições constitucionais, resultou de facto uma liberdade fundamental bastante enfraquecida (a liberdade de empresa); mas por isso mesmo sentiu o constituinte a necessidade de separar as águas, e salvaguardar, em compensação, uma reforçada liberdade *de profissão* no círculo dos direitos fundamentais mais ligados à dignidade da pessoa humana. A configuração de liberdade de profissão foi por isso especialmente determinada pela singular característica dualista da Constituição portuguesa de 1976 (particularmente evidente na versão originária): ela é o principal fruto da tensão dialética entre, por um lado, a matriz liberal inspirada na Lei Fundamental alemã, e por outro, uma componente socialista especialmente adversa ao poder empresarial privado, decalcada sobretudo da antiga constituição jugoslava.

Nas palavras de M. Afonso Vaz, a liberdade de empresa, "mais do que qualquer outra liberdade, conhece limites decorrentes diretamente da Constituição («nos quadros definidos pela Constituição») ou decorrentes da lei («e pela lei»), limites que se justificam «tendo em conta o interesse geral». É manifesta, por isso, para o autor, a preocupação do art.º 61.1 CRP em condicionar o exercício da liberdade de empresa privada, dizendo-nos que há expressões abstratas do direito que a Constituição não consente, e habilitando genericamente o legislador a condicionar o seu exercício"[634].

[ROLF STOBER], por exemplo, quando se refere ao "maior grau imaginável de limitação de natureza objetiva" que se traduz na "proibição absoluta de realizar uma profissão" que impenda sobre privados (que "em relação a esse quadro de três níveis" se situaria "um ponto acima dos critérios traçados pelo Tribunal Constitucional para as limitações objetivas à liberdade de profissão"), acaba por colocar reservas à qualificação de tal proibição como um quarto degrau de restrições (por maioria de razão também só justificável pela "necessidade de proteger bens essenciais da comunidade de perigos iminentes"). O autor sustenta as suas reservas com o argumento juridicamente pouco convincente e não muito cuidado, de que tais proibições absolutas "na prática" se justificariam, por exemplo, pelo facto de serem "resultado de monopólios industriais estatais ou municipais", como seriam os casos (contemplados na sentença do TCF BverfGE 39, 329 ff.) das "agências de empregos, distribuição de correspondência, serviço funerário" (*Derecho administrativo...*, cit., pp. 149-150). Todavia, fica por explicar a compatibilização desses monopólios com a liberdade consagrada no art.º 12.1 GG, sobretudo se tivermos presente a construção também germânica (a que acima fizemos referência) da proteção constitucional de cada atividade profissional em particular, de acordo com a sua "imagem" socialmente consolidada...

[634] *Direito económico...*, cit., p. 158.

f) *O 4.º grau de restrições: a total impossibilidade de «nacionalização com instituição de uma reserva de setor público» de qualquer profissão privada*

Claro está, os poderes públicos estão inibidos não só de introduzir restrições de tipo objetivo à liberdade de profissão, mas também e ainda, por maioria de razão, de nacionalizar ou publicizar qualquer profissão privada com uma imagem socialmente consolidada. Nesse sentido, fala-nos Rolf Stober do "maior grau imaginável de limitação de natureza objetiva" quando se estabeleça um "proibição absoluta de realizar uma profissão" que impenda sobre privados – proibição essa que "em relação a esse quadro de três níveis" se situaria "um ponto acima dos critérios traçados pelo Tribunal Constitucional (Alemão) para as limitações objetivas à liberdade de profissão"[635]. Podendo assim condicionar ou restringir o conjunto de funções e tarefas tradicionalmente integrantes da imagem de cada profissão (restrições ao exercício), as restrições legais terão sempre que respeitar o núcleo essencial dessa imagem.

Não podemos por isso subscrever a posição de Rogério Ehrhardt Soares, quando o autor, referindo-se a uma profissão privada como a advocacia, admite, em abstrato, um leque de hipóteses de progressiva publicização desta atividade que chega à total estatização[636].

Diz o ilustre professor que o Estado, por desempenhar o exercício da advocacia "um papel essencial na administração da justiça, podia ter deixado os advogados na situação de agentes privados, mas cometendo-lhes uma função pública". Teríamos "então a figura do *exercício privado de funções públicas*, como sucedeu noutros tempos com os notários ou os cobradores de impostos".

---

[635] *Derecho administrativo...*, cit., p. 149-150.
[636] Pressupomos, claro, que R. EHRHARDT SOARES não tenha incluído no conceito de "Estado" o próprio poder constituinte, porque então a questão teria que ser analisada noutro plano. Aí subscrevemos, em princípio, a afirmação do autor de que a linha de fronteira entre tarefas essenciais e não essenciais "não é imutável" (quer nos situemos no pleno constitucional-formal, quer no plano constitucional-material – da "realidade constitucional"): como R. EHRHARDT SOARES, também nós pensamos que "garantindo um núcleo indestrutível de atividades essenciais, as determinações da Constituição dum país ou as forças da tradição podem fazer deslocar atividades, na zona limiar, para um outro lado da linha divisória". Contudo, sempre diríamos que uma norma constitucional que nacionalizasse a advocacia não deixaria ainda de suscitar o problema da sua... inconstitucionalidade (inserindo-se a questão na problemática tratada por Otto BACHOF das "normas constitucionais inconstitucionais" (cf. *Normas constitucionais inconstitucionais*, Coimbra, 2001, tradução e nota prévia de JOSÉ MANUEL CARDOSO DA COSTA).

Poderia "sujeitar o exercício da profissão a um ato habilitativo público, com um eventual exame de Estado, e a consequente inscrição dos advogados num registo, seguindo-se o controlo da atividade por um serviço integrado no Ministério da Justiça". Poderia "até ter ido ainda mais longe e, destruindo totalmente as bases da profissão liberal, integrar os advogados na Administração imediata do Estado e fazer deles funcionários públicos (...), como acabou por suceder com os notários"[637].

Vimos há pouco que Afonso Queiró & Barbosa de Melo, na esteira de Zanobini, afirmaram que exercendo os médicos e os advogados "uma profissão que participa *por natureza*, respetivamente, da função administrativa e da função jurisdicional", poderiam por isso "ambas ser convertidas, sem quebra do tipo personalista do nosso Estado, em serviços públicos"[638]. Mas uma vez que R. Ehrhardt Soares não parte já, neste específico caso da advocacia, da conceção da segunda destas profissões como exercício privado de funções públicas (o que prejudicaria a sua valia como exemplo, tornando inoportuna a nossa referência, pelo menos neste ponto da exposição), o fundamento da sua posição relativamente à possibilidade da estatização ou publicização da advocacia parece residir, mais vagamente, no "papel essencial" que uma profissão desempenhe para interesses valiosos como a saúde, a segurança ou a justiça.

Ora, a Constituição não confere ao Estado um poder genérico de estatizar toda e qualquer atividade profissional tradicionalmente configurada como privada, isto é, que não seja já *material* ou *formalmente* administrativa (*materialmente*, entenda-se, no sentido em que tinha sido "inventada" pelo Estado e posta a reboque da organização administrativa, não envolvendo necessariamente o exercício de poderes públicos)[639]. E não o confere, mesmo que tal atividade seja qualificável como "essencial" para os mais valiosos interesses coletivos – pense-se na medicina, na advocacia, nas profissões técnicas, e até

---

[637] *A Ordem dos Advogados...*, cit., p. 3807.
[638] *A liberdade...*, cit., p. 245, nº 35.
[639] Como diz Sergio Bartole, o legislador não tem o poder discricionário de conferir, ele próprio, às profissões liberais a qualificação de profissões "públicas": "é claro que em presença da afirmação constitucional da liberdade de trabalho", não bastaria justificar tal legislação "com uma afirmação do carácter público das atividades contidas em leis ordinárias, pois ela poderia ainda constituir uma injustificada subtração à livre disposição dos privados de um determinado campo de atividade" (*Albi, ordini professionali e diritto al lavoro, Giur. It., 1961, I, 1, ...*, cit., p. 948).

em profissões mais modestas, mas igualmente importantes, como ainda pode ser considerado o fabrico de pão em pequenas unidades de produção.

Isto, claro, para não entrar no problema da determinação do que é ou não essencial, no campo das profissões, para os fins e funções do Estado (o que nos parece problemático, para além do índice seguro que constituem os poderes de autoridade que efetivamente detêm algumas profissões exercidas por sujeitos privados – as ditas de "exercício privado de funções públicas").

Mas ainda que se ultrapasse o problema, e se chegue a uma conclusão segura, voltamos ao ponto de partida: é que num Estado que, como o nosso, assuma constitucionalmente a dignidade humana como seu valor supremo, é tão "essencial" o direito fundamental em questão como os tais interesses coletivos (não há hierarquia entre os direitos e interesses constitucionalmente protegidos – a distribuição dos custos ou sacrifícios, em caso de colisão, tem que ser operada em situações já "visualizáveis", ainda que possa ser feita preventivamente, por via geral e abstrata pelo recurso ao critério da "concordância prática")[640].

Enfim, não nos parece feliz o exemplo apontado pelo autor do que aconteceu entre nós com os notários (ou seja, com a sua publicização nos anos quarenta[641]). Também Sainz Moreno aponta as atividades próprias da profissão de notário como daquelas a "que a sociedade reconhece especial valor", tendo esse facto motivado o legislador a recolher essa situação "e a conferir-lhe eficácia pública" (a par, por exemplo, dos atestados médicos).

Mas nós vemos as coisas numa perspetiva inversa: em tais situações o Estado surge primeiro. Ou seja, a própria existência destes profissionais (notários, revisores oficiais de contas, etc.), o conteúdo mesmo das respetivas profissões só se justifica, só se concebe, mesmo economicamente, em razão do exercício

---

[640] Esta conceção implica a utilização de um critério material do interesse prosseguido. Mas como diz G. QUADRI, tal critério é cientificamente "criticável, e sobretudo perigoso: criticável porque não é através do interesse substancial prosseguido, mas sim através de caracteres formais, que a melhor doutrina identifica a atividade pública (e portanto o "fim público"); perigosa porque deixa à completa discricionariedade do intérprete" o juízo sobre a importância do fim, e portanto sobre a necessidade da restrição à liberdade de profissão (*Libertà di associazone e corporazioni pubbliche a struttura associativa*, «Rassegna di diritto pubblico», XVIII, 1963, cit., p. 223).
[641] Cfr. ALBINO MATOS, *A liberalização do notariado. Ensaio crítico*, Coimbra, 1999, p. 12.

de poderes públicos de verificação e certificação (através da prática de atos autoritários) que o Estado lhes delega[642].

Por isso não é de estranhar que aqui ou acolá, e de quando em quanto, os Estados resolvam mudar o seu estatuto (como aconteceu, aliás, entre nós, com a recente privatização dos notariados); eles não estão a fazer mais do que a alterar a organização e forma de exercício de um poder que lhes é conatural (como são os poderes de julgar, de criar impostos, de representar o Estado no estrangeiro, de organizar e manter forças armadas em função da defesa do país). Ora, é obviamente diferente o caso da advocacia, como o é de qualquer outra profissão privada, por mais útil ou necessária que seja à coletividade.

E por isso achamos também que não se pode, em termos de pura lógica, cometer (semanticamente) uma "função pública" a profissionais até então privados, como é o hipotizado caso dos advogados (transformando-a num suposto "exercício privado de funções públicas"), sem lhes delegar o exercício de *competências* (poder de praticar *atos de autoridade*). A não ser que se dê esse nome ao "fecho" de uma profissão, com a simples atribuição de um monopólio aos sujeitos privados já exercentes, através da instituição de *"numerus clausus"* e de um sistema de "nomeações" com base em critérios objetivos (ou nem isso – pense-se na atribuição de um poder discricionário à Administração de determinar a abertura de novas vagas).

Como dizíamos acima, a Constituição não confere ao Estado um poder genérico de estatizar toda e qualquer atividade económica ou profissional tradicionalmente configurada como privada. Mas não significa isso que o

---

[642] BARTOLE, ao chamar a atenção para o facto do esquema do exercício privado de funções públicas, não ter hoje "a extensão que lhe foi atribuída por quem primeiro formulou a hipótese teórica", diz que das *"libere professioni*, provavelmente, só a de notário pode ser reconduzida sem possibilidade de discussões, na medida em que a titularidade da atividade de atribuição de fé pública a atos e documentos não pode não pertencer à autoridade pública". Mas "para os advogados e procuradores, como para os médicos", abundam as dúvidas manifestadas por toda a doutrina de "que a titularidade das respetivas atividades, na sua parte principal – e excluídas certas funções certificativas em cujo exercício seria ainda reconhecível uma substituição do ente público – pertençam institucionalmente ao Estado". O autor ressalva, contudo, a estreita conexão que elas apresentam com a realização de finalidades estaduais, e o seu papel, portanto, de profissões auxiliares do Estado – sendo o seu auxílio *necessário*, vendo-se inclusive os cidadãos não habilitados obrigados a recorrer aos seus serviços (também daí o serem profissões "de necessidade pública" segundo a qualificação do Art.º 359.º do Código Penal italiano); *Albi...*, cit., p. 948.

constituinte não tenha acautelado determinados valores, e não tenha previsto a possibilidade de um forte grau de intervenção estatal na vida social, desde a citada exigência de definição legal de um setor básico vedado às empresas privadas, até, precisamente, à questão das nacionalizações. Afirma Manuel Afonso Vaz, nesse sentido, que a Constituição chega a permitir "autênticos atentados *ao direito subjetivo da livre empresa*", como "a nacionalização e «outras formas de intervenção e de apropriação coletiva dos meios de produção e solos» – (art.º 83.º) e a intervenção na gestão das empresas privadas (art.º 87.2)". Todavia – não deixa de sublinhar o mesmo autor – elas são "limitações *legítimas* pelo facto de terem sido *expressamente aceites pela Constituição*"[643].

3.1.6. Liberdade de profissão e Ordens profissionais

a) *Noções prévias: o risco acrescido para a liberdade de escolha de profissão que apresenta a opção do legislador pela autorregulação através da instituição de associações públicas profissionais de pertença obrigatória*

É corrente a asserção de que as restrições à liberdade de escolha e exercício de uma profissão de interesse público não podem ser constitucionalmente mais exigentes pelo facto de a autoridade encarregue da respetiva vigilância e regulação revestir a forma de associação pública (e não de instituto público, de entidade reguladora independente ou de organismo integrado na administração estadual direta)[644].

---

[643] *Direito...*, cit., p. 162.
[644] Neste sentido, observa Vital Moreira que, cabendo às Ordens profissionais e demais associações públicas profissionais de inscrição obrigatória o "emitir regulamentos, praticar os atos de condicionamento e de certificação estabelecidos a lei (inscrição e registo profissional, autorizações, certificados)" e "aplicar as medidas disciplinares e sancionatórias", pode o exercício de tais competências contender com a liberdade de profissão (*Administração autónoma e associações públicas*, Coimbra, 1997, p. 467). Segundo o autor – e aqui na esteira de Rogério Ehrhardt Soares (*A Ordem dos Advogados...*, cit., pp. 227 e ss.) – não pode o tratamento dessas restrições "ser constitucionalmente mais exigente no caso de elas caberem a associações públicas do que no caso em que elas são geridas diretamente por serviços do Estado"; pelo contrário, acrescenta ainda, no primeiro caso o sistema de auto-administração "retira-lhes em parte a índole de imposição estadual, contra a qual se constitui o paradigma da função protectora dos direitos fundamentais" (Vital Moreira, *Administração autónoma...*, cit., p. 469).

Não obstante, na hipótese da chamada autorregulação apenas a liberdade de profissão daqueles que já integram as associações públicas profissionais está sujeita ao mesmo nível de risco – incidindo os poderes destas entidades como incidem, em regra, sobre o momento do exercício da liberdade dos colegiados. O mesmo já não acontece no que concerne à liberdade de escolha ou acesso dos candidatos ao ingresso na profissão colegiada: como nos ensina a História, sempre que as corporações profissionais conseguem ultrapassar os quadros jurídicos da mera liberdade de associação, retomando, ora de uma forma evidente, ora sub-repticiamente (sob a capa de novos princípios organizativos, e com altruística invocação dos mais valiosos interesses coletivos), as suas ancestrais prerrogativas ao aparelho estadual, dessas investidas resultam, direta ou indiretamente, a criação de novos e injustificados obstáculos pelos indivíduos já membros da corporação profissional ao livre acesso de novos operadores à correspondente atividade profissional.

Isso mesmo é reconhecido por Vital Moreira: segundo o autor, há uma "tendência inerente a todos os organismos profissionais para limitar o acesso à profissão", nomeadamente pela elevação dos "respetivos requisitos" e pela ampliação da "esfera da sua competência exclusiva em prejuízo de profissões próximas"[645]; e fala ainda o professor de Coimbra nas "tendências corporativistas para transformar a autorregulação em meio de restrição ao acesso à profissão e de limitações à concorrência, em prejuízo dos consumidores" que constituem as mais salientes desvantagens dos sistemas de «autorregulação»[646].

Enfim, é o próprio autor que vimos acompanhando quem nota ainda o facto de a doutrina sublinhar rotineiramente a "tendência para o «fechamento social» (*social clausure*), ou seja, para a restrição da entrada na profissão, nomeadamente por meio de *numerus clausus* ou de estágios demorados e mal remunerados, pela elevação dos padrões de acesso, tudo de modo a dificultar a entrada"[647] – aumentando estes perigos "de intensidade no caso de os

---

[645] *Administração autónoma...*, cit., p. 470.
[646] *Auto-regulação profissional e administração pública*, Coimbra, 1997, p. 94.
[647] WILLIAMSON, *Corporatism in Perspective*, Cambridge, 1989, p. 172, *apud* Vital Moreira, *Auto--regulação professional...*, cit., p. 94.

organismos profissionais de autorregulação serem simultaneamente organismos de representação e defesa de interesses profissionais"[648].

Impõem-se por isso mais cautelas ao legislador a partir do momento em que opte pelo formato institucional da associação pública profissional de inscrição obrigatória como modo de regulamentação de qualquer atividade profissional que de mesma regulamentação careça, sobretudo no que respeita aos chamados «poderes de admissão». Com efeito, em sede de tutela quer do interesse público, quer da liberdade de escolha de profissão dos candidatos ao exercício profissional, não oferece o sistema de autoadministração pública as mesmas garantias de imparcialidade e de igualdade que poderia oferecer outro figurino institucional (como por exemplo o das entidades reguladoras independentes).

Segundo Jorge Bacelar Gouveia, o texto constitucional, ao mesmo tempo que positiva a liberdade de escolha e de exercício de profissão, "implicitamente abre as portas à existência e operacionalidade das associações públicas profissionais, dado que concebe a imposição de restrições no âmbito do acesso e do exercício das profissões", disso curando "o segmento que se refere às «restrições legais impostas pelo interesse coletivo...»"[649]. Ora, "as estruturas que podem corporizar essas limitações de interesse público, no âmbito estritamente profissional,", serão precisamente para o autor "as associações públicas profissionais", cujo âmbito de atuação se encontraria assim "plenamente justificado"[650].

Pois bem, e para além do que já ficou dito, merece-nos reserva a imprecisão deste último autor quando alarga a justificação da imposição de restrições no âmbito do acesso às profissões ao "segmento que se refere às «restrições legais impostas pelo interesse coletivo...»". Na verdade, e como vimos, o momento do acesso à profissão tem a ver com o "se" ("realização de substância"), isto é, com a "questão do *se* uma profissão é assumida, continuada ou abandonada – "realização de substância"[651]), incidindo aqui a restrição sobre a escolha.

---

[648] BAGGOTT, *Regulatory Reform in Britain: The changing Face of Self-regulation*, «Public Administration», 67.º-4, 1989, p. 447, *apud* Vital Moreira, *Auto-regulação profissional...*, cit., p. 94.
[649] *As associações públicas profissionais no direito português, in* J. BACELAR GOUVEIA, «Novos estudos de direito público», Lisboa, 2002, p. 284.
[650] Ibidem.
[651] R. EHRHARDT SOARES, *A Ordem...*, cit., p. 228

É paradigmática deste tipo de restrições a exigência de uma prévia qualificação para o acesso à profissão (da aquisição de determinados conhecimentos – de uma formação escolar determinada, devidamente comprovada e titulada), por poder constituir um perigo para a comunidade o exercício dessa profissão sem a qualificação exigida (dada em regra a necessidade da posse de elevados conhecimentos técnicos e científicos para o respetivo exercício, sendo tais qualificações são reconhecidas através de «atos de credenciação» emanados pela Administração que traduzem um «controlo preventivo» do exercício da liberdade de escolha de profissão (Gomes Canotilho)[652].

Ora, a mera exigência de inscrição num «álbum» ou registo profissional corporativo, como diz Carlo Lega, é "uma limitação (anda por cima contingente) ao exercício do direito de desenvolver a própria atividade profissional que não limita nem suprime o próprio direito" (*rectius*, o direito de *escolha*)[653].

Não é portanto uma restrição ao acesso ou escolha da profissão, correspondendo a um grau de maior liberdade do legislador. Trata-se de uma restrição do exercício profissional que não afeta a escolha, e que só tem a ver com o "como" ("realização da modalidade").

Assim, quer a exigência de inscrição nas Ordens, quer as subsequentes (a) prescrição do pagamento de específicos tributos profissionais (como é o caso das chamadas "quotas" cobradas pelas Ordens profissionais), (b) imposição do decurso de um período mais ou menos curto de estágio ou tirocínio, sob o controlo de uma autoridade pública (eventualmente condicionador do exercício pleno da respetiva atividade profissional), (c) sujeição a um particular corpo de normas jurídicas deontológicas (atuado por uma autoridade de polícia especial, de natureza predominantemente jurisdicional), etc., consubstanciam restrições ao momento do exercício, e não ao momento da escolha ou do acesso.

b) *A posição de reserva da Constituição face à figura da associação pública*

Voltando à exposição de Vital Moreira, não pode o sistema de autoadministração pública ainda segundo o autor constituir uma "via generalizada de

---

[652] *Fidelidade à República ou fidelidade à NATO?*, in «Estudos em Homenagem ao Prof. Doutor. A. R. Queiró», Coimbra, 1984, p. 170.
[653] CARLO LEGA, *Ordinamenti professionali*, in «Novíssimo Digesto Italiano», XII, Turim, p.11.

integração de todos os profissionais de um país", devendo antes considerar-se "exceção reservada para aquelas profissões sujeitas a regulação e disciplina pública e em que a autorregulação e autodisciplina possam ser de interesse público", por poderem as associações públicas profissionais "configurar, em si mesmas, uma limitação da liberdade de escolha e exercício de profissão"[654].

Também aqui apenas em parte subscrevemos o entendimento do professor de Coimbra: com efeito, a menção constitucional às associações públicas pretende apontar quer esta figura, quer a das organizações de moradores, como meios possíveis e constitucionalmente legítimos (dentro de conjunto mais amplo que inclui "outras formas de representação democrática") de "assegurar a participação dos interessados" na "gestão efetiva" da Administração (art.º 267.1 CRP) – mas não ao ponto de os alcandorar ao papel de "instrumentos privilegiados" de implementação deste princípio constitucional (diferentemente portanto do que sustenta Vital Moreira noutra passagem da mesma obra[655]).

Quando muito, e a existir alguma tomada de posição do constituinte face a essa específica forma de participação dos interessados (associações públicas), será ela de alguma reserva, como se infere do n.º 4 do art.º 267.º CRP, que consagra os princípios da excecionalidade ("só podem ser constituídas para...")[656], da exclusão de atividades sindicais, do respeito pelos direitos individuais dos seus membros e da formação democrática dos seus órgãos. Note-se ademais que estas reservas explícitas não são as únicas: é que as associações públicas contendem ainda com os princípios da imparcialidade e da igualdade, para além de contenderem com a liberdade de associação – o que obviamente potencia as possíveis lesões à liberdade de profissão dos que não ainda não integram o colégio.

Enfim, não cremos que a justificação para a criação de uma Ordem profissional se baste com a relevância para o interesse público que possa oferecer uma atividade profissional.

---

[654] VITAL MOREIRA, *Administração autónoma...*, cit., p. 469.
[655] *Administração autónoma...*, cit., p. 426.
[656] Como não deixa de reconhecer VITAL MOREIRA, "os art.ºs 182.º e 163.º da CRP, bem como o art.º 267.2, significam claramente que a «administração governamental» é a regra da administração pública", fugindo a administração autónoma (e nomeadamente a administração autónoma funcional, acrescentamos nós) "a esta regra" – pelo que não pode ela por isso "deixar de ser uma solução excepcional" (*Administração autónoma...*, cit., p. 253).

Com efeito, relativamente a muitas profissões que envolvem alguma qualificação e implicam responsabilidades em matéria de segurança (como as ligadas à distribuição de energia elétrica – instalação e manutenção de ligações –, ao manuseamento de produtos químicos perigosos, etc., etc.) nunca se colocou sequer a questão da respetiva colegiação numa associação pública profissional de inscrição obrigatória, pelo que não parece ser a importância dos interesses públicos envolvidos a única ou sequer a principal justificação do privilégio da participação organizada em tarefas públicas de que usufruem estes profissionais.

Tão pouco constitui explicação suficiente a especiais complexidades que possam oferecer as regras deontológicas de uma profissão, no sentido de postular necessariamente a participação dos próprios profissionais na vigilância da respetiva atividade. Mas já estamos aqui perante uma pista que nos leva à verdadeira justificação da existência das Ordens profissionais. É que, se bem pensarmos, tal participação torna-se verdadeiramente imprescindível pelo facto de só os próprios terem preparação para penetrar nos meandros dessa malha normativa estreitamente imbricada com as próprias regras técnicas da profissão em jogo. Melhor dizendo, deve-se a dita imprescindibilidade ao facto de serem as normas deontológicas por assim dizer a vertente ou o reflexo valorativo ou normativo do ramo do conhecimento em questão, acompanhando aquelas por isso necessária e simetricamente, a par e passo, as regras técnicas da profissão em toda a sua complexidade propriamente técnico-científica.

E por esta via chegamos àquela que é a nosso ver a principal justificação subjacente ao privilégio participativo conferido às profissões intelectuais protegidas: ela reside em ultima *ratio* na qualidade de (publicamente certificados ou credenciados) detentores de conhecimento científico que apresentam estes profissionais universitariamente titulados, a qual aponta para a participação nas tarefas públicas através de sistemas de autorregulação. Só se justifica pois a criação de uma associação pública profissional em função conjugadamente – e pela ordem de prioridades que se segue – (1) desta particular qualidade de possuidor de conhecimento publicamente atestada que ostenta o licenciado pela Universidade, (2) da sua posição de exercente (ou de candidato a exercente) da profissão correspondente à formação universitária recebida e ainda (3) do relevo para a sociedade e para o Estado que apresente a atividade de aplicação do ramo de conhecimento técnico-científico em questão.

c) *Limitações decorrentes do art.º 47.º, n.º 1 CRP* quer para o legislador, quer para as Ordens Profissionais, quanto à amplitude dos poderes destas sobre os seus membros e candidatos a membros

Segundo Jorge Miranda, a liberdade de profissão "é um direito, liberdade e garantia que tem essencialmente por conteúdo ou por decorrência" os seguintes "princípios" limitadores dos poderes das Ordens: *"a)* Fixação por lei – lei da Assembleia da República ou D. L. autorizado – quer dos requisitos de inscrição, quer dos do seu cancelamento; *b)* Inexistência de poder discricionário de recusar a inscrição; *c)* Acesso aos graus e especialidades com garantias semelhantes; *d)* Fixação também por lei (e não por normas emanadas da ordem ou da câmara) das incompatibilidades profissionais; *e)* Necessidade de tipificação dos pressupostos, bem como aplicação pelos tribunais judiciais, de eventuais penas de suspensão e de expulsão – por acarretarem interdição do exercício da profissão e, deste modo, se configurarem como medidas criminais (ou, ainda que assim não fosse, como manifestação do princípio geral da aplicação pelos tribunais judiciais das medidas mais gravosas para os direitos, liberdades e garantias); "*f)* Inadmissibilidade de suspensão ou expulsão por falta de pagamento de quotas (até por causa da sua natureza parafiscal, e não puramente associativa, racional é apenas a suspensão de direitos de participação – como, na linha do Parecer n.º 2/78 da Comissão Constitucional, comina, por exemplo, o art.º 79.º, al. *f)* do estatuto da Ordem dos Advogados – e não mais do que isso)"[657].

Subscrevemos quase por inteiro estes enunciados. Apenas se nos oferecem dúvidas quanto à exigência da reserva de juiz para as medidas mais gravosas em sede de liberdade de exercício de profissão – e nomeadamente no que respeita às penas de suspensão por períodos mais longos (já que como vimos são manifestamente inconstitucionais as normas que preveem as penas de suspensão por tempo indefinido ou de «irradiação» da profissão). Na verdade, e porque entendemos que os órgãos disciplinares das Ordens são verdadeiras jurisdições administrativas especializadas, ou seja, órgãos formalmente administrativos mas que desenvolvem uma função materialmente jurisdicional, preferimos colocar a ênfase nas prévias e genéricas condições

---

[657] *Ordem profissional*, «DJAP», vol. VI, 1994, p. 233.

de independência e de imparcialidade que tais órgãos têm que preencher para assegurar a sua conformidade com a Constituição: uma vez reunidas tais condições, e assegurado um recurso de plena jurisdição para um verdadeiro tribunal, não nos repugna que possam tais jurisdições aplicar em 1.ª instância as medidas de suspensão mais gravosas.

Ainda nas palavras de Jorge Miranda, a inscrição numa Ordem profissional não é para os profissionais abrangidos pela sua jurisdição apenas um "dever (ou ónus)", mas também "um verdadeiro direito": trata-se das "duas faces da mesma realidade, na medida em que, se "para se poder desenvolver licitamente a atividade profissional é preciso estar inscrito na ordem ou câmara, em compensação todo aquele que reúna as condições legais tem o direito de dela fazer parte", sendo o art.º 47.1 CRP o "título constitucional de um e outro aspeto"[658]. Como explica o autor, assim tem que ser na medida em que "à privação da liberdade negativa de associação dos profissionais relativamente à Ordem ou Câmara corresponde a privação da liberdade positiva da Ordem ou Câmara – como seria se fosse associação privada – de aceitar ou deixar de aceitar (observado o princípio da igualdade, enquanto tiver que ser observado) quem quer que seja como associado", sendo a correlação "absolutamente necessária"[659].

E no mesmo sentido se pronuncia ainda Vital Moreira: "havendo dever de inscrição como condição de exercício profissional, assiste a todos os que preencham os requisitos legais um direito a essa inscrição, sem que a associação tenha possibilidade de a recusar, nem podendo haver discricionariedade na possibilidade de recusa"; e obrigatório é ainda no entender deste último autor que "todos os fundamentos de recusa" sejam "legalmente estabelecidos" (além de "constitucionalmente admissíveis")[660].

É outra a nossa visão deste último aspeto da problemática das Ordens profissionais[661]. Com efeito, entendemos que as associações públicas de inscrição

---

[658] Ibidem.
[659] JORGE MIRANDA, *Ordem profissional*, cit., p. 233.
[660] *Administração autónoma...*, cit., pp. 470-471; tb. pp. 460-461 e 463; tb. *Auto-regulação profissional...*, cit., pp. 266-267.
[661] Sobre o tema, ver por todos JOÃO PACHECO DE AMORIM, *Associações públicas e liberdade de associação*, in «Estudos em Homenagem ao Prof. Doutor Sérvulo Correia», vol. I, pp. 345-394, Coimbra Editora, Coimbra, 2010, pp. 345-393.

obrigatória não relevam para a liberdade negativa de associação (art.º 46.3 CRP), por não serem verdadeiras associações. O problema das associações públicas profissionais de inscrição obrigatória deixa assim de ser um problema de liberdade de associação ou filiação obrigatória para ser uma mera questão de «enquadramento legal dos interessados numa instância administrativa» (W. Brhom[662])" ou de "sujeição ou pertinência de certas pessoas a uma entidade administrativa" (K. Redeker[663]).

E tal enquadramento, sujeição ou pertinência, estabelece-se *ex lege*, e não mediante um ato administrativo constitutivo ou dispositivo de inscrição, na medida em que assenta (em que tem que assentar, por imperativo constitucional) em pressupostos estritamente vinculados. Na verdade, o famoso «ato» de inscrição nas Ordens profissionais nada mais é do que uma aparência que camufla um outro fenómeno, nomeadamente um efeito *ex lege* desencadeado pela notificação da autoridade competente por parte de alguém (o notificante) de que, já preenchendo os requisitos para o exercício profissional, declara ou comunica isso mesmo à dita autoridade: que doravante irá exercer a profissão, com assunção dos inerentes direitos e deveres conexos, fornecendo-lhe «para os devidos efeitos» os dados necessários (identidade, domicílio profissional, certificados de habilitações, taxas que houver a pagar, etc.) e assim se colocando sob a sua jurisdição.

Finalmente, e de novo nas palavras de Vital Moreira, "a regulação corporativa tem de respeitar a reserva de lei constitucionalmente estabelecida para a regulação dos direitos, liberdades e garantias, em especial para o estabelecimento de restrições", carecendo de fixação legislativa "todos os aspetos que, por poderem configurar restrições à liberdade de escolha de profissão", pertençam à reserva de lei (art.ºs 18.3 e 165.1 *b*) CRP).

Para o autor que vimos acompanhando contam-se entre esses aspetos, "além dos requisitos de inscrição e de acesso às especialidades profissionais eventualmente existentes", ainda "as incompatibilidades, os deveres deontológicos e outros que possam configurar restrições àquele direito" (como a "proibição de publicidade profissional e fixação corporativa de honorários)"

---

[662] *Strukturen der Wirtschaftsverwaltung*, Estugarda, 1969, pp. 277 e ss., cit. de VITAL MOREIRA, *Administração autónoma...*, cit., p. 453.
[663] K. REDECKER, *Gegenwartzfragen der berufstandischen Selbstverwaltung*, NJW, 1954, p. 626, cit. de VITAL MOREIRA, *Administração autónoma...*, cit., p. 453.

e "os pressupostos das penas de suspensão e de expulsão (porquanto se traduzem em interdições de exercício profissional) ".

Como observa ainda Vital Moreira, uma vez que "a lei não pode delegar no regulamento a disciplina de matérias que entram na reserva de lei, está excluída a possibilidade de o estatuto da associação pública ou outra lei habilitar esta a fazê-lo". Em suma, remata o autor, "o regulamento corporacional não pode fazer mais do que organizar ou procedimentalizar as restrições estabelecidas por lei"[664].

Nos enunciados do professor de Coimbra que se acaba de reproduzir estão os princípios básicos que regem a delimitação da autonomia regulamentar das Ordens profissionais face à reserva do art.º 18.3 CRP.

d) *A lei 2/2013, de 10.01 (lei-quadro das associações públicas profissionais): regime de acesso e exercício da profissão colegiada*

Em 9 de Fevereiro de 2013 entrou em vigor uma nova lei geral das Ordens profissionais – a Lei 2/2013, de 10.01 – que revoga expressamente o anterior regime das associações públicas profissionais (lei 6/2008, de 13.02)[665]. Entre

---

[664] *Administração autónoma...*, cit., pp. 470-471; tb. pp. 460-461 e 463; tb. *Auto-regulação profissional...*, cit., pp. 266-267.

[665] A nova lei determinou a obrigatoriedade de cada uma das associações públicas profissionais de propor tempestivamente aos competentes órgãos legislativos as alterações dos respetivos Estatutos (e demais legislação aplicável) necessárias para assegurar a respetiva conformidade com aquele novo regime (comum a todas as Ordens): mais concretamente, passaram a dispor as associações públicas profissionais de um prazo de 30 dias, a contar da data da publicação da nova lei, para apresentar ao Governo uma proposta de alteração dos seus Estatutos e demais legislação aplicável, adaptando-os ao novo regime geral vigente, nos termos conjugadamente dos n.ºs 3 e 6.º do art.º 53 da Lei 2/2013. Segundo os n.ºs 1 e 2 do art.º53.º («Normas transitórias e finais»), *"o regime previsto na presente lei aplica-se às associações públicas profissionais já criadas e em processo legislativo de criação"*, devendo as primeiras (as já criadas) *"adotar as medidas necessárias para o cumprimento do disposto na presente lei"*.
Assim, cada associação pública profissional já criada ficou obrigada a, no prazo máximo de 30 dias a contar do primeiro dia útil seguinte ao da publicação da lei, apresentar ao Governo um projeto de alteração dos respetivos estatutos e da demais legislação aplicável ao exercício da profissão, a fim de os adequar ao novo regime comum (n.º 3) – prevendo-se, no prazo de 90 dias a contar do 1.º dia útil seguinte ao da publicação da lei, a apresentação pelo Governo à Assembleia da República das propostas de alteração dos estatutos das associações públicas profissionais já criadas e da demais legislação aplicável ao exercício da profissão que se revelem necessárias para a respetiva adaptação ao dito regime geral (n.º 5).

outras medidas, a Lei 2/2013 impõe um limite máximo de duração dos estágios de 18 meses (cfr. art.º 8-2/*a*)). Ao mesmo tempo, no seu capítulo III – que ostenta a epígrafe «Acesso e exercício de profissão» – limita o novo regime, também explicitamente, as restrições que a legislação setorial (e, claro está, as próprias associações profissionais através de atos próprios) pode vir a impor aos membros de cada Ordem para efeitos de inscrição definitiva. Em primeira linha, a inscrição definitiva – como de resto já previa o regime anterior – só poderá depender dos requisitos taxativamente fixados na lei de cada criação da associação ou na lei de regulação profissional (cfr. art. 24.º/5 da Lei 2/2013). Todavia – e aqui reside uma substancial diferença –, os requisitos para efeitos de inscrição definitiva taxativamente fixados por aquelas leis de criação e/ou regulação profissional deverão obedecer à previsão do art.º 24.º/6 da Lei 2/2013, que determina o depender apenas a inscrição definitiva da titularidade da habilitação legalmente exigida para o exercício da profissão.

É certo que o candidato à inscrição definitiva, para além da exigência da titularidade da habilitação legalmente exigida, poderá ainda sujeitar-se ao cumprimento de algum dos requisitos das alíneas *a)* a *c)* do art.º 24.º/6, caso estes sejam justificadamente necessários para o exercício da profissão em causa por *razões imperiosas de interesse público* ou *inerentes à própria capacidade das pessoas* (a norma reproduz aqui com precisão os fundamentos das restrições legais enunciados no art.º 47.º, n.º 1 CRP).

Assim, e em matéria de acesso e exercício de profissão, o novo regime apenas permite que sejam impostas as restrições previstas no seu art.º 24.º, com os limites estabelecidos pelo art.º 8.º/2/*a)*; a inscrição definitiva em associação pública profissional só pode depender da titularidade da habilitação legalmente exigida para o exercício da profissão, a qual apenas é cumulável com um ou mais dos três requisitos possíveis, a saber: *i)* estágio profissional com a duração máxima de 18 meses; *ii)* formação e verificação dos conhecimentos relativos ao código deontológico da profissão; *iii)* realização de exame final de estágio. A imposição de qualquer restrição por iniciativa de uma Ordem profissional, para além das restrições *supra* referidas, não é permitida pela lei geral e pela norma jusfundamental que aquela lei visa concretizar nesta matéria das Ordens profissionais de pertença obrigatória (o art.º 47, n.º 1 CRP) – sendo por isso, nessa medida, violadora do direito de liberdade de escolha de (e acesso à) profissão consagrado no dito art.º 47-1 CRP.

e) *A lei 2/2013, de 10.01 (cont.); a pretensão de superioridade normativa desta lei parlamentar sobre os estatutos das ordens, também eles aprovados por lei da AR: ensaio de justificação*

Refira-se que a Lei 2/2013 integra no seu articulado um normativo peculiar – o art.º 52.º – que confere ao regime geral por si instituído caráter imperativo e revogatório de toda a legislação setorial desconforme (e não supletivo ou subsidiário relativamente a essa legislação): segundo este preceito, *"as normas constantes da presente lei prevalecem sobre as normas legais ou estatutárias que as contrariem"*[666].

Não pode deixar de se estranhar uma tal prescrição: na verdade, sendo as associações públicas matéria (toda ela) objeto de reserva de lei parlamentar, têm (e terão) os diplomas legais setoriais reguladores de cada uma das Ordens profissionais uma força e um valor normativo iguais aos do regime comum. Qual o fundamento então desta pretensão de superioridade normativa?

Só pode ser, a nosso ver, o considerar-se a Lei 2/2013, enquanto diploma legislativo de âmbito geral em matéria de acesso e exercício de profissões reguladas e colegiadas em associações públicas profissionais de inscrição obrigatória, uma lei que reproduz e concretiza ordenamentos jurídicos superiores, nomeadamente a Constituição, o Direito da União Europeia e instrumentos de direito internacional público (a saber o «Memorando de entendimento sobre as condicionalidades de política económica», de 17 de Maio de 2011, celebrado entre o Estado português, de um lado, e a Comissão Europeia, o Banco Central Europeu e o Fundo Monetário Internacional, do outro lado).

---

[666] Dir-se-ia, atento o teor literal do preceito transcrito, que tal invalidade afeta apenas as normas setoriais *contrárias*, mas já não as que instituam regimes especiais meramente *desconformes*. Todavia, um tal entendimento tem que ser afastado, atendendo à ressalva do número seguinte (*"o disposto na presente lei não prejudica os regimes especiais previstos em diretivas ou regulamentos europeus ou em convenções internacionais aplicáveis às profissões reguladas por associações públicas profissionais"*): com efeito, deverá ler-se que "o disposto na presente *só* não prejudica os regimes especiais", ou seja, ele prejudica também os demais regimes especiais que contenham soluções *alternativas* às aqui instituídas, mesmo que não acolham soluções em rigor *opostas* a estas. Por outras palavras, a relação entre a lei geral e a legislação setorial será também de precedência, e não apenas de mera prevalência. Note-se que o entendimento acolhido só pode ser este, sob pena, quanto mais não seja, de redundância deste último preceito, atenta a preferência aplicativa que hoje a Constituição reconhece explicitamente ao Direito da União Europeia no seu art.º 8.º, 4.

No que à lei fundamental se refere, configura-se a Lei 2/2013 como lei simultaneamente *restritiva* e *concretizadora*, nesta matéria, da norma jusfundamental consagradora da liberdade de profissão, que é como se sabe um direito, liberdade e garantia pessoal consagrado no art.º 47.º, n.º 1 da Constituição – por conseguinte com um conteúdo determinado, diretamente aplicável e justiciável. Este novo regime da criação, organização e funcionamento das associações profissionais vem assim densificar a garantia constitucional constante da referida norma jusfundamental quanto às profissões cujo acesso dependa de inscrição definitiva em associação pública profissional.

É esta a função e é este, a nosso ver, o valor da Lei 2/2013, nomeadamente quando determina as restrições e, simultaneamente, fixa os limites a essas restrições que aos candidatos às profissões reguladas e colegiadas e aos já exercentes poderão ser impostas pela lei (designadamente pelos estatutos de cada Ordem e demais legislação setorial aplicável) e pelas próprias associações públicas profissionais (através de regulamento e ato administrativo).

Note-se que a liberdade de profissão dos candidatos ao exercício destas profissões tem vindo a ser generalizadamente violado pela acumulação progressiva, desde há três décadas para cá, de requisitos quer legais quer regulamentares que constrangem o conteúdo desse direito, tendência que se expressa paradigmaticamente no acesso à advocacia – sendo restringido de forma excessiva e, por isso, inconstitucional, o acesso dos candidatos, em nome de interesses pouco ou nada relacionados com razões imperiosas de interesse público ou inerentes à capacidade destes últimos.

Com o novo regime legal concretizam-se os limites que a Constituição apõe à restrição do direito de livre escolha de profissão no caso das profissões colegiadas, prevendo a superioridade das suas normas, no sentido de estas prevalecerem sobre todas as normas legais setoriais que as ponham em causa – cfr. art. 52-1 da Lei 2/2013, de 10 de Janeiro. Com o (mais limitado) elenco de restrições ora previstas por este novo regime geral – mais exaustivo, de carácter imperativo e prevalecente sobre as restantes normas legais e estatutárias setoriais – pretendeu em suma o legislador (Assembleia da República), em matéria de acesso ao exercício da profissão escolhida, travar as restrições excessivas, desnecessárias e desproporcionais que vinham sendo *inspiradas* (em sede legislativa) ou impostas (em sede administrativa) pelas associações públicas profissionais.

Tenha-se presente, num sistema constitucional como o nosso, em que tal como no germânico a liberdade de escolha profissão goza de uma proteção máxima, são incomportáveis, para lá do mínimo previsto (no caso, dos requisitos atualmente previstos no regime geral das Ordens), quaisquer novas restrições ao momento da escolha, pela submissão do pretendente à profissão a outros controlos sucessivos da idoneidade técnica e científica, ou a ulteriores procedimentos autorizativos (o que não exclui, claro está, as meras restrições ao *exercício* profissional, como as exigências de inscrição em registos, do pagamento de específicos tributos profissionais, da imposição do decurso de um período de tirocínio, da sujeição a normas deontológicas, etc.).

Reitere-se, o específico efeito de proteção dos direitos, liberdades e garantias conferido entre nós pelo art.º 18.º CRP desdobra-se em três vertentes, e que são (1) a sua *direcção (Schutzrichtung)*, a qual p. ex. os faz valer face ao legislador e ainda perante entidades privadas (efeito horizontal), (2) a sua *intensidade (Schutzdichte)*, de que resulta a salvaguarda de um núcleo essencial irrestringível a determinar caso a caso (e cujo reconhecimento é sobretudo "histórico") e, enfim, e para o que ora nos importa, (3) a respetiva *dimensão temporal (Zeitlicher Schutzerstreckung)*, através da qual se pretende resguardar a figura em questão já não dos ataques frontais, mas da acumulação ao longo do tempo de medidas restritivas sucessivas.

Ora, repita-se, a atuação das Ordens, e não poucas vezes com o respaldo do legislador setorial, tem-se traduzido num ataque ao direito de livre escolha de profissão na sua vertente da dimensão temporal, através nomeadamente da imposição de um *crescendum* de restrições cuja acumulação redunda na violação do princípio da proibição do excesso e que é causa do esvaziamento do direito.

Assim sendo, com este novo regime o quadro inverteu-se, passando a existir uma verdadeira limitação ao legislador setorial e aos poderes administrativos das Ordens na fixação dos requisitos e consequentes restrições à inscrição definitiva dos cidadãos que pretendiam exercer determinadas profissões, como é o caso dos advogados. Destarte, o acesso a qualquer profissão colegiada numa associação pública de inscrição obrigatória passou a poder depender apenas, para além da titularidade de *habilitação legalmente exigida*, de: *a) estágio profissional ou equivalente; b) formação e avaliação em matérias deontológicas; c) realização de exame final de estágio* que poderá incidir quer sobre conhecimentos técnico-profissionais (designadamente sobre as *legis artis*), quer sobre conhecimentos deontológicos – não se admitindo qualquer outra exigência que faça acrescer requisitos aos já previstos no novo regime geral, designadamente nos seus arts. 8.º e 24.º.

Quer isto dizer que todos os requisitos que o legislador da Lei 2/2013 não previu como admissíveis, são, no seu entender, excessivos em matéria de acesso e escolha de profissão; por outras palavras, determinou o mesmo legislador serem os requisitos taxativamente previstos mais do que suficientes para salvaguarda de outros direitos ou interesses constitucionalmente consagrados.

Estando aqui em causa um direito de livre escolha de profissão de cujo exercício pode resultar uma colisão com tais outros direitos ou interesses relacionados com a profissão em causa, à luz da Constituição, mais precisamente nos termos do art.º 18 CRP, na restrição operada aos direitos fundamentais deve ser sempre escolhida uma solução que, perante um conflito/colisão de direitos/bens públicos, seja aquela que menos restrinja o direito fundamental em apreço. Pois bem, dúvidas não subsistem de ter o próprio legislador confirmado o serem as restrições previstas na nova lei geral, na nova lei-quadro das profissões colegiadas, as bastantes para assegurar os demais bens jurídicos em apreço, configurando-se quaisquer outras exigências que não aquelas desnecessárias, por excessivas ou desadequadas.

Dispõem por conseguinte hoje quer os competentes órgãos das Ordens profissionais, quer sobretudo o Julgador, com este auxílio do próprio legislador, de parâmetros legais gerais de restrição/concretização do direito, liberdade e garantia em causa já suficientemente densos e precisos para poder(em) ele(s) próprio(s) formular em cada caso concreto e com muito mais segurança um juízo objetivo relativamente à conformidade ou desconformidade com o disposto no art.º 47.º, n.º 1 CRP das normas dos antigos estatutos que fixavam (e fixarão ainda) requisitos de acesso a cada profissão colegiada.

f) *A lei 2/2013, de 10.01 (cont.); as sobreposições normativas entre a Lei 2/2013 e o Decreto-Lei 92/2012, de 26.07, e a Lei 9/2009, de 04.03 que transpõem diretivas comunitárias, por um lado, e o «Memorando da Troika», por outro lado*

Frise-se, enfim, que há parcial sobreposição de normas da Lei 2/2012 com as normas legais que transpõem a Diretiva n.º 2006/123/CE (Diretiva

«Serviços»), a saber do DL 92/2010. Estão pois as profissões em causa abrangidas pelo âmbito de aplicação deste último diploma (art.ºs 2.º e 3.º), tendo todas as autoridades nacionais (legislador incluído) que respeitar as proibições estabelecidas: (i) no art.º 11.º, relativamente aos pressupostos, requisitos e condições para o acesso e exercício das atividades profissionais reguladas; (ii) no art.º 14.º, relativas às restrições à publicidade; (iii) no art.º 15.º, relativas às restrições ao exercício em conjunto ou parceria com prestadores de serviços de outros ramos de atividade; (iv) no art.º 16.º, relativamente às restrições à duração das permissões administrativas; (v) no art.º 17.º, relativamente às restrições ao âmbito territorial das permissões administrativas; (vi) no art.º 18.º, relativamente às condições de caducidade das permissões administrativas; (vii) no art.º 30.º, relativamente ao caráter imperioso da razão de interesse público em que se fundem as restrições permitidas.

Mais se refira que, sendo as profissões em causa, todas elas, profissões para as quais são exigidas qualificações profissionais, rege ainda o regime especial do reconhecimento mútuo de diplomas, hoje concentrado na Diretiva 2005/36/CE, e que foi transposta para a ordem jurídica interna pela Lei 9/2009, de 04.03.

Enfim, quanto ao direito internacional público (mais concretamente ao «Memorando de entendimento sobre as condicionalidades de política económica»), concretiza o diploma em análise o disposto nos pontos 5.31 a 5.34, relativamente às obrigações assumida pelo Estado português no que concerne às profissões reguladas em matéria (i) de eliminação das restrições à publicidade nestas profissões, (ii) de redução do número de profissões reguladas e de reservas de atividade profissional, (iii) de liberalização do acesso e exercício destas profissões a profissionais qualificados e oriundos da União Europeia e (iv) de eliminação dos requisitos que afetem o exercício das atividades em causa injustificados ou desproporcionados ao fim visado com a restrição.

CAPÍTULO II
A LIBERDADE DE EMPRESA

3.2.1. Âmbito de aplicação do art.º 61.1 CRP

a) *Iniciativa privada, iniciativa cooperativa e iniciativa autogestionária*

Nos termos do n.º 1 do art.º 61.º CRP, "a iniciativa económica privada exerce-se livremente nos quadros definidos pela Constituição e pela lei e tendo em conta o interesse geral"[667]/[661].

---

[667] Sobre a liberdade de empresa, ver ANTÓNIO SOUSA FRANCO, *Nota sobre o princípio da liberdade económica*, "BMJ", 355, 1986; AFONSO R. QUEIRÓ & A. BARBOSA DE MELO, *A liberdade de empresa e a Constituição*, in "RDES", 1967; JORGE MIRANDA, *Iniciativa económica*, in "Nos dez anos da Constituição", Lisboa, 1986, pp. 69-80; VASCO MOURA RAMOS, *O direito fundamental à iniciativa económica privada (art. 61°, n.° 1, da CRP): termos da sua consagração no direito constitucional português*, "BFDUC", vol. LXXVII, 2001, pp. 833-871; J. M. COUTINHO DE ABREU, *Limites constitucionais à iniciativa económica privada*, em «Estudos cm homenagem ao Prof. Ferrer Correia», Coimbra, 1984; A. SOUSA FRANCO & G. OLIVEIRA MARTINS, *A Constituição Económica Portuguesa. Ensaio interpretativo*, Coimbra, 1993; MANUEL AFONSO VAZ, *Direito Económico*, 3.ª ed., Coimbra, 1994; LUÍS S. CABRAL DE MONCADA, *Direito Económico*, 4ª ed., Coimbra, 2003; ANTÓNIO CARLOS DOS SANTOS, MARIA EDUARDA GONÇALVES & Mª. MANUEL LEITÃO MARQUES, *Direito Económico*, 4ª ed., Coimbra, 2001; ALESSANDRO PACE, *Problemática delle liberta costituzionale*, Pádua, 1992, pp. 339 e ss.; G. ARIÑO ORTIZ, *Principios constitucionales de la libertad de empresa. Libertad de comercio e intervencionismo administrativo*, Madrid, 1995; PAOLO BARILE, *Qualche noterella sulla grande impresa nella costituzione*, in "Scritti in onore di Egídio Tosato", v. II ("Libertà e autonomie nella costituzione"), pp. 563-570; ANTONIO BALDASSARE, *Iniciativa economica privata*, EdD; PAOLO BERRETA, *Osservazoni in tema di limiti alla libertà d'iniziativa economica privata con panicular riferimento alla giurisprudenza della corte costituzionale*, in "Rass. Dir. Pubbl.", 1970, 1, p. 313; ENZO CHELI, *Libertà e limiti all iniziativa economica privata nella*

Este preceito consagra a nosso ver (e algo diferentemente do que sustenta a doutrina dominante, a começar por Gomes Canotilho & Vital Moreira[669]) um genérico direito de livre iniciativa económica privada de que as restantes "iniciativas" previstas nos n.ºs 2 a 5 do mesmo artigo constituem formas particulares de exercício, e que por razões de ordem vária são objeto de específicas previsão e proteção.

Com efeito, (1) os *sujeitos* ativos das iniciativas previstas nos nºs 2 a 5 são todos eles *privados* (inclusive os trabalhadores a quem cabe em exclusivo o direito conferido pelo n.º 5), (2) o sujeito passivo é sempre o Estado (segundo Gomes Canotilho & Vital Moreira estará afastada "a autogestão em relação a empresas pertencentes ao setor privado", nas quais os trabalhadores têm apenas "o direito de controlo de gestão"[670]) e (3) o respetivo âmbito (e como melhor veremos adiante) é sempre o da *empresa*, pese a circunscrição do direito

---

giurisprudenza della corte costituzionale e nella dottrina, em "Rass. Dir. pubbl.", 1960, 471; A. Di-Majo, *Libertà di iniziativa economica e valori costituzionali*, «Valori-costituzionali», pp. 267-282; Didier Ferrier, *La liberté du commerce et de l'industrie*, in Cabrillac, Frison-Roche, Revet (org.), "Droits eL libertés fondamentaux", 4. ed., Paris, 1997, pp. 505-517; Francesco Galgano, *La liberté di iniziativa economica privata nel sistema delle libertà costituzionali*, in «Trattato di diritto commerzial e di diritto pubblico dell'economia», v. I (La costituzione economica)», Pádua, 1977; Sebastian Martin-Retortillo, *Esbozo historico sobre la libertad de comercio y la libertad de industria*, in «Libro homenaje al Profesor Jose Luis Villar Palasi», Coordinacion R. Gomez--Ferrer Moraut, Madrid, 1989, pp. 697-716; J. M. Martinez-Val, *El contenido esencial de la libertad de empresa*, «Revista General de Derecho», 41, pp. 3167-3194, 1985; Fritz Ossenbühl, *Las libertades del empresario según la Ley Fundamental de Bona*, "REDC", Ano II, n.º 2, 1991; Giorgio Oppo, *L'iniziativa economica*, in «La costituzione economica a quarant'ani dell'approvazione della Carta Fondamentale», Milão, 1990, pp. 35-80; O. Renard-Payen, *Principe de la liberté de commerce et d'industrie*, in «Jurisclasseur Admjnistratif», 1992, vol. 3, p. 255; e V. Spagnuolo Vigorita, *Attivité economica privata e potere amministrativo*, Nápoles, 1962, e *L'iniziativa economica privata nel diritto pubblico*, Nápoles, 1959.

[668] O presente capítulo corresponde, com alterações e acrescentos relevantes, ao trabalho que publicámos sob o título *"A liberdade de empresa"*, in «Nos 20 anos do Código das Sociedades Comerciais. Homenagem aos Profs. Doutores Ferrer Correia, Orlando de Carvalho e Vasco Lobo Xavier», vol. II (Vária), Coimbra Editora, 2007, pp. 849-929.

[669] *Constituição Anotada*, cit., p. 326 e ss. Entendem estes autores que o art.º 61.º contempla "as diversas formas constitucionalmente tipificadas de iniciativa económica não pública" – a saber, a iniciativa privada (art.º 61.1), a iniciativa cooperativa (art.º 61º, nºs 2, 3 e 4) e a iniciativa autogestionária (art.º 61.5).

[670] *Constituição Anotada*, cit., p. 329.

de livre iniciativa autogestionária à *gestão* da empresa, e não também à sua *criação*[671].

Articulando o art.º 61.º com outro que lhe está materialmente muito próximo – o art.º 86.º («Empresas privadas»), que prevê o apoio à atividade empresarial e a respetiva fiscalização (n.º1), regula os casos pontuais de intervenção pública na gestão das empresas privadas (n.º 2) e abre caminho à vedação de setores básicos da economia à iniciativa económica privada (n.º 3) – adiante-se que, segundo o nosso entendimento, este artigo na sua globalidade alcança não apenas as empresas que integram o setor privado, mas todas as demais empresas privadas em sentido amplo, ou seja, também as empresas pertencentes ao setor cooperativo e social. Note-se ainda que está a nosso ver longe de ser decisivo, no sentido contrário ao que se acaba de sustentar, o argumento sistemático de que as empresas cooperativas estão constitucionalmente reguladas pelo artigo anterior (art.º 85.º - «Cooperativas e experiências de autogestão»): na verdade, este último artigo limita-se a consagrar o reforço do princípio do fomento económico no que respeita às entidades que integram o terceiro setor, não constituindo uma regulação constitucional das empresas cooperativas e autogestionárias «equivalente» ou alternativa à de um art.º 86.º circunscrito às empresas do segundo setor.

Assim, e contrariamente ao que defende Jorge Miranda[672], quando a Constituição prevê no seu art.º 86.3 a possibilidade de delimitação de setores básicos vedados "às empresas privadas e a outras entidades da mesma natureza", parece-nos evidente – e nem de outra forma poderia ser – que se deve entender por entidades da "mesma natureza" todas as que tenham também natureza privada. São destarte abrangidas por esta última expressão – e por conseguinte excluídas dos setores básicos vedados – todas as restantes entidades *privadas* ou *não públicas*, incluindo as cooperativas e demais empresas do terceiro setor.

---

[671] Sublinhando a *empresa* como "unidade económica e social" que enquanto "conceito que vai muito para além da mera forma societária", e portanto como resultado também do exercício das iniciativas cooperativa e autogestionária, A. Sousa Franco & G. Oliveira Martins, *A Constituição Económica...*, cit., p. 208; refere-se ainda à "liberdade de empresa das cooperativas", e a estas empresas como "empresas sob forma associativa" com "gestão democrática", L. Cabral de Moncada, em *Direito económico*, cit., p. 145; usando ainda as mesmas expressões, Jorge Miranda, *Iniciativa...*, cit., p. 79.

[672] *Iniciativa económica*, cit., p. 78.

Reitere-se, no respeitante à *summa divisio* entre entidades públicas e privadas, e como é doutrina pacífica, não há *tertium genus*...

Inexiste pois uma geométrica correspondência entre "iniciativa privada" e "setor privado dos meios de produção", e entre "iniciativa cooperativa e social" e "setor cooperativo e social de propriedade dos meios de produção" (art.º 82.º CRP), até porque se assim fosse ficariam fora do âmbito de proteção do art.º 61 CRP a fundação e desenvolvimento das organizações previstas na novel al. *d)* do art.º 82 CRP[673] – organizações essas cujo carácter empresarial, insista-se, não deverá ser liminarmente excluído pelo facto de não terem fim lucrativo[674].

Não obstam enfim a tal simplificação, segundo cremos também, a diversidade dos regimes consignados no art.º 61.º CRP – designadamente (1) a impossibilidade de restrições legais à criação de cooperativas, (2) no extremo oposto a sujeição "em pleno" da iniciativa autogestionária a uma reserva de lei conformadora (lei essa ainda hoje inexistente), e – num grau intermédio – (3) a outorga ao legislador de algum poder de conformação quanto às demais formas de iniciativa económica privada reconduzíveis ao n.º 1 do citado art.º 61.º CRP.

Uma última observação ainda neste ponto: na nossa opinião, o direito de constituição de cooperativas para a prossecução de fins – e através de atividades – não económicos, ou em que a componente económica seja irrelevante, cai no âmbito de proteção do art.º 46.º CRP (liberdade de associação), e não no do art.º 61.2 CRP. Na verdade, e por definição, qualquer cooperativa é (ou deveria ser) um operador económico ou seja, uma empresa, extraindo-se esse traço característico do respetivo regime. Por isso se situa (*grosso modo*) o respetivo figurino institucional num ponto intermédio entre os da associação e da sociedade comercial; aliás, ainda há não muito tempo, e já sob a égide da Constituição de 1976, o seu *nomen juris* era o de "sociedades cooperativas"...

---

[673] Art.º 82.º, n.º 4: «*O setor cooperativo e social compreende especificamente*: (...): d) *Os meios de produção possuídos e geridos por pessoas coletivas, sem carácter lucrativo, que tenham como principal objetivo a solidariedade social, designadamente entidades de natureza mutualista*».

[674] No sentido da desvalorização do fim lucrativo como elemento essencial da empresa, ver PAOLO SPADA, *Libertà di associazione e forme dell'esercizio colletivo dell'empresa*, em «La costituzione económica a quarant'anni dall'aprovazione della carta fondamentale», Milão, 1990, pp. 174-175.

b) *Direito de livre iniciativa económica privada e liberdade económica privada: a exclusão da liberdade de consumo e dos atos e operações económicas singulares do âmbito do art.º 61.º CRP*

A liberdade fundamental ora objeto da nossa análise está radicada na ideia de dignidade da pessoa humana[675], configurando-se por isso como (mais) um direito especial de personalidade – sendo esta uma das razões que concorrem para a sua (pacífica) qualificação como direito, liberdade e garantia de natureza análoga[676].

Mas se por um lado o direito de livre iniciativa económica privada constitui uma projeção do direito geral de personalidade na atividade produtiva, por outro lado também se ergue, enquanto princípio objetivo, como fundamento da ordem liberal da economia consagrada na Constituição.

Note-se todavia que com a revisão constitucional de 1997 se autonomizou a garantia institucional relativamente ao direito subjetivo: com efeito, a economia de mercado assente na empresa privada (ainda que "no âmbito de uma economia mista") enquanto instituição passou a estar garantida na atual al. *c)* do art.º 80.º (a qual consagra como princípio em que assenta a organização económico-social a "Liberdade de iniciativa e de organização empresarial no âmbito de uma economia mista"). Terá sido intenção do constituinte a

---

[675] Valor este consagrado, como vimos, no art.º 1.º CRP, e concretizado no direito geral de personalidade do art.º 26.1 CRP e nos preceitos materialmente constitucionais do Código Civil que consagram os princípios da autonomia da vontade e da liberdade contratual.

[676] Como ensina Vieira de Andrade, tal analogia de natureza deve "respeitar, cumulativamente, a dois elementos: tratar-se de uma posição subjetiva individual que possa ser referida de modo imediato e essencial à ideia de dignidade da pessoa humana, isto é, que integre a matéria constitucional dos direitos fundamentais; e poder essa posição subjetiva ser determinada a um nível que deva ser considerado materialmente constitucional" (*Os direitos fundamentais na Constituição Portuguesa de 1976*, 2.ª ed., Coimbra, 2001, p. 193). Para Gomes Canotilho são ainda traços característicos o recorte "logo a nível constitucional" de "uma pretensão jurídica individual (direito subjetivo)" a favor do titular "com o correspondente dever jurídico" do destinatário passivo, e por conseguinte a *aplicabilidade direta* e a *determinabilidade constitucional* do conteúdo da dita pretensão (e não simplesmente legal), o carácter *self executing* (atendendo à sua "radicação subjetiva") e ainda a prevalência da *função de defesa* dos particulares quer perante entidades públicas, quer perante entidades privadas (*Direito Constitucional e Teoria da Constituição*, 7.ª ed., Coimbra, 2003, pp. 401-402). Sobre o ponto da situação em geral na doutrina e na jurisprudência, ver ainda Vasco Moura Ramos, *O direito fundamental...*, cit., pp. 851 e ss.).

expressa consagração como garantia institucional de uma mesma "liberdade de iniciativa e de organização económica" em simultâneo benefício quer dos particulares quer das entidades públicas (e daí a referência ao "âmbito de uma economia mista"), pois só assim se explica (ou seja, por arrastamento) a autonomização de algo (a livre iniciativa económica privada como garantia institucional) que de outro modo constituiria uma inútil duplicação do art.º 61.1 CRP[677].

Refira-se enfim, e ainda a este propósito, que toda a iniciativa pública, na expressão de L. S. Cabral de Moncada, "consome" o "âmbito material da iniciativa económica privada"[678], consubstanciando, por definição uma limitação a esta liberdade[679].

O objeto desta específica proteção constitucional é a escolha e exercício de uma atividade – quer por iniciativa *individual*, quer de forma *consociada* – no domínio da produção e distribuição de bens e serviços. Mas importa caracterizar com mais precisão tal atividade: desde logo, estarão abrangidos no domínio especificamente protegido pelo art.º 61.1 CRP todos e quaisquer atos de conteúdo económico, ou, diferentemente, circunscreve-se o âmbito de aplicação da norma tão só a atividades organizadas e com vocação duradoura?

Apontam para uma noção abrangente, entre outros, A. Sousa Franco & G. Oliveira Martins, definindo o direito de livre iniciativa económica privada como "um direito que consiste em tomar todas as iniciativas que sejam conformes ao ordenamento (a Constituição e a lei) para produzir bens e serviços"[680]. Para os mesmos autores equivaler-se-iam assim os conceitos de (direito de livre) *iniciativa económica privada* e de *liberdade económica privada*, apresentando esta liberdade (incluída por eles no núcleo das liberdades individuais) como

---

[677] Inútil duplicação na medida em que é de há muito pacífica a qualificação de uma disposição de direito fundamental como norma consagradora a uma vez de um direito subjetivo público e de uma garantia constitucional – constituindo precisamente o nosso art.º 61.1 CRP um exemplo paradigmático dessa polivalência.

[678] *Direito económico*, cit., p. 123.

[679] Sobre os limites à iniciativa económica pública impostos por esta disposição de direito fundamental, ver João Pacheco de Amorim, *As empresas públicas no direito português. Em especial, as empresas municipais*, Coimbra, 2000, pp. 97-104.

[680] *A Constituição económica...*, cit., p. 196.

principais expressões a *liberdade de contratar*, a *liberdade de trabalho*, a *liberdade de empresa* e a *liberdade de consumo*[681].

Vejamos se assiste razão aos autores que se acaba de citar – ou seja, se se deverão ainda incluir no âmbito de aplicação do art.º 61.1 CRP outros domínios da atuação humana, para lá da atividade empresarial de produção de bens e serviços – desde logo (I) a contraposta atividade de consumo desses bens e serviços (enquanto liberdade de escolha e aquisição de bens e serviços disponíveis no mercado) e ainda (II) os atos e operações económicas esporádicos que não revistam as características de estabilidade próprias das atividades profissional e empresarial – desmentindo-se dessa forma a existência de uma perfeita identificação do direito de livre iniciativa económica privada com a liberdade de empresa (iniciativa empresarial).

Começando pela «liberdade de consumo», diga-se desde já que não consideramos que ela possa integrar a liberdade de empresa pela mesma ordem de razões que adiante de explanarão relativamente à liberdade de trabalho.

Com efeito, trata-se de uma posição jurídica de que é titular o adquirente dos bens ou serviços produzidos ou prestados pelas empresas[682], não devendo ser cometida ao art.º 61.1 CRP uma função de simultânea proteção agora das posições também contrapostas do empresário (que vende bens e serviços) e do consumidor (que os adquire)[683].

No que respeita aos atos e operações económicas singulares, outra atenção merece a transposição para o nosso direito da ideia de algum modo corrente

---

[681] *A Constituição económica...*, cit., p. 192.

[682] Como é óbvio, quando o empresário compra a outro matérias-primas ou serviços "a jusante" necessários ao desenvolvimento do seu negócio ele será já (pelo menos formalmente) "consumidor" desses bens e serviços. Mas este tipo particular de "consumo" tende a furtar-se ao paradigma do consumidor (basta pensar-se nas grandes superfícies que se abastecem junto de pequenos e médios fabricantes), que é mais o "grande público", o cliente final da cadeia económica.

[683] Importa ainda separar aquilo que é propriamente *liberdade* (fundamental), e que mais não é do que a clássica liberdade contratual (a qual, do lado dos consumidores de bens e serviço – do grande público, dos consumidores finais, – é tutelada reflexamente pelo direito da concorrência, um direito que como se sabe consubstancia todo ele uma restrição à liberdade contratual dos empresários), dos *direitos* (fundamentais) dos consumidores propriamente ditos contemplados no art.º 60.º. Sobre estes últimos ver J. C. Vieira de Andrade, *Os direitos dos consumidores como direitos fundamentais na Constituição portuguesa de 1976*, BFDC, vol. LXXVIII, Coimbra, 2002, pp. 43-64.

na doutrina italiana de que o uso da expressão mais ampla de "iniciativa económica" (liberdade de) em vez da vulgar expressão "liberdade de empresa", visaria, essencialmente, abranger as "operações económicas singulares sujeitas a uma disciplina publicística – ou que pudessem vir sê-lo no futuro", por causa da "influência que, evidentemente no seu complexo, se considera exercerem sobre o bom andamento da economia nacional: pense-se na exportação de determinados produtos, nas especulações de Bolsa, nos pagamentos ao exterior, etc."[684].

Para muitos autores transalpinos, pois, "tais atos ou atividades, ainda que levados a cabo fora de qualquer estrutura empresarial, devem considerar-se compreendidos no conceito de iniciativa e submetidos à disciplina do art.º 41.º CI"[685]. Ora, esta abrangência faria de facto entre nós algum sentido, visto ter sido claramente o art.º 41.1 da Constituição italiana a norma constitucional estrangeira que inspirou a redação do art.º 61.1 CRP – razão pela qual de resto privilegiamos na interpretação deste preceito os contributos da doutrina juspublicista daquele país.

Todavia, tais atos precários e sem ligação entre si devem ser excluídos do domínio de aplicação do art.º 61.º CRP, sobretudo desde que, com a revisão constitucional de 1997, a nossa Constituição, no seu art.º 26.1 – no que já mereceu a qualificação de "revolução (silenciosa) no sistema constitucional de direitos, liberdades e garantias"[686] – passou a prever expressamente como autónomo direito, liberdade e garantia pessoal um direito geral de liberdade de atuação (o direito ao livre "desenvolvimento da personalidade").

---

[684] V. Spagnuolo Vigorita, *L'iniziativa...*, cit., pp. 72-73.

[685] V. Spagnuolo Vigorita, idem. Nesse sentido, ver também, e entre outros autores, F. Galgano, *La libertà di iniziativa...*, cit., pp. 3-4 e Enzo Cheli, *Libertà...*, cit., p. 273. Recorde-se, todavia, que subscrevem em contrapartida o entendimento de que o art.º 41.º CI se limita a disciplinar a atividade empresarial autorizadas vozes, como as de Bertolino (*L'attività economica nella costituzione italiana*, in «Commentário sistematico alla Costituzione Italiana», dir. Calamandrei e Levi, Florença, 1950, I, p. 410), Abbamonte (*Libertà e convivenza*, Nápoles, 1954, p. 139), Natoli (*Limiti costituzionale della autonomia privata nel rapporto di lavoro*, Milão, 1955, p. 114), Ugo Coli (*Proprietà...*, cit., p. 363), Sabino Cassese (*Beni publici...*, cit., pp. 31 e ss.), Giovanni Quadri (*Diritto pubblico dell'economia*, cit., p. 64) e M. S. Giannini (*Diritto pubblico dell'economia*, cit., pp. 175-176, em especial nota 1) – citados por Enzo Cheli (*Libertà...*, cit., p. 272, nota 13) e A. Pace (*Problematica...*, cit., pp. 464-465).

[686] M. Rebelo de Sousa & J. Melo Alexandrino, *Constituição da República Portuguesa Comentada*, Lisboa, 2000, p. 110.

Com efeito, a expressa afirmação do âmbito próprio de aplicação deste novo direito fundamental de liberdade tem por consequência, em todos os casos em que legítimas dúvidas se levantavam quanto à inclusão desta ou daquela «realidade da vida» carente de proteção em qualquer dos direitos especiais da personalidade, o resolver-se tal dúvida a favor do direito geral de liberdade, ou seja, no sentido da inclusão de tal «realidade» no seu genérico âmbito de proteção.

Repita-se, não significa este entendimento que não consideremos por um lado dignos do especial regime de proteção constitucional dos direitos, liberdades e garantias, e por outro lado passíveis de restrição nos termos do mesmo regime, os atos e operações económicas que não apresentem as características de estabilidade e continuidade próprias da atividade empresarial (assim como da atividade profissional). Simplesmente, (sobretudo) a partir do momento em que passou o direito geral de atuação a ter o expresso estatuto constitucional de direito, liberdade e garantia integrado no catálogo, tais atividades que se possam (também) considerar como manifestações da personalidade – designadamente da autonomia da vontade, quando elas se traduzam na prática de negócios jurídicos[687] – e instrumentos do seu desenvolvimento, mas que não se desenhem indiscutivelmente no recorte de cada um dos direitos especiais da personalidade, deverão cair sob a alçada da cláusula geral contida no art.º 26.1.º CRP[688].

c) *À laia de conclusão: a equivalência entre as expressões «direito de livre iniciativa económica privada» e «liberdade de empresa»*

A. Sousa Franco & G. Oliveira Martins começam por recusar uma perfeita identificação do direito de livre iniciativa económica privada com a liberdade

---

[687] Como sublinha R. Capelo de Sousa, a liberdade negocial é "também um direito de personalidade, por vezes de primacial importância enquanto expressão do poder de autodeterminação do homem", constituindo "os negócios jurídicos, enquanto emanação da autonomia da vontade privada", uma significativa "expressão do direito personalístico à liberdade" (*O direito geral de personalidade*, Coimbra, 1995, pp. 448-449).

[688] Para M. S. Giannini, esta asserção não é sequer discutível, por cair no domínio do "óbvio": tais "atividades económicas que não se exprimam em forma de empresa", no caso, "não interessam à normação jurídica se não enquanto atividade privada que se desenvolve mediante atos jurídicos e contratos, e que esteja no domínio do lícito" (*Diritto pubblico dell'economia*, Bolonha, 1977, pp. 179-180, nota 1).

de empresa (iniciativa empresarial), também na medida em que, abrangendo a iniciativa económica "todas as formas de produção, individuais ou coletivas", as empresas seriam apenas "formas de organização com características substancial e formal (jurídica) de índole capitalista, normalmente contempladas", quando privadas, "como objeto principal ou exclusivo pelo direito comercial"; assim, ficariam de fora não só as residuais "formas não empresariais da iniciativa (...) nas áreas da indústria e serviços", mas também as iniciativas económicas do setor primário (também excluídas, como se sabe, do âmbito de aplicação do direito comercial)[689]. Todavia, no mesmo trabalho, e um pouco adiante, algo contraditoriamente, já os mesmos autores reconhecem que o conceito de *"empresas* vai muito para além da mera forma societária (que é exercício do direito de associação: art.º 46.º CRP): o regime da empresa, unidade económica e social, transcende-a"[690].

Apenas subscrevemos o entendimento destes autores quanto à identificação das empresas enquanto realidades constitucionalmente "recebidas" como "formas de organização" com características de "índole capitalista" – compreendendo designadamente todas as organizações com *"um património autónomo, afeto especificamente à produção especializada de certos bens ou serviços"*, que baseiem *"a sua organização na contribuição diferenciada dos fatores de produção"*, e onde a *"contribuição dos diversos fatores de produção"* seja prestada com recurso *"ao princípio do mercado e em função do preço que nele se forma"*[691].

Já não deve pois na nossa opinião ser o preenchimento do conceito constitucional de empresa[692] completado ainda quanto a um aspeto formal ou jurídico[693] pela mera remissão para conceitos legais infraconstitucionais

---

[689] *A Constituição económica...*, cit., pp. 196-197.
[690] *A Constituição económica...*, cit., p. 208.
[691] A. SOUSA FRANCO & G. OLIVEIRA MARTINS, *A Constituição ...*, cit., pp. 45-49.
[692] Como melhor veremos, malgrado não constar o conceito de empresa do texto do art.º 61.1 CRP, tal realidade económica constitui por excelência o objeto desta norma (mesmo para quem não entenda como nós que com tal realidade se esgota o mesmo objeto) – operando-se assim uma remissão para os outros locais da Constituição onde o dito conceito é expressamente enunciado.
[693] Neste sentido, e quanto à questão da empresa como conceito jurídico em geral para efeitos de uma eventual receção de um tal conceito pela Constituição, sustenta J. M. MARTINEZ VAL que "para pisar com uma certa segurança um terreno tão movediço é conveniente partir do que na realidade económico-social é a empresa, ou, se se preferir, partir da empresa como realidade mais do que como conceito doutrinal, quase indefinível" (*El contenido esencial...*, cit., p. 3170).

ademais privativos de um determinado ramo do direito (designadamente do direito comercial)[694]. Como bem observa J. M. Coutinho de Abreu, não pode constituir para tanto um critério seguro a distinção que nos é proposta pelo nosso oitocentista Código Comercial, entre atividades económicas sujeitas ao direito comercial e atividades não sujeitas ao mesmo direito – não constituindo sobretudo hoje o critério legal para a qualificação de uma organização produtiva como empresa (com a consequente sujeição ao referido ramo do direito) fixado no século XIX um critério racional e justo, mesmo para efeitos do próprio direito comercial[695].

Não será pois a nosso ver a forma jurídica sob a qual é exercida uma atividade económica, e a concomitante circunstância de se lhe aplicar ou não o direito comercial, o critério decisivo para enquadrar constitucionalmente a mesma atividade como "empresa". Assim sendo, uma empresa agrícola, desde que seja qualificável como empresa pela aplicação dos critérios económicos e organizacionais a que a aceção comum ou corrente do conceito faz apelo, e ainda que não revista a forma de sociedade comercial, nem por isso deixará de ser considerada como «empresa» no plano jurídico-constitucional, seja para efeitos de proteção/concretização do direito fundamental que assista aos seus titulares, seja ao invés como específico fundamento de restrição legal do mesmo direito[696].

---

[694] Não significa isto que se deva ignorar por completo o contributo fornecido pelo direito comercial para a delimitação constitucional do conceito de empresa. Na verdade, e como sublinha GIORGIO OPPO, em virtude de no plano cronológico se verificar as mais das vezes uma inversão da relação entre o direito infraconstitucional e a Constituição (relativamente "àquela que se diria ser a natural ordem sistemática"), dado serem os princípios constitucionais posteriores aos códigos que regulam as relações económicas (como é entre nós o caso paradigmático do Código Comercial, que antecede a Constituição de 1976 em quase cem anos), é um facto que as normas constitucionais pressupõem "conceitos normativos essenciais, a começar pelos de contrato, empresa e trabalho" (L'iniziativa..., cit., p. 41). Simplesmente, tais conceitos têm necessariamente que passar por uma reelaboração que impeça o fenómeno da "usurpação do conteúdo normativo-constitucional por conceitos, teoria e tradições infraconstitucionais" (J. J. GOMES CANOTILHO, Constituição dirigente e vinculação do legislador, Coimbra, 1982, p. 406).
[695] Da empresarialidade (as empresas no direito), Coimbra, 1996, pp. 96-97. Note-se sobretudo o hiato que hoje se verifica entre o restrito e formal conceito de empresa que nos oferece o oitocentista Código Comercial, e o cada vez mais importante conceito comunitário de empresa, como se sabe amplíssimo.
[696] A jurisprudência mais antiga do Tribunal Constitucional italiano fazia "reentrar no art.º 41.º CI todas aquelas atividades industriais, comerciais e ainda agrícolas as quais, ainda que

É claro que o direito de livre iniciativa económica privada é predominantemente exercido em forma consociada, ainda que não o seja exclusivamente; ou seja, em regra o seu exercício traduz-se *ab initio* na constituição de sociedades pluripessoais, pois a criação de empresas não é as mais das vezes uma iniciativa de um só indivíduo, mas de vários que se *associam* para o efeito. E daí a importância da forma jurídica societária. Todavia, repita-se, e parafraseando de novo A. Sousa Franco & G. Oliveira Martins, o conceito de *"empresa* vai muito para além da mera forma societária (que é exercício do direito de associação: art.º 46.º CRP): o regime da empresa, unidade económica e social, transcende-a"[697].

Refira-se ainda que a análise textual do art.º 61.1 CRP, e designadamente o conceito de "iniciativa económica" objeto do direito fundamental cujo "livre exercício" é garantido naquele preceito, confirma a conclusão a que chegámos com recurso a argumentos ordem sistemática, de que face à nossa Constituição «direito de livre iniciativa económica privada» e «liberdade de empresa» são expressões equivalentes[698] – pelo que passamos a utilizar esta última designação, em virtude das suas maiores simplicidade e precisão.

exercitadas através de uma organização ou num modo tal" que não pudesse "ser qualificado como atividade empresarial em sentido estrito", desde que tivessem "determinadas características comuns, decantadas de quando em quando em face da sua colocação no interior do processo produtivo, da sua incidência sobre o andamento da economia nacional, da sua finalização económica" – características essas que as diferenciavam claramente da atividade cujo conteúdo fosse "a prestação de um trabalho subordinado, o exercício de um trabalho autónomo ou de uma profissão liberal", ou ainda cuja finalidade fosse diversa (PAOLO BERRETTA, *Osservazioni...*, cit., p. 316). Esta orientação foi contudo posta em causa em época mais recente, tendo alguns acórdãos determinado nomeadamente a exclusão de entidades como as empresas agrícolas do âmbito do preceito, e a inclusão do trabalho autónomo no mesmo âmbito (sobre a jurisprudência mais recente, ver A. PACE, *Problematica...*, cit., e GIORGIO OPPO, *L'iniziativa...*, cit.).

[697] *A Constituição económica...*, cit., p. 208. Acresce que atualmente já não coincidem necessariamente a forma societária e a iniciativa em forma consociada: por um lado, pode uma sociedade ser fundada e constituída por um só indivíduo (caso das sociedades unipessoais); e por outro lado, nem sempre uma iniciativa de carácter exclusivamente económico em forma consociada tem que assumir a forma societária (caso das cooperativas – as quais, e desde que o legislador adaptou o respetivo regime à nova Constituição, deixaram de ser "sociedades cooperativas").

[698] No mesmo sentido parecem apontar entre nós GOMES CANOTILHO & VITAL MOREIRA, quando sustentam que a liberdade de iniciativa privada "consiste, por um lado, na liberdade de iniciar uma atividade económica (direito à empresa, liberdade de criação da empresa) e, por outro lado, na liberdade de gestão e atividade de empresa (liberdade de empresa, liberdade

Com efeito, é a própria noção de iniciativa económica que na etimologia da palavra (na língua em que está redigida a disposição de direito fundamental que inspirou o nosso constituinte para a redação do preceito homólogo) "remete, linguisticamente, para a noção de empresa, pelo parentesco lexical entre «iniciativa» e «intrapresa» económica e pela sequência: «intrapresa» económica – «impresa»[699] económica – «impresa» sem adjetivo, que está na raiz do moderno conceito de empresa (conservando-se da expressão «empresa económica» apenas a palavra empresa por antonomásia)"[700]. Ainda segundo Francesco Galgano, explica-se o recurso a este termo sobretudo por exigências de "entoação do discurso constitucional, atenta a intrínseca eficácia legitimante da locução «iniciativa económica, capaz de sublinhar no plano linguístico aquele momento «propulsivo» e «criativo» da atividade do empreendedor que estava presente no originário conceito de empresa e que o moderno, objetivado (...) conceito de empresa perdeu" – mas "que a cultura industrial moderna recupera utilizando a schumpeteriana qualificação de empreendedor como «inovador»"[701].

Não deixe de se referir que duas cartas de direitos fundamentais próximas no tempo e no espaço da nossa Constituição – designadamente o Capítulo dos "Derechos y libertades" da Constituição espanhola de 1978, no seu art.º 38.º[702], e a Carta de Direitos Fundamentais da União Europeia, no seu art.º 16.º[703] – utilizam a precisa expressão "liberdade de empresa".

Duas observações ainda a este respeito: a primeira é que, como é óbvio, na expressão iniciativa económica privada se deve compreender não apenas

---

de empresário)" (Constituição Anotada, cit., p. 327), A. Sousa Franco & G. Oliveira Martins, ao afirmar que "nos sistemas capitalistas, quem diz iniciativa económica produtiva, diz empresas" (A constituição..., cit., p. 208), e António C. dos Santos, M. Eduarda Gonçalves & Maria M. Leitão Marques, para quem este direito fundamental "traduz a possibilidade de exercer uma atividade económica privada, nomeadamente através da liberdade de criação de empresas e da sua gestão" (Direito económico, 4.ª ed., Coimbra, 2001, p. 45).

[699] Empresa.
[700] Franceso Galgano, La libertà di iniziativa..., cit., p. 3.
[701] Franceso Galgano, La libertà di iniziativa..., cit., p. 4. Sobre a visão de Schumpeter relativamente ao papel do empresário na economia, ver A. Sousa Franco & G. Oliveira Martins, A Constituição económica..., cit., pp. 47 e 48.
[702] "Art.º 38.º – Reconhece-se a liberdade de empresa no marco da economia de mercado (...)".
[703] "Art.º 16.º (Liberdade de empresa) – É reconhecida a liberdade de empresa, de acordo com o direito comunitário e as legislações e práticas nacionais.".

a atividade de criação e constituição de uma empresa, e o acesso desta ao mercado, mas ainda todas os demais atos e atividades inerentes à vida e desenvolvimento da mesma empresa[704]; e a segunda observação – e sem prejuízo do que adiante se dirá sobre o regime constitucional da delimitação dos setores – é que deve ser rejeitada, por absoluta falta de fundamento positivo, a exclusão do âmbito de proteção do art.º 61.1 CRP (corrente na doutrina e jurisprudência constitucionais italianas) das empresas cujo fim económico seja tido como "secundário" e "instrumental" (como as empresas "jornalísticas, didáticas, científicas, assistenciais, etc."[705]).

Do que se vem de expor se conclui ser o «direito de livre iniciativa económica», enquanto liberdade circunscrita à iniciativa empresarial, uma liberdade (por definição) *institucional*, agora não no sentido de garantia da instituição «economia de mercado», mas no sentido de ser tão só a realidade ou domínio protegido pela disposição de direito fundamental aquela particular «forma de vida» fruto da projeção da personalidade no campo das atividades económicas que na linguagem comum se designa por *empresa* – a qual constitui uma realidade institucional por excelência.

Sendo como vimos o direito de livre iniciativa económica privada ou liberdade de empresa (indiscutivelmente e por definição) uma liberdade pessoal ou individual, ele tutela assim uma realidade bifronte, uma moeda que apresenta sempre duas faces[706], nomeadamente a pessoa individual do empresário e a

---

[704] Acórdão n.º 78 de 1958 do Tribunal Constitucional Italiano (cit. ENZO CHELI, *Libertà*..., cit., p. 274, e A. PACE, *Problematica*..., cit., p. 461). Sobre este ponto, ver sobretudo A. PACE, loc., cit., pp. 461-463.

[705] ENZO CHELI, *Libertà*..., cit., p. 273. Ver, a este propósito, o Acórdão do Tribunal Constitucional italiano citado pelo autor – n.º 29 de 1957 (op. cit., p. 274).

[706] Independentemente da dimensão que venha a assumir a empresa (do seu "volume e influência"), e como alerta J. M. MARTINEZ VAL, há que sempre "distinguir entre empresa e empresário, seja este individual ou social, evitando o que na Alemanha se chamou a *personalização* da empresa": nunca se pode "anular a importância e o papel da pessoa individual do empresário, e, em definitivo, a sua qualidade de titular da liberdade de empresa", pois "não se pode nem deve evitar, do ponto de vista jurídico, na dicotomia empresário-empresa, o reconhecimento expresso daquele como centro de relações jurídicas, inspirador e concertador da organização de todos os seus elementos" (*El contenido esencial*..., cit., pp. 3170-3171 e 3174). Outra crítica às tentativas de dissociação entre empresa e empresário pode-se ver em F. GALGANO, *La libertà di iniziativa*..., cit., pp. 516-522.

empresa/realidade institucional como sua emanação, o criador e a criatura – não obstante se tratar de uma dupla tutela de «geometria variável».

Ainda no que respeita ao direito de livre iniciativa económica como um direito a fundar empresas e ao desenvolvimento da respetiva atividade, reitere-se que não sendo ele exclusivamente exercitável em forma consociada, nem por isso deixa de ser predominantemente um direito de criar sociedades – porquanto, repita-se, a criação de empresas não é na maioria dos casos uma iniciativa de um só indivíduo, mas de vários que se *associam* para tal efeito sob a forma societária. Apresenta-se por isso (todo) o art.º 61.º CRP – isto é, na medida em que tutela também e sobretudo formas específicas de associação (designadamente a associação com fins lucrativos, ou sociedade comercial, e a cooperativa, que tem também em princípio escopo lucrativo) – como norma especial face à genérica liberdade de associação consagrada no art.º 46.º CRP[707].

Uma vez assente que o art.º 61.1 CRP se esgota na proteção da liberdade de empresa, passemos então à identificação das diversas dimensões em que esta se desdobra.

A liberdade empresarial começa por ser uma liberdade de fundar uma empresa e uma liberdade de aceder ao mercado, e de realizar o correspondente investimento inicial[708], ou seja, uma liberdade de "iniciar uma atividade económica (direito à empresa, liberdade de criação da empresa)"[709]. Tal como na liberdade de profissão, é pois crucial (ainda que não exclusiva) a proteção deste momento da escolha e acesso a uma determinada atividade económica, por confronto com a do mero exercício[710].

---

[707] No mesmo sentido (de que a forma societária resulta em regra "do exercício do direito de associação: art.º 46.º CRP"), ver A. SOUSA FRANCO & G. OLIVEIRA MARTINS, *A Constituição económica...*, cit., p. 208.

[708] FRITZ OSSENBÜHL, *Las libertades...*, cit., pp. 21 e ss. No direito francês, também DIDIER FERRIER distingue a "liberté d'entreprendre" – que abrangeria "a possibilidade para toda a pessoa física ou moral de se instalar criando ou adquirindo uma empresa", e a de "exercer ainda a atividade da sua escolha" – da "liberté d'exploiter" (que se traduziria "na possibilidade para toda a pessoa de gerir a sua empresa à sua maneira" (*La liberté...*, cit., pp. 508-509).

[709] GOMES CANOTILHO & VITAL MOREIRA, *Constituição Anotada*, cit., p. 327.

[710] Note-se que mesmo no direito francês – onde o estudo destas liberdades não está particularmente desenvolvido e onde a jurisprudência é também igualmente parca na matéria – tal distinção e as suas consequências em sede de tutela jurídica não escaparam à atenção do Conselho Constitucional: apesar de a liberdade de comércio e indústria ser considerada

Configuram-se assim como restrições constitucionalmente previstas a esta inicial liberdade de escolha, desde logo, a fixação de *limitações objetivas de acesso*, como a definição de setores *básicos* vedados à iniciativa económica privada (art.º 86.3 CRP). Mais corrente é a exigência da posse de determinados requisitos em sede de localização, capital, equipamentos e recursos humanos – falando-se nesta segunda hipótese, e designadamente quando a lei exija aos responsáveis técnicos e/ou gerentes e administradores das empresas a constituir determinadas aptidões, qualidades ou habilitações profissionais, em *limitações subjetivas de acesso*.

Mas para além da (1) liberdade de iniciativa propriamente dita (direitos de fundação da empresa e de acesso ao mercado), são ainda objeto da proteção do art.º 61.1º CRP – e seguindo agora a sistematização de Fritz Ossenbühl – (2) a "liberdade de organização do empresário"[711] (que inclui a "forma de organização da empresa", a "formação e composição dos órgãos da empresa" e a escolha entre os modelos de centralização ou descentralização (liberdade de abertura de filiais e sucursais), (3) a "liberdade de direção da empresa"[712] ou "de gestão da empresa"[713] (que inclui a "liberdade de disposição" dos recursos materiais e humanos da empresa, a liberdade de produção e as liberdades de reforço do investimento inicial e de desenvolvimento)[714], (4) a "liberdade da atividade da empresa no mercado" (que inclui a liberdade de fixação de preços, a "liberdade de distribuição e venda", a "liberdade de concorrência e publicidade" e a liberdade contratual)[715] e a (5) "proteção da existência da

---

pela doutrina e jurisprudência dominantes um simples princípio geral de direito (e não um "princípio fundamental reconhecido pelas leis da República" – e nessa qualidade objeto de consagração constitucional) conferiu o Conselho valor constitucional à "liberdade de empreender" na sua decisão de 16 de Janeiro de 1982 (D. 1983, 169): "... a liberdade que nos termos do artigo 4.º da Declaração (dos direitos do homem e do cidadão) consiste em poder fazer tudo o que não prejudique outrem, não seria ela própria preservada se restrições arbitrárias ou abusivas afetassem a liberdade de empreender".

[711] *Las libertades...*, cit., pp. 26 e ss.
[712] Fritz Ossenbühl, *Las libertades...*, cit., pp. 29 e ss.
[713] Gomes Canotilho & Vital Moreira, *Constituição Anotada*, cit., p. 327.
[714] Fritz Ossenbühl, *Las libertades...*, cit., pp. 29 e ss.
[715] Fritz Ossenbühl, *Las libertades...*, cit., pp. 32 e ss.

empresa" (através da "proteção da integridade" da empresa "estabelecida e ativa" e em geral da "garantia da propriedade")[716].

d) *Distinção de figuras afins: liberdade de empresa e direito de propriedade; liberdade de empresa e liberdade de profissão (remissão)*

Importa analisar, ainda dentro deste parágrafo, as relações entre a liberdade de empresa e o direito de propriedade (mais especificamente a garantia de propriedade de meios de produção).

Como realça Fritz Ossenbühl, as liberdades de profissão e de empresa e a proteção da propriedade "são os pilares da liberdade económica": enquanto as primeiras protegem "a aquisição", a segunda "protege o já adquirido"[717].

Mas não existe apenas esta "relação funcional" entre os referidos direitos[718]. Com efeito, no que respeita agora apenas à liberdade de empresa, e quanto ao momento da *iniciativa* propriamente dita ou *acesso*, comece-se por se sublinhar que não é dissociável a liberdade de investimento – de "destinação do capital ao processo produtivo"[719] – do direito consagrado no art.º 61.1 CRP, pelo facto de recair a dita liberdade de investimento, dada a sua característica de "modo de disposição de um «direito real»"[720], no direito de propriedade tutelado no artigo seguinte (art.º 62.º CRP)[721]. Quanto mais não seja pela pura

---

[716] Fritz Ossenbühl, *Las libertades...*, cit., p. 36 e ss. e H.-J. Papier, *Ley fudamental...*, cit., p. 588. A. Pace, empreendendo uma classificação semelhante, refere como "faculdades e poderes que compõem o direito de liberdade económica" a (1) "faculdade de escolha da atividade económica no âmbito dos objetos constitucionalmente ou legislativamente não vedados", a (2) "faculdade de reunir capitais para a realização da iniciativa económica", a (3) "faculdade de organizar-se para o prosseguimento do fim económico predeterminado", a (4) "faculdade de desenvolvimento dos empreendimentos licitamente iniciados", o (5) "poder de fixar um preço ou, quando menos, uma compensação razoavelmente remuneradora do bem produzido o do serviço prestado" e o (6) "poder de gerir autonomamente a atividade previamente escolhida" (*Problematica...*, cit., pp. 490 e ss.).
[717] *Las libertades...*, cit., p. 36.
[718] Segundo a expressão usada pelo TCF em BVerfGE 50, 290, p. 365 (sentença citada por Ossenbühl, *Las libertades...*, cit., p. 36, nota 167).
[719] A. Pace, *Problematica...*, cit., p. 472-473.
[720] A. Pace, *Problematica...*, cit., p. 473, nota 10.
[721] Entre nós, especificam António C. dos Santos, M. Eduarda Gonçalves & Maria M. Leitão Marques que "a liberdade de criação de empresas e da sua gestão" compreende

e simples impraticabilidade de tal dissociação, antes se nos afigura aqui uma coincidência de âmbitos, ou concorrência ideal, entre um e outro direito[722].

No que se refere ao momento do exercício, importa agora chamar a atenção para o facto de a última das quatro vertentes supra identificadas em que este momento por sua vez se desdobra – a da "proteção da existência da empresa"[723] – gozar também da proteção do art.º 62.º CRP. Note-se contudo que a proteção constitucional da propriedade de meios de produção abarca apenas *"a empresa estabelecida e activa"* à data, ou seja, "não protege senão o património atual de bens valiosos, isto é, o já adquirido" – e não também "as possibilidades de trabalho" e demais "benefícios associados à atividade empresarial" (H.-J. Papier[724]). Assim, e como explica ainda Papier, "enquanto as intervenções dos poderes públicos na atividade individual laboral e produtiva caem debaixo da esfera de proteção"[725] da disposição de direito fundamental consagradora da liberdade de empresa (entre nós o art.º 61.1 CRP), já "as limitações estaduais à titularidade, exploração e aproveitamento do património acumulado e atualmente existente"[726] se terão que aferir pelos parâmetros do preceito constitucional consagrador do direito de propriedade (que na nossa lei fundamental é o art.º 62.º).

Como é óbvio, não implica a distinta função de garantia que compete à liberdade de empresa e ao direito de propriedade de meios de produção, reitere-se, o serem estas "mutuamente excludentes em sentido estrito": se a limitação estadual afetar "tanto a atividade em si mesma" considerada "como o património", ambas as disposições de direito fundamental terão que operar cumulativamente (H.-J. Papier[727]), também e ainda numa situação de coincidência de âmbitos, ou "concorrência ideal" (Ossenbühl[728]) entre um e outro direito.

---

como componentes, e entre outros, *"a liberdade de investimento ou de acesso (...)"* (*Direito económico*, cit., p. 45).

[722] Sobre esta "dupla garantia" da liberdade de investimento, ver, na doutrina alemã, Scholz, *Entflechtung und Verfassung*, 1981, p. 108 (remissão de Ossenbühl, *Las libertades...*, cit., p. 37, nota 175).

[723] H.-J. Papier, *Ley fundamental...*, cit., p. 588.

[724] Ibidem.

[725] Ibidem.

[726] Ibidem.

[727] Ibidem.

[728] Nas palavras de Ossenbühl, a atividade económica "e o uso da propriedade podem ser coincidentes; dito em termos jurídicos: estão em concorrência ideal" (*Las libertades...*, cit., p. 36).

Enfim, quanto à liberdade de trabalho como uma especial expressão de um abrangente direito de livre iniciativa económica, não nos parece razoável nem a qualquer título necessário (como acontece sob a égide da Constituição alemã, em que uma só disposição de direito fundamental pretende abarcar as liberdades de trabalho e de empresa) que ao art.º 61.1 CRP seja acometida uma função de simultânea proteção das posições contrapostas do trabalhador subordinado e da sua entidade patronal (que é normalmente uma empresa)[729].

A título de exemplo, as liberdades da entidade empregadora e do trabalhador, de celebrar ou não o contrato de trabalho, constituem manifestações respetivamente, por banda do empregador, da liberdade contratual geral (e eventualmente da liberdade de empresa, se de uma empresa se tratar), e por banda do trabalhador, da particular liberdade consagrada no art.º 47.1 CRP (assim como constitui também uma manifestação desta última específica e autónoma liberdade a faculdade de rescisão unilateral do contrato de trabalho pelo trabalhador). Trata-se de duas categorias de labor humano não apenas absolutamente distintas, mas também e sobretudo tendencialmente contrapostas.

Mas não só a liberdade de escolha e exercício de trabalho subordinado deverá ser excluída do âmbito de aplicação do art.º 61.1 CRP: cremos não se justificar do mesmo modo a inclusão nesse âmbito da outra específica modalidade de atividade laboral, que é o trabalho autónomo. E também não se justifica tal, na nossa opinião, não só porque a liberdade de escolha (e exercício) de trabalho ou profissão (seja de trabalho subordinado, seja de trabalho autónomo) é já à partida objeto de uma autónoma e *completa* proteção no art.º 47.1 CRP[730], como sobretudo pelo facto de, como vimos, a inserção deste

---

[729] Neste sentido, realçam GOMES CANOTILHO & VITAL MOREIRA a circunstância de não estar o direito de livre iniciativa económica privada constitucionalmente ligado à liberdade de profissão (*Constituição Anotada*, cit., p. 326).

[730] Quanto ao facto de o art.º 47.1 CRP oferecer uma tutela *completa* à liberdade de profissão, não queremos deixar de sublinhar que se não justificam por isso entre nós as reticências levantadas por boa parte da doutrina juspublicista italiana à recondução daquela liberdade ao art.º 4.º da Constituição italiana (que tutela o direito ao trabalho), atento o risco de insuficiente tutela que no entender desses autores transalpinos envolve a invocação desta norma (que foi pensada e redigida pelo constituinte de 1947 com os olhos postos no tutela do trabalho subordinado) – o que leva essa mesma doutrina a sentir a necessidade de "optar por um mal menor", com a colocação do trabalho autónomo sob o "chapéu" apesar de tudo protetor da norma constitucional consagradora do direito de livre iniciativa económica (art.º 41.º CI),

último preceito no catálogo dos direitos, liberdades e garantias pessoais implicar uma proteção *mais intensa* do que a concedida aos direitos de liberdade "económicos e sociais"[731]/[732].

Note-se por fim que a necessária delimitação dos âmbitos de aplicação dos art.ºs 47.1.º e 61.1.º CRP se pode também justificar, e ainda que em menor medida, por razões de sentido inverso às que se acaba de referir, ou seja, em

estendendo (algo forçadamente) o âmbito deste preceito constitucional a toda a atividade económica privada.

[731] A deslocação da liberdade de profissão dos direitos fundamentais económicos, sociais e culturais para o catálogo dos direitos, liberdades e garantias "pessoais" traduziu o formal reconhecimento, garantia e proteção pelo constituinte duma "densidade subjetiva" reforçada (implicando essa densidade "uma tendencial conformação autónoma e disponibilidade por parte dos seus titulares" – J. J. GOMES CANOTILHO, *Direito...*, cit., p. 538.) – ou seja, acentuou no plano jurídico-constitucional a sua configuração de direito mais intimamente ligado à personalidade.
Mesmo a doutrina e a jurisprudência constitucionais alemãs, face (indiscutivelmente) a um único preceito consagrador de toda a liberdade económica (art.º 12.1 GG), não deixam de reconhecer a necessidade de se estabelecerem dois distintos âmbitos de proteção face ao legislador: um âmbito mais amplo nos casos em que o exercício da liberdade profissional constitua uma expressão do desenvolvimento da personalidade, e um âmbito mais restrito (ou seja, mais sujeito à intervenção do legislador) quando em virtude da dimensão da organização económica se perca, em grande medida, esta componente pessoal e de direito individual (neste sentido, ver OSSENBÜHL, *Las libertades...*, cit., pp. 19-20, e H.-J. PAPIER, *Ley fundamental...*, cit., p. 583).
[732] Mais ou menos no mesmo sentido da sistematização proposta por A. SOUSA FRANCO & G. OLIVEIRA MARTINS, só que no quadro do dilema similar que se apresenta à doutrina juspublicista transalpina quanto à inserção constitucional da liberdade de trabalho e profissão (art.º 4.1 CI *versus* art.º 41.1 CI), opina GIORGIO OPPO que a hipótese de as atividades em questão serem objeto do direito consagrado no art.º 4.1 CI "não conduziria na verdade a considerar supérflua a inclusão na previsão do art.º 41.1 CI".
Todavia, o perigo desta dupla inclusão para a liberdade de trabalho e profissão está bem evidente nas cogitações expendidas pelo citado autor no mesmo local, que aqui transcrevemos sem mais comentários: nessa perspetiva de recondução do trabalho autónomo, incluindo as profissões intelectuais, à previsão do art.º 41.º CI, GIORGIO OPPO, depois de afirmar que reconhecer a liberdade de escolha e exercício destas atividades "não significa subtraí-las às condições e limites que a mesma previsão constitucional legitima" – e que pelo contrário, a necessidade de sujeição a tais tipos de condições e limites, "ainda que obviamente com adequação à natureza da atividade e dos interesses envolvidos", só reforçaria a necessidade de subsumir as ditas atividades àquele preceito constitucional –, chega a cogitar o "não ser de excluir mesmo uma intervenção «programadora», por exemplo, uma limitação do acesso a uma ou outra profissão, quanto mais não fosse, do acesso aos (respetivos) estudos"! (*L'iniziativa economica*, in «La costituzione economica a quarant'anni dell'approvazione della Carta Fondamentale», Milão, 1990, p. 48).

função de *maiores possibilidades de restrições*, designadamente no que respeita ao exercício liberal das profissões intelectuais protegidas, em concreto quanto aos aspetos deontológicos e disciplinares, à publicidade e concorrência, à forma jurídica da atividade exercida (proibição de constituição de sociedades comerciais de responsabilidade limitada), etc.[733].

Em suma, independentemente – claro está – da existência de uma concorrência ideal de ambos os direitos em determinados segmentos dos respetivos «domínios existenciais»[734] (parcial coincidência de âmbitos obviamente inevitável, dada a proximidade das figuras, como melhor veremos adiante), não parece constituir à partida a liberdade de profissão sequer um subtipo do direito de livre iniciativa económica privada (apresentando as respetivas normas consagradoras entre si uma relação norma especial/norma geral)[735]: estamos antes perante tipos distintos de direitos fundamentais, que apresentam um *objeto* e um *conteúdo* essencialmente diversos[736].

Mas esta questão é tudo menos simples, e não pode ser dada por encerrada com estas breves considerações. A liberdade de empresa, face à liberdade de profissão, está em permanente crise de identidade: dedicaremos pois por

---

[733] Ainda que em menor medida, repita-se, e sem prejuízo da recentíssima evolução ditada pelo direito comunitário, nomeadamente da «Diretiva Serviços», no sentido da abolição dessas restrições, e que será mais à frente objeto do devido tratamento.

[734] J. J. GOMES CANOTILHO, *Direito constitucional e Teoria da Constituição*, cit., p. 1262.

[735] Como poderão ser considerados, por exemplo, o direito de reunião face ao direito de manifestação e a liberdade de associação política e de constituição de partidos políticos face à liberdade de associação (cfr. J. BACELAR GOUVEIA, *Os direitos fundamentais atípicos*, Lisboa, 1995, pp. 129-130).

[736] De acordo com o ensinamento de J. J. GOMES CANOTILHO, enquanto o *objeto* dos direitos fundamentais é o «domínio normativo» das normas que os consagram, ou seja, "determinados «bens» ou «domínios existenciais» (exemplo: a vida, o domicílio, a religião, a criação artística (...), «realidades da vida» que as normas captam como «objeto de proteção» " [sendo tais " «âmbitos» ou «domínios protegidos» pelas normas garantidoras de direitos fundamentais" designados de várias outras formas: "«âmbito de proteção» («Schutzbereich»), «domínio normativo» («Normbereich»), «pressupostos de facto dos direitos fundamentais» («Grundrechtstatbestände»)"], o *conteúdo* dos mesmos direitos já não pode ser constituído por essas «realidades da vida» ou «dados reais», mas um conjunto de específicos direitos que os "garantem ou protegem" e que aqueloutros direitos fundamentais configuram para tornar *operativa* a proteção daquelas realidades, designadamente "*direitos subjetivos* (...), *direitos de prestação* (...), *direitos processuais e procedimentais* (...), *garantias de instituto e garantias institucionais* (...) *e direitos de participação* (...) (*Direito constitucional e Teoria da Constituição*, cit., pp. 1262-1263).

isso um relativamente longo excurso sobre a matéria, no ponto que se segue, encerrando com ele a genérica questão da delimitação dos respetivos âmbitos.

3.2.2. Liberdade de empresa e liberdade de profissão

a) *Aspetos comuns*

Constitui a comum matriz da liberdade de profissão e da liberdade de empresa o direito geral de personalidade, que se desdobra num princípio constitucional de liberdade (de atuação) extensível a toda a atividade produtiva, e que constitui fundamento, aliás, da ordem liberal da economia e da sociedade consagrada na Constituição – assumindo assim igualmente um cariz institucional (proteção da economia de mercado enquanto instituição). Independentemente de se configurar na legislação ou na realidade social como "empresa" (atividade económico/empresarial) ou como "profissão" (atividade profissional em regime de trabalho autónomo), a atividade – quer a (estritamente) *individual*, quer a *consociada* – no domínio da produção é hoje objeto de uma genérica proteção constitucional, como garantia institucional, certamente, mas, no que nos importa, também e sobretudo como liberdade individual radicada na ideia de dignidade da pessoa humana[737], desdobrando-se em direitos fundamentais que na nossa lei fundamental se reconduzem à categoria dos direitos, liberdades e garantias pessoais.

Note-se, neste ponto, que sendo possível "uma discriminação entre maiores e menores empresas (...) não tanto por motivos atinentes à sua *medida*, mas pelos *interesses públicos* que se concentram sobre as maiores, e que as diferenciam precisamente por isso das menores"[738], nunca o desenvolvimento, expansão ou crescimento da empresa (quer em abstrato, quer em concreto) anula a dimensão de direito da personalidade da liberdade empresarial – ao invés do que alguma doutrina e jurisprudência (nacionais e estrangeiras) pretendem sugerir, no sentido de os seus titulares serem hoje preponderantemente "mastodônticas instituições económicas dotadas de personalidade jurídica"

---

[737] Valor este consagrado, como vimos, no art.º 1.º CRP, e concretizado no direito geral de personalidade do art.º 26.1 CRP e nos preceitos materialmente constitucionais do Código Civil que consagram os princípios da autonomia da vontade e da liberdade contratual.

[738] Paolo Barile, *Qualche noterella...*, cit., p. 567.

e não mais empresários individuais, o que excluiria esta liberdade do círculo das "expressões vivas da própria dignidade humana"[739].

Como nota A. Pace, não só a matéria dos direitos fundamentais pessoais deixou de ter "como exclusivo referente a pessoa física", como "por detrás do esquema da personalidade jurídica privada (a que se reporta a titularidade dos direitos da pessoa que não pressupõem a pessoa física), é ainda e sempre o homem que pensa, decide, cria, comunica, manifesta, etc., e que, assim fazendo, e enquanto tal, desenvolve «a sua personalidade» naquela determinada formação social"[740]. Ainda nas palavras de Galgano, "a liberdade económica pode manifestar-se como liberdade do indivíduo (...) ou como liberdade coletiva (...), isto é, e neste segundo caso, "pela participação no exercício coletivo da atividade da empresa"[741].

Naturalmente, face ao nosso direito constitucional, esta liberdade coletiva ou de exercício coletivo (situação em que o indivíduo apenas pode exercer uma liberdade "em associação com outros titulares de direitos fundamentais"[742]) ora se configura como *liberdade empresarial* propriamente dita e como direito de propriedade de meios de produção (numa situação de coincidência de âmbitos ou concorrência ideal de direitos), no que respeita aos proprietários ou titulares da empresa (que são os que detêm uma "posição de decisiva participação no processo de formação da vontade coletiva", estando por isso associados à chamada "comunidade de riscos e benefícios"[743]), ora como *liberdade profissional* dos demais agentes da empresa (gestores, diretores e restantes funcionários).

---

[739] A. Baldassare, *Iniziativa economica...*, cit., pp. 597 e 599.
[740] *Problematica delle libertà costituzionali*, Pádua, 1992, p. 474.
[741] Art.º 41.º, in G. Branca (org.), «Commentario della Costituzione», Tomo II («Rapporti economici»), Bolinha/Roma, 1982, p. 6.
[742] H.-J. Papier, *Ley fundamental...*, cit., p. 573.
[743] H.-J. Papier, *Ley fundamental...*, cit., p. 573. O Tribunal Constitucional Federal Alemão tem-se inclinado muito mais para esta interpretação referida no texto das "liberdades económicas preferentemente a partir das suas origens histórico-culturais", acabando, nesse sentido, "por reduzi-las a uma estrita questão individual" – aceitando por isso indevidamente que "macroestruturas societárias", e com isso "importantes formas de expressão da atividade privada, acedam a um *status* quase-público, em última análise isento ou à margem dos Direitos fundamentais, devido ao seu – em parte indispensável, mas em qualquer caso irreversível – alto grau de associação ou coletivização" (ibidem).
Papier critica severamente esta tendência do TCF para "absolver" o legislador das intervenções restritivas da organização interna das grandes empresas – falando o autor num "negligente

Em suma, e seguindo de perto a sistematização de A. Sousa Franco[744] e Manuel Afonso Vaz[745], ambas as liberdades económicas constituem possibilidades de livre expansão da personalidade, em atos com conteúdos e fins económicos[746]; em atos quer materiais (liberdade de atuação material, ou liberdade em sentido estrito), quer sobretudo jurídicos (liberdade de atuação jurídica traduzida no exercício de competências – prática de atos jurídicos unilaterais e, sobretudo, celebração de contratos[747]). Nas suas expressões nucleares, elas são: *a)* liberdades individuais, tal como a liberdade pessoal (em sentido estrito – art.º 27 CRP) e as liberdades cultural, científica e técnica (art.º 42.º CRP); *b)* liberdades de produção ("todas as iniciativas relativas à criação dos meios e formas de satisfação de necessidades")[748].

As duas liberdades em análise concretizam-se do mesmo modo, à partida, na liberdade de estabelecimento, através da criação de organizações produtivas", tanto "coletivas (com ou sem personalidade jurídica) " como individuais, no "acesso das mesmas ao mercado", e na "liberdade de atuação no mesmo mercado".

---

abandono de uma conexão de princípio entre a garantia das liberdades fundamentais e o *regime jurídico interno da empresa privada*": o autor, depois de constatar que em virtude do "processo de crescimento dificilmente corrigível das entidades económicas dominantes, o indivíduo apenas em associação com outros titulares de Direitos fundamentais poderá assegurar as suas liberdades económicas fundamentais", conclui que "o Direito procedimental e de organização das sociedades com fim lucrativo adquire uma importância vital" para a efetivação daquelas liberdades – convertendo-se "o exercício individual das liberdades" cada vez mais "num problema de organização" (*Ley fundamental...*, cit., p. 573). Deste modo, prossegue PAPIER, "eventuais mutações no regime jurídico interno das empresas ou sociedades podem privar da sua eficácia" ou tornar "disfuncionais liberdades constitucionalmente garantidas" (*Ley fundamental...*, cit., pp. 573-574).

[744] Em *Nota sobre o princípio da liberdade económica*, BMJ, n. 355, 1986, pp. 11-40.

[745] Em *Direito...*, ob. cit., loc. cit..

[746] Também a liberdade de empresa, portanto: nas sugestivas palavras de A. PACE, consistindo como consiste a iniciativa económica numa " (contínua) cativação do sistema económico e na (contínua) organização do processo produtivo e de troca de bens e serviços (...)", ambas as vertentes se apresentam como típicas manifestações do livre dispêndio de energia humana e portanto dos direitos da pessoa" (*Problematica...*, cit., p. 472).

[747] Para M. AFONSO VAZ, "liberdade de contratação" (*Direito...*, cit., p. 157).

[748] SOUSA FRANCO, *Nota...*, cit., p. 15. Releva aqui a pessoa humana na sua dimensão espiritual ou intelectual como causa da específica proteção, verificando-se por conseguinte um paralelismo da atividade profissional como "produto do espírito", na sua irredutível individualidade, com as liberdades de criação artística, cultural, científica e técnica.

Ambas são, pois, liberdades (económicas) individuais, constituindo projeções da autonomia privada em atividades produtivas (no que se refere à liberdade de profissão, designadamente, quando esta se inicie e se exerça pelo direito de estabelecimento). Configura-se como elemento comum a ambas as liberdades o direito de escolher e exercer uma determinada atividade económica (no sentido de atividade economicamente avaliável). Nas palavras de A. Sousa Franco, "designadamente constituindo e gerindo" uma unidade autónoma "de produção"[749]; enquanto por sua vez Manuel Afonso Vaz fala ainda (relativamente à liberdade de empresa) numa "liberdade de investimento ou de acesso" (que o mesmo autor consubstancia num "direito à empresa")[750].

Recapitulando a classificação mais detalhada de Ossenbühl, são faculdades integrantes de ambos os direitos, como expressões que são, um e outro, da autonomia privada nas atividades produtivas[751]:

a) A liberdade de estabelecimento, através da criação ou fundação de organizações produtivas (e de realização do correspondente investimento inicial) – organizações essas que tanto podem ser "coletivas (com ou sem personalidade jurídica) como individuais" – e do respetivo acesso ao mercado[752];

c) A "liberdade de organização"[753] [que inclui a liberdade de escolher a "forma de organização" (sociedade comercial ou outra), a formação e composição dos respetivos órgãos e a escolha entre os modelos de centralização ou descentralização (liberdade de abertura de filiais e sucursais)];

d) A "liberdade de direção"[754] ou "de gestão"[755] (que inclui desde logo a livre disposição do próprio trabalho como factor de produção, quando

---

[749] SOUSA FRANCO, *Nota...*, cit., p. 15.
[750] *Direito...*, cit., p. 157.
[751] SOUSA FRANCO, *Nota...*, cit., p. 13.
[752] MANUEL AFONSO VAZ, *Direito...*, cit., p. 157 e FRITZ OSSENBÜHL, *Las libertades...*, cit., pp. 21 e ss.
[753] MANUEL AFONSO VAZ, *Direito...*, cit., p. 157 e FRITZ OSSENBÜHL, *Las libertades...*, cit., pp. 26 e ss.
[754] FRITZ OSSENBÜHL, *Las libertades...*, cit., pp. 29 e ss.
[755] GOMES CANOTILHO & VITAL MOREIRA, *Constituição Anotada*, cit., p. 327.

esta não se consuma no mero exercício do direito de propriedade)[756], a "liberdade de disposição" dos demais recursos materiais e humanos (dos demais fatores de produção)[757], a liberdade de produção e as liberdades de reforço do investimento inicial e de desenvolvimento[758];

e) A "liberdade da atividade no mercado" (que inclui a liberdade de fixação de preços, a "liberdade de distribuição e venda", a "liberdade de concorrência e publicidade" e a liberdade contratual)[759];

f) A "proteção da existência da organização" (através da proteção da respetiva integridade enquanto estabelecimento activo, e em geral da "garantia da propriedade")[760].

Face ao exposto, dir-se-ia inexistir uma diferença substancial entre o objeto de ambos preceitos; ou seja, um e outro direito tutelam a atuação económica individual como projeção da autonomia privada nas atividades de produção e distribuição de bens e de prestação de serviços. Uma e outra norma, garantindo direitos subjetivos, são também princípios[761].

b) *Em torno dos conceitos jurídico-constitucionais de «empresa» e «profissão: primeiro esboço de distinção.*

Não obstante tudo o que ficou dito nas alíneas anteriores, impõe-se um renovado esforço para detetar possíveis diferenças entre as liberdades de empresa e de profissão.

---

[756] Manuel Afonso Vaz, *Direito...*, cit., p. 157.
[757] Naturalmente, as duas últimas faculdades só integram a liberdade de profissão quando esta seja exercida em regime independente.
[758] Fritz Ossenbühl, *Las libertades...*, cit., pp. 29 e ss.
[759] Fritz Ossenbühl, *Las libertades...*, cit., pp. 32 e ss.
[760] Fritz Ossenbühl, *Las libertades...*, cit., pp. 36 e ss. e H.-J. Papier, *Ley fundamental...*, cit., p. 588.
[761] A abertura a restrições legais impostas pelo interesse coletivo ou justificadas por fatores inerentes à capacidade fazem da liberdade de escolha de profissão *"também um princípio"*, porque, como ensina J. J. Gomes Canotilho, isso equivale a dizer que "na medida do possível, deve assegurar-se o direito à liberdade de escolha de profissão" (*Direito Constitucional e Teoria da Constituição*, cit., p. 125). O mesmo se diga da liberdade de empresa, dado ser praticamente idêntica a estrutura da respetiva norma consagradora (art.º 61.1 CRP).

Podemos começar pela própria noção de empresa[762], recordando que ela se reporta a uma realidade que é fruto do capitalismo industrial, e do consequente incremento dos capitalismos comercial e financeiro[763]. Estes significaram o fim da oficina artesanal como modo de produção, que cedeu o seu lugar à fábrica ou unidade industrial, implicando ainda tão profunda alteração do modo de produção a complexificação das estruturas comerciais e financeiras.

Assim, hoje a maioria das atividades económicas (mesmo as comerciais – veja-se o moderno fenómeno das chamadas «grandes superfícies») pressupõem a intermediação generalizada de tais organizações, ou seja, de macroestruturas empresariais, entre a produção e a distribuição e o consumo de bens e serviços (isto é, entre por um lado a[s] atividade[s] dos profissionais, assente[s] no princípio da divisão do trabalho, e por outro os consumidores). Contudo, e naturalmente, sobreviveram do lado da produção muitas atividades "personalizadas": pense-se no pequeno comércio, na agricultura familiar, no artesanato "artístico" ou tradicional, nas muitas pequenas oficinas de tipo industrial, mas fornecendo produtos com pouco valor acrescentado, nas pequenas casas de câmbio, etc. – para além, claro está, das profissões personalizadas por definição, isto é, das chamadas profissões liberais.

Com a evolução social, económica e tecnológica muitas dessas atividades – sobretudo financeiras, mas também industriais – passaram a interferir significativamente com a economia dos países, influenciando as variáveis económicas sujeitas à ação do Estado (emprego, criação e circulação de moeda, inflação, etc.). Esta mudança assinala o advento da chamada sociedade técnica, industrial, ou de massas; como explica Rogério Ehrhardt Soares, "em vez da pequena empresa, teoricamente incapaz de influir no mercado, vai surgir-nos a empresa monstro, com possibilidade de introduzir perturbações no

---

[762] Sobre o conceito de empresa, ver por todos, JORGE M. COUTINHO DE ABREU, *Da empresarialidade (as empresas no direito)*, Coimbra, 1996.

[763] Até à Revolução Industrial, a atividade humana neste domínio, e à parte o grande comércio, assentava em prestações essencialmente individuais, isto é, em profissões autónomas (profissões liberais e mesteres, artes ou ofícios), sendo os ofícios atomisticamente exercidos em (pequenas) oficinas, por indivíduos isolados ou em pequenos grupos, e não por organizações (no sentido de unidades produtivas não espontâneas, distintas do meio social onde atuem, estruturalmente hierarquizadas, baseadas na divisão do trabalho e cuja dinâmica se deve também ao recurso a outros fatores de produção, designadamente a capital e equipamento mecânico).

mecanismo da concorrência e manipular os preços"[764]. E "por via disso desponta no grupo social uma organização que, ao lado das relações horizontais com outras empresas idênticas, tem possibilidade de exercitar influências verticais de constrangimento ou controlo sobre a ordenação da coisa pública"[765].

Por outro lado, exigências de qualidade e segurança relativamente aos produtos e serviços fornecidos enraizaram-se progressivamente na coletividade. Enfim, razões diretamente ligadas às próprias funções do Estado, e também razões mais de ordem pública (segurança, salubridade, saúde, estética, ambiente, ordenamento do território), foram determinando, umas e outras, mais ou menos espontaneamente (isto é, a par de uma maior ou menor intervenção estadual, direta ou indiretamente orientada, por sua vez, no mesmo sentido), a impropriedade prática do exercício liberal (individual) da produção e/ou distribuição de bens ou serviços, e a extinção (ou mesmo não aparecimento, nas atividades mais recentes) de indivíduos isolados a (pre)dominar (n)a atividade, ou ao menos a ocupar uma quota significativa de mercado[766].

É aqui que começa a poder vislumbrar-se o interesse prático da distinção entre liberdade de profissão e liberdade de empresa: no tipo, dimensão e importância dos interesses estaduais ou comunitários potencialmente conflituantes com cada atividade humana no domínio da produção e distribuição de bens e da prestação de serviços, interesses de amplitude e significado variáveis, de acordo com o estádio de evolução social, económica e tecnológica de cada país.

Repita-se, uma vez mais: para o recorte do tipo de interesses gerais em jogo, não é determinante – longe disso – a caracterização jurídica e formal da

---

[764] *Direito público e sociedade técnica*, Coimbra, 1969, p. 68.
[765] ROGÉRIO EHRHRARDT SOARES, *Direito público...*, cit., p. 68.
[766] Enfim, o facto de num ramo de atividade deixar de existir a profissão independente, implica que ela se haja decomposto num conjunto de novas profissões setoriais (agora *subordinadas*, pela necessária integração em estruturas empresariais). E não impede que aqui – num segundo plano – se não (re)coloque de novo a problemática da liberdade de profissão: veja-se se os casos de exigência de verificação pública da idoneidade técnica e/ou moral dos dirigentes propostos (restrições ao acesso às profissões de administrador, gerente ou diretor técnico de empresas desse ramo de atividade), nos procedimentos autorizativos a que tenham que se submeter as empresas candidatas a operar no setor em causa.

empresa[767], como organização de índole capitalista, sujeita ao direito comercial e ao direito público da economia, sobretudo ao direito da concorrência[768].

Só é decisiva, pois, para tal efeito, a eventual exigência, para o acesso a certas atividades económicas, do preenchimento de determinados requisitos a todos os que queiram operar nesses ramos de atividade: designadamente, da disponibilidade, por parte do(s) candidato(s) ao seu exercício, de consideráveis meios técnicos e financeiros próprios da organização empresarial (os tais outros fatores de produção: para além dos recursos humanos adequados, ainda capital social elevado, caução, instalações e equipamentos adequados, etc.)[769].

---

[767] Incluindo portanto o requisito da forma jurídica societária, com exceção talvez da exigência da adoção da forma de sociedade anónima.

[768] Não pode pois constituir um critério seguro a distinção que nos é proposta pelo nosso oitocentista Código Comercial, entre atividades económicas sujeitas ao direito comercial e atividades não sujeitas ao mesmo direito, designadamente nos termos dos art.º s 13.º e 230, § 1º (com base nos quais se não considera que façam do comércio profissão os profissionais liberais – implicitamente – e, explicitamente, os artesãos). Como observa JORGE M. COUTINHO DE ABREU, "as empresas artesanais são normalmente pequenas empresas", residindo nesse facto "uma das razões por que elas não são qualificadas de comerciais". Acontece que "no campo jurídico-mercantil, são comerciais tanto as grandes e médias empresas como as pequenas – e comerciantes tanto os grandes e médios empresários como os pequenos (os pequeníssimos taberneiros, merceeiros, etc., etc., são comerciantes) ", podendo inclusive "haver comerciantes sem empresa" – não constituindo hoje o critério legal fixado no século passado um critério racional e justo mesmo para efeitos do próprio direito comercial (JORGE M. COUTINHO DE ABREU, *Da empresarialidade (as empresas no direito)*, Coimbra, 1996, pp. 96-97).

[769] Assim, o primeiro confronto que se impõe é, ao tempo da restrição legal, entre tal atividade (averiguando da sua configuração social como uma profissão – isto é, como uma atividade económica predominantemente individual – ou já não), e o tipo de restrição; por conseguinte, as exigências de preenchimento de requisitos objetivos terão que ser primeiramente consideradas nessa ótica – o que pode tornar desde logo problemática a própria natureza objetiva das restrições, caso se conclua pela configuração profissional ou individual. Mas caso a atividade, unitariamente considerada, não corresponda a uma profissão socialmente definida e enraizada, haverá que sobrepor diferentes planos de restrições às atividades produtivas: num primeiro plano, porque subsistente tão só na esfera individual, e quanto ao acesso a essa atividade, uma liberdade *de empresa* (e não *de profissão*) as restrições serão restrições àquela liberdade, e não a esta.

E só num segundo plano é que se (re)colocará, pois, a problemática da liberdade de profissão – incidindo apenas a proteção constitucional quer sobre as plúrimas profissões subordinadas que compõem os recursos humanos da empresa (desde a de administrador ou gerente até às dos quadros técnicos), quer sobre eventuais profissões liberais que continuem a orbitar à volta desta, designadamente das que ainda se possam interpor no circuito de distribuição (entre a produção – os bens e serviços produzidos por tais empresas – e o consumo destes).

Pode ser atribuída à Administração em tais regimes legais uma margem de apreciação quanto à subsistência desses requisitos, reconduzível à chamada discricionariedade técnica, cuja legitimidade, ao abrigo da abertura a restrições legais manifestada pelo art.º 61.º, é à partida de admitir.

Diferente é caso da (também impropriamente apelidada) discricionariedade administrativa ou "pura", caracterizadora dos poderes de que outrora dispunha a Administração em determinados setores de atividade económica, que só será hoje de admitir nos casos excecionais em que haja lugar à emissão das chamadas autorizações-dispensa. Também apenas em setores de atividade económico-empresarial qualificáveis como básicos poderá ser exigida a verificação de pressupostos de todo estranhos à entidade que se proponha a operar no setor, em nada podendo esta contribuir para a sua verificação, como é o caso por excelência do prévio sistema de fixação da vagas ou contingentes, a preencher através de procedimentos concursais – os quais todavia já supõem a prévia reserva pública da atividade em causa, e portanto um quadro legal concessório (de concessão de exploração dessas atividades), a não meramente autorizativo.

De todo o modo, e por se reconduzirem ao regime constitucional do art.º 61.º, n.º 1 CRP, e não do art.º 47.º, n.º CRP, a admissibilidade em abstrato de tais tipos de restrições (pensadas para organizações) à luz do texto básico parece ter que depender, desde logo, de uma prévia verificação se tal atividade não é, tradicionalmente exercida por indivíduos, ou pequenas unidades, em regime liberal, num esquema socialmente enraizado e aceite. É claro, voltamos assim ao critério da personalização dos serviços profissionais, que é, reconheça-se, por demais vago. Muitas situações não conseguirão sair da zona de indefinição. Para certas profissões comerciais profundamente enraizadas na comunidade, e legalmente regulamentadas (por este ou aquele motivo), é fácil a sua qualificação nos termos referidos: é o caso das que se traduzem numa prestação de serviços *imateriais*: angariadores imobiliários, corretores de seguros, etc.[770]. Também as atividades reconduzíveis ao arcaico § 1º do art.º 230º

---

[770] G. Lyon-Caen, *Le droit du travail non salarié*, Paris, 1990, pp. 117-118. Note-se que a legislação reguladora da atividade de mediação imobiliária foi evoluindo (nomeadamente com o DL 77/99, de 16.03 e com o DL 21/2004, de 20.08) no sentido da supressão do tradicional carácter individual do exercício desta atividade: assim, e sobretudo com este último diploma passou a mediação propriamente dita a ser uma típica atividade empresarial (art.º 2 e 3.º do

do Código Comercial (que subtrai à categoria do comerciante "o artista, industrial, mestre ou oficial de ofício mecânico que exerce diretamente a sua arte, indústria ou ofício, embora empregue para isso, ou só operários, ou operários e máquinas") se presumem abrangidas pelo art.º 47.1 CRP. E é ainda obviamente o caso das chamadas profissões liberais, ou, para sermos mais precisos, das profissões intelectuais protegidas.

Não obstante o que se acaba de constatar a verdade é que as pequenas empresas (as empresas comerciais comuns, as industriais, as agrícolas e mesmo as artesanais) levantam problemas de qualificação[771], que forçosamente se terão que colocar previamente face a cada restrição legal, para averiguar da sua *adequabilidade*[772]. Não podemos cair no erro de circunscrever o uni-

DL 21/2004), surgindo a jusante a nova profissão mais ou menos «liberal» de «angariador imobiliário» (art.º 3.º e 24.º e ss.).

[771] Fala G. LYON-CAEN, a este respeito, na oposição "que separa a grande empresa da pequena": teríamos "de um lado a P.M.E. – a empresa artesanal, a empresa familiar na agricultura" a par do "advogado ou do médico exercendo a título individual", e do outro "as empresas constituídas sob a forma de sociedades comerciais e empregando uma mão-de-obra numerosa", separação que o direito fiscal, por exemplo, já teria em conta. Considera ainda o mesmo autor que tal cisão "não deixa de ter incidência sobre a noção de trabalho não assalariado"; este aqui seria "sem dúvida reservado no futuro àqueles que exercem uma profissão *pessoalmente*" (*Le droit...*, cit., p. 115). Chama entre nós a atenção para o mesmo problema (circunscrevendo contudo a problemática essencialmente à questão do eventual peso excessivo de certas exigências prescritas no direito comercial para os pequenos empresários), JORGE M. COUTINHO DE ABREU, *Da empresarialidade...*, cit., pp. 96 a 98.

[772] Veja-se, em contrapartida, a situação oposta: aquela em que o legislador prescreve, em determinadas atividades de produção e distribuição de bens e serviços, uma exigência oposta às possíveis restrições que primeiramente mencionámos: proibição de os operadores assumirem uma forma e uma estrutura empresariais, como é o caso das profissões liberais protegidas. Repare-se que nestas duas hipóteses de restrições legais há-de variar o prévio posicionamento das atividades e profissões envolvidas, consoante o plano em que se situem. Na primeira hipótese, é o próprio direito de exercício liberal da atividade em causa que é retirado, na prática, aos indivíduos, atenta, sobretudo, a natureza dos requisitos legalmente prescritos. Não quer dizer, claro está, que um indivíduo não possa ser o único sócio, ou proprietário do estabelecimento: simplesmente tal atividade desapareceu (ou nunca terá chegado a aparecer) na ordem social, como profissão, ou atividade profissional individual, e as exigências já são por definição desproporcionadas e desadequadas ao exercício individual, estando pensadas e inclusive logicamente concebidas e formuladas para estruturas empresariais.
Já na hipótese das profissões liberais protegidas, as restrições às atividades em questão terão que ser consideradas também como restrições à liberdade de profissão. Em qualquer caso, só nas situações primeiramente referidas, em que o legislador afasta implicitamente a possibilidade do exercício liberal (individual) de uma determinada atividade – não, repita-se, pela mera

verso das profissões protegidas pelo art.º 47.1 CRP às profissões (legalmente) protegidas ou reservadas[773]. Estas, e de entre elas, as intelectuais, ou academicamente tituladas, são naturalmente as que levantam mais problemas a nível legal (desde logo, por serem já, precisamente, profissões protegidas ou *regulamentadas*). Todavia, a Constituição, como vimos, não diferencia entre profissões intelectuais e manuais[774], ou entre "profissão" e "trabalho", ou entre "profissões comerciais" e "profissões civis"; todas elas merecem, indistintamente, a proteção do referido art.º 47.1 CRP: todas elas têm, pois, o mesmo enquadramento constitucional.

---

exigência da forma jurídica societária, mas pela natureza objetiva dos requisitos exigidos, à partida dificilmente compatíveis com a liberdade de profissão – releva, para a determinação do preceito constitucional pertinente, como veremos, a questão da correspondência de tal atividade com uma imagem socialmente consolidada de profissão. O que torna inevitável o recurso a um critério material para distinguir as profissões comerciais livres ou não protegidas das atividades próprias de organizações empresariais ("descartáveis" do exercício individual), pelo recurso ao jogo das "predominâncias" numa distinção "casuística".

[773] Nestes casos, o legislador prescreve (para atividades que não deixam de ser prestação de serviços) uma exigência simétrica à acima referida: a proibição dirigida aos operadores de assumir uma forma e uma estrutura empresariais. Aqui o campo é reservado a indivíduos isolados (normalmente a profissionais especialmente qualificados), a quem será diretamente imputada a atividade desenvolvida, para todos os efeitos legais (mas sobretudo para efeitos de responsabilidade civil), tendo eles, e só eles, que exercer tal atividade (predominantemente, em regime independente, tolerando ainda a lei que o façam em regime de trabalho subordinado, desde que garantam a preservação da autonomia técnica e, nas profissões mais complexas, da autonomia deontológica).
Tenha-se presente sobretudo que nas profissões liberais protegidas as restrições legais às pertinentes atividades que contendam com a escolha da forma de sociedade comercial, com a qualidade dos sócios (obrigatoriedade de estes pertencerem à mesma profissão), com a publicidade e a concorrência, etc., terão que ser consideradas restrições à liberdade de empresa de que em parte usufruem também os trabalhadores autónomos.

[774] Não nos parece adequado por isso, no plano constitucional, o conceito de profissão liberal (no sentido amplo de trabalho autónomo que este conceito apresenta no direito português, e não de profissão intelectual protegida) que em contraposição ao conceito de empresa nos é proposto por JORGE M. COUTINHO DE ABREU – a profissão liberal como toda a profissão "que se traduz no exercício habitual e autónomo (juridicamente não-subordinado) de atividades primordialmente intelectuais, suscetíveis de regulamentação e controlo próprios (que incumbem, em boa medida, a associações públicas) " como seria o caso dos "advogados, médicos, engenheiros, arquitetos, economistas, revisores oficiais de contas, etc." (*Da empresarialidade...*, cit., pp. 98-99).

Voltando ao que ora nos importa – à caracterização da *fattispecie* «empresa» –, refira-se ainda que a Constituição prevê e acautela «rotas de colisão» (como hoje se usa dizer) entre tais entidades e (muitos) outros valores, chegando (como melhor veremos infra) a conceder ao legislador algum papel conformador do direito.

Certamente, alguns direitos e interesses coletivos constitucionalmente protegidos continuam a igual distância da liberdade de profissão e da liberdade de empresa, (de)limitando-os a ambos com igual intensidade: são os clássicos imperativos de "ordem pública", como os "interesses coletivos" da saúde pública, da justiça e da segurança física de pessoas e bens, que justificam de igual modo e com igual intensidade a consagração legal da correspetiva atuação regulatória, com submissão a uma especial vigilância respetivamente das profissões sanitárias, forenses e técnicas universitariamente tituladas. São eles que dão origem à maioria das profissões protegidas ou regulamentadas.

Mas a atividade empresarial está ainda diretamente conexionada, ou envolvida, em/com outros específicos valores (explicitamente salvaguardados em locais até sistematicamente "próximos" na geografia constitucional, como seus contrapesos), que assim marcam de modo peculiar a liberdade de empresa (bem como o direito de propriedade, aliás), sacrificando-a "à satisfação de exigências socioeconómicas"[775] – pelo que importa ainda empreender uma análise contextual deste preceito, de forma a identificar os interesse que justificam a menor proteção concedida à empresa pela Constituição.

Na verdade, as liberdades de criação da empresa e de exercício da atividade empresarial, constituindo prolongamentos da liberdade individual, não deixam de assinalar, com a emergência da empresa, o início (lógico) de uma *rota de colisão* com outros direitos e interesses constitucionais umbilicalmente ligados às empresas e à sua atividade[776], constituindo a criação da empresa

---

[775] J. I. FONT GALÁN, *Constitución economica y derecho de la competência*, Madrid, 1987, p. 148, apud ANTÓNIO C. DOS SANTOS, M. EDUARDA GONÇALVES & MARIA M. LEITÃO MARQUES, *Direito económico*, cit., p. 47.

[776] Inicia-se, com a empresa, um processo inexorável de progressivo esbatimento e secundarização das exigências de proteção da atuação do empresário, à medida que se torna latente o conflito entre os direitos do empresário e *outros interesses* (atinentes à economia do país, e despoletadores dos poderes constitucionais de intervenção do Estado) *e direitos* (dos

momento qualitativamente relevante[777], na medida em que nesta se *objetiva* a atividade do empresário[778].

Ora, só a existência e «proximidade» constitucionais destes outros interesses e direitos constitucionalmente protegidos, sobretudo no âmbito da «Constituição económica»[779], justificam a panóplia de limites e restrições (em abstrato: isto é, quer os atuais, quer os potenciais) que mais ou menos pacificamente se vão admitindo à liberdade de empresa, restrições essas justificadas ora "pela necessidade de proteção do interesse público em geral, ora pela necessidade de proteção dos interesses de terceiros, nomeadamente de grupos com uma relação específica com a atividade da empresa (trabalhadores, credores, etc.)" (António Carlos dos Santos, M.ª Eduarda Gonçalves & M.ª Manuel Leitão Marques)[780]. Tal liberdade económica é assim hoje, por definição, conceptualmente indissociável destes interesses e necessidades – veja-se os art.ºs 60.1, 80.º, 81 *e)* e *l)*, 87.2 e 3 e 88.º, 102.º e 103.º da CRP, além, evidentemente, de todo o direito constitucional do trabalho[781].

trabalhadores subordinados e outros) *constitucionalmente protegidos necessariamente* tocados pela realidade empresarial.
[777] JORGE MIRANDA, *Iniciativa...*, cit., p. 73, nota 9.
[778] Na liberdade de empresa temos uma cisão entre "criador" e "criatura". Dá-se uma "objetivação" da empresa: esta é caracterizada pela diferenciação dos fatores de produção originariamente ordenados pelo empresário, tornando-se potencial objeto, cada um deles, de um tratamento jurídico autónomo relativamente ao titular/organizador. Entre esses fatores, releva, sobretudo, o concurso, para a atividade final da empresa, de outros recursos humanos – isto é, de outros trabalhadores/profissionais, nessa mesma medida igualmente protegidos pela Constituição.
[779] Como sublinha Luís. S. CABRAL DE MONCADA, "sendo o direito de iniciativa privada um direito que incide prioritariamente sobre a disponibilidade dos meios de produção, ele há-de ser sempre interpretado quanto ao respetivo conteúdo em consonância com as normas da «constituição económica» ou seja, aceitando sempre as limitações, explícitas e implícitas, que para o conteúdo daquele direito decorrem do contexto geral das normas da «constituição económica»" (*Direito económico*, 2.ª ed., Coimbra, 1988, pp. 122-123).
[780] *Direito económico*, cit., p. 47.
[781] Ver, neste sentido, JORGE M. COUTINHO DE ABREU, *Limites constitucionais à iniciativa económica privada*, em *Estudos em homenagem ao Prof. Ferrer Correia*, Coimbra, 1984, pp. 411-425.

c) *A autonomização de um estatuto constitucional da «profissão» relativamente ao da «empresa».*

Refira-se, por fim, que a "profissão", diferentemente da empresa, não tem um estatuto constitucional explícito. Mas nem por isso deixa de ser possível deduzi-lo dos princípios (constitucionais) aplicáveis.

Poderemos começar por sublinhar que, em contrapartida (do que ficou dito sobre a atividade empresarial), a profissão, enquanto exercício da liberdade de estabelecimento, consubstancia uma prestação de serviços profissionais em regime independente necessária e minimamente *organizada*, claro está, mas sem a intermediação de uma empresa em sentido económico – excluindo, pois, material e as mais das vezes formalmente (juridicamente) a "empresa" como forma hoje típica de organização da produção. Por isso os chamados "serviços profissionais" se limitam a assumir um relevo marginal ou residual no sistema socioeconómico, não o *caracterizando*.

Haverá que sublinhar, pois, que o profissional que exerça a sua atividade em regime independente, ainda que disponha de uma organização ao seu serviço, não se subsume por isso à *fattispecie* «empresa» e correspondente «atividade económica» (campo *próprio* de atuação da empresa). A *natureza individual* da atividade profissional, que se mantém ainda que exercida em regime liberal, significa a existência de uma *ligação pessoal e direta* (sem intermediações) entre o profissional e os seus clientes[782].

Por essa razão, é secundário o papel da organização que assessore o profissional em regime de trabalho autónomo (nomeadamente dos empregados e auxiliares), não ocorrendo uma cisão entre a "titularidade" e a "gestão" da organização. Não se desenvolve, pois, sob o impulso do profissional, uma

---

[782] Ou seja, dá-se a impossibilidade prática da emergência de uma organização hierarquizada (em função de um labor coletivo), com um potencial ilimitado de crescimento, que separe o profissional dos seus clientes – de uma organização alicerçada em recursos humanos heterogéneos, que desse modo proporcione ao seu "titular" um poder (social e económico – e emanado do vértice do "pirâmide") sobre (um número relevante de) homens, e suscetível de por si só influir (diretamente) na configuração do tecido económico e social da comunidade e/ou nos interesses primordiais do próprio Estado.
Ao invés, com a empresa dá-se uma cisão funcional (ainda que o mesmo indivíduo acumule ambas as posições) entre o gerente ou administrador (simples profissional) e o proprietário (mero titular, agora, de uma posição jurídica estática).

estrutura que funcione por si mesma, cujo funcionamento se processe sem a predominância da prestação individual daquele; constitui o seu trabalho, por conseguinte, o cerne insubstituível dos serviços profissionais fornecidos a terceiros[783]/[784]. Nas palavras de Jorge M. Coutinho de Abreu, "os escritórios, consultórios, estúdios dos profissionais liberais não constituem empresas", aí avultando "a pessoa dos profissionais (...), não um objetivo complexo produtivo; o conjunto dos instrumentos de trabalho não têm a autonomia funcional nem identidade própria, não mantém idêntica "eficiência" ou "produtividade" na titularidade de terceiro (...); a atividade do sujeito exaure praticamente o processo produtivo (de prestação de serviços) "[785]. Por sua vez, e pela mesma ordem de razões, também para A. Sousa Franco & G. Oliveira Martins[786] não são empresas "o consultório de um médico, o escritório de um advogado, um funcionário especializado em jogar na bolsa, um vendedor ambulante, uma pequena oficina artesanal, um cooperativa ou a exploração de um pequeno rendeiro agrícola do Norte"[787].

---

[783] Segundo Jorge M. Coutinho de Abreu, a " «eficiência do escritório» depende basicamente do respetivo profissional liberal" – pelo que, não sendo sequer qualificável como estabelecimento, não é líquido sequer que com a venda de um escritório se transmitam os contratos de trabalho dos mesmos empregados e auxiliares para o adquirente (o autor acaba, contudo, por se pronunciar positivamente quanto a este ponto – *Da empresarialidade...*, p. 106).

[784] Note-se que este desenvolvimento da «ideia» de profissão, que parte, essencialmente, da autonomia do profissional (em contraponto à posição do empresário e à realidade empresarial), não se esgotando com eles, deve muito aos tradicionais regimes (publicísticos) das profissões protegidas, que ao consagrar a sua autonomia jurídica, proíbem e assim impedem "artificialmente", com a chamada "reserva legal de profissão", a ocorrência da mudança qualitativa de uma atividade (inicialmente) configurada pela tradição e pela experiência social como profissional (mudança de "imagem": transformação material da uma atividade profissional em atividade empresarial). Contudo, aqui a tradição legislativa é antes de mais causa (material) de uma autónoma proteção constitucional (a do art.º 47.1 CRP) de profissões individualizadas ou individualizáveis por essa via, isto é, não como profissões protegidas, mas tão só como "profissões" (materialmente individualizáveis).

[785] *Da empresarialidade ...*, cit., p. 102.

[786] *A Constituição económica...*, cit., p. 45.

[787] Tal destrinça supõe a receção pelo constituinte da tradicional contraposição jusprivatista entre a empresa (regida também e sobretudo pelo direito comercial) e a profissão liberal (sujeita ao regime contratual definido no Código Civil). Com efeito, os três elementos tradicionalmente definidores desta última – nomeadamente "o carácter intelectual, a independência e a pessoalidade, isto é, a natureza pessoal da relação estabelecida entre o profissional e o seu cliente" (Paulo Leal, *Sociedades de Profissionais Liberais*, RDES, Jan.-Dez. 1990, n.ºs 1-2-3-4, p. 72) –

projetam-se no regime jurídico da respetiva atividade, ligando-se "intimamente com os tipos contratuais utilizados nas relações com os clientes" (ibidem, p. 74).
No direito alemão – e nomeadamente no sistema do *Handelsgesetzbuch* – "as profissões liberais estão fora do direito comercial na medida em que se colocam, pelo menos no atual período histórico, pela sua forma organizativa, à margem do processo económico próprio e verdadeiro", não sendo "configuráveis como *Gewerbe*, isto é, como aquele tipo de atividade que, salvo exceções marginais, constituem ainda hoje, no direito alemão, o mínimo denominador comum de comercialidade" (J. GIERKE, *Handelsrecht und Schiffahrtsrecht*, 8.ª ed., Berlim, 1958, p. 61, *apud* Vittorio Afferni, *Professioni, III, Professioni intellettuali (dir. comm.)*, «Enc. Trecc.», Roma, 1991, vol. X, p. 1).
Também no direito italiano um dos requisitos do art.º 2082.º do Código Civil deste país "para se ter a qualidade de empresário é o exercício de uma atividade organizada" – com a diferença, relativamente ao direito alemão, de estarmos perante um critério rígido e formalizado no sistema de direito privado, o que constitui uma originalidade no panorama europeu, devida ao método adotado ao tempo da codificação, definido como «método da economia», o qual visava fazer corresponder tanto quanto possível as categorias jurídicas às categorias económicas (FRANCESCO GALGANO, *Le professioni intellettuali e il concetto comunitario di impresa*, «Contrato e impresa / Europa», 1, Pádua, 1997, p. 1). Ora, diferentemente, já este elemento da «organização» não caracteriza, ou não caracteriza na mesma medida, as prestações realizadas pelos «profissionais intelectuais» (MASSIMO OZZOLA & GIANLUCA OZZOLA, *Le prospettive per i professionisti intellettuali alla luce della piú recente giurisprudenza comunitaria e nazionale di merito*, in «Nouve leggi civ.», 1998, p. 843; também V. AFFERNI, op. cit., pp. 1 e ss.). Assim, enquanto na "primeira forma o factor organizativo tem um relevo absolutamente preponderante e decisivo", porque o objetivo da empresa é a produção em massa de bens ou serviços, na segunda forma "trata-se de uma função – como tal, definida, de quando em quando – «instrumental», «secundária» ou «auxiliar» nessas profissões livres ou liberais (ibidem): nos termos dos art.ºs 2229 a 2238 do *Codice Civile*, o profissional intelectual deve realizar *pessoalmente* o serviço que lhe é solicitado, sem prejuízo de se poder valer "sob a sua própria direção e responsabilidade, de substitutos e auxiliares" (PAULO LEAL, op. cit., p. 75); mas – e agora nas palavras de CASANOVA – tal organização interna seria destinada tão só a "facilitar ao profissional o cumprimento das suas prestações profissionais que são e permanecem estrita e exclusivamente pessoais" (*Le imprese commerciali*, 1955, p. 79, cit. de Ozzola & Ozzola, op., cit., p. 843). Não obstante as "dimensões sempre mais amplas", a "utilização de instrumentos sempre mais sofisticados e custosos", a "composição interdisciplinar dos estudos", insistem estes últimos autores, deve-se considerar (ainda que tal entendimento não seja pacífico na doutrina), acompanhando a jurisprudência do Tribunal Supremo (cfr. sentenças de 10 de Julho de 1963, n.º 1861, de 14 de Janeiro de 1977, n.º 202 e de 9 de Fevereiro de 1979, n.º 899) que "as estruturas, os apetrechos, os bens materiais e instrumentais (mesmo os mais custosos e «vanguardistas») utilizados pelo escritório de um profissional liberal têm sempre e apesar de tudo uma função não primária, mas de simples suporte e auxílio" (OZZOLA & OZZOLA, *Le prospettive per i professionisti intellettuali...*, cit., p. 843).
No direito francês, tem a jurisprudência aplicado a teoria da assessoriedade para não considerar como atos de comércio os contratos que têm uma função instrumental relativamente ao exercício das profissões liberais ou intelectuais (os quais de outro modo, e dada a conceção

E terá que ser distinto por isso, enfim, o posicionamento constitucional do Estado social e intervencionista face a uma e outra realidade. O princípio regulador das profissões é pois, neste caso, o da *neutralidade* – neutralidade do Estado social e intervencionista, mas só beligerante nos confrontos sociais e interventor na economia.

Parece *manter-se*, assim, um princípio de máxima liberdade (só legislativa e administrativamente limitável pelas clássicas razões de ordem pública, conforme, aliás, sugerem os próprios termos do inciso autorizativo do art.º 47.1 CRP), por ser a profissão, em si mesma considerada, uma atividade socialmente independente. E a exigência de neutralidade será tanto mais evidente quanto maior for a vocação liberal e intelectual da profissão, vocação que a uma vez independentiza os seus exercentes – sobretudo os profissionais independentes (prestadores de serviços em regime de trabalho autónomo) –, económica e juridicamente, quer a montante (do poder patronal a que porventura possa estar sujeito o profissional intelectual), quer a jusante (de trabalhadores seus, contratualmente subordinados), e assim os subtrai do jogo dos confrontos e das tensões sociais, económicas e políticas do Estado plural e conflitual dos nossos dias.

Conforme se disse acima, o profissional, sobretudo o exercente das profissões liberais mais «definidas», mesmo quando exerce a sua atividade em regime independente, nunca chega a deter, enquanto tal, um poder significativo sobre outros homens, no seio de uma organização hierarquizada (ainda que seja apoiado por empregados e auxiliares); é que a personalização da produção de bens ou serviços, impossibilita tal conjunto de atingir, em termos de impacto económico, social uma dimensão significativa. Recorde-se ainda que do Estado liberal até aos nossos dias, tais profissões se mantiveram afastadas da

objetiva dos atos de comércio, se reconduziriam a esta categoria): é que no sistema de direito comercial francês esta exclusão "na disciplina, de tipo corporativo e particularmente severa, à qual são submetidos em França e ainda noutros países", as profissões intelectuais protegidas (V. AFFERNI, op. cit., loc. cit.). Também entre nós – nota ainda PAULO LEAL – "o Código Civil não regula qualquer tipo contratual especificamente pensado para as profissões liberais", enquadrando-se o exercício destas, "em princípio, no contrato de prestação de serviço, sendo aplicáveis, com as necessárias adaptações, as disposições do mandato, por força do art.º 1156.º"; todavia, "em estatutos de Ordens profissionais, códigos deontológicos e legislação avulsa contém-se regulamentação que, oferecendo soluções próximas das regras do mandato, em certa medida as complementa e se sobrepõe a elas" (op. cit., pp. 75-76).

organização empresarial, divergindo ainda notoriamente o percurso das suas corporações do das associações de socorros mútuos (mais tarde sindicatos), pela manutenção de um rigoroso apoliticismo, numa atitude que, de resto, só lhes granjeou proveitos[788].

d) *Confronto entre os conteúdos essenciais das liberdades de profissão e de empresa: a inexistência de uma específica proteção constitucional da imagem socialmente identificada de cada um dos setores económicos ou de produção*

Terminamos o presente ponto (e o tratamento da genérica problemática da delimitação do âmbito de aplicação do art.º 61.º CRP) com um ensaio de resposta à questão da recíproca autonomização das liberdades de empresa e profissão, a qual passa pelo confronto entre a «profissão» e a «empresa» enquanto realidades da vida tuteladas por distintas disposições de direitos fundamentais.

É indubitável que o constituinte valorou mais a «profissão» do que a «empresa», por ter considerado a primeira um instrumento mais importante na realização do direito à vida e à procura da felicidade (fazendo apelo à ingénua redação da Declaração de Independência dos Estados Unidos), e por ser ela ainda, em si mesma, menos suscetível de lesar o interesse coletivo; ou, dito de outro modo, subtraiu o constituinte a empresa do círculo de manifestações da personalidade mais protegidas porque mais atinentes do que a mesma «empresa» à ideia de dignidade da pessoa humana, suprema matriz da ordem constitucional.

Sendo pensável, pois, a «empresa» como «profissão» do empresário (e como tal protegida – como prevê, por exemplo, o art.º 12.1 da Constituição alemã), por ser tal manifestação individual "atribuível ao círculo potencial e expansivo do direito"[789], a nossa Constituição coloca-a fora não, claro está, da proteção constitucional, mas certamente do âmbito *precetivo* do específico direito consagrado no art.º 47.1 CRP.

---

[788] Cfr. MARIANO BAENA DEL ALCAZAR, *Los colegios profesionales en el derecho administrativo español*, Madrid, 1968, pp. 28-29.
[789] MANUEL AFONSO VAZ, *Lei...*, cit., p. 317.

Não obstante o que se acaba de afirmar, com o aprofundamento dos conceitos de «profissão» e de «empresa» não resolvemos o nosso problema[790], pelo que nos vemos forçados a levantar algumas perguntas: não poderão entrar afinal todas estas considerações no jogo de ponderações que o art.º 18. 2 CRP obriga o legislador (e ulteriormente o juiz) a levar a cabo caso a caso, quando em concreto se tenha que averiguar a proporcionalidade das restrições legais a qualquer atividade económica individual?

E mesmo quando o legislador afaste explicita ou implicitamente a possibilidade do exercício liberal (individual) de uma determinada atividade (levantando-se a questão da correspondência de tal atividade com uma imagem socialmente consolidada de profissão[791]), não se resumirá tal operação, afinal, a uma averiguação da *adequabilidade* do tipo de restrições que de qualquer modo acabam por incidir sobre um único e mesmo objeto, isto, é, sobre a atividade económica individual assente no princípio da autonomia privada, protegida então indiferentemente quer pelo art.º 47.1, quer pelo art.º 61.1 CRP?

Enfim, não acontece por isso que sujeitando-se sempre tais requisitos legais ao regime do art.º 18.2 CRP, e nomeadamente às exigências, para além da proporcionalidade em sentido estrito e da necessidade, ainda da *adequabilidade*, se torna indiferente a qualidade ou natureza da atividade afetada, por sempre se poder chegar ao mesmo resultado, despindo-se de efeitos práticos, face àquele regime, o desdobramento da liberdade económica operado pelo constituinte?

Para além da dificuldade que por si só representa o recurso a critérios materiais para distinguir a "empresa" da "profissão" exercida em regime liberal, terá ainda *utilidade*, pois, excluir a atividade empresarial do âmbito de aplicação do art.º 47.1 CRP (e vice-versa: excluir as profissões independentes ou livres do âmbito de aplicação do art.º 61.1 CRP)?

Por um lado, assim parece ser – aparentando ser afirmativas as respostas às questões levantadas no ponto anterior: os preceitos consagradores da

---

[790] Não julgamos, de resto, muito produtivas para resolver o quebra-cabeças da distinção entre uma liberdade de empresa e uma liberdade de profissão (sabiamente evitado pelo constituinte alemão), minúcias conceptualistas claramente desadequadas, aliás, à configuração histórica, natureza e grau de abstração destas liberdades supremas.

[791] Com recurso, como vimos, a um critério material para distinguir verdadeiras profissões comerciais das atividades próprias de organizações empresariais, "descartáveis" do exercício individual.

liberdade de profissão e da liberdade de empresa sugerem a imagem de dois círculos concêntricos mal definidos, sem uma diferença *qualitativa* entre si, constituindo um e outro barreiras que protegem a liberdade individual de atuação na economia. Só teríamos por seguro, pois, que o círculo menor (liberdade de profissão) seria mais dificilmente transponível pelos poderes públicos, e o maior (liberdade de empresa) o menos fortificado[792], por abranger já o domínio por excelência das organizações económicas, a cujo interesse subjacente – o interesse *conjunto* dos seus diretores, promotores e restantes agentes – corresponderia uma tutela menos intensa. Tratar-se-ia, pois, de uma simples questão de *graus* ou *profundidade* das restrições admitidas, tecnicamente abarcável por um só direito.

Mas por outro lado, também não deixa de ser um facto, confirmado pela primeira revisão constitucional, que o constituinte quis proporcionar um tratamento diferenciado, não destituído de consequências práticas, consoante estivesse em jogo a profissão de uma pessoa, de cada pessoa individual, ou (apenas) a liberdade de criar uma empresa e a subsequente liberdade institucional desta. É que no primeiro caso o interesse de referência, podendo não ser *substancialmente* diferente, sempre merecerá uma proteção mais intensa e premente do ordenamento jurídico, por estar *diretamente* em causa a subsistência do indivíduo. E não só: também a própria atividade em si mesma considerada, por ser *personalizada* (de crescimento improvável, atenta a experiência social, ou mesmo proibido, como é o caso das profissões intelectuais protegidas), é por definição menos suscetível de lesar outros direitos e interesses constitucionalmente protegidos.

Acresce a esta constatação o argumento metodológico de não ser seguramente a melhor interpretação, sobretudo em sede de direitos, liberdades e garantias, o aceitar uma situação de redundância, admitindo em que um dos dois preceitos está a mais (constituindo tão só uma inócua proclamação). Tenha-se ainda presente que à revelia do tradicional esbatimento da distinção

---

[792] Pode haver condicionamentos recíprocos das restrições legais a uma e outra liberdade. A empresa é hoje, afinal, o genérico pressuposto da profissão (*rectius*, uma condição material de exercício da maioria das profissões modernas): há pois uma dependência prática da liberdade de profissão relativamente à liberdade de empresa; e a situação inversa: a dependência da efetivação da liberdade de empresa (designadamente no se refere à outorga da autorização de funcionamento da empresa) da verificação da condição de estas estarem encabeçadas por profissionais sujeitos a uma habilitação pública (profissões protegidas de administrador ou diretor técnico de empresas que operem num determinado setor condicionado da economia).

entre o trabalho autónomo e a iniciativa empresarial no âmbito das liberdades comunitárias fundamentais de estabelecimento, de prestação de serviços e de concorrência, a Carta de Direitos Fundamentais da União Europeia vem consagrar, à semelhança das constituições portuguesa e espanhola, dois distintos direitos fundamentais: uma "liberdade profissional" ("e direito ao trabalho") no art.º 15.º, e uma "liberdade de empresa" no art.º 16.º[793].

As considerações que acabamos de tecer apontam para uma resposta afirmativa à questão da autonomia substantiva da liberdade de empresa, face à liberdade de profissão; mas não fornecem uma razão definitiva. Importa pois um último esforço para podermos dar a questão por encerrada – o que se passa a fazer nas linhas que se seguem.

Tal como sucede com a liberdade de empresa, também no que respeita à liberdade de profissão importa não confundir as restrições ao acesso às profissões com as restrições ao respetivo exercício (previstas no segmento do art.º 47.1 CRP relativo às «restrições legais impostas pelo interesse coletivo...»): o acesso tem apenas a ver com o «se», isto é, com a problemática do se uma profissão é abraçada, prosseguida ou largada – «realização de substância»), incidindo a restrição sobre o momento da escolha.

É paradigmática deste tipo de restrições a exigência de uma prévia qualificação para o acesso à profissão (da aquisição de determinados conhecimentos, normalmente de uma formação escolar determinada, devidamente comprovada e titulada), por poder constituir um perigo para a comunidade o exercício dessa profissão sem a qualificação exigida – dada em regra a necessidade da posse de elevados conhecimentos técnicos e científicos para o respetivo exercício, posse essa formalmente certificada através de um sistema

---

[793] Note-se que o texto do art.º 15.º é bem mais desenvolvido do que o do art.º 16.º: enquanto no primeiro como vimos se faz referência à liberdade de trabalho e de escolha de profissão (n.º 1) e às liberdades que têm "todos os cidadãos da União" de "procurar emprego, de trabalhar, de se estabelecer ou de prestar serviços em qualquer Estado-membro" (n.º 2), limita-se o segundo dos referidos artigos a um lacónico e remissivo "É reconhecida a liberdade de empresa, de acordo com o direito da União e as legislações e práticas nacionais". Naturalmente, deve-se entender que também as empresas/pessoas coletivas (e não apenas os cidadãos individualmente considerados) têm o direito "de se estabelecer" e de "prestar serviços em qualquer Estado-membro", não constando esta explícita referência na redação do artigo 16.º por razões de mera economia legislativa (ou seja, para evitar repetições inúteis em áreas de clara coincidência ou sobreposição de âmbitos num texto que por razões sobejamente conhecidas se pretendeu que fosse tanto quanto possível pouco extenso e palavroso).

público de habilitações, de controlo preventivo do exercício da liberdade de escolha de profissão.

Ora, sempre que a restrição legal à liberdade de profissão tiver por objeto o momento da escolha – e uma vez comprovada a aptidão intelectual (e/ou física) pela aquisição e titulação dos conhecimentos adequados requeridos pelas restrições legais impostas por causas ou fatores inerentes à própria capacidade (cuja insuficiência pode ser causa de colisão da liberdade profissional com outros direitos ou interesses constitucionais) – *constitui ela mesma (a liberdade de escolher ou de aceder à/a profissão escolhida) o conteúdo essencial da liberdade de profissão*. A própria epígrafe do artigo, em consonância com o seu emparelhamento com os restantes direitos, liberdades e garantias pessoais, enuncia assim a reserva absoluta de Constituição, o círculo inultrapassável pelos poderes públicos.

Especifique-se que quando se fala na liberdade de escolha de profissão, não estão apenas abrangidas neste conceito as profissões socialmente «definidas» ou «cristalizadas». Mas o *conteúdo essencial* desta liberdade só se pode referir à livre escolha de *qualquer* das profissões privadas tal qual estas estão social e legalmente «tipificadas»: o que implica que, uma vez comprovada a respetiva capacidade, esteja ao alcance da escolha de cada cidadão toda a profissão socialmente identificada com uma imagem típica formada por um conjunto de funções e tarefas interligadas. Decorre do conteúdo preceptivo do art.º 47.1 CRP, pois, a inafastável obrigação de os poderes públicos respeitarem o conteúdo essencial de *cada* profissão assim identificada, ou seja, enquanto garantia institucional – o conteúdo essencial de cada «imagem», para que ela (profissão escolhida) não se torne irreconhecível. Em suma, constitui, por definição, o próprio âmbito do direito consagrado no art.º 47.1 CRP a liberdade de escolher e exercer qualquer profissão privada (que não esteja sob *publica reservatio*), o que inclui desde logo cada uma das atividades que como tal (como profissão privada) esteja social ou legalmente consolidada, para além, como sublinha Häberle, das «inominadas» também «profissionais», de acordo com a noção consagrada de profissão: escolher significa no caso a posse da "capacidade jurídica de desenvolver indiferentemente qualquer uma das atividades laborais que se possam configurar"[794].

---

[794] ALESSANDRO CATELANI, *Gli ordini e collegi professionali nel diritto pubblico*, Milão, 1976, p. 16.

Não se explica de outro modo, dada a abertura constitucional à extensão da proteção do regime dos direitos fundamentais de liberdade a outros direitos fundamentais de natureza análoga, e aos princípios da proibição do excesso (proporcionalidade, necessidade, adequabilidade das restrições), da proteção do núcleo essencial e da reserva de lei formal e universal constantes do mesmo regime, porque é que o nosso constituinte não se limitou a consagrar uma una liberdade económica, como o alemão de 1949. Ele teria, inclusive, mais razões para isso do que as do seu homólogo alemão, dado o aperfeiçoamento do nosso regime de proteção relativamente ao da Lei Fundamental de Bona.

Repare-se pois que fora a salvaguarda do conteúdo essencial da imagem social e/ou legislativamente consagrada *de cada profissão existente*, as restrições a todas as restantes inominadas atividades económicas privadas, individuais lícitas, estáveis e duradouras, sujeitando-se aos critérios do art.º 18.1 CRP, não requereriam a específica intervenção do art.º 47.1 CRP, pois mesmo a salvaguarda da «individualidade», ou da personalidade é garantida pelos princípios da necessidade, adequabilidade e proporcionalidade.

Ora, tal proteção específica de cada profissão não se estende às atividades empresariais – e é nesta diferença que reside a verdadeira razão de ser da autonomização de uma liberdade de profissão relativamente à liberdade de empresa. É que *não existe, de facto – e não existe pelo menos na Constituição portuguesa – uma proteção da imagem socialmente identificada* (de uma imagem típica, formada por um conjunto de funções e tarefas interligadas, e para cuja formação tenham contribuído quer a tradição, quer a legislação) *de cada um dos setores económicos, ou de produção* (isto é, dos zonas próprias de atuação das empresas, deixadas às organizações empresariais pela própria evolução política, económica e tecnológica de cada sociedade), diferentemente do que já sucede no universo dos serviços profissionais, ou das profissões nessa qualidade social e/ou legislativamente identificadas (advocacia, medicina, venda ambulante, atividade de farmácia, artesanato, etc.).

Não queremos com isto significar que não haja um conteúdo essencial do direito de livre iniciativa económica, o que, reitere-se, implica a proibição de o legislador "o tornar impraticável, o dificultar além do razoável ou o despojar da necessária proteção"⁷⁹⁵. Simplesmente, recordemos que a qualificação do "carácter absoluto do conteúdo essencial" é operada "dentro de cada direito fundamental", pela afirmação de "um limite definitório da substância nuclear (dos direitos fundamentais) que em nenhum caso pode ser ultrapassado"; mas esse limite é distinto para cada direito, e tem que ser "determinado em concreto"⁷⁹⁶.

No caso da liberdade de empresa, e nas hipóteses que se podem visualizar, ressalta menos, todavia, a (apesar de tudo, lembre-se, sempre presente) "proibição absoluta", ou "limite fixo", ou "mínimo de valor inatacável", do que a faceta de "proibição relativa, referida a um conteúdo essencial elástico e só em concreto determinável" (⁷⁹⁷).

3.2.3. A questão dos limites da intervenção do legislador prevista no art.º 61.1 CRP

a) *O paradoxo de um direito, liberdade e garantia sujeito à intervenção conformadora do legislador*

Num trabalho relativamente recente sobre a disposição de direito fundamental ora analisada é suscitada a problemática do "tipo de lei" a que o art.º 61.º, n.º 1 se refere, a qual levanta segundo o seu autor a interrogação sobre se tratará de "uma lei interpretativa, condicionadora, restritiva, conformadora" ou ainda "harmonizadora"⁷⁹⁸. Vasco Moura Ramos centra esta sua análise na questão da "margem de liberdade do legislador na conformação deste direito", deixada em aberto pela "indefinição resultante do verdadeiro alcance da remissão que o n.º 1 do art.º 61.º da CRP faz para o legislador"⁷⁹⁹.

O autor que agora acompanhamos começa por sublinhar a contradição que entre si encerram as duas notas que a doutrina e a jurisprudência

---

⁷⁹⁵ L. PAREJO ALFONSO, *El contenido esencial de los derechos fundamentales en la jurisprudencia constitucional*, «REDC», n. 3, 1981, p. 186.
⁷⁹⁶ Ibidem.
⁷⁹⁷ J. C. VIEIRA DE ANDRADE, *Os direitos fundamentais...*, cit., pp. 295 e 299. Sobre um e outro aspeto, ver a exposição deste autor na obra e local citados.
⁷⁹⁸ VASCO MOURA RAMOS, *O direito fundamental...*, cit., p. 835.
⁷⁹⁹ V. MOURA RAMOS, *O direito fundamental...*, cit., p. 834.

constitucionais portuguesas costumam realçar a respeito deste direito – nomeadamente, por um lado, a sua natureza de direito, liberdade e garantia de natureza análoga (com sujeição ao específico regime desses direitos consagrado no art.º 18.º CRP), e por outro lado o carácter conformador (do conteúdo do direito) da intervenção do legislador, a quem apenas estaria vedada a sua (dele direito) "aniquilação" (baseando-se este último entendimento, por um lado, no argumento de que o direito em questão já não seria um "direito absoluto", e, por outro lado, no teor literal do preceito[800])[801].

[800] V. MOURA RAMOS desvaloriza e bem este argumento, lembrando "que já ninguém contesta que o direito à iniciativa económica privada não é um direito absoluto, pois tem que respeitar certos valores" (O direito..., cit., p. 862). Na doutrina italiana, e relativamente ao idêntico argumento de que naquele país este direito já não seria um "direito inviolável" para o desqualificar face aos demais, são alguns autores mais incisivos. Nesse sentido, sublinha A. PACE o já não existir uma categoria de direitos «invioláveis» "que qualifique alguns direitos a respeito de outros", não autorizando "as diferentes disciplinas ditadas pela Constituição para os vários direitos" o intérprete a sustentar que o direito "dotado de uma disciplina mais garantística «valha» mais" do que o direito "para o qual a Constituição preveja uma mera reserva de lei" ou relativamente ao qual a mesma Constituição atribua ao legislador ordinário "um mais amplo poder de intervenção normativa" (Problematica..., cit., p. 476). Em idênticos termos, ver ainda GIORGIO OPPO, L'iniziativa..., cit., pp. 52-53.

[801] Para GOMES CANOTILHO & VITAL MOREIRA, "esse direito só pode exercer-se «nos quadros definidos pela Constituição e pela Lei» (n.º 1, in fine), não sendo portanto um direito absoluto, nem tendo sequer os seus limites constitucionalmente garantidos, salvo no que respeita a um mínimo de conteúdo útil constitucionalmente relevante que a lei não pode aniquilar de acordo, aliás, com a garantia constitucional de um setor económico provado (...). É a própria Constituição que manda vedar certas áreas económicas à iniciativa económica privada (...), não estando a lei impedida de estabelecer outros limites, quer quanto à liberdade de criação, quer quanto à atividade das empresas, desde que respeitado o núcleo constitucionalmente garantido, acima mencionado" (Constituição Anotada..., cit., p. 327).
Também J. C. VIEIRA DE ANDRADE aponta a liberdade de iniciativa económica privada como um dos direitos, liberdades e garantias com "direitos e faculdades cujo conteúdo é juridicamente construído pelo legislador" (Os direitos fundamentais..., cit., p. 221, texto e nota 61).
Mas a contradição sublinhada por V. MOURA RAMOS é especialmente visível nas considerações que acerca deste direito expende LUÍS S. CABRAL DE MONCADA: depois de um relativamente longo excurso sobre a aplicação do regime do art.º 18.º CRP a este direito de natureza análoga, o autor salta da premissa (correta) da menor exigência "em matéria de direitos fundamentais de conteúdo económico" da "previsão constitucional das restrições legislativas" relativamente "aos demais direitos fundamentais", para a conclusão (contrária ao que forçosamente se teria que extrair da lata aplicabilidade do particular regime dos direitos, liberdades e garantias consignado no art.º 18.º CRP) de que "lei ordinária verdadeiramente conforma e limita a restrição de forma autónoma, limitando-se a Constituição a admiti-la", remetendo "de modo genérico para a liberdade do legislador" (Direito Económico, cit., pp. 126).

Na verdade, e como demonstra ainda V. Moura Ramos, "a partir do momento em que o principal traço distintivo entre os direitos, liberdades e garantias e os restantes direitos fundamentais se situa na *determinabilidade constitucional* do seu conteúdo (como é hoje reconhecido por grande parte da doutrina), o conteúdo destes não se pode encontrar na livre disponibilidade do legislador"[802] (itálico nosso); assim, mesmo que os limites de um direito,

---

Passando à jurisprudência constitucional, já sem o qualificar como direito de natureza análoga (como nota e bem V. Moura Ramos), teceu em data relativamente recente o Tribunal Constitucional sobre o mesmo direito as seguintes considerações (Ac. 187/01, de 02.05, relatado pelo Conselheiro Paulo Mota Pinto):
" (...) sobre os quadros definidos pela lei disse-se no citado Acórdão n.º 328/94, que «(...) o direito de liberdade de iniciativa económica privada, como facilmente deflui do aludido preceito constitucional, não é um direito absoluto (ele exerce-se, nas palavras do Diploma Básico, nos quadros da Constituição e da lei, devendo ter em conta o interesse geral). Não o sendo – e nem sequer tendo limites expressamente garantidos pela Constituição (muito embora lhe tenha, necessariamente, de ser reconhecido um conteúdo mínimo, sob pena de ficar esvaziada a sua consagração constitucional – fácil é concluir que a liberdade de conformação do legislador, neste campo, não deixa de ter uma ampla margem de manobra». A norma constitucional remete, pois, para a lei a definição dos quadros nos quais se exerce a liberdade de iniciativa económica privada. Trata-se, aqui, da previsão constitucional de uma delimitação pelo legislador do próprio âmbito do direito fundamental – da previsão de uma "reserva legal de conformação" (a Constituição recebe um quadro legal de caracterização do direito fundamental, que reconhece). A lei definidora daqueles quadros deve ser considerada, não como lei *restritiva* verdadeira, mas sim como lei *conformadora do conteúdo* do direito.
"Ora, a liberdade de conformação do legislador nestes casos, em que existe uma remissão constitucional para a delimitação legal do direito, há-de considerar-se mais ampla do que nos casos de verdadeiras leis restritivas do direito, desde logo, porque o direito não tem, nos primeiros, limites fixos constitucionalmente garantidos, remetendo-se antes para uma concretização legal que apenas não poderá aniquilar um mínimo de conteúdo útil, constitucionalmente relevante".
Note-se que este acórdão é apesar de tudo mais moderado, porque muito menos concreto no que respeita à margem de discricionariedade do legislador (limitando-se, no fundo, a afirmar a existência dessa discricionariedade ou liberdade de conformação, mas sem se pronunciar quer sobre a questão dos respetivos limites, quer sobre o que deve entender pelo mínimo de conteúdo útil, ou conteúdo essencial, do direito fundamental em questão) do que o Ac. n.º 186/88 (acórdão este que chegou ao ponto de afirmar que só poderiam ser consideradas inconstitucionais as alterações "clara e inquestionavelmente «fraudatórias» da Constituição", fosse "por via de uma desconforme e de todo o ponto de vista incompreensível extensão dos setores vedados", fosse, "ao contrário, por via de uma praticamente nula vedação").
[802] V. Moura Ramos, *O direito fundamental...*, cit. p. 836.

liberdade e garantia "não se encontrem expressamente definidos no preceito que o consagra, eles são determináveis a nível constitucional"[803].

É certo que as mesmas doutrina e jurisprudência dominantes ressalvam como limite garantido pelo art.º 18.º CRP "um mínimo de conteúdo útil constitucionalmente relevante que a lei não pode aniquilar"[804], bastando, para que tal núcleo não seja violado, e mesmo numa hipótese de nacionalização de quase todos os setores de produção, o ficar "assegurada a liberdade de criação de *(uma)* qualquer atividade económica"[805].

Todavia, e como bem rebate V. Moura Ramos, não "parece que a garantia de não «aniquilação» do direito" seja "um conteúdo mínimo constitucionalmente relevante", deixando então de se justificar a sua qualificação como direito, liberdade e garantia de natureza análoga: "é que, se o núcleo do direito constitucionalmente protegido for apenas a «garantia da sua existência», não se justifica classificá-lo como um direito de natureza análoga"[806].

Para V. Moura Ramos "deve ser dado ao n.º 1 do art.º 61.º o conteúdo mais compatível com (ou que melhor tutele) a liberdade de iniciativa económica privada, como postula o princípio da máxima efetividade na interpretação das normas constitucionais"[807]: ora, mais se compatibiliza com tal princípio, e "melhor se enquadra no regime dos direitos fundamentais" a "conceção da lei referida no n.º 1 do art.º 61.º da CRP como uma *lei harmonizadora* (e não como lei conformadora) ", ou seja, a redução do papel do legislador a uma tarefa de "harmonização deste direito com outros bens ou valores constitucionalmente protegidos"[808]. Competiria assim à Constituição a definição dos "quadros em que se terá de mover" o legislador[809], ficando por conseguinte as medidas normativas destas leis "sujeitas a um reexame judicial"[810] [811].

[803] V. Moura Ramos, *O direito fundamental...*, cit. p. 854.
[804] Gomes Canotilho & Vital Moreira, *Constituição Anotada*, cit., p. 327.
[805] V. Moura Ramos, *O direito fundamental...*, cit. p. 854.
[806] V. Moura Ramos, *O direito fundamental...*, cit. p. 855.
[807] *O direito fundamental...*, cit. p. 862. Sobre este princípio, ver Gomes Canotilho, *Direito Constitucional e Teoria da Constituição*, cit., pp. 1224 e ss..
[808] V. Moura Ramos, *O direito fundamental...*, cit. pp. 862-863.
[809] V. Moura Ramos, *O direito fundamental...*, cit. p. 863.
[810] V. Moura Ramos, *O direito fundamental...*, cit. p. 865. O autor remete neste ponto para Vieira de Andrade, *Os direitos fundamentais...*, cit., p. 225.
[811] Também para A. Sousa Franco & G. Oliveira Martins, quando "a Constituição remete para a lei a definição dos «quadros» de exercício da iniciativa privada", tais quadros

Quanto à questão da determinação do conteúdo do direito, "não subsistem aqui" igualmente para o autor "grandes problemas", por não ser "difícil a sua compreensão"; e neste ponto V. Moura Ramos invoca as seguintes palavras de Vital Moreira ("ainda que proferidas a propósito do conceito de «setores básicos»)": "trata-se de um daqueles conceitos constitucionais relativamente indeterminados que apelam para noções pré-constitucionais mais ou menos precisas e que hão-de ser definidos pela lei tendo em conta precisamente essas noções, bem como a função e o contexto constitucional de tais conceitos. Tem-se isto por evidente, considerando-se estar aí uma das regras adquiridas em matéria de hermenêutica jurídico-constitucional"[812].

Tendendo a subscrever a posição do autor que vimos acompanhando, não queremos todavia deixar de lhe introduzir algumas ressalvas, nos termos que se seguem.

b) *Alcance da remissão para a lei da definição dos quadros nos quais se exerce a liberdade de empresa.*

Em primeiro lugar, impõe-se segundo cremos uma interpretação conjugada do art.º 61.1 CRP com outras pertinentes disposições constitucionais – e designadamente com a al. *b)* e o segundo inciso da al. *d)* do art.º 80.º e, sobretudo, com o n.º 3 do art.º 86.º – que possibilite, com recurso ainda e sempre ao próprio texto constitucional, a determinação do alcance da remissão (também) para a lei da "definição" dos "quadros" nos quais se exerce a liberdade de iniciativa económica privada *que o teor literal daquela primeira disposição incontornavelmente estabelece*. Importa pois averiguar no próprio texto da lei fundamental em que medida, ou até que ponto, "a Constituição recebe um quadro legal de caracterização do direito fundamental, que reconhece"[813] – o que na verdade, e ainda que tão só nessa estrita medida, torna a lei definidora

---

"não poderão contrariar a sua natureza, mas apenas explicitar melhor o seu conteúdo e compatibilizá-lo com outros direitos ou valores de suprema dignidade constitucional que com ela possam abstratamente conflituar" – pelo que "nesse sentido, e só nesse sentido, lhe introduzirão limites" (*A Constituição...*, cit., p. 198).

[812] V. Moura Ramos, *O direito fundamental...*, cit. p. 863. A fonte da transcrita passagem de Vital Moreira é a obra deste autor citada na bibliografia do artigo – *A ordem jurídica do capitalismo*, Centelha, 1976.

[813] Ac. TC n.º 187/01, de 2.5.

daqueles quadros, mais do que uma lei meramente *restritiva*, uma lei *conformadora do conteúdo* do direito[814].

A nosso ver, esta dimensão conformadora da intervenção do legislador tem apenas a ver com o momento da *iniciativa* propriamente dita (isto é, com o momento da liberdade de escolha ou acesso a uma determinada atividade económica), e circunscreve-se à tarefa consignada pela Constituição ao mesmo legislador de *definir* os setores *básicos* vedados à iniciativa privada[815].

Com efeito, assiste aqui ao legislador, em primeiro lugar (e desde a revisão constitucional de 1997) uma verdadeira *discricionariedade de decisão* quanto à questão da existência ou não de setores vedados aos particulares (com proibição absoluta ou, em alternativa, com admissão de empresas privadas enquanto concessionárias); em segundo lugar, e caso o legislador opte pela existência de um setor reservado ao Estado, ainda lhe cabe uma *discricionariedade de escolha* (quais os setores – de entre os qualificáveis como "básicos" – que serão objeto dessa reserva); e, finalmente, nos confins desta liberdade de escolha, ele dispõe de uma *margem de liberdade* (ainda que estreita) na tarefa subsuntiva de preenchimento do conceito de "setores básicos".

Está portanto longe de poder ser considerado como setor básico aquilo que o legislador quiser, tendo a eventual tarefa de predeterminação do que é ou não um "setor básico" que se confinar a balizas bem mais estreitas do que as da mera ponderação do direito de livre iniciativa económica privada com outros direitos e interesses constitucionalmente consagrados: parafraseando nós agora Vital Moreira a respeito deste mesmo conceito, estamos perante uma "noção pré-constitucional mais ou menos precisa" e que há de ser definida "pela lei tendo em conta precisamente" essa noção[816].

[814] Como diz Vieira de Andrade, qualquer *"expressa* e inequívoca remissão para a autonomia legislativa" mesmo no âmbito dos direitos, liberdades e garantias apela a um poder de conformação legislativa (*Os direitos...*, cit., p. 221).
[815] As demais intervenções legislativas previstas no capítulo da organização económica (como as do art.º 83.º, do n.º 2 do art.º 86.º, e dos art.ºs 87.º e 88.º) e ainda noutros locais da Constituição são simplesmente *restritivas*, e não (também) *conformadoras*.
[816] Sem prejuízo, sempre se diga que no que se refere aos setores de produção se tem que acompanhar uma mais rápida evolução quer da realidade constitucional, quer do próprio direito constitucional: desde logo, os setores que eram passíveis de ser considerados como "setores básicos" há 30 anos (por exemplo, os setores considerados estratégicos para a economia do país) não o são hoje. Diferentemente, e como vimos, já no universo das profissões se impõe uma maior "rigidificação", ou seja, uma muito mais intensa tutela da liberdade de

Fora do âmbito desta problemática estão todas as atividades económicas de direta exploração de bens dominiais (ou que envolvam a utilização privativa de tais bens), que estão reservadas por natureza aos poderes públicos – sem prejuízo, claro está, da opção sempre possível pela respetiva concessão a privados –, nomeadamente dos como tal qualificados pelo art.º 84.º CRP; e o mesmo se diga das atividades económicas que envolvam por natureza ou definição o exercício de prerrogativas de autoridade. Num e noutro caso, de modo similar aos casos acima analisados das profissões consubstanciadoras de exercício privado de funções públicas, estamos ainda na esfera de assuntos que por prévia definição (e não por escolha do legislador) são próprios do Estado, e não da sociedade.

Note-se, pode ocorrer que atividades económicas próprias da sociedade, de cariz tradicionalmente privado e «entregues» pela ordem jurídica ao mercado, mudem de natureza e «transitem» para a esfera do Estado: é que a escassez de recursos naturais ou razões técnicas que tenham os mesmos efeitos práticos[817] poderão ditar a sua explícita ou implícita dominialização ou colocação sob reserva pública, com os consequentes condicionamento e contingentação, transformando-se atos (até então) autorizativos (de mero controlo prévio) de acesso de privados às mesmas atividades em atos discricionários de tipo concessório (ou criando explicitamente o legislador regimes concessórios *ex novo*). A título de exemplo, tal poderá vir a acontecer com a atividade da caça. Neste caso, pode-se entender inclusive que se esfuma a faculdade de escolha

---

escolha e exercício das mesmas profissões *tal qual estas estão configuradas pela tradição*, concretamente pela proteção do conjunto de competências que integram a imagem socialmente enraizada de cada uma delas.

É ainda à luz desta evolução que se deve considerar de todo em todo caduca a doutrina do ainda hoje muito citado (e já acima referido) Ac. do TC n.º 186/88 (o qual como vimos considerou ser a margem do legislador nesta matéria muito ampla, só podendo ser consideradas inconstitucionais as alterações "clara e inquestionavelmente «fraudatórias»" da Constituição, seja por via de uma desconforme e de todo o ponto de vista incompreensível extensão dos setores vedados, seja, ao contrário, por via de uma praticamente nula vedação"). Com efeito, desde a data desse acórdão já ocorreram duas revisões constitucionais que introduziram alterações substanciais à Constituição económica (a começar pela disposição do direito fundamental em questão e pelo preceito que prevê a delimitação dos setores de produção) – representando uma e outra importantes passos no "esforço de adequação da constituição económica portuguesa à constituição económica europeia, caracterizada por um marcado ceticismo quanto à iniciativa pública" (EDUARDO PAZ FERREIRA, *Direito da economia*, Lisboa, 2001, p. 205).

[817] Sobre o conceito e regime administrativo da «administração da escassez», ver PEDRO GONÇALVES, *Reflexões sobre o Estado Regulador...*, cit., pp. 196-200.

proporcionada pelo art.º 86.º/3, pois tais bens e atividades passam a integrar por natureza a esfera do Estado.

Distinto é ainda o caso daquelas atividades económico-empresariais (por regra industriais) sobre as quais recai um manto de proibição quase absoluta[818], em razão da respetiva perigosidade para imperiosos interesses públicos no âmbito do ordenamento do território, do ambiente, do património ou da saúde pública – mas que por qualquer relevante razão não podem deixar de ser desenvolvidas a título pontual e precário, e não necessariamente por operadores públicos (porquanto nem por isso passaram – não tinham que passar – para a esfera do Estado). Como é sabido, o acesso a tais atividades depende da outorga de uma *autorização-dispensa* (significando o termo dispensa a "exoneração de cumprir ou de observar um dever geral de não desenvolver a atividade em causa, que, em regra, é proibida"[819]). Ainda que com especificidades a que adiante se fará menção, é a nosso ver este o caso da chamada «atribuição» de título de emissão de gases com efeito de estufa, regulada pelo DL n.º 38/2013, de 15.03.

Ora, estamos nesta última hipótese perante restrições muito gravosas, impensáveis como vimos no que respeita a atividades profissionais privadas, mas que a Constituição consente a título excecional no que respeita à iniciativa empresarial – e que nada têm a ver também com a problemática da possível qualificação de um setor económico como básico (já que esta qualificação se reporta apenas a atividades que poderão em regra ser exercidas, seja por operadores públicos, seja por operadores privados, por não apresentarem uma especial perigosidade para os suprarreferidos interesses públicos).

Quanto à esfera das atividades que por natureza não são próprias do Estado, mas da sociedade, e sobre as quais não recai um manto de quase absoluta proibição pela perigosidade que apresentem para imperiosos interesses públicos, já o dissemos acima, é para nós pacífico que de entre esse universo «restante» só serão qualificáveis como (setores) «*básicos*», num primeiro «apanhado», aquelas atividades hodiernamente tidas como de interesse económico geral (serviços de interesse económico geral), que começam por compreender

---

[818] Poderá a situação ser de proibição absoluta, como acontece com a comercialização de estupefacientes (cfr. PEDRO GONÇALVES, ibidem, p. 146) e outras substâncias psicoativas como tal qualificadas pela entidade reguladora do setor (Infarmed, IP).
[819] PEDRO GONÇALVES, ibidem, p. 147.

os serviços públicos essenciais, mas que a estes se não reduzem, e que a doutrina italiana tradicionalmente reconduz ao (lato) conceito de *serviço público objetivo*[820]. Integram-se nesta categoria os setores da produção e distribuição de eletricidade, de armazenamento e distribuição de petróleo e seus derivados e gás, das comunicações (incluindo as telecomunicações, a Internet, os serviços postais e os serviços públicos de rádio e televisão), do tratamento e distribuição de água, de saneamento, de recolha e tratamento de resíduos

---

[820] Nas palavras de ALDO TRAVI & LUCA BERTONAZZI, é considerado "serviço público em sentido subjetivo" toda a "atividade que o sujeito público, através do uso dos poderes públicos de que dispõe (legislativos ou administrativos) assume por si só, no âmbito das suas incumbências institucionais, por ser ela conexa com exigências de bem-estar e de desenvolvimento socioeconómico da coletividade no seu conjunto ou de vastas categorias dessa coletividade". Tal atividade, por outro lado – prosseguem ainda os autores – "deve ser organizada num certo modo (legislativamente tipificado), porque o interesse público consiste na respetiva e específica gestão, o que tem por consequência tornar-se a modalidade de gestão determinante"; mas pelo facto de "a pertinência ou enquadramento do serviço no âmbito das incumbências institucionais da administração e do elemento teleológico constituído pela destinação/preordenação da serviço ao público (isto é aos cidadãos compreendidos *uti singuli* ou *uti universi*) " colocarem o momento subjetivo no centro das atenções, "isso não implica que o serviço tenha que ser gerido por um sujeito público", podendo a mesma gestão ser entregue a um privado em regime de concessão (*La nuova giurisdizione esclusiva del giudice amministrativo*, «Le nuove leggi civili commentate», Set. / Dez. 1998, p. 209-210, nota 6; os autores citam CAIANIELLO, *Concessioni. Diritto amministrativo*, «NDI, Appendice», Turim, 1981, p. 238; MARINO, *Servizi pubblici e sistema autonomistico*, Milão, 1987, pp. 57 e ss. e CAIA, *La disciplina dei servizi pubblici*, in *Diritto amministrativo*, org. Mazzarolli, Pericu, Romano, Roversi Mónaco, Scoca, Bolonha, 1998, p. 917 e ss.).
Já o "serviço público em sentido objetivo", segundo POTOTSCHNIG (*I pubblici servizi*, Pádua, 1964), decorreria do disposto nos art.ºs 43.º CI ("Para fins de utilidade geral a lei pode reservar originariamente ou transferir, mediante expropriação e contra indemnização, para o Estado, entes públicos ou para coletivos de trabalhadores ou de utentes determinadas empresas ou categoria de empresas, que se refiram a serviços públicos essenciais ou a fontes de energia ou a situações de monopólio e tenham carácter de proeminente interesse geral") e 41.º CI, 3.º parágrafo ("A lei determina os programas e controlos oportunos para que a atividade económica pública e privada possa ser direccionada e coordenada para fins sociais").
Para POTOTSCHNIG, o art.º 43.º CI parece admitir a hipótese da existência de serviços públicos considerados essenciais desenvolvidos por empresas privadas "não (ainda) reservados e não (ainda) transferidos para mãos públicas", podendo assim um serviço público (essencial ou não – neste último caso por maioria de razão) ser explorado por empresas privadas sem qualquer ligação institucional à administração (como acontece com as empresas concessionárias, que apresentam essa ligação institucional) – desde que estas se sujeitem sujeitas às condições estabelecidas no 41.º CI, 3.º parágrafo (*I pubblici servizi*, Pádua, 1964, autor e obra citados por Aldo Travi & Luca Bertonazzi, La *nuova giurisdizione*...., cit., p. 210, nota 8)

sólidos urbanos, dos transportes públicos (dos ferroviários e também de transportes públicos aéreos, marítimos e rodoviário que explorem as linhas sob reserva pública, passíveis de concessão a privados), das atividades portuárias e aeroportuárias e, enfim, dos serviços mínimos bancários e dos seguros[821].

A estas atividades poderemos acrescentar os monopólios fiscais do tabaco e dos fósforos, assim como a atividade de jogos de fortuna e azar[822], domínios já reservados ao Estado desde tempos remotos, muito antes portanto da atual Constituição[823], sendo que esta possível reserva pública não se funda propriamente numa sua correspondência com a prestação de serviços essenciais, mas antes no objetivo de, retirando-se tais atividades do mercado – sem todavia as proibir de todo, antes chamando-as a si (ou concessionando-as) – melhor se proteger os consumidores dos riscos sanitários e «morais» associados

---

[821] Nesta matéria, ver JOÃO NUNO CALVÃO DA SILVA, *Mercado e Estado. Serviços de interesse económico geral*, Coimbra, 2008, J. R. NUNES DE ALMEIDA, *Os princípios da transparência e da proporcionalidade no financiamento dos serviços de interesse económico geral*, Porto, 2014, RODRIGO GOUVEIA, *Os serviços de interesse geral em Portugal*, Coimbra, 2001 e DULCE LOPES, *O nome das coisas: serviço público: serviço público, serviços de interesse económico geral e serviço universal no direito comunitário*, in «Temas de Integração», n.ºs 15 e 16, Coimbra, 2003.

[822] Enquanto os chamados jogos sociais são explorados pelo Estado (através de um instituto público – a Santa Casa da Misericórdia de Lisboa), os jogos de fortuna ou azar em casinos e o jogo do bingo são concessionados a privados (cfr. DL n.º 31/2011, de 04.03).

[823] São os casos contados em que o argumento da *tradição* (e designadamente da tradição legislativa anterior à própria Constituição) pode ser relevante, mas agora num sentido oposto ao acima referido a propósito da liberdade de profissão, ou seja, para se aferir a constitucionalidade de um regime de reserva de empresa pública. Temos no direito português o exemplo dos monopólio fiscal de produção de tabaco e fósforos – reserva pública cuja constitucionalidade ninguém contesta, apesar de se tratar de um monopólio estadual unicamente justificável (e justificado) por razões fiscais (ou seja, sem qualquer interesse estratégico, ele subsiste como pura fonte de receitas públicas).
Quando a questão dos monopólios fiscais foi suscitada perante o Tribunal Constitucional Federal Alemão, decidiu-se este Tribunal pela sua constitucionalidade (até porque a Lei Fundamental de Bona os menciona expressamente nos seus art.ºs 105.1, 106.1 e 108.1), limitando todavia o seu juízo de conformidade constitucional aos monopólios já existentes à data de feitura da Constituição (cfr. H.-J. PAPIER, *Ley fundamental...*, cit., p. 579).
Entre nós, e apesar de nenhuma norma constitucional confirmar a sua existência, acreditamos ser suficiente para assegurar um juízo de constitucionalidade o argumento também utilizado pelo TCFA da receção pela Constituição (no nosso caso implícita) desses monopólios tradicionais – mas com idêntica limitação, ou seja, da incontornável inconstitucionalidade de futuros monopólios fiscais que o legislador possa vir a instituir ao abrigo do n.º 3 do art.º 86.º CRP.

respetivamente ao tabaco e ao jogo a dinheiro, através do desincentivo ao consumo do primeiro e da redução das «ocasiões de jogo».

Refira-se ainda que, no âmbito de políticas económicas comunitárias dirigistas implementadas ao abrigo de disposições dos tratados que regem a União Europeia ou de normas emanadas pelas suas instituições (que nos termos do art.º 8.º/4 CRP "são aplicáveis na ordem interna, nos termos definidos pelo direito da União", desde que respeitem "os princípios fundamentais do Estado de direito democrático"), nomeadamente da Política Agrícola Comum, podem ser impostas aos agricultores dos Estados membros quotas e contingentes em algumas produções agropecuárias, como é o caso por excelência das chamadas «quotas leiteiras» previstas e reguladas no Regulamento (CE) n.º 1234/2007, complementado na nossa ordem jurídica pelo disposto no DL n.º 240/2002, de 05.11 e pela Portaria n.º 177/2006, de 22.02.

Finalmente, algumas atividades poderão situar-se numa zona de dúvida (como por exemplo as de distribuição retalhista de combustíveis derivados do petróleo e de gás), não devendo as opções tomadas pelo legislador nessa faixa marginal ser objeto de reexame judicial (sem prejuízo, claro está, da sua sujeição ao juízo de proporcionalidade exigido pelo art.º 18.º CRP por definição incluído nos poderes de controlo dos tribunais). Numa outra zona cinzenta potencialmente «apropriável» também como setor básico situam-se as atividades económico-empresariais cujo objeto confine com funções de soberania, como são os casos por excelência das empresas de segurança, das agências de detetives e das fábricas de armamento[824].

---

[824] Este poder de conformação do legislador face à Constituição é em tudo idêntico ao poder discricionário da Administração. São por essa razão a nosso ver aqui aplicáveis em geral à atividade legislativa, no confronto com as referidas normas constitucionais, os conceitos e técnicas da teoria da discricionariedade administrativa e em particular da temática conexa do preenchimento de conceitos imprecisos pela Administração. Impõe-se por isso uma (ainda que brevíssima) incursão por estes domínios.
É hoje mais ou menos consensual na doutrina e jurisprudência administrativas que por força do princípio da separação de poderes ou funções (de uma separação não apenas *orgânica*, mas também *funcional* ou *material*), assiste sempre à Administração uma margem de livre apreciação, por estreita que seja tal margem, no preenchimento deste tipo de conceitos (dos chamados "conceitos imprecisos-tipo") – por contraposição, a jusante, aos também ditos "conceitos classificatórios" (nesta matéria, ver, por todos, ROGÉRIO EHRHARDT SOARES, *Direito Administrativo I*, Coimbra, sem data, lições policopiadas, pág. 68-70), e a montante aos por sua vez denominados "conceitos subjetivos" (conceitos a uma vez caracterizados por um

elevado grau de indeterminação e por uma mais estreita associação às faculdades de atuação administrativa) –, gozando a mesma Administração, dentro dessa margem, de uma liberdade de incluir ou não no conceito a situação concreta que se lhe depare.

Quando se diz que assiste à Administração uma margem de livre apreciação no preenchimento dos conceitos imprecisos ou indeterminados-tipo, significa isto, muito sinteticamente, que, por um lado, tais conceitos apresentam um "núcleo duro" de situações passíveis de ocorrer na vida real onde não existe qualquer possibilidade de valoração administrativa autónoma (no sentido de incluir ou excluir a situação concreta do conceito), sendo nesses casos o seu preenchimento necessariamente objeto de controlo judicial *a posteriori*.

E significa isto também que, em lado oposto, um outro conjunto virtual de situações se pode configurar, situações essas que, ao invés, e com o mesmo grau de certeza, *não cabem (manifestamente) no conceito*.

Entre estes dois extremos, o conceito apresenta uma "auréola", uma zona cinzenta ou indefinida, onde se agrupam situações intermédias – as quais, quando ocorrem, proporcionam à Administração uma folga em cada operação de subsunção do caso concreto à previsão normativa, que lhe permite incluir ou excluir no/do conceito a situação concreta cuja resolução lhe incumba. Note-se que não está em discussão a própria ocorrência dos pressupostos de facto cuja verificação a lei exige para que a Administração possa exercer a competência em questão, mas tão só uma determinada qualificação, ou, se se quiser, um aditamento a esses pressupostos. Naturalmente, a verificação dos próprios pressupostos, essa sim, é um elemento inteiramente vinculado, e não de escolha ou ponderação discricionária, e como tal objeto dos poderes de cognição do juiz administrativo.

Acaba-se de expor, *grosso modo*, a «teoria da folga», de OTTO BACHOF. Sobre esta teoria, ver ROGÉRIO EHRHARDT SOARES, *Direito...*, cit. pp. 75-75, JOSÉ MANUEL SÉRVULO CORREIA, *Legalidade e autonomia contratual nos contratos administrativos*, Coimbra, 1987, pp. 120-123. e ANTÓNIO FRANCISCO DE SOUSA, *Conceitos Indeterminados no Direito Administrativo*, Coimbra, 1994, pp. 46-49). Mas outras teses que defendem também a existência da denominada "margem de livre apreciação" chegam a idênticos resultados, ainda que por outros caminhos. É o caso das teorias da *defensabilidade* (de ULE) e da *razoabilidade* (de origem francesa) (cfr. ROGÉRIO EHRHARDT SOARES, *Direito Administrativo*, cit. pág. 76-78, SÉRVULO CORREIA, *Legalidade e autonomia...*, cit., p. 124, e ANTÓNIO FRANCISCO DE SOUSA, *Conceitos....*, cit., pp. 49-51 e 63-73). Segundo estas teses, se o juízo da Administração e a decisão tomada em consonância com tal juízo, forem *sustentáveis* (se, por hipótese, as pessoas em geral fossem indagadas sobre a respetiva concordância ou discordância sobre os mesmos juízo e decisão, e se dessa indagação – segundo um juízo de prognose póstuma – resultasse uma divisão de opiniões), se forem *objetivamente* reconhecidos como *razoáveis* (apesar de o próprio julgador a quem o litígio é apresentado, ou qualquer outro hipotético observador imparcial, poder não concordar *subjetivamente* com eles), então estaremos perante a dita margem de livre apreciação, equivalente à discricionariedade propriamente dita – situando-se por conseguinte os mesmos juízo e decisão administrativos fora dos poderes cognitivos do juiz administrativo.

Nesta margem, tal como no exercício do poder discricionário, a Administração pode e deve proceder a uma integração ou preenchimento definitivos dos conceitos indeterminados, atendendo às circunstâncias do caso concreto, com recurso à sua própria experiência, designadamente através da formulação de juízos valorativos – não devendo então o juiz, mais

Note-se que, por força, entre outros, dos princípios da prossecução do interesse público, igualdade, justiça e imparcialidade, para a outorga de concessões que pressuponham a prévia instituição de vagas, contingentes ou quotas (que é o quadro normal das atividades concessionadas) terão que ser implementados "procedimentos de seleção concorrencial, ou seja, procedimentos estruturados para promoverem um cenário de concorrência – o mesmo é dizer de competição, disputa, confronto, oposição, concurso – entre os vários participantes", baseando-se a decisão final "no confronto comparativo entre as ofertas ou propostas apresentadas ou em outros elementos relativos aos interessados" (Pedro Gonçalves)[825].

Por último, e atendendo ao caráter excecional de qualquer destas hipóteses de «retirada do mercado» de inteiros setores de atividade económica ao abrigo do art.º 86.º/3 CRP, impende a nosso ver sobre o legislador a obrigação de invocar este normativo do texto básico como específica norma habilitante para aquele que, reitere-se, se nos afigura como o tipo mais gravoso de restrições à liberdade de empresa e ao direito de acesso à propriedade de meios de produção.

Concluindo a nossa exposição, os "quadros definidos pela lei" nos quais se exerce a iniciativa económica privada, serão destarte essencialmente aqueles que resultam da própria Constituição – ou seja, tão só os da delimitação dos setores de produção, e designadamente a separação entre por um lado os setores básicos vedados ou condicionados, e por outro lado todos os demais por definição insuscetíveis de serem nacionalizados ou de sofrerem limitações objetivas de acesso (condicionamentos de acesso e exercício equiparáveis à nacionalização) por força do direito consagrado no art.º 61.º/1 CRP. Apenas portanto no que se refere à delimitação dos setores de produção "a Constituição recebe um quadro legal de caracterização (...) que reconhece"[826].

---

tarde, e num exercício de autocontenção, sobrepor o seu juízo ao juízo administrativo. Sobre a problemática em geral da discricionariedade e dos conceitos imprecisos, ver entre nós por todos os estudos recentes de SÉRVULO CORREIA, no já citado *Legalidade e autonomia...*, especialmente pp. 77-137, e GOMES CANOTILHO, *Fidelidade à NATO...*, cit., *in totum*.

[825] *Reflexões sobre o Estado Regulador...*, cit., p. 228.
[826] Ac. TC n.º 187/01, de 2.5. Não deixe de se referir que para quem como nós entenda que o n.º 1 do art.º 61.º CRP consagra um genérico direito de livre iniciativa económica privada (ou não pública) de que as restantes "iniciativas" do artigo (n.ºs 2 a 5) são formas particulares de

Repita-se, é indiscutível o caráter conformador de qualquer lei de delimitação de setores, pois dela dependerá o próprio âmbito de proteção do direito fundamental consagrado no art.º 61.1 CRP – o qual será tão mais alargado quanto mais liberais sejam as opções do legislador no que respeita aos setores incluídos na reserva (opções essas, não deixe de se ter presente, sempre limitadas ao universo dos setores qualificáveis como "básicos")[827].

Assim sendo, o direito de iniciativa propriamente dito, de fundar empresas destinadas a atuar nos demais setores não qualificáveis como básicos (dos setores excluídos deste conceito) e de a eles aceder – resumidamente, a liberdade de *escolha* de (ou de *acesso* a) essas atividades – integra segundo o nosso entendimento o núcleo duro, ou o "conteúdo essencial" do direito de livre iniciativa económica privada. A este respeito, sublinhe-se uma vez mais que apenas a escolha ou acesso integram por definição este inultrapassável conteúdo essencial, pois só os problemas que se levantam ao *se*, ou seja, à "realização da substância" (concretamente, a questão do *se* uma atividade económica "é assumida, continuada ou abandonada"[828]) apresentam a dignidade e importância adequadas à intensidade de uma tal proteção.

Respondendo agora à pergunta com que V. Moura Ramos inicia o seu trabalho, a "lei" de que fala o art.º 61.º/1 CRP é desde logo – e pacificamente – uma lei *restritiva* (harmonizadora). Mas é também, em determinada matéria

---

exercício, constitui ainda um outro caso de outorga ao legislador de um poder de conformação a reserva de lei instituída no n.º 5 para o "direito de livre iniciativa económica autogestionária".

[827] Por outras palavras, e no sentido em que neste debate se utiliza o predicado (lei) "conformadora", os operadores privados que atuem em setores em abstrato qualificáveis como "básicos", mas deixados como a generalidade dos demais setores de produção à livre disposição dos particulares, beneficiam da proteção do art.º 61.1 CRP em virtude dessa opção legislativa, e não por direto efeito desta disposição de direito fundamental.
Note-se que nem sempre se utiliza a expressão "poder de conformação" neste sentido acentuadamente restritivo (análogo ao da discricionariedade administrativa). GIANNINI, por exemplo, fala no poder de conformação do legislador relativamente ao direito de iniciativa económica privada, sobretudo no concernente à autonomia privada ("se se quer constituir uma sociedade em comandita, ou uma sociedade de capitais, em princípio é-se livre de o fazer, mas o modelo a que se deve atender é aquele fixado pelas normas cogentes da lei" – sendo "evidente" o exercer-se este "poder conformador" por "modelos gerais", como "as diversas figuras de contratos e de empresas reguladas pelo Código Civil e pela lei geral") mais num sentido de *regulamentação* do que de *restrição* (*Diritto pubblico...*, cit., p. 176); sobre a distinção, ver por todos J. C. VIEIRA DE ANDRADE, *Os direitos fundamentais...*, cit., pp. 215-219).
[828] ROGÉRIO EHRHARDT SOARES, *A Ordem...*, loc. cit.

(delimitação de setores de produção), uma lei *conformadora*. Sem prejuízo, e na medida em que sobreleva nessa mesma matéria a função de interpretação, porquanto a tarefa de preenchimento do conceito impreciso "setores básicos", e nomeadamente dos seus limites ou confins, consubstancia essencialmente uma atividade interpretativa, ela é ainda e sobretudo uma lei *interpretativa*. A lei do art.º 61.º/1 CRP é pois e a uma vez *restritiva, conformadora* e *interpretativa*.

c) *Os dois momentos compreendidos pela liberdade de empresa: o acesso e o exercício à/da atividade empresarial.*

Para além das que ficaram ditas no parágrafo anterior, impõe-se ainda uma outra observação, agora quanto à amplitude das restrições permitidas à liberdade de empresa. É que só estamos de acordo com V. Moura Ramos, no que se refere à redução do papel do legislador a uma tarefa de "harmonização deste direito com outros bens ou valores constitucionalmente protegidos", quanto ao primeiro dos dois momentos compreendidos na liberdade de iniciativa económica privada, ou seja, ao momento do *acesso*, que acabámos de tratar – e já não no que diz respeito ao momento do *exercício*. Senão vejamos.

Comece-se por se ter presente que, tal como a disposição consagradora da liberdade de profissão, também o art.º 61.1. CRP protege os dois momentos em que igualmente se desdobra a liberdade de empresa, apesar de só fazer explícita referência ao primeiro deles (isto é, ao da iniciativa propriamente dita, da escolha ou acesso a um determinada atividade económica).

Ora, para além da sujeição da liberdade de iniciativa económica privada aos "quadros *(também)* definidos *pela lei*...", que a nosso ver se reporta ao momento da iniciativa, escolha ou acesso, temos nesta disposição de direito fundamental outra ressalva de restrições que não é habitual, e cuja razão de ser, significado ou efeito útil importa também determinar: referimo-nos à cláusula geral, ou autorização genérica de justificação da lei restritiva que completa o preceito ("...e tendo em conta o *interesse geral*") – a qual, segundo o nosso entendimento, e tal como sucede na liberdade profissão, já tem a ver apenas com o momento do *exercício*, e não com o da escolha.

Ela assemelha-se por isso à equivalente autorização do art.º 12.1 da Lei Fundamental Alemã ("Todo o alemão tem o direito de escolher livremente a sua profissão, o seu lugar de trabalho e a sua aprendizagem. O exercício da profissão poderá ser regulado por lei ou com base numa lei") – não só pela similitude de posições, mas pelo facto de no texto do preceito se seguirem como se seguem ambos os incisos das autorizações ao legislador à proclamação da liberdade de escolha ou iniciativa. Todavia, tal como a liberdade de profissão (art.º 41.1 CRP – "Todos têm o direito de escolher livremente a profissão ou o género de trabalho, salvas *as restrições legais impostas pelo interesse coletivo* ou inerentes à sua própria capacidade"), o inciso final do art.º 61.1 CRP oferece a particularidade de permitir ao mesmo legislador restringir o exercício da atividade protegida com base numa explícita invocação do "interesse geral".

Pois bem, se tivermos em conta que um laconismo idêntico ao do segundo período do art.º 12.1 GG (não invocação do "interesse geral") na nossa Constituição circunscreveria o legislador, por força do art.º 18.2 CRP (aplicável também aos direitos de natureza análoga), à tarefa (preventiva) de conciliação do direito com "outros direitos ou interesses constitucionalmente protegidos" (prevenindo por via geral e abstrata a ocorrência de possíveis futuros conflitos), *a esta invocação do "interesse geral" só se pode atribuir na nossa lei fundamental um significado útil*: a saber, o de ter o constituinte *autorizado o legislador a proteger "valores comunitários relativos"*, sem uma necessária consagração constitucional, não necessitando ainda de estar a restrição legal "expressamente prevista na Constituição" (art.º 18.2, primeiro inciso)[829]. Ou seja, estamos perante uma

---

[829] Segundo a definição de JORGE REIS NOVAIS, enquanto os valores absolutos da comunidade seriam aqueles "que não ficam à mercê nem dependem dos desígnios e políticas conjunturalmente prosseguidas pelas maiorias que ocupam o poder e, nesse exato sentido, encontraram consagração constitucional expressa" (sendo exemplos disso "a saúde pública, a existência e segurança do Estado, o regular funcionamento das instituições democráticas e os próprios direitos fundamentais"), os valores relativos seriam os que ao invés "dependem de representações sociais, económicas, ideológicas, culturais ou religiosas das maiorias políticas conjunturais e, nessa medida, se refletem nas correspondentes interpretações particulares do bem comum e do interesse público" (*As restrições aos direitos fundamentais não expressamente autorizadas pela Constituição*, Coimbra, 2003, p. 607). Ainda na definição de EKKEHART STEIN, são bens comunitários relativos "aqueles valores que derivam das ideias e fins adotados pelo legislador em matéria social ou económica e que, portanto, haja sido o próprio legislador a elevar ao nível de interesses comunitários importantes" (*Derecho...*, op. cit., loc. cit.).
J. J. GOMES CANOTILHO reserva a expressão "bens comunitários" para os bens jurídicos constitucionalmente "recebidos": "os bens jurídicos de valor comunitário não são todos e quaisquer bens que o legislador declara como bens da comunidade, mas aqueles a que foi constitucionalmente conferido o carácter de "bens da comunidade" (*Direito Constitucional e Teoria da Constituição*, cit., p. 1271). Sem questionar o ensinamento do ilustre Professor, cremos,

(expressa) "cláusula de comunidade"[830] que autoriza o legislador a proteger valores sem uma necessária consagração constitucional[831].

O "interesse geral" previsto no art.º 61.1 CRP não é pois a título obrigatório um "interesse (*coletivo*) constitucionalmente protegido" – sendo certo, repita--se, que *o alcance aqui dado a esta ressalva se circunscreve forçosamente ao momento do exercício*: com ela limitou-se o constituinte a prever as restrições à liberdade de *exercício* da atividade empresarial (que como vimos se desdobra por sua vez na "liberdade de organização do empresário"[832], na "liberdade de direção

---

contudo, que as expressões "interesse coletivo" ou "interesse geral" têm precisamente uma intencionalidade de abrangência ainda das criações / opções do legislador.

[830] O conceito de *cláusula de comunidade* resultou da "primeira tentativa de teorização sistemática da utilização da doutrina dos limites imanentes enquanto instância de solução do problema das restrições não expressamente autorizadas pela Constituição" encetada na Alemanha pelo Tribunal Constitucional Federal (JORGE REIS NOVAIS, *As restrições aos direitos fundamentais não expressamente autorizados pela Constituição*, Coimbra, 2003, pp. 445). É certo que segundo a jurisprudência do TCF, "é da essência de qualquer direito fundamental, e uma vez que a sua efetivação pressupõe a existência da comunidade estatal que o garante, só poder ser invocado se não puser em perigo os bens jurídicos necessários à existência da comunidade"; mas "quando se tratou, porém, de em função da excessiva generalidade da formulação, concretizar que exigências ou «bens jurídicos» seriam essenciais à existência da comunidade para efeitos daquela limitação, o *Bundesverwaltungsgeritcht* viria a incluir, para além dos outros direitos fundamentais, também por exemplo, a saúde pública, a segurança do tráfego, a boa ordenação e administração da justiça, a lei moral, a formação escolar, a proteção da família" (JORGE REIS NOVAIS, op. cit., p. 446) – acentuando-se a relativização dos mesmos bens.
A doutrina é especialmente crítica face a esta ideia de que haveria "uma «cláusula de comunidade» nos termos da qual os direitos, liberdades e garantias estariam sempre «limitados» desde que colocassem em perigo bens jurídicos necessários à existência da comunidade" (J. J. GOMES CANOTILHO, *Direito Constitucional e Teoria da Constituição*, cit., p. 1280). Nas palavras de GOMES CANOTILHO, tal posição "merece sérias reticências", pois "transferindo a possibilidade de restrições para direitos liberdades e garantias constitucionalmente consagrados sem qualquer «reserva de restrição», correr-se-ia o risco de, a pretexto de se garantirem os «direitos dos outros», as «exigências de ordem social» ou de «ordem ética», se estar a colocar de novo os direitos, liberdades e garantias na disposição limitativa do legislador", ou seja, "o giro coperniciano assinalado por H. KRÜGER – «não são os direitos fundamentais que se movem no âmbito da lei, mas a lei que se move no âmbito dos direitos fundamentais» – acabaria por ser neutralizado, pois a «doutrina da regulamentação das liberdades» reapareceria encapuçada sob a forma de limites imanentes" (ibidem).

[831] Algo diferentemente do que se passa com o homólogo preceito consagrador da liberdade profissional, não se pode aqui falar propriamente de uma exceção ao último inciso do art.º 18.2 CRP, mas de uma adaptação do regime fixado neste artigo 18.º a um direito que só dele beneficia pela via da sua qualificação como direito de natureza análoga aos integrados no catálogo.

[832] FRITZ OSSENBÜHL, *Las libertades...*, cit., p. 26 e ss.

da empresa"[833] ou "de gestão da empresa"[834], na "liberdade da atividade da empresa no mercado" e na "proteção da existência da empresa"[835]).

Recorde-se ainda, a ampliação das possibilidades de restrição representada por esta abertura à intromissão do legislador fora dos casos "expressamente previstos na Constituição" e em função de interesses públicos sem consagração constitucional se atém apenas a problemas de menor monta, que se levantam ao *como* (*como* exercer uma determinada atividade económica), isto é, da "realização da modalidade"[836]. E na verdade, justifica-se uma menor liberdade da empresa no que se refere ao exercício da respetiva atividade, por já não estar em causa a sua existência (dela empresa) e o seu acesso ao mercado.

Sustenta Jorge Reis Novais, em obra recente, o ser muito difícil, "para não dizer impossível a tentativa de estabelecer claras linhas de separação entres valores *absolutos* e *relativos*, entre bens constitucionais e infraconstitucionais", porquanto "relativamente a qualquer um destes segundos termos é sempre possível invocar a *cobertura* de um princípio ou valor constitucional"[837] – isto porque as Constituições regulacionistas e intervencionistas do Estado social de Direito, com a sua ampla panóplia de direitos económicos, sociais e culturais, elevaram "à natureza de bens constitucionais praticamente todos os valores relevantes da vida em comunidade"[838], tendo ainda a doutrina e a jurisprudência alargado "extraordinariamente" por seu turno "o leque de bens constitucionais suscetíveis de fundamentar a restrição a direitos fundamentais sem reservas"[839].

---

[833] Ibidem, p. 29 e ss.
[834] GOMES CANOTILHO & VITAL MOREIRA, *Constituição Anotada*, cit., p. 327.
[835] FRITZ OSSENBÜHL, *Las libertades*..., cit., p. 36 e ss. e H.-J. PAPIER, *Ley fundamental*..., cit., p.588.
[836] Exemplo de uma restrição ao exercício é a prevista no art.º 86.2 CRP: "O Estado só pode intervir na gestão de empresas privadas a título transitório, nos casos expressamente previstos na lei e, em regra, mediante prévia decisão judicial").
[837] *As restrições*..., cit., p. 610.
[838] Op. cit., p. 611.
[839] Ibidem. No específico domínio das restrições às profissões com fundamento em «bens comunitários» refira-se ainda que chama também a atenção para o mesmo problema MARIO LIBERTINI: o autor começa por referir que relativamente a determinadas atividades profissionais, quando elas são mal desempenhadas, causando assim lesões a direitos fundamentais das pessoas, fala-se logo na saúde (profissões sanitárias), na liberdade pessoal (profissões forenses) e na segurança (profissões técnicas), como sendo os correspondentes e fundamentais bens ou interesses afetados; todavia, para lá destes mesmos direitos e interesses, outros

Por outro lado, e voltando às considerações de Reis Novais, ainda na perceção deste autor as "colisões relevantes para a dogmática das restrições aos direitos fundamentais" não se dão entre "valores abstratos e globais", configurando-se antes por norma como "colisões parcelares de modalidades concretas, de zonas mais ou menos nucleares, mais ou menos marginais, dos interesses em questão", só devendo ser "ponderados nessa dimensão"; por outras palavras, "o interesse de liberdade afetado com a eventual restrição é sempre um recorte particular da liberdade garantida pelo direito fundamental e nunca toda a liberdade no seu conjunto"[840].

Pois bem, como o autor que agora acompanhamos parte da premissa de que a fundamentação da legitimidade das restrições legais reside numa "reserva geral imanente de ponderação que afeta" todos "os direitos fundamentais e as correspondentes normas constitucionais de proteção" – dada a "natureza estrutural de princípios" dos direitos fundamentais, a correlativa necessidade de se proceder a uma ponderação de bens em caso de colisão, e o peso relativo dos mesmos bens em cada situação concreta[841] –, acaba ele por defender, também pelas razões referidas anteriormente, que "um direito fundamental constitucionalmente consagrado sem reservas pode ser restringido por força da necessidade de prossecução de outros bens que, em função daqueles valores, são igualmente dignos de proteção jurídica" – no sentido de que determinante deverá ser (para a ponderação a efetuar) "o conteúdo material do bem em causa e não a sua inscrição formal num plano constitucional ou infraconstitucional"[842]. Isto "obviamente" sem prejuízo – remata Reis Novais – de "o facto de um bem ter obtido consagração constitucional,

---

"numerosos interesses de relevância constitucional" existem ainda, os quais, não dando "lugar a situações de perigo" como as suprarreferidas, "podem também justificar uma intervenção de tipo publicístico destinada a garantir um standard mínimo de qualidade das prestações para todos os possíveis utentes". Ora, e como conclui o autor, "sob este perfil pode-se exercitar a fantasia", e individualizar as mais variadas profissões que podem ser também "instrumentos de tutela de bens constitucionalmente relevantes: da educação dos cidadãos à paisagem, da liberdade de empresa à racional utilização do solo, e por aí fora" (*Brevi riflessioni sul d. d. l. n. 5092 e sui principi costituzionali e comunitari in matéria di attività professionali intellettuali*, no «Il Foro It.», 1999, Parte III, pp. 471-472).

[840] *As restrições...*, cit., p. 619.
[841] *As restrições...*, cit., p. 621.
[842] *As restrições...*, cit., p. 620.

aem termos por exemplo, de ter sido elevado a fim prosseguido pelo Estado", ser "um indício seguro da relevância que lhe deve ser atribuída"[843].

Diga-se em abono da verdade que a argumentação do autor é muito sugestiva, para não dizer convincente, e os exemplos práticos que a ilustram bem esclarecedores da delicadeza da matéria, que não admite respostas fáceis e radicais. Entre nós teve réplica imediata na 7.ª edição do *Direito Constitucional e Teoria da Constituição* de J. J. Gomes Canotilho: sem prejuízo do «realismo» que reconhece nela existir (sobretudo tendo "em conta que a seleção de bens cabe também a outros ordenamentos (ordenamento comunitário, ordenamento internacional)", não vê o professor de Coimbra "como é que no procedimento de ponderação se possa desvalorizar tão profundamente a reserva constitucional do bem"; e assim se abre "o caminho para soluções mais do que questionáveis, como, por exemplo, quando dissolve a própria categoria de bens constitucionais, dando guarida a uma tese de ponderação existencialista do bem: bem constitucionalmente protegido será «qualquer bem ou interesse infraconstitucional candidato à justificação da restrição»[844]. Ainda nas palavras de Gomes Canotilho, "fica aberta a porta não apenas para a relativização da força normativa da Constituição mas também para a inversão das regras básicas da hermenêutica constitucional", justificando-se a partir daí uma "interpretação da Constituição a partir da lei ou da ordem de um polícia ou de um governador civil (os que ponderam as restrições em concreto")[845].

Não sendo este obviamente o local indicado para discorrer sobre uma tão fundamental problemática, não queremos deixar de a seu respeito tecer uma ou outra consideração. No fundo – e mantendo ainda o ponto de vista explicitado no texto – podemos dizer que para Reis Novais todas as demais disposições garantidoras de direitos fundamentais (para além dos art.ºs 47.1 e 61.1 CRP) contêm implicitamente a mesma cláusula de abertura ao confronto com bens infraconstitucionais que consta expressamente daquelas disposições jusfundamentais. Ora, a principal dificuldade que antevemos nesta generalização é que nem todos os restantes direitos, dada a peculiaridade das respetivas estruturas, se prestam sem mais à distinção entre «escolha» ou

---

[843] Ibidem.
[844] *Direito Constitucional e Teoria da Constituição*, cit., pp. 1271-1273.
[845] Op. cit., p. 1273.

«acesso» e «exercício» (e dentro da «escolha» por sua vez à diferença entre o condicionamento pela exigência de requisitos objetivos – que não dependem do aspirante à atividade condicionada – e o condicionamento pela exigência de requisitos subjetivos, que já dependem da pessoa do titular do direito, como é o caso da posse de uma determinada habilitação).

Ou seja – e partindo do princípio da vantagem do agrupamento das restrições por patamares, níveis ou categorias – não se vê como é que se poderá saber, quanto aos demais direitos fundamentais (e parafraseando agora Reis Novais), "onde se situam, neste domínio dos bens suscetíveis de justificar" a respetiva restrição, "as fronteiras entre o que é tópica, ponderação, variabilidade e aquilo que deve ser rigidez, força de resistência, vinculação normativa" dos mesmos direitos.

Note-se que a cisão estrutural das liberdades de profissão e de empresa entre as dimensões ou momentos da escolha e do exercício desenvolvida pela jurisprudência constitucional alemã (e que mereceu a adesão da doutrina deste país) a partir da redação dos respetivos preceitos jusfundamentais, e, mais elaboradamente, a teoria dos degraus (que subdivide o momento da escolha ainda em dois graus), já traduzem de algum modo a existência de níveis distintos de abstração: assim, quanto mais alto é o grau de restrição (e parafraseando de novo Reis Novais) mais a colisão se dá entre "valores abstratos e globais", em zonas "mais nucleares" dos bens em colisão; ao invés, quanto mais baixo é o grau – nomeadamente, quando a restrição incida apenas sobre o exercício da profissão ou da atividade empresarial –, mais se nos deparam "colisões parcelares de modalidades concretas", em zonas "mais marginais dos interesses em questão").

Simplesmente, a teoria dos degraus (*Stufen theorie*), ao possibilitar a recondução das restrições a dois, três ou mais patamares distintos que supõem diferentes resistências do direito fundamental às mesmas restrições, facilitam a tarefa do juiz e conferem maiores certeza e segurança neste domínio; por isso foi o método hermenêutico adotado pelo Tribunal de Karlsruhe considerado tão promissor, tendo autorizadas vozes recomendado inclusive a sua extensão a outros direitos fundamentais[846].

---

[846] Sobre a «teoria dos degraus», ver João Pacheco de Amorim, *A liberdade de profissão*, op. cit., pp. 642-650.

Tenha-se presente, e como de todo o modo sublinha ainda o próprio Reis Novais, que a consagração constitucional de um bem constitui "um indício seguro da relevância que lhe deve ser atribuída", na ponderação de bens que haja que fazer. Ora, o mesmo é dizer que a não consagração constitucional expressa do bem que fundamente a restrição aponta por sua vez para uma menor relevância destoutro.

Pois bem, uma (expressa) "cláusula de comunidade", e ainda na mesma ordem de razões, constitui pelo menos um índice seguro da maior sujeição de um direito fundamental a restrições fundadas em bens comunitários relativos – devendo-se entender que entre nós decidiu o constituinte dar uma expressa indicação ao legislador no sentido de, quando apenas o exercício da atividade empresarial ou profissional esteja em causa, e não o acesso ou escolha – ou seja, enquanto se não ultrapassasse o primeiro patamar de restrições – poderia este alargar os fundamentos de restrição[847].

d) *A questão da aplicabilidade do regime orgânico-formal dos direitos, liberdades e garantias à liberdade de empresa enquanto «direito análogo»*

Como melhor veremos a propósito do direito de propriedade, se é pacífica a aplicabilidade do regime material dos direitos, liberdades e garantias aos direitos fundamentais de natureza análoga (seguramente às dimensões destes direitos a que seja reconhecida essa natureza análoga), o mesmo não se passa já com respetivo regime orgânico-formal, nomeadamente o relativo à reserva de competência da Assembleia da República (art.º 165.º CRP, n.º1, al. *b*)) e ao âmbito da reserva de lei em geral (art.º 18.º CRP, n.º2, primeira parte): há quem defenda a aplicação deste regime orgânico designadamente ao direito de propriedade, enquanto direito de natureza análoga, e há também quem, ao invés, sustente a posição contrária.

---

[847] Finalmente, não deixe de se ter em conta as objeções levantadas por GOMES CANOTILHO, quer a reproduzida na presente nota, quer a referida algumas notas atrás – relativa à transferência da "possibilidade de restrições para direitos liberdades e garantias constitucionalmente consagrados sem qualquer «reserva de restrição»", a qual representaria um inaceitável retrocesso nesta matéria na medida em que se colocariam os direitos fundamentais de liberdade de novo à disposição do legislador dada a fluidez do generalíssimo critério dos «limites imanentes» e de conceitos como as «exigências de ordem *social*» e «ética» (*Direito Constitucional e Teoria da Constituição*, cit., p. 1280).

A posição a que aderimos é a intermédia, repercutindo aqui a teoria dos degraus: assim, de entre a globalidade das matérias alcançadas pelo art.º 61.º, haverá que recorrer também em sede de reserva de lei à distinção entre as restrições no domínio dos bens que assumem uma importância maior, o das matérias nucleares ou essenciais, que têm a ver com "aquilo que deve ser rigidez, força de resistência, vinculação normativa", e as restrições em matérias que assumem uma importância menor, já dentro do que é mera "tópica, ponderação, variabilidade"[848]: só o primeiro domínio, de maior restrição do direito em causa, e que identificamos com as restrições à escolha ou acesso, está necessariamente abrangido pela reserva de lei (e lei parlamentar), estando as meras restrições ao exercício (e portanto de menor restrição do direito) dispensadas de tal reserva.

Tratando-se de restrições ao exercício à liberdade de empresa, estão estas dispensadas da reserva de lei parlamentar. Todavia, o art.º 61.º n.º 1 estatui em alguma medida uma reserva de lei (que poderá ser decreto-lei, decreto legislativo regional ou lei formal da AR), quando se refere aos «quadros definidos pela lei». Deve-se por conseguinte entender que os aspetos essenciais do regime restritivo terão que constar de prévio diploma legal, podendo os demais constar de regulamento que complemente tal diploma (regulamento integrativo ou de desenvolvimento).

e) *A intervenção dos poderes públicos na gestão das empresas privadas: análise do art.º 86.º, n.º 2 CRP*

Reza o art.º 86.º, n.º 2 CRP que *"o Estado só pode intervir na gestão de empresas privadas a título transitório, nos casos expressamente previstos na lei e, em regra, mediante prévia decisão judicial"*.

Comece por se recordar a articulação que acima estabelecemos entre o art.º 61.º com o artigo ora em análise, que sob a epígrafe «Empresas privadas» prevê o apoio à atividade empresarial e a respetiva fiscalização (n.º1), regula os casos pontuais de intervenção pública na gestão das empresas privadas (n.º 2) e abre caminho à vedação de setores básicos da economia à iniciativa económica privada (n.º 3): adiantámos então ser nosso entendimento o alcançar este artigo

---

[848] JORGE REIS NOVAIS, *As restrições...*, cit., p. 610.

na sua globalidade não apenas as empresas que integram o chamado «setor privado de meios de produção», mas todas as empresas privadas em sentido amplo, ou seja, também as empresas pertencentes ao setor cooperativo e social.

Assim, e numa primeira observação, diremos que o art.º 86.º, n.º 2 habilita os poderes públicos a intervir, nos termos e com os limites por si fixados, na gestão de todas as empresas não públicas ou privadas em sentido amplo.

Em segundo lugar, frise-se que os poderes de intervenção previstos e regulados neste preceito são poderes de *intervenção direta*[849], através dos quais os poderes públicos atuam como operadores económicos, envolvendo-se eles próprios na atividade empresarial, neste caso «utilizando» um operador privado (através de uma interferência de âmbito interno na respetiva gestão). Não se trata portanto de um fenómeno de *intervenção indireta* na economia, sendo os poderes de intervenção na gestão de uma empresa privada por conseguinte bem mais intensos do que os poderes gerais de polícia e de regulação económica (de fixação e aplicação de normas de regulação externa da atividade empresarial). Tenha-se presente que, ao abrigo da habilitação do art.º 86.º, n.º 2, pode em *ultima ratio* a lei prever a possibilidade de os titulares dos órgãos de administração e fiscalização da empresa intervencionada serem afastados e substituídos por gestores nomeados pelo Estado.

Como se sublinha no Ac. TC n.º 166/94, o que neste preceito está verdadeiramente em causa é uma vertente da liberdade de gestão inerente à liberdade de empresa, "o mesmo é dizer uma liberdade na condução dos destinos económicos e sociais das empresas que, pela intervenção estadual, se vê fortemente – se não totalmente – cerceado". Para além da liberdade de empresa, note-se ainda, estamos em simultâneo perante uma severa limitação do direito de propriedade (em espécie, de propriedade de meios de produção)[850].

Quanto às entidades habilitadas para este tipo de intervenção, refira-se ainda que terão que ser órgãos do Estado, no sentido amplo de poderes públicos – de autoridades administrativas ou jurisdicionais –, não podendo a lei delegar a competência em causa em entidades privadas.

---

[849] Cfr. RUI GUERRA DA FONSECA, *Comentário à Constituição Portuguesa*, vol. II, cit., p. 385.
[850] Cfr. RUI GUERRA DA FONSECA, *Comentário à Constituição Portuguesa*, vol. II, cit., p. 385, apud PAULO OTERO, *Vinculação...*, cit., p. 65.

Como bem repara Rui Guerra da Fonseca, ao prevenir o normativo em análise que a intervenção só pode ter lugar *nos casos expressamente previstos na lei*, "a utilização do advérbio de modo *expressamente* inviabiliza o estabelecimento legal de uma tipologia aberta de casos em que a intervenção pública pode ter lugar"[851]; e consubstanciando como consubstancia este tipo de intervenção uma restrição (e uma tão forte restrição) a direitos, liberdades e garantias, a respetiva previsão legal tem que preencher os requisitos da proporcionalidade do art.º 18.º, n.º 2 CRP. Pela mesma ordem de razões, não pode a lei conceder poderes discricionários nesta matéria às autoridades administrativas.

Finalmente, acompanhamos também Guerra da Fonseca, na crítica ao Ac. do TC n.º 166/94, quando este autor lembra "que a existência de uma decisão judicial prévia à intervenção do Estado na gestão de uma empresa privada não é uma singela recomendação constitucional, antes constituindo o legislador ordinário na obrigação de prever e regular os casos em que aquela possa ser dispensada" – sendo (tendo que ser) estes casos excecionais (inclusive *quantitativamente*)[852].

Note-se, ainda neste ponto, que muito embora a dispensa de prévia decisão judicial seja possível, não poderá o subsequente recurso aos tribunais, nomeadamente em sede cautelar, ser arredado: é que "o interesse público pode justificar a necessidade de medidas imediatas de natureza administrativa, mas não que as mesmas não sejam sujeitas a um controlo judicial contemporâneo ou posterior, constitucionalmente imposto"[853].

3.2.4. O regime administrativo da liberdade de empresa: os atos concessórios, autorizativos e de comunicação condicionadores do acesso a atividades económico-empresariais à luz dos artigos 61.º e 86.º/3 CRP

a) *Noções prévias*

Como se tem vindo a repisar ao longo destas lições, o estatuto constitucional da empresa (tal como o da propriedade de meios de produção) abre

---

[851] *Comentário à Constituição Portuguesa*, vol. II, cit., p. 386.
[852] *Comentário à Constituição Portuguesa*, vol. II, cit., pp. 398-390; no mesmo sentido, ver também GOMES CANOTILHO & VITAL MOREIRA, *Constituição...*, I, cit., p. 1017.
[853] *Comentário à Constituição Portuguesa*, vol. II, cit., p. 388.

caminho a restrições mais severas ao direito de livre iniciativa económica privada do que a outras manifestações da liberdade económica em geral (nomeadamente à liberdade de profissão).

Pode desde logo ser legítima a exigência, para o acesso a certas atividades económico-empresariais, do preenchimento de onerosos requisitos subjetivos a todos os que queiram operar nesses ramos de atividade, desde que passem o teste da proporcionalidade (nos termos do art.º 18.º CRP), designadamente da disponibilidade por parte do(s) candidato(s) ao seu exercício de consideráveis meios humanos, técnicos e financeiros próprios da organização empresarial a partir de um certa escala, como um quadro de pessoal com determinadas qualificações, um capital social elevado, a prestação de caução, a posse de instalações e equipamentos apropriados, etc.[854]. E pode ainda ser atribuída à Administração em tais regimes legais alguma margem de apreciação quanto à subsistência desses requisitos, reconduzível à chamada discricionariedade técnica, cuja legitimidade, ao abrigo da abertura a restrições legais manifestada pelo art.º 61.º, é em princípio de admitir. A técnica de controlo prévio do acesso a tais atividades privadas era – e é ainda em muitos casos – a *técnica autorizativa*[855].

---

[854] Assim, o primeiro confronto que se impõe é, ao tempo da restrição legal, entre tal atividade (averiguando da sua configuração social como uma profissão – isto é, como uma atividade económica predominantemente individual – ou já não), e o tipo de restrição: as exigências de preenchimento de requisitos objetivos terão pois que ser primeiramente consideradas dessa ótica – o que pode tornar desde logo problemática a própria natureza objetiva das restrições, caso se conclua pela configuração profissional ou individual. Mas caso a atividade, unitariamente considerada, já não corresponda a uma profissão socialmente definida e enraizada, mas antes a uma atividade empresarial, haverá que sobrepor diferentes planos de restrições às atividades produtivas: num primeiro plano, e quanto ao acesso a essa atividade, a liberdade em causa será a liberdade *de empresa* (e não *de profissão*) as restrições serão restrições àquela liberdade, e não à liberdade de profissão.

Só num segundo plano é que se (re)colocará, pois, a problemática da liberdade de profissão – incidindo apenas a proteção constitucional quer sobre as plúrimas profissões subordinadas que compõem os recursos humanos da empresa (desde a de administrador ou gerente até às dos quadros técnicos), quer sobre eventuais profissões liberais que continuem a orbitar à volta desta, designadamente das que ainda se possam interpor no circuito de distribuição (entre a produção – os bens e serviços produzidos por tais empresas – e o consumo destes).

[855] Sobre a autorização administrativa como técnica da intervenção administrativa, e para além dos autores italianos (clássicos e modernos) abundantemente citados, ver ainda, na doutrina portuguesa, ROGÉRIO E. SOARES, *Direito Administrativo*, Coimbra, polic., 1976, pp. 100 e segs.; J. C. VIEIRA DE ANDRADE, *Lições de Direito Administrativo*, 3.ª ed., Coimbra, 2013,

Refira-se também que, independentemente do tipo de controlo prévio, ou até, em tese, independentemente da existência de qualquer controlo prévio[856], pode o desenvolvimento da atividade empresarial privada ser ainda sujeito a fortes poderes sucessivos de fiscalização, supervisão e orientação, e ser envolvido numa malha densa de regulamentos e diretivas em constante mutação.

Por conseguinte, do ingresso na atividade – normalmente (mas não necessariamente) mediante ato administrativo de tipo autorizativo – podem "derivar, para além de poderes de direção e de controlo, «relações jurídicas especiais» entre empresa autorizada e Estado", com imposição de «modos e ónus» à empresa, a qual os deve cumprir de modo continuado[857]. E é a este propósito que surge a noção de «ordenamento setorial»: trata-se de um especial ordenamento no qual podem ser inseridos sujeitos privados que desenvolvam certas atividades, e que se caracteriza pela "presença de um grupo de figuras subjetivas determináveis pela existência de uma organização e de uma normativa especial emanada pela autoridade pública que é elaborada com referência a setores que apresentam aspetos assaz relevantes que são inerentes a interesses públicos (em particular o crédito)"[858]. Neste âmbito, e tal como acontece no regime concessório, são as atividades privadas "sujeitas

---

pp. 163-165; Carla Amado Gomes, *Risco e modificação do ato autorizativo concretizador de deveres e de proteção do ambiente*, Coimbra, 2001, em especial pp. 420 e segs., e Pedro Gonçalves (*Reflexões sobre o Estado regulador...*, cit., pp. 143-247; e na doutrina espanhola J. C. Laguna de Paz, *La autorización administrativa*, Madrid, 2006, pp. 31 e segs. Sobre a autorização como figura de direito privado, cfr. ainda entre nós Pedro Pais de Vasconcelos, *A autorização*, Coimbra, 2012.

[856] Isto diferentemente do entendimento tradicional, segundo o qual a sujeição da atividade empresarial a tais poderes normativos, de fiscalização, supervisão e orientação, seria sempre subsequente à prática ora de atos concessórios, ora de autorizações constitutivas, neste último caso e na matéria em apreço das chamadas *autorizações constitutivas do direito de empresa* (cfr. Giannini, *Diritto Amministrativo*, v. II, 3ª ed., Milão, 1993, pp. 623 e ss.): não relevariam tais poderes de supremacia apenas no momento do acesso à atividade (ou até esse momento), mas também e ainda no desenvolvimento da mesma atividade, podendo de tais atos concessórios ou autorizativos "derivar, para além de poderes de direção e de controlo, «relações jurídicas especiais» entre empresa autorizada e Estado" – entendendo assim os autores que uma tal figura, que na sua forma «pura» não seria "criadora de relações", poderia afinal "comportar imposições de «modos e ónus» ao autorizado", o qual os deveria "cumprir de modo continuado" (F. Fracchia, op. cit., pp. 171-172).

[857] F. Fracchia, op. cit., pp. 171-172.

[858] F. Fracchia, op. cit., pp. 179-180; o autor cita neste ponto V. Bachelet, *L'attività di coordenamento...*, cit., pp. 239 e 242.

a um controlo programático e geral exercido por órgãos públicos, que regem o ordenamento e que dispõem também de poderes normativos internos, de direção e de ordenação"[859].

É certo – reitere-se – que não deixamos nesta hipótese de estar ainda perante atividades próprias dos particulares, só estes dispondo por isso, nos termos do respetivo regime legal, da legitimidade necessária para espoletar o correspondente procedimento de acesso (caso a lei o estabeleça, o que acontece por norma), e portanto de as vir a exercer (a elas atividades): como frisou oportunamente G. Ortolani, permanece válida a premissa de que enquanto "a concessão confere um direito subjetivo sobre a coisa pública ou um poder que concerne por lei à administração pública", nos restantes casos, e desde logo no do regime autorizativo, "o sujeito público nada cede de seu no momento em que autoriza"[860].

A titularidade por banda da Administração de tão intensos poderes regulatórios (com ocupação pelo Estado de uma posição de supremacia em tais atividades económicas, passando a Administração a exercer sobre os privados os poderes idênticos aos que lhe caberiam nesse setor se o legislador houvesse procedido a uma explícita dominialização da atividade regulamentada) é possível nos setores que acima identificámos como suscetíveis de serem sujeitos a reserva pública (ou, excecionalmente, a um regime de autorização-dispensa) – desde logo os serviços de interesse económico geral, por definição qualificáveis como setores básicos, para efeitos do disposto no art.º 86.º/3 CRP –, em virtude do princípio de que quem pode o mais pode o menos. Nestes casos, a Administração, "para alcançar alguns objetivos", «serve-se» de uma iniciativa do privado num contexto em que, se por hipótese esta faltasse, não estaria o ordenamento "em situação de assegurar o cumprimento de tais objetivos" resultante da atividade em causa (ou seja, trata-se de interesses públicos relevantes, mas não ao ponto de o legislador "assumir ou prever iniciativas públicas que garantam" a respetiva satisfação) – sendo por exemplo possível ao operador privado interromper a atividade e retirar-se do mercado sem mais, o que não acontece nas atividades concessionadas[861].

---

[859] F. Fracchia, ibidem.
[860] *Autorizzazione e approvazione*, cit., p. 283, *apud* F. Fracchia, p. cit., p. 149.
[861] F. Fracchia, op. cit., p. 311.

Distinta da técnica autorizativa é a técnica concessória[862], que se traduz na emissão de atos administrativos ou na celebração de contratos administrativos através dos quais a Administração admite um privado a exercer atividades que (1) estejam sob *reserva pública*, que (2) envolvam a *utilização/exploração de bens dominiais* ou ainda que (3) impliquem o *exercício de poderes de autoridade*. Tenha-se presente que as relações concessórias estão sujeitas a um conjunto de princípios e regras específicas, entre os quais pontuam (1) o caráter temporário dos direitos conferidos ao privado (princípio da *temporalidade*), (2) a *precariedade* desses direitos (o que bem se entende, pois não se podem constituir direitos definitivos – ou por tempo indefinido – e consolidados sobre bens públicos e sobre o exercício de atividades sob reserva pública) e (3) a *titularidade de fortes poderes de intervenção do concedente na atividade do concessionário*[863].

Pois bem, nas últimas décadas, e no âmbito da transição do paradigma do Estado prestador para o do Estado regulador – sobretudo a partir da adesão de Portugal às então Comunidades Europeias, em 1986 –, vimos já que se assistiu ao fenómeno em larga escala da privatização material de muitos setores à data reservados ao Estado, com a consequente eliminação dos atos e regimes concessórios que até então constituíam a única via de acesso e exercício dos privados a/nesses setores, normalmente com sua substituição (dos atos concessórios) por atos autorizativos.

Mas para além desse fenómeno, iniciou-se concomitantemente, em matéria de controlo público de atividades económicas privadas, um caminho de

---

[862] Sobre o tema, ver entre nós, e por todos, PEDRO GONÇALVES, *A concessão de serviços públicos*, Coimbra, 1999.

[863] O regime concessório, e nomeadamente o acervo dos poderes do ente público concedente, está hoje expressamente consagrado na Parte III do Código dos Contratos Públicos («Regime substantivo dos contratos administrativos»), sobretudo art.ºs 302.º a 315.º, 329.º a 335.º e 407.º a 428.º, devendo-se estender por analogia às relações concessórias criadas por ato administrativo. Integram-nos poderes de *direção* (traduzido na emanação de ordens, diretivas ou instruções), de *conformação das prestações do concessionário* e de *fiscalização da sua atividade* (através de atos executórios), poderes *sancionatórios, modificativos* e de *extinção* da concessão por razões de interesse público.

Sobre o caráter forçosamente temporário das relações contratuais administrativas (e que se estende, como acabamos de frisar, às relações concessórias constituídas por ato administrativo), ver JOÃO PACHECO DE AMORIM, "*O princípio da temporalidade dos contratos públicos*", in «Estudos de Contratação Pública», vol. IV (AAVV, coordenação de Pedro Gonçalves, edição do Cedipre, Faculdade de Direito da Universidade de Coimbra), pp. 19-79, Coimbra, 2013.

liberalização ou desregulação, nomeadamente no que respeita ao controlo prévio exercido pelos poderes públicos no momento da escolha ou acesso dos particulares a tais atividades. Nas palavras de Pedro Gonçalves, expressa à partida este último fenómeno "uma dimensão desreguladora em plena época do Estado Regulador", com aparente "marginalização da autorização administrativa"[864]. Marco decisivo nessa tendência especialmente impulsionada pelo direito da União e pela pretoriana jurisprudência do TJUE foi a Diretiva 2006/123/CE, relativa aos serviços no mercado interno[865]. No direito português, e com alcance geral (para lá portanto do universo das atividades de serviços) assistimos também na primeira década do novo milénio à implementação de políticas públicas de desburocratização da atividade administrativa, como o programa «Simplex» e as alterações legislativas conhecidas por «Licenciamento Zero».

A partir de uma análise global destas tendências verifica-se a progressiva substituição das *concessões* por *autorizações*, e, dentro destas últimas, por um lado, a crescente supressão das autorizações discricionárias ou constitutivas por «suspeita de inconstitucionalidade» ou de contrariedade com o direito da União, e por outro lado – tendo sido esse o sentido da citada Diretiva da UE e das alterações legislativas ditadas pela implementação dos programas «Simplex» e «Licenciamento Zero» – a consagração das *autorizações silentes*, em alternativa à obrigatoriedade do caráter expresso da autorização (sistema do chamado «deferimento tácito») e, enfim, a substituição das autorizações por *atos de comunicação*.

Tenha-se presente que os institutos de que estamos a falar – os *atos concessórios* (dentro destes a subdivisão entre as concessões translativas e as concessões constitutivas), os *atos autorizativos* (e dentro destes as autorizações

---

[864] *Reflexões sobre o Estado Regulador...*, cit., p. 143. Mas como nota o autor, "a transformação operada neste domínio, do controlo do acesso ao mercado, está ainda longe de poder reconduzir-se à ideia simples de desregulação", por haver "sintomas claros de uma transformação que aponta, isso sim, para uma maior exigência regulamentar à entrada no mercado e para o reforço da regulação pública *ex post*", afinal uma verdadeira e própria «regulação dos serviço» e de outras atividades económicas (ibidem, p. 144); cfr. também JOÃO NUNO CALVÃO DA SILVA, *Regulação de serviços*, in «Estudos em Homenagem ao Prof. Doutor José Joaquim Gomes Canotilho», Coimbra, 2012, vol. IV, pp. 577 e segs.

[865] Sobre o tema da «Diretiva Serviços» e das suas repercussões no direito interno dos Estados membros em matéria de autorizações, ver L. PAREJO ALFONSO (org.), *Autorizaciones y licencias, hoy (un análisis tras la Directiva de Servicios)*, Valência, 2013.

discricionárias – *autorizações-dispensa* e *autorizações-licença* ou *constitutivas* – e as *autorizações permissivas*, nestas se incluindo as *habilitações*) e os *atos de comunicação prévia* (que por sua vez se subdividem em *meras comunicações e comunicações com prazo*) – são figuras dogmáticas (com natureza e regime básico típicos), que se identificam pela respetiva disciplina legal, mas que, todavia, nem sempre são corretamente designadas pelo legislador. Com efeito, e a título de exemplo, as mais das vezes a lei utiliza os termos licença e licenciamento para designar verdadeiras e próprias concessões, e uma variedade de termos para designar as autorizações, tais como *aprovação*, "*licença, permissão, acreditação, reconhecimento, habilitação, registo, não oposição*"[866].

Sublinhe-se ainda que os institutos «irmãos» do «ato de comunicação» ou «denúncia de início de atividade» e do «deferimento tácito» constituem concretizações legislativas quer das liberdades fundamentais consagradas no Direito da União, quer dos direitos fundamentais económicos clássicos consagrados nas Constituições dos Estados membros, nomeadamente das liberdades de profissão e de empresa: trata-se da devolução aos cidadãos das liberdades fundamentais cerceadas pelo abuso da técnica autorizativa, e para o qual apontam as correspondentes diretrizes jusfundamentais a que quer o intérprete quer o legislador devem dar execução.

Em Itália, sublinham – entre tantos outros – Guido Corso & Francesco Tereso o terem constituído os art.ºs 19.º e 20.º da «Lei Nigro» (Lei de Procedimento Administrativo) um primeiro passo no sentido de limitar a tradicional subtração à incidência da Constituição de certas atividades que, sendo reconduzíveis a direitos fundamentais, estão mesmo assim sujeitas a um controlo preventivo de tipo autorizativo (sendo que tal regime autorizativo não está as mais das vezes "funcionalizado à tutela de específicos interesses públicos", como por exemplo aos "programas e aos controlos sobre a atividade económica *ex* art.º 41.3 CI – não consentido a Constituição que os mecanismos previstos neste artigo sejam adotados para prosseguir meras finalidades de polícia)[867].

Em Espanha, sublinha R. Martín Mateo a perspetiva jusfundamental do esquema normativo de deslocação do epicentro da produção de efeitos constitutivo do ato administrativo para a atuação do particular: a aceitar-se

---

[866] PEDRO GONÇALVES, *Reflexões sobre o Estado Regulador...*, cit., p. 149.
[867] *Procedimento amministrativo e accesso ai ai documenti*, Rimini, 1991, p. 131.

esta configuração, aventa o autor, "a validade intrínseca de tais direitos, que tomam a sua base dos próprios textos constitucionais, faria com que só condicionalmente se devessem respeitar as ditas faculdades controladoras da Administração, no sentido de que os cidadãos cumpririam com os deveres que pesam sobre eles, se dessem ocasião ao seu exercício, comunicando as suas pretensões à Administração e possibilitando a esta que se pronuncie"[868]. Assim, continua Mateo, "se a Administração durante um período pré-fixado se não pronuncia, são removidos os limites exteriormente impostos e os direitos recobram a virtualidade que lhes foi subtraída" – conduzindo esta interpretação em definitivo à "aceitação, sem maiores escrúpulos, dos efeitos positivos do silêncio na medida em que não suporia outra coisa que não o permitir a utilização de faculdades pré-existentes"[869].

Também J. M. Fernández Pastrana realça que no exercício da atividade empresarial (porventura a mais afetada pelo sistema autorizativo) rege "o princípio da liberdade de empresa (artigo 38.º da Constituição Espanhola), direito ou liberdade constitucional que resulta dificilmente contabilizável com a tradicional e exuberante panóplia de intervenções e controlos administrativos (próprios do Estado autoritário e autárquico)" – sendo especialmente questionável o fazer depender esta liberdade por sistema da "voluntarista decisão da Administração de resolver ou não expressamente sobre os pedidos que são formulados, protelando por anos – se opta pelo silêncio, e se este se entender negativo como regra – o exercício das atividades empresariais"[870].

Por seu turno, lembra V. Aguado i Cudolà – adiantando o flagrante exemplo do seu país, saído como o nosso há quatro décadas de um regime autoritário – a raiz ou origem numa cultura jurídica estranha ao Estado democrática de Direito como única explicação plausível para a existência de um tão "grande número de autorizações administrativas prévias existentes, muitas vezes sem uma justificação adequada": é que em tais regimes "a regra geral era a da proibição que se haveria de excecionar, caso a caso, através de um pronunciamento expresso"[871]. Acontece que o autoritarismo imanente à chamada «técnica au-

---

[868] *Silencio positivo y actividad autorizante*, in RAP, n.º 48, Setembro-Dezembro de 1965, p. 208.
[869] Ibidem.
[870] *Reivindicación del silencio positivo: reflexiones para su recuperación en el ámbito de las autorizaciones administrativas*, in RAP, n.º 127, Janeiro-Abril de 1992, pp. 117-118.
[871] *Silencio administrativo e inactividad*, Madrid, 2001, pp. 328-329.

torizativa» é cancro que não se extirpa com facilidade: como constata Cudolà, no seu país, e já sob a égide da atual Lei Fundamental, "foi mantido e por vezes mesmo incrementado o número de autorizações prévias pese haver mudado substancialmente o parâmetro constitucional"[872]. Por essa razão – continua o autor – está na «ordem do dia» a necessidade que não pode ser ignorada pelo legislador "de inverter a regra existente, estabelecendo-se a autorização prévia como uma exigência excecional através da correspondente lei e com a finalidade de proteger ou tutelar um bem ou interesse jurídico relevante" – o que não implica o "privar a Administração de poderes, mas transladá-los para um momento posterior", ou seja, para o ulterior momento "da realização da atividade sujeita a controlo"[873].

Em suma, direcionou-se esta evolução legislativa num sentido mais favorável ao direito de livre iniciativa económica privada e às liberdades de estabelecimento e de prestação de serviços. Nas alíneas que se seguem vamos proceder a um breve introito a tais matérias, e levar a cabo uma curta recensão das mais importantes novidades neste domínio, com a respetiva apreciação à luz das pertinentes normas jusfundamentais, nomeadamente do art.º 61.º/1 e 86.º/3 CRP[874].

b) *Atividades públicas, atos concessórios e atos autorizativos: noções prévias*

No quadro dicotómico de distinção entre público e privado, entre "as *atividades públicas*, reservadas e exercidas pela Administração, e as *atividades privadas*, exercidas pelos particulares, na esfera privada da Sociedade Civil", poderão os particulares intervir nas primeiras, "se a lei conferir à Administração o poder de *delegar* ou *conceder* o respetivo exercício" (Pedro Gonçalves)[875], substituindo-se os mesmos particulares à Administração no desempenho de tarefas públicas que a Constituição e a lei lhe assinalam. Por conseguinte,

---

[872] *Silencio administrativo...*, cit., p. 329.
[873] CUDOLÀ, *Silencio administrativo...*, cit., loc. cit.
[874] Neste ponto acompanharemos sobretudo a mais recente obra de PEDRO GONÇALVES (*Reflexões sobre o Estado Regulador...*, cit.), utilizando, com a devida vénia (e em razão sobretudo do caráter também informativo destas lições), as referências nela disponibilizadas às abundantes e muito atualizadas doutrina, legislação e jurisprudência que se têm produzido na matéria em causa nos últimos anos.
[875] *Reflexões sobre o Estado Regulador...*, cit., p. 145.

as atividades públicas *concedidas*, não obstante serem desenvolvidas por particulares (*concessionários*), saem fora do campo de atividade próprio destes, situando-se para lá dele: trata-se de uma nova esfera de atividades que o Estado lhes vai abrir (Ranelletti)[876], justificando-se destarte "o efeito de atribuição de um novo direito" – diferentemente do que se passa com a figura genérica da autorização, em que a administração "limita-se a remover um limite à liberdade de desenvolvimento de atividades individuais", preexistindo o direito, ainda que num estado potencial[877].

Pois bem, este esquema bifurcado (tarefas públicas/tarefas privadas) "repercute-se no plano do exercício do poder atribuído", onde "se afirma uma tendencial maior discricionariedade reservada à administração *concedente* relativamente ao poder de escolha reconhecido à autoridade *que autoriza*"[878]. Em ambas as hipóteses deparam-se-nos, é certo, atos administrativos favoráveis, que ampliam a esfera dos respetivos destinatários. Mas enquanto no caso das concessões tais atividades foram, a título prévio, legitimamente retiradas do mercado, (re)criando-se novas esferas de ação que são concedidas ao indivíduo para alcançar escopos positivos de caráter público (fins públicos), o que torna natural o deixar-se à competente autoridade administrativa "a máxima liberdade na escolha dos meios", no caso das autorizações a matéria em causa já convoca por norma os limites apostos ao livre desenvolvimento da atividade individual[879], razão pela qual se torna por regra, e ao invés, "juridicamente

---

[876] *Concetto e natura delle autorizzazioni e concessioni amministrative*, in «Giur. It.», XLVI, 1894, p.29.
[877] FABRIZIO FRACCHIA, *Autorizzazione amministrativa* ..., cit., p. 86.
[878] F. FRACCHIA, *Autorizzazione amministrativa*..., cit., pp. 86-87).
[879] Dizemos que no caso das autorizações estas convocam *por norma* (e não sempre) os limites à liberdade individual de atuação (no caso, de atuação no domínio económico-empresarial) porque pode o legislador, nomeadamente no que respeita a atividades que envolvam a utilização de bens dominiais ou que impliquem o exercício de prerrogativas de autoridade, em vez de estabelecer um regime concessório, *optar* pelo regime autorizativo, o mesmo é dizer, optar por *abrir à generalidade dos particulares* o acesso a tais atividades, limitando-se a cometer à Administração um poder de prévio controlo do preenchimento de determinados requisitos pelos candidatos.
Os únicos casos em que, não obstante as atividades em causa poderem implicar o exercício privado de poderes de autoridade *tal abertura é obrigatória* (excluindo-se por isso à partida a hipótese de escolha do regime concessório, que não fora isso seria o regime adequado), são aqueles em que a *liberdade de acesso e de exercício, em concorrência com a iniciativa pública, está explicitamente consagrada pela lei fundamental*. É o que acontece por excelência com o direito de criação

necessário que seja limitado, tanto quanto possível, o poder discricionário da autoridade pública, especialmente quando se toquem os direitos de liberdade do indivíduo" (O. Ranelletti)[880].

No que respeita ao desempenho de tarefas públicas e ao exercício de poderes públicos de autoridade, configura-se a concessão a privados da exploração daquelas atividades reservadas, e/ou a delegação do exercício de tais referidos poderes, como a *exceção à regra*.

Já no caso das autorizações vigora por princípio uma regra geral de liberdade, pois aos particulares é permitido fazer tudo o que a lei não proíba. Pode todavia a lei, sem proibir em absoluto, ou sem proibir por regra, o acesso a uma determinada atividade[881], fazer recair sobre esta um manto de *proibição relativa* associado "a uma exigência de verificação prévia do cumprimento de determinados requisitos ou condições" para que ela (atividade) "se possa desenvolver sem riscos para outros interesses ou bens jurídicos, públicos e privados"[882] – proibição essa contudo (e por definição) passível de ser removida, em apreciação caso a caso, através do sistema autorizativo. Note-se que, com a exceção dos casos em que há lugar à autorização-dispensa, nos demais "a outorga da autorização surge como situação *normal*", como "o desfecho *normal* do procedimento administrativo" (Pedro Gonçalves)[883], ao invés (reitere-se) do que por norma sucede com a outorga da concessão.

Tenha-se presente ainda que esta construção limitativa em regra dos poderes de controlo e intervenção atribuídos à Administração relativamente a atividades económicas privadas – por confronto com a maior intensidade também em regra dos poderes administrativos quando as atividades exercidas

---

de escolas particulares e cooperativas (art.º 43.º/4 CRP), que implica sempre a faculdade de estas conferirem graus de criação e origem estadual, com efeitos equiparados aos conferidos pelas escolas públicas (pois a componente de avaliação do resultado da aprendizagem e de consequente acreditação, expressa numa atribuição de graus e títulos académicos, traduz sempre o exercício de um poder público).

[880] *Capacità e volontà nelle autorizzazione e concessioni amministrative*, in «Riv. It. Sc. Giur.», XVII, 1894, pp. 88-89.

[881] Enquanto na hipótese de proibição absoluta – que ocorre por exemplo com o fabrico ou cultivo e comercialização de estupefacientes – em nenhum caso se admite o desenvolvimento da atividade, na de proibição quase absoluta, admite-se, excecionalmente, o respetivo acesso e exercício, através do mecanismo da autorização-dispensa.

[882] PEDRO GONÇALVES, *Reflexões sobre o Estado Regulador...*, cit., p. 147.

[883] Ibidem, p. 146.

por particulares estejam sob prévia reserva pública e os particulares assumam o papel de concessionários – saiu reforçada com as Constituições do segundo pós-guerra, na medida em que passou a assentar "numa base constitucional mais segura": com efeito, a preexistência em regra ao ato autorizativo de um direito na esfera do particular é agora inequívoca atentas as normas constitucionais que fundam verdadeiros direitos subjetivos públicos fundamentais como o direito de propriedade e o direito de livre iniciativa económica (F. Fracchia)[884].

Voltando às atividades públicas e às concessões, são ainda hoje setores reservados ao Estado (ou a outros entes públicos), explorados por empresas públicas ou por empresas privadas em regime de concessão, as atividades de exploração (1) de portos marítimos, (2) de transportes públicos ferroviários explorados em regime de serviço público, (3) de captação, tratamento e distribuição de água para consumo público através de redes fixas, (4) de recolha, tratamento e rejeição de águas residuais urbanas através de redes fixas, (5) de recolha e tratamento de resíduos sólidos urbanos no âmbito dos sistemas multimunicipais e municipais[885], (6), de exploração de certas rotas e itinerários dos transportes públicos aéreos (7), de distribuição de energia elétrica em baixa tensão e (8) de serviços públicos de interesse local no domínio dos transportes regulares urbanos de passageiros[886].

Note-se que a atividade de exploração de outras infraestruturas e estabelecimentos públicos, como os principais aeroportos internacionais, já não consubstanciando *de per si* atividades vedadas (neste caso deixou a atividade aeroportuária de constituir um setor reservado com a segunda lei de delimitação dos setores – a Lei n.º 88-A/97, de 25.07), estão todavia ainda sujeitas por lei ao mesmo regime (exploração por empresas públicas ou em regime de concessão).

---

[884] Op. cit., p. 175.
[885] Lei n.º 88-A/97, de 25.07, alterada pela Lei n.º 17/2012, de 26.04 e pela Lei n.º 35/2013, de 11.06, que regula o acesso da iniciativa económica privada a determinadas atividades económicas (atual lei de delimitação dos setores).
[886] Atividade regulada na Lei de Bases do Sistema de Transportes Terrestres - Lei n.º 10/90, de 17 de Março, e que o n.º 1 do art.º 20.º deste diploma reserva aos municípios, "*através de empresas municipais, ou mediante contrato de concessão ou de prestação de serviços por eles outorgados*").

A atividade de comunicações por via postal que constituía o serviço público de correios, por seu turno, foi recentemente objeto de privatização material, através da Lei n.º 35/2013, de 11.06 (com simultânea privatização orgânica da empresa pública que a explorava, os CTT-Correios de Portugal), passando o acesso dos privados a ser sujeito a um regime autorizativo, e já não concessório, com subsistência todavia enquanto *obrigação de serviço público* a atribuir a um dos futuros operadores privados em regime de concessão da prestação do chamado serviço universal postal (de modo similar à obrigação de serviço público de prestação do serviço universal de comunicações eletrónicas).

Outros casos de serviços públicos concessionáveis são os da exploração de estabelecimentos públicos de saúde (nomeadamente dos que integram o Serviço Nacional de Saúde), de ensino, culturais e de outras áreas sociais.

Para além das hipóteses que acabamos de referir, estão também sob reserva pública, com igual sujeição a um regime concessório, as atividades que envolvam a exploração ou utilização privativas de bens do domínio público[887], e ainda em regra as que impliquem o exercício de prerrogativas de autoridade.

Reitere-se que nem sempre o legislador utiliza a designação correta para as figuras que consagra, denunciando por vezes os pressupostos jurídicos (e em geral o regime) de uma putativa autorização a existência, afinal, de um verdadeiro e próprio ato concessório. Veja-se o exemplo da atividade empresarial de gestão de centros de inspeção técnica de veículos, que a Lei n.º 11/2012, de 26.04 (alterada pelo DL n.º 26/2013, de 19.02) sujeita a um suposto regime de autorização administrativa: na verdade, o referido diploma legal institui um sistema de vagas ou contingentes para a instalação destes centros, resultando o preenchimento dessas vagas de uma seleção levada a cabo através de um prévio procedimento adjudicatório concursal e da subsequente

---

[887] Dispõe, nesse sentido, o artigo 2.º da Lei n.º 88-A/97, de 25.07, que a "exploração dos recursos do subsolo e dos outros recursos naturais que, nos termos constitucionais, são pertencentes ao Estado será sempre sujeita ao regime de concessão ou outro que não envolva a transmissão de propriedade dos recursos a explorar, mesmo quando a referida exploração seja realizada por empresas do setor público ou de economia mista"; e o artigo 3.º que a proibição do acesso da iniciativa privada a todas estas atividades (as referidas nos artigos anteriores) "impede a apropriação por entidades privadas dos bens de produção e meios afetos às atividades aí consideradas, bem como as respetivas exploração e gestão (...)".

celebração pela Administração de um contrato administrativo de gestão com o concorrente selecionado.

Bem se percebe a razão de ser de um tal regime e a sua conformidade com a Constituição: é que a atividade em causa – a inspeção técnica de veículos e a respetiva certificação – consubstancia um exercício privado de funções públicas[888]. Logo, pode neste caso o legislador optar, em alternativa a um sistema em que o normal, a regra, seja o deferimento do pedido do candidato[889], pelo prévio estabelecimento de contingentes ou vagas (invertendo portanto a regra, pois a outorga da concessão passa a ser a exceção), com atribuição à entidade reguladora do setor (no caso o IMT – Instituto da Mobilidade e dos Transportes) um poder discricionário de escolha entre os concorrentes que se vierem a apresentar, em razão do mérito relativo de cada um deles – o mesmo é dizer, *pela instituição de um regime de concessão de exploração de tal atividade empresarial*.

O mesmo se diga das atividades de televisão e rádio que utilizem o espetro hertziano terrestre (cfr., respetivamente, a Lei n.º 27/2007, de 30.07, alterada pela Lei n.º 8/2011, de 11.04, e a Lei n.º 54/2010, de 24.12), assim como da utilização de frequências no espectro radioelétrico quando sujeita a procedimentos de seleção por concorrência ou comparação, sempre que tal imponha a utilização eficiente das frequências (art.ºs 14.º e 30.º da Lei das Comunicações

---

[888] Esta qualificação constitui entre nós doutrina pacífica (cfr. PEDRO GONÇALVES, *Entidades privadas com poderes públicos*, Coimbra, 2005, pp. 867 e segs., e MANUEL LOPES PORTO & JOÃO NUNO CALVÃO DA SILVA, *Intervenção privada no exercício de funções públicas: os centros de inspeção automóvel face ao direito da União Europeia*", in «Estudos em Homenagem ao Prof. Doutor Jorge Miranda», vol. V, Coimbra, 2012, pp. 327 e segs). Note-se todavia que não é esse o entendimento do TJUE, para quem a atividade de inspeção não está ligada direta e especificamente ao exercício da autoridade pública pelo facto de as entidades privadas que a desenvolvem estarem sujeitas às diretas supervisão e vigilância do Estado (cfr. Acórdão de 22.10.2009, *Comissão contra Portugal*, proc.º C-438/08 – atividade de inspeção de veículos automóveis).

[889] Regime alternativo possível, mas, note-se, desadequado à natureza da atividade em causa. Na verdade, e como vimos, as únicas hipóteses em que o regime autorizativo relativamente a atividades que impliquem o exercício de poderes públicos se torna não só adequado, mas inclusive obrigatório por imperativo constitucional, é o das atividades cujo acesso por privados está constitucionalmente garantido, como é o caso da criação de escolas particulares (cfr. art.º 43.º/4 CRP: "É garantido o direito de criação de escolas particulares"), estabelecimentos esses que, por definição, exercem poderes públicos de avaliação de conhecimentos e de certificação da respetiva aquisição através da atribuição de graus e diplomas oficiais.

Eletrónicas – Lei n.º 5/2004, de 10.03, última alteração introduzida pela Lei n.º 51/2011, de 13.09).

De entre os casos que se acaba de referir, nos dois primeiros a lei fala em licenciamento, e no terceiro em direitos de utilização (trate-se ou não do regime de acessibilidade plena). Todavia, e em bom rigor, estamos face a atividades que, por implicarem a utilização privativa de um espaço imaterial integrante do domínio público (como têm que ser qualificado os ditos espetros hertziano terrestre e radioelétrico), estão à partida contingentadas, em razão desde logo dos limites físicos a que está sujeita tal utilização – sendo as vagas preenchidas através da seleção resultante de procedimentos concursais, ou seja, e uma vez mais, no âmbito de verdadeiros e próprios procedimentos concessórios (que neste caso específico precedem a emissão de *concessões constitutivas*, mais concretamente de *concessões de utilização privativa de bens dominiais*).

Em todas estas situações, repita-se, estamos *ab initio* fora do âmbito da atuação estadual de controlo prévio do acesso de particulares a atividades económicas privadas que contendam com interesses públicos justificativos da existência de tal controlo. Diferentemente, os atos administrativos (ou contratos administrativos) de outorga da exploração de tais estabelecimentos e do desenvolvimento de tais atividades, independentemente da designação que ostentem (como acabamos de ver, a lei por vezes fala indevidamente em autorizações ou licenciamentos), são *atos (ou contratos) concessórios* que não têm por escopo (e efeito jurídico) o *permitir* aos privados o acesso a atividades que pertencem à esfera da Sociedade (sendo a regra, o resultado normal do exercício desses poder de prévio controlo, a outorga da autorização), mas antes o de os *admitir* a operar a título exclusivo em atividades reservadas ao Estado (tornando-se a outorga da concessão, como resultado do exercício desse distinto poder, como é óbvio, *a exceção, e não a regra*).

c) Atividades públicas, atos concessórios e atos autorizativos (cont.): as autorizações administrativas no direito da União Europeia e no direito nacional

Como vimos, na figura genérica da autorização a Administração limita-se a remover um limite ou proibição relativa à liberdade de desenvolver uma atividade própria da sociedade, e não do Estado, limite ou proibição instituído pelo legislador para tutela de outros interesses públicos ou privados:

configura-se pois o ato autorizativo como um instrumento de controlo prévio de atividades privadas dirigido à verificação do preenchimento pelo aspirante ao seu exercício dos requisitos legalmente exigidos.

Já acima fizemos também referência à progressiva substituição das autorizações em geral, nomeadamente dos regimes de autorização expressa, ora pelo afastamento da necessidade do caráter expresso da autorização, através da figura da autorização silente (regime de deferimento tácito), ora pelo sistema dos atos de comunicação, sobretudo a partir das diretrizes do direito da União Europeia. Mas o direito europeu não deixa em certos casos de aceitar e reconhecer "a conveniência na manutenção da autorização administrativa, como ato das administrações nacionais", com soluções jurídicas que todavia previnem e atenuam "os riscos associados à figura da autorização administrativa enquanto ato nacional com aptidão para introduzir distorções e discriminações em razão da nacionalidade ou, em qualquer caso, para colocar obstáculos às liberdades de estabelecimento e de prestação de serviços" (Pedro Gonçalves[890]).

Entre as soluções a que acaba de fazer referência contam-se os sistemas de *atribuição de eficácia jurídica transnacional a autorizações nacionais* (em que a autorização concedida por Estado membro permite automaticamente "que o destinatário exerça a atividade autorizada em todo o território da União Europeia")[891], de *paralisação do poder de autorização* do Estado de destino (ficando este, face à autorização emitida por um outro Estado membro da União, inibido de exigir do prestador de serviços que pretenda operar no seu território a obtenção de uma «autorização nacional»), de *reconhecimento mútuo de autorizações* (sistema de atos consecutivos, em que o Estado de destino deverá reconhecer, através da emissão de um ato administrativo recognitivo ou declarativo, o título atribuído no Estado de origem para o desenvolvimento pelo operador em causa da atividade económica condicionada) e, enfim, de *proibição da duplicação de controlo de requisitos* (em que, havendo lugar à prática de um novo ato autorizativo, não pode o Estado de destino, em termos

---

[890] *Reflexões sobre o Estado Regulador...*, cit., p. 153.
[891] Sobre o tema ver, entre nós, Nuno Piçarra, *A eficácia transnacional dos atos administrativos dos Estados-Membros como elemento caracterizador do Direito Administrativo da União Europeia*, in «Em Homenagem ao Prof. Doutor Diogo Freitas do Amaral», Coimbra, 201, pp. 585 e segs.

procedimentais e de iter decisório, duplicar os controlos já levados a cabo no Estado de origem)[892].

A «Diretiva Serviços» (Diretiva 2006/123/CE) ressalva ainda o não ter por objeto "a liberalização dos serviços de interesse económico geral", não pretendendo também "afetar a liberdade de os Estados membros definirem, em conformidade com a legislação comunitária, o que entendem por serviços de interesse económico geral", nomeadamente "o modo como esses serviços devem ser organizados e financiados" e, ainda, "as obrigações específicas a que devem estar sujeitos" – deixando por conseguinte aos Estado-membros uma considerável margem de manobra no sentido da sujeição do acesso dos operadores privados (e do desenvolvimento por estes da atividade de exploração de tais serviços) a regimes autorizativos ou mesmo concessórios.

Para além desta ressalva, a «Diretiva Serviços» e o diploma que a transpõe para a nossa ordem jurídica (o DL n.º 92/2010, no seu art.º 3.º/3) procedem à expressa exclusão do respetivo âmbito de aplicação, nomeadamente, dos *serviços financeiros em geral* (dos prestados por instituições de crédito e sociedades financeiras, dos serviços de seguros e resseguros, e ainda dos regimes de pensões profissionais ou individuais), dos *serviços e redes de comunicações eletrónicas* (incluindo os recursos e serviços conexos regulados pela legislação aplicável às comunicações eletrónicas), dos *serviços no domínio dos transportes e de navegação marítima e aérea* (incluindo os *serviços portuários e aeroportu*ários, designadamente dos abrangidos pelo âmbito do título VI do TFUE), das *atividades cinematográficas, de rádio e audiovisuais* (incluindo os serviços de programas de televisão e os serviços audiovisuais a pedido, independentemente do seu modo de produção, de distribuição e de transmissão), dos *serviços de segurança privada*, das *atividades de jogo a dinheiro*, dos *serviços de cuidados de*

---

[892] PEDRO GONÇALVES, *Reflexões sobre o Estado Regulador...*, cit., pp. 154-157. Segundo o Autor, constituem exemplos: (1) de atos autorizativos transnacionais, as licenças de exploração de serviços de transporte aéreo e ferroviário; (2) de paralisação do poder autorizativo do Estado de destino, as restrições à liberdade de prestação de serviços através da obrigação de o prestador já autorizado no Estado de origem de obter uma autorização ou a inscrição num registo ou numa ordem profissional (art.º 16.º/2/*b*) da Diretiva 2006/123/CE); (3) do sistema de reconhecimento mútuo, o regime das autorizações de introdução de medicamentos (AIM) noutro Estado membro (cfr. Diretiva 2001/83/CE, alterada pela Diretiva 2010/84/CE, e os normativos de direito interno que regulam esse procedimento de reconhecimento mútuo, a saber os art.ºs 40.º e segs. do DL 176/2006, de 30.08, alterado – e republicado – pelo DL 41/2012, de 14.02).

saúde (independentemente do seu modo de organização e financiamento e do seu caráter público ou privado), dos *serviços sociais nos setores da habitação, da assistência* à infância e às famílias e *pessoas necessitadas* (quer sejam prestados pelo Estado, quer sejam prestados por instituições particulares de solidariedade social reconhecidas pelo Estado), e, enfim, dos *serviços prestados por qualquer entidade no exercício de autoridade pública*, como previsto no artigo 51.º do TFUE[893].

Destas atividades económicas e sociais, no nosso direito – e para além, claro, dos serviços prestados no exercício de autoridade pública – só a atividade de jogo a dinheiro está sujeita a reserva pública, sendo por isso objeto de concessão, e não de autorização: as demais atividades excluídas são entre nós atividades privadas (a maioria delas, aliás, qualificáveis como serviços de interesse económico geral e serviços de interesse geral) sujeitas a um regime autorizativo (autorização expressa) que, todavia, e em virtude da sua exclusão do âmbito da «Diretiva Serviços» e do decreto-lei que a transpõe para a ordem jurídica portuguesa, não têm que se sujeitar às suas apertadas exigências daqueles normativos no sentido da sua liberalização (nomeadamente no que respeita ao respetivo acesso, em que que como veremos a regra dificilmente afastável pelo legislador interno é a da comunicação prévia ou, subsidiariamente, a da autorização silente ou tácita).

São, entre outros, casos de atividades económicas expressamente excluídas do âmbito de aplicação da referida diretiva comunitária e que o nosso direito interno, ao abrigo dessa cláusula de exceção, sujeita a um regime de autorização administrativa, os da *constituição e funcionamento de instituições de crédito* (DL n.º 422/89, de 02.11, última alteração efetuada pelo DL n.º 114/2011, de 30.11), das atividades *seguradora* (DL n.º 94-B/98, de 17.04, última alteração efetuada pela Lei n.º 5/2013, de 22.01), de prestação do *serviço aéreo regular extracomunitário*, no caso de não ser imposta uma limitação dos direitos de tráfego (hipótese esta que, a verificar-se, como veremos, se passa a sujeitar a um regime concessório, e não autorizativo), de *transporte público rodoviário de passageiros* (DL n.º 3/2001, de 10.01), *transporte coletivo de crianças* (Lei n.º 13/2006,

---

[893] Sobre a transposição da Diretiva, ver PEDRO GONÇALVES, *La ejecución y la transposición de la «directiva de servicios» – el caso portugués*, in «Revista de Estudios Locales», n.º 122, 2009, pp. 52 e segs.

de 17.04, última alteração efetuada pela Lei n.º 5/2013, de 22.01) e *transporte rodoviário de mercadorias* (DL n.º 257/2007, de 16.07, última alteração introduzida pelo DL n.º 136/2009, de 05.06), de *segurança privada* (Lei n.º 34/2013, de 16.05), de *televisão* (Lei n.º 27/2007, de 30.07, alterada pela Lei n.º 8/2011, de 11.04) e de *rádio* (Lei n.º 54/2010, de 24.12) – num e noutro caso (televisão e rádio) com exclusão da atividade que utiliza o espetro hertziano terrestre, que como veremos está também sujeita a um regime concessório, e não autorizativo.

Ainda no nosso direito interno, e de entre as atividades económicas sujeitas à Diretiva 2006/CE e ao diploma que a transpõe, e portanto aos especiais pressupostos e requisitos deles constantes, estão ainda sujeitas a um regime de autorização, entre outras, as atividades de *comércio de armamento* (DL n.º 397/98 de 17.12), *ensino de condução de veículos a motor* (DL n.º 86/98, de 03.04, alterado pela Lei n.º 51/98, de 18.08), de *construção* (DL n.º 12/2004, de 09.01, última alteração efetuada pelo DL n.º 69/2011, de 16.06), de *instalação de estabelecimentos termais* (DL n.º 142/2004, de 11.06, alterado pelo DL n.º 92/2012, de 26.07), de *instalação de hipermercados e grandes conjuntos comerciais* (DL n.º 21/2009, de 19.01), de *instalação e exploração das áreas de localização empresarial* (DL n.º 72/2009, de 31.03), de *feiras grossistas em recintos privados* (DL n.º 173/2012, de 02.08) e de *mediação imobiliária* (Lei n.º 15/2013, de 08.02).

O mesmo se diga das atividades de interesse geral (empresarializadas ou não) nos domínios da saúde e de serviço social, assim como da educação.

Continuando no direito português, mas agora no que respeita não ao acesso a atividades económico-empresariais de serviços e comércio, mas a atividades industriais, diga-se ainda que estão também sujeitos a autorização a instalação e funcionamento em geral dos estabelecimentos industriais de tipo 1 (DL n.º 169/2012, de 01.08 – novo regime de acesso à atividade industrial ou «Sistema de Indústria Responsável»)[894]. Trata-se de uma categoria de

---

[894] Sobre o novo regime, ver M. M. LEITÃO MARQUES, F. P. OLIVEIRA, A. C. GUEDES & M. M. RAFEIRO, *Sistema de Indústria Responsável. Comentário ao novo regime de acesso à atividade industrial (Decreto-Lei n.º 169/2012, de 1 de agosto*, Coimbra, 2014. Muito embora incidam sobre o anterior regime de acesso à atividade industrial, ver todavia e ainda os relevantes trabalhos de FILIPA URBANO CALVÃO, *Licenciamento industrial*, in «Direito do Urbanismo e do Ambiente – Estudos Compilados», Lisboa, 2010, pp. 379 e segs., e JOSÉ EDUARDO FIGUEIREDO DIAS, *O regime de exercício da atividade industrial e a tutela do ambiente – breve apontamento*, in «Estudos em Homenagem ao Prof. Doutor José Joaquim Gomes Canotilho», Coimbra, 2012, vol. IV, pp. 227 e segs.

estabelecimentos industriais com um maior grau de risco potencial inerente à sua exploração para a pessoa humana e para o ambiente, e que é constituída por todos aqueles submetidos ora a um regime de avaliação de impacte ambiental, ora a um sistema de prevenção e controlo integrados de poluição, ora ainda a mecanismos de prevenção de acidentes graves que envolvam substâncias perigosas. Segundo a classificação tripartida da nossa lei, não se integram nem no tipo 3, nem no tipo 2 – que são, por esta ordem, os que menos risco oferecem para aqueles bens (estando por isso sujeitos a um regime de comunicação prévia).

Para além de toda esta categoria de estabelecimentos industriais (tipo 1), estão especificamente abrangidos por regimes autorizativos especiais a *indústria de armamento*[895], a *instalação e exploração de centros de incineração ou coincineração de resíduos* (DL n.º 92/2010, de 26.07), a *produção de energia elétrica em regime ordinário e em regime especial* (DL n.º 172/2006, de 23.08, última alteração introduzida pelo DL n.º 215-B/2012, de 08.11)[896], as *operações de gestão de resíduos*, consistentes na armazenagem, triagem, tratamento, valorização e eliminação de resíduos (DL n.º 178/2006, de 05.09, última alteração introduzida pelo DL n.º 73/2011, de 17.06) e a *gestão de instalações nucleares* (DL n.º 30/2012, de 09.03, última alteração introduzida pelo DL 262/2012, de 17.12).

d) *Atividades públicas, atos concessórios e atos autorizativos (cont.)*: *autorizações discricionárias ou constitutivas* versus *autorizações recognitivas ou declarativas*

Passando agora a um outro tema de grande importância nesta matéria das autorizações administrativos – o da contraposição entre as *autorizações discricionárias* e as *autorizações vinculadas* –, recorde-se que num primeiro momento de estudo e elaboração da figura da autorização era esta considerada

---

[895] A primeira lei de delimitação dos setores (Lei n.º 46/77, de 8 de Julho) vedava à iniciativa económica privada os sectores económicos de produção e comércio de armamento. Entretanto, a nova lei de delimitação dos setores (Lei n.º 88-A/97, de 25 de Julho) abriu o acesso à indústria e comércio de armamento a empresas privadas, através de autorização, remetendo contudo para decreto-lei a fixação do respetivo regime – cuja publicação todavia, e no que respeita à atividade industrial, tem vindo a ser diferida até hoje.

[896] Sobre o anterior regime de autorização de produção de energias renováveis, ver CARLA AMADO GOMES, *O regime jurídico da produção de eletricidade a partir de fontes de energia renováveis: aspetos gerais*, in «Temas de Direito da Energia», Cadernos O Direito, 2008, pp. 59 e segs.

unitariamente (sem variantes). Todavia, uma essencial destrinça – a que separa a autorização *permissiva, recognitiva* ou *declarativa* da autorização *constitutiva* – surge posteriormente com a constatação de que, enquanto nuns casos o particular é indiscutivelmente titular de um verdadeiro direito subjetivo público na medida em que "as condições a que o ordenamento subordina a outorga da autorização são "determinadas e de existência certa", com exclusão de "todo o poder discricionário da autoridade administrativa"[897] – estabelecendo-se assim uma "correspondência entre exercício do poder vinculado e direito subjetivo"[898] –, já noutros casos, em que a atividade do privado é conformada pelo *provvedimento* autorizativo, gozando a administração de um poder discricionário no momento da outorga da autorização, não pode preexistir um direito na esfera do particular, só se constituindo tal direito com o ato autorizativo[899].

Tenha-se presente que, apesar de na época em que estes conceitos foram elaborados (finais do séc. XIX) ser escassa a intervenção do Estado na economia, já se havia proporcionado a Ranelletti ocasião para se pronunciar sobre o tema, tendo-se confrontado o autor nomeadamente com uma situação de contingentação de operadores económicos (a qual, como é óbvio, e entre outras implicações, já requer a necessidade de escolha, supondo por conseguinte o exercício de um poder em maior ou menor medida discricionário): concluiu então o celebrado autor italiano, face à constatação de que apenas "um dado número pessoas" podia "obter a faculdade que forma o conteúdo da licença"[900], estar-se perante uma "situação de verdadeira e própria privação do direito"[901].

Em suma, com esta figura da autorização constitutiva (merecendo uma especial referência na respetiva elaboração o estudo pioneiro de G. Ortolani[902], e – já sobre a égide da Constituição de 1947 – as obras de F. Franchini[903] e

---

[897] O. RANELLETTI, *Facultà create dalle autorizzazioni e concessioni amministrative*, in «Riv. It. Sc. Giur.», XIX, 1895, p. 262.
[898] F. FRACCHIA, *Autorizzazione amministrativa ...*, cit., p. 97.
[899] F. FRACCHIA, op. cit., p. 138..
[900] *Capacità e volontà...*, cit., p. 368, nota 1..
[901] RANELLETTI, op. cit., loc. cit., apud F. FRACCHIA, op. cit., p. 101.
[902] *Autorizzazione e approvazione*, in «Scritti giuridici in onore di Santi Romano», Pádua, 1940, vol. II, pp. 251 e ss.
[903] *Le autorizzazione amministrative costitutive di rapporti giuridici fra l'amministrazione e i privati*, Milão, 1957.

V. Bachelet[904]) abre-se a crise da distinção ranellettiana entre autorização e concessão[905]: assim, não deixando de ser consideradas atividades lícitas e próprias dos particulares, certas atividades empresariais são (eram) suscetíveis de ser colocadas pelo legislador numa zona cinzenta – não propriamente dominial, ou pública, mas ainda assim numa situação em o Estado acaba por exercer sobre elas poderes de verdadeira disposição (no caso, a própria Administração, pelo exercício de poderes mais ou menos discricionários).

Pois bem, entendia-se tradicionalmente poderem os interessados, nomeadamente no regime de acesso a certas atividades empresariais de interesse económico geral, ser sujeitos ao crivo de *autorizações discricionárias*, o mesmo é dizer, ora de *autorizações-dispensa*, ora de *autorizações constitutivas*.

Sucede que, e como constata A. Pace (no contexto da análoga disposição da Constituição italiana consagradora do direito de livre iniciativa económica privada), em tais *fattiespecie* a atribuição à Administração "da tutela (preventiva) dos valores indicados no art.º 41.2 CI (exercitável preventivamente em sede de outorga de autorizações ou licenças)" confere outra caracterização à estrutura da situação jurídica subjetiva que não a decorrente da norma jusfundamental, "determinando-lhe a consistência como interesse legítimo e não como direito subjetivo"[906].

O que nos leva a rejeitar por princípio a conformidade constitucional de tais autorizações discricionárias, nomeadamente das autorizações constitutivas: esta última figura em matéria de liberdade económica em geral, aqui se incluindo a liberdade empresarial, é, por regra, de rejeitar, por ser à partida incompatível com a garantia oferecida pelo art.º 61.º CRP.

Note-se, em reforço da nossa posição, que a própria distinção entre autorizações declarativas ou permissivas (situação de cisão entre a titularidade do direito e o seu exercício), e autorizações constitutivas (inexistência prévia do direito, que só se constitui na esfera do seu titular com a autorização) em matéria económica, é cada vez mais problemática.

---

[904] *L'attività di coordenamento nell'amministrazione publica dell'economia*, Milão, 1957.
[905] Cfr. F. FRACCHIA, op. cit., p. 148.
[906] *Problematica...*, cit., p. 480.

Com efeito, para além de se terem vindo progressivamente a evidenciar as intrínsecas debilidades lógicas destas figuras[907], o facto é que, no plano legislativo, se por um lado se regista um aumento e uma complexificação dos regimes autorizativos tradicionalmente qualificados como permissivos (sobretudo em função de interesse urbanísticos e ambientais), por outro lado, por impulso do direito comunitário (avesso às limitações ao acesso à oferta no mercado através do sistema das autorizações constitutivas, por consubstanciarem "uma indevida e não justificada restrição da concorrência"[908]), uniformizam-se e objetivam-se as exigências dos clássicos regimes de autorização constitutiva.

A tendência a que se assiste é portanto a da progressiva redução dessa discricionariedade por regra incompatível com a prévia existência do direito de aceder à atividade em questão – sustentando mesmo Sabino Cassese o ter implicado a afirmação dos princípios comunitários o abandono da figura da autorização constitutiva, com subsistência apenas do "esquema da autorização recognitiva de um direito de empresa preexistente à intervenção publicística"[909].

No direito português (e uma vez mais por influência do direito da União) esta tendência para a redução ou eliminação da discricionariedade nas autorizações administrativas (o mesmo é dizer, para a respetiva objetividade) conheceu um significativo avanço com o regime do DL n.º 92/2010 (que como vimos transpõe para o direito interno a «Diretiva Serviços»): nos termos do seu art.º 9.º/1/b), a existência e as formalidades do regime de autorização devem estar previstas na lei de forma clara e inequívoca, apontando este diploma (com a «superioridade normativa» que a Diretiva transposta lhe confere, ainda que circunscrita aos normativos de transposição) "para um modelo de decisão legalmente vinculada (sem abertura discricionária), o que exige que o regime legal de autorização se baseie em critérios objetivos e conhecidos

---

[907] Com efeito, os autores associam tradicionalmente à liberdade de empresa (e muitos por arrastamento também à liberdade de profissão – e não às "liberdades civis" –, em virtude da intrínseca debilidade de tais liberdades económicas) uma deficiente construção jurídica (apesar do seu uso e aceitação serem correntes), que é a da "cindibilidade" entre a titularidade do direito e o seu "concreto exercício" (cfr., por exemplo, A. PACE, *Problematica...*, cit., p. 477) – questão que atenta a economia das presentes lições não pode ser aqui desenvolvida.
[908] FABRIZIO FRACCHIA, *Autorizzazione amministrativa e situazioni giuridiche soggettive*, Nápoles, 1996, p. 101.
[909] *La nuova costituzione economica*, Bari, 1995, p. 96, apud F. Fracchia, op. cit., p. 342, nota 66.

antecipadamente, suscetíveis de enquadrar suficientemente o exercício do poder administrativo de apreciação"[910]. Também a a pretensão de superioridade normativa deste diploma legal (que não é lei reforçada) relativamente à demais legislação ordinária nesta matéria advém-lhe (só lhe pode advir) da Diretiva cuja transposição ele leva a cabo, e portanto na estrita medida em que efetua essa conversão do Direito da União em direito interno.

Convocando agora o tema já acima tratado da dicotomia concessão/autorização, é também a nosso ver imperativa uma separação das águas, com rejeição por regra da figura da autorização discricionária: na verdade, e com a exceção como vimos dos raros casos em que se justifica a interposição de uma autorização-dispensa, as alternativas legítimas de atos descondicionadores do acesso a atividades económico-empresariais serão apenas, a montante (no âmbito de atividades económicas sob reserva pública), a *concessão*, e a jusante (no que respeita ao acesso a atividades económicas privadas), a *autorização permissiva* ou *declarativa*[911].

---

[910] PEDRO GONÇALVES, *Reflexões sobre o Estado Regulador...*, cit., pp. 179-180. Esta exigência da Diretiva surge na sequência de prévias recomendações das instituições comunitárias e de uma persistente e clara orientação jurisprudencial do TJUE no mesmo sentido. Quanto aos atos dos órgãos de governo da União, é de destacar a recomendação do Conselho das Comunidades Europeias 90/246/CEE, de 28 de Maio de 1990, relativa à aplicação de uma política de simplificação administrativa nos Estados membros, nos termos da qual deveriam estes proceder doravante à: "(...) substituição da necessidade de uma resolução formal por procedimentos de aprovação baseados no silêncio administrativo, em função do qual se considera que a falta de resposta da Administração, decorrido um determinado prazo, implica a aprovação do pedido". No que respeita à jurisprudência do TJUE, ressalta o Acórdão de 08.09.2010, *Carmen Media Group Ltd contra Land Schleswig-Holstein*, proc.º C-46/08 ("quando num Estado membro é instituído um sistema de autorização administrativa prévia", esse regime "que derroga a livre prestação de serviços" só será "suscetível de respeitar as condições dela resultantes, se se basear em critérios objetivos, não discriminatórios e conhecidos de antemão, de modo a enquadrar o exercício do poder de apreciação das autoridades nacionais, a fim de não poder ser utilizado de forma arbitrária"), assim como o Acórdão de 01.10.2009, *Woningstichting Sint Servatius*, proc.º C-567/07 ("O Tribunal também já decidiu por diversas vezes que um regime de autorização administrativa prévia não pode legitimar um comportamento discricionário das autoridades nacionais").

[911] O dilema referido no texto é ilustrado pelas divergências dos autores (quanto à qualificação de certos atos como autorização ou como concessão) na polémica que se desenvolveu em Itália nos anos setenta à volta da designação legal de «concessão» das licenças de construção – controvérsia a que o Tribunal Constitucional italiano pôs termo, negando (na esteira da doutrina dominante) o carácter constitutivo da licença de construção. Na sua sentença de 30 de Janeiro de 1980, n.º 5 (publicada no «Foro it.», 1980, I, 273), o Tribunal contrariou assim o

Nesta perspetiva, e tendo agora presentes os supra referidos casos de contingentação de atividades económicas empresariais, pode-se (e deve-se) estabelecer um paralelismo com a fronteira que atrás estabelecemos entre as atividades profissionais privadas e os casos de profissões consubstanciadoras de um «exercício privado de funções públicas». Assim, das duas uma: ou a justificação para uma tão forte restrição à liberdade de empresa radica num interesse coletivo de primeiríssimo plano (nomeadamente a excessiva e natural escassez de um determinado bem de exploração económica apetecível) – mas nesse caso dever-se-á entender ou que tal atividade já está subtraída por natureza ao domínio próprio dos particulares, e o que temos afinal é uma situação ora de *proibição quase absoluta* (apenas excecionalmente afastável através de uma autorização-dispensa), ora de *reserva pública*, sujeita a concessão e não a autorização (e falta saber nesse caso se o setor pode ser efetivamente incluído na zona de reserva pública) – ou então que a contingentação é inconstitucional, por violação do art.º 61.º CRP.

Quanto a este aspeto parece-nos particularmente clara a jurisprudência constitucional italiana, segundo a qual em matéria de liberdade económica existe "uma espécie de incompatibilidade entre regime autorizativo e discricionariedade administrativa que supere um certo limite"[912]. No que respeita à problemática da utilização do espaço hertziano (ou éter), entendeu o Tribunal Constitucional italiano[913] que onde quer que exista "um espaço de discricionariedade administrativa, em razão de exigências públicas visadas

---

entendimento mais conforme à letra da lei de 28 de Janeiro de 1977, n.º 10, vulgo «lei Bucalossi» – que designa a licença de construção por «concessione edilizia» o *ius aedificandi* – de que havia sido desincorporado do conteúdo do direito de propriedade, com transferência para a administração a faculdade de edificar – cfr. F. FRACCHIA, op. cit., p. 185.
Ainda no que respeita ao direito de propriedade, e a propósito de algo semelhante à delimitação dos setores (limite específico à liberdade de empresa), basta atermo-nos – e sem entrar na polémica que divide entre nós jusprivatistas e juspublicistas sobre a subsistência do *jus aedificandi* – à aceitação até há bem pouco tempo aparentemente quase generalizada da constitucionalidade da expressa inexistência de indemnização nas servidões *non aedificandi* que decorressem diretamente da lei e não de ato administrativo.
[912] F. FRACCHIA, op. cit., p. 250, nota 85.
[913] Na sua sentença de 15 de Novembro de 1988, n.º 1030 (in «Foro it.», 1989, I, p. 247).

pela legislação, não subsistem direitos subjetivos e deve ser previsto um regime concessório"[914].

e) *Atividades públicas, atos concessórios e atos autorizativos (cont.): análise de alguns «procedimentos de atribuição concorrencial» de supostas autorizações administrativas*

Estabelece a Lei n.º 5/2013, de 22.01 (que transpõe a «Diretiva Serviços» – Diretiva 2006/123/CE) que, quando a escassez de recursos naturais ou das capacidades técnicas disponíveis (art.º 17.º/3) – ou ainda um «imperioso interesse público» (art.º 30.º/1/*f*)) – o justifiquem, pode a lei limitar o número de «permissões administrativas» a conceder para o acesso a uma atividade de serviços, ficando a Administração obrigada a atribuí-las através de um procedimento concursal que deverá sujeitar-se à disciplina da contratação pública constante do Código dos Contratos Públicos[915]. Mais dispõe o citado art.º 17.º/3 que tais «permissões» deverão vigorar por um *prazo de duração limitado* e adequado ao serviço a prestar e à escassez de tais recursos ou capacidades, excluindo a possibilidade quer da respetiva renovação automática, quer de essa experiência se vir a traduzir numa vantagem face a outros concorrentes em novo procedimento concursal. Para além da contingentação em si mesma considerada, estas características da *temporalidade* e *precariedade* do direito atribuído ao operador económico aponta decisivamente para a classificação deste regime como concessório, não obstante o legislador não proceder a

---

[914] F. Fracchia, op. cit., p. 250, nota 85. Já todavia noutra sentença, afirmou o mesmo Tribunal (Sentença de 2 de Março de 1990, n.º 102, publicada no «Foro It.», 1990, I, p. 3375), em termos mais vagos, que em tal caso o ato descondicionador poderia ter um carácter constitutivo, estando em questão como estava a atribuição um bem público como o éter, «naturalmente» limitado: não sendo tal bem passível de uma fruição por todos os consociados, "a ativação e o exercício de instalações de televisão" implicaria "um *provvedimento* de atribuição" da frequência com "carácter constitutivo", face ao qual o particular seria titular apenas de um interesse legítimo (F. Fracchia, op. cit., p. 188)

[915] Note-se que este normativo «ao encontro» do disposto no art.º 1.º/3 do CCP, que dispõe o ser aplicável a disciplina da contratação pública, "com as necessárias adaptações, aos procedimentos destinados à atribuição unilateral, pelas entidades adjudicantes (...), de quaisquer vantagens ou benefícios, através de ato administrativo ou equiparado, em substituição da celebração de um contrato público".

tal explícita qualificação (apontando aliás o termo «permissão» no sentido inverso).

Também o TJUE já admitiu, em termos muito genéricos, a admissibilidade de contingentação de operadores económicos em razão dos *tais imperiosos interesses públicos*, nomeadamente no âmbito do ordenamento do território (licenciamento de grandes superfícies comerciais)[916], da proteção dos consumidores (concessão de exploração da atividade de organização de jogos de fortuna e azar)[917] e da saúde pública (atividade de farmácia)[918]. Mas o Direito da União não distingue entre autorizações e concessões, respeitando ademais os regimes de propriedade adotados por cada Estado membro e as próprias especificidades em matéria de liberdade económica que desde logo no plano constitucional diferenciam entre si as ordens jurídicas dos Estados membros.

Pedro Gonçalves, na sua mais recente obra, faz uma breve e não exaustiva resenha destes procedimentos por si denominados de «atribuição concorrencial de autorizações». Trata-se de regimes legais de acesso a determinadas atividades económicas[919] que supõem um sistema da vagas ou contingentes, a preencher mediante procedimentos concursais de adjudicação e que desembocam na prática de um ato de natureza discricionária – procedimentos e atos, todavia, e atendendo a estes traços, que (e para além de uma ou outra hipótese que o ato ainda possa ser considerado uma autorização-dispensa) *nós qualificamos como concessórios*.

Para além dos regimes já referidos de emissão dos atos administrativos que franqueiam o acesso às atividades de (1) gestão de centros de inspeção técnica de veículos automóveis, de (2) televisão e rádio que utilizem o espectro hertziano terrestre e de (3) utilização de frequências no espectro radioelétrico quando sujeita a procedimentos de seleção por concorrência ou comparação, qualifica ainda Pedro Gonçalves como autorizativos: os regimes de (4) produção de eletricidade em regime especial com remuneração garantida no caso de adoção de procedimento concursal para atribuição de reserva de

---

[916] Cfr. Acórdão do TJUE de 24.03.2011, *Comissão contra Espanha*, proc.º n.º C-400/08 (§74).
[917] Cfr. Acórdãos do TJUE de 21.10.99, *Zenatti*, proc.º n.º C-67/98, de 06.11.2003, *Gambelli*, proc.º n.º C-243/01 e de 06.03.2007, *Planasica*, proc.º n.º C-338/04.
[918] Cfr. Acórdãos do TJUE de 01.06.2010, *Blanco Pérez e Chao Gómez*, proc.ºs n.º C-570/07 e C-571/07.
[919] *Reflexões sobre o Estado Regulador...*, cit., pp. 204-219.

capacidade de injeção na rede, (5) de atribuição de faixas horárias (*slots*) de transportadoras aéreas (para utilização das infraestruturas aeroportuárias necessárias à exploração de um serviço aéreo num aeroporto coordenado numa data e horário específicos, para efeitos de descolagem ou aterragem nas condições atribuídas por um coordenador – cfr. DL n.º 109/2008, de 26.06), (6) de acesso ao mercado e de atribuição de direitos de tráfego no transporte aéreo regular extracomunitário (DL n.º 116/2012, de 29.05), de (7) instalação e exploração de centros integrados de recuperação, valorização e eliminação de resíduos perigosos (DL n.º 3/2004, de 03.01, alterado pelo DL n.º 92/20120), de (8) emissão de gases com efeito de estufa (DL n.º 38/2013, de 15.03), de (9) atribuição de gestão de quotas de produção de leite (DL n.º 240/2002, de 05.11 e Portaria n.º 177/2006, de 22.02), de (10) instalação de cartórios notariais (DL n.º 26/2004, de 04.03), de (11) acesso à atividade de transporte em táxi (DL n.º 251/98, de 11.08, cuja última alteração foi a introduzida pela Lei n.º 5/2013, de 22.01) e de (12) abertura de farmácias de oficina (DL n.º 307/2007, de 31.08, última alteração introduzida pela Lei n.º 16/2013, de 08.02)[920].

Qualifica pois o professor de Coimbra todos estes atos e procedimentos como autorizativos – ou, pelo menos, parece aceitar, sem as discutir, as designações legais que para aí apontam. Mas na abordagem constitucional da matéria (perspetiva que agora nos interessa e que, note-se, não é a do estudo de Pedro Gonçalves, praticamente circunscrito ao enfoque jusadministrativista), mantemos a posição que desde há muito sustentamos sobre o tema, questionando em todos estes casos ora a natureza autorizativa dos procedimentos e atos em causa, ora a conformidade das ditas autorizações com a lei fundamental, tudo pelas razões que se seguem.

Assim, e quanto às atividades que enumerámos de 4 a 7 – de produção de eletricidade em regime especial com remuneração garantida e atribuição de reserva de capacidade de injeção na rede, de atribuição de faixas horárias (*slots*) de transportadoras aéreas, de acesso ao mercado e de atribuição de direitos de tráfego no transporte aéreo regular extracomunitário e de instalação e exploração de centros integrados de recuperação, valorização e eliminação de resíduos perigosos – reconduzem-se todas elas aos chamados serviços de interesse económico geral, sobre as quais como vimos pode o legislador, ao

---

[920] PEDRO GONÇALVES, ibidem.

abrigo do art.º 86.º/3 CRP, instituir uma reserva pública e admitir os privados a explorar tais serviços apenas na qualidade de concessionários, o que acontece, como se nos afigura claro, nos respetivos regimes legais.

No que concerne à autorização para emissão de gases com efeito de estufa, incide ela sobre atividades industriais que utilizam métodos e processos poluentes sobre os quais recai hoje um manto de proibição quase absoluta, em razão da respetiva perigosidade para imperiosos interesses públicos ambientais – mas que, por razões de ordem vária, e pelo menos durante um terminado período de transição, não poderão deixar de ser desenvolvidas a título pontual, numa medida limitada, pelos particulares, dependendo por isso da outorga de uma autorização-dispensa.

Note-se que (e diferentemente do caso das quotas leiteiras) não é necessário sequer justificar a perda do prévio direito de desenvolver tais atividades poluentes pressuposta pela figura da autorização-dispensa à luz do direito da União Europeia, pois consubstancia um tal regime (que torna a emissão da autorização a exceção, e não a regra) uma restrição legal excecional à liberdade de empresa que a nossa Constituição Económica – nomeadamente o art.º 61.º/1 CRP – como vimos consente. Acontece que no caso o Direito da União (a saber, a Diretiva 2003/87/CE, alterada pela Diretiva 2009/29/CE, transposta para o direito interno pelo citado DL n.º 38/2013) retira quase por completo a este mecanismo autorizativo o caráter *intuitu personae* típico das autorizações, instituindo um complexo regime de titularização e comerciabilidade das licenças em causa que as «coisifica» e de algum modo as mercantiliza, prevendo ainda a respetiva atribuição através de uma venda em leilão[921].

Já no que se refere à atribuição de gestão quotas de produção de leite, à luz apenas do art.º 61.º/1 CRP tal contingentação de uma atividade económico-empresarial privada como esta não teria – e não tem – qualquer justificação possível. Mas trata-se como vimos de uma política económica comunitária dirigista (e que constitui exceção à regra numa Constituição económica de signo liberal, como a da UE) implementada ao abrigo de normas emanadas pelas instituições da União – normas que nos termos do art.º 8.º/4 CRP "são

---

[921] Sobre este curioso fenómeno da «coisificação dos direitos constituídos por ato administrativo» a que se reconduz este regime, ver a interessante exposição de PEDRO GONÇALVES, em *Reflexões sobre o Estado Regulador...*, cit., pp. 238-244).

aplicáveis na ordem interna, nos termos definidos pelo direito da União", desde que respeitem "os princípios fundamentais do Estado de direito democrático" –, nomeadamente da Política Agrícola Comum. Ora, sendo uma tal restrição contrária ao sentido do direito fundamental de livre iniciativa económica privada, a verdade é que também não se pode dizer que ela ponha em causa o conteúdo essencial dessa liberdade fundamental.

Ao abrigo das referidas normas podem pois ser legitimamente impostas aos agricultores dos Estados membros quotas e contingentes em produções agropecuárias, como a produção do leite, nos termos do Regulamento (CE) n.º 1234/2007 (diploma comunitário complementado na nossa ordem jurídica pelo disposto no DL n.º 240/2002, de 05.11 e pela Portaria n.º 177/2006, de 22.02) – sendo que estes normativos preveem a adjudicação destas quotas de leite através de um procedimento concursal, bem como a sua titularização e comercialização.

Enfim, quanto aos três últimos regimes acima referidos e por nós enumerados de 11 a 13 – instalação de cartórios notariais e de farmácias de oficina, e obtenção de licença de táxi – remetemos para o que acima dissemos, a propósito da liberdade de profissão: estamos perante regimes de acesso a atividades tipicamente profissionais (e não empresariais), sendo que, ao contrário do que sucede com a profissão de notário, que é uma profissão por natureza pública (que consubstancia paradigmaticamente um fenómeno de «exercício privado de funções públicas»), as outras duas atividades profissionais (farmacêutico em regime liberal e taxista) têm natureza privada e são insuscetíveis como tal de se tornarem objeto de reserva pública ou nacionalização (e por conseguinte de se sujeitarem a um sistema de vagas ou *numerus clausus* a preencher através de procedimentos concursais e da emissão de atos finais de tipo concessório). Por esta razão, reitere-se, são estes dois últimos regimes de cariz concessório manifestamente inconstitucionais, por violação do art.º 47.º/1 CRP (liberdade de profissão).

Cabe aqui sublinhar por último relativamente aos bens e atividades públicas ou sob reserva pública (ou relativamente aos quais – à sua utilização ou exploração – recaia um manto de proibição quase absoluta, só afastável através de uma autorização-dispensa), quando por qualquer razão os entes públicos por eles responsáveis entendam franquear o respetivo acesso a particulares, e haja mais candidatos do que as vagas a preencher ou os negócios ou benefícios a proporcionar, estão os mesmos entes públicos obrigados a adotar procedimentos de atribuições ou acesso transparentes, imparciais e concorrenciais, em regra concursais. Mais se diga que o procedimento de concurso público imposto em regra pelo art.º 47.º/2 CRP para o acesso a empregos públicos constitui, a nosso ver, expressão de um princípio constitucional concursal que se estende aos procedimentos e decisões de atribuição a privados de outros bens, atividades e negócios públicos, nomeadamente em domínios como o do acesso ao ensino superior público, o da atribuição de subvenções e outros apoios financeiros públicos, e o da contratação pública em geral[922].

f) *Autorizações silentes ou tácitas e atos de comunicação*

Como vimos, em sede de controlo público de atividades económicas privadas, iniciou-se nos anos 90 do séc. XX um caminho de liberalização ou desregulação, nomeadamente no que respeita ao controlo prévio exercido pelos poderes públicos no momento da escolha ou acesso dos particulares a tais atividades, tendo constituído marcos decisivos nessa tendência a Diretiva 2006/123/CE, relativa aos serviços no mercado interno, e, no direito português, e com alcance geral (para lá portanto do universo das atividades de serviços), a implementação de políticas públicas de desburocratização da atividade administrativa, nomeadamente o programa «Simplex» e as alterações legislativas conhecidas por «Licenciamento Zero»[923].

Para além dos fenómenos de que falámos nas alíneas anteriores, da substituição das *concessões* por *autorizações* e do definitivo juízo de inconstitucionalidade que tem recaído sobre as autorizações discricionárias, com consequente e progressiva eliminação destas (nomeadamente em sistemas constitucionais com forte proteção dos direitos fundamentais de liberdade, como o germânico e o nosso), a tendência tem sido, reitere-se, no sentido de as autorizações deixarem de ter que ser expressas, passando-se a prever a formação de *autorizações*

---

[922] Salientando a similitude de todos estes procedimentos de atribuição concorrencial pelos poderes públicos de benefícios ou vantagens a particulares, cf. Pedro Gonçalves, *Reflexões...*, cit. pp. 204 a 227.
[923] Sobre o tema, ver M. M. Leitão Marques/F. P. Oliveira/A. C. Guedes/M. M. Rafeiro, *Licenciamento Zero*, Coimbra, 2012, e Luís Alves, *O regime jurídico do Licenciamento Zero*, Coimbra, 2012.

silentes com a inércia da Administração (sistema do chamado «deferimento tácito»)[924], e da substituição do mecanismo autorizativo pelos *atos de comunicação prévia*[925]/[926].

Como nota Pedro Gonçalves, é compreensível a cruzada da União Europeia (primeiro a jurisprudência do TJUE, depois o legislador comunitário) contra os controlos *e* públicos e designadamente a técnica autorizativa: com efeito, "estes constituíam, em muitos casos, meios de institucionalizar obstáculos e restrições ao acesso e à livre entrada no mercado por parte dos operadores económicos", sendo com frequência utilizados "como instrumentos discricionários de políticas protecionistas e de discriminação de empresas e de produtos não-nacionais"[927]. De todo o modo, convergem e reforçam-se reciprocamente a preocupação comunitária expressa na Diretiva 2006/123/CE (Diretiva «Serviços») e o sentido do nosso art.º 61.º/1 CRP, pois também o sistema jurídico da União se baseia, além do mais, "na proteção do direito de estabelecimento (livre acesso às atividades económicas privadas) e da livre prestação de serviços", concebendo igualmente "a subordinação do acesso a uma atividade económica a um regime de autorização prévia como uma «restrição», uma vez que a autorização se revela suscetível de perturbar o exercício de uma liberdade, impedindo uma empresa interessada de exercer livremente tais atividades"[928].

---

[924] Sobre o regime das autorizações na «Diretiva Serviços», ver na doutrina espanhola TERESA J. SÁNCHEZ ARMAS, *El régimen de autorizaciones en la directiva de Servicios: hacia um nuevo Derecho Administrativo?*, in AAVV, «Retos y oportunidades de la transposición de la Directiva de Servicios», Madrid, 2009, pp. 405 e segs.

[925] Reconduz justamente M. D'ALBERTI estas medidas de substituição e eliminação de controlos públicos prévios à assinalada tendência global de redução da discricionariedade administrativa (cfr. *Administrativ law and the public regulation of markets in a global age*, in Lindseth/RoseÄckerman (org.), «Comparative administrative law», Cheltenham, 2010, pp. 297 e segs (apud P. Gonçalves, *Reflexões...*, cit. p. 152).

[926] Sobre o tema, ver na doutrina espanhola L. ARROYO JÍMENEZ, *Libre empresa y títulos habilitantes*, Madrid, 2004 especialmente pp. 352 e segs.; e na doutrina portuguesa, para além das obras já citadas, DULCE LOPES, *A comunicação prévia e os novos paradigmas de controlo administrativo da atividade privada*, in «Direito Regional e Local», n.º 14, 2011, pp. 7 e segs.

[927] *Reflexões sobre o Estado Regulador...*, cit., p. 152.

[928] PEDRO GONÇALVES, em *Reflexões...*, cit., p. 157, resumindo o conteúdo e sentido do Acórdão do TJUE de 24.03.2011, *Comissão contra Espanha*, proc.º n.º C-400/08 (§64 e segs.).

Quer o instituto da autorização tácita ou silente, quer sobretudo o do ato de comunicação prévia ou denúncia de início de atividade, cada vez mais convertidos de exceção em regra, representam nas palavras de A. Pajno "uma espécie de revolução copernicana não apenas no modo de entender as relações entre os cidadãos e a administração, mas também no que concerne aos princípios gerais que regulam a manifestação de vontade no interior do procedimento administrativo"[929]. Inverte-se assim o entendimento tradicional da relação entre autoridade e liberdade: de modo expresso e inequívoco, passa a ser em regra a liberdade do cidadão a preceder a autoridade da Administração[930]. A primeira já não se funda na segunda, limitando-se a Administração a verificar e – se for caso disso – a conformar *ex post* o exercício pelo particular da sua liberdade[931].

Tenha-se todavia presente que este impulso no sentido da diminuição e abolição de controlos públicos prévios – nomeadamente das autorizações necessariamente expressas – "não pressupõe a abolição de requisitos, condições e pressupostos legais para o exercício de atividades privadas", antes pelo contrário corresponde-lhes um incremento no sentido da *regulação* (revelando-se hoje na maioria dos casos "um leque de exigências e requisitos bastante mais extenso que até há poucos anos") e do "avanço dos controlos públicos *ex post*, que intervêm em plena fase de desenvolvimento ou exercício da atividade privada", falando-se por isso também numa "viragem para um Estado vigilante"[932].

Estabelece o art.º 9.º/1 da Diretiva 2006/123/CE («Regimes de autorização») que "os Estados-membros só podem subordinar a um regime de autorização o acesso a uma atividade de serviços e o seu exercício se forem cumpridas as condições seguintes: a) O regime de autorização não ser discriminatório em relação ao prestador visado; b) A necessidade de um regime de autorização ser justificada por uma razão imperiosa de interesse geral; c) o objetivo pretendido não poder ser atingido através de uma medida menos restritiva, nomeadamente porque um controlo *a posteriori* significaria ma intervenção demasiado tardia para se poder obter uma real eficácia".

---

[929] *Gli articoli 19 e 20 della legge n. 241 del 1990 prima e dopo la legge 24 diciembre 1993, n. 537. Intrapresa dell'attività privata e silenzio dell'amministrazione locale*, in «Dir. Proc. Amm.», 1994, p. 23.
[930] A. PAJNO, op. cit., p. 23.
[931] Ibidem.
[932] PEDRO GONÇALVES, ibidem, pp. 157, 158 e 159; sobre este último conceito, ver RIVERO ORTEGA, *El Estado vigilante*, Madrid, 2000.

O DL n.º 92/2010 de 26.07 (regime da atividades de serviços), que transpõe para a nossa ordem jurídica a chamada «Diretiva Serviços», consagra no regime de acesso e exercício destas atividades (Capítulo III deste diploma – «Permissões administrativas para acesso ou exercício de atividades de serviços») a regra do deferimento tácito, regra essa que é por sua vez tornada subsidiária relativamente ao instituto da comunicação prévia.

Assim, define previamente o art.º 8.º/1 as «permissões administrativas» como sendo "atos ou contratos administrativos que visam possibilitar o acesso ou o exercício de uma atividade de serviços" que se consubstanciam, "designadamente, em licenças, autorizações, validações, autenticações, certificações", e "atos emitidos na sequência de comunicações prévias com prazo e registos", mais especificando o mesmo normativo o só haver lugar a elas "nos casos em que essa atividade não possa ser prestada livremente ou através de uma mera comunicação prévia".

Estabelece por seu turno o art.º 9.º/2 («Condições para estabelecer uma permissão administrativa») que quando "possa ser adotado um regime jurídico que estabeleça uma permissão administrativa para o acesso e o exercício de uma atividade de serviços", a "autoridade administrativa competente deve notificar o requerente da receção do pedido de permissão administrativa, informando-o do prazo estabelecido por lei para a decisão final, dos efeitos resultantes da falta de decisão final nesse prazo e das vias de reação administrativa ou contenciosa" (al. *a*)); e, enfim, que se deve adotar a regra do deferimento tácito prevista no art.º 108.º do Código de Procedimento Administrativo (a remissão opera para o CPA de 1992 vigente à época) "ou atribuir-se efeitos positivos ao silêncio da autoridade administrativa competente quando essa autoridade administrativa não se pronuncie no prazo legal, exceto se o contrário for justificado por uma imperiosa razão de interesse público (...), incluindo os interesses legítimos de terceiros" (al. *b*)). Como bem explica Pedro Gonçalves, tal "exigência conduz à aplicação da regra do deferimento tácito quando a lei especial que regule um procedimento de autorização para atividades de serviços omita qualquer referência ao valor ou sentido do silêncio da autoridade administrativa sobre o pedido de autorização"[933].

---

[933] PEDRO GONÇALVES, ibidem, pp. 181.

Note-se, entrementes, que no sentido oposto a esta tendência vai o regime geral do silêncio administrativo consagrado no novo Código de Procedimento Administrativo[934]: não obstante os valores da eficiência, economicidade, celeridade e desburocratização proclamados com tanta ênfase no frontispício do Código, é surpreendentemente reposta no atual art.º 128.º a regra do indeferimento silente com o alcance que ela tinha até 1993 (ano de entrada em vigor do primeiro CPA)[935]. Sabendo-se como se sabe que é o atual panorama dos regimes de licenciamento um dos fatores que mais afugenta para outras paragens o investimento estrangeiro de que o nosso país tanto necessita, e sendo igualmente sabido que em Itália e em Espanha está desde há muito consagrada a regra do deferimento tácito (tendo a já rica experiência destes países nesta matéria podido constituir exemplo e fonte inspiradora da nossa legislação), bem poderia o legislador do novo CPA ter tomado uma opção mais sensata nesta específica matéria. Também como acabamos de ver os ventos que fortemente sopram da União Europeia são, nesta matéria, de todo favoráveis à livre iniciativa económica e à liberdade de profissão – constituindo desde logo a regra do deferimento tácito (e mais do que isso da comunicação prévia) no acesso às atividades de serviços uma muito ampla e significativa exceção à regra de sinal contrário de mais lato âmbito que ora se consagra no novo CPA, o que, para além do mais, em nada contribui para a realização dos valores da segurança e da certeza jurídica.

---

[934] Reproduzimos aqui a crítica primeiramente formulada no XV Seminário de Justiça Administrativa, em intervenção publicada sob o título *"Os princípios gerais da atividade administrativa no projeto de revisão do Código de Procedimento Administrativo (CPA)"*, nos «Cadernos de Justiça Administrativa», n.º 100, Jul./Ago. 2013, pp. 17-27

[935] O Código atual acabou assim por adotar integralmente a solução adiantada *in illo tempore* (antes ainda da reforma do contencioso administrativo) por CARLOS CADILHA (em *O silêncio administrativo*, Cadernos de Justiça Administrativa n.º 28, Julho/Agosto 2001). Propôs então este autor de *jure condendo* a eliminação do artigo 108º e 109º do CPA em paralelo com a institucionalização na legislação do contencioso administrativo da *ação para a determinação da prática de ato devido*, por se configurar então um tal meio processual o único capaz de garantir eficazmente a tutela jurisdicional das omissões administrativas. Para CADILHA, deveria toda a matéria do silêncio administrativo ser tratado no lugar próprio, para ele apenas o (atual) art.º 9º do CPA: esta norma, para além de enunciar um dever de decisão (conforme consta já da atual redação do preceito), deveria ainda conter dois novos comandos jurídicos que estatuíssem sobre o prazo geral dentro do qual devia ser emitida a decisão e quanto ao efeito positivo de consentimento pelo não cumprimento do prazo apenas em relação a atos interlocutórios a proferir no âmbito interno do procedimento.

Voltando ao regime do DL 92/2010, e continuando a ter presente o DL n.º 48/2011, de 01.04 (regime do «licenciamento zero»), identificamos ainda no art.º 8.º/2 e no art.º 4.º/2 respetivamente de um e outro diploma a mesma figura da «mera comunicação prévia», que consiste, nos termos destes normativos, numa declaração subscrita pelo próprio interessado (normalmente acompanhada da aceitação em anexo de um termo de responsabilidade onde se afirma o conhecimento das exigências legais aplicáveis à atividade em questão e o compromisso de as cumprir), declaração essa que lhe permite começar a exercer uma determinada atividade imediatamente após a respetiva comunicação à competente autoridade administrativa (mais concretamente, após a receção por esta de tal comunicação).

Caberá então à autoridade administrativa, logo a seguir à comunicação, ou então em qualquer outro momento posterior ou sucessivo a esse – mas sempre *a posteriori* – exercer o controlo da posse ou não pelo autor da comunicação dos requisitos legalmente exigidos (controlo esse em vista do qual estabeleceu o legislador a exigência de denúncia de início de atividade), podendo a Administração, no decurso desse controlo, e constatando o desrespeito dos requisitos legais, determinar a suspensão ou proibição do exercício da atividade, consoante o estipulado no regime legal aplicável[936]. Esta «autodenúncia» é um ato jurídico regido pelo direito administrativo, mas da autoria de um particular, que substitui o ato autorizativo (podendo o particular começar a atividade logo que realizada a «comunicação») enquanto facto causal da legitimação para o exercício da atividade em causa.

No direito português regulador das atividades económicas estão sujeitos a este regime de mera comunicação prévia, entre outras, e no âmbito do comércio e dos serviços, as atividades (1) de oferta de serviços e redes de comunicações eletrónicas (reconduzíveis à "autorização geral" regulada no art.º 21.º da Lei das Comunicações Eletrónicas – Lei n.º 51/2011, de 13.09), (2) de prestação de serviços postais isentos de licença individualizada (também subsumível ao conceitos de «autorização geral», mas agora nos termos da Lei n.º 17/2012, de 26.04), (3) da atividade das agências de viagens e turismo (DL n.º 61/2011, de 06.05, última alteração levada a cabo pela

---

[936] Pedro Gonçalves, *Reflexões...*, cit., p. 164.

DL n.º 199/2012, de 24.08) e ainda, nos termos do DL n.º 48/2011, (4) de toda uma série de atividades de serviços típicas dos centros urbanos (desde a instalação e abertura ao público de «institutos de beleza» até à atividade de aplicação de *piercings* e tatuagens), (5) e ainda da maioria das atividades de comércio grossista de bens alimentares (como a fruta, a carne e as bebidas alcoólicas).

Sujeita pelo DL n.º 48/2011 a mera comunicação prévia está também a utilização/ocupação privativa de espaço públicos para determinados fins habitualmente conexos com estabelecimentos de restauração ou de bebidas (designadamente ocupação de passeios e praças para colocação de mesas e cadeiras de esplanada), desde que não ultrapassem certos limites (situação em que o procedimento a seguir passará a ser o de *comunicação prévia com prazo*): nos termos do art.º 10.º deste diploma são finalidades admissíveis para efeitos de ocupação do espaço público (entendido este como a área de acesso livre e de uso coletivo afeta ao domínio público das autarquias locais) a instalação de toldo e respetiva sanefa, de esplanada aberta, de estrado e guarda-ventos, de vitrina e expositor, de suporte publicitário, de arcas e máquinas de gelados, de brinquedos mecânicos e equipamentos similares, de floreira e de contentor para resíduos[937].

Refira-se, a este respeito, que a doutrina (portuguesa e estrangeira[938]) manifesta alguma perplexidade pelo facto de, não sendo os particulares *ab initio* titulares um direito de utilização privativa de bens dominiais, incorrer o legislador num tal erro: a saber, o de se prever a possibilidade de se constituírem tais direitos não por concessão, mas por comunicação prévia – ou, acrescentaríamos nós, por autorização. Não acompanhamos esta crítica: inexistindo concorrência para tal tipo de ocupação privativa daquele espaço (ou seja, mais candidatos do que vagas), como tipicamente acontece com os ditos

---

[937] Sobre o tema, ver na doutrina espanhola D. B. ENTRENA RUIZ, *El desarrollo de actividades en la vía pública en el contexto de la libre prestácion de servicios*, in L. Parejo Alfonso (org.), *Autorizaciones y licencias....*, cit., pp. 197 e segs.; e entre nós ANA RAQUEL MONIZ, *Direito do Domínio Público*, in Paulo Otero & Pedro Gonçalves (org.), «Tratado Especial de Direito Administrativo», vol. V, Coimbra, 2011, pp. 173 e segs. e M. LEITÃO MARQUES & M. M. RAFEIRO, *Licenciamento zero e espaço público*, in «Direito Regional e Local, n.º 16, 2011, pp. 13 e segs.
[938] Cfr. PEDRO GONÇALVES, ibidem, p. 164.

estabelecimentos (só tem interesse em instalar uma esplanada no passeio o estabelecimento contíguo ao mesmo), o que importa não é o *nomen iuris* do ato regulado pelo direito administrativo através do qual o acesso é franqueado e que constituirá o título da ocupação (seja ele um ato do particular, seja ele um ato da Administração), mas antes a precariedade da situação jurídica do particular concessionário e em geral o específico regime concessório a que, naturalmente, essa utilização privativa de um bem do domínio público não pode deixar de ficar sujeita.

Para lá destas atividades de serviços, determinadas atividades industriais desenvolvidas em estabelecimentos comerciais, como o fabrico de sumos de fruta ou de gelados, pastelaria, panificação e atividades industriais similares, estão ainda sujeitas à mera comunicação prévia; e o mesmo se diga, enfim, da instalação e exploração de estabelecimentos industriais de tipo 3, ou seja, os não abrangidos pelos tipos 1 e 2, nos termos do DL n.º 169/2012 («Sistema de Indústria Responsável»), os quais, e no extremo oposto aos de tipo 1, como vimos sujeitos a autorização administrativa, apresentam menor impacto para o ambiente e para a saúde pública.

Para além da mera comunicação prévia, temos ainda a figura específica da *comunicação prévia com prazo*, que se distingue da primeira pela interposição de um prazo entre a receção da comunicação e o legítimo início da atividade em causa pelo autor da comunicação. Estão sujeitas a comunicação prévia com prazo, entre outras atividades económicas, a organização de campos de férias (DL n.º 32/2011, de 07.03), de aluguer de veículos de passageiros sem condutor (DL n.º 181/2012, de 06.08), em alguns casos a produção de energia elétrica em regime especial (DL n.º 172/2006, de 23.08, última alteração introduzida pelo DL n.º 215-B/2012, de 08.10). O mesmo se diga da utilização/ocupação privativa de espaço públicos para determinados fins habitualmente conexos com estabelecimentos de restauração ou de bebidas (designadamente ocupação de passeios e praças para colocação de mesas e cadeiras de esplanada), se ultrapassarem determinados limites – situação em que, nos termos do DL n.º 48/2011, o procedimento a seguir deixa de ser o da mera comunicação prévia para passar a ser o de comunicação prévia com prazo. Enfim, a este regime procedimental está subordinada pelo DL 169/2012 a instalação e exploração de estabelecimentos industriais de tipo 2.

O prazo a que está sujeita a comunicação prévia neste regime destina-se a proporcionar à autoridade administrativa o exercício de um controlo *a priori*, em moldes similares ao mecanismo da autorização silente ou tácita. Assim, nos procedimentos de comunicação prévia com prazo: a) inicia-se o procedimento com uma declaração do particular dirigida à Administração, onde aquele manifesta a intenção (ou a pretensão – é o mesmo) de doravante exercer uma atividade privada sujeita a uma operação de controlo administrativo prévio através da emissão de um ato permissivo; b) na sequência da apresentação de tal declaração ou requerimento, está a Administração obrigada a, num determinado prazo, proceder a uma operação de verificação relativa à subsistência dos requisitos e pressupostos legalmente previstos para o exercício de tal atividade; c) caso a verificação tenha um resultado negativo, profere a Administração um subsequente ato de oposição, com conteúdo negativo, que determina a inibição do exercício da atividade pelo requerente (ou uma «recusa» de «satisfação» do «pedido»; trata-se apenas – como diz García de Enterría – de diferentes formas de «apresentação legal» do mesmo esquema)[939]; d) obriga-se a mesma autoridade a tal, sob pena de, decorrido esse prazo *e por mero efeito ou como direta consequência da apresentação do requerimento*, se consolidar *ex lege* na esfera do particular a legitimação para o exercício da atividade requerida (ou pelo menos sob pena de passar doravante a posição do mesmo particular a merecer uma tutela mais ou menos acentuada da ordem jurídica, com concomitante e progressiva debilitação dos poderes de controlo sucessivo que possam ainda caber à Administração).

Isto posto, refira-se ainda que, e nomeadamente no que respeita aos atos de comunicação prévia com prazo, se constata determinadas peculiaridades em cada um dos diversos diplomas legais que consagram entre nós a figura, as quais não alteram contudo, a nosso ver, estes traços unificadores, como são os casos que se passa analisar dos procedimentos regulados no DL n.º 48/2011 («Licenciamento Zero») e no DL n.º 169/2012 (regime de licenciamento

---

[939] *Sobre el silencio administrativo y recurso contencioso*, RAP, n.º 47, Maio-Agosto de 1965, pp. 207-227. Sustenta F. Scoca que a atuação da Administração também no «deferimento tácito» (e não apenas na «deúncia», acrescentamos nós) constitui um ónus, e não propriamente uma obrigação: é que a mesma Administração só está obrigada a *prover* com um ato seu no caso de a pretensão do particular ser ilegal, sendo suficiente no caso inverso a produção *ex lege* dos efeitos no caso concreto (*Il silenzio della publica amministrazione*, cit., p. 192 e ss.).

industrial, neste diploma no que respeita apenas à instalação e exploração dos estabelecimentos industriais de tipo 2), decretos leis estes onde se consagra um regime misto de autorização e comunicação.

Começando pelo DL n.º 48/2011, segundo o seu art.º 5.º/1 consiste a comunicação prévia com prazo "numa atividade que permite ao interessado proceder (...) ao início de uma atividade, consoante os casos, quando a autoridade administrativa emita despacho de deferimento ou quando esta não se pronuncie após o decurso do prazo de 20 dias, contado a partir do momento do pagamento das taxas devidas". Refira-se todavia que o art.º 15.º/2 do mesmo diploma dispõe que "a autoridade administrativa competente analisa a comunicação prévia com prazo e a sua conformidade com as disposições legais e regulamentares em vigor, comunicando ao requerente (...): a) o despacho de deferimento; b) o despacho de indeferimento, o qual contém a identificação das desconformidades do pedido com as disposições legais e regulamentares aplicáveis e cujo cumprimento não é dispensável".

Passando ao procedimento de instalação e exploração dos estabelecimentos industriais de tipo 2 regulado no DL n.º 169/2012 («Sistema de Indústria Responsável»), dispõe o art.º 30.º/1 deste diploma que "a exploração de estabelecimento industrial de tipo 2 só pode ter início após o requerente ter em seu poder título válido de exercício da atividade industrial obtido mediante o procedimento de comunicação prévia com prazo". Por seu turno, reza o n.º 10 do art.º 32.º («Título de instalação e exploração») que por regra "o requerente pode iniciar a exploração do estabelecimento logo que tenha em seu poder a notificação da decisão favorável, ou favorável condicionada ou a certidão prevista no n.º 3 do artigo 16.º" (certidão essa que consiste, como se verá de seguida, num comprovativo eletrónico da receção da comunicação do particular). Previne ainda o n.º 8 do art.º 32.º a hipótese de uma decisão desfavorável sobre a comunicação prévia, restringida todavia a um elenco limitado de fundamentos.

Segundo o art.º 16.º, n.º 2, "na falta de decisão expressa da entidade coordenadora, nos prazos para o efeito previstos no SIR, e não se verificando nenhuma das causas de indeferimento neste previstas, considera-se tacitamente deferida a pretensão do particular, sem necessidade de qualquer ulterior ato de entidade administrativa ou de autoridade judicial. E prevê enfim o n.º 3 do mesmo artigo que o "comprovativo eletrónico de entrega do pedido no «Balcão do empreendedor», acompanhado do comprovativo do pagamento das taxas eventualmente devidas, constituem título bastante para o exercício da atividade, sem prejuízo de a respetiva eficácia estar condicionada ao cumprimento do dever de apresentação de cópia da apólice de seguro de responsabilidade civil (...), mais dispondo o número seguinte que nas situações de silêncio da Administração a que se refere o n.º 2 "a plataforma notifica automaticamente o interessado da ocorrência do deferimento tácito".

Como se constata, em pouco diferem estes regimes do que prevê a formação da autorização silente ou tácita, cabendo em previsão legal expressa o conjunto das três alternativas tradicionais em que se insere o mecanismo do «deferimento tácito». Temos assim as hipóteses (1) do ato de *deferimento expresso* (que é um ato autorizativo clássico), (2) do ato de *indeferimento expresso* (que, diferentemente do que sugere a designação legal, se configura a nosso ver como um ato positivo de oposição aos efeitos a que tende a comunicação) e (3) do efeito legitimador da comunicação similar ao «*deferimento silente*».

Caberá destarte à Administração a escolha entre a assunção da responsabilidade decorrente da prática de um ato expresso (de conteúdo positivo ou negativo), ou do endosso dessa responsabilidade ao particular, pelo decurso do prazo subsequente à receção da comunicação sem a tomada de qualquer decisão (escolha essa que, não a inibindo de exercer posteriormente os seus poderes de controlo, implicará uma maior limitação desses poderes, em correspondência com a progressiva consolidação da posição do particular).

Traço distintivo do instituto de denúncia de início de atividade que se verifica também nestes diplomas legais é, note-se, o não ser já possível, face à letra dos normativos em análise, a sempre controvertida qualificação do silêncio da Administração como ato administrativo presumido ou fictício (no caso, uma autorização tácita ou silente), *resultando indiscutivelmente, na terceira das referidas hipóteses de desfecho do procedimento, do próprio ato de comunicação do particular o afastamento da proibição relativa e a consequente legitimação do exercício da atividade em causa* (tal como sucede com a mera comunicação prévia). Note-se bem, mesmo no segundo dos regimes analisados, em que a lei faz expressa referência à necessidade da posse de um título para iniciar a atividade, pode esse título consistir no comprovativo de entrega da comunicação – o mesmo é dizer que o documento nesse caso será a própria comunicação prévia do particular acompanhada do dito recibo atestador da respetiva receção pela competente autoridade administrativa[940].

---

[940] Opinião diferente sustenta PEDRO GONÇALVES, para quem estes regimes (sobretudo o segundo) não passam de regimes "de autorização com o nome de regime de comunicação prévia com prazo", em que "a comunicação prévia surge, em termos práticos, como nome do requerimento que o interessado apresenta (na verdade, a comunicação que o interessado apresenta não tem a função de comunicar ou informar a Administração, mas a de solicitar a emissão de uma despacho de indeferimento") (*Reflexões...*, cit., pp. 171-176). A favor do nosso entendimento – de que se trata de regimes mistos de autorização e comunicação prévia – militam todavia, como se depreende do que se tem vindo a expor, os elementos literal, sistemático e teleológico.

CAPÍTULO III
O DIREITO DE PROPRIEDADE PRIVADA; EM ESPECIAL, A GARANTIA CONSTITUCIONAL DE PROPRIEDADE DE MEIOS DE PRODUÇÃO

3.3.1. Noções gerais

a) Conteúdo básico do direito fundamental de propriedade privada

Sob a epígrafe «Direito de Propriedade Privada», prescreve o art.º 62.º, n.º 1 da Constituição que *"a todos é garantido o direito à propriedade privada e à sua transmissão em vida ou por morte, nos termos da Constituição"*. E o n.º 2 do mesmo preceito ressalva, por sua vez, que *"a requisição e a expropriação por utilidade pública só podem ser efetuadas com base na lei e mediante o pagamento de justa indemnização"*[941].

Comece por se dizer que a noção de direito de propriedade, em abstrato, designa num primeiro momento "uma relação privada de uma pessoa ou entidade com determinados bens"[942], de que resulta para os demais consociados, num segundo momento ou dimensão, um dever de abstenção ou de não perturbação, uma obrigação universal de respeito.

---

[941] Neste capítulo, passamos a acompanhar de perto, com a devida vénia, a excelente anotação de Rui Medeiros ao art.º 62.º da Constituição (*in* Jorge Miranda & Rui Medeiros, *Constituição Portuguesa Anotada*, Tomo I, 2.ª ed., Coimbra, 2010, págs. 1239 e segs.), seguindo também o «roteiro jurisprudencial» que o autor nos apresenta no seu comentário.
[942] Gomes Canotilho & Vital Moreira, *Constituição da República Portuguesa Anotada*, vol. I, Coimbra, 2007, p. 801.

É esta pois – nas duas referidas dimensões – a relação tutelada no art.º 62.º CRP face primacialmente aos poderes públicos, integrando o conteúdo básico da garantia constitucional: (i) o direito de aceder à propriedade (de adquirir bens); (ii) o direito de não ser dela arbitrariamente privado; (iii) e o direito de a transmitir *inter vivos* ou *mortis causa* (liberdade contratual e de disposição testamentária) (Ac. do TC n.º 148/05, de 16 de Março); e, enfim, reconduz--se ainda ao dito conteúdo básico (iv) o direito de usar e fruir a propriedade, por ser ele indissociável do direito fundamental em causa enquanto *direito (também) de liberdade*[943].

Quanto às faculdades de usar e fruir (quer na sua dimensão positiva, quer na sua dimensão negativa, de liberdade de «não-uso» e «não-fruição), não obstante inexistir uma referência expressa no preceito que as abranja, não se pode deixar de considerar a respetiva inclusão no conteúdo essencial do direito fundamental em apreço: com efeito, "se a proteção constitucional da propriedade é justificada pela sua conexão com a liberdade, a sua tutela há-de postular que seja conferido ao proprietário um conjunto de poderes e faculdades que aumentem as suas possibilidades de ação, incluindo o seu aproveitamento ou utilização privada"[944]. Acresce que com a autonomização da requisição no n.º 2 do art.º 62.º – a qual implica o reconhecimento de que "a obrigação de consentir no exercício exclusivo de direitos por certo tempo ou na utilização temporária de quaisquer bens, móveis ou imóveis, confere ao proprietário o direito ao pagamento de uma justa indemnização – o texto constitucional parece implicitamente afirmar que a proteção constitucional da propriedade compreende o direito ao aproveitamento dos bens"[945].

O art.º 62.º institui por conseguinte quer uma *garantia de existência de propriedade* (ou seja, de valores patrimoniais concretos e já existentes, com tutela de direitos já adquiridos ou subjetivados), quer um *direito de aquisição*

---

[943] Como bem explica J. A. AVELÃS NUNES, foram os fisiocratas os primeiros a teorizar a ligação entre a propriedade e a liberdade, no sentido de, segundo a sua construção, ser a primeira o fundamento da segunda (cfr. *Economia Política. Introdução à História da Ciência Económica e do Pensamento Económico*, Coimbra, 2004, especialmente pp. 88 a 105).

[944] RUI MEDEIROS, *Anotação ao art.º 62.º da Constituição...*, cit., pág.ª 1249, e MIGUEL NOGUEIRA DE BRITO, *A justificação da propriedade privada numa democracia constitucional*, Coimbra, 2007, p.907.

[945] RUI MEDEIROS, *Ensaio sobre a responsabilidade civil do Estado por atos legislativos*, Coimbra, 1992, p. 302.

de propriedade (sendo que o objeto da proteção não é o/um concreto valor patrimonial – já porventura expectável, só que ainda não adquirido – mas o/ um direito, em abstrato, à aquisição de valores patrimoniais). Não apenas a garantia de existência da propriedade – e o seu uso ou utilização – cai assim no âmbito de aplicação desta norma jusfundamental, mas também a sua (dela propriedade) aquisição, pois, ao proteger a transmissibilidade da propriedade, o art.º 62.º CRP tutela igualmente a possibilidade ou expetativa de quem se disponha adquiri-la, consagrando destarte um direito de aquisição de direitos patrimoniais por particulares.

Note-se ainda que esta garantia constitucional (da propriedade) associa a uma posição jurídica típica de direito privado (a do titular do direito de propriedade privada regulado na lei) um direito fundamental negativo ou de defesa dessa posição, direito esse (1) que se funda direta e exclusivamente na ideia de dignidade da pessoa humana, razão pela qual se opera a atribuição da referida posição jurídica subjetiva apenas em benefício, em *ultima ratio*, de pessoas individuais[946], e que (2), por definição, se ergue *prima facie* contra os poderes públicos (e não, essencialmente, como o direito consagrado no Código Civil, contra os demais consociados)[947].

Não significa isto que o direito de propriedade privada, como os demais direitos fundamentais de liberdade (de natureza defensiva ou negativa) em regra consagrados no catálogo dos "direitos, liberdades e garantias", não apresente em maior ou menor medida uma dimensão positiva de "direito a prestações fácticas em sentido estrito": simplesmente, trata-se neste tipo de direitos fundamentais de uma *dimensão* ou *conteúdo instrumental* relativamente ao seu *conteúdo principal*[948], que é constituído pelo "direito a ações negativas".

Tenha-se ainda presente que o mais importante destes instrumentos – o direito à proteção do direito – tem entre nós um fundamento positivo,

---

[946] Neste ponto, ver por todos VIEIRA DE ANDRADE, *Os direitos fundamentais na Constituição Portuguesa de 1976*, 2.ª ed., Coimbra, 2001, pp. 96 a 111.
[947] RUI MEDEIROS, *Anotação ao art.º 62.º da Constituição...*, cit., pág.ª 1244, e MIGUEL NOGUEIRA DE BRITO, *A justificação da propriedade privada numa democracia constitucional*, Coimbra, 2007, p.846.
[948] Sobre a distinção entre *conteúdo principal* e *conteúdo instrumental* dos direitos fundamentais, cfr. VIEIRA DE ANDRADE, *Os direitos fundamentais...*, cit., p. 171.

designadamente no art.º 27.1 CRP ("Todos têm o direito à *liberdade* e à *segurança*"): na verdade, este direito de cada um à segurança incluiu desde logo "perante o Estado *e os outros indivíduos*"[949] o direito a que o Estado lhe garanta positivamente (através de uma atuação positiva) a possibilidade de gozo da liberdade que lhe é assegurada no preceito *em condições de segurança* (sublinhados nossos).

Enfim, e como se compreende, se há direito fundamental de liberdade em que esta dimensão assuma uma significativa importância, é ele o direito de propriedade.

b) A dimensão positiva do direito: o direito fundamental de propriedade privada também, genericamente, como direito económico e social (a prestações)

Outra importante valência do direito fundamental em análise, e que já não é instrumental da dimensão negativa (como a que se acaba de referir, do direito à segurança do direito) – antes se sobrepõe a esta, como se de dois distintos direitos se tratasse – é a sua dimensão de *direito à propriedade*: com efeito, o art.º 61.º não consagra apenas um direito negativo ou de defesa. Na verdade, e para além de um direito *de* propriedade que supõe também, enquanto garantia de instituto, a outorga legal aos particulares dos necessários poderes ou faculdades jurídicas de aquisição de bens patrimoniais, a norma jusfundamental em análise consagra igualmente um distinto direito socioeconómico de cada cidadão à propriedade, onde releva a dimensão positiva deste direito fundamental enquanto direito a prestações.

Esta última posição jusfundamental (que tem inclusive arrimo na própria letra do n.º 1 do art.º 62.º, n.º1: «a todos é garantido o direito à propriedade...») torna a propriedade também um instrumento de promoção da igualdade real ou material (art.º 9.º, al. *e)* CRP).

Justificará por isso a realização do direito à propriedade, enquanto direito positivo (ou seja, enquanto direito social), "o apoio estadual à aquisição de certos bens, como, por exemplo, da habitação própria (cfr. art.º 65.º - 2), da terra por parte de quem a trabalha (art.º 93.º-1/*b)*, *in fine)*, de uma parte do capital de empresa privatizada por parte dos seus trabalhadores

---

[949] GOMES CANOTILHO, *Direito...*, cit., P. 548.

(art.º 293.º-1/d))"[950]. Pode inclusive, em situações de potencial ou atual colisão de direitos reconduzíveis à mesma posição jusfundamental, e a partir de uma perspetiva de justiça social ou distributiva, prevalecer a dimensão positiva do direito à propriedade de um determinado titular sobre a dimensão negativa ou de defesa – do direito *de* propriedade – de outro titular: é o caso previsto no próprio texto constitucional, no art.º 94.º CRP («Eliminação dos latifúndios»), no âmbito da expropriação de terras de propriedades com dimensão considerada excessiva, da transferência de titularidade das ditas terras dos titulares do latifúndio para pequenos agricultores ou para cooperativas de agricultores.

Tal direito universal de acesso à propriedade que ao Estado incumbe incrementar (no sentido de o maior número possível de pessoas disporem efetivamente da possibilidade de se virem a tornar proprietários), esta dimensão positiva do direito fundamental em causa, é de resto uma das causas que explicam a respetiva localização no Título III da Parte I da Constituição (dos direitos económicos, sociais e culturais)[951].

c) Os distintos regimes constitucionais da propriedade: regime constitucional geral vs. regimes constitucionais especiais

Como bem nota Rui Medeiros, "o direito fundamental de propriedade privada não apresenta, em todas as situações, o mesmo conteúdo específico e/ou delimitação própria": diferentemente, tais conteúdo e delimitação hão de variar em razão da individualidade e destinação do respetivo objeto, nos termos em que a própria Constituição e, sobretudo, a lei os configure. Assim, e não obstante a Constituição se referir no seu art.º 62.º a *um* direito de propriedade, através de "uma definição ampla e genérica", a verdade é que o mesmo pode ser sujeito a regimes jurídicos especiais distintos conforme a propriedade em apreço[952].

---

[950] GOMES CANOTILHO & VITAL MOREIRA, *Constituição da República Portuguesa Anotada*, vol. I, Coimbra, 2007, p. 803.
[951] RUI MEDEIROS, *Anotação ao art.º 62.º da Constituição...*, cit., pág.ª 1243, e JORGE MIRANDA, em anotação ao mesmo artigo, na primeira edição da obra.
[952] RUI MEDEIROS, *Anotação ao art.º 62.º da Constituição...*, cit., p.1276.

A Constituição recorta assim diversos estatutos especiais e parcelares de propriedade privada em razão dos diferentes momentos e finalidades que apresentam alguns dos bens suscetíveis de ser objeto deste direito fundamental. São nomeadamente os casos da *propriedade intelectual* (art.º 42.º, n.º 2) e da *propriedade comunitária* (art.º 84.º, n.º 3, al. *b*)), e ainda os da propriedade de *habitação própria* (art.º 65.º, n.º 2, al. *c*)), de *solos urbanos* (art.º 65.º, n.º 4) e de *terrenos agrícolas* (art.ºs 93.º, n.º 1, al. *b*), 94.º, 95.º e 96.º), assim como, enfim – e com especial interesse para nós – da propriedade de *meios de produção* em geral (art.ºs 80.º, al. *b*) e *c*), 82.º e 83.º)[953].

Dos diversos estatutos constitucionais especiais de propriedade privada que se acaba de referir, vamos abordar os três porventura mais relevantes para o direito administrativo da economia, e que são a nosso ver os dos solos urbanos, dos terrenos agrícolas e dos meios de produção em geral, para de seguida descrever e explicar os respetivos regimes constitucionais.

Comece por se notar que estes três estatutos apresentam um traço comum, que é o da expressa previsão de expropriação dos bens a que se referem, no âmbito e na prossecução das políticas económicas e urbanísticas adotadas pelos poderes públicos.

Quanto aos solos urbanos, dispõe-se na parte final do n.º 4 do art.º 65.º CRP que os entes territoriais procederão "às expropriações dos solos que se revelem necessárias à satisfação de fins de utilidade pública urbanística". Relativamente aos terrenos agrícolas, regula o art.º 93.º CRP («Eliminação dos latifúndios») a possibilidade de expropriação de partes das unidades de exploração que tenham dimensão excessiva à luz dos objetivos de política agrícola (n.º 1), prevendo a sua posterior entrega a pequenos agricultores ou cooperativas de pequenos agricultores ou ainda de trabalhadores rurais, que poderá ser a título de propriedade plena após um período probatório (n.º 2). Enfim, prevê o n.º 1 do art.º 89.º CRP, no que respeita aos meios de produção em geral, a expropriação dos que estejam em situação de abandono (sendo que o regime constitucional em causa, como melhor veremos, abrangerá apenas os solos com aptidão agrícola e geológica).

---

[953] Rui Medeiros, ibidem.

Dir-se-á serem estas previsões pouco relevantes, uma vez que o poder expropriativo dos entes públicos está já consagrado na norma geral do n.º 2 do art.º 62.º CRP. Mas não é assim, como se passa a demonstrar.

Tenha-se desde logo presente que inexiste uma sistemática sujeição dos particulares a um poder expropriativo que possa ser exercido incondicionadamente, a pretexto de que o particular será por regra compensado da sua perda, isto na medida em que a garantia de justa indemnização do expropriado é meramente sucedânea da de tutela da propriedade (ou de permanência da mesma). Para além de ter que se fundar em razões de interesse geral, qualquer expropriação só se justifica como medida de *ultima ratio*, por definição ditada pela necessidade de afetação dos bens a uma «função socialmente mais elevada», sujeitando-se esta ponderação de bens que quer o legislador, quer, em cada caso concreto, a Administração, terá sempre que levar a cabo com sujeição ao crivo do princípio da proporcionalidade consagrado no art.º 18.º, n.º 2 CRP.

Assim sendo, têm tais específicas previsões constitucionais o condão de ampliar a discricionariedade quer do legislador, quer (caso a caso) da Administração no preenchimento do conceito de interesse público ou interesse geral convocado para legitimar a expropriação, facilitando o texto fundamental a ponderação de bens a levar a realizar pelos poderes públicos, ou, mais do que isso, estabelecendo mesmo uma presunção legal que dispensa inclusive tal ponderação (é o caso da expropriação dos meios de produção em abandono: uma vez verificado o pressuposto do abandono fica, *ipso facto*, legitimado o ato expropriativo).

Mas façamos agora uma breve abordagem a cada um dos estatutos especiais de propriedade.

Quanto aos terrenos destinados a fins urbanos[954], tendo presentes as finalidades singulares enunciadas na Constituição a seu respeito e, mais amplamente, a chamada «função social» da propriedade, encontra-se o legislador ordinário "habilitado a estabelecer diversos deveres de colaboração entre privados e autoridades administrativas"[955]. Destacam-se aqui, desde logo, "as

---

[954] Seguimos agora de muito perto a escorreita exposição de RUI MEDEIROS sobre esta matéria, em *Anotação ao art.º 62.º da Constituição...*, cit., p.1277.
[955] RUI MEDEIROS, ibidem.

obrigações impostas aos promotores de operações urbanísticas com relevante impacto, como é o caso (i) da obrigação de previsão de áreas destinadas à implantação de espaços verdes e de utilização coletiva, infraestruturas várias e equipamentos" especificamente destinados ao loteamento ou construção em causa, (ii) de cedência de algumas dessas áreas para o domínio público municipal (iii) "e da realização das correspondentes obras de urbanização", bem como (iv) da imposição de encargos e taxas tendo em vista quer o financiamento das obras públicas de reforço das infraestruturas gerais da zona onde se localiza a operação urbanística, quer ainda na compensação em dinheiro aos municípios, caso a lei o permita, em alternativa à cedência para o domínio público dos referidos espaços[956].

No respeitante aos solos rurais, a Constituição preconiza "a adoção de medidas de ordenamento e reconversão agrária" no quadro da execução dos objetivos estabelecidos no texto fundamental "em matéria de política agrícola, *maxime* o aumento de produtividade e a gestão racional dos solos, a melhoria da situação económica, social e cultural dos trabalhadores rurais e dos agricultores, a promoção da igualdade efetiva dos que trabalham na agricultura relativamente aos demais trabalhadores e o fomento do associativismo dos agricultores" (cfr. Ac. TC n.º 20/00, de 11 de Janeiro)[957].

Uma das mais significativas implicações desta específica destinação dos solos rurais com aptidão agrícola, florestal e geológica, que os torna meios de produção de produtos alimentares ou de matérias-primas relevantes, "consiste precisamente no dever de exploração das suas potencialidades, dever esse cujo cumprimento poderá fundamentar a apropriação dos terrenos inutilizados", nos termos do art.º 88.º CRP (Ac. TC n.º 159/07, de 6 de Março)[958]. Aqui – e a nosso ver apenas aqui (como melhor veremos adiante) – ganha alguma relevância autónoma a ideia de funcionalização do direito fundamental de propriedade a fins de interesse geral, atenta a intensa carga programática das normas constitucionais definidoras da política agrícola (art.ºs 93.º a 98.º CRP) que pesa sobre a propriedade destes solos enquanto meios de produção.

---

[956] RUI MEDEIROS, ibidem.
[957] Cfr. RUI MEDEIROS, ibidem.
[958] Cfr. RUI MEDEIROS, ibidem.

Finalmente, no que concerne aos meios de produção em geral, prima a ideia de que eles se caracterizam por serem "bens geradores de rendimentos e de desenvolvimento económico, cujos benefícios não são apropriados apenas pelo proprietário, mas se estendem a toda a comunidade"[959]. Ora, essa circunstância, segundo a nossa jurisprudência constitucional, "leva também a que a ordenação da propriedade dos meios de produção – observando embora as garantias constitucionais do direito de propriedade – tenha consequências coletivas em termos de distribuição do rendimento, e, portanto, de justiça social"; pelo que, sempre que esteja em causa "a propriedade no setor produtivo do país, é nítido o relevo da dimensão social do direito de propriedade privada", isto na medida em que a utilização racional dos elementos produtivos "tem efeitos que de algum modo ultrapassam a esfera de interesses do seu proprietário" (Ac. TC n.º 159/07). Como melhor veremos, esta funcionalização dos bens de produção na lei fundamental circunscreve-se a nosso ver aos solos com aptidão agrícola ou geológica.

Entre estes três estatutos constitucionais especiais de propriedade encontramos, como sempre sucede, situações de transição e de sobreposição, e que são as que mais problemas levantam à jurisdição constitucional.

É o caso dos terrenos abrangidos por zonas qualificadas como urbanas ou urbanizáveis, e portanto já por definição com um destino ou vocação urbana ao abrigo de instrumentos de planeamento urbanístico, mas que apresentam (continuam a apresentar) especiais características em termos de aptidão agrícola que os «atiram» simultaneamente para outra tipologia legal concorrente (p. ex., da Reserva Agrícola Nacional): estão tais solos, do ponto de vista constitucional, numa zona de intersecção entre os solos urbanos e os solos rurais.

Também traduzem casos de transição ou sobreposição – nesta hipótese entre as categorias dos solos rurais e dos meios de produção em geral – os terrenos rurais com aptidão geológica, seja para a exploração de rochas ou para a captação de água de nascente que corram no (ou brotem do) respetivo subsolo, seja ainda porque neste (subsolo) existem jazidas minerais ou nascentes de águas mineromedicinais que, do ponto de vista do interesse público (porquanto integram o domínio público – cfr art.º 84.º, n.º, al. *c*) CRP) devam

---

[959] Rui Medeiros, ibidem.

ser exploradas, requerendo a afetação ou oneração das áreas de superfície necessárias para o efeito.

d) O direito fundamental de propriedade privada também como princípio objetivo da organização económica

Refira-se ainda que o direito de propriedade privada é também um princípio objetivo da organização económica, reconduzindo-se (tal como as liberdades de profissão e de empresa) ao valor da *liberdade económica* enquanto decisão constitucional fundamental ou prévia. Na verdade, a garantia deste direito fundamental implica desde logo a consagração no texto constitucional de um *modelo de economia de mercado* (ainda que social) *e de livre circulação dos fatores de produção*, em contraposição ao modelo de *direção central e planificada da economia* – modelo de economia de mercado esse que confere aos privados a primazia no que respeita à apropriação, uso, frutificação e livre disposição de bens patrimoniais[960].

Em consequência dessa primazia dos cidadãos relativamente à apropriação, uso, frutificação e livre disposição de bens patrimoniais, é *a propriedade pública* remetida para um papel subsidiário, falando-se por isso num *princípio de subsidiariedade* desta. A justificação material da propriedade pública convoca sempre por conseguinte a observância do princípio da prossecução do interesse público e dos princípios da proporcionalidade e da subsidiariedade.

Em suma, e como bem se expressa no Ac. TC n.º 421/09, a proteção da propriedade privada ocupa em dois planos distintos uma posição fulcral na lei fundamental (falando-se por isso no estabelecimento pelo art.º 62.º CRP de uma dupla garantia da propriedade privada): "no plano individual, contra as investidas arbitrárias dos poderes públicos; no plano coletivo, quanto à própria possibilidade da existência de uma sociedade civil diferenciada do Estado, e assente autonomamente na apropriação privada de uma ampla gama de bens que permita o estabelecimento de relações económicas à margem do poder público".

---

[960] Sobre a evolução histórica e caracterização dos dois modelos, ver por todos J. A. AVELÃS NUNES, *Os Sistemas Económicos. O Capitalismo – Génese e Evolução*, Coimbra, 2003.

e) O direito de propriedade privada como garantia institucional e garantia de instituto: noções prévias

Desde os tempos da Constituição de Weimar e da análise pioneira das garantias institucionais à época empreendida por Carl Schmitt, que é usual a distinção entre *direitos fundamentais* e *garantias institucionais*, e no que a estas últimas se refere, entre as *garantias institucionais* propriamente ditas e as *garantias de instituto*[961].

O estudo das garantias institucionais (em sentido amplo) começou com a verificação de que as normas constitucionais consagradoras de direitos fundamentais por vezes não tinham (não têm) apenas por objeto direitos propriamente ditos (ou seja, meras posições jurídicas subjetivas), mas também *instituições* ou *institutos*, na medida em que remetiam (remetem) para conjuntos de normas de direito ordinário definidoras da imagem da instituição ou instituto regulado, transmitindo por esta via a estas normas legais e à realidade social por si conformada, de algum modo, a sua força protetora face ao próprio legislador.

Esclareça-se, entrementes, que enquanto o termo (garantia de) «instituto» se reporta aos *institutos de direito privado* (de que o complexo normativo regulador da propriedade privada e dos direitos reais menores constitui paradigmático exemplo), o conceito de *garantia institucional* propriamente dita ou em sentido estrito resultou de uma extensão daquela ideia de garantia de instituto primeiramente formulada às instituições de direito administrativo, sempre com a mesma finalidade de limitar o mais possível o poder legislativo.

Claro está que – como se viria posteriormente a constatar – se podem encontrar nos textos constitucionais garantias institucionais (e de instituto) não apenas em normas consagradoras de direitos fundamentais, mas também em normas que apresentam tão só uma dimensão objetiva (sem uma necessária ligação portanto àqueles direitos), como acontece entre nós com a garantia constitucional da autonomia local. Estaremos neste último caso face a normas

---

[961] Passamos a seguir de perto nesta matéria a bem sistematizada análise de MARIA D'OLIVEIRA MARTINS, *Contributo para a compreensão da figura das garantias institucionais*, Coimbra, 2007, p. 149.

relativas já não à *dimensão objetiva dos direitos fundamentais*, mas à *organização económica, política e administrativa*[962].

Não obstante o que se acaba de dizer, a problemática mais sensível é (continua a ser) a da destrinça entre direitos fundamentais e garantias institucionais e de instituto quando coexistam na mesma norma constitucional as dimensões subjetiva e objetiva. Nessa hipótese torna-se difícil distinguir as duas dimensões, tarefa necessária, note-se, em sede de determinação do regime aplicável, desde logo a fim de se poder aferir a legitimidade processual para a defesa dos interesses afetados: é paradigmático o exemplo da liberdade de imprensa (direito fundamental) e da imprensa livre (instituição), sendo como é "praticamente indissociável a proteção do direito de liberdade de imprensa da proteção da imprensa livre"[963]. Terá aqui o intérprete que recorrer ao jogo das predominâncias, consoante prevaleça na norma constitucional em causa a vertente individual sobre a institucional, ou vice-versa.

Em síntese, o conceito de garantias institucionais (em sentido amplo) resultou (e resulta) em boa parte do reconhecimento do duplo caráter das normas de direitos fundamentais e da "ideia de estabilização de uma realidade social e jurídica", isto sem prejuízo da aceitação da "contínua mutação da instituição objeto de proteção", tema hoje abordado entre nós sobretudo "a propósito do tratamento das figuras afins dos direitos fundamentais, havendo consenso no tocante à ideia de que as garantias institucionais se reportam à proteção de determinados complexos de relações jurídicas, instituídos ou a instituir, pelo facto de servirem para a proteção dos direitos fundamentais"[964].

Traduzem-se em suma as chamadas garantias institucionais e de instituto numa proteção pela lei fundamental de determinada instituição ou instituto mas *sem caráter absoluto*, na medida em que o que se impede ao legislador não é a alteração da realidade social em causa e do respetivo regime legal, mas tão só a sua destruição ou descaracterização. Vincula-se assim o legislador, nessa *função de estabilização* da instituição ou instituto garantido, a respeitar o seu *conteúdo mínimo* intocável que a Constituição recebe e reconhece.

---

[962] Cfr. Vieira de Andrade, *Os direitos fundamentais...*, cit., p. 91.
[963] J. J. Gomes Canotilho, *Direito constitucional...*, cit., p. 397.
[964] Maria d'Oliveira Martins, *Contributo para a compreensão da figura das garantias institucionais*, Coimbra, 2007, p. 149.

Tenha-se presente, mais do que o referido dever de abstenção, impende sobre o legislador a obrigação de, nomeadamente numa situação de vazio ou insuficiência normativa, *promover* e *conformar* a instituição ou instituto garantido[965]. É que para ser concretizada/cumprida a norma constitucional poderá não bastar a salvaguarda de uma *liberdade de atuação natural ou material* (ao abrigo de uma norma permissiva, nos antípodas portanto da norma imperativa/de proibição – de um *Dürfen*), e ser necessário (cumulativa ou alternativamente), sob pena de esvaziamento do bem constitucionalmente garantido, um *poder jurídico* ou *competência* (um *Können*) que obviamente e por definição só a lei (em sentido amplo) pode, positivamente, regular e atribuir aos sujeitos de direito. As garantias institucionais e de instituto apresentam, por conseguinte e em suma, também uma *dimensão positiva*.

f) O direito de propriedade privada como garantia de instituto

Consubstancia-se a garantia constitucional da propriedade privada enquanto garantia de instituto numa injunção ao legislador no sentido de não descaracterizar o direito tal qual a Constituição o consagra (que é o seu sentido pré-constitucional, com que o texto fundamental o recebeu da tradição legislativa ordinária), ou seja, na sua estrutura básica de direito de domínio individual, isto sem prejuízo do poder-dever do mesmo legislador de alguma conformação jurídica quer do bem objeto do direito quer das faculdades do seu titular (do proprietário)[966].

Em suma, ainda que a normação legal não possa aniquilar ou afetar o núcleo essencial do instituto pré-constitucional da «propriedade» (Ac. do TC n.º 421/09, de 2 de Setembro), tal qual a lei fundamental o recebeu, "a verdade é que, sem prejuízo da necessidade de assegurar aos proprietários os direitos ou as faculdades elementares de aproveitamento pleno dos diferentes bens patrimoniais apropriáveis (v. g. através da consagração de direitos reais de propriedade, de direitos emergentes de patentes, de direitos de autor), a Constituição não garante especificamente os múltiplos tipos de direitos de

---

[965] Cfr. VIEIRA DE ANDRADE, *Os direitos fundamentais...*, cit., p. 140-141.
[966] FERNANDO ALVES CORREIA, *O plano urbanístico e o princípio da igualdade*, Coimbra, 1997, pp. 302 e segs, e RUI MEDEIROS, *Anotação ao art.º 62.º da Constituição...*, cit., pp. 1244-1245.

caráter patrimonial existentes na ordem jurídica portuguesa", todos os que, "com maior ou menor relevância e mais ou menos duradouramente, a normação ordinária tenha instituído ou venha a instituir"[967].

A garantia institucional da propriedade apenas funcionaria se, por exemplo, a lei ordinária reduzisse "os direitos das pessoas sobre as coisas ao usufruto ou a outros direitos reais menores", eliminando o *direito real maior* (a propriedade); nesta matéria a lei civil tem por isso "que conter um direito de propriedade com o feixe de poderes de uso, fruição e disposição que lhe são inerentes na tradição jurídica e cultural do nosso país"[968].

Mas como sublinha Rui Medeiros, tal dimensão de garantia de instituto não deve ser sobrevalorizada «à custa» da dimensão subjetiva do direito fundamental em causa[969], sendo por isso de rejeitar a posição de Maria Lúcia Amaral, de que o art.º 61.º, n.º 1 CRP (diferentemente do direito à justa indemnização consagrado no n.º 2, esse sim com natureza de direito, liberdade e garantia) integraria apenas uma garantia objetiva ou de instituto[970].

Note-se que esta perspetiva que decididamente não subscrevemos encontra algum acolhimento no Ac. do TC n.º 617/07 (ainda que numa modalidade mais matizada): segundo o Tribunal, teria a garantia do art.º 61.º, n.º 1 que ser "entendida, antes do mais, como garantia de instituto dirigida ao legislador ordinário", razão pela qual deveria este "conformar legislativamente a propriedade privada" tendo em conta que, diferentemente dos demais direitos de defesa que "se encontram sob reserva de Constituição" e que são por isso "resistentes à lei", a propriedade, "mesmo na sua vertente clássica ou defensiva, é garantida constitucionalmente *sob uma especial reserva de lei*" (sublinhado nosso).

---

[967] RUI MEDEIROS, *Anotação ao art.º 62.º da Constituição...*, cit., p. 1245. No mesmo sentido se pronunciam GOMES CANOTILHO & VITAL MOREIRA, considerando que a Constituição não reconhece diretamente outros direitos patrimoniais consagrados na lei, nomeadamente outros direitos reais menores, como o direito de usufruto (*Constituição da República Portuguesa Anotada*, vol. I, p. 800).
[968] RUI MEDEIROS, ibidem.
[969] *Anotação ao art.º 62.º da Constituição...*, cit., pp. 1256-1257.
[970] Cfr. *Responsabilidade do Estado...*, cit., p. 570.

3.3.2. O conceito constitucional de (direito de) propriedade como conceito amplo que alcança em geral todos os direitos subjetivos de conteúdo patrimonial

a) *Noções prévias*

A proteção conferida pelo art.º 62.º CRP apenas cobrirá à partida posições jurídicas subjetivas de natureza patrimonial, e não de natureza pessoal: o termo «propriedade», no preceito acima transcrito, equivale ao termo «património». Mas é em contrapartida pacífico que o objeto do direito fundamental de propriedade "não se limita ao universo das coisas", não coincidindo com o "conceito civilístico tradicional" (Gomes Canotilho & Vital Moreira)[971].

A não coincidência do conceito constitucional com o conceito civilístico clássico não significa de todo o modo que o normativo jusfundamental em causa, ao não definir o que seja a propriedade, não deixe de operar necessariamente a receção de um conceito *de origem legal*. O problema é que, e como frisa Rui Medeiros, está hoje tal noção longe ser unívoca na legislação infraconstitucional, sendo possível apurar pelo menos cinco significados distintos de propriedade, a saber: o de (i) tudo o que um particular tenha legitimamente *adquirido*, e que por isso passa a estar na sua livre *disponibilidade*, o de (ii) *direitos patrimoniais* em geral, o de (iii) *direitos reais* (todos eles), o de (iv) um direito real específico, a saber, o direito real máximo ou pleno (o *direito de propriedade*) e o de (v) *objeto* de um direito real[972].

Isto posto, e sendo certo que, tendo em conta a origem infraconstitucional do conceito, não se pode transfigurá-lo "de modo a fazer com que ele cubra dimensões essenciais e qualitativamente distintas daquelas que caracterizam a sua intenção jurídico-normativa", também é verdade que se impõe uma definição de propriedade "através da análise do seu sentido na Constituição"[973]. É que nos propomos fazer nas linhas que se seguem.

---

[971] *Constituição da República Portuguesa Anotada*, vol. I, Coimbra, 2007, p. 800.
[972] Cfr. OLIVEIRA ASCENÇÃO, *Direito Civil – Reais*, Coimbra, 1983, p. 382, e RUI MEDEIROS, *Anotação ao art.º 62.º da Constituição...*, cit., p. 1246.
[973] RUI MEDEIROS, ibidem.

b) *A inclusão no conceito constitucional de propriedade dos direitos reais menores, da posse, dos direitos industriais e dos direitos de autor, dos direitos de crédito e dos direitos patrimoniais públicos*

O conceito constitucional de propriedade privada é hoje um conceito necessariamente amplo, que inclui não só o direito real de propriedade, mas também e ainda um amplo leque de outros direitos patrimoniais[974]. Este alargamento acompanhou a transformação das relações económicas na sociedade contemporânea ditadas pela segunda revolução industrial: a partir do momento em que, sobretudo desde o período do «entre guerras», os particulares passaram a sofrer também noutras dimensões da sua esfera jurídica as investidas dos poderes públicos, no contexto da multiplicação das intervenções daqueles poderes na esfera económica que marcou a referida época de transição entre o Estado Liberal e o Estado Social, tornou-se imprescindível, do ponto de vista da garantia constitucional da propriedade e da liberdade, a extensão do conceito a outros direitos patrimoniais, como os direitos de crédito[975].

São pois de considerar hoje abrangidos pela garantia constitucional da propriedade, nos quadros do Direito Privado, (i) os *direitos reais menores*, (ii) a *posse*, (iii) os *direitos industriais* e (iv) os *direitos de autor*, e ainda (v) os *direitos de crédito*.

No que respeita ao universo do Direito Público, o direito de propriedade englobará também à partida os *direitos subjetivos públicos patrimoniais* (que se erguem especificamente contra os poderes públicos) cujos titulares

---

[974] Rui Medeiros, ibidem.

[975] A inclusão dos direitos de crédito na garantia constitucional da propriedade privada é consensual, sendo há muito sustentada pela mais autorizada doutrina dos países que integram o nosso espaço civilizacional; já em 1923 defendia Martin Wolf que tal garantia fazia impender sobre os poderes públicos uma obrigação de indemnização, em caso de privação desses direitos: "efetivamente, todo o equilíbrio das garantias constitucionais se perderia se os órgãos públicos não pudessem atingir a propriedade de coisas, mas pudessem livremente apropriar-se de ações, créditos ou outros bens, sem que isso representasse qualquer agravo à Constituição" (*Reichsverfassung und Eigentum*, in «Festgabe für Wilhelm Kahl», Tübingen, 1923, pp. 2-29, *apud* José Oliveira Ascensão, *A violação da garantia constitucional de propriedade por disposição retroativa*, in «Revista dos Tribunais», ano 91, n.ºs 1883, 1884 e 1885, Julho, Outubro e Novembro de 1971, p. 16).

apresentem uma posição idêntica à do proprietário de uma coisa"[976]. É o caso de toda a posição de valor patrimonial criada por um particular na sequência do licenciamento de uma atividade privada. Mas já não será o das posições de valor patrimonial criadas ou incrementadas sobre bens dominiais ou no âmbito de atividades sob reserva pública, ao abrigo de um ato ou contrato de concessão[977].

c) *O direito fundamental de propriedade privada e os direitos subjetivos públicos de caráter social (direitos a prestações)*

Mais problemática é a inclusão no conceito constitucional de propriedade dos direitos subjetivos públicos a prestações de carácter social.

No que respeita a estas pretensões (em matéria de segurança social), se (na medida em que) assentarem em prestações próprias do segurado de valor significativo (configurando-se assim, essencialmente, como um seu correspetivo), será em tal hipótese de acolher a jurisprudência do Tribunal Constitucional Federal Alemão, no sentido de incluir o direito à pensão no conceito constitucional de propriedade privada, reforçando assim a tutela do seu titular, que por essa via beneficiará também do regime dos direitos, liberdades e garantias. O mesmo já não sucederá com as demais pretensões que não se baseiem predominantemente em prestações próprias do titular do direito subjetivo público. Ora, tal passa-se em regra com o nosso sistema de segurança social público (art.º 63.º CRP), que está longe de depender exclusivamente das "contribuições dos beneficiários (que, aliás, têm natureza paratributária e

---

[976] Rui Medeiros, *Ensaio sobre a responsabilidade...*, cit., p. 254. Sobre a extensão do conceito constitucional de propriedade aos direitos subjetivos públicos patrimoniais, ver a obra que se acaba de citar, pp. 248 e segs., e, mais recentemente, Miguel Nogueira de Brito, *A justificação da propriedade provada*, cit., pp. 907 e segs..

[977] Com a exceção de certas concessões de uso privativo de bens do domínio público e de exploração de bens dominiais cujo aproveitamento só se torne possível com um investimento privado significativo, pela circunstância de todo o contributo para a criação da posição de valor patrimonial em causa ser, afinal, obra do concessionário: em tal hipótese, o sacrifício dessa posição pela administração ou pelo legislador implicará sempre o pagamento de uma indemnização (cfr. Rui Medeiros, *Ensaio sobre a responsabilidade...*, cit., p. 255, e Miguel Nogueira de Brito, ob. cit., loc. cit.).

não de contribuições voluntárias)": neste caso inexiste "uma correspondência «sinalagmática» entre as contribuições e as prestações recebidas"[978].

Claro está, é tecnicamente possível proceder a uma distinção/separação contabilística, numa conta corrente individual e individualizada entre cada cidadão e o Estado, nas prestações a receber, entre a parte de «poupança forçada» que o mesmo Estado avocou e colocou sob a sua gestão e aquilo que é já para todos os efeitos uma prestação unilateral de caráter social – devendo o cidadão, no que à parte de «poupança forçada» se refere, e enquanto legítimo titular de um verdadeiro e próprio direito de crédito sobre o Estado, ser por este tratado como credor privilegiado em situações de pré-insolvência ou rutura de tesouraria[979].

Em suma – e fora, reitere-se, os casos de correspondência sinalagmática entre as contribuições e as prestações recebidas –, a proteção destes direitos, no plano da lei fundamental, é assegurada apenas pelos correspetivos direitos económicos, sociais e culturais, como o direito à segurança social e à proteção nas situações de desemprego, doença, velhice, viuvez e orfandade. O que, é claro, torna a concretização e garantia destes típicos direitos a prestações (mais) dependentes das opções dos poderes constituídos, na medida em que, como vimos, a liberdade de conformação do poder legislativo nestas matérias implica o não estar o legislador vinculado a manter integralmente o grau de realização já atingido e a respeitar na sua totalidade as expectativas anteriormente criadas, admitindo-se como se admite algum retrocesso em tais matérias.

d) *A exclusão dos meros interesses legítimos do âmbito de aplicação do art.º 62.º CRP*

Enfim, refira-se ainda neste ponto que a garantia constitucional da propriedade privada cobre apenas os direitos subjetivos patrimoniais, e não também os interesses legítimos (ou interesses legalmente protegidos) de natureza patrimonial, pois estes, por definição, não asseguram à partida ao seu titular

---

[978] GOMES CANOTILHO & VITAL MOREIRA, *Constituição da República Portuguesa Anotada*, vol. I, Coimbra, 2007, p. 806.
[979] É a proposta adiantada pelo antigo Ministro da Finanças Eduardo Catroga numa interessante entrevista publicada no «Diário de Notícias» de 11 de Maio de 2014.

uma posição jurídica de vantagem, no caso a necessária afetação de um bem aos fins por si prosseguidos[980].

Não obstante os interesses legítimos serem, como os direitos subjetivos, tutelados por lei, são-no em segunda linha e subordinadamente ao interesse público. Por isso, e em resultado das ponderações levadas a cabo pelos poderes públicos, eles podem acabar por ser sacrificados ao interesse público que a mesma lei tutela imediata e plenamente – não implicando necessariamente o seu sacrifício no âmbito do exercício de um poder discricionário uma ofensa ao direito constitucional de propriedade privada.

Note-se, não significa o que se acaba de dizer que a lei não possa estender o dever de os poderes públicos indemnizarem particulares por prejuízos decorrentes da afetação de interesses legítimos – como é o caso dos danos causados pela revogação de um ato administrativo constitutivo de um mero interesse legalmente protegido[981].

3.3.3. O direito fundamental de propriedade privada como direito, liberdade e garantia de natureza análoga

a) *Noções prévias*

Reitere-se, a garantia de propriedade privada apresenta-se, conjuntamente com as liberdades de profissão e de empresa, como um elemento fundamental da nossa Constituição Económica. Significa isto "que a Constituição protege a propriedade privada porque a encara como um espaço de autonomia pessoal, isto é, como um instrumento necessário para a realização de projetos de vida livremente traçados, responsavelmente cumpridos, e que não podem nem devem ser interrompidos ou impossibilitados por opressivas ingerências externas" – sobressaindo por isso na garantia constitucional da propriedade a dimensão jus-subjetiva[982].

---

[980] Cfr. Rui Medeiros, *Ensaio sobre a responsabilidade...*, cit., p. 263.
[981] Cfr. Gomes Canotilho, *O problema da responsabilidade...*, cit., pp. 296 e segs. e Rui Medeiros, *Ensaio sobre a responsabilidade...*, cit., p. 264-265.
[982] Rui Medeiros, *Anotação ao art.º 62.º da Constituição...*, cit., p. 1246. Posição diversa é a assumida por Gomes Canotilho & Vital Moreira, para quem o enquadramento sistemático do direito fundamental em causa "confirma a ideia de que na CRP não existe uma

Tal como a segunda das suprarreferidas liberdades (liberdade de empresa), o direito de propriedade privada, atenta a sua dimensão de espaço de liberdade ou autonomia individual, de livre desenvolvimento da pessoa face aos poderes públicos[983] – apesar da formal inclusão no elenco dos direitos económicos (sociais e culturais), e não no catálogo dos direitos, liberdades e garantias –, configura-se do mesmo modo como um direito de defesa, com uma *estrutura análoga* à dos direitos, liberdades e garantias. A estrutura do direito ora objeto da nossa análise de direito de defesa, assim como a sua radicação na ideia de dignidade da pessoa humana enquanto espaço de livre desenvolvimento da personalidade, justificam pois a respetiva qualificação como direito, liberdade e garantia de natureza análoga[984], qualificação que é de resto, e desde há muito, consensual na doutrina e na jurisprudência portuguesas[985].

Note-se, contudo, que, como frisa J. C. Vieira de Andrade, o alcance normativo do direito fundamental de propriedade não abrangerá, "enquanto direito subjetivo análogo aos direitos, liberdades e garantias, todas e quaisquer

ligação direta entre o direito de propriedade e a tutela da autonomia privada e da liberdade e dignidade pessoais" (*Constituição Anotada*, vol. I, cit., p. 800).

[983] Reitere-se, valor esse consagrado no art.º 1.º CRP, e concretizado no direito geral de personalidade do art.º 26.1 CRP e nos preceitos materialmente constitucionais do Código Civil que consagram os princípios da autonomia da vontade e da liberdade contratual.

[984] Tal analogia de natureza deve "respeitar, cumulativamente, a dois elementos: tratar-se de uma posição subjetiva individual que possa ser referida de modo imediato e essencial à ideia de dignidade da pessoa humana, isto é, que integre a matéria constitucional dos direitos fundamentais; e poder essa posição subjetiva ser determinada a um nível que deva ser considerado materialmente constitucional" (VIEIRA DE ANDRADE, *Os direitos fundamentais na Constituição Portuguesa de 1976*, 2.ª ed., Coimbra, 2001, p. 193) – sendo ainda seus traços característicos o recorte "logo a nível constitucional" de "uma pretensão jurídica individual (direito subjetivo)" a favor do titular "com o correspondente dever jurídico" do destinatário passivo, e por conseguinte a *aplicabilidade direta* e a *determinabilidade constitucional* do conteúdo da dita pretensão (e não simplesmente legal), o carácter *self executing* (atendendo à sua "radicação subjetiva") e ainda a prevalência da *função de defesa* dos particulares quer perante entidades públicas, quer perante entidades privadas (GOMES CANOTILHO, *Direito Constitucional e Teoria da Constituição*, 7.ª ed., Coimbra, 2003, pp. 401-402).

[985] Ver, por todos, GOMES CANOTILHO & VITAL MOREIRA, *Constituição...*, cit., p. 802. Registe-se aqui uma única posição discordante, a de ANTÓNIO MENEZES CORDEIRO, ainda que expressa há mais de três décadas (cfr. *A Constituição patrimonial privada*, in «Estudos sobre a Constituição, vol. III, Lisboa, 1979, pp. 393-394) – presumindo nós que a opinião do ilustre Professor de Lisboa tenha entretanto convergido com a dos demais autores. Defendia MENEZES CORDEIRO ser o direito de propriedade um «direito económico» e não um «direito individual» (cfr. MARIA LÚCIA AMARAL, *Responsabilidade do Estado e dever de indemnizar do legislador*, Coimbra, 1998, p.530, nota 160).

faculdades de uso e fruição (menos ainda de transformação) do solo, nem toda e qualquer dimensão subjetiva patrimonial da vida económica, mas apenas aquelas dimensões que, tal como o direito a não ser privado da sua propriedade (a não ser mediante justa indemnização), sejam essenciais à realização da autonomia do homem como pessoa"[986].

Sublinhe-se de todo o modo que (e sem prejuízo como vimos da sua dimensão também de direito económico, social e cultural, designadamente de direito a prestações) o direito de propriedade tem como cerne a garantia fundamental da propriedade privada, isto na medida em que, antes do mais, assegura a todos os cidadãos o direito de propriedade e a faculdade de o transmitir por vida e por morte.

Resulta assim da sua qualidade de direito, liberdade e garantia de natureza análoga, nas dimensões em que tal qualidade seja reconhecida, a não colocação da efetividade da garantia na dependência de uma intervenção reguladora do legislador[987]: ainda nas palavras de Rui Medeiros, não se deve "perder de vista que a dependência de lei que caracteriza a propriedade não significa que a própria proteção constitucional da propriedade fique refém da lei"[988]. Com efeito, "nem todas as intervenções do legislador em matéria de concretização do conteúdo dos direitos patrimoniais são simples determinações" desse conteúdo, "podendo ocorrer verdadeiras restrições, que ficam assim sujeitas ao regime mais exigente das leis restritivas"[989].

Enquanto direito, liberdade e garantia de natureza análoga, constitui objeto de proteção constitucional, por força do art.º 18.º, n.º 3 CRP, o respetivo *conteúdo essencial*, cujas extensão e alcance não podem ser suprimidos pelo legislador. Estão por isso as leis fiscais impedidas de ter uma *eficácia sufocante* da propriedade dos contribuintes, devendo ser-lhes deixado "o núcleo essencial do resultado da sua atividade económica desenvolvida em conformidade com a utilização privada dos rendimentos e com o poder de disposição das posições jurídicas patrimoniais" por eles adquiridas[990].

---

[986] VIEIRA DE ANDRADE, *A responsabilidade indemnizatória dos poderes públicos em 3D: Estado de Direito, Estado fiscal, Estado social*, in RLJ, ano 140.º (2011), n.º 3969, p. 357.
[987] RUI MEDEIROS, *Anotação ao art.º 62.º da Constituição...*, cit., pág.ª 1243.
[988] RUI MEDEIROS, *Anotação ao art.º 62.º da Constituição...*, cit., pág.ª 1257.
[989] RUI MEDEIROS, ibidem.
[990] JOSÉ CASALTA NABAIS, *O dever fundamental de pagar impostos*, Ciombra, 1998, p. 554.

Também da sujeição dos poderes públicos ao *princípio da proporcionalidade*, nos termos agora do n.º 2 do art.º 18.º CRP, se retira que a expropriação prevista no n.º 2 do art.º 62.º "há de surgir sempre como *ultima ratio*, devendo privilegiar-se a aquisição dos bens pelo recurso a instrumentos jurídico-privados e, entre as medidas oneradoras impostas unilateralmente" por aqueles poderes, pela escolha das "soluções menos gravosas para os proprietários" (Ac. TC n.º 431/94, de 25 de Maio).

b) *A exclusão das entidades públicas do âmbito de aplicação do art.º 62.º, n.º1 CRP, dada a insuscetibilidade de serem titulares de direitos, liberdades e garantias*

Do que se tem vindo a expor decorre desde logo o não serem o Estado e os demais entes territoriais titulares de um verdadeiro direito fundamental de propriedade, nem enquanto espaço de liberdade (dimensão que o qualifica como direito, liberdade e garantia de natureza análoga), nem mesmo como instrumento de prossecução de fim lucrativo em ordem à obtenção de meios e recursos para a Administração.

Presidindo como preside a todos os direitos constitucionalmente consagrados o princípio da dignidade da pessoa humana (art.º 1.º CRP), não podem a propriedade pública de meios de produção e o domínio público ser reconduzidos ao direito fundamental de propriedade (ou de resto a qualquer outro direito fundamental), ou sequer considerados *matéria de direitos fundamentais*, nomeadamente de direitos, liberdades e garantias[991]: as normas que consagram aquelas formas de propriedade são apenas normas conformadoras da organização política, económica e social da comunidade estadual[992].

---

[991] As normas relativas à dimensão objetiva dos direitos fundamentais, sendo insuscetíveis de atribuir posições jurídicas subjetivas e não podendo referir-se a pessoas individuais (por não ser possível recortar, no plano individual, os interesses carentes de tutela), visam não obstante conformar e concretizar direitos fundamentais, tendo por isso também como fim último a salvaguarda da dignidade da pessoa humana; não sendo assim normas consagradoras de direitos fundamentais (atributivas nessa qualidade de direitos subjetivos públicos), versam elas sobre (são elas) *matéria de direitos fundamentais*, estabelecendo todavia (meras) *garantias institucionais* (VIEIRA DE ANDRADE, *Os direitos fundamentais...*, cit., Coimbra, 2001, p. 98; ver também sobre o tema MARIA D' OLIVEIRA MARTINS, *Contributo para um compreensão da figura das garantias institucionais*, Coimbra, 2007, pp. 115 e segs.).

[992] Entendem, diferentemente, que o art.º 62.º CRP protege também o domínio privado e demais direitos patrimoniais privados dos entes públicos (não obstante justificarem-se aqui

Serão assim aquelas figuras objeto de proteção constitucional quando muito enquanto garantias institucionais ou figuras análogas, entre outras razões porque, de outro modo, (também) por esta via subsistiria o perigo de o poder público acabar por ocupar um espaço de liberdade e autonomia reservado pelo ao cidadão (neste caso, pelo art.º 62.º CRP)[993].

Sem prejuízo naturalmente de "não ser ilegítimo colocar fora do alcance da propriedade privada certos tipos ou classes de bens", sendo de resto a própria Constituição que começa por fazê-lo, relativamente aos bens do domínio público, no art.º 84.º (categoria esta "cujo sentido pré-constitucional", seguramente adotado pelo constituinte, "importa precisamente a impossibilidade de apropriação privada")[994], o facto é que toda a propriedade dos entes públicos tem, pelas razões que se vem vindo a expor, de estar justificada à luz dos princípios da prossecução do interesse público e da proporcionalidade, não podendo desde logo a lei estender para lá do razoável o elenco dos bens de domínio público[995].

c) *A questão da aplicabilidade do regime orgânico-formal dos direitos, liberdades e garantias ao direito de propriedade privada enquanto «direito análogo»*

Vimo-lo acima, a aplicabilidade do regime material dos direitos, liberdades e garantias aos direitos fundamentais de natureza análoga não suscita controvérsias; o mesmo já não se pode dizer, todavia – também o constatámos, a propósito da liberdade de empresa – do respetivo regime orgânico-formal, nomeadamente o relativo à reserva de competência da Assembleia da República (art.º 165.º CRP, n.º1, al. *b*)) e ao âmbito da reserva de lei em geral (art.º 18.º CRP, n.º2, primeira parte).

---

específicas restrições decorrentes da natureza pública das pessoas coletivas em causa às liberdades de aquisição, alienação, uso e fruição), GOMES CANOTILHO & VITAL MOREIRA, em *Constituição da República Portuguesa Anotada*, vol. I, Coimbra, 2007, pp. 801, 809 e 810.

[993] VIEIRA DE ANDRADE, *Os direitos fundamentais...*, cit., Coimbra, 2001, p. 98.

[994] GOMES CANOTILHO & VITAL MOREIRA, *Constituição da República Portuguesa Anotada*, vol. I, Coimbra, 2007, p. 803.

[995] Isto, claro, para além do pressuposto da justa indemnização implicado por qualquer transferência da propriedade privada para o domínio público (cfr. GOMES CANOTILHO & VITAL MOREIRA, ibidem).

Assim, se alguma doutrina defende a aplicação deste regime orgânico ao direito de propriedade, enquanto direito de natureza análoga, já outra sustenta ao invés a sua não aplicação.

Finalmente, uma posição intermédia, a que aderimos – e que traduz a repercussão em matéria de reserva de lei da aplicação da teoria dos degraus a que acima fizemos referência a propósito das liberdades de profissão e de empresa –, parte da necessidade de distinção, dentro da globalidade das matérias alcançadas (no caso do direito de natureza análoga em apreço, pelo art.º 62.º), entre aquelas que assumem uma importância maior (tratar-se-ia de matérias nucleares ou essenciais), o mesmo é dizer, de maior restrição do direito, e que estariam necessariamente abrangidas pela reserva de lei (e lei parlamentar), e outras de menor importância (e portanto de menor restrição do direito), em que já inexistiria a dimensão do direito de propriedade enquanto direito análogo aos direitos, liberdades e garantias, dispensando por isso tal reserva.

Esta posição intermédia é como vimos a adotada pelo Tribunal Constitucional: segundo o guardião da lei fundamental, em jurisprudência lavrada precisamente a propósito do direito de propriedade, caem forçosamente na reserva de competência da AR por força conjugadamente dos supracitados normativos constitucionais, "as intervenções legislativas que contendam com o núcleo essencial dos «direitos análogos», por aí se verificarem as mesmas razões de ordem material que justificam a atuação legislativa parlamentar no tocante aos direitos, liberdades e garantias" (Ac. n.º 37/91, de 14 de fevereiro).

Na mesma ordem de ideias, afirma o Tribunal noutro acórdão que "apesar de o direito de propriedade privada ser um direito de natureza análoga aos direitos, liberdades e garantias, nem toda a legislação que lhe diga respeito se inscreve na reserva parlamentar atinente a direitos, liberdades e garantias" (nem na reserva de lei *tout court*, acrescentamos nós), mas tão só "as normas relativas à dimensão do direito de propriedade que tiver essa natureza análoga" – integrando tal dimensão, seguramente, "o direito de cada um a não ser privado da sua propriedade, salvo por razões de utilidade pública – e, ainda assim, apenas mediante o pagamento de justa indemnização" (Ac. n.º 329/99, de 16 de julho). Todavia, já não caberão em tal reserva – diz o Tribunal Constitucional, no mesmo acórdão –, por exemplo, os direitos de urbanizar, lotear e edificar, anteriormente às medidas de planeamento urbanístico e/ou às licenças atributivas desses direitos, na medida em que, mesmo sendo estes inerentes ao direito de propriedade do solo, "não se trata de faculdades que façam sempre parte do direito de propriedade, tal como ele é garantido pela Constituição" – pois com a exceção da salvaguarda do direito à habitação própria "não são essenciais à realização do homem enquanto pessoa".

Nesta linha de aceitação de que as referidas reservas comportam graus no que respeita aos direitos análogos como o direito de propriedade, não serão abrangidas pela reserva de lei as medidas normativas que apenas concorram para a determinação do conteúdo da propriedade no plano infraconstitucional. Mas já a dita reserva operará necessariamente, em contrapartida, se estiver "em causa a nova disciplina de uma posição jurídica que seja de qualificar como propriedade em sentido constitucional, eliminando ou restringindo fortemente um direito de uso nela anteriormente contido, ou, de um modo geral, quando for restringido o conteúdo e alcance e efeito do direito fundamental de propriedade"[996].

d) *Os limites imanentes ao direito: a garantia constitucional do direito "nos termos da Constituição" ou a chamada função social da propriedade*

O art.º 62.º CRP não salvaguarda a chamada «função social» da propriedade, nem determina quaisquer limitações específicas ao direito ali consagrado que não as previstas no seu n.º 2 (da requisição e expropriação por utilidade pública), não prevendo sequer (diferentemente do que sucede com o art.º 47.º, n.º 1 CRP e com o art.º 61.º CRP) a possibilidade genérica de uma intervenção restritiva do legislador para salvaguarda do interesse geral, isto em claro contraste com o que é norma nas constituições mais próximas da nossa, como a alemã, a italiana e a espanhola[997] – o que não deixa de ser algo bizarro, como

---

[996] MIGUEL NOGUEIRA DE BRITO, *A justificação da propriedade privada...* cit., Coimbra, 2007, pp. 992-993.
[997] Segundo o art.º 42.º da Constituição italiana, "*A propriedade privada é reconhecida e garantida pela lei, que determina os seus modos de aquisição, de gozo e os* [seus] *limites com o fim de assegurar a* [sua] *função social*"; por seu lado, reza o art.º 14.º da Lei Fundamental alemã "*1 – A propriedade e o direito à herança são garantidos. O seu conteúdo e limites são estabelecidos pela lei. 2 – A propriedade obriga* ["Eigentum verpflichtet"]; enfim, nos termos do art.º 33.º da Constituição espanhola, "*1 – é reconhecido o direito à propriedade privada e à herança. 2 – A função social destes direitos delimitará o seu conteúdo, de acordo com as leis*".

já acima sublinhámos, sobretudo se tivermos presente que esta omissão é imputável ao constituinte originário.

Quanto à vaguíssima ressalva da «função social da propriedade», bem fez o constituinte, a nosso ver, em não a utilizar (ou outra análoga, como a que em tempos enfeitou o art.º 61.º, n.º1, do «progresso coletivo»). Tal expressão tem sido justamente censurada pela doutrina por se encontrar hoje muito diminuída, para não dizer irremediavelmente condenada, em razão do seu teor declamatório, erigida como foi em "fórmula mágica para corrigir todos os desequilíbrios da sociedade"[998]. E fê-lo de resto o nosso constituinte originário em linha com a chamada «conceção europeia do direito de propriedade», expressa no art.º 1.º do Protocolo Adicional n.º 1 à Convenção Para a Proteção dos Direitos do Homem e das Liberdades Fundamentais[999] e no art.º 17.º da Carta de Direitos Fundamentais da União Europeia[1000].

Já a pura e simples omissão de previsão de uma intervenção restritiva do legislador, atenta a natureza do direito de propriedade privada de direito, liberdade e garantia de natureza análoga, e face às exigências do art.º 18.º (nomeadamente à da necessidade de expressa previsão constitucional das

---

[998] As expressões são, respetivamente, de UGO MATTEI, que a utiliza para sintetizar a posição da corrente mais cética nesta matéria (*I diritti reali – la proprietà*, in «Tratatto di Diritto Comparado», dir. Rodolfo Sacco, Turim 1992, p. 105) e (a transcrita, com citação entre aspas) de JOSÉ LUIS DE LOS MOZOS, *El derecho de propriedade: crisis y retorno a la tradición jurídica*, Madrid, 1993, p. 131 (apud Vassalo Abreu, *Titularidade registral do direito de propriedade imobiliária versus usucapião* (adverse possession»), Coimbra, 2013, respetivamente. pp. 121 e 126).

[999] É a seguinte a redação do art.º 1.º do PA n.º 1 à CEDH:
"Art.º *1.º*
"Proteção *da propriedade*
"Qualquer *pessoa singular ou coletiva tem direito ao respeito dos seus bens. Ninguém pode ser privado do que é sua propriedade a não ser por utilidade pública e nas condições previstas na lei e pelos princípios gerais de direito internacional.*
"As *condições precedentes entendem-se sem prejuízo do direito que os Estados possuem de pôr em vigor as leis que julguem necessárias para a regulamentação do uso dos bens, de acordo com o interesse geral, ou para assegurar o pagamento de impostos ou outras contribuições ou multas.*"

[1000] Dispõe por seu turno o art.º 17.º, n.º 1 da CDFUE:
"Art.º *17.º*
"Direito *de propriedade*
"1. *Todas as pessoas têm o direito de fruir da propriedade dos seus bens legalmente adquiridos, de os utilizar, de dispor deles e de os transmitir em vida ou por morte. Ninguém pode ser privado da sua propriedade, exceto por razões de utilidade pública, nos casos e condições previstas por lei e mediante justa indemnização pela respetiva perda, em tempo útil. A utilização dos bens pode ser regulamentada na medida do necessário ao interesse geral.*"

restrições legais a direitos, liberdades e garantias), levanta problemas de interpretação e aplicação do normativo constitucional em causa.

Tenha-se todavia presente a ressalva final do n.º 1 do art.º 62.º CRP – de que o direito à propriedade privada e à sua transmissão é garantido "nos termos da Constituição" –, a qual convoca a ideia de não ser este mais configurável, como outrora, como um direito absoluto, sublinhando por conseguinte a existência de *limites imanentes* decorrentes da necessária convivência do direito de propriedade com (muitos) outros direitos e interesses constitucionalmente consagrados.

Haverá assim que ter em conta nesta matéria não apenas os limites *explícitos* noutros normativos constitucionais (sobretudo em matéria de propriedade de meios de produção), mas também os limites *não expressos*, "decorrentes de outras regras e princípios constitucionais, que vão desde os princípios gerais da constituição económica e financeira (entre os quais as obrigações fiscais: art.º 103.º), até aos direitos sociais (defesa do ambiente, do património cultural, etc.)"[1001].

Para além do mais, como vimos, nem todas as dimensões do direito fundamental consagrado no art.º 61.º são reconhecidas como tendo natureza análoga aos direitos, liberdades e garantias.

e) *Os limites imanentes ao direito (cont.): a não funcionalização estrutural ou interna do direito a fins de interesse geral*

Note-se bem que a chamada função social da propriedade não traduz uma funcionalização desta ao interesse geral, enquanto seu (necessário) «*instrumento*», no sentido de se confrontar o direito fundamental em causa com *limites internos* que traduziriam uma sua diferente estrutura, configurando-se em tal hipótese a *utilidade social* como um seu verdadeiro co-fundamento, a par do desenvolvimento da personalidade.

Não estaríamos nesse caso, no que à estrutura do direito se refere, apenas perante uma proteção, face aos poderes públicos, de um espaço de liberdade ou autonomia colocado na livre disponibilidade do titular do direito, mas

---

[1001] GOMES CANOTILHO & VITAL MOREIRA, *Constituição da República Portuguesa Anotada*, vol. I, Coimbra, 2007, p. 802.

antes perante a consagração de um direito «socialmente vinculado», de uma posição à partida *funcionalizada* ao interesse coletivo.

Nessa hipótese – que, antecipe-se, se não verifica no nosso texto constitucional – apenas seria tal posição merecedora da proteção jusfundamental se se verificasse a sua utilidade social, ficando de qualquer forma o direito em causa sujeito a uma maior conformação por parte dos poderes públicos (porquanto, sendo o interesse coletivo fundamento e não limite externo do direito, poderia ele próprio ser causa ou razão de uma restrição mais forte cuja admissibilidade teria, de outro modo, que ser questionada).

Diferentemente, depara-se-nos no art.º 62.º CRP um direito fundamental com uma dimensão essencial de liberdade que, como as demais liberdades fundamentais, se configura também como um direito especial de personalidade (como mais uma manifestação ou desenvolvimento da personalidade individual), ainda que sujeito a *limites externos*.

Sublinhe-se, as previsões de restrições legais à propriedade que, verdadeiramente, «povoam» a Constituição, são mais fortes e intensas do que os limites constantes do texto básico aos direitos fundamentais pessoais consagrados no Título II da Parte I da Constituição, falando-se por isso num *enfraquecimento* do direito, justificativo desde logo da sua exclusão do catálogo dos superprotegidos direitos, liberdades e garantias[1002].

Desde logo, estão os poderes públicos legitimados, se a tanto se virem obrigados por razões de interesse ou utilidade pública, a sacrificar quaisquer direitos patrimoniais privados, através da prática de atos administrativos que operam a privação provisória ou definitiva dos mesmos, nomeadamente (e no que respeita à propriedade de bens imóveis) de atos de requisição ou expropriação (convertendo-se nessa hipótese a garantia da propriedade numa mera garantia de valor do objeto do direito sacrificado, por força do direito à justa indemnização consagrado no art.º 62.º, n.º CRP – tudo como melhor se verá adiante).

Para além disso, estão os rendimentos dos particulares, enquanto contribuintes, sujeitos por definição à atividade tributária, assim como, no âmbito

---

[1002] Apenas com esse alcance merece a nossa concordância a observação de Maria Lúcia Amaral, de ser o direito fundamental de propriedade "uma liberdade enfraquecida, diminuída, porque sujeita a um número de restrições bem superior ao que normalmente onera os demais comportamentos" jusfundamentais (*Responsabilidade do Estado...*, cit., p. 543).

das relações gerais de poder, a medidas sancionatórias pecuniárias de caráter administrativo ou penal – atividades estaduais por definição ablativas do direito de propriedade privada.

Voltando à noção da chamada *função social* do direito de propriedade, o único sentido útil desta clássica expressão é o de exprimir uma maior amplitude e intensidade de restrições constitucionalmente admitidas, em termos análogos aos do direito de livre iniciativa económica, vimo-lo acima – mas que traduzem limites sempre e ainda *externos* ao próprio direito, e não propriamente a sua funcionalização.

Não acompanhamos por isso neste ponto a posição de Rui Medeiros, na configuração dogmática do direito fundamental em causa, quando o autor sustenta, sem qualquer arrimo na letra do art.º 62.º CRP, que este preceito "vincula o proprietário a uma utilização socialmente justa dos bens que são objeto do seu direito, introduzindo, pois, na esfera interna do próprio direito um interesse social que pode não coincidir com o interesse individual do proprietário" – não sendo aquela função "um mero ónus ou encargo imposto de fora", mas antes uma "parte da própria essência da propriedade"[1003].

A exceção que de algum modo admitimos a esta característica de não funcionalização do direito de propriedade é a dos solos rurais com aptidão agrícola, florestal ou geológica, aos quais preside uma específica destinação que os torna meios de produção de bens alimentares ou de matérias-primas relevantes, investindo a Constituição os respetivos proprietários no dever de exploração das suas potencialidades, dever esse cujo incumprimento poderá fundamentar, como melhor veremos, a apropriação dos terrenos inutilizados. Aqui – e a nosso ver apenas aqui – ganha pois relevância autónoma a ideia de funcionalização do direito fundamental de propriedade a fins de interesse geral, que se expressa (como melhor veremos adiante) no art.º 88.º CRP, e, sobretudo, na intensa carga programática das normas constitucionais que definem a política agrícola (art.ºs 93.º a 98.º CRP) e qe não pode deixar de pesar sobre a propriedade dos solos agrícolas enquanto meios de produção.

De todo o modo – e em jeito de conclusão do presente ponto – colhe o consenso da doutrina e da jurisprudência o não ser "incompatível com a tutela constitucional da propriedade a compressão desse direito, desde que

---

[1003] RUI MEDEIROS, *Anotação ao art.º 62.º da Constituição...*, cit., pág.ª 1255.

seja identificável uma justificação assente em princípios e valores também eles com dignidade constitucional, que tais limitações ou restrições se afigurem necessárias à prossecução dos outros valores prosseguidos e na medida em que essas limitações se mostrem proporcionais em relação aos valores salvaguardados" – não procedendo por isso a tese de que "a Constituição apenas admite limitações ao direito de propriedade no caso de expropriação por utilidade pública"[1004].

3.3.4. A transformação da garantia individual da propriedade numa garantia do valor desta: análise do n.º 2 do art.º 62.º CRP

a) *Noções prévias*

Segundo o n.º 2 do art.º 62.º CRP, *"a requisição e a expropriação por utilidade pública só podem ser efetuadas com base na lei e mediante o pagamento de justa indemnização"*. Assim, e como vimos, na hipótese de os poderes públicos se virem obrigados, (necessariamente) por razões de interesse ou utilidade pública, a proceder ao legítimo sacrifício de direitos patrimoniais privados, nomeadamente através de atos administrativos que operem a privação provisória ou definitiva dos mesmos, *a garantia da propriedade converte-se em regra numa garantia de valor do objeto do direito sacrificado.*

Para além de terem que se fundar em razões bastantes de interesse geral e, em regra, da concomitante garantia de compensação, os atos de privação da propriedade apenas poderão ser praticados com base em lei que regule a respetiva emissão, designadamente com observância da competência e com adoção da forma e do procedimento legalmente definidos: nas palavras de Gomes Canotilho & Vital Moreira, reconhece desta forma o n.º 2 do art.º 62.º "um sistema de garantias que inclui designadamente os princípios da *legalidade,* da *utilidade pública* e da *indemnização"*[1005].

Configura-se por conseguinte neste caso uma garantia jusfundamental autónoma, com natureza idêntica à de defesa (ou garantia de permanência) da propriedade instituída no n.º 1 do mesmo artigo, ou seja, com natureza

---

[1004] Acórdão do Tribunal Constitucional n.º 391/02, de 2 de outubro.
[1005] GOMES CANOTILHO & VITAL MOREIRA, *Constituição da República Portuguesa Anotada,* vol. I, Coimbra, 2007, p. 807.

também de direito, liberdade e garantia de natureza análoga: é ela o *direito em regra a uma justa indemnização em caso de privação provisória ou definitiva da propriedade por razões de interesse público*. A razão de ser desta garantia é evidente: trata-se, por elementares razões de justiça, de assegurar a repartição por toda a comunidade (aqui representada pela entidade requisitante ou expropriante) do custo da apropriação de um bem que a todos irá beneficiar, não fazendo recair esse sacrifício apenas sobre o titular do bem requisitado ou expropriado.

A Constituição consagra, é certo, no seu art.º 22.º («Responsabilidade das entidades públicas»), em termos genéricos, a obrigação de os poderes públicos indemnizarem os particulares pelos prejuízos causados pela sua atuação (seja esta lícita ou ilícita). Mas independentemente do alcance deste preceito, "a *obrigação de indemnizar os danos causados licitamente na propriedade privada* está, antes do mais, regulada por disposições constitucionais especiais ou, mais concretamente, pelo preceito constitucional que prevê a indemnização dos danos provocados pelo sacrifício lícito de direitos patrimoniais dos particulares (cfr. n.º 2 do artigo 62.º da Constituição)"[1006].

Ressalve-se que a existência desta garantia sucedânea da de tutela da propriedade (ou de permanência da mesma) não implica uma sistemática sujeição dos particulares a um poder que possa ser exercido incondicionadamente. Com efeito, prevalecendo como prevalece a *função de defesa* reconhecida no n.º 1 do artigo em análise, enquanto função primária, sobre a *função de compensação ou garantia de valor* consagrada no seu n.º 2, que relativamente àquela se configura como garantia secundária ou subordinada, não assiste aos poderes públicos a faculdade de impor sem mais quaisquer medidas ablativas da propriedade, a pretexto de que o particular será sempre compensado da sua perda.

Com efeito, sendo o direito fundamental de propriedade um direito pessoal sobre um bem patrimonial, "o proprietário só tem que suportar a conversão de valores patrimoniais e assistir à transformação do seu direito de propriedade num direito ao pagamento de uma justa indemnização quando esteja em causa uma agressão justificada pela necessidade de afetação dos bens a uma função socialmente mais elevada"[1007], sujeitando-se esta ponderação de bens que quer o legislador, quer, em caso concreto, a Administração, terá sempre

---

[1006] RUI MEDEIROS, *Anotação ao art.º 62.º da Constituição...*, cit., p. 1263.
[1007] RUI MEDEIROS, *Anotação ao art.º 62.º da Constituição...*, cit., p. 1261.

que levar a cabo, ao crivo do princípio da proporcionalidade consagrado no art.º 18.º, n.º 2 CRP.

Refira-se enfim que, a nosso ver, nem sempre ocorre (tem que ocorrer) com a expropriação (e a requisição) a conversão da garantia constitucional da propriedade numa garantia do valor desta: desde logo, e como melhor veremos, nos termos do art.º 88.º CRP («Meios de produção em abandono») poderá o legislador, segundo cremos, em caso de abandono, mais especificamente no caso de bens imóveis sem dono conhecido, e uma vez preenchidos determinados requisitos (que não têm que ser os da usucapião), prever a prática de um ato de expropriação ou de apropriação pública com caráter constitutivo em virtude do qual se opere o respetivo ingresso no património do Estado sem (naturalmente) o pagamento de qualquer indemnização.

O mesmo se diga quando o valor dos meios de produção nacionalizados seja nulo, ou mesmo negativo, designadamente por ser o passivo da empresa igual ou superior ao ativo – hipótese que em regra apenas se justificará se a opção pela apropriação pública se apresentar do ponto de vista do interesse coletivo como um mal menor. Será o caso por excelência da nacionalização de um banco em eminência de rutura de pagamentos e que por isso se torna uma ameaça para os interesses dos depositantes: segundo o pensamento económico dominante, não é concebível a manutenção de uma instituição financeira nesse adiantado estado de degradação em mãos privadas (o mesmo é dizer, entregue a si mesma), na medida em que põe em risco a estabilidade de todo o sistema financeiro.

Menos pacífica é a conformidade constitucional da usucapião – figura que, como se sabe, nunca implica o pagamento de qualquer indemnização pelo novo titular ao anterior proprietário – com a garantia do art.º 62.º, n.º 2 CRP, mais concretamente da usucapião de bens imóveis, opere-se esta a favor do Estado ou, *a fortiori*, de qualquer outro sujeito (designadamente privado), quando haja *dono conhecido* (o mesmo é dizer, quando a titularidade do bem imóvel esteja devidamente inscrita num registo fundiário). Este tema será analisado adiante com mais pormenor.

b) *Os conceitos constitucionais de requisição e expropriação por utilidade* pública

O n.º 2 do art.º 62.º CRP refere as conhecidas figuras da requisição e da expropriação por utilidade pública, medidas restritivas da propriedade privada reguladas na legislação ordinária que, como se sabe, se reportam neste plano em princípio apenas aos bens imóveis. E percebe-se a utilização de tais conceitos, pois correspondem àquelas que são, de longe, as medidas mais frequentes de privação provisória e definitiva (respetivamente) da propriedade.

Fique todavia claro que, no nosso entendimento, a previsão do segundo número do art.º 62.º não se confina a estas estritas figuras tal qual elas se configuram na tradição legislativa a que o constituinte recorreu, nem ao âmbito da propriedade imóvel. Não obstante o primitivo significado do conceito (nomeadamente a circunscrição do respetivo objeto a bens imóveis) ainda se refletir, como veremos, nas opções terminológicas presentes num ou noutro normativo do texto fundamental (sendo percetível a preferência do constituinte em utilizá-lo, em alternativa à expressão «apropriação pública», quando pretende regular sobretudo a transferência de terrenos para o património do Estado), o art.º 62.º, n.º 2 não só legitima outras medidas privativas da propriedade (no sentido lato deste conceito) por razões de interesse ou utilidade pública – e nomeadamente privativas de quaisquer outros direitos patrimoniais para lá da propriedade privada de bens imóveis (como é o caso da titularidade de meios de produção, incluindo os que se reconduzam à propriedade comunitária prevista no art.º 84.º, n.º 3, al. b)[1008]) –, como garante em regra, do mesmo passo, também nessas hipóteses, o pagamento de uma justa indemnização aos titulares dos direitos sacrificados.

O mesmo é dizer que os conceitos constitucionais de requisição e expropriação por utilidade pública não coincidem (não têm que coincidir) integralmente com os correspondentes conceitos legais – ou seja, com os conceitos clássicos de requisição e expropriação fornecidos pelo direito administrativo –, tendo estes últimos servido tão só de paradigma ou ponto de partida para o constituinte: aqueloutros conceitos abrangerão ainda figuras próximas que consubstanciam também medidas de privação provisória (como a intervenção na gestão de empresas privadas) ou definitiva (como a chamada expropriação

---

[1008] Como bem diz RUI MEDEIROS, "embora esta matéria seja objeto de regulação constitucional a propósito da propriedade privada, deve entender-se, num entendimento reforçado ainda pelo disposto no artigo 17.º, n.º 2 da Declaração Universal, que uma garantia análoga vale para a propriedade comunitária: a desintegração de qualquer terreno de um baldio implica também indemnização (*Anotação ao art.º 62.º da Constituição...*, cit., p. 1262).

de sacrifício) quer da propriedade imóvel, quer de quaisquer outros direitos patrimoniais privados[1009].

No sentido ainda da maior amplitude das figuras previstas no art.º 62.º, n.º 2 relativamente ao âmbito que elas tradicionalmente conhecem no plano da legislação ordinária, refira-se enfim que os efeitos jurídicos ali previstos e regulados de privação da propriedade não terão que ser sempre produzidos por ato administrativo, podendo nomeadamente operar-se por direto efeito da lei (uma vez observadas, claro está, as exigências do art.º 18.º CRP, e desde que a privação se funde também em razões de interesse geral) – isto não obstante, como vimos, estar subjacente à referência constitucional "o conceito clássico jurídico-administrativo da requisição e da expropriação por utilidade pública"[1010].

Refira-se ainda que o elemento utilidade pública é de tal modo importante enquanto componente do ato de privação da propriedade, que o posterior desvio do fim de utilidade pública pela entidade expropriante num prazo longo confere ao expropriado o direito de reaver o bem, contra a devolução da indemnização recebida: é o chamado direito de reversão, que a doutrina e a jurisprudência consideram pacificamente abrangido pela garantia constitucional. Como explicam Gomes Canotilho & Vital Moreira, "se a expropriação só pode ser justificada pela utilidade pública, então a falta de destinação dos bens expropriados aos fins que motivaram torna injustificável a expropriação", ficando a consumação desta "dependente da efetiva aplicação dos bens expropriados a fins de utilidade pública"[1011].

Questões relevantes são também as de saber se a privação da propriedade terá que se fundar em razões de estrito interesse público, entendido este como interesse posto por lei a cargo de uma entidade pública, e se o

---

[1009] Fala por isso e a este respeito a doutrina constitucional germânica num conceito alargado de expropriação (*erweiterten Enteignungsbegriff*) (cfr. FERNANDO ALVES CORREIA, *As garantias do particular na expropriação por utilidade pública*, Coimbra, 1983, pág. 46, e RUI MEDEIROS, *Anotação ao art.º 62.º da Constituição...*, cit., p. 1623). Entre nós sustentam, diversamente, que com as figuras da requisição e da expropriação por utilidade pública do n.º 2 do art.º 62.º se limita a Constituição a acolher os conceitos correntes no direito civil e no direito administrativo GOMES CANOTILHO & VITAL MOREIRA, em *Constituição...*, vol. I, cit., p. 806.

[1010] RUI MEDEIROS, *Anotação ao art.º 62.º da Constituição...*, cit., pp. 1266-1267.

[1011] GOMES CANOTILHO & VITAL MOREIRA, *Constituição da República Portuguesa Anotada*, vol. I, Coimbra, 2007, p. 809.

n.º 2 do art.º 62.º permite ou não a previsão pelo legislador de hipóteses de expropriação ou requisição em que a ablação da propriedade privada se opere imediatamente em benefício de privados.

A jurisprudência do Tribunal Constitucional tem admitido a justificação do sacrifício de direitos patrimoniais privados pela necessidade de afetação a bens a uma «função socialmente mais elevada», aceitando que o dito sacrifício se estabeleça no interesse de entidades particulares sem atribuições de interesse público[1012].

Pois bem, deverá esta expressão «função socialmente mais elevada» (uma variante da expressão – como vimos pouco feliz – «função social da propriedade») ser entendida no preciso sentido de o conceito de «utilidade pública» do n.º 2 do art.º 62.º ser também ele um conceito mais amplo do que o clássico conceito de interesse público, acobertando ainda situações de expropriação a que presidam interesses gerais, comuns ou coletivos – aí se incluindo, ainda que numa medida limitada, uma dimensão de justiça social ou distributiva – cuja realização não se opere necessariamente através de uma atividade desenvolvida direta ou indiretamente pela Administração Pública, mas antes por uma atuação desenvolvida por (outros) particulares. Neste caso, o exercício dos poderes de autoridade da Administração (ou dos tribunais) de que resultará a privação ou sacrifício de direitos patrimoniais privados, não obstante satisfazerem ainda (terem que satisfazer, por imperativo constitucional) um interesse comum ou coletivo, não redundarão em imediato benefício de entidades públicas, mas antes de entidades privadas, como acontece com a «utilidade pública turística» e com a «utilidade pública desportiva»[1013].

Um exemplo da hipótese que se acaba de referir já no âmbito específico da propriedade de meios de produção é o da previsão legal da alienação forçada de participações sociais enquanto medida necessária para a recuperação da empresa: segundo o Tribunal Constitucional, "o sacrifício solicitado

---

[1012] Ver, p. ex., os Acórdãos do TC n.º 491/02, de 26.11 (rel. Paulo Mota Pinto), e n.º 159/07, de 06.0 (rel. Maria Helena Brito), a propósito da remição da colonia ou do arrendamento rural através da imposição de uma transmissão forçada do direito do proprietário de raiz para o cultivado; e o Ac. TC n.º 421/09, de 13.08 (rel. Maria Lúcia Amaral), sobre o instituto da venda forçada consagrado no novo regime da reabilitação urbana como instrumento de política urbanística (cf. RUI MEDEIROS, *Anotação ao art.º 62.º da Constituição...*, cit., pp. 1264 e 1265).

[1013] GOMES CANOTILHO & VITAL MOREIRA, *Constituição da República Portuguesa Anotada*, vol. I, Coimbra, 2007, p. 808.

aos titulares das participações sociais alienadas é adequadamente justificado no plano constitucional pela relevância dos valores salvaguardados com a medida, nomeadamente os inerentes à viabilização de um agente económico, à preservação de postos de trabalho e à manutenção de uma unidade produtiva no mercado nacional" (Ac. TC n.º 391/02, de 2 de Outubro).

Também no âmbito da propriedade de meios de produção, outro exemplo – só que este, a nosso ver, já de muito duvidosa constitucionalidade – é o da expropriação igualmente em benefício de privados, para resolver um alegado conflito de direitos (entre sócios minoritários e maioritários), mas em que a realização de um suposto interesse geral económico assume um peso determinante, é o da chamada *aquisição tendente ao domínio total da empresa*, consagrada no n.º 3 do art.º 490.º do Código Comercial, e que o Tribunal Constitucional caucionou (a nosso ver, mal) no Ac. TC n.º 491/02, de 26 de Novembro[1014].

É óbvio que tal hipótese de expropriação ou requisição em benefício imediato de particulares só deve ser admitida excecionalmente: como alertam Gomes Canotilho & Vital Moreira, deverá este alargamento da utilidade pública ser sujeito a requisitos especiais, "sob pena de a expropriação se transformar numa forma de ablação de bens particulares a favor de outros particulares"[1015]. Prova do caráter excecional da figura é o regime dos bens de produção em abandono constante do art.º 88.º CRP: nos termos do n.º 2 deste artigo, só nos casos de abandono injustificado se legitima a respetiva requisição para arrendamento ou concessão de exploração compulsivos (arrendamento ou concessão, entenda-se, promovido pelos poderes públicos, mas em que o arrendatário ou concessionário será outro particular).

[1014] Subscrevemos por inteiro a doutrina firmada pelo Supremo Tribunal de Justiça no seu acórdão de 2/10/ 97 (publicado no BMJ n.º 470, pp. 619 ss.), mas que acabou por soçobrar no Tribunal Constitucional, segundo a qual o art.490º, nº3º, CSC está ferido de inconstitucionalidade material, por violação dos princípios da igualdade, da livre iniciativa e de propriedade privada consagrados respetivamente nos arts.13º, 61º, nº1º, e 62º, nº1º, da Constituição.

[1015] GOMES CANOTILHO & VITAL MOREIRA, ibidem.

c) *Expropriação por utilidade pública vs. expropriação por utilidade particular*

Enfim, problemática distinta da do art.º 62.º, n.º 2 CRP é da chamada *expropriação por utilidade particular*, a que se reconduzem as figuras da acessão industrial imobiliária e outros regimes do Código Civil, como o das servidões legais ou coativas[1016].

Constata-se, é certo, alguma analogia destas figuras com a expropriação de utilidade pública, o que leva Oliveira Ascensão[1017] a defender a necessidade de se conceber um instituto da expropriação por utilidade particular, paralelo ao instituto da expropriação por utilidade pública, na medida em que há aí lugar do mesmo modo à ablação forçada de um direito ou faculdade sobre um bem[1018], e ao pagamento de um *preço* (e não de uma indemnização)[1019].

[1016] A servidão legal de passagem está prevista nos art.ºs 1550 a 1556 CC, atribuindo o art.º 1550 ao proprietário de imóvel absoluta ou relativamente encravado a faculdade de exigir a constituição de servidão de passagem sobre os prédios rústicos vizinhos. As servidões legais de águas estão por sua vez reguladas nos art.ºs 1557 a 1563 CC, dispondo o art.º 1558 CC, relativo ao aproveitamento de águas para fins agrícolas, que o proprietário que necessita de água pode aproveitar as águas dos prédios vizinhos que estiverem sem utilização, pagando o seu justo valor.

[1017] Em *A preservação do equilíbrio imobiliário como princípio orientador da relação de vizinhança*, in «Estudos em Homenagem ao Prof. Doutor Manuel Henrique Mesquita», vol. II – Direito Civil, Coimbra, 2010, p. 216.

[1018] Refere ainda J. Oliveira Ascensão, a propósito do art.º 1558 CC (relativo ao aproveitamento de águas para fins agrícolas) o não se poder falar aqui já "de expropriação, porque esta é referida a bens imóveis e as águas, separadas do seu leito ou curso, são móveis" (*A preservação...*, cit., p. 214). Mas esta distinção no plano legal não releva para a nossa análise: vimos contudo acima que o conceito constitucional de expropriação, em correspondência com o também amplo conceito de propriedade do n.º 1 do art.º 62.º CRP, não coincide com o conceito legal homónimo tradicionalmente consagrado no direito administrativo (que à partida se circunscreve aos bens imóveis), abrangendo igualmente a expropriação de bens móveis e de um modo geral de todos os direitos de valor patrimonial.

[1019] É certo que se fala em alguns destes normativos em indemnização *tout court*, ou mesmo indemnização pelos prejuízos sofridos: assim, o art.º 1552 (encrave voluntário) dispõe que o proprietário que deu voluntariamente causa o encrave pagará o dobro da indemnização que normalmente seria devida; e o art.º 1554 determina por seu turno que pela constituição da servidão de passagem é devida a indemnização correspondente ao prejuízo sofrido. Também nas servidões legais de águas, não obstante o n.º 1 do art.º 1557 falar apenas em "indemnização" em consequência dos aproveitamentos de águas alheias, nas servidões de escoamento propriamente ditas já se menciona a indemnização correspondente ao prejuízo por elas causado

Pegando no caso específico da acessão industrial, verifica-se também aqui, na verdade, a extinção forçada do direito de propriedade de um particular em benefício não de uma entidade pública, mas de outro particular. Todavia, a acessão não se traduz num ato de expropriação, no sentido e para os efeitos do artigo 62.º, n.º 2, CRP, sendo antes um mecanismo de resolução de um puro conflito de direitos entre o dono do solo e o dono da obra suscitado pela incompatibilidade entre o direito do primeiro proprietário do solo e o direito do segundo (do autor da incorporação), e que é para o legislador "um conflito inescapável, no sentido de que qualquer solução por ele adotada, ainda que por simples omissão, irá traduzir-se no sacrifício de um dos direitos em confronto" (Ac. TC n.º 205/00, de 4 de abril).

Discordando neste ponto de Oliveira Ascensão, entendemos não redundarem estas "situações em que um titular tem o direito potestativo de fazer reverter para si um bem alheio, ou de constituir uma oneração sobre prédio alheio (...) em benefício de uma função que se considera socialmente mais relevante"[1020]. Com efeito, nas figuras que se acaba de referir está em regra ausente o fim de interesse geral ou comum que é típico da expropriação por utilidade pública, não sendo elas "marcadas por razões de interesse geral", em concretização da chamada "função social da propriedade"[1021]. Estamos antes nestes casos, reitere-se, perante mecanismos de resolução de conflitos de direitos sobre bens móveis ou imóveis entre si incompatíveis a que subjazem

---

(n.º 1 do art.º 1560, relativo à servidão de presa) ou que resulte da obra (n.º 1 do art.º 1561, que regula a servidão do aqueduto).
Ora, estas flutuações concetuais, nas palavras de OLIVEIRA ASCENSÃO, fazem surgir "uma complicação": já se não falando em justo valor, "haverá que perguntar se afinal a disposição não respeita à responsabilidade civil", pondo-se com isto "em dúvida a demarcação desta matéria em relação à da responsabilidade civil", por se prever "um verdadeiro ressarcimento dos prejuízos, e não o pagamento dum preço" (*A preservação do equilíbrio imobiliário...*, cit., p. 215).Todavia, e como bem nota o autor citado, "a indemnização que se estabelece deve ser paga previamente: a lei determina-o expressamente nos art.ºs 1561/4 e 1563/1 CC"; mas "se a indemnização é prévia, isso só pode significar que se procura regular um preço", isto na medida em que "não se espera que da servidão resultem prejuízos para só então se proceder à reparação dos prejuízos causados" – sendo tal pressuposto que aqui se não verifica justamente "o da função reparadora da responsabilidade civil" (OLIVEIRA ASCENSÃO, *A preservação do equilíbrio imobiliário...*, cit., p. 215).
[1020] *A preservação do equilíbrio imobiliário...*, cit., p. 216.
[1021] OLIVEIRA ASCENSÃO, ibidem.

meros interesses privados, e que a lei civil tem obrigatoriamente de regular enquanto tais, sem visar a satisfação de interesses colocados num plano mais elevado.

d) *Expropriação por utilidade pública vs. expropriação por utilidade particular (cont.); a problemática constitucional específica da usucapião*

Figura regulada ainda na lei civil[1022], mas distinta e mais problemática do que as referidas na alínea anterior, é a da usucapião: consiste esta, como é sabido, na perda da propriedade por parte do titular não possuidor em benefício daquele que, em vez do dito proprietário, possui a coisa por certo lapso de tempo. Tecnicamente, também a usucapião se destina a resolver um conflito entre dois direitos entre si inconciliáveis, na medida em que pressupõe a absoluta incompatibilidade entre o direito do primitivo proprietário e o direito criado *ex novo* na esfera do possuidor tornado usucapiente.

Mas, diferentemente do que sucede com as demais figuras civilísticas já abordadas, não só à atribuição ou reconhecimento ao possuidor do novo direito colidente com o direito do primitivo proprietário subjaz a necessidade de tutela já não de um interesse particular atendível (neste caso, do possuidor), mas (exclusivamente) de um interesse coletivo ou geral inerente a qualquer ordenamento jurídico (o da certeza e segurança jurídicas), como não há lugar ao pagamento de qualquer preço ou indemnização ao anterior titular – sendo que, e como melhor se verá, à perda do direito do primitivo proprietário não se poderá em regra atribuir qualquer intuito sancionatório pelo respetivo não exercício.

Resume Vassalo Abreu esta questão – que de resto está longe de ser privativa da nossa ordem jurídica – com a formulação da seguinte pergunta: "um regime jurídico que consagre a aquisição (originária) de direitos (máxime, o direito de propriedade) mediante a usucapião («adverse possession») a favor de um possuidor, sem o pagamento de qualquer tipo de indemnização, não constitui uma ingerência excessiva nos direitos do proprietário afetado ou, no limite, uma privação injustificada dos mesmos – ademais, quando aquele é um titular inscrito no registo fundiário –, em face da proteção que lhe é

[1022] Nos art.ºs 1287.º a 1301.º CC.

garantida"[1023], nomeadamente, pelo art.º 62.º CRP, e, no plano das fontes internacionais, pelo art.º 1.º do Protocolo Adicional n.º 1 à Convenção Europeia dos Direitos do Homem?"

Pois bem, como é sabido, a constitucionalidade (e a conformidade com instrumentos internacionais de proteção de direitos humanos) da *usucapio contra tabulas* sem a contrapartida do pagamento de qualquer tipo de indemnização pelo usucapiente ao anterior proprietário constitui, aparentemente, e desde há muito, um inquestionado pressuposto em que assenta a doutrina e jurisprudência, sendo opinião jurídica comum não apenas entre nós, mas também nos países integram o nosso espaço civilizacional. Tal pressuposto foi todavia seriamente questionado em recente jurisprudência do Tribunal Europeu dos Direitos do Homem (caso «Pye»),em dois arestos muito comentados pela doutrina, quer no nosso país, quer em toda a Europa, o que traduz a importância e a atualidade desta problemática[1024].

[1023] Abílio Vassalo Abreu, *Titularidade registral do direito de propriedade imobiliária versus usucapião* («adverse possession»), Coimbra, 2013, p. 24.

[1024] A jurisprudência referida no texto surge na sequência de um recurso interposto para o TEDH de uma sentença (ainda) da «House of Lords» (então última instância jurisdicional do Reino Unido) que se pronunciou a favor da admissibilidade da aquisição por «adverse possession» do direito de propriedade («title») sobre o terreno em litígio em prejuízo dos titulares («owners») inscritos no registo fundiário daquele país («Land Registry»).
Num primeiro acórdão de 15 de Novembro de 2005, lavrado na sequência de recurso interposto pelos titulares inscritos (com fundamento na incompatibilidade entre o regime vigente no Reino Unido da aquisição por *adverse possession* e o art.º 1.º do Protocolo Adicional n.º 1 à Convenção Europeia dos Direitos do Homem, que protege a propriedade, por implicar aquele regime uma privação forçada do seu direito de propriedade sem a contrapartida de qualquer indemnização), decidiu o TEDH a favor dos recorrentes, mas pela exígua maioria de quatro votos contra três. Após recurso do Governo do Reino Unido desta primeira decisão, acabou o aresto por ser revogado por um acórdão do Pleno do TEDH que retoma o entendimento tradicional – só que também ele por uma maioria não muito confortável (dez votos contra sete). O que, reitere-se, indicia – e não obstante ter por ora vingado a posição clássica nesta matéria – o terem sido os fundamentos até agora pacíficos da figura fortemente abalados.
Note-se por fim que, não obstante os requisitos da «adverse possession» no direito do Reino Unido não coincidirem com os da nossa usucapião (como esclarece Vassalo Abreu, a mesma factualidade subjacente às referidas sentenças do TEDH, a ter ocorrido entre nós, traduziria uma mera detenção, e não uma verdadeira posse), os termos essenciais desta problemática e a sua discussão (quer pelas partes, no recurso interposto, quer no seio desta instância jurisdicional internacional) foram – e são – os universalmente equacionados na matéria em causa (sobre esta jurisprudência e os trabalhos doutrinários que se lhe seguiram nos países do nosso entorno, ver por todos, amplamente, a citada obra de Vassalo Abreu, sobretudo pp. 39 a 95).

Mas recapitulemos os termos em que esta problemática de (re)coloca.

Nas palavras de Vassalo Abreu, e na esteira do ensino de Orlando de Carvalho, visa a ordem jurídica, com o instituto da usucapião, "(i) resolver o conflito de interesses que, na situação prototípica, surge entre o titular inerte do direito de propriedade (ou outro *ius in re* usucapível) – que dispõe apenas de um poder jurídico simples (ou tão-só formal-jurídico), porque desprovido da correspondente posse (causal) – e o sujeito ativo – ou seja, o possuidor formal ou autónomo –, que, em geral, favoreceu o desfrute económico da coisa; (ii) e, *amplius* e acima de tudo, satisfazer a exigência de que, após um certo lapso de tempo, a situação de direito se adeque à situação de facto, que a posse é, de acordo com o «*ordo ordinatus*» querido pela lei"[1025].

Assim, também na nossa ordem jurídica a posse assume uma função de meio de «ordenação dominial provisória» que constitui igualmente ela própria (função) um pacífico «caminho para a autêntica dominialidade» ou dominialidade definitiva[1026] sem que o fim desse caminho passe pelo pagamento de um preço ou indemnização pelo possuidor tornado proprietário ao anterior titular não-possuidor do bem, através da usucapião – figura que assenta em tradicionais (e universais) fundamentos de interesse geral ou coletivo ligados aos valores da certeza e da segurança jurídica relativamente ao estatuto dos bens, sobretudo dos bens imóveis.

Desde logo, destina-se a usucapião de bens imóveis – sustenta-se – a colmatar a ausência ou insuficiência de documento legitimador da titularidade do direito, dispensando por um lado morosas indagações sobre a validade do título do alienante que dificultariam a sua comercialização, principalmente no caso dos imóveis não registados, e evitando por outro lado litígios sobre factos remotos e por isso muitas vezes de difícil prova que obstariam sobremodo à circulação dos bens e desincentivariam o investimento.

Para além disso, é ainda invocado em defesa da usucapião o velho argumento da «função social da propriedade», nomeadamente da propriedade imóvel: tal modalidade de aquisição (originária) da propriedade incrementaria o seu uso ativo ou produtivo, defendendo quem despendeu trabalho e recursos para manter bens de produção (nomeadamente terenos com aptidão agrícola,

---

[1025] Vassalo Abreu, *Titularidade registral...*, cit., pp. 145-146.
[1026] Vassalo Abreu, *Titularidade registral...*, cit., p. 97.

florestal ou geológica) que de outro modo (e atendendo ao desinteresse do verdadeiro titular) estariam desaproveitados, presuntivamente alguém economicamente mais necessitado do que o proprietário negligente.

Note-se todavia que, como bem sublinha Vassalo Abreu, e ao invés do que sustenta alguma doutrina, este último argumento não tem tradução ao nível do direito civil, não representando a usucapião "qualquer tipo de sanção ao proprietário que, pela sua inércia ou negligência, não mereceria ser protegido pelo direito"[1027]. Com efeito, a lei civil contemporânea do Estado de Direito mostra-se "insensível a tais comportamentos, negando-lhes implicitamente qualquer relevância em matéria de usucapião", segundo o "clássico conteúdo civilístico do direito e propriedade na formulação individualística corrente" expresso no artigo 1305.º do nosso Código Civil de 1966, de gozo pleno e exclusivo dos direitos de uso, fruição e disposição (*jus utendi, fruendi et abutendi*), em que a inércia do proprietário é ainda encarada como uma forma lícita do exercício do domínio sobre uma coisa, seja ela ou não um bem imóvel (cfr. o art.º 298.º, n.º 3 CC)[1028].

Tal «liberdade de propriedade negativa» é de resto (e como já vimos) característica do modelo de economia de mercado aberto e de livre concorrência consagrado na nossa Constituição Económica, sendo ainda corroborada pelos principais textos internacionais consagradores de direitos humanos e liberdades fundamentais a que o Estado português está vinculado, como o PA n.º 1 à CEDH e a CDFUE. A prossecução do interesse geral não constitui pois um elemento ou dimensão interna da norma do art.º 61.º, mas tão só uma justificação para as restrições ou limites externos a que o direito ali consagrado pode ser sujeito – com a exceção, porventura, e em alguma medida, como também já constatámos, e como melhor veremos adiante, dos solos rurais com aptidão agrícola ou geológica, que são a nosso ver os meios de produção abrangidos pela previsão do art.º 88.º CRP («Meios de produção em abandono»).

Não obstante este genérico enquadramento constitucional «amigo» da manutenção e defesa da propriedade, com o instituto da usucapião prevê a nossa lei civil, como já relembrámos, a perda da propriedade do titular não possuidor em benefício daquele que, em vez do proprietário, possui a coisa

---

[1027] Vassalo Abreu, *Titularidade registral...*, cit., pp. 117.
[1028] Vassalo Abreu, ibidem.

por certo lapso de tempo. Tal perda resulta, cumulativamente, (i) do (note-se, *lícito*) não exercício pelo titular do seu direito de propriedade, por um lado (situação de não posse), e (ii) da manutenção da posse da coisa por outro que não o proprietário pelo período de tempo legalmente fixado, pressupondo a absoluta incompatibilidade (nos termos legais) entre o direito do primitivo proprietário e o direito criado *ex novo* na esfera do possuidor tornado usucapiente.

Ora, a usucapião contrasta vivamente "com o que se passa em outras hipóteses nas quais a privação do direito de propriedade ocorre contra ou sem a vontade do respetivo titular, como sucede, paradigmaticamente, na expropriação por utilidade pública"[1029].

A falta de conforto constitucional desta figura legal, resultante de não prever ela qualquer mecanismo indemnizatório a favor do proprietário que se vê contra a sua vontade (ou independentemente dela) privado da respetiva propriedade, não escapou ao olhar atento de Gomes Canotilho & Vital Moreira, no seu comentário ao art.º 62.º CRP[1030]. Depois de salientarem a previsão pela lei fundamental de "várias figuras de desapropriação forçada por ato de autoridade pública, desde a expropriação por utilidade pública em geral (cfr. art.º 62.º, n.º 2), passando pela expropriação de solos urbanos para efeitos urbanísticos (cfr. art.º 65.º, n.º 4), até à nacionalização de empresas e meios de produção em geral (cfr. art.º 83.º)", entendem estes últimos autores o ser "possível entender-se que estas figuras não esgotam as formas de privação forçada de propriedade, nomeadamente as que sejam feitas a favor de terceiros (e não do Estado)".

Todavia, alertam os citados professores de Coimbra para o facto de "a falta de uma explícita credenciação constitucional" não deixar de "levantar dificuldades a algumas figuras, correntes no direito civil, de perda ou transmissão forçada da propriedade, incluindo a acessão (industrial) (cf. Ac. TC n.º 205/00), a reunião da colonia (cfr. Acs. TC n.º 404/87 e 327/92) e a usucapião (cfr. Ac. TC 205/00)"[1031].

[1029] VASSALO ABREU, *Titularidade registral...*, cit., pp. 148.
[1030] GOMES CANOTILHO & VITAL MOREIRA, *Constituição da República Portuguesa Anotada*, 4.ª ed., vol. I, Coimbra, 2007, p. 798 e segs.
[1031] GOMES CANOTILHO & VITAL MOREIRA, *Constituição...*, cit., p. 805.

Pois bem, e como sublinha por seu turno Vassalo Abreu, não se pode "perder de vista que o valor do direito de propriedade privada" – abrangendo este último como abrange também "o direito de não ser privado arbitrariamente privado da propriedade e de ser indemnizado no caso de desapropriação" – terá que estar presente "no seu difícil balanceamento com o interesse geral (ou, se se preferir, interesse público) que, porventura, se divise no instituto da usucapião", e sempre à luz do regime dos direitos, liberdades e garantias, nomeadamente das exigências de necessidade, adequação e proporcionalidade das respetivas restrições legais[1032].

E nesse balanceamento ou ponderação entre o valor constitucional do direito de propriedade e o interesse geral que preside à usucapião (o da certeza e segurança jurídicas), opina Vassalo Abreu que "só muito dificilmente, se não por artifício", é que "poderá encontrar-se neste último uma razão justificativa" suficiente para "excluir ou dispensar qualquer tipo de indemnização a favor do anterior titular pela desapropriação forçada do seu direito"[1033].

Na verdade, para acautelar tais valores da certeza e segurança jurídica a que (vimo-lo acima) basicamente se limita a justificação desta opressiva restrição legal à propriedade (como tem sempre que ser qualificada uma perda da propriedade sem qualquer indemnização), mais concretamente para afastar a incerteza quanto à titularidade do prédio em causa, bastaria ao legislador, em alternativa, e como têm defendido recentemente autorizadas vozes na doutrina[1034], a opção bem menos gravosa da implementação de um registo fundiário com natureza constitutiva e assente em bases cadastrais fiáveis, como é aliás hoje tecnologicamente exequível e desejável: é que num tal sistema a incerteza desaparece "a partir do momento em que se efetue a primeira inscrição registral, bastando uma consulta do mesmo para verificar se existe e, caso exista, quem é o proprietário, ressalvando algumas situações que podem considerar-se marginais dentro da economia do sistema"[1035].

[1032] Vassalo Abreu, *Titularidade registral...*, cit., pp. 184-185.
[1033] Vassalo Abreu, *Titularidade registral...*, cit., p. 185.
[1034] Para além da obra de Vassalo Abreu que nesta alínea se segue de perto, ver também Mouteira Guerreiro, *A usucapião e o registo: devemos repensar o tema? in* RED – Revista Eletrónica de Direito, ed. CIJE/Faculdade de Direito da Universidade do Porto, 2013, n.º 2 , e *Ensaio sobre a problemática da titulação e do registo à luz do direito português*, Coimbra, 2014.
[1035] Vassalo Abreu, *Titularidade registral...*, cit., pp. 115; o autor desenvolve o tema, de *iure condendo*, nas pág. 186 a 210 desta obra.

e) *A distinção, nas onerações da propriedade, entre sacrifício indemnizável e vinculação social não indemnizável*

Nem sempre a oneração da propriedade pelos poderes públicos (sobretudo a que não se traduza numa pura e simples privação da propriedade) confere aos afetados o direito a uma (justa) indemnização, pois a garantia consagrada no n.º 1 do art.º 62.º CRP cinge-se aos «termos da Constituição» – expressão que de algum modo relativiza essa garantia[1036], na medida em que convoca desde logo a existência de limites que decorrem da necessária convivência do direito tutelado com outros direitos e interesses gerais constitucionalmente consagrados e que fundamenta as restrições legais ao mesmo direito necessárias e adequadas à salvaguarda desses direitos e interesses que outros preceitos constitucionais expressamente preveem.

Especialmente sujeita a restrições ditadas pela salvaguarda de outros direitos e interesses constitucionalmente consagrados está a *liberdade de uso e fruição* (que como vimos integra o objeto da garantia constitucional): fácil é verificar que são significativos os limites constitucionais a esta vertente do direito, "especialmente em matéria de meios de produção – que vão desde o dever de uso (art.º 88.º) até ao seu condicionamento (cfr. especialmente o art.º 93.º-2) –, podendo a lei estabelecer restrições maiores ou menores, credenciada nos princípios gerais da Constituição, particularmente nos da constituição económica, bem como nos demais valores constitucionais", como os do "ambiente, urbanismo, segurança, património cultural e natural"[1037].

Segundo o Ac. TC n.º 20/2000, de 11 de Janeiro, todas as disposições "que se limitem a concretizar ou a explicitar restrições ou proibições de uso, designadamente proibições de construção, que sejam inerentes à situação concreta do terreno, ou que derivem das suas qualidades naturais, não são consideradas expropriativas e não dão direito a qualquer indemnização", sendo o princípio da vinculação social da propriedade o fundamento da "limitação ou uso da propriedade". Note-se que o universo das possíveis vinculações sociais da propriedade é praticamente esgotado pelas chamadas *vinculações situacionais*

[1036] RUI MEDEIROS, *Anotação ao art.º 62.º da Constituição...*, cit., p.1267.
[1037] GOMES CANOTILHO & VITAL MOREIRA, *Constituição da República Portuguesa Anotada*, vol. I, Coimbra, 2007, p. 804.

dos bens imóveis, em que o que releva para o efeito é a especial situação da propriedade – "seja a decorrente da sua própria natureza ou, antes, a que se liga à sua inserção na paisagem" (Ac. TC n.º 329/99, de 2 de Junho).

A distinção entre, por um lado, *sacrifícios indemnizáveis* (e que o são por não ser justo, face nomeadamente ao princípio da igualdade perante os encargos públicos, fazer recair aleatoriamente sobre uma pessoa um encargo que se irá traduzir num benefício para os demais consociados), e, por outro lado, *vinculações sociais* que, diferentemente, já constituem consequências normais da vida em sociedade a que todos estão sujeitos (e que são por assim dizer o preço que todos estamos sujeitos a pagar pelas vantagens inerentes à vida em sociedade), não é, como se intui, tarefa fácil[1038].

Comece por se frisar o ser hoje pacífico que nem a forma de lei[1039], ou sequer o conteúdo geral e abstrato do comando legal[1040], constituem critérios válidos para, *de per si*, justificar uma determinada oneração da propriedade operada diretamente pelo legislador como vinculação social não indemnizável.

Por conseguinte, critério seguro para distinguir entre as onerações da propriedade indemnizáveis das não indemnizáveis é tão só o do caráter *anormal* do dano: assim, apenas estão abrangidos pela garantia constitucional os danos

---

[1038] Sobre a problemática dos critérios de distinção entre uma e outra figura, ver por todos BERNARDO AZEVEDO, *Servidão de Direito Público*, Coimbra, 2005, pp. 12 e segs..

[1039] Nota e bem RUI MEDEIROS que "não obstante o art.º 62.º, n.º 2, aludir a requisições e expropriações por utilidade pública "efetuadas com base na lei", isto não significa que as medidas ablativas da propriedade privada realizadas diretamente por ato legislativo – e que estejam em conformidade com a Constituição – não confiram ao proprietário lesado o direito ao pagamento de uma justa indemnização", na medida em que "a proteção constitucional da propriedade privada impõe-se, em geral, aos poderes públicos", não podendo "ser reduzida a uma proteção em face da Administração" (*Anotação ao art.º 62.º da Constituição...*, cit., p.1268).

[1040] Como sublinha GOMES CANOTILHO, "a inidoneidade da *Einzelakttheorie*, assente exclusivamente na dualidade geral-individual", é consensualmente reconhecida "não só pelos resultados absurdos e, inclusivamente, negadores da sua lógica, mas também pela sua incapacidade em fornecer soluções materialmente justas" – isto porque "uma generalidade absoluta ou uma individualidade completa são apenas dois polos entre os quais se situa uma escala interminável de gradações"; assim sendo, e se "levada às últimas consequências, a doutrina do ato individual viria a tolerar intervenções estaduais gravemente lesivas da esfera patrimonial dos cidadãos e a afirmar a ressarcibilidade de danos de insignificante intensidade (*O problema da responsabilidade do Estado por atos lícitos*, Coimbra, 1974, pp. 274 e 275); ver também RUI MEDEIROS, *Anotação ao art.º 62.º da Constituição...*, cit., pp.1268-1269.

que, "pela sua gravidade, pela sua importância e pelo seu peso, ultrapassem o caráter de um ónus natural decorrente da vida em sociedade no âmbito de um Estado intervencionista" (Rui Medeiros)[1041].

Já o mesmo se não pode dizer do caráter *especial* do dano. Alguma doutrina sustenta ser tal nota um fator também de exclusão do dano que a apresente da garantia constitucional da justa indemnização, fazendo recair o acento tónico já "não na individualidade do ato, mas na especialidade do resultado", com recurso à ideia de igualdade transcendente à lei (*gesetzestranszendente Gleichheitsgebot*) concretizada num princípio de igualdade face aos encargos públicos (Gomes Canotilho[1042])[1043].

Mas a conceção que se acaba de referir é também de rejeitar, por ser a nosso ver incompatível com a lei fundamental: a especialidade do prejuízo constituirá quando muito um requisito *complementar* do da sua anormalidade, meramente indiciário portanto, em caso de dúvida, da existência de uma vinculação social não indemnizável.

Como diz Rui Medeiros, não basta, "quer em relação ao direito de propriedade, quer no que se refere a qualquer outro direito fundamental, assegurar o respeito pelo princípio da igualdade"[1044]. Assim, e quando esteja em causa a apropriação pública de toda uma categoria de bens, nomeadamente, e no que concerne à garantia da propriedade de meios de produção, a nacionalização de um inteiro setor de atividade económica por razões de interesse público, tal "obriga ao pagamento de uma indemnização (artigo 83.º)" a todos os titulares das empresas abrangidas, o que revela "que a Constituição não faz depender a operatividade da garantia do valor da propriedade da imposição de encargos desiguais"[1045].

Em suma, "quando as medidas incidem sobre categorias de bens de produção e atingem todos os proprietários que exerçam, em condições semelhantes,

---

[1041] *Anotação ao art.º 62.º da Constituição...*, cit., p.1269.
[1042] *O problema da responsabilidade do Estado...*, cit., pp. 274-275; também Rui Medeiros, *Anotação ao art.º 62.º da Constituição...*, cit., p.1269.
[1043] Esta tese de muito duvidosa constitucionalidade foi acolhida pelo atual regime da responsabilidade civil extracontratual do Estado e demais entidades públicas, aprovado pela Lei n.º 67/2007, de 31 de Dezembro, no seu art.º 16.º (ver a crítica de Rui Medeiros a esta opção do legislador na *Anotação ao art.º 62.º da Constituição...*, cit., p.1267).
[1044] *Anotação ao art.º 62.º da Constituição...*, cit., p.1269.
[1045] Rui Medeiros, ibidem.

a mesma atividade económica, é possível afirmar que se está ainda perante um sacrifício patrimonial indemnizável", pois o que é decisivo para determinar a fronteira entre sacrifícios indemnizáveis e vinculações sociais não indemnizáveis não é "o número de destinatários atingidos pelo ato público, mas sim a gravidade da afetação da propriedade privada"[1046].

f) *O conceito constitucional de justa indemnização*

O conceito constitucional de justa indemnização apresenta um conteúdo próprio que é determinável pelos órgãos públicos a quem cabe a respetiva aplicação, não operando a norma que o acolhe – o art.º 62.º, n.º 2 CRP – uma remissão em branco para o legislador, como é aliás próprio das normas que consagram direitos, liberdades e garantias; por conseguinte dele retira (deverá retirar) o aplicador e intérprete da lei fundamental, nomeadamente o legislador, os parâmetros e critérios necessários para a respetiva concretização. E assim tem sido entre nós: "as coordenadas que se extraem do conceito constitucional de justa indemnização têm sido concretizadas, não apenas pelo legislador ordinário, mas igualmente pela doutrina e pela jurisprudência"[1047].

Desde logo, e quanto ao momento em que deverá ser paga a indemnização, há uma exigência de simultaneidade deste pagamento com o ato de requisição ou expropriação na letra da norma em causa, pois aquelas operam-se (apenas se podem operar, em regra, *"mediante* o pagamento de justa indemnização" – art.º 62.º, n.º 2)[1048]. Por conseguinte, deve a quantia devida ser "entregue ao expropriado pelo menos contemporaneamente ou imediatamente após a produção dos efeitos privativo e apropriativo que, em regra, andam associados ao ato expropriativo, sendo, por isso, inconstitucionais as normas que estabeleçam, sem o acordo do expropriado, o pagamento (...) da quantia pecuniária

---

[1046] Rui Medeiros, ibidem; e também em *Ensaio sobre a responsabilidade...*, cit., pp. 245-246 e 314-316.

[1047] Rui Medeiros, *Anotação ao art.º 62.º da Constituição...*, cit., p.1271.

[1048] Consideram inclusive Gomes Canotilho & Vital Moreira que a indemnização constitui elemento integrante do próprio ato de expropriação (*Constituição da República Portuguesa Anotada*, vol. I, Coimbra, 2007, p. 809). Não acompanhamos todavia este entendimento, pois, como melhor veremos, no caso de imóveis sem dono conhecido poderá haver lugar a um ato de expropriação ou apropriação, com carácter constitutivo, que opere a transferência da propriedade do imóvel para o Estado sem haver lugar ao pagamento de qualquer indemnização.

em várias prestações, durante um período mais ou menos longo, ainda que as prestações vençam juros" (Ac. TC n.º 263/98, de 5 de Março).

Como sublinha Rui Medeiros, o princípio de que a indemnização pelo sacrifício do direito de propriedade tem que ser paga prontamente – e que no regime constitucional geral nesta matéria (que é o da art.º 62.º, n.º 2 CRP) se traduz mesmo numa inequívoca exigência de rigorosa simultaneidade – apresenta um alcance geral, válido para a privação (provisória ou definitiva) por ato dos poderes públicos de todo o tipo de propriedade[1049]. Assim, "também a indemnização por apropriação pública de meios de produção, máxime por nacionalização, deve respeitar o princípio fundamental de uma indemnização pronta, podendo afirmar-se, nos termos gerais, que a indemnização, mesmo no âmbito do artigo 83.º, não é justa quando não é acompanhada pela atribuição, num prazo breve, de um valor económico equilibrado à reparação da lesão causada ao património do nacionalizado pelo ato de nacionalização"[1050].

No que respeita à densificação do *quantum* indemnizatório ou extensão da indemnização, o conceito de justa indemnização afasta desde logo a possibilidade de fixação legal de critérios que favoreçam injustamente o expropriado, pois tal se traduziria num iníquo locupletamento deste à custa dos demais cidadãos ou consociados que violaria desde logo o princípio da igualdade na distribuição dos encargos públicos (neste sentido, ver Ac. TC n.º 231/08, de 21 de Abril *rel. Vítor Gomes*).

A justa indemnização deverá cobrir, outrossim, o *valor objetivo* do direito patrimonial sacrificado, havendo lugar como vimos a uma *conversão de valores patrimoniais* em que a indemnização terá que corresponder à reposição no património do titular daquele direito do *valor objetivo* dos bens requisitados ou expropriados, ou seja, do seu *valor real e efetivo*, e deste modo "respeitar o princípio da equivalência de valores" (Ac. TC n.º 52/92, de 5 de Fevereiro). Mais específica o já citado Ac. TC n.º 231/08 o possibilitar o conceito de justa indemnização que, para lá do valor do bem, a indemnização cubra ainda as despesas incorridas pelo expropriado por força do ato ablativo, ou que o bem expropriado seja substituído por outro do mesmo tipo e de igual valor ou utilidade.

[1049] RUI MEDEIROS, *Anotação ao art.º 62.º da Constituição...*, cit., p.1272.
[1050] RUI MEDEIROS, ibidem.

Num modelo de economia de mercado como o que enforma a nossa ordem económica, e partindo da premissa de que "o valor pecuniário arbitrado a título de indemnização deve ter como valor de referência o valor real do bem expropriado", o critério geral de valorização do bem expropriado para se aferir a medida do ressarcimento do prejuízo sofrido será necessariamente "o do valor corrente, ou seja, o seu valor venal ou de mercado, numa situação de normalidade económica" (Ac. TC n.º 408/08, de 31 de Julho).

Não obstante o que se acaba de dizer, pode o dito valor de mercado "estar influenciado por situações especulativas e, além disso, haver razões de justiça que justifiquem algumas correções", pelo que deverá "o critério referencial determinante da avaliação dos bens expropriados para este efeito (de fixação da respetiva indemnização) tomar como parâmetro, na sugestiva expressão do citado Ac. TC n.º 408/08, um *valor de mercado normativo*[1051]. O conceito constitucional de justa indemnização não corresponderá pois sempre e necessariamente "ao preço que os bens expropriados teriam num mercado dito real e concreto, devendo antes atender-se, para o alcance do justo valor, ao preço que o bem deterá num mercado normal, onde não entrem em consideração fatores especulativos ou anómalos" (Ac. TC n.º 314/96, de 20 de Junho).

Em síntese, e de novo nas palavras de Fernando Alves Correia, o critério puro e simples do apuramento do montante que teria sido pago pelo bem expropriado se este tivesse sido objeto de um contrato de compra e venda livremente celebrado entre particulares não tem aqui uma aplicação estrita, funcionando apenas "como padrão geral ou como ponto de referência do cálculo do montante da indemnização": ele está por isso sujeito, em alguns casos, a correções "ditadas por exigências de justiça", manifestando-se "uma boa parte delas em reduções, que são impostas pela especial ponderação do interesse público que a expropriação serve"[1052]. Importa tão só que tais correções se não convertam em "operações redutoras do valor real do bem expropriado, visando apenas uma diminuição oportunista da indemnização a pagar, ou com fundamentos estranhos à equidade desse valor (Ac. TC n.º 11/08, de 14 de Janeiro), como será o caso da redução do valor da indemnização que cubra

---

[1051] Rui Medeiros, *Anotação ao art.º 62.º da Constituição*..., cit., p.1274.
[1052] *O plano urbanístico*..., cit., p. 546.

tão só o custo da construção do imóvel expropriado (cfr. Ac. TC n.º 677/06, de 12 de Dezembro).

Refira-se ainda que, como ressalva Rui Medeiros, estas "coordenadas em matéria de densificação do *quantum* da justa indemnização" não obstam a que se reconheça ao legislador ordinário a competência para a concretização do conceito de justa indemnização, na medida em que Constituição não consagra um critério específico para o apuramento desta[1053].

3.3.5. A garantia constitucional de propriedade de meios de produção

a) *Noções prévias*

Como vimos acima, o direito fundamental de propriedade privada apresenta distintos estatutos, em razão da categoria e destinação do respetivo objeto, nos termos em que a própria Constituição os configure e a lei ordinária os conforme (dentro da margem que para tanto disponha) e os concretize. Assim, e não obstante o texto básico se referir no seu art.º 62.º a *um* direito de propriedade, por meio de "uma definição lata, ali se fixando um estatuto geral da propriedade", o mesmo direito "pode receber tratamentos e regimes jurídicos distintos consoante a propriedade em causa"[1054].

O (hoje) obscuro princípio da «propriedade pública de meios de produção» sobrevive como vimos na al. *d)* do art.º 80.º CRP; e o regime especial da apropriação pública de (e intervenção nos) meios de produção em geral que o desenvolve distribui-se pelos art.ºs 83.º («Requisitos de apropriação pública»), 86.º («Empresas privadas»), n.ºs 2 e 3 (que regulam, respetivamente, a intervenção pública na gestão de empresas privadas e a reserva de empresa pública), e ainda, em alguma medida (como melhor se verá infra), pelo art.º 88.º («Meios de produção em abandono»), todos da CRP.

[1053] Rui Medeiros, *Anotação ao art.º 62.º da Constituição...*, cit., p.1275.
[1054] Rui Medeiros, *Anotação ao art.º 62.º da Constituição...*, cit., p.1276. Sobre o alcance geral do art.º 62.º, enquanto base comum dos diversos tipos de propriedade que a Constituição identifica, ver por todos Miguel Nogueira da Brito, *A justificação da propriedade privada...*, cit., pp. 1032 e segs.

Segundo o art.º 83.º CRP, "a lei determina os meios e as formas de intervenção e de apropriação pública dos meios de produção, bem como os critérios de fixação da correspondente indemnização". Um artigo específico – art.º 88.º – é dedicado à expropriação e arrendamento ou concessão de exploração compulsivas de meios de produção em abandono.

Enfim, dispõe ainda o art.º 86.º, n.º 2 CRP que "o Estado só pode intervir na intervenção das empresas privadas a título transitório, nos casos expressamente previstos na lei e, em regra, mediante prévia decisão judicial". No que respeita a este último normativo – art.º 86.º, n.º 2 – remetemos para o que dissemos supra, a propósito da liberdade de empresa, uma vez que, do específico ponto de vista da garantia de propriedade de meios de produção (também aqui atuante, por se verificar uma sobreposição de âmbitos das normas jusfundamentais consagradoras de ambos os direitos), nada mais de relevante temos a assinalar.

b) *Significado e alcance da apropriação pública de meios de produção prevista no art.º 83.º CRP*

Relativamente à apropriação pública de meios de produção, encontra-se esta em estreita conexão com o princípio da livre iniciativa económica pública: recorde-se, a iniciativa económica pública apenas se justifica em razão da presença de um *interesse público* (ou, em sentido amplo, *coletivo*) que a reclame, podendo ela traduzir-se, *lato sensu*, quer na criação de uma empresa, quer na aquisição ou ainda na expropriação, nacionalização ou «apropriação pública» (por via do direito público) de uma empresa privada já existente (as três expressões são, a nosso ver, intermutáveis): num caso e noutro, tal redunda numa situação de *"propriedade pública (....) de meios de produção, de acordo com o interesse coletivo"* especificamente prevista e legitimada na al. *d)* do art.º 80.º CRP e, ainda, no art.º 83.º.

Na definição de Rui Guerra da Fonseca, a *apropriação* "tem aqui por referencial objetivo direitos de natureza patrimonial, consistindo na aquisição por parte de uma entidade pública da titularidade de um determinado meio de produção, contra ou independentemente da vontade do seu titular" – distinguindo-se como vimos da *intervenção*, que consiste numa "afetação da situação jurídica de determinado meio de produção, que não abranja a respetiva titularidade, mas tão só, em princípio, o exercício de direitos ou outras situações jurídicas dela decorrentes"[1055]; assim, enquanto o referencial da apropriação é a *propriedade* (em sentido lato), o referencial da intervenção é a *gestão* (propriedade ou gestão, tenha-se presente, de meios de produção)[1056].

Note-se que com as sucessivas revisões constitucionais a letra do atual art.º 83.º sofreu uma evolução terminológica a que, todavia, não deve ser atribuída uma importância jurídica de maior, e que se inseriu no esforço global de progressiva atenuação da carga ideológica herdada do texto originário: estamo-nos a referir, sucessivamente, à eliminação na revisão de 1982 do termo *socialização* da tríade inicial («a lei regulará os meios e as formas de *intervenção* e de *nacionalização* e *socialização* dos meios de produção»), e à substituição do termo *nacionalização* pela expressão *apropriação coletiva* (revisão de 1989), e desta pelo atual conceito de *apropriação pública* (revisão de 1997) – termos estes que, por seu turno não obstante, apresentam atualmente, a nosso ver, o mesmo alcance jurídico.

Que significado pode assumir nos nossos dias a previsão da «apropriação pública de meios de produção»? Vimos atrás que a Constituição já não impõe a apropriação pública ou coletiva *dos* (principais) meios de produção (o pronome *dos* foi substituído na revisão de 1989 pelo pronome *de*), ou sequer *de* meios de produção (*principais* ou outros). Diferentemente, desde 1989 que o movimento na direção inversa da apropriação pública de meios de produção, em termos de políticas públicas – a saber, o da *privatização das empresas públicas* (nomeadamente das nacionalizadas no período de interregno entre a cessação de vigência da Constituição de 1933 e o início de vigência da atual lei fundamental) – passou a ter também respaldo constitucional, com a permissão hoje constante do art.º 293.º («Reprivatização de bens nacionalizados após o 25 de Abril»).

Não se pode pois vislumbrar atualmente sequer um tratamento preferencial do setor público dos meios de produção por parte da lei fundamental, e muito menos uma predileção desta pela «apropriação pública» (de meios de produção privados, designadamente através da respetiva nacionalização) relativamente à «apropriação privada» de meios de produção que integrem o dito setor público (através da respetiva aquisição, no âmbito de um processo

---

[1055] *Comentário à Constituição Portuguesa*, vol. II, cit., p. 268.
[1056] RUI GUERRA DA FONSECA, ibidem, p. 269.

de privatização): pelo contrário, a Constituição Económica comunitária (em conformidade com a qual deverá ser interpretada a nossa constituição económica interna) apontará quando muito na direção inversa (de preferência pela titularidade privada dos meios de produção)[1057].

Reitere-se, o atual sentido possível dos normativos em apreço – e nomeadamente da al. *d)* do art.º 80.º – só pode ser por isso o expresso por Gomes Canotilho & Vital Moreira: o de, não obstante a Constituição ter deixado de impor a apropriação coletiva dos principais meios de produção, *consentir* ela, "com grande margem de liberdade, a propriedade pública de meios de produção"[1058], funcionando assim o art.º 83.º como *norma de habilitação* para o legislador[1059] que vem reforçar, no que aos meios de produção em geral concerne, a habilitação genérica já concedida no n.º 2 do art.º 62.º[1060]/[1061]/[1062].

[1057] Cfr. PAULO OTERO, *Vinculação...*, cit., pp. 151-165, e RUI GUERRA DA FONSECA, *Comentário à Constituição Portuguesa*, vol. II, cit., pp. 265-267. . Num sentido marcadamente crítico relativamente a esta evolução, ver A. J. AVELÃS NUNES, *A Constituição Económica Portuguesa: da revolução socialista ao fundamentalismo monetarista da União Económica e Monetária*, em «Revista Trimestral de Direito Civil, Ano 2, Vol. 9, Jan.-Mar. 2002, Brasil, pp. 121-137, e, mais recentemente, *A Constituição Europeia. A constitucionalização do neoliberalismo*, Coimbra, 2006.

[1058] J. J. GOMES CANOTILHO & VITAL MOREIRA, *Constituição da República Portuguesa Anotada*, Vol. I, cit., pp. 959.

[1059] J. J. GOMES CANOTILHO & VITAL MOREIRA, *Constituição da República Portuguesa Anotada*, Vol. I, cit., pp. 993.

[1060] Art.º 62.º, n.º 2: "*A requisição e a expropriação por utilidade pública só podem ser efetuadas com base na lei e mediante o pagamento de justa indemnização*". Como vimos, é aqui legitimada a privação quer provisória, quer definitiva não apenas de bens imóveis, mas de quaisquer direitos com valor patrimonial, desde que os atos ablativos tenham base legal, que a estes presidam razões de interesse geral e mediante o pagamento de justa indemnização.

[1061] Tal incumbência foi, no essencial, muito tardiamente cumprida pelo legislador, sob a pressão da necessidade de nacionalização do Banco Português de Negócios, através do anexo à Lei n.º 62-A/2008, de 11 de Novembro (diploma que nacionaliza todas as ações representativas do capital desta instituição bancária). Frise-se a bizarra e inédita opção do legislador de então, de fazer figurar num anexo a um diploma legal que nacionaliza uma determinada empresa... o regime geral das nacionalizações!

[1062] Note-se todavia que o art.º 1.º do anexo à Lei n.º 62-A/2008 (Regime jurídico da apropriação pública por via de nacionalização) vem restringir substancialmente esta abertura que ainda se descortina no texto fundamental, quando diz que apenas podem ser objeto de nacionalização, "no todo ou em parte, participações sociais de pessoas coletivas privadas, quando, por motivos excecionais e especialmente fundamentados, tal se revele necessário para salvaguardar o interesse público".

Para além desta função de (reforçada) habilitação ao legislador ordinário, sublinham os autores que agora se acompanha a presença de uma *incumbência constitucional* de definição legal dos meios e formas de intervenção e apropriação coletiva[1063], assim como das correspondentes indemnizações (o que se traduz num verdadeiro dever de legislar cujo incumprimento redundará em inconstitucionalidade por omissão), descortinando-se aqui também do mesmo passo um significativo (e a todos os títulos justificado) *reforço* da reserva de lei nesta matéria (e de lei parlamentar, conforme o disposto na al. *l)* do n.º 1 do art.º 165.º)[1064].

c) A expropriação, arrendamento e concessão de exploração compulsivos de meios de produção em abandono (art.º 88.º CRP): noções prévias

Dispõe o n.º 1 do art.º 88.º («Meios de produção em abandono») que "*os meios de produção em abandono podem ser expropriados em condições a fixar pela lei, que terá em devida conta a situação específica da propriedade dos trabalhadores emigrantes*"; e prevê o n.º 2 do mesmo artigo que "*os meios de produção em abandono injustificado podem ser objeto de arrendamento ou de concessão de exploração compulsivos, em condições a fixar por lei*".

Quanto ao âmbito de aplicação deste artigo, comece por se dizer que, sem excluir de todo da sua previsão outros meios de produção (note-se, nesse sentido, a menção à concessão de exploração, em alternativa ao arrendamento), ele visa regular sobretudo o uso dos solos rurais enquanto meios de produção (qualidade que sempre possuirão, ao menos potencialmente, quer se trate de solos com aptidão agrícola, quer se trate de solos com aptidão geológica): são sinais disso a utilização do termo *expropriação* (conceito que, pela sua origem, é mais evocativo de bens imóveis) em vez da expressão *apropriação*

[1063] J. J. GOMES CANOTILHO & VITAL MOREIRA, *Constituição da República Portuguesa Anotada*, Vol. I, cit., pp. 993.
[1064] Cfr. RUI GUERRA DA FONSECA, *Comentário à Constituição Portuguesa*, vol. II, cit., pp. 263-264.

pública[1065], assim como a ressalva da situação da propriedade dos trabalhadores emigrantes[1066].

Mas, e acima de tudo, nos nossos dias – na era da globalização e do conhecimento, em que a concorrência se processa à escala planetária, assistindo-se a uma extrema segmentação da cadeia de produção[1067] e ao claro predomínio nos mercados da marca sobre a concreta origem industrial do produto acabado que lhe corresponde, e em que, sobretudo, a contínua mutação tecnológica torna obsoleto no curto prazo os equipamentos industriais –, se um simples atraso, desatenção ou imprevisão dos gestores pode tornar, num curtíssimo lapso de tempo, economicamente inviável o mais ambicioso empreendimento industrial, o que não dizer de uma *paragem*, da total paralisação da produção em que se traduz o conceito de abandono! A hipótese pois de outros meios de produção que não os solos – nomeadamente fábricas – serem objeto, primeiro de «abandono», e depois de reativação (em vez de se tornarem, em poucos meses, em meros depósitos de sucata), é hoje de todo improvável: trata-se de um caso típico de interação entre a norma e a realidade que aquela pretende abarcar e moldar que redunda na perda de efetividade da norma, no caso em apreço de redução do respetivo alcance.

Isto posto, reiterem-se as nossas reservas quanto a um princípio ou fim último imposto ao Estado, e que presidiria a toda a parte II da Constituição, no sentido de os poderes públicos zelarem pela plena utilização das forças

---

[1065] Como vimos, o primitivo significado do conceito (nomeadamente a circunscrição do respetivo objeto a bens imóveis) ainda se reflete nas opções terminológicas do texto fundamental, sendo percetível a preferência do constituinte utilizá-lo, em alternativa à expressão apropriação pública, quando pretende regular sobretudo a transferência de terrenos para o património do Estado – isto não obstante o art.º 62.º, n.º 2 já legitimar por si só outras medidas privativas da propriedade (no sentido lato deste conceito) por razões de interesse ou utilidade pública, como é o caso da titularidade de meios de produção, garantindo em regra, do mesmo passo, também nessas hipóteses, o pagamento de uma justa indemnização aos titulares dos direitos sacrificados.

[1066] Reportando-se a norma, como se reporta, à chamada primeira emigração, ocorrida nos anos sessenta do séc. XX, sabe-se que a origem desses emigrantes era eminentemente rural, sendo a maioria deles pequeníssimos proprietários rurais que tiveram que trocar o cultivo das suas diminutas «leiras» por um posto de trabalho nos países de destino.

[1067] Cada vez mais cada componente de produtos finais com alguma complexidade é fabricado num país diferente, em função de uma sofisticada divisão internacional do trabalho ditada pela extrema especialização de cada região económica.

produtivas, princípio ou fim por sua vez fundado na chamada «função social da propriedade», e que teria a sua concretização, sobretudo, quer por um lado nas normas que preveem as medidas de fomento da atividade empresarial privada *lato sensu*, quer, por outro lado, no regime da apropriação e intervenção pública de/nos meios de produção não públicos que ora se analisa.

Na verdade, no atual texto constitucional, e no contexto dos princípios e valores que hoje norteiam o todo da Constituição Económica (aqui se incluindo a Constituição Económica comunitária), só no que respeita aos solos rurais (nomeadamente agrícolas ou com prevalecente aptidão agrícola) subsiste a nosso ver essa característica funcional ou funcionalizante, e que transparece quer no artigo em análise, quer – e, nesta parte do texto fundamental, abundantemente – nos art.ºs 93.º a 98.º (extenso conjunto de normas programáticas que regulam a política agrícola). Tenha-se principalmente presente que no caso dos solos aráveis o seu efetivo cultivo não é apenas relevante do ponto de vista produtivo ou estritamente económico, mas também do ordenamento do território, nomeadamente e sobretudo do povoamento e fixação das populações no território, como vimos na análise do princípio da coesão territorial nos domínios económico e social.

Neste âmbito circunscrito pois – e somente nele, segundo o nosso entendimento – acompanhamos Gomes Canotilho & Vital Moreira, no passo em que estes autores afirmam o não consistir a autonomia da norma do art.º 88.º apenas numa autorização constitucional de desapropriação ou de arrendamento e exploração compulsivos dos meios de produção ali essencialmente visados (porquanto para tal já constitui prévia e suficiente habilitação a do art.º 83.º), mas "também na recusa constitucional de uma liberdade de manter meios de produção em abandono", em virtude de um implícito "dever de exploração" conformador do direito de propriedade e «não protetor» de uma liberdade negativa "de não iniciativa"[1068].

Retomando o fio da nossa exposição, diga-se desde já que também na apropriação de bens de produção em situação de abandono (tal como no regime geral do art.º 62.º e no regime da apropriação pública e intervenção na gestão de bens de produção em geral – art.ºs 83.º e 86.º, n.º 2) vigora "a preferência

---

[1068] J. J. GOMES CANOTILHO & VITAL MOREIRA, *Constituição da República Portuguesa Anotada*, Vol. I, cit., pág. 1026.

pela intervenção do Estado, se não reguladora, pelo menos sem atuação direta sobre a titularidade dos bens de produção"[1069]. Esta preferência extrai-se do todo do texto constitucional, em razão nomeadamente do modelo de economia de mercado nele consagrado (que confere caráter subsidiário à iniciativa económica pública), e sobretudo por estarmos perante restrições a direitos, liberdades e garantias de natureza análoga sujeitas desde logo ao princípio da proibição do excesso; e deverá refletir-se na legislação concretizadora dos normativos constitucionais em apreço.

Por abandono deverá entender-se uma conduta omissiva, de não uso e não fruição por regra de solo ou terreno qualificável como meio de produção, ou seja, de solo com aptidão agrícola ou geológica, por definição afeto a um fim económico. Tal conduta, note-se, terá que ser de total abstenção, não podendo considerar-se abandono uma nova e distinta afetação do meio de produção em causa, inclusive para fins de utilização pessoal e não produtiva do seu proprietário[1070]. Caberá de todo o modo ao legislador a concretização da noção, a qual "passará, necessariamente, pelos critérios de verificação da situação objetiva de não exploração" (Rui Guerra da Fonseca)[1071].

Como vimos acima, a verificação da previsão do art.º 88.º (nomeadamente do seu n.º 1) torna menos exigente quer para o próprio legislador, quer, caso a caso, para a Administração expropriante, o dever de invocação do concreto interesse público que preside à expropriação e de fundamentação do ato expropriativo à luz daquele interesse – sendo essa a nosso ver (reitere-se) a utilidade do normativo em causa face à genérica habilitação de que já dispõem os poderes públicos por via quer do art.º 62.º, n.º 2, quer sobretudo do art.º 83.º.

Quanto à distinção (nomeadamente de regime) entre o *abandono* tout court (por causas consideradas objetivamente explicáveis) previsto no n.º 1 do art.º 88.º, justificativo da expropriação, e o *abandono injustificado* (n.º 2 do art.º 88.º) que abre caminho também (para além da possibilidade da expropriação) ao arrendamento e à concessão de exploração compulsivos, este regime é aparentemente desrazoável, pois prevê para a situação de maior desvalor – a do abandono injustificado – o recurso a medidas restritivas menos intensas

---

[1069] Cfr. RUI GUERRA DA FONSECA, *Comentário à Constituição Portuguesa*, vol. II, cit., p. 444.
[1070] Neste sentido, RUI GUERRA DA FONSECA, *Comentário à Constituição Portuguesa*, vol. II, cit., p. 447.
[1071] Ibidem.

do que a da ablação total da propriedade contemplada no n.º 1 do artigo para o mero abandono. Mas, bem vistas as coisas, parece-nos ter fundamento a diferença de tratamento, pelas razões que se seguem.

É que, enquanto no primeiro caso o sacrifício que sempre representa uma expropriação (mesmo mediante o pagamento da justa indemnização a que, como vimos, há em regra lugar) redunda à partida em benefício da coletividade, na medida em que o novo titular será em princípio e imediatamente o Estado ou outra entidade pública, já no segundo caso, e não obstante tratar-se de uma ablação provisória (e não definitiva), o seu beneficiário imediato (o arrendatário ou concessionário a quem caberá a exploração do solo em causa) será em regra outro particular, o que torna o ato de ablação mais difícil de aceitar para o titular do bem (devendo tais casos ser por essa razão, como vimos, excecionais). Assim, fica à partida claro que essa consequência de mais difícil aceitação se deve (se deveu) ao carácter injustificado do abandono, não sendo necessário sequer, a nosso ver, atribuir-lhe um carácter sancionatório[1072].

Mas a autónoma e específica previsão do n.º 2 do art.º 88.º justifica-se sobretudo, a nosso ver, nas hipóteses de meios de produção sem dono conhecido, em que o carácter injustificado do abandono do prédio se poderá presumir (pelo menos enquanto não for sequer produzida prova de propriedade do mesmo nos prazos legalmente previstos para o efeito), e ainda da expropriação de terrenos comunitários (baldios) ao abandono, como se passa a demonstrar.

[1072] Note-se também que enquanto o proprietário expropriado terá sempre direito ao recebimento de uma só vez do justo valor do bem expropriado, pela aplicação de critérios simples ou de todo o modo mais lineares que não incorporam riscos futuros, já a análoga situação de compensação poderá não ocorrer na hipótese de arrendamento ou concessão de exploração compulsivos: com efeito, não só o valor da renda ou do pagamento periódico da concessão terá que ser fixado num montante que assegure a exequibilidade e rentabilidade do projeto de exploração da propriedade em causa em condições de mercado, montante esse poderá não ter uma exata correspondência com o chamado valor corrente ou de mercado do meio de produção em causa, como o recebimento das rendas não é (não será) absolutamente certo e seguro, dependendo da viabilidade da exploração e da solvência do arrendatário.

d) A expropriação, arrendamento e concessão de exploração compulsivos de meios de produção em abandono (cont.): âmbito de aplicação do art.º 88.º CRP

Cabem no âmbito de aplicação do artigo do texto fundamental ora em análise, mais concretamente na previsão do n.º 1 do art.º 88.º, a nosso ver, três distintas situações de abandono (justificado ou injustificado, qualquer que seja o significado que se atribua a este adjetivo): a da (1) expropriação de propriedades ao abandono *sem dono conhecido*, a da (2) expropriação de *terrenos comunitários (baldios) ao abandono* (não relevando aqui o facto de o «dono» ser conhecido), e, enfim, a situação regra ou comum da (3) expropriação de propriedades ao abandono *com dono conhecido* que já abordámos acima. Ora, havendo (podendo haver) lugar a um ato expropriativo (ou um ato de verificação constitutiva de efeitos equivalentes) nestas três hipóteses, não haverá (poderá não haver), nos dois primeiros casos (os quais constituem as exceções à regra), lugar ao pagamento de qualquer indemnização, por razões óbvias.

No que respeita à primeira das referidas hipóteses (expropriação de propriedades ao abandono *sem dono conhecido*), não pode haver lugar à conversão da propriedade expropriada numa garantia de valor na medida em que, uma vez justificada a emanação do ato com efeitos expropriativos (mesmo que por académica hipótese o abandono não seja qualificável como injustificado), e tendo-se gorado os esforços para identificar o proprietário, não há quem possa receber a indemnização a que de outro modo haveria lugar.

E quanto à segunda das ditas hipóteses (expropriação de terrenos baldios ao abandono), o mesmo se diga em atenção à particularidade da chamada propriedade comunitária, figura de contornos consuetudinários que como vimos acima o direito positivo se limitou a reconhecer «minimalisticamente», abundando as remissões explícitas e, sobretudo, implícitas ou pressupostas para o costume (fonte de direito).

Recordem-se, antes do mais, as palavras de Marcelo Caetano, para quem os baldios são «bens da comunidade» ou de «propriedade comunal»[1073], comunidade essa não personalizada e de contornos indefinidos, formada pelos

---

[1073] Marcello Caetano, *Manual de Direito Administrativo*, vol. II, 9.ª ed., Coimbra, 1983, pág. 976.

habitantes de uma determinada circunscrição administrativa ou de parte dela que utilizem tais bens, em prática reiterada, ao longo de um período razoável de tempo. Um traço essencial da natureza e regime dessa comunidade é o facto de todos os que nela ingressam adquirirem gratuitamente o direito à respetiva fruição de acordo com as suas necessidades ou apetências, fruição essa que aqueles que dela (comunidade) saem perdem, por seu turno, também sem qualquer indemnização ou contrapartida.

Isto posto, manifesto se torna, também aqui, que uma vez verificados os pressupostos da apropriação pública dos baldios por abandono, não se afigura razoável a atribuição de uma compensação – até por não ter o pagamento de uma indemnização a mesma justificação objetiva que apresenta na privação de outros tipos de propriedade, visto que os membros de tais comunidades nenhum valor adiantaram afinal pela aquisição dessa qualidade[1074].

Dir-se-á que a expropriação de meios de produção em abandono injustificado sem indemnização (e por maioria de razão, se o abandono tiver justificação objetiva), expressamente prevista no texto constitucional até 1989, deixou de ser possível desde que, com essa revisão, foi revogado tal inciso do texto do atual art.º 88.º ("No caso de abandono injustificado, a expropriação não confere direito a indemnização").

Não cremos, todavia, que da eliminação do n.º 2 do antigo art.º 87.º tenha resultado *a contrario* uma proibição absoluta nesse sentido: nos casos excecionais em que objetivamente (e não por razões de cariz sancionatório) se justifique o não pagamento de qualquer indemnização (desde logo como vimos se o bem tiver um valor nulo ou mesmo negativo), tal é possível desde que sejam observados pelo legislador os limites decorrentes do art.º 62.º. Diferentemente, o que esta supressão visou foi, a nosso ver, acabar com o nexo de causalidade de cariz sancionatório, tributário da ideologia que enformou o texto originário, entre um não uso «injustificado» dos meios de produção

---

[1074] O art.º 29.º da Lei n.º 68/93, de 4 de Setembro (Nova Lei dos Baldios) prevê e regula duas figuras distintas: nos n.ºs 1 a 5, a expropriação por utilidade pública (que implica o pagamento de indemnização aos compartes), e no n.º 6 a expropriação por abandono injustificado (que já não implica o pagamento de qualquer indemnização) – abandono esse que terá que ser judicialmente declarado e que poderá "ter lugar a pedido da junta ou juntas de freguesia em cuja área o baldio se situe, quando este tenha deixado de ser objeto de atos significativos de domínio, posse, gestão e fruição durante um período não inferior a 10 anos".

e o *confisco* destes pela coletividade (apropriação coletiva sem o pagamento de qualquer indemnização) que ressaltava do enunciado do normativo constitucional em causa – e que inclusive (sobretudo se tivermos presente o contexto dos restantes normativos da Constituição Económica originária que se mantiveram praticamente incólumes até 1989) constrangia de algum modo o legislador na sua tarefa de conformação da matéria em causa (razão pela qual essa figura nunca chegou a ser objeto de regulação legal).

e) A expropriação, arrendamento e concessão de exploração compulsivos de meios de produção em abandono (cont.): a apropriação pelo Estado dos bens imóveis em estado de abandono e sem dono conhecido

Comece por se esclarecer que o conceito de *abandono* do art.º 88.º CRP não corresponde ao conceito próprio do direito das coisas de *renúncia abdicativa*, de uma renúncia unilateral – no caso, tácita – em virtude da qual se extinga, em perda absoluta, o direito abandonado, com automática reversão da propriedade do bem para o Estado por força do art.º 1345.º CC. Prova inequívoca do que se acaba de constatar é o disposto quer no n.º 1, quer no n.º 2 do art.º 88 CRP: no primeiro caso, porque é exigida a prática de um ato com efeitos expropriativos para se operar a apropriação pública do bem em causa, e no segundo caso porque se prevê (e o caso aqui contemplado é, inclusive, de abandono injustificado) a perceção de rendas ou de outra contrapartida pela exploração do bem por parte daquele que continua a ser o seu legítimo proprietário.

A apropriação pelo Estado de imóveis em estado de abandono e sem dono conhecido (de que se poderá presumir como vimos o carácter injustificado do abandono), naturalmente sem haver lugar ao pagamento de qualquer indemnização, é hipótese prevista (mas até há pouco não regulada) na lei civil: reza singelamente o art.º 1345.º CC («Coisas imóveis sem dono conhecido») que *"as coisas imóveis sem dono conhecido consideram-se património do Estado"*. A figura, que remonta a 1966 (ano de entrada em vigor do atual Código Civil), é pouco conhecida e nada estudada, precisamente, segundo cremos, por nunca ter sido regulada (como devia) – razão pela qual de resto, tanto quanto nos é dado saber, também nunca o Estado recorreu na prática administrativa a tal via para o engrandecimento do seu património imobiliário.

Invocava a doutrina mais autorizada, na anterior ordem constitucional, como fundamento do art.º 1345.º CC, um "princípio tradicional do direito eminente do Estado sobre todo o território, em consequência dos seus poderes de soberania", salientando as estreitas afinidades substanciais do preceito "com a regra do direito sucessório (cfr. art. 2133.º, al. *f)* e art.ºs 2151.º e segs.) que chama o Estado a recolher as heranças vagas (i. é, na falta de parentes sucessíveis e de conjugue do *de cujus*)[1075], regra essa vista também, por sua vez, como sendo outro corolário de tal pré-domínio do Estado sobre o território correspondente[1076].

Todavia, e como é óbvio, na nova ordem constitucional a própria previsão legal desta possibilidade, em razão da grave restrição ao direito de propriedade do eventual «dono desconhecido» que ela consubstancia, carece de um expresso apoio constitucional, que na atual lei fundamental só o n.º 1 do art.º 88.º fornece. Deverá de todo o modo o art.º 1345.º CC ser interpretado em conformidade com aquele preceito constitucional; ora, tal implica a nosso ver – e diferentemente do que defende a doutrina jusprivatista[1077] – que também no plano do direito civil o desconhecimento do dono do imóvel não possa por sua vez ser tido pelo legislador por *abandono*, no sentido de do não exercício do direito de uso e fruição do imóvel se poder presumir *ipso facto* uma *renúncia abdicativa* do seu (primitivo) proprietário em virtude da qual se extinga, em perda absoluta, o direito abandonado, com automática reversão da propriedade do bem para o Estado por força do art.º 1345.º CC.

Em todo o caso, ponto de partida nesta matéria é o de, na tradição jurídica portuguesa – desde 1966 por força deste específico preceito do Código Civil – um bem imóvel nunca ficar vacante em resultado do respetivo abandono por força de uma renúncia (como vimos necessariamente expressa) ao direito de propriedade sobre o mesmo pelo seu titular, inexistindo a figura da *res nullius* imóvel suscetível de ocupação[1078]. Mas a presunção de que se terá de partir

---

[1075] Antunes Varela & Pires de Lima, *Código Civil Anotado*, vol. III (Direitos Reais), comentário ao art.º 1345.º CC.
[1076] Antunes Varela, *Sucessão do Estado nos bens dos particulares*, pp. 59 e segs.
[1077] No sentido de que nos demarcamos no texto, cfr. A. Menezes Cordeiro, *Direitos Reais*, 1979, pp. 748 e segs., e p. 786, e ainda *Estudos de Direito Civil*, I, 1987, pp. 223 e segs., e Oliveira Ascensão, *Direitos Reais*, 4.ª ed., pp. 316 e segs.
[1078] Cfr. Carlos A. Mota Pinto, *Direitos Reais*, 1970-1971, lições policopiadas, p. 242.

é a de que qualquer prédio, mesmo em estado de abandono, tem (poderá sempre ter) um dono, podendo todavia não ser ele conhecido. Só que, nesta hipótese, apenas depois de verificados determinados pressupostos de acordo com um certo procedimento (que passará obrigatoriamente pelo cumprimento do ónus, pelos competentes serviços públicos, de procura desse eventual dono, e do decurso de um prazo razoável para o putativo proprietário fazer «prova de vida», e que terá de terminar num ato de verificação constitutiva com efeitos expropriativos), é que a propriedade reverterá (necessariamente) para o Estado.

Problemática todavia face ao art.º 62.º CRP é a questão prévia da qualificação de uma coisa imóvel como não tendo «dono conhecido», pressuposto da respetiva reversão para o património do Estado através de ato expropriativo ou com efeitos equivalentes: com efeito, o legislador, na fixação dos pressupostos e do procedimento administrativo conducentes a tal qualificação, terá que observar o regime dos direitos, liberdades e garantias (aplicável ao direito de propriedade dada, indiscutivelmente nesta dimensão de defesa, a sua natureza de direito análogo).

Comece por se recordar que, uma vez que a inscrição registral estabelece uma presunção de titularidade do prédio em nome do titular inscrito (art.º 7.º do Código de Registo Predial), tal chega para afastar uma aplicação automática do disposto no art.º 1345.º CC. O que pode acontecer é ter ocorrido já o falecimento do titular constante da descrição do registo predial, e não serem conhecidos os seus sucessíveis, ou ignorar-se o respetivo paradeiro. Finalmente, ainda que o prédio não esteja inscrito na registo predial, pode subsistir a posse de alguém, a mais do que um título – e existindo posse com *corpus* e *animus possidendi*, presume-se ser o possuidor o titular do direito de propriedade (cf. art.º 1268.º CC) – pelo que também neste caso é inaplicável o dito normativo do Código Civil[1079]. Ponto é, em suma, o ter a verificação dos requisitos formais e materiais da qualificação de uma terra «sem dono conhecido» que constitui pressuposto da sua reversão para a titularidade do Estado (usando a terminologia da lei civil, a sua consideração como *pa-*

[1079] Todos estes aspetos são pertinentemente sublinhados por João Carlos Gralheiro, em *Parecer sobre os vários projetos apresentados na Assembleia da República subordinados à questão dos Bancos de Terras*, in *www.verbojuridico.com/doutrina/.../joaocarlosgralheiro_bancosterras.pd*.

trimónio do Estado) que obedecer a um cuidadoso procedimento (desde logo de procura do eventual dono) que, reitere-se, terá que passar pelo exigente crivo do art.º 18.º CRP.

Esta matéria foi pela primeira vez regulamentada entre nós pela Lei n.º 62/2012, de 10 de Dezembro (Lei da «Bolsa de Terras»), no âmbito da constituição de uma bolsa nacional de terras para utilização agrícola, florestal ou silvopastoril. Trata-se de uma bolsa gerida pelo Ministério da Agricultura e que serve o objetivo de incrementar a agricultura, facilitando "o acesso à terra através da disponibilização de terras, designadamente quando as mesmas não sejam utilizadas" (art.º 3.º, n.º 1); por seu intermédio são disponibilizadas, para efeitos de arrendamento, venda ou para outros tipos de cedência, terras com aptidão para os fins acima referidos que integrem o domínio privado do Estado, autarquias locais e outras entidades públicas (para além de terras pertencentes a privados que queiram por esta via colocá-las no mercado).

Nos termos da Lei n.º 62/2012, são também disponibilizadas pelo Estado nessa Bolsa de Terras as terras sem dono conhecido e que não estejam a ser utilizadas para fins agrícolas, florestais ou silvopastoris (art.º 9.º). E prevê neste caso o diploma em análise duas fases distintas até à respetiva e definitiva reversão para o património do Estado, cada uma delas temporalmente delimitada.

Numa primeira fase, a conformar em futuro específico diploma legal, incluindo o respetivo prazo (art.º 9.º, n.º 2), decorrerá o processo de reconhecimento da situação dos prédios identificados como não tendo dono conhecido e não estando a ser utilizados para os suprarreferidos fins.

Enquanto o processo estiver a decorrer, prescreve o dito art.º 9.º, n.º 2 o dever de se proceder durante o prazo que o referido futuro diploma legal vier a fixar a uma ampla divulgação desse facto, "nomeadamente junto das comunidades portuguesas no estrangeiro, através da rede diplomática e consular". Terá a entidade gestora da bolsa verificar sempre a concreta situação de cada prédio que lhe seja comunicado como não tendo dono conhecido e não estando a ser utilizado para os suprarreferidos fins (n.º 4); e só depois de decorrido o mencionado prazo e cumprido esse ónus de verificação e procura do proprietário ausente, não tendo sido este encontrado (o mesmo é dizer, não tendo sido feita entretanto prova de propriedade do prédio), disporá a entidade gestora da faculdade de remeter para a entidade responsável pela elaboração e atualização do respetivo cadastro uma proposta no sentido de tal estado do prédio ser como tal oficialmente reconhecido para poder nessa qualidade vir a ser disponibilizado na bolsa de terras (n.ºs 4 e 5).

Refira-se ainda que, nos termos dos n.ºs 6 a 10 do art.º 9.º, durante este mesmo prazo poderá a entidade gestora, ao abrigo do instituto da gestão de negócios, disponibilizar o prédio na Bolsa de Terras e cedê-lo a terceiros, nomeadamente em arrendamento, a título precário e provisório (acrescendo, como notas específicas deste regime de cedência de putativa coisa alheia, o não poder o prédio ser arrendado por período superior a um ano, determinando a prova da propriedade do prédio entretanto produzida não só a restituição do prédio como o recebimento pelo proprietário das rendas e outros montantes retidos pelo Estado em contrapartida da respetiva cedência).

Mas este reconhecimento do estado do prédio, afinal, não é definitivo, podendo num prazo mais longo haver lugar à reversão da propriedade do bem apropriado pelo Estado com o ato de reconhecimento para o proprietário até então desconhecido mas que acabe por fazer a sua «prova de vida». Com efeito, finda a primeira fase, inicia-se uma segunda fase que se estenderá por um prazo de 15 anos subsequente ao da primeira, só então havendo lugar por regra à cedência das terras, sendo que, antes de termo desse segundo prazo, não podem ser definitivamente transmitidos ou onerados os prédios como tal reconhecidos com a conclusão da primeira fase (cfr. art.º 15.º, n.º 2). Nem as coisas poderiam ser de outro modo, pois no seu decurso, em jeito de segunda oportunidade, ainda poderá ser feita prova da propriedade do prédio, nos termos gerais de direito, com a consequente restituição do mesmo ao respetivo proprietário, mas sem haver lugar já ao recebimento das rendas entretanto recebidas pelo Estado (e sem prejuízo, naturalmente, naturalmente dos direitos de terceiros que, em virtude do funcionamento da bolsa de terras, de boa-fé se encontrem então na posse ou detenção da terra).

Uma vez descritos, em termos muito sintéticos, os traços do regime da «Bolsa de Terras» que ora nos importam – na medida em que constituem normas restritivas-concretizadoras do direito de propriedade, na sua vertente de propriedade de meios de produção em abandono e sem dono conhecido –, poderemos retirar algumas conclusões pertinentes.

Em primeiro lugar, o procedimento de reconhecimento que se desenvolve no decurso do primeiro prazo (prazo ainda não fixado legalmente) conclui com um ato (porventura um ato administrativo complexo) de verificação constitutiva dos pressupostos da apropriação pública, cujo efeito consiste na transferência do prédio para o património do Estado: um ato com efeitos apropriativos, em suma uma expropriação em sentido amplo. Ora, caso não seja produzida prova de propriedade (ou, sendo produzida prova de mera posse, a não ser ilidida a presunção de propriedade do possuidor), há lugar a uma apropriação sem o pagamento de indemnização que, como vimos, o art.º 88.º n.º1 legitima também.

Em segundo lugar, acabamos de ver que na legislação em análise constitui um importante pressuposto do ato de verificação constitutiva e da consolidação e irreversibilidade dos respetivos efeitos o decurso de prazo(s) razoável(eis) de tempo, suficientemente longo(s), nomeadamente, para se obter a certeza da incognoscibilidade do putativo dono do prédio em estado de abandono. Na verdade, as consequências são (poderão ser), para o putativo proprietário ausente que um dia almeje fazer «prova de vida» dentro do(s) prazo(s) legalmente previstos, bastante gravosas (e tanto mais gravosas quanto mais tempo decorra): no prazo mais curto ele poderá confrontar-se com a celebração de um contrato de arrendamento ou outro contrato equivalente tendo por objeto o prédio à sua revelia, e no prazo mais longo, sem prejuízo da reversão da titularidade do prédio, para além desse confronto, já não terá direito sequer ao recebimento das rendas ou outras contrapartidas que o Estado tenha entretanto recebido pela celebração de tais contratos.

Estamos agora em condições de perceber a razão de ser e alcance da norma do n.º 2 do art.º 88.º CRP: nestes casos de abandono como vimos por definição injustificado, ela legitima a iniciativa do Estado, antes mesmo da formal apropriação do prédio, de o arrendar ou de conceder a respetiva exploração a terceiros, inclusive (a partir de determinado período de pendência da situação) sem o recebimento de qualquer indemnização ou contrapartida pelo proprietário que venha a fazer «prova de vida» – sempre sem deixar de prever concomitantemente, num prazo suficientemente longo (15 anos), os tardios sinais de vida de um proprietário ausente a quem não deixa de ser concedida uma segunda oportunidade de, nos termos gerais de direito, vir a produzir a prova de respetiva propriedade e reclamar a reversão do bem expropriado. Enfim, não por acaso coincide este prazo com a da usucapião sem registo de posse e sem título, mas de boa fé (cfr. art.º 1296.º CC).

f) O carácter também materialmente administrativo dos atos de nacionalização ou apropriação pública de meios de produção

Voltando ao art.º 83.º, reitere-se que não parece apresentar este específico normativo, e no que respeita à apropriação pública, uma particular novidade relativamente ao regime geral do art.º 62.º, onde como vimos já se prevê a possibilidade de privação quer provisória quer definitiva de bens patrimoniais privados (como vimos sob as designações algo impróprias, respetivamente, de «requisição» e «expropriação»), por razões de interesse ou utilidade pública ou geral, e mediante o pagamento de justa indemnização, nos termos de lei[1080].

Sabemos, a partir de um exercício de memória constitucional, que as expressões e termos contidos nestes preceitos (nomeadamente na al. *d)* do art.º 80.º CRP e nos art.ºs 83.º e 86.º, n.º 3, CRP) tiveram já um significado próprio e distinto no contexto de anteriores versões da lei fundamental, nomeadamente no seu texto originário, a saber de preferência dos setores público e cooperativo sobre o setor privado, e por consequência de programática apologia da apropriação pública (e/ou coletiva) dos principais meios de produção, nomeadamente dos integrantes do setor privado, e de garantia de irreversibilidade das nacionalizações[1081]. Mas como vimos também tal significado está hoje esvaziado ou neutralizado, face à evolução que acima sumariámos (das sucessivas revisões constitucionais e do advento da Constituição económica comunitária, em conformidade com a qual passou a nossa constituição económica a ter que ser interpretada), evolução essa que redundou no texto atual a que nos devemos cingir.

Note-se que se afigura do mesmo modo claro o não ter hoje o art.º 83.º por função consagrar uma garantia institucional do setor público de propriedade de meios de produção, cabendo esse papel, como cabe, à al. *d)* do art.º 80.º, aos n.ºs 1 e 2 do art.º 82.º e à al. *f)* do art.º 288.º – sendo que, de qualquer forma, e no

---

[1080] Cfr. RUI GUERRA DA FONSECA, *Comentário à Constituição Portuguesa*, vol. II, cit., p. 264.
[1081] Sobre a dominância do princípio socialista no texto originário da Constituição (mesmo após a revisão constitucional de 1982) e a sua projeção na delimitação dos setores de propriedade de meios de produção, ver por todos A. J. AVELÃS NUNES, *A garantia das nacionalizações e a delimitação dos sectores público e privado no contesto da Constituição Económica portuguesa*, in «Semana Jurídica Portuguesa», Santiago de Compostela, 1986, e mais recentemente, *Economia Política – a produção; mercados e preços*, Coimbra, 2004, pp. 148-165.

que a estes últimos preceitos se refere, a manutenção da propriedade pública de meios de produção entre os princípios gerais da organização económica (segundo inciso da al. *d)* do art.º 80.º) constitui "um resquício do modelo marxista oriundo da redação originária do texto constitucional" que não pode hoje ser lida "senão no quadro do modelo constitucional jus-económico de economia mista, e de «coexistência pacífica» entre setor público e setor privado"[1082].

Outra conclusão não é por isso possível tirar senão a de que "desta norma não resulta – pelo menos expressa e isoladamente – qualquer critério material relativo à intervenção e apropriação pública de meios de produção, isto é, que autorize concluir imediatamente pelo papel (qualitativo e quantitativo, de extensão) desses mecanismos como modeladores da economia" (Rui Guerra da Fonseca)[1083].

Não cremos por outro lado subsistir hoje uma base dogmática plausível para a multiplicidade de «formas» de apropriação coletiva ou pública de meios de produção que a doutrina descortinava outrora (havia quem distinguisse entre «apropriação coletiva ou coletivização», «estadualização», «socialização», «nacionalização» e «expropriação»![1084]). Sobretudo, não nos parece ser atualmente viável uma distinção juridicamente significativa entre a figura geral da expropriação, por um lado, e a nacionalização, por outro lado, para lá da óbvia relevância direta que a expropriação (ou apropriação pública) de uma empresa (como uma entidade bancária) se reveste do ponto de vista da filosofia de intervenção dos poderes públicos na vida económica – relevância direta que já não apresenta por exemplo a expropriação de um imóvel para a construção de uma infraestrutura pública.

Enfim, independentemente da forma que revistam um e outro ato[1085] e da especificidade da motivação e dos interesses públicos imediatamente prosseguidos, de uma banda pela expropriação de um imóvel, e de outra banda pela nacionalização de uma empresa, *ambos são, materialmente, atos administrativos,*

[1082] PAULO OTERO, *Vinculação...*, cit., pp. 153-154, *apud* Guerra da Fonseca, *Comentário à Constituição Portuguesa,* vol. II, cit., p. 265.
[1083] RUI GUERRA DA FONSECA, *Comentário à Constituição Portuguesa,* vol. II, cit., p. 263.
[1084] Cfr. MENEZES CORDEIRO, em *A Constituição patrimonial...*, cit., p. 419.
[1085] Dispõe hoje o n.º 1 do art.º 2.º do Anexo à Lei n.º 62-A/2008, de 11 de Novembro (regime geral das nacionalizações) que "os atos de apropriação pública por via de nacionalização revestem a forma de decreto-lei".

o mesmo é dizer, atos praticados no exercício da função executiva do Estado. Não é aceitável nos nossos dias uma imediata recondução da nacionalização ao exercício da função político-legislativa: a nacionalização (ou apropriação pública) de um bem de produção de titularidade privada não tem por que ser considerada um ato de governo, um ato político ou de conteúdo essencialmente político e com forma política, mas antes (e, repita-se, independentemente da motivação imediata e da forma que revista) um ato administrativo[1086]. O caráter porventura político (ou mais político de que administrativo) dos motivos determinantes do ato de apropriação ou nacionalização é apenas causa de reforço da autocontenção do julgador em sede de controlo da respetiva juridicidade, como propugna a melhor doutrina no âmbito da problemática da discricionariedade administrativa.

Em suma, e como bem diz Rui Guerra da Fonseca, demarcando-se de alguma doutrina mais antiga, "a dimensão constitucional específica da apropriação pública, conforme a mesma surge sistematicamente integrada na Parte II da CRP, não consiste propriamente numa diferenciação de regime jurídico face à expropriação nos termos em que tal distinção vem sendo elaborada, designadamente quando se atende à forma do respetivo ato (legislativo ou administrativo), à sua teleologia fundamental (política ou outra), ou ao regime da respetiva indemnização (mais vinculada e justa na expropriação do que na apropriação pública por nacionalização)"[1087].

Assim, da constatação da mais recente defensora da tese tradicional que aqui se refuta (Maria Lúcia Amaral), de que a lógica da expropriação é de mero "sacrifício pontual, exigido no decurso da tarefa quotidiana de conformação social da propriedade – ou seja, exigido pela necessidade, não de anular, para toda uma certa área de atividade económica, a lógica do aproveitamento privado, mas antes de a manter, conciliando-a com a lógica do interesse público"[1088], já não é possível extrair qualquer consequência relevante, na

---

[1086] Neste sentido se pronunciam também FREITAS DO AMARAL & PAULO OTERO: "a nacionalização mais não representa que uma forma particular ou especial de expropriação: a nacionalização constitui uma espécie de expropriação", razão pela qual "todas as tentativas de distinção substancial entre os dois conceitos se mostram formais ou falíveis" (*Nacionalização, reprivatização e direito de reversão*, in «O Direito», Ano 124.º, Jan./Jun., 1992, pp. 299-300).
[1087] RUI GUERRA DA FONSECA, *Comentário à Constituição Portuguesa*, vol. II, cit., p. 274.
[1088] MARIA LÚCIA AMARAL, *Responsabilidade...* cit., p. 611.

medida em que, como bem nota Guerra da Fonseca, tal "lógica de anulação setorial da atividade económica privada não está mais presente na CRP, nem tão pouco a sua permissão encontra latitude semelhante à de outrora"[1089]. Desde logo, pode o sacrifício da titularidade privada de meios de produção ser pontual, "e mais pontual até do que o decorrente da expropriação"; o que releva, pois, nesta sede, é o ser a mesma a matéria de fundo, a saber a da *conformação social da propriedade*, não se afigurando decisiva a circunstância de os bens em causa serem classificáveis como meios de produção[1090].

Continuando a acompanhar Guerra da Fonseca, e fazendo nossas as suas palavras, também nós não vemos por conseguinte e em suma ponto de apoio na CRP – hoje – para afirmar que a apropriação pública consiste num "*maius* político face à expropriação", nem tão pouco que daí possa concluir-se por um "regime menos vinculativo" para o legislador do que o resultante da previsão constitucional da expropriação"[1091].

Do que se vem de afirmar decorre a impugnabilidade contenciosa nos tribunais administrativos também dos atos de nacionalização, incluindo o direito a requerer as adequadas providências cautelares, nomeadamente a suspensão da respetiva eficácia. Não poderá por isso o subsequente recurso aos tribunais, nomeadamente em sede cautelar, ser arredado: é que também aqui "o interesse público pode justificar a necessidade de medidas imediatas de natureza administrativa, mas não que as mesmas não sejam sujeitas a um controlo judicial contemporâneo ou posterior, constitucionalmente imposto"[1092]. Consideramos por esta razão inconstitucional a restrição imposta neste sede pelo art.º 14.º do Anexo à Lei n.º 62-A/2008 (regime geral das nacionalizações), que estabelece para todos os atos de nacionalização a que se refere o art.º 2.º do diploma uma presunção legal de existência de «resolução fundamentada» nos termos e para os efeitos do art.º 128.º do CPTA (figura impeditiva como é sabido do efeito suspensivo de providência interposta contra tais atos), dispensando o Governo de a emitir[1093].

[1089] RUI GUERRA DA FONSECA, *Comentário à Constituição Portuguesa*, vol. II, cit., p. 275.
[1090] RUI GUERRA DA FONSECA, ibidem.
[1091] Ibidem.
[1092] *Comentário à Constituição Portuguesa*, vol. II, cit., p. 388.
[1093] Dispõe o art.º 2.º («Ato de nacionalização), no seu n.º 1, que os atos de nacionalização "revestem a forma de decreto-lei", enunciando o n.º 2 que tal decreto-lei "evidencia sempre

g) Os possíveis distintos meios e formas de apropriação pública de meios de produção no plano da legislação ordinária

O que se vem de dizer não significa obviamente que o legislador, no cumprimento das injunções dos art.ºs 65.º, n.º 4, 83.º e 94.º CRP, não deva prever distintos meios e formas ou modalidades – o mesmo é dizer, distintos regimes jurídicos – de expropriação de bens, em razão nomeadamente do objeto da apropriação e do tipo de interesse público por esta prosseguido, autonomizando desde logo a nacionalização ou apropriação pública de bens de produção, desde que respeitadas as exigência genéricas postuladas pelos art.ºs 18.º e 62.º CRP, que não deixam de ter aqui plena aplicação.

Face à expropriação de outros tipos de direitos com valor patrimonial, a nacionalização distingue-se cumulativamente pelo *objeto* (em princípio uma empresa privada, mais concretamente as participações sociais da pessoa coletiva em causa[1094]), pelo *fim* (sempre associado à prossecução de uma política económica governamental) e pela *natureza pública* da entidade apropriante em benefício da qual operará imediatamente o ato em causa (o Estado ou outra pessoa coletiva pública[1095]). Através da nacionalização dá-se a transferência da titularidade de bens de produção – em regra com a forma e a estrutura de empresa – da esfera de privados para a do Estado ou de outra entidade pública, mantendo-se a universalidade composta pelo bem ou bens de produção em causa dinamicamente afeta, *qua tale*, à finalidade económica que constituía (e continua a constituir) a sua razão de ser, só que agora em direto benefício do novo titular, ou seja, da comunidade personalizada no ente apropriante

o reconhecimento do interesse público subjacente ao ato de nacionalização (...)"; e o art.º 14.º («Efeitos do reconhecimento do interesse público») que o dito reconhecimento ("tal como previsto no decreto-lei a que se refere o art.º 2.º") "dispensa a adoção da resolução fundamentada a que se refere o n.º 1 do artigo 128.º do Código de Processo nos Tribunais Administrativos para que eventual impugnação de quaisquer atos ou normas adotados em execução dos disposto no presente regime não produza efeitos suspensivos".

[1094] Nos termos do art.º 1.º do Anexo à Lei n.º 62-A/2008 (regime geral das nacionalizações), são objeto de nacionalização, "no todo ou em parte, participações sociais de pessoas colectivas privadas".

[1095] O art.º 6.º do Anexo à Lei n.º 62-A/2008 ("Transmissão das participações sociais para o Estado") refere apenas o Estado como beneficiário do ato de nacionalização.

(Estado ou outro)[1096]. São estes pois os elementos delimitadores do âmbito de aplicação do regime legal geral de apropriação pública de meios de produção que o legislador está obrigado a fixar por força do art.º 83.º CRP.

É certo que pode o Estado "expropriar um meio de produção não com o objetivo de o manter como tal funcionalizado ao interesse público, mas antes de o destruir em ordem a permitir a passagem de uma estrada", verificando-se nesse caso "uma diferença de teleologia, dado que o que o Estado está a expropriar não é um bem de produção, *proprio sensu*, mas simplesmente um bem ou uma universalidade"[1097]. Uma segunda hipótese é a da expropriação de uma empresa formalmente subsistente, e com imóveis, equipamentos e outros elementos típicos da organização empresarial, mas economicamente inativa ou quase inativa – podendo o expropriante destruí-la e dar destinos diversos aos seus componentes, ou, diferentemente, reativá-la (e aí teremos a figura da expropriação do meio de produção em abandono, regulada no n.º 1 do art.º 88.º). É ainda excecionalmente verificável uma terceira e última hipótese, como vimos: a de o beneficiário direto da expropriação ser uma entidade privada, realizando-se o interesse coletivo que necessariamente terá que presidir ao ato expropriativo através do desenvolvimento da atividade económico-empresarial em apreço pelo ente privado expropriante (e não pelo Estado ou por outra entidade pública).

Finalmente, temos a problemática da própria qualificação de um bem ou universalidade enquanto bem de produção, como é o caso por excelência dos solos – nomeadamente dos solos rurais. Mas rememoremos este ponto, que já acima tratámos.

Como vimos, com o desaparecimento do art.º 83.º (que previa a apropriação pública dos meios de produção *e solos*) da menção aos solos, com subsistência apenas na letra do preceito dos meios de produção enquanto objeto passível de apropriação pública, pretendeu o constituinte reduzir a complexidade destes conceitos e da respetiva articulação. Com efeito, os solos – e nomeadamente os solos rurais – podem ser encarados ora de uma perspetiva estática, enquanto meros bens imóveis, ora de uma perspetiva dinâmica, enquanto meios de

---

[1096] Dispõe o n.º 2 do art.º 8.º do Anexo à Lei n.º 62-A/2008 que a pessoa coletiva nacionalizada "continua a exercer todas as funções que lhe estejam cometidas por força de lei, de contrato ou dos seus estatutos".
[1097] RUI GUERRA DA FONSECA, *Comentário à Constituição Portuguesa*, vol. II, cit., p. 274.

produção, sobretudo aqueles com aptidão agrícola ou geológica mínima e cuja capacidade esteja a ser plenamente aproveitada. Assim sendo, sobretudo para efeitos de fixação da indemnização devida ao expropriado, poderão eles ser reconduzidos, nos termos da legislação ordinária, quer à categoria genérica dos bens imóveis – o mesmo é dizer, serem sujeitos ao Código das Expropriações –, quer à categoria de bens de produção, aplicando-se-lhes (podendo ser-lhes aplicados), designadamente, num e noutro caso, distintos critérios para a determinação da justa indemnização que o expropriante terá sempre que pagar como contrapartida quer da expropriação (de bens imóveis e outros direitos com valor patrimonial) quer da «apropriação pública» (de bens de produção).

Pois bem, o que a nosso ver pretendeu o constituinte de 1997 com esta supressão terá sido, precisamente, não «amarrar» por sistema os solos, no plano constitucional, à categoria dos bens de produção, deixando essa tarefa de qualificação ao legislador e à própria Administração, a qual deverá proceder em concreto à recondução de cada solo a *expropriar* ou a *apropriar*, reitere-se, a partir dos pressupostos que a lei ordinária enunciar. Note-se, aliás, que num artigo que, como vimos, se refere sobretudo aos solos enquanto meios de produção (art.º 88.º - «Meios de produção em abandono»), a própria Constituição qualifica como expropriação (e não como apropriação) a faculdade de ablação definitiva da propriedade privada com fundamento no respetivo abandono.

Resumindo e concluindo, por não estarem presentes em todos estes casos heterodoxos, pelo menos de forma inequívoca, e na sua globalidade, os elementos que acima identificámos como elementos integrantes da figura da nacionalização, entendemos ser juridicamente mais correta a respetiva recondução à categoria geral da expropriação (plasmada primacialmente no art.º 62.º). Todavia, não se vislumbra qualquer destrinça relevante no plano jurídico-constitucional entre situações como as quatro que se acaba de analisar, e as clássicas nacionalizações, nomeadamente no âmbito indemnizatório, como teremos ocasião de aprofundar de seguida: as diferenças de regime só ocorrerão ao nível da lei ordinária, sendo que, reitere-se, nenhuma razão subsiste para se afastarem ou atenuarem neste último plano, no que às nacionalizações se refere, as garantias constantes do art.º 62.º CRP, nomeadamente de pagamento de justa indemnização.

h) A questão da indemnização devida pelos atos de nacionalização ou apropriação pública

Uma vez chegados a esta crucial problemática, comece-se por dizer, com Rui Guerra da Fonseca, que "a distinção operada pela CRP entre expropriação e apropriação pública pode relevar para efeitos de fixação legal dos critérios de indemnização, no sentido em que a diferenciação objetiva entre os bens que podem ser sujeitos a uma e a outra poderá também conduzir, e mesmo obrigar, o legislador a estabelecer formas diferentes de encontrar o seu justo valor": com efeito, a aceitar-se ser "diferente a natureza dos bens a expropriar – e apenas esta diferença releva, e não qualquer distinção de natureza entre nacionalização e expropriação – diferentes deverão ser, em geral, os critérios para a respetiva avaliação"[1098].

A Constituição não impõe por isso desde logo "que os critérios para o estabelecimento da indemnização tenham de ser os mesmos na expropriação por utilidade pública (n.º 2 e artigo 65.º, n.º 4) ou na apropriação pública e noutras formas de intervenção do Estado em bens de produção (artigo 83.º), na expropriação de meios de produção em abandono (artigo 8.º, n.º 1) e na expropriação de unidades de exploração agrícola (artigo 94.º, n.º 1), não exigindo ao legislador a adoção de um regime indemnizatório comum e indiferenciado "tanto para expropriações por utilidade pública como para as nacionalizações ou outras formas de apropriação pública de meios de produção"[1099].

Sublinhem-se, sobretudo, no confronto entre a apropriação pública e a expropriação em geral, as acrescidas dificuldades na determinação do valor (de mercado) de uma empresa, face à determinação do valor (também corrente) de um imóvel: no primeiro caso concorrem entre si distintos critérios, como o valor contabilístico, o ditado pela cotação das respetivas ações na bolsa de valores no caso das sociedades cotadas (valor como se sabe sujeito a enormes oscilações diárias), etc., etc.

Tal não significa, todavia, que a ausência no art.º 83.º da adjetivação da indemnização aí prevista como *justa* afaste essa exigência (do pagamento pelo expropriante ao titular da empresa nacionalizada de uma «justa indemnização») no que se refere à apropriação pública (ou nacionalização) de empresas

---

[1098] RUI GUERRA DA FONSECA, *Comentário à Constituição Portuguesa*, vol. II, cit., p. 276.
[1099] RUI MEDEIROS, *Anotação ao art.º 62.º da Constituição...*, cit., p.1278.

ou bens de produção, divergindo aqui a doutrina dominante da jurisprudência do Tribunal Constitucional.

É merecedora por isso de severa crítica, por pura e simples falta de fundamento positivo no nosso atual texto básico, a reiterada jurisprudência do Tribunal Constitucional que persiste nessa a todos títulos injusta e injustificada destrinça entre uma *indemnização (apenas) razoável* pela apropriação pública de bens de produção alegadamente permitida pelo art.º 83.º, e uma *indemnização justa* pela expropriação dos demais bens patrimoniais nos termos e para os efeitos do n.º 2 do art.º 62.º.

Parte o Tribunal Constitucional da indemonstrada premissa de que "a Constituição estabelece uma nítida distinção entre, por um lado, o regime da propriedade em geral e, por outro lado, o regime de propriedade das empresas ou estabelecimentos, ou meios de produção enquanto tal" (Ac. TC n.º 76/84), instituindo como parâmetros de controlo num caso e noutro, respetivamente, os art.ºs 62.º (direitos fundamentais) e 83.º, por regular este último preceito matéria já sedeada no âmbito da Constituição Económica (diferentemente, segundo o entendimento do Tribunal, do regime geral da propriedade)[1100]. Por tal razão não teria a indemnização referida no art.º 83.º que observar as exigências postuladas pelo art.º 62.º n.º 2: "se a Constituição impõe para o ato expropriativo uma compensação completa, total ou integral do dano suportado pelo expropriado (é este seguramente o sentido principal da expressão «justa» indemnização (...), já o mesmo não sucede com a indemnização por nacionalização: para esta não é exigida uma *full composition*, basta apenas uma indemnização razoável ou aceitável (não meramente simbólica ou irrisória), que cumpra as exigências mínimas de justiça que vão implicadas na ideia de Estado de Direito" (Ac. TC n.º 39/88)[1101].

Mas já não é segundo cremos viável a pretensão da nossa jurisprudência constitucional e ainda de alguma doutrina "de retirar da CRP a possibilidade de a indemnização por apropriação pública ser menos garantística dos direitos

---

[1100] Entendimento que, como vimos, não é de todo aceitável, não se podendo confundir a Constituição Económica com o articulado da Parte II da Constituição («Organização Económica»): como é entendimento doutrinário unânime, a CE transcende o conjunto dos normativos daquela parte do texto constitucional, abrangendo desde logo as normas consagradoras dos direitos fundamentais económicos clássicos.

[1101] Neste criticável sentido, ver ainda os Ac. TC n.º 452/95, n.º 85/2003 e 148/2004.

dos particulares do que a indemnização por expropriação, seja em termos formais (no âmbito do respetivo procedimento ou processo), seja em termos substanciais (no que toca à objetividade de valoração dos meios de produção apropriados)"[1102].

Valem aqui não apenas o argumento sistemático (de aplicação à apropriação e intervenção pública de/nos bens de produção do regime geral da privação provisória e definitiva de quaisquer direitos com valor patrimonial constante do n.º 2 do art.º 62.º em tudo o que não seja explicitamente afastado pelo regime especial dos art.º 83.º e 86.º, n.º 3), mas também e sobretudo as vinculações decorrentes do Direito Internacional (a saber, da Declaração Universal dos Direitos do Homem e da Convenção Europeia dos Direitos do Homem) e dos princípios do Estado de Direito[1103].

Refira-se, enfim, que o atual regime geral das nacionalizações (o anexo à Lei n.º 62-A/2008, de 11 de Novembro) não é particularmente explícito nesta matéria, quando fixa os critérios de determinação da indemnização no seu art.º 4.º: segundo o n.º 1 deste artigo, aos titulares das participações sociais da pessoa coletiva objeto de nacionalização "é reconhecido o direito a indemnização, quando devida, tendo por referência o valor dos respetivos direitos, avaliados à luz da situação patrimonial e financeira da pessoa coletiva à data da entrada em vigor do ato de nacionalização" – mais especificando o n.º 2 do mesmo artigo que no cálculo da indemnização a atribuir é o valor desses direitos "apurado tendo em conta o efetivo património líquido". Deverá este normativo, no passo em que manda ter por referência o valor dos direitos em causa, ser objeto de uma interpretação conforme à Constituição, no sentido de o dito valor não ser uma referência meramente indicativa, mas vinculativa para o cálculo da indemnização.

[1102] RUI GUERRA DA FONSECA, *Comentário à Constituição Portuguesa*, vol. II, cit., p. 279.
[1103] Diga-se, a este respeito, que raia o cinismo a transcrita observação do Tribunal no Ac. TC n.º 39/88 de que só uma indemnização simbólica ou irrisória não cumpriria as exigências mínimas de justiça de um Estado de Direito...

CAPÍTULO IV
DIREITOS FUNDAMENTAIS ECONÓMICOS CLÁSSICOS *VERSUS* LIBERDADES ECONÓMICAS FUNDAMENTAIS COMUNITÁRIAS

3.4.1. Razão de ordem

Tema de primordial importância é o da forçosa correlação entre, por um lado, os direitos fundamentais económicos de liberdade de caráter interno (garantidas pela nossa Constituição), designadamente as liberdades de empresa e de profissão, e, por outro lado, as liberdades económicas fundamentais consagradas nos tratados institutivos das Comunidades Europeias, *maxime* no Tratado de Roma (hoje designado «Tratado de Funcionamento da União Europeia») – nomeadamente as liberdades de circulação (de pessoas, bens, serviços e capitais) e a liberdade de concorrência.

Umas e outras liberdades não se deverão confundir por sua vez com as liberdades económicas que integram o acervo de direitos fundamentais constitutivos da incipiente cidadania política europeia[1104].

Nas alíneas que se seguem vamos tentar distinguir entre si estes três conjuntos de direitos e liberdades fundamentais.

[1104] Cfr. José Luís da Cruz Vilaça, *A proteção dos direitos fundamentais na ordem jurídica comunitária*, in «Estudos em homenagem ao Prof. Doutor Rogério Soares», Coimbra, 2001, p. 421. Feita esta nota, esclareça-se que por razões que se prendem sobretudo com a economia das presentes lições, não serão objeto de uma análise mais detalhada os direitos fundamentais económicos que integram a embrionária cidadania política da União.

3.4.2. Liberdades económicas que integram o acervo dos direitos fundamentais constitutivos da cidadania política europeia versus liberdades económicas fundamentais comunitárias: remissão

Como é sabido, foram sendo decantados pela pretoriana jurisprudência do TJUE uma série de direitos fundamentais propriamente ditos, de cariz comunitário ou europeu, enquanto "princípios gerais de direito" integrantes do ordenamento jurídico comunitário, mais concretamente do direito comunitário originário – normas essas às quais, dada essa mesma qualidade, se passaram a sujeitar as próprias instituições comunitárias e todo o direito comunitário derivado por elas produzido.

Este processo de progressiva «constitucionalização dos tratados» foi levado a cabo, numa primeira fase, pelo Tribunal de Justiça. Segundo a enumeração de Moitinho de Almeida, já foram objeto de reconhecimento pelo Tribunal, para além do princípio da igualdade de tratamento (direito a um tratamento igual), os princípios da proporcionalidade, legalidade, segurança jurídica e confiança legítima, os direitos de defesa (assistência jurídica, segredo de correspondência com os advogados, audiência, etc.) e o direito de livre exercício de atividades profissionais[1105].

O próprio ordenamento jurídico comunitário conheceu entretanto uma notável evolução no mesmo sentido: com o Ato Único Europeu (entrada em vigor em 1 de Julho de 1987) é consagrado "o respeito pelo Direito e pelos direitos do homem", baseado nos "direitos fundamentais reconhecidos nas Constituições e leis dos Estados-membros, na Convenção Europeia para a proteção dos Direitos do Homem e das Liberdades Fundamentais e na Carta Social Europeia, em particular a liberdade, a igualdade e a justiça social"; e no Tratado da União Europeia (entrada em vigor em 1 de Novembro de 1993) estabelece o art.º F das «disposições comuns» que a União respeitará os direitos fundamentais tal como se garantem na Convenção Europeia para a proteção dos Direitos do Homem e das Liberdades Fundamentais firmada em Roma

---

[1105] *La proteccion de los derechos fundamentales en la jurisprudência del tribunal de justicia de las Comunidades Europeas*, in «El derecho comunitario europeo y su aplicacion judicial», Madrid, 1993, especialmente pp. 118-130). Referimo-nos às chamadas "medidas de prevenção", na terminologia da doutrina italiana.

em 4 de Novembro de 1950 e tal como resultam das tradições constitucionais comuns aos Estados-membros como princípios gerais de direito comunitário.

Finalmente, é assinada em 7 de Dezembro de 2000 pelo Parlamento, pela Comissão e pelo Conselho europeus a Carta dos Direitos Fundamentais da União Europeia – a qual goza hoje, e segundo o art.º 6.º, n.º 1 do Tratado da União Europeia (redação do Tratado de Lisboa), da mesma força vinculativa dos tratados institutivos[1106]. Neste instrumento são reconhecidos como verdadeiros e próprios direitos fundamentais comunitários, com carácter assumidamente constitucional, a liberdade de empresa e a liberdade de profissão.

Estes direitos fundamentais têm a mesmíssima natureza dos direitos homólogos consagrados nas Constituições dos Estados-membros. O que os distingue são as fontes imediatas donde brotam uns e outros e os poderes públicos que lhes estão diretamente sujeitos: com efeito, enquanto aos direitos fundamentais constitutivos da cidadania europeia estão imediatamente sujeitas as instituições da União e as autoridades dos Estados-membros sempre que atuem como órgãos da União (nomeadamente quando desenvolvam ou apliquem o direito da União), aos direitos fundamentais internos estão apenas subordinadas as autoridades dos respetivos Estados.

Tendo tais direitos a mesma natureza dos direitos fundamentais consagrados nas Constituições dos Estados membros, a problemática da distinção entre eles e as liberdades económicas comunitárias é a que se irá analisar nos pontos seguintes, para onde se remete.

[1106] Esta força vinculativa apenas foi conferida à «Carta de Direitos» pelo Tratado de Lisboa – sendo até então «fraca» ou duvidosa tal vinculatividade (sobre a ambiguidade que caracterizou a natureza jurídica da Carta desde a sua aprovação, ver ANTÓNIO GOUCHA SOARES, *A Carta dos Direitos Fundamentais da União Europeia*, Coimbra, 2002, especialmente pp. 41-44, RUI MANUEL MOURA RAMOS, *A carta dos direitos fundamentais da União Europeia e a proteção dos direitos fundamentais*, in «Estudos em Homenagem ao Prof. Doutor Rogério Soares», Coimbra, 2001,especialmente pp. 987-989) e, mais aprofundadamente, ALESSANDRO PACE, *A che serve la Carta dei Diritti Fondamentali dell'Unione Europea? Appunto preliminare*, in «Giur. Cost.», Jan.--Fev. 2001, fasc. 1, pp. 193 e ss.).

3.4.3. Direitos fundamentais económicos clássicos internos versus liberdades económicas fundamentais comunitárias: em especial, a distinção nos planos valorativo e material

Diversamente do que sucede com os direitos fundamentais constitutivos da cidadania europeia, os direitos fundamentais económicos internos têm assento imediato em fontes distintas daquelas a que se reconduzem as liberdades económicas fundamentais reguladas no Tratado de Funcionamento da União Europeia[1107]; e uns e outras apresentam, sobretudo, diferenciados âmbitos de aplicação, sendo mais reduzido o das liberdades comunitárias fundamentais – isto não obstante a proximidade, quando não a parcial identidade, dos respetivos objetos.

A primeira e mais importante destrinça entre estes dois tipos de liberdades fundamentais (a qual, no caso das liberdades comunitárias, condiciona decisivamente como veremos o respetivo âmbito de aplicação) situa-se no plano valorativo, das referências axiológicas últimas.

Com efeito, e como sublinha Monserrat Pi Llorens, as liberdades comunitárias fundamentais "estão pensadas para os indivíduos enquanto operadores económicos e não considerando a sua dignidade humana": assim, "o princípio da livre circulação do art.º 39.º TCE (antes 48.º) não tem por objetivo principal assegurar a liberdade de circulação dos indivíduos em nome do respeito pela dignidade da pessoa, mas antes procura diretamente permitir a mobilidade dos fatores de produção, neste caso a mão-de-obra, que se torna indispensável para o estabelecimento de um mercado comum"; da mesma forma, "o princípio da igualdade de tratamento está ligado à realização efetiva do princípio da livre concorrência num espaço compartimentado em Estados soberanos"; enfim, a própria "não discriminação em razão do sexo prevista no art.º 41.º TCE (antigo 119.º) atende, na sua origem, a razões de condições de concorrência no mercado"[1108]. Por conseguinte – continua Pi Llorens – é o "*Homo economicus* o titular destes direitos", estando a posição económica do indivíduo confinada

---

[1107] Apesar de num caso e noutro de se tratar de fontes supralegais, e de gozarem as normas que consagram ambos os conjuntos de aplicabilidade direta.
[1108] *Los derechos fundamentales en el ordenamiento comunitario*, Barcelona, 1999, pp. 112-113.

nos tratados ao estrito "âmbito económico"[1109]: reportam-se pois tais liberdades mais a uma «cidadania de mercado» do que a uma «cidadania política»[1110].

No mesmo sentido sublinha Armin Von Bogdany a "decisiva diferença" entre as jurisprudências do TJCE sobre as liberdades fundamentais comunitárias e sobre direitos fundamentais: é que as primeiras liberdades (e "com a exceção da liberdade de circulação dos trabalhadores e do acesso à relação de emprego" – por lhe ser inerente "uma dimensão de direito fundamental") "não compreendem direitos fundamentais e a jurisprudência do Tribunal de Justiça não representa neste campo uma jurisprudência sobre direitos fundamentais"[1111].

E não é tal diferença "de natureza terminológica, mas substancial": com efeito, o Tribunal reiterou não poucas vezes a reserva segundo a qual as liberdades comunitárias fundamentais "apenas são diretamente aplicáveis quando não subsiste alguma regulamentação de direito secundário", o que "significa em substância que os Estados-membros, através do Conselho, podem disciplinar *fattispecie* controversas de forma diversa daquela que haja sido decidida pelo Tribunal com base nas liberdades fundamentais" – pelo que "nenhuma decisão do Tribunal que estabeleça a ilegitimidade de uma determinada disposição nacional por causa da sua desconformidade com as liberdades fundamentais é «esculpida na pedra», uma vez que ela pode ser a todo o tempo modificada por um regulamento ou por uma diretiva sucessiva"[1112].

Como nota enfim Von Bogdany, tal disjunção parece manter-se na Carta de Direitos Fundamentais da União: com efeito, no terceiro parágrafo do

---

[1109] MONSERRAT PI LLORENS, *Los derechos fundamentales...*, cit., p. 113.
[1110] L. KÜHNHARDT, *European Courts and Humans Rights*, in D. Greenberg, S. N. Katz & M. B. Oliviero (org.), «Constitutionalism and Democracy. Transitions in the contemporary world», Oxford, 1993, pp. 126-128 e 132, apud Monserrat Pi Llorens, *Los derechos fundamentales...*, cit., p. 113.
[1111] *Comunità di diritti fondamentali come meta dell'integrazione? I diritti fondamentali e la natura dell'Unione Europea*, in «Dir. Pubb.», Set.-Dez. 2001, n.º 3, p. 881. No mesmo sentido, também JOSÉ CARLOS MOITINHO DE ALMEIDA exclui à partida as liberdades económicas fundamentais comunitárias do "conjunto dos direitos que, pela sua importância, formam a ainda incipiente cidadania comunitária" (*La protección de los derechos fundamentales en la jurisprudencia del Tribunal de Justicia de las Comunidades Europeas*, in «El derecho comunitario europeo y su aplicación judicial», Madrid, 1993, p. 98).
[1112] VON BOGDANY, *Comunità di diritti fondamentali...*, cit., pp. 881-882.

preâmbulo[1113] mantém-se claramente a distinção "entre valores comuns e direitos fundamentais por um lado e liberdades fundamentais por outro" – para além de que "no catálogo da Carta não está compreendida a liberdade de circulação de mercadorias"[1114].

3.4.4. O caráter funcional das liberdades económicas fundamentais comunitárias e a circunscrição das garantias individuais nelas assentes ao limitado quadro de competências das instituições comunitárias: o caso paradigmático da chamada «discriminação inversa»

Estas características das liberdades económicas fundamentais comunitárias não são destituídas de consequências sobretudo no que respeita à delimitação do respetivo âmbito material: é que, e não obstante a evolução da jurisprudência do Tribunal de Justiça da União Europeia sob o impulso da interpretação finalista no sentido da inserção das liberdades de circulação (sobretudo da liberdade de circulação de pessoas – de trabalhadores e de profissionais não-assalariados) "num contexto constitucional e de direitos humanos que supera o estritamente económico"[1115], não deixa de subsistir "a limitação material a que estão submetidos estes direitos, limitação que deriva do seu carácter *funcional*, e não *geral*" (Pi Llorenz)[1116].

[1113] "A União contribui para a preservação e o desenvolvimento destes valores comuns, no respeito pela diversidade das culturas e das tradições dos povos da Europa, bem como da identidade nacional dos Estados-membros e da organização dos poderes públicos aos níveis nacional, regional e local; procura promover um desenvolvimento equilibrado e duradouro e assegura a livre circulação das pessoas, dos bens, dos serviços e dos capitais, bem como a liberdade de estabelecimento".

[1114] Von Bogdany, *Comunità di diritti fondamentali...*, cit., p. 881, nota 96. Note-se todavia que esta liberdade se deve considera compreendida na liberdade de empresa consagrada no art.º 16.º da Carta.

[1115] Configurando-se progressivamente "o trabalhador, assalariado ou independente, ou o prestador ou recetor de um serviço" mais como "um indivíduo suscetível de invocar uma proteção constitucional do que como um mero fator de produção" – produzindo-se por isso "relações e sobreposições entre princípios económicos" e verdadeiros "direitos fundamentais" (Monserrat Pi Llorens, *Los derechos fundamentales...*, cit., pp. 113-114).

[1116] *Los derechos fundamentales...*, cit., p. 114.

Estamos assim perante direitos "previstos e protegidos em função de um âmbito material concreto que determina o princípio de atribuição de competências" (D. J. Liñan Nogueras)[1117], conduzindo esta "limitação material que resulta da natureza económica e social das competências comunitárias" a uma verdadeira "cisão da personalidade do indivíduo que unicamente se vê protegido naquelas parcelas que podem ser reconduzidas a este quadro competencial" (M. I. Lirola Delgado)[1118].

Paradigmático dessa limitação material é o caso da chamada discriminação inversa, suscitado pelo princípio da igualdade de tratamento ou direito a um tratamento igual – inequivocamente o mais importante direito «embrionário» de verdadeira e plena cidadania expressa e reiteradamente reconhecido nos tratados[1119]. Como nota J. C. Moitinho de Almeida, mesmo nas situações em que, sendo os nacionais de um Estado objeto de discriminação relativamente aos nacionais dos demais Estados-membros no que respeita ao acesso ou exercício de uma determinada atividade económica, se verifica um elemento de conexão com o ordenamento jurídico comunitário, evidencia o TJCE na sua jurisprudência hesitações e posturas contraditórias, acabando por ser muito limitado o reconhecimento da "ilegalidade de algumas discriminações dos próprios nacionais"[1120].

[1117] *Derechos fundamentales y de ciudadanía en la Constitución Europea*, in M. OREJA (org.), «La Constitución Europea», Madrid, 1994, p. 79, cit. de M. PI LLORENS, *Los derechos fundamentales...*, cit., p. 114.

[1118] *Libre circulación de personas y Unión Europea*, in «Cuadernos de Estudios Europeos», Madrid, 1995, p. 55, cit. de M. Pi Llorens, *Los derechos fundamentales...*, cit., p. 114.

[1119] Cfr. J. C. MOITINHO DE ALMEIDA, in *La protección de los derechos fundamentales...*, cit., p. 99; o autor cita a título exemplificativo, no Tratado de Roma, os (atuais) seguintes artigos: art.º 12.º (antigo 7.º – proibição de toda a discriminação em razão da nacionalidade, no âmbito de aplicação do Tratado), o n.º 2 do art.º 34.º (antigo n.º 3 do art.º 40.º – proibição de toda a discriminação entre produtores e consumidores no âmbito das organizações comuns de mercados agrícolas), o n.º 2 do art.º 39.º (antigo nº 2 do art.º 48.º – proibição de toda a discriminação em razão da nacionalidade entre os trabalhadores dos Estados-membros com respeito ao emprego, retribuição e demais condições de trabalho), o parágrafo segundo do art.º 43.º (antigo parágrafo segundo do art.º 52.º – direito reconhecido aos profissionais independentes de exercer atividades não assalariadas nas condições fixadas pelas legislações dos Estados-membros para os seus próprios nacionais) e o n.º 1 do art.º 141.º (antigo art.º 119.º – igualdade de retribuição para os trabalhadores masculinos e femininos relativamente a um mesmo trabalho) – op. cit., pp. 99-100.

[1120] *La protección de los derechos fundamentales...*, cit., p. 102.

De todo o modo, e no que respeita ao direito de estabelecimento, tem vindo o Tribunal a evoluir num sentido razoavelmente afirmativo, acolhendo em linha de princípio o entendimento garantístico de que o direito comunitário proíbe também a discriminação dos próprios nacionais, com base "no facto de que as Diretivas comunitárias relativas a tais atividades não fazem distinção entre os distintos destinatários"[1121] – destacando-se uma jurisprudência já bastante consolidada na matéria específica de reconhecimento mútuo de diplomas.

Mais promissoras parecem ser ainda as perspetivas no âmbito da livre circulação de trabalhadores e serviços, uma vez que, (1) quanto à livre circulação de trabalhadores (e diferentemente do que sucede com o direito de estabelecimento, cujo preceito consagrador – art.º 43.º TCE – se limita a exigir no seu segundo parágrafo o princípio do tratamento nacional), o n.º 2 do art.º 39.º TCE proíbe toda e qualquer discriminação; e que, (2) "no que respeita à livre prestação de serviços, tratar-se-ia de mais um elemento de diferenciação desta liberdade fundamental relativamente ao direito de estabelecimento", proibindo o art.º 49.º TCE "todo o tipo de restrições à livre prestação de serviços"[1122].

Não obstante as suprarreferidas limitações pode-se dizer pois que relativamente à matéria das liberdades económicas de circulação se instituiu um verdadeiro sistema de vasos comunicantes: com efeito, em virtude do subprincípio da proibição da «discriminação inversa» ou tratamento menos favorável dos próprios nacionais acaba por se exercer uma pressão «benigna» (quanto mais não seja no plano político) sobre a legislação interna dos Estados--membros no sentido de se eliminarem tais discriminações[1123] – constituindo um exemplo disso a contestação às restrições à liberdade de estabelecimento

---

[1121] J. C. MOITINHO DE ALMEIDA, op. cit. loc. cit.
[1122] Cfr. J. C. MOITINHO DE ALMEIDA, *La protección de los derechos fundamentales...*, cit., p. 103.
[1123] «Discrimination a rebours» ou «reverse discrimination», nas terminologias juscomunitárias francesa e inglesa, respetivamente (cfr. MARIA LUÍSA DUARTE, *A liberdade de circulação de pessoas e a ordem pública no direito comunitário*, Coimbra, 1992, p. 200). É certo que o tratamento menos favorável dos seus próprios nacionais pode ser o resultado «prático» de uma mera "disparidade de regimes jurídicos consagrados nas várias legislações nacionais dos Estados-membros" – entendendo neste caso o TJCE que o art.º 12.º TCE e demais disposições específicas do Tratado que proíbem a discriminação em razão da nacionalidade não cobrem tal situação nomeadamente se a distorção provocada "afetar todas as pessoas que estejam no seu âmbito de aplicação, de acordo com critérios de objetividade e sem atender à nacionalidade" (ibidem).

Estamos assim perante direitos "previstos e protegidos em função de um âmbito material concreto que determina o princípio de atribuição de competências" (D. J. Liñan Nogueras)[1117], conduzindo esta "limitação material que resulta da natureza económica e social das competências comunitárias" a uma verdadeira "cisão da personalidade do indivíduo que unicamente se vê protegido naquelas parcelas que podem ser reconduzidas a este quadro competencial" (M. I. Lirola Delgado)[1118].

Paradigmático dessa limitação material é o caso da chamada discriminação inversa, suscitado pelo princípio da igualdade de tratamento ou direito a um tratamento igual – inequivocamente o mais importante direito «embrionário» de verdadeira e plena cidadania expressa e reiteradamente reconhecido nos tratados[1119]. Como nota J. C. Moitinho de Almeida, mesmo nas situações em que, sendo os nacionais de um Estado objeto de discriminação relativamente aos nacionais dos demais Estados-membros no que respeita ao acesso ou exercício de uma determinada atividade económica, se verifica um elemento de conexão com o ordenamento jurídico comunitário, evidencia o TJCE na sua jurisprudência hesitações e posturas contraditórias, acabando por ser muito limitado o reconhecimento da "ilegalidade de algumas discriminações dos próprios nacionais"[1120].

[1117] *Derechos fundamentales y de ciudadanía en la Constitución Europea*, in M. Oreja (org.), «La Constitución Europea», Madrid, 1994, p. 79, cit. de M. Pi Llorens, *Los derechos fundamentales...*, cit., p. 114.

[1118] *Libre circulación de personas y Unión Europea*, in «Cuadernos de Estudios Europeos», Madrid, 1995, p. 55, cit. de M. Pi Llorens, *Los derechos fundamentales...*, cit., p. 114.

[1119] Cfr. J. C. Moitinho de Almeida, in *La protección de los derechos fundamentales...*, cit., p. 99; o autor cita a título exemplificativo, no Tratado de Roma, os (atuais) seguintes artigos: art.º 12.º (antigo 7.º – proibição de toda a discriminação em razão da nacionalidade, no âmbito de aplicação do Tratado), o n.º 2 do art.º 34.º (antigo n.º 3 do art.º 40.º – proibição de toda a discriminação entre produtores e consumidores no âmbito das organizações comuns de mercados agrícolas), o n.º 2 do art.º 39.º (antigo n.º 2 do art.º 48.º – proibição de toda a discriminação em razão da nacionalidade entre os trabalhadores dos Estados-membros com respeito ao emprego, retribuição e demais condições de trabalho), o parágrafo segundo do art.º 43.º (antigo parágrafo segundo do art.º 52.º – direito reconhecido aos profissionais independentes de exercer atividades não assalariadas nas condições fixadas pelas legislações dos Estados-membros para os seus próprios nacionais) e o n.º 1 do art.º 141.º (antigo art.º 119.º – igualdade de retribuição para os trabalhadores masculinos e femininos relativamente a um mesmo trabalho) – op. cit., pp. 99-100.

[1120] *La protección de los derechos fundamentales...*, cit., p. 102.

De todo o modo, e no que respeita ao direito de estabelecimento, tem vindo o Tribunal a evoluir num sentido razoavelmente afirmativo, acolhendo em linha de princípio o entendimento garantístico de que o direito comunitário proíbe também a discriminação dos próprios nacionais, com base "no facto de que as Diretivas comunitárias relativas a tais atividades não fazem distinção entre os distintos destinatários"[1121] – destacando-se uma jurisprudência já bastante consolidada na matéria específica de reconhecimento mútuo de diplomas.

Mais promissoras parecem ser ainda as perspetivas no âmbito da livre circulação de trabalhadores e serviços, uma vez que, (1) quanto à livre circulação de trabalhadores (e diferentemente do que sucede com o direito de estabelecimento, cujo preceito consagrador – art.º 43.º TCE – se limita a exigir no seu segundo parágrafo o princípio do tratamento nacional), o n.º 2 do art.º 39.º TCE proíbe toda e qualquer discriminação; e que, (2) "no que respeita à livre prestação de serviços, tratar-se-ia de mais um elemento de diferenciação desta liberdade fundamental relativamente ao direito de estabelecimento", proibindo o art.º 49.º TCE "todo o tipo de restrições à livre prestação de serviços"[1122].

Não obstante as suprarreferidas limitações pode-se dizer pois que relativamente à matéria das liberdades económicas de circulação se instituiu um verdadeiro sistema de vasos comunicantes: com efeito, em virtude do subprincípio da proibição da «discriminação inversa» ou tratamento menos favorável dos próprios nacionais acaba por se exercer uma pressão «benigna» (quanto mais não seja no plano político) sobre a legislação interna dos Estados-membros no sentido de se eliminarem tais discriminações[1123] – constituindo um exemplo disso a contestação às restrições à liberdade de estabelecimento

---

[1121] J. C. MOITINHO DE ALMEIDA, op. cit. loc. cit.
[1122] Cfr. J. C. MOITINHO DE ALMEIDA, *La protección de los derechos fundamentales...*, cit., p. 103.
[1123] «Discrimination a rebours» ou «reverse discrimination», nas terminologias juscomunitárias francesa e inglesa, respetivamente (cfr. MARIA LUÍSA DUARTE, *A liberdade de circulação de pessoas e a ordem pública no direito comunitário*, Coimbra, 1992, p. 200). É certo que o tratamento menos favorável dos seus próprios nacionais pode ser o resultado «prático» de uma mera "disparidade de regimes jurídicos consagrados nas várias legislações nacionais dos Estados-membros" – entendendo neste caso o TJCE que o art.º 12.º TCE e demais disposições específicas do Tratado que proíbem a discriminação em razão da nacionalidade não cobrem tal situação nomeadamente se a distorção provocada "afetar todas as pessoas que estejam no seu âmbito de aplicação, de acordo com critérios de objetividade e sem atender à nacionalidade" (ibidem).

(utilizando a terminologia comunitária) postuladas em certos ordenamentos nacionais (nomeadamente de países como a Alemanha, a França, a Itália e a Espanha) pela organização territorial de certas Ordens profissionais (normalmente de advogados)[1124].

Já no que respeita à liberdade de concorrência, a influência benévola do direito comunitário também se fez sentir no direito interno dos Estados-membros – mas agora de outra forma: na verdade, tendo sido as legislações domésticas da concorrência praticamente decalcadas do direito comunitário da concorrência (como de resto não podia deixar de ser, dada a tendencial sobreposição de âmbitos de aplicação), originou essa filiação uma significativa receção pelas autoridades de defesa da concorrência e pelas jurisdições dos países membros dos conceitos e princípios daquele ordenamento jurídico tal qual eles são decantados e revelados pela jurisprudência do Tribunal de Justiça da União Europeia. Reinterpretaram por conseguinte as próprias autoridades nacionais à luz da jurisprudência do TJCE não só a legislação doméstica da concorrência mas também de um modo geral todo o direito interno aplicável

---

Não obstante, mesmo que inexistam circunstâncias suscetíveis de comparação, ou seja, ainda que não estejamos perante uma questão jurídica que requeira um direto tratamento à luz do princípio da igualdade, a verdade é que um regime de regulamentação de uma profissão menos favorável num Estado-membro relativamente aos regimes vigentes na mesma matéria nos demais origina sempre e quanto mais não seja "uma importante pressão política no sentido de uma igualdade de tratamento" em benefício dos profissionais nacionais – uma vez que na prática estes constituem o grosso dos prejudicados face à disparidade de regimes (ULRICH WÖLCKER, *Les effets du droit communautaire sur les professions juridiques*, «Diritto del Comm. Internaz.», 4, 1, 1990, p. 223).

[1124] Com efeito, nesses países e profissões, "na medida em que a territorialidade da postulação não é aplicável aos estrangeiros prestadores de serviços, ela não deveria ser mantida" para os profissionais nacionais dos mesmos Estados – o mesmo valendo no que respeita à "interdição de um estabelecimento secundário" (ULRICH WÖLCKER, *Les effets du droit communautaire...*, cit., pp. 222-224). A legislação restritiva das «liberdades internas» de estabelecimento e prestação de serviços na Alemanha e na Itália é objeto de uma apreciação à luz das liberdades fundamentais comunitárias de estabelecimento e de prestação de serviços nos seguintes autores e obras: ULRICH WÖLCKER, op. cit. (legislação alemã relativa ao exercício da advocacia), e REMO DANOVI, *Sulla limitazione territoriale dell'attività del procuratore legale*, «Giur. Cost.», 1996, pp. 427 e ss. (legislação italiana relativa ao exercício da solicitadoria). Segundo este último autor – que contesta a legitimidade dessas restrições – "todos os impedimentos ditados pela residência ou pelo domicílio são declaradamente incompatíveis com a livre circulação das pessoas e com os princípios inspiradores do Tratado de Roma, para além do princípio da igualdade constitucionalmente protegido" (op. cit., p. 430).

conexo com aquela legislação, incluindo as próprias disposições de suporte constantes dos textos constitucionais – claro está, sempre no sentido de alargar o âmbito de atuação destas últimas[1125].

Em suma, por estas e outras (mais diretas) vias, e como sublinha Jacques Pertek, já criou a construção europeia "novos direitos e alargou os espaços de liberdade dos indivíduos", constituindo uma das suas mais importantes missões "o desenvolver ainda esses direitos e o continuar a alargar esses espaços"[1126].

O direito comunitário tem dado um substancial contributo para a diluição em algumas vertentes da distinção entre a liberdade de empresa e a liberdade de profissão. Com efeito, e como vimos supra, também no direito português se verifica, por influência do direito comunitário (e nomeadamente por via do conceito amplo de empresa vigente neste ordenamento, em sede das liberdades de estabelecimento e de circulação de serviços, e da liberdade de concorrência) uma aproximação do regime do trabalho autónomo em geral (e das profissões liberais em particular) ao regime "desregulamentado" das empresas, com progressiva abolição das tradicionais restrições já acima referidas em matéria de limitação da responsabilidade, concorrência, publicidade, tabelas de preços dos serviços prestados, etc.

Reitere-se que o direito comunitário não conhece a "distinção direito civil – direito comercial", pelo que as suas regras – em particular os artigos 43.º e ss. do Tratado de Roma "relativos à liberdade de estabelecimento e de prestação de serviços – são aplicáveis desde que se exerça uma atividade económica", o que acontece também com o chamado trabalho autónomo,

---

[1125] *Profissões liberais e restrições da concorrência*, in VITAL MOREIRA (org.), «Estudos de Regulação Pública - I», Coimbra, 2004, p. 475-476. Por exemplo, na vizinha Espanha sublinham CALVO SÁNCHEZ, FERNÁNDEZ FARRERES, MENÉNDEZ GARCÍA & PELLICER ZAMORA que o *Tribunal de Defensa de la Competência*, nos processos desencadeados contra os Colégios profissionais antes da reforma de 1996-1997 por "decisões de associações de empresas" lesivas da livre concorrência, justificou a sua competência para as medidas sancionatórias com que viria a concluir os mesmos processos levando "às suas últimas consequências – forçando-a, inclusive – a conhecida tese doutrinária formulada por T.-R. Férnandez Rodríguez" da natureza privada dos Colégios (in Fernández Farreres, G. (org.), *Colegios profesionales y derecho de la competencia*, Madrid, 2002, p. 90).

[1126] *L'Europe des diplômes et des professions*, Bruxelas, 1994, p. 158.

levando o TJUE a proceder sistematicamente a uma interpretação restritiva das exceções àquelas liberdades[1127].

Naturalmente, nesta matéria de direito de estabelecimento e de livre prestação de serviços constitui o particular regime do reconhecimento mútuo de diplomas uma exceção ao esbatimento da destrinça jurídica entre os trabalhadores não-assalariados e as empresas conhecida do direito interno da maioria dos Estados-membros. Com efeito, destina-se tal regime a eliminar os obstáculos ao direito de estabelecimento e à livre prestação de serviços no espaço comunitário decorrentes das particulares exigências em matéria de qualificação profissional previstas nos ordenamentos internos para o exercício de determinadas profissões protegidas – e constitui o mesmo regime uma exceção à intermutabilidade dos conceitos de profissão liberal e empresa na medida em que as qualificações profissionais são por definição atributos atinentes aos indivíduos isoladamente considerados.

Quanto à liberdade de concorrência, e como sintetiza Carolina Cunha, ingressam os profissionais liberais "no conceito de *empresa* relevante para a aplicação do direito da concorrência" – reconduzindo-se ao dito conceito "qualquer sujeito jurídico que exerce uma atividade económica e que tem a possibilidade de, através do seu comportamento, isolada ou concertadamente, impedir, falsear ou restringir a concorrência"; está por conseguinte "em causa uma aceção de *empresa em sentido subjetivo*, pelo que de nada vale argumentar que os profissionais liberais poucas vezes serão titulares de qualquer empresa enquanto instrumento ou estrutura produtivo-económica, passível de constituir objeto de direitos ou negócios"[1128]. E o mesmo sucede com as Ordens profissionais, que passam por seu turno a ser qualificáveis do mesmo ponto de vista, e para o efeito dos mesmos normativos, como «associações de empresas», nomeadamente quando através da "autorregulação relativa à fixação de honorários, a proibições de publicidade, à repartição de mercados, à interdição de sociedades multidisciplinares, etc.", bem como à criação de novos obstáculos ao acesso à profissão, promovem a "defesa dos seus interesses de grupo ou de classe"[1129].

[1127] Nicole Decoopman, *Entreprises libérales...*, cit., pp. 185 e ss..
[1128] Carolina Cunha, *Profissões liberais e restrições da concorrência*, in Vital Moreira (org.), «Estudos de Regulação Pública – I», Coimbra, 2004, pp. 448-449.
[1129] Ibidem.